U0884151

大智移云 改革会计教学

业财合一 • 流程管控系列

国家级精品课程配套教材

中央高校教育教学改革项目研究成果

INTERMEDIATE FINANCIAL ACCOUNTING

中级财务会计

（第三版）

施先旺　季　华　主　编

罗殿英　邹照菊　副主编

附赠全书视频讲解！

东北财经大学出版社 Dongbei University of Finance & Economics Press | 大连

图书在版编目（CIP）数据

中级财务会计 / 施先旺，季华主编．—3版．—大连：东北财经大学出版社，2024.8．—（业财合一·流程管控系列）．—ISBN 978-7-5654-5319-9

Ⅰ.F234.4

中国国家版本馆CIP数据核字第2024TOP214号

东北财经大学出版社出版

（大连市黑石礁尖山街217号　邮政编码　116025）

网　　址：http://www.dufep.cn

读者信箱：dufep@dufe.edu.cn

大连天骄彩色印刷有限公司印刷　　东北财经大学出版社发行

幅面尺寸：185mm×260mm　字数：671千字　印张：28.75　插页：1

2024年8月第3版　　2024年8月第1次印刷

责任编辑：李　栋　王　玲　　责任校对：何　莉

封面设计：原　皓　　版式设计：原　皓

定价：72.00元

教学支持　售后服务　　联系电话：（0411）84710309

版权所有　侵权必究　　举报电话：（0411）84710523

如有印装质量问题，请联系营销部：（0411）84710711

序　言

数字经济时代已经到来，以大数据、人工智能、移动互联网、云计算、区块链等为代表的信息技术正颠覆性地改变着会计学科的发展方向。移动互联网技术和人工智能技术下的移动支付、移动办公、云会计和财务共享中心可以使证、账、表自动生成；大数据的环境更易于实现业务与财务之间的对接，使得会计能更加实时、精准而全程地服务于业务；区块链技术的去中心化、分布式记账使得业务数据在各个节点自动相互验证，任何记录都无法被篡改。这些新技术的广泛使用，正在引领会计核算对象、成本核算方法、会计管理方式、会计报告要求、会计考核评价等发生颠覆性的变化。新技术在给会计实务带来冲击的同时，也深刻地影响了会计理论和会计实践教学，引发了会计教学内容和会计教材的创新。

如何应对信息技术的挑战，是我们每一位会计教育工作者必须交出的答卷。经过十多年的不懈努力，中南财经政法大学会计学院“财务会计学”课程组提出了“业财合一、流程管控”的会计教学改革新方法。该教学方法的特点主要体现在以下两个方面：

（1）业财合一

“业财合一”的核心思想就是“懂业务，懂资金运动，就自然懂会计。业务即会计，会计即业务”。在该思想的指导下，会计学习的重心发生了根本性的变革，即从对传统会计处理的学习全面转向对企业的经济业务及其所引发的资金运动的把控。

传统的会计教学主要围绕着“凭证—账簿—报表”展开，它关注的是会计本身的技术处理，关注的是会计自身的“一亩三分地”。这看起来好像无可厚非，但问题是在这个“大智移云”的时代，会计这“一亩三分地”中的技术处理部分完全可以由人工智能完成。

在这种新的形势下，会计教与学的重心就转变为：企业发生了什么样的经济业务，这些经济业务会引发什么样的资金运动，资金为什么会发生这样的运动。换言之，新的教学方法将会计关注的重心引向业务，引向企业的资金运动。虽然传统的会计技术处理依然要学习，但它不是会计学习的重点，它只是一个水到渠成的顺带所得，是一个“营业外收入”而已。会计自始至终都在分析企业的经济业务及其所引发的资金运动。

如何实现业财合一，使会计学习的重心转向企业的经济业务？首先，我们提出了“会计沙盘模型”，并通过该模型来全程、实体化地模拟企业经济业务所引发的资金运动。该模型的提出，使课程教学中抽象的企业资金运动全部变成有形的实体运动，使会计对象、会计要素全部变成看得见、摸得着的有形实体。其次，我们在可视化的资金运动与会计信息处理之间建立起一一对应的逻辑关系。该逻辑关系就是：“资金运动，终点记借，起点记贷”的记账规则。这样，新的教学方法的逻辑思路就是：经济业务—资金运动—会计处理。由于这种逻辑关系的存在，只要弄清楚企业发生的经济业务，只要弄清楚该业务所引发的资金运动，我们自然而然就知道该如何进行会计处理了。因此，会计教学的重心就从传统的关注会计本身的技术处理转向关注对企业的经济业务及其所引发的资金运动的把控。这样，懂业务，懂资金运动，自然就懂会计，“业”“财”因此“合一”。

（2）流程管控

“流程管控”的核心思想就是按照业务流程来分析企业的资金运动，并进行相应的会计处理，而传统的会计核算都是按照会计报表项目展开的，尤其是教学体系和教材体系。

这种新的教学方法将企业经济活动过程引入对业务、对资金运动、对会计处理的分析之中。一般而言，企业的经济活动按流程可以分为筹资、供应、生产、销售和投资等五大环节。流程管控就是按这五大环节重构企业的业务流程，并在此基础上分析各环节的基本资金运动，从而形成企业整体基本资金流程框架，最终在此框架的基础上构建新的基于资金运动视角的会计核算理论体系、教学体系和教材体系。

按五大环节构建的基本资金运动流程为分析企业经济业务提供了一个基本的逻辑框架，企业所有的经济业务及其所引起的资金运动都可以在这个框架之下进行分析与推演。企业经济业务及其资金运动的分析过程实际上就是沙盘的推演过程。在这个分析过程中，我们将各种财务管理与控制思想、各种会计原则和会计假设等融入资金运动的分析与推演之中。通过这种分析与推演，读者不仅知道经济业务是怎样引发资金运动的，还知道资金为什么要这样运动，从而能更好地提升自身的综合素质和对企业进行全面把控，提高分析问题和解决问题的能力。

正因为如此，本系列教材内容除了包括传统的会计技术处理外，还可以看到大量的资金运动流程及其分析。我们认为，在这个“大智移云”的时代，对这些资金运动流程的把握比对会计的技术处理要重要得多。愿本系列教材能够助力广大教师在会计教学改革之路上奋力开拓，砥砺前行！

施先旺
中南财经政法大学

育德育人与专业教育融合表

案例名称												
案例目标	立德树人											
案例维度	情感			素质			意识			思维		
案例元素	家国情怀	民族自信	人民至上	社会责任	求真务实	职业道德	法治意识	契约意识	诚信守正	开拓创新	辩证思维	全球视角
第一章　会计少写一个零导致企业损失20多万元				√	√	√						
第二章　小餐馆的大智慧：理解与实践增值税的正面影响						√	√					
第三章　新能源车企的权益性筹资				√		√	√	√	√			
第四章　五洋建设欺诈发行公司债券案				√		√	√	√	√			
第五章　绿色转型：某新能源汽车制造企业的固定资产投资之路				√	√	√	√	√	√		√	
第六章　某公司违规利用研发费用加计扣除少缴税款被查案						√	√	√	√	√		
第七章　绿色供应链下的创新	√		√	√		√	√			√		
第八章　獐子岛“扇贝事件”				√		√	√	√	√			
第九章　华光电子的销售资金链重塑				√		√	√		√			
第十章　盈方微财务造假案	√		√			√						
第十一章　远航集团的对外投资策略	√	√								√	√	√
第十二章　苏州吉姆西客车制造有限公司骗取新能源汽车财政补贴案				√	√	√	√		√			√
第十三章　和谐科技：以利润共享促三赢	√			√		√	√		√			
第十四章　广东甘化现金流量表数据核算不准确　被出具警示函				√		√	√		√			

第三版前言

为了推广“业财合一、流程管控”的会计教学改革新方法，中南财经政法大学会计学院“财务会计学”课程组联合国内部分高校会计专业老师一起编写了这套改革系列教材。

本教材的主要特点有：

(1) 在教学内容和教学方法上，全面体现“业财合一、流程管控”的新理念、新方法。让学员在懂业务、懂资金运动的基础上，顺带搞懂会计。该方法将教学的重心全面引向业务及资金运动分析。

(2) 在教材的结构安排上，按企业供应、生产、销售、筹资、投资等五大基本环节展开。其中，筹资环节分为权益性筹资与债务性筹资两章；销售环节分为基本业务和特殊业务两章；投资环节分为对内的固定资产投资、无形资产投资和对外投资三章；此外还有利润形成与分配环节、其他特殊环节业务处理两章。除此之外，为保持增值税业务的完整性与逻辑性，将“增值税业务资金运动分析与会计处理”单独作为一章。

(3) 全面体现课程思政理念，融入党的二十大精神。在结构安排上，本书每一章都设置了“育德育人”栏目，供老师和同学们对党的二十大精神及相关思政内容进行学习与探讨。

(4) 为使读者更便捷了解“业财合一、流程管控”这一新的教学方法，以“附录 系列教材基础知识准备”的方式进行了简要介绍。

(5) 本教材附赠全书视频讲解。视频覆盖全书所有内容，所有视频都带有字幕。扫码即可免费观看。

本书由施先旺、季华（中南财经政法大学）任主编，罗殿英（武汉学院）和邹照菊（重庆交通大学）任副主编。

本书共十四章，各章的编写分工如下：第一章、第三章由季华编写；第二章由施先旺编写；第四章由邹照菊编写；第五章由罗殿英编写；第六章由向俊（武汉学院）编写；第七章由张健（重庆交通大学）编写；第八章由徐孝刚（长春工程学院）编写；第九章由刘承焕（桂林电子科技大学）编写；第十章由张道路（浙江农业商贸职业学院）编写；第十一章由毛洪安（中南财经政法大学）编写；第十二章由程岩（西南交通大学希望学院）编写；第十三章由王珏（武汉华夏理工学院）编写；第十四章由罗翠英（武汉学院）编写。

本书是中南财经政法大学2018年中央高校教育教学改革项目“基于综合素质培养的会计课程体系建设与会计教育方法研究”的重要成果，是2015年湖北省高等学校省级教学研究项目“基于职业判断能力培养的会计课程体系建设与会计教育方法研究”（项目编号2015160）的重要成果。

本书在编写的过程中得到很多专家、学者的帮助，在此一并表示感谢。同时，还要感谢东北财经大学出版社的李栋编辑。

由于编者水平所限，本书的疏漏之处在所难免，期待广大读者批评指正，以助其不断完善。您的任何需要与宝贵意见请告知课程组联系人（其微信号：shixw2000）。

欢迎关注“施教授会计大讲堂”微信公众号：

施教授会计大讲堂

欢迎关注“财大的施会计”个人空间：

财大的施会计

编　者

2024年6月

目　录

第一章　总　论

学习目标

本章主要阐述了财务会计的基本概念。通过本章的学习，了解会计环境与会计演进；熟悉会计的职能、会计法规；掌握会计的目标、会计核算的主要内容和会计核算的一般原则。

今天，会计学已成为一门应用广泛的经济管理学科；在世界范围内，特别是在发达国家，会计已成为受人尊重和喜爱的职业。随着我国社会主义市场经济的发展，我们迫切需要高层次的会计人才。越来越多的人已深刻地认识到：经济越发展，会计越重要。

第一节　会计环境与会计演进

一、会计环境

（一）会计环境的意义

作为一门交叉性的学科，会计学总是存在于一定的社会经济环境之中，既受环境因素的影响和制约，又对它所处的社会经济环境的改变起到一定的促进作用。因此，会计环境问题是会计学研究的永恒课题之一。对它的研究，有助于对会计理论与实务中的一些基本问题做出恰当的解释，有助于会计学科更好地适应环境，并发挥其重要的职能作用，进而促进会计理论与实务的发展与进步。

会计环境与会计演进

会计环境是一个含义非常丰富的概念。它泛指与会计的产生和发展密切相关，并对会计思想、会计理论与实务的发展具有一定影响的客观历史条件。一般地说，某一历史阶段的会计环境，是正确认识与评价这一历史时期会计发展水平的客观标准，它直接决定着会计目标和人们的会计思想。换言之，某一历史阶段会计的发展状况，始终受这一历史阶段会计环境的影响和制约，会计的发展，尤其是会计实务的发展，既不可能超越它所处的社会经济环境，也不可能任凭落后的会计思想与理论来支配新的历史阶段的会计行为。因此，环境对会计所起的作用是显而易见的，会计的每一次重大变革，都是以特定环境的变化为背景的，任何会计基本理论问题的研究及对任何一项会计实务渊源关系的揭示，也都离不开环境问题。会计发展的历史已经充分说明了这一点。例如在12世纪至15世纪，意大利城市商业的兴起，使贸易走向繁荣，伴随着商品经济的发展，会计实务中产生了意大利复式记账法。但在16世纪至18世纪大约300年的时间里，在经济上处于重商主义时期，这使会计的发展处于停滞。19世纪，英美等国家工业技术的巨大变革及管理科学的兴起，使成本会计得到了迅速发展。与此同时，由于公司组织形式的出现，企业所有权与经营权的分离，使会计由服务于个别企业的管理当局转变为服务于所有信息使用者，注册会计师职业及其业务应运而生。进入20世纪，特别是第二次世界大战以后，由于企业规模的日益扩大，市场竞争日趋激烈，经济危机频繁发生促使企业管理当局更加重视企业内部的科学管理，于是主要为企业内部强化管理服务的管理会计从企业会计中分离出来，从而使会计学科的发展进入了一个新的历史时期。

由此可见，会计的发展与其所处的社会经济环境息息相关，只有在会计环境的宏观视野内研究会计学科的一些基本问题，才能比较准确地把握会计产生与发展的规律，从而更好地认识和发挥会计在经济管理中的重要作用。

（二）影响会计的环境因素

从社会大系统的角度看，能够对会计产生重要影响的环境因素很多，如经济、科技、法律、政治、社会、文化、教育等，这些因素相互联系、相互作用，共同构成了会计环境的基本因素。

1.经济因素

在所有能够影响会计的环境因素中，经济因素最为重要，它不但直接对会计产生重要的，甚至是决定性的影响，而且通过对其他环境因素的影响来间接发挥作用。归纳起来，直接对会计产生重要影响的经济因素主要有：

（1）经济体制。不同的经济体制由于在所有制形式和国家对经济的干预程度等方面存在差异，因而对会计目标与会计信息要求的程度也不同。在计划经济体制下，企业资金来源渠道较为单一，缺乏应有的生产经营自主权，会计制度也高度统一。在这种体制下，会计的计划性和政策性占主导地位，会计主要为上级主管部门和国家计划服务。而在市场经济体制下，会计主体拥有相对广泛的自主权，企业的外部关系人，特别是投资者和债权人，需要广泛而深入地了解和掌握企业的会计信息，以便做出基于各自立场的经营决策，因而会计的服务对象就扩大为与企业相关联的各利害关系人，特别是所有者和债权人。由此可见，经济体制对会计的影响主要体现在会计目标的决定方面。

（2）经济发展水平。不同的经济发展水平，对会计的要求也不一样。正如马克思所指出的："过程越是按社会的规模进行，越是失去纯粹个人的性质，作为对过程的控制和观念总结的簿记就越是必要。因此，簿记对于资本主义生产，比对手工业和农业的分散生产更为必要，对公有生产比对资本主义生产更为必要。"从会计的产生与发展的历史中可以看到，经济越发展，会计越重要。事实上，各国之间会计发展水平之所以存在差异，同一国家不同时期的会计特征之所以有所不同，主要是因为它赖以存在的经济环境及其发展水平不同。正因如此，人们通常将经济发展水平视为会计发展的第一环境，或者说是首要的前提条件。

（3）企业的组织形式及其规模。企业的组织形式多种多样，如独资企业、合伙企业、公司（有限责任公司和股份有限公司）等。不同的组织形式，决定了其会计处理方式的不同。同时，企业的经营规模有大有小，不同规模的企业对会计的要求或选定的会计政策也有明显的差别。

(4) 经营管理的需要。经营管理要求的提高会对会计产生极其重要的影响。从某种意义上讲，会计就是为适应加强经营管理、提高经济效益的需要而产生的。例如，在美国，标准成本法产生于1904—1910年，管理工程师和会计师们在许多论述中从各自的角度出发，都强调了标准成本对会计控制的重要作用；但在初期，标准成本法并未引起世人的重视。直到第一次世界大战以后，人们才逐渐认识到标准成本在加强成本控制和利润管理、加快成本计算以及价值决定等方面的重要作用，因而经营管理者对标准成本法的关注度才逐步提升，标准成本法也随之“迈开了自己坚定的步伐”。这个简单的例证就足以说明，会计的发展总是与经营管理的要求分不开的，管理要求提高了，一些先进的会计方法和程序便会应运而生。

此外，经济成分、分配制度、经济政策的制定以及经济稳定和经济资源的稀缺程度等也会对会计产生一定影响。

2.科技因素

科技因素对会计的影响主要体现在会计工作手段的不断进步方面，最典型的例子就是电子计算机技术在会计实务中的广泛应用，其从根本上改变了会计依靠传统手工处理系统的落后状况，不仅保证了会计信息的及时性和相关性，而且使会计在经济管理中的地位与作用变得日益重要。

同时，科技的发展也往往会促进会计实务的创新。如随着通信事业的发展，企业经济活动的范围日益扩大，其甚至会跨越国界，形成跨国公司。在此环境下，会计实务中就必然会出现外币折算、合并报表等过去未曾采用的会计方法。此外，科技的发展还会对会计理论的进步产生一定影响。如“老三论”（一般系统论、控制论和信息论）、“新三论”（耗散结构论、协同论、突变论）等被大量应用于会计理论研究和解释会计问题就是一个典型的例证。

3.法律和政治因素

法律因素对会计的影响主要体现在法律及其对会计的干预程度等方面。在西方国家，法律体制大致可以分为两大法系：一是欧洲大陆法系；二是普通法系，即通常所说的英美法系。在实行欧洲大陆法系的国家，国家颁布的公司法、商法、证券交易法、税法等有关法律对财务会计问题一般都有明确甚至详细的规定，政府制定会计制度并强制实施，国家对企业会计实施较多的管制和干预。而在英美法系的国家，法律中对会计的规定只是原则性的，国家一般通过制定或认可权威机构制定的会计准则的办法来规范企业的会计实务，因而法律对会计的管制和干预程度相对较弱。

政治因素对会计的影响作用较为特殊，它一般通过法律、经济及其他环境因素的作用来间接地对会计产生影响。

4.社会文化和教育因素

企业作为会计主体单位，是社会的一个细胞，因而社会环境对会计也具有一定的影响。其主要表现在：(1) 会计的社会地位。从理论上讲，会计的社会地位取决于人们对会计本质的认识；从实践上看，其取决于会计作用的发挥程度和人们的思想倾向。会计的社会地位高低对会计教育的深度、广度和普及程度具有深层次的影响。会计的社会地位高，会计工作就会得到人们的重视，会计教育事业也会随之兴旺，不但可以促进会计人员素质的提高，而且会促进会计理论研究的繁荣，这都会对会计的发展产生积极的影响；反之，就会在一定程度上阻碍会计的发展。（2）会计人员的教育和职业素质。会计人员是会计工作的主体，他们接受社会文化教育的程度决定了人类会计思想的水准。会计工作者的职业素质既决定了会计理论研究的水平和会计技术方法的应用程度，也决定着会计科学的继承、传播、创新和发展。

除了上述四个方面的因素外，会计学相关学科的发展程度也会对会计产生一定的影响。这种影响主要体现在会计学可以不断从其他学科中汲取养分，以此来促进自身的发展。

二、会计的产生与发展

（一）会计的产生

会计的历史源远流长，它是适应社会生产实践活动的客观需要而产生的。

物质资料的生产是人类社会赖以存在和发展的基础，人类要生存，社会要发展，必须进行物质资料的生产。在生产实践活动中，一方面能够创造物质财富，取得劳动成果；另一方面又要发生各种各样的劳动耗费。在一切社会形态下，人们进行生产活动时，总是力求以尽可能少的耗费，取得尽可能多的成果。为了达到这一目的，就需要对劳动耗费和劳动成果进行记录和计算，并且将耗费和成果进行比较和分析，借以不断提高经济效益。因此，在生产实践活动中，记录和计算劳动耗费和劳动成果的会计行为就应运而生了。

但在人类社会早期，由于生产力水平低下，人们对劳动耗费和劳动成果的关心只是通过头脑记忆或简单的原始计数方法来体现，在生产时间之外附带地把收入、支出等记录下来，因而会计只是“生产职能的一个附带部分”，并未成为一项独立的工作。随着生产的发展和剩余产品的出现，需要记录的事项日益增多，会计才逐渐从生产职能中分离出来，成为一项独立的职能。

根据史料记载，我国早在西周时期，就出现了“会计”一词，并建立了一套比较完整的会计工作组织系统。世界历史上一些著名的文明古国如古巴比伦、古埃及等都有关于会计活动的记载。由此可见，会计是一个历史的产物，它的产生与社会生产实践活动密切相关。

（二）会计的发展

会计因生产实践活动的需要而产生，生产实践活动不断发展，会计也随之而发展。从对会计发展历史的考察来看，它可以划分为三个阶段。

1.古代会计阶段

会计从其产生到复式簿记的出现这段时间称为古代会计阶段。在这一阶段，会计方法比较简单，最初只是采用“结绳记事”“刻木记事”等原始的计量记录方法。到了秦汉时期，会计的方法有了一定的发展，人们创立了用于登记会计事项的账簿（当时称为簿或簿记）。从秦汉到唐宋，在生产力发展的基础上，逐步形成了一套古代会计记账、算账的基本模式，即“四柱清册”。这是我国古代会计的一个杰出成就，在现代会计核算中，其原理仍然被广泛应用。但严格意义上讲，这一阶段的会计包含的范围较为广泛，会计特有的专门方法还没有形成，会计也尚未成为一门独立的学科。

2.近代会计阶段

从复式簿记到20世纪中叶这段时期称为近代会计阶段。它以复式簿记方法在理论上的总结和广泛应用为标志。复式簿记理论最早产生于意大利。1494年，意大利数学家卢卡·帕乔利（Luca Pacioli，1445—1517）在其数学专著《算术、几何、比及比例概要》一书的“簿记论”部分详细地对复式簿记进行了论述，该书的出版使复式簿记方法在欧洲及全世界逐渐得以推广。一般认为，复式记账的产生是近代会计的开端。

3.现代会计阶段

现代会计阶段是指20世纪50年代以后。一般认为，现代会计的形成以管理会计的出现和电子计算机在会计上的应用为主要标志。第一次世界大战后，美国迅速崛起，当时泰勒的科学管理方法在许多企业中广泛推广。到了20世纪40年代，随着科学技术和生产力的迅猛发展，企业的市场竞争日趋激烈，企业不得不在加强管理的同时，重视经济预测与决策工作，以获取最大化的利润。在此环境下，专门为强化企业内部管理决策服务的管理会计从企业会计中分离出来。管理会计的出现，极大地丰富和发展了早期形成的会计技术方法，使会计由事后反映发展到事前预测、决策，事中控制和事后考核分析等全过程的管理和核算，为会计注入了活力，使会计逐渐进入了现代会计阶段。

第二节　会计内涵与会计目标

一、会计内涵

由于会计所处的社会环境不同，人们认识会计的角度不同，因而对于会计的定义，不同时空有不同的主流观点，不同的学者也有不同的看法。综合中外会计界的各种会计定义，可以将其概括为五种主要的观点：艺术论、服务活动论、管理工具论、管理活动论和信息系统论等。目前，占主流地位的主要有管理活动论和信息系统论。

会计内涵与会计目标

（一）会计是一种管理活动

企业经营的目的是追求业主财富的最大化，为了达到这一目的，必须进行科学和有效的管理。企业的管理过程是由规划、组织、执行和评价等环节构成的。企业管理的每一个环节都离不开会计人员的参与，而会计工作也往往是在企业管理的整个系统中进行的。

规划是管理活动的开端，其就是根据企业的战略发展目标，选择经营方案，制订经营计划。在这一阶段，会计人员必须根据企业的经营目标与方针，参与拟订和选择方案，对方案的实施进行必要的可行性研究，并为方案的实施制定相应的预算。

组织就是为了完成规划所确定的任务与目标，谋求各项经济资源的有效组合，这些资源包括有形的和无形的，企业内部的和外部的，也包括人、财、物和信息等。在该阶段，会计人员必须为获得和调配这些经济资源，进行必要的资金筹措与投放，设计有效利用经济资源的程序，建立确保经济资源利用安全性的必要的制度。同时，会计人员必须将会计信息系统置于整个企业管理信息系统之中，确保企业管理的各个层面能够及时地获得信息，并据以采取有效的措施，改善组织结构，调整经济资源开发与利用程序，保证经营的正常进行。

执行就是对日常的经营活动实施有效控制，它是保证规划实现的必要手段。在该阶段，会计人员必须对业务的执行情况进行必要记录，并对照预算实施必要监控和信息反馈，以便将有关情况反映给相关的管理层，以利于其及时采取必要的控制措施。

评价就是对各项规划的执行情况进行分析、检查和评估，为下一轮的规划提供有用的依据。在该阶段，会计人员要编制和披露财务报告，分析执行预算的差异及其原因，指出管理过程中存在的问题，揭示其症结，与其他管理人员共商解决的对策。

由于会计直接介入了企业管理的全过程，即会计除了在管理过程的各个阶段扮演信息提供者的角色外，还直接参与了管理，故在此意义上会计被认为是一种管理活动。

（二）会计是一个信息系统

企业提供的财务报告是通过一个信息系统产生的。这个系统将一个企业在一定期间所发生的经济业务，通过收集、处理加工，整理成用户所需要的信息——会计信息，这些信息又通过财务报告被披露出来。从原始数据的收集、辨认，然后以适当的单位加以度量，最后以用户可以接受的方式予以呈报，这是信息系统的一种典型运行过程，人们正是从这种意义上视会计为一个信息系统。

人们处在不同的时代，站在不同的角度观察研究同一对象得出不同的认识是一种十分正常的现象。当研究者的视角集中于人们运用会计作为经济管理（企业管理）的重要手段时，会计是经济管理的重要工具，由此“管理工具论”的观点应运而生。当人们看到会计作为“管理工具”的被动作用的缺陷，更看重会计作为管理组成部分的能动作用时，将会计视为“管理活动”则成为理所当然的事。当人类社会进入信息时代后，信息无所不在，无时不有，整个社会是一个庞大的信息系统。用信息论分析认识会计，必然会得出“会计是一个信息系统”的观点。如果既从管理角度又运用信息论来认识会计，会计“既是一种管理活动，又是一个信息系统”的观点，恰是融合了两个角度认识的结果。

二、会计目标

关于什么是会计目标，会计界有不同的理解。会计目标，亦称会计的目的，是指会计活动应达到的境地或标准，也就是会计工作的目的性。会计目标分为直接目标和终极目标。西方会计学者通常注重会计直接目标的研究。

会计的直接目标，有人称之为财务报告目标。这种观点认为财务会计是以投资人及债权人为主要服务对象，则投资人、债权人使用会计信息的目的亦为财务会计的目标。换句话说，会计的直接目标就是为投资人及债权人提供主要财务会计信息。美国财务会计准则委员会（FASB）1978年发布的第1号财务会计概念公告——《企业财务报告的目标》中，就对会计的直接目的作了阐述。国际会计准则委员会（IASC）1989年7月公布的《关于编制和提供财务报表的框架》中明确指出：“财务报表的目的是提供在经济决策中有助于一系列使用者的关于企业财务状况、经营业绩和财务状况变动的资料。”

会计的直接目的可概括为：为投资者、债权人等会计信息使用者提供其在经营决策中有用的财务会计信息。这里涉及“使用信息进行决策”。我们知道，人们绝不会“为决策而决策”“为了解信息而了解信息”，人们利用会计信息进行科学决策，显然有一个目的，这个目的就是会计的终极目标。提供有助于经营决策的财务会计信息，只不过是达到终极目标的一种手段或者一个程序。

会计终极目标与直接目标有着不可分割的关系。认识会计的终极目标，必须与会计的本质、定义、职能等问题联系起来。如前所述，会计是经济管理的重要组成部分，因而，会计的终极目标与企业经营管理的目的具有一致性。在市场经济条件下，企业是以营利为目的的经济组织，一切管理活动最终都是为了提高企业的经济效益。经济效益通常是指投入与产出、得与失的比较结果，要求收回的价值量大于投入价值量。提高经济效益就是提高产出价值量与投入价值量的比值。经济效益是企业盈利的基础，提高经济效益直接关系到提高企业盈利水平。

基于上述分析，会计的终极目标是提高企业的经济效益。

对于会计的终极目标的理解，要从以下几个方面入手：第一，从会计的本质认识会计的终极目标。会计的本质是一种管理活动，这种管理活动既能解释人们“为谁辛苦为谁忙”的疑问，又能证明“管理是为了出效益”“管理能出效益”的论断。第二，从会计的职能认识会计的终极目标。会计具有反映经济活动，评价经营业绩，控制经济过程，预测经济前景，进行经济决策的职能。这些职能的存在，说明现代会计远不只提供信息而已，其对于提高企业经济效益也是大有益处的。此外，将提高经济效益作为会计终极目标有助于提高对会计人员的要求，有助于会计工作由记账型、报账型会计向管理型会计转变，也有助于使会计学成为一门具有重要价值的管理科学。

第三节　会计的内容

会计作为一个经济系统是由确认、计量、记录和报告等一系列元素构成的。每一个元素都有其特定的职能、标准和方法，系统中各个元素既各司其职，又相互配合，形成一个有机的整体，共同履行会计的职能，实现会计的目标。

一、会计确认

（一）会计确认的概念

会计的内容

美国财务会计准则委员会（FASB）在其第5号财务会计概念公告——《企业财务报表项目的确认与计量》中提出：确认是指把一个事项作为一项资产、负债、收入和费用等正式加以记录和列入报表的过程。凡被确认的事项，均要进入会计核算系统，同时还要用文字和金额加以描述，且其金额应包括在财务报表金额总计之内，否则其影响将无法通过揭示所采用的会计政策或通过附注或其他解释资料加以补正。即凡被确认的会计事项，均应登记入账，并在表内进行披露。

确认是财务会计核算过程的起点，是待确认项目进入会计信息系统的第一道关口，是财务会计程序的关键步骤。确认不仅包括项目取得或发生时的初始确认，而且包括该项目在随后发生增减变动情况时的确认，及该项目最终从财务报表中消除或退出的确认。如固定资产的确认，不仅包括固定资产取得时的确认，还包括其后的折旧、重估增值、重估减值、处置或报废等的确认。

综上所述，确认就是同时以文字和金额在财务报表中描述某一项目，并将其金额包括在财务报表金额总计之中的过程，是对会计信息的识别、判断、选择和分类的过程，是财务会计信息系统循环的起点。

（二）会计确认的基本条件

要确认一个项目，该项目必须在“质”和“量”上符合会计要素的要求。“质”要求确认的项目必须符合特定要素的本质、定义和各项特征。“量”要求待确认的项目必须有可靠的计量属性。根据美国FASB第5号财务会计概念公告——《企业财务报表项目的确认与计量》，确认一个项目应同时符合下列四个条件：

（1）可定义性。即要确认的项目必须符合会计核算对象的定义，符合某个财务报表要素的定义，符合某一具体会计报表项目或会计科目的定义。

（2）可计量性。即要确认的项目应具有相关的可计量属性，能可靠地以货币加以度量。这种可计量性包括对某些不确认性事项的估计与判断。使用合理的估计，是编制会计报表过程中必不可少的步骤，而且这并不影响项目的可靠性。对不同项目的计量，可以采用不同的计量属性。

（3）相关性。即与待确认项目有关的财务信息和信息使用者的信息需求是相关的，能够有助于他们进行经济评价和决策，在信息使用者的评价、决策中具有重要性。相关的信息应该具有预测价值、反馈价值和及时性。

（4）可靠性。即要确认的事项必须真实可靠，具有可核实性，能够证实与其所要反映的事项是一致的，在引导信息使用者评价和决策时不带主观倾向。

相关性和可靠性是会计信息赖以存在的首要质量要求，是会计确认过程中必须考虑的两个标准，不相关的信息是没有用的，不可靠的信息是危险的，在会计上都不应该确认。

二、会计计量

（一）会计计量的基本含义

会计计量是指在会计核算中对已被确认的会计事项所进行的定量，即运用一定的计量尺度（货币），选择被计量对象的合理属性，确定应予以记录或列入有关财务报表的各项目金额的会计过程。通俗地说，会计计量就是在会计账簿和会计报表中如何确定被计量对象的金额。

会计计量是财务会计信息系统的核心职能，谈会计离不开计量。在一定程度上讲，会计就是一个计量过程，因为财务会计就是要计量和传递特定会计主体在经济活动过程中有关数量方面的价值信息。会计计量包括货币计量和非货币计量，但以货币计量为主。

（二）会计计量所涉及的要素

会计计量过程一般涉及下列要素：

（1）被计量对象。被计量对象可分为表内项目的计量和表外项目的计量。表内项目是经过确认的会计事项，其对外披露应反映在资产负债表或利润表项目之中，计量结果要登记入账，并列入财务报表金额合计数之内。表外项目是指不符合确认条件，从而无法在资产负债表或利润表内披露的项目，但这些项目可能又比较重要，甚至会影响信息使用者的分析和评价。因此，这些项目可以在表外的会计报表附注、说明性材料或附表内加以披露。

（2）计量单位。会计以货币作为主要的计量单位，同时辅以其他计量尺度，如劳动时间度量、实物度量等。登记总账和编制报表一般是以货币作为计量单位，登记明细账、成本计算等其他会计核算方法，除涉及货币计量外，还有实物度量和劳动时间度量。对于货币计量，企业可以选择名义货币计量，也可以选择不变购买力单位作为计量单位。一般情况下，企业应选择名义货币计量，除非面临剧烈的物价变动，企业才应对按名义货币计量的财务报表按不变购买力单位进行重新表述。当企业交易涉及多种货币时，还应该选择其经营业务所用的主要货币作为记账本位币，其他币种应按选定的汇率折算为本位币进行计量。现行的以货币作为计量单位，一般都是以币值不变为基本假设，不考虑物价变动对会计计量的影响。

（3）计量属性。即以货币为计量单位，对被计量对象采用何种计量标准来计量。财务会计上常用的计量属性有五种：历史成本（历史收入）、现行成本（重置成本）、现行市价、可变现净值和未来现金流量现值。

（三）财务会计常用的五种计量属性

（1）历史成本

历史成本又称“实际成本”，是指企业为了取得或制造某项财产物资所实际支付的现金或现金等价物。采用历史成本计量时，资产按照其购置时支付的现金或现金等价物的金额，或者按照购置时所付出对价的公允价值计量。负债按照其因承担现时义务而实际收到的款项或者资产的金额，或者承担现时义务的合同金额，或者按照日常活动中为偿还负债预期需要支付的现金或者现金等价物的金额计量。

（2）重置成本

重置成本又称“现行成本”，是指按照当前市场条件，重新取得同样一项资产所需支付的现金或现金等价物的金额。在重置成本下，资产按照现在购买相同或相似资产所需支付的现金或现金等价物的金额计量。负债按照现在偿付该项负债所需支付的现金或现金等价物的金额计量。

（3）可变现净值

可变现净值，是指在生产经营的过程中，以预计售价减去进一步加工的成本和销售所必需的预计税金、费用后的净值。在可变现净值计量下，资产按照其正常对外销售所能收到的现金或现金等价物的金额扣减该资产至完工时估计将要发生的成本、估计的销售费用以及相关税费后的金额计量。

（4）现值

现值是“未来现金流量的现在价值”的简称，是指对未来现金流量以恰当的折现率进行折现后的价值，是考虑货币时间价值等因素的一种计量属性。在按现值计量的模式下，资产按照预计从其持续使用和最终处置中所产生的未来净现金流入量的折现金额计量。负债按照预计期限内需要偿还的未来净现金流出量的折现金额计量。

（5）公允价值

公允价值，是指市场参与者在计量日发生的有序交易中，出售一项资产所能收到或者转移一项负债所需支付的价格。

三、会计记录

会计记录是将经过确认和计量的会计事项，按照特定的方法和程序在会计账簿中加以登记的过程，即通常所说的记账。登记账簿是会计核算的重要内容，账簿记录不仅可以提供系统、完整的会计资料，为各项经营管理活动提供详细的信息，而且是编制报表的主要资料来源和直接依据。记录的前提是科学系统地设置会计账户体系。记录的基本方法是复式记账技术，即借贷记账法。

记录是将经过确认和计量的项目在账户中正式予以记载的过程。记录作为一个过程，由若干程序组成，一般包括：(1) 根据交易或事项确认和计量的结果编制会计分录；(2) 将会计分录记载的内容过入有关账户；(3) 期末按照权责发生制的要求编制调整分录，调整某些账户记录的内容；(4) 期末编制结账分录，将损益类账户的余额减至零。

四、会计报告

报告，亦称披露、揭示、报告或呈报，即企业如何采用适当的形式向财务信息的使用者提供他们所需要的信息。会计报告是指以财务报表或其他财务报告的形式汇总日常确认、计量和记录的结果，向会计信息使用者提供反映企业财务状况、经营业绩和现金流量信息的过程。报告作为一个过程，包括编制财务报告和对外报送或公告财务报告两项内容，前者是生成以财务信息为主的经济信息，后者是提供以财务信息为主的经济信息。

会计确认、计量、记录和披露精辟地概括了会计信息系统的循环过程，财务会计的主要工作程序就是对有关交易或事项进行确认、计量、记录和披露。确认就是将一个项目作为会计要素加以认定；计量就是以货币作为主要计量尺度，对经过确认的会计事项进行定量；记录就是将经过确认与计量的交易或事项按照特定的方法和程序在账簿体系中进行反映；披露就是指对经过确认、计量和记录的交易或事项恰当地对信息使用者进行呈报。

从资金运动的角度来看，会计确认，首先就是确认交易或事项是否引起企业的资金发生运动；其次就是如果引起企业的资金发生运动，就需要进一步确认是影响资金运动的静态要素还是资金运动的动态要素；最后就是要确认资金运动具体的流向，即资金运动的起点和终点分别是什么会计科目。会计计量，从资金运动的角度来看，就是要确定该交易或事项所引起的资金运动的流量是多少。会计记录，从资金运动的角度来看，就是要将该交易或事项所引起的资金运动的运动轨迹描述下来。会计披露，从资金运动的角度来看，就是要将一定时期内所发生的所有交易或事项所引起的全部的资金运动的运动情况以及运动的结果对外进行披露。通过资产负债表可以反映企业在某一时刻资金运动的静态信息，通过利润表可以反映企业在某一时期资金运动成果的动态信息，通过现金流量表可以反映企业在一定时期的现金流动信息。所以，概括而言，会计确认、计量、记录与披露的过程，就是对企业资金运动的分析与报告过程，会计工作就是要对企业的交易或事项所引起的资金运动进行反映、控制与监督。

第四节　会计核算的一般原则

会计核算的一般原则是进行会计核算的指导思想和衡量会计工作成败的标准，具体包括三个方面，即衡量会计信息质量的一般原则、会计确认与计量的一般原则、起修订作用的一般原则。

一、衡量会计信息质量的一般原则

会计工作的基本任务就是为包括所有者在内的各利害关系人提供经济决策所需要的信息，会计信息质量的高低是评价会计工作成败的标准。评价会计信息质量的标准主要有客观性、相关性、及时性、可比性、一贯性、明晰性等原则。

（一）客观性原则

客观性即会计信息的真实性。它指的是会计核算必须以实际发生的交易或事项为依据，如实反映企业的财务状况、经营成果和现金流量。客观性原则的含义：（1）必须如实反映各个交易或事项，要表现交易或事项的本来面目，既不能主观加以粉饰，也不能有意加以歪曲；（2）必须注重交易或事项的客观证据，要把每笔交易或事项的记录建立在证据确凿的基础之上；（3）必须坚持科学的分析方法，要客观判断，防止主观臆断。

客观性原则的要求：（1）要坚持实事求是地反映经济情况的原则，其衡量标准是：①要有凭证；②凭证反映的事实要真实；③要在时间上保持一致。（2）要坚持正确的核算方法，其衡量标准是：①要按历史成本计价；②资产估价要可靠；③费用分配要真实。

客观性原则的目的在于使会计资料正确反映客观存在的情况，以利于管理者做出正确判断和决策。

（二）相关性原则

相关性原则是指会计核算信息要成为有用的信息，就必须与使用者的决策相关联。信息的价值在于与其决策相关，有助于会计信息使用者的决策。

一项信息是否具备相关性，主要取决于以下三个因素：预测价值、反馈价值和及时性。如果一项会计信息能够帮助会计信息使用者进行预测，做出决策，则该信息就具有预测价值。如果会计信息能够有助于会计信息使用者评价过去的决策，证实或修改某些预测，则该信息就具有反馈价值。及时性原则是指会计信息在失去影响决策的能力之前就提供给决策者。在会计核算工作中坚持相关性原则，就要求在收集、加工、处理和提供会计信息过程中，充分考虑会计信息使用者的信息需求。对于特定用途的会计信息，不一定都能通过财务会计报告来提供，而可以通过其他形式来提供。

如果提供会计信息以后，没有满足会计信息使用者的需求，对会计信息使用者的决策没有什么作用，就不具有相关性。

会计核算的一般原则

（三）及时性原则

及时性原则要求企业的会计核算及时进行，不得提前或延后。

会计信息的价值在于帮助所有者或其他投资者做出经济决策，具有时效性。即使是客观、可比、相关的会计信息，如果不及时提供，对于会计信息的使用者也没有任何意义，甚至可能误导会计信息的使用者。在会计核算过程中坚持及时性原则，一是及时收集会计信息，即在经济业务发生以后，应及时收集整理各种原始单据；二是及时处理会计信息，即在国家统一的会计制度的时限内，及时编制出财务会计报告；三是及时传递会计信息，即在国家统一的会计制度的时效内，及时将编制出的财务会计报告传递给财务会计报告使用者。

如果企业的会计核算不能及时进行，会计信息就不能及时提供，那就无助于经济决策，也就不符合会计及时性原则的要求。

（四）可比性原则

可比性原则是指会计核算应该按规定的会计处理方法进行，会计核算口径一致，相互可比。也就是说，相同的经济业务在不同的企业和同一企业不同时期要采用相同的处理方法。

在比较的基础上提供会计报表是会计的主要目的之一。会计数据只有在比较中，才能显示它的效用。可比性原则的目的就在于增强会计信息对决策的有用性。可比性原则包括横向可比和纵向可比。

横向可比强调的是相同的经济业务在不同的企业应该采用相同的处理方法。会计报表使用者希望比较企业在不同时期的财务状况、经营成果和现金流量，所以财务报表反映前后各期的对比资料至关重要。可比性原则要求：不同的企业，尤其是同一行业的不同企业之间，应使用相类似的会计程序和方法。同时，经济指标的核算方法在企业不同时期要一致，相互可比；不同时期采用的会计基础要相同，会计处理的程序要相同。总之，不同企业和同一企业不同时期的报表建立在相同的会计原则和会计处理方法和程序基础上，有助于会计信息使用者进行比较和决策。

纵向可比又称为一致性原则，是指企业的会计核算方法前后各期应保持一致，不得随意变更。如有必要变更，应将变更的内容和理由、变更的累计影响数，以及累计影响数不能合理确定的原因等，在会计报表附注中予以说明。

企业发生的交易或事项具有复杂性和多样化，对某些交易或事项可能有多种会计核算方法，而采用不同的会计核算方法会得出不同的结果，从而对会计报表产生不同的影响。一贯性原则要求企业在各个会计期间尽可能采用相同的会计核算方法；否则不便于在不同的会计年度对企业的财务状况、经营成果和现金流量信息进行比较和分析。一致性原则的目的就在于保持会计信息的可比性，以利于提高会计信息的使用价值；同时，可以制约和防止会计核算与会计报表资料的失真，为会计信息的使用者进行经济决策提供可靠的依据。

在会计核算工作中，要求企业的会计核算方法前后各期保持一致，不得随意变更，并不意味着企业所选择的会计核算方法不能做任何变更，在符合条件的情况下，企业也可以变更会计核算方法，并在企业财务会计报告中做相应的披露。

（五）明晰性原则

明晰性原则要求企业的会计核算和编制的财务会计报告应当清晰明了，便于理解和阅读。

提供会计信息的目的在于使用，要使用会计信息首先必须了解会计信息的内涵，弄懂会计信息的内容，这就要求会计核算和财务会计报告必须清晰明了。在会计核算过程中，应坚持明晰性原则，会计记录应当准确、清晰，填制会计凭证、登记会计账簿必须做到依据合法、账户对应关系清晰、文字摘要完整；在编制会计报表时，应确保项目勾稽关系清楚、项目完整、数字准确。

二、会计确认与计量的一般原则

（一）权责发生制原则

权责发生制原则是在持续经营、会计分期等会计假设基础上所产生的，用以确定收入、费用和期间损益的基本原则。其含义是，企业的收入和费用的确认，均以权利已经形成或义务（责任）已经发生为标准。按照这一标准，对于收入，无论款项是否收到，以权利形成确定其归属期；对于费用，无论款项是否付出，以支付责任的发生确定其归属期。

采用权责发生制的目的就在于公正、合理地确定一个会计期间的收入和费用，进而正确计量企业的损益。它要求以权利和责任的发生与转移作为收入和费用确认的标志，即以归属期为登记入账的依据。

收付实现制是与权责发生制相对应的一种确认基础，它以收到或支付现金作为确认收入和费用的依据。目前，我国的行政单位采用收付实现制，事业单位除经营业务采用权责发生制外，其他业务也采用收付实现制。

（二）配比原则

配比原则是权责发生制原则的派生原则。它要求企业在进行会计核算时，收入与其成本、费用相互配比，同一会计期间内的各项收入和与其相关的成本、费用，应当在该会计期间内确认。

配比原则是根据收入与费用的内在联系，要求一定时期内的收入与为取得收入所发生的费用在同一期间进行确认与计量。在会计核算工作中，坚持配比原则有两层含义：一是因果关系上的配比，即将收入和与其相对应的成本配比，如将主营业务收入与主营业务成本配比，将其他业务收入与其他业务支出配比；二是时间关系上的配比，将一定时期内的收入与同时期的费用配比。

（三）历史成本原则

历史成本原则又称为实际成本原则，它要求企业的各项财产在取得时应按照实际成本计量。其后，各项财产如发生减值，应当按规定计提相应的减值准备。

对资产、负债和所有者权益等项目的计量，企业应当基于交易或事项的实际交易价格或成本，这主要是因为历史成本是资产实际发生的成本，有客观依据，便于查核，也容易确定，比较可靠。所以，除法律、行政法规和国家统一的会计制度另有规定外，企业一律不得自行调整其账面价值。

需要注意的是，如果资产已经发生减值，其账面价值已经不能反映其未来可回收金额，企业就应当按照规定计提相应的减值准备。

（四）划分收益性支出和资本性支出的原则

该原则要求企业的会计核算应当合理地划分收益性支出和资本性支出的界限。凡支出的效益仅涉及本会计年度（或一个营业周期）的，应当作为收益性支出；凡支出的效益涉及几个会计期间（或几个营业周期）的，应当作为资本性支出。

该原则要求企业在会计核算工作中确认支出时，要区分两类不同性质的支出，将资本性支出计列于资产负债表中，作为资产反映，以真实地反映企业的财务状况；将收益性支出计列于利润表中，计入当期损益，以正确地计算当期的经营成果。这主要是因为资本性支出的效益可在几个连续的会计期间发挥作用，而收益性支出的效益只在当期发挥作用。

如果企业在会计核算工作中没有正确划分资本性支出和收益性支出，将原本应计入资本性支出的计入收益性支出，就会低估资产和当期收益；将原本应计入收益性支出的计入资本性支出，就会高估资产和当期收益。所有这一切，都不利于会计信息使用者正确理解企业的财务状况和经营成果，不利于会计信息使用者的决策。

三、起修订作用的一般原则

除了前述两类一般原则外，还有一些属于对前述原则加以补充、修正性质的一般原则，主要是谨慎性原则、重要性原则和实质重于形式原则。

（一）谨慎性原则

谨慎性原则又称稳健性原则、保守性原则，它要求企业在进行会计核算时，应当遵循谨慎性原则的要求，不得多计资产或收益、少计负债或费用，也不得设置秘密准备金。

企业的生产经营活动充满风险和不确定性，在会计核算工作中坚持谨慎性原则，即要求企业在面临不确定因素的情况下要做出职业判断时，应保持必要的谨慎，充分估计到各种风险和损失，既不高估资产或收益，也不低估负债或费用。例如，要求企业定期或至少每年年度终了，对可能发生的各项资产损失计提资产减值准备等，就充分体现了谨慎性原则，体现了谨慎性原则对实际成本原则的修正。需要注意的是，谨慎性原则并不意味着企业可以任意设置各种秘密准备金；否则，就属于滥用谨慎性原则，将被视为重大会计差错。

（二）重要性原则

该原则要求企业的会计核算应当遵循重要性原则的要求，在会计核算过程中对交易或事项应当区分重要程度，采用不同的核算形式。对资产、负债、损益等有较大的影响，并进而影响财务会计报告使用者据以做出合理判断的重要会计事项，必须按照规定的会计方法和程序进行处理，并在财务会计报告中予以充分、准确的披露；对于次要的会计事项或交易，在不影响会计信息真实性和不至于误导财务会计报告使用者做出正确判断的前提下，可适当简化处理。

重要性原则与会计信息成本效益密切相关。坚持重要性原则，就能够使提供会计信息的收益大于成本。对于那些不重要的项目，如果也采用严格的会计程序，分别核算，分项反映，就会导致会计信息的成本大于收益。

在评价某些项目的重要性时，最终结果很大程度上取决于会计人员的职业判断。一般来说，应当从质和量两个方面综合进行分析。从性质方面来说，当某一事项有可能对决策产生一定影响时，就属于重要项目；从数量方面来说，当某一项目的数量达到一定规模时，就可能对决策产生影响。

（三）实质重于形式原则

该原则要求企业应当按照交易或事项的实质进行会计核算，而不应当仅仅将它们的法律形式作为会计核算的依据。

在实际工作中，交易或事项的外在法律形式或人为形式并不总能反映其实质内容。所以，会计信息要想反映交易或事项，就必须根据交易或事项的实质和经济现实，而不能仅仅根据它们的法律形式。

思考题

1. 什么是财务会计？其本质是什么？其基本特征是什么？
2. 什么是财务报告的概念框架？其作用是什么？
3. 什么是财务会计的目标？我国财务会计的目标是什么？
4. 什么是财务会计的基本假设？有哪些基本假设？这些基本假设对会计核算有什么影响？
5. 财务会计的系统结构由哪些环节构成？各环节的内容是什么？
6. 财务会计的信息使用者有哪些？他们各自需要什么样的财务信息？
7. 会计信息的质量特征有哪些？其主要内容是什么？

育德育人

会计少写一个零　导致企业损失20多万元

催收货款时，催收函里本该是40余万元的金额少写了一个零，结果错写成了4万余元。经过郧西县人民法院调解，因会计笔误造成损失的企业，最终讨回了19万余元。

2008年8月，位于郧西的武当水泥有限公司向安徽三环万隆机电设备制造有限公司购买价值403万元的水泥生产机械设备，购买时约定，按照合同总价的10%即10.3万元作为质量保证金，这笔钱由水泥公司待设备正常投运1年且无质量问题后再支付给机械厂。

2010年6月，三环万隆机电公司认为条件成熟，准备收回这笔质保金，于是向武当水泥公司发出“债权催收函”，但由于会计人员的失误，将本应是“403 000元”的质保金写成了“40 300元”，少写了一个零。

武当水泥公司见函后，及时支付了“40 300元”的质保金。此后，三环万隆机电公司发现失误，及时通知武当水泥公司，要求付清余款362 700元。但武当水泥公司认为，该催收函是协商一致的结果，不同意再付余款。

见双方僵持不下，三环万隆机电公司起诉至法院，要求追回质保金。

郧西县人民法院对此案进行了调解，最终企业双方达成一致意见。除已支付的4.03万元，武当水泥公司再支付三环万隆机电公司质保金15万元。

伴随着案件的结束，那位工作马虎的会计人员已被单位开除。

资料来源：佚名.会计少写一个零　导致企业损失20多万元［EB/OL］.［2014-11-02］. http://hb.sina.com.cn/news/qy/2014-11-02/detail-icfkptvx4145842.shtml.

请思考：毛主席曾说：“世界上怕就怕‘认真’二字……”认真是我们干好事业的基础。人们常说，会计工作一刻都不能马虎，请从认真工作的角度谈一谈你对会计工作的认识。

第二章　增值税业务资金运动分析与会计处理

学习目标

本章主要阐述了增值税业务所引起的资金运动及其会计核算。通过本章的学习，要求了解增值税的含义及其计税特点，了解增值税可抵扣的依据和具体的税率；熟悉增值税业务的各种特殊处理规则；掌握增值税一般计税方法和简易计税方法所引起的资金运动及其会计核算。

第一节　增值税概述

一、增值税的计税方法与税率

（一）计税方法

增值税的计税方法主要有两种：一般计税方法和简易计税方法。

1.一般计税方法

一般计税方法下，应纳税额是指当期销项税额抵扣当期进项税额后的余额。也就是说，在采购环节企业需要预缴增值税，在销售环节企业需要代收增值税；企业本期应缴纳的增值税税额就等于所代收的销项税额抵减当期所预缴的进项税额之后的余额。

一般计税方法的应纳税额计算公式：

应纳税额=销项税额−进项税额

一般计税方法主要适用于增值税一般纳税人。

2.简易计税方法

简易计税方法下，应纳税额是指按照销售额和增值税征收率计算的应交增值税税额。该金额不得抵扣进项税额。

增值税概述

简易计税方法的应纳税额计算公式：

应纳税额=销售额×征收率

这种方法主要适用于增值税小规模纳税人。增值税一般纳税人发生财政部和国家税务总局规定的特定应税行为，可以选择适用简易计税方法计税，但一经选择，36个月内不得变更。

（二）增值税税率

在不同的时期，增值税税率可能不同。就增值税一般纳税人而言，其增值税税率主要有13%、9%和6%三档税率。具体而言，增值税税率主要有：

（1）销售商品或进口货物，提供加工、修理修配等劳务，提供有形动产租赁服务，税率为13%。

（2）提供交通运输、邮政、基础电信、建筑、不动产租赁服务，销售不动产，转让土地使用权，购进农副产品，税率为9%。

（3）境内单位和个人发生的跨境应税销售行为，税率为0。

（4）出售2009年1月1日前购入的固定资产（不含应征消费税的摩托车、汽车、游艇，其计算时间应从2013年8月1日分割），出售时按3%减按2%征收，开具增值税普通发票；也可以放弃减税，依照3%征收，并可以开具税率为3%的增值税专用发票。2009年1月1日以后购入的固定资产，该固定资产购入时已经抵扣过的（包括可以抵扣但自身原因未抵扣的），出售时按13%的税率缴税，可以开具税率为13%的增值税普通发票或增值税专用发票。

（5）纳税人发生应税行为，除上述情况外，税率为6%。

增值税一般纳税人的特定经济行为也可采用3%的征收率计征。但该简易计税方法一经选择，企业36个月内不得改变。

对于增值税小规模纳税人而言，其增值税征收率为3%。

二、增值税一般纳税人增值税缴纳与企业经营环节

（一）购买环节与增值税预缴

对于增值税一般纳税人而言，在购买环节，企业需要按照购买价的一定比率预缴增值税。该预缴的增值税又称之为增值税进项税额。具体来说，进项税额，是指纳税人购进货物，购买加工修理修配劳务、服务，购进无形资产或者不动产，支付或者承担的增值税税额。该进项税额的金额为：购买价×增值税税率。

（二）销售环节与增值税代收

对于增值税一般纳税人而言，在销售环节，企业需要按照销售价的一定比率代国家向购买方收取增值税。该代收的增值税又称之为增值税销项税额。具体来说，销项税额，是指纳税人发生应税行为时按照销售额和增值税税率计算并收取的增值税税额。

该销项税额的金额为：销售价×增值税税率。这里的销售额不包括销项税额。纳税人采用销售额和销项税额合并定价，应该按照以下公式将含税销售额转换为不含税销售额，其计算公式为：

不含税售价=含税销售价÷（1+增值税税率）

（三）应交税额

应交增值税=当期销项税额-当期进项税额

$$\text{当期销项税额}=\left(\text{当期实现的销售收入}+\text{当期视同销售额}+\text{价外费用}\right)\times\text{适用税率}$$

允许抵扣的进项税额主要包括：（1）从销售方取得的增值税专用发票上注明的增值税税额；（2）从海关取得的海关进口增值税专用缴款书上注明的增值税税额；（3）购进农产品，除取得增值税专用发票或者海关进口增值税专用缴款书外，按照农产品收购发票或者销售发票上注明的农产品买价和一定的扣除率计算的进项税额；（4）从境外单位或者个人购进服务、无形资产或不动产，自税务机关或者扣缴义务人取得的解缴税款完税凭证上注明的增值税税额。

三、增值税小规模纳税人缴纳增值税

增值税小规模纳税人缴纳增值税比较简单。在购进环节，支付的所有价款全部合并在一起，计入所购物资的成本。在销售环节，按照销售收入（不含增值税）乘以增值税征收率，计算确认应缴纳的增值税税额。

第二节　一般纳税人增值税一般性业务资金运动分析与会计处理

一、企业一般性应交税费资金运动分析

（一）一般性应交税费基本资金运动分析

一般企业应交税费所引起的资金运动如图2-1所示。

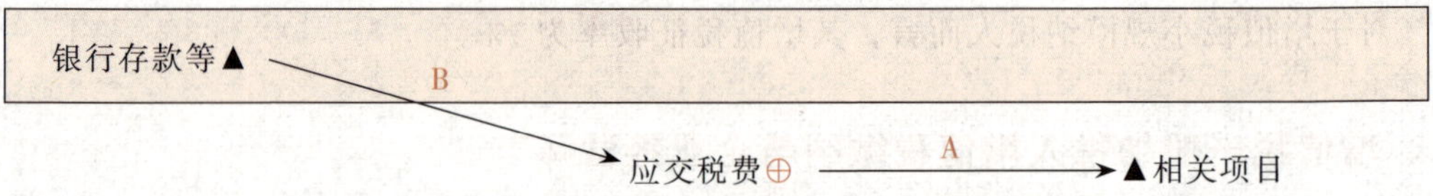

图2-1　一般性应交税费资金运动分析图

在图2-1中，企业首先需要确认相关税费，并同步确认应交税费，其所引起的资金运动如图2-1中A段所示。以后缴纳税款时，企业用银行存款直接冲销应交税费即可，其所引起的资金运动如图2-1中B段所示。

（二）相关性原则对应交税费资金运动的影响分析

一般情况下，图2-1所展示的资金运动过程及其结果已经能够满足企业对于税费管控的需要。在静态的状况下（或在某一时点），图2-1反映了一个结果，即在某一特定时刻企业的税费缴纳情况，该具体情况主要通过"应交税费"项目的余额表现出来。该项目在模型上若是一个沙坑，则其对应的账户余额为贷方余额，反映尚未缴纳的税费；该项目在模型上若是一个沙堆，则其对应的账户余额为借方余额，反映多缴或预缴的税费；该项目在模型上若没有实物形态，则其对应账户的余额为0，反映企业已结清所有的税费。

但在某些情况下，在某一特定时点，我们不仅希望知道"应交税费"的余额情况，而且想知道企业本期截至这一时刻应该缴纳多少税费，本期截至这一时刻已经缴纳了多少税费，从而更好地满足决策有用性。为此，我们需要对图2-1进行技术处理，从而得到图2-2。

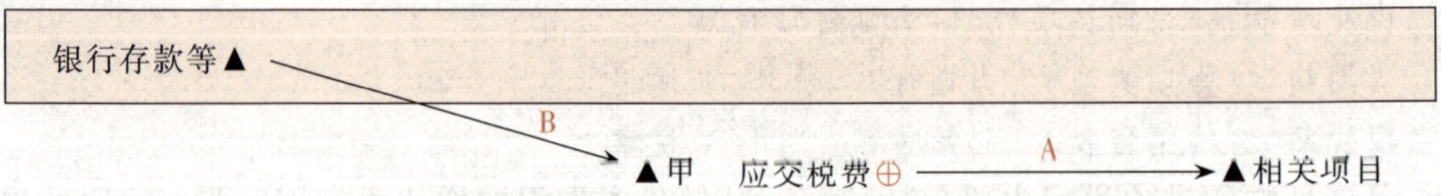

图2-2　相关性原则对应交税费资金运动的影响分析图

从图2-2中可知，B段资金运动的终点原本是流向并冲减"应交税费"项目，但为了获取更多有价值的信息，我们对其进行了管理与控制，使其在"应交税费"项目的附近停留下来，从而形成一个新的项目"甲"。通过这种主动的管控，图2-2就能获取更多有价值的信息。通过"应交税费"项目就可以知道企业本期应该缴纳的税费；通过"甲"项目就可以知道企业本期

实际已缴纳的税费；通过二者之差，就可以得出企业本期期末“应交税费”的余额情况。

资金运动发生的时间先后顺序体现了企业不同的缴税模式，其具体情况见表2-1。

表2-1　资金运动时间顺序与缴税模式关系表

种类	资金运动发生的时间先后	缴税模式
1	A、B同时发生	立即清缴模式
2	先有A，后有B	应缴模式
3	先有B，后有A	预缴模式

在表2-1和图2-2中，如果A段和B段同时发生，这就是一种立即清缴模式。也就是说，企业在确认税费的同时立刻以银行存款支付，A、B两段运动就可以合并为一段。如先有A段后有B段运动，这就是一种应缴模式。也就是说，企业先确认应该缴纳的税费，以后再进行缴纳。如先有B段后有A段运动，这就是一种预缴模式。也就是说，企业先预缴税费，以后再确认应该缴纳的税费，多退少补。

如果孤立地看，B段运动就反映企业缴税，但其到底是预缴还是应缴，就取决于A段运动是否已经发生。

二、企业增值税一般性业务资金运动分析

下面通过一个例题来学习增值税预缴、代收与应缴所引起的资金运动。

增值税基本业务资金运动分析

【例2-1】（1）企业20×7年3月10日购买材料100万元，增值税税率为13%，款项已用银行存款支付，材料已验收入库（见图2-3，A段）。

这笔业务需要预缴增值税13万元，其所引起的资金运动如图2-3中A1段运动所示。

（2）20×7年6月15日，企业将用该材料所生产的产品出售，售价300万元，增值税税率为13%，款项已收存银行（见图2-3，B段）。

这笔业务企业需要替国家代收增值税，由于代收但尚未代缴，因而形成对国家的债务。代收增值税引起的资金运动如图2-3中B1段运动所示。

（3）企业20×7年6月30日，以银行存款缴纳本期应缴的增值税26万元。

企业代收了39万元增值税，扣除其预缴的13万元的增值税后，企业还需要缴纳增值税26万元。其所引起的资金运动如图2-3中C段运动所示。

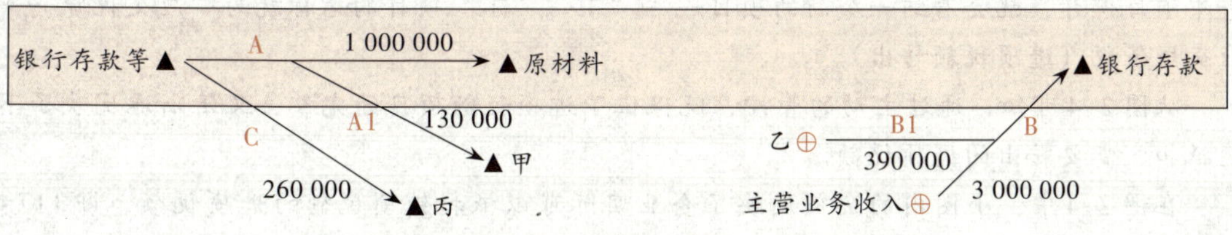

图2-3　增值税一般性业务资金运动分析图

为了方便学习，需要给“甲、乙、丙”三个项目一个规范的称呼。在这里，“甲”项目的名称为“应交税费——应交增值税（进项税额）”；“乙”项目的名称为“应交税费——应交增值税（销项税额）”；“丙”项目的名称为“应交税费——应交增值税（已交税金）”。

就增值税的本意而言，进项税额要想抵扣销项税额，那二者之间一定要有因果关系。也就是说，进项税额之所以能够抵扣销项税额，是因为企业所销售的产品正是用这批材料生产的；企业将这批材料等项目作为投入，通过生产而获得相应的产品产出，投入与产出之间的差额就是增值部分，这部分增值的价值需要缴纳税金，即为增值税。

但在实际工作中，进项税额与销项税额之间很难找到一一对应的因果关系，因为企业的原材料可能是多次购买的，材料在生产过程中可能混合使用，所生产的产品可能是多种多样的。因此，实际工作中，进项税额抵扣销项税额采用的是时间关系配比，即本期的进项税额可以抵扣本期的销项税额，未抵扣完的进项税额留待下一期继续抵扣。

三、原材料等改变用途导致其进项税额不能抵扣的资金运动分析

在某些情况下，若原材料改变用途，从而导致购买这笔原材料所预缴的进项税额不能抵扣的，企业需要将其从进项税额中转出。

【例 2-2】企业领用原材料20万元投入集体福利性质的在建工程项目，该批原材料所预缴的进项税额不允许抵扣。企业的增值税税率为13%，其应转出的进项税额为2.6万元。假设在这笔业务发生之前，其销项税额为200万元，进项税额为120万元，已交税金为20万元。其具体情况如图2-4所示。

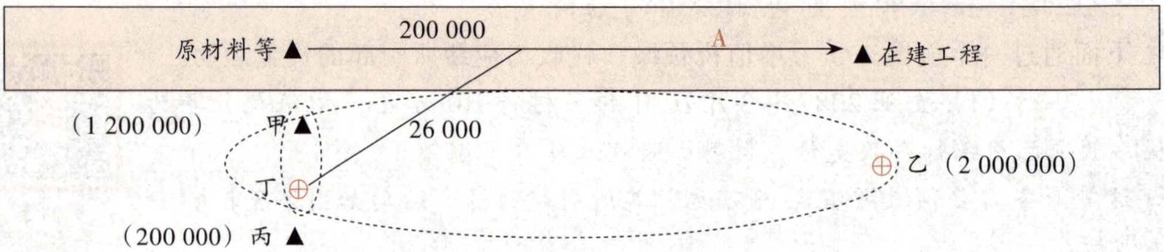

图2-4 进项税额不能抵扣的资金运动分析图

进项税额不能抵扣业务处理

为了满足税务稽查的需要，企业需要保持所有增值税业务原始资料与数据的完整性，而不得对已有的增值税信息做任何修改。以本题为例，企业需要保证进项税额项目120万元的完整性。为此，企业并没有将这不能抵扣的2.6万元进项税额从总的进项税额120万元中直接扣除，而是采用了固化处理的管控方式，类似于对固定资产折旧费用的处理。从图4-4中可知，企业将甲固化为一个整体，资金2.6万元从甲项目的下方流出，从而导致甲项目整体下陷；然后将甲项目挪开，就会看到一个新的项目——“丁”。“丁”项目的名称就为“应交税费——应交增值税（进项税额转出）”。

从图2-4可知，通过主动的管控，既保证了进项税额项目的完整，又清晰地反映了不能抵扣、需要转出的进项税额。

在图2-4中，小圈内的金额反映了企业实际可以抵扣销项税额的进项税额，即117.4万元。大圈内的金额，就是企业销项税额抵减实际可以抵扣的进项税额后，企业应该缴纳的增值税税额，即为82.6万元。大圈内的金额82.6万元再扣除已交税金20万元，就得到62.6万元；该金额就是企业尚未缴纳的增值税税额，反映了在这一时刻企业对国家所承担的应交未交的债务。

四、应交增值税期末余额结转资金运动分析

在资产负债表日，企业需要将“应交税费——应交增值税”项目的余额全部结转到“应交税费——未交增值税”项目上。

应交增值税期末余额结转

（一）转出未交增值税资金运动分析

【例2-3】接【例2-2】，企业期末“应交税费——应交增值税”项目的相关明细资料如下：销项税额200万元，进项税额120万元，已交税金20万元，进项税额转出2.6万元，其具体情况如图2-5所示。企业需要将“应交税费——应交增值税”项目余额结转到“应交税费——未交增值税”项目。

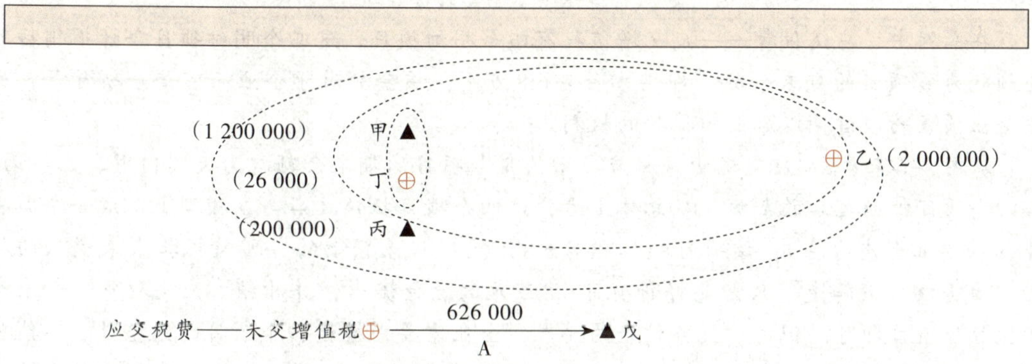

图2-5　应交增值税期末余额结转资金运动分析图1

在本例中，“应交税费——应交增值税”有四个明细项目，这四个明细项目合计抵销后的金额就为该项目的期末余额，即贷方余额62.6万元。该金额对于企业而言是一项负债，反映企业应交未交的税费。

从图2-5来看，“应交税费——应交增值税”项目的期末余额就为大圈内甲、乙、丙、丁四个项目抵销之后的余额。从总体上看，这四个项目抵销之后会在模型上形成一个新项目（以沙坑形态存在），该项目的容积为62.6万元，代表应交未交的税费。要将该余额转走，资金只需从“应交税费——未交增值税”项目流出62.6万元，并冲销这个新项目即可。但由于税务稽查的要求，企业需要保持这四个项目的完整性，不能将其相互进行抵销。这样，从“应交税费——未交增值税”项目流出的62.6万元资金并没有真正去冲销甲、乙、丙、丁这四个项目，而是暂时在其附近停留下来，从而产生了一个新的项目——“戊”。“戊”项目的名称为“应交税费——应交增值税（转出未交增值税）”。其具体资金运动如图2-5中A段运动所示。

从图2-5可知，“应交税费——应交增值税”项目有五个明细项目：甲、乙、丙、丁、戊。其中“戊”项目在这里起一个抵销的作用，该项目就是用来抵减大圈内甲、乙、丙、丁这四个项目的余额，从而使得“应交税费——应交增值税”项目的总体余额为零，最终达到将其余额结转的目的。

（二）转出多交增值税资金运动分析

【例2-4】企业期末“应交税费——应交增值税”项目的相关明细资料如下：销项税额130万元，进项税额120万元，已交税金20万元，进项税额转出3.2万元，其具体情况如图2-6所示。企业需要将“应交税费——应交增值税”项目余额结转至“应交税费——未交增值税”项目。

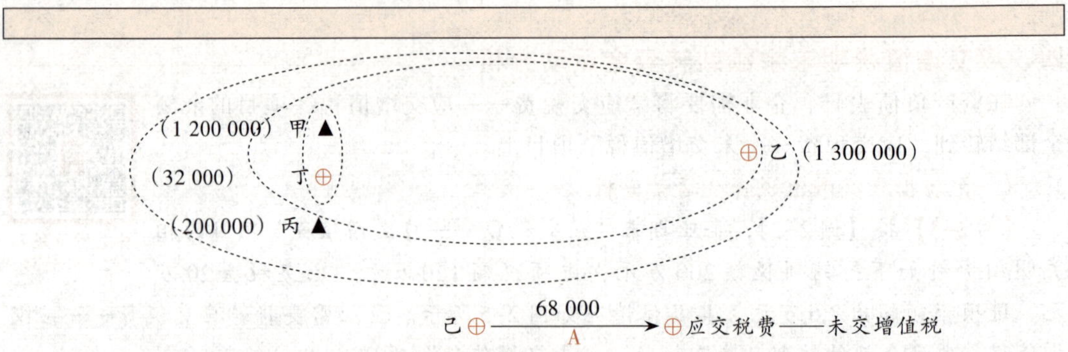

图2-6 应交增值税期末余额结转资金运动分析图2

在本例中，应交税费——应交增值税有四个明细项目，这四个明细项目合计抵销后的金额就为该项目的期末余额，即借方余额6.8万元。该余额对于企业而言是一项资产，反映企业预缴的、留待以后抵扣税款的权利。

从图2-6来看，"应交税费——应交增值税"项目的期末余额就为大圈内甲、乙、丙、丁四个项目抵销之后的余额。从总体上看，这四个项目抵销之后会在模型上形成一个新项目（以沙堆形态存在），该项目的体积为6.8万元，代表预缴的、留待抵扣未来税款的权利。要将该余额转走，只需要将新项目6.8万元的资金流出，并冲销"应交税费——未交增值税"项目即可。但由于税务稽查的要求，企业需要保持这四个项目的完整性，不能将其相互抵销。因此，只能将这四个项目固化，资金6.8万元从其下方流出；相应的，这四个项目就会自动"下陷"。当我们把固化的甲、乙、丙、丁项目挪开时，就会产生一个新的项目（以沙坑形态存在）——"己"。"己"项目的名称为"应交税费——应交增值税（转出多交增值税）。"其具体资金运动如图2-6中A段运动所示。

从图2-6可知，"应交税费——应交增值税"项目有五个明细项目：甲、乙、丙、丁、己。其中"己"项目在这里起一个抵销的作用，该项目就是用来抵减大圈内甲、乙、丙、丁的余额，从而使得"应交税费——应交增值税"项目的总体余额为零，最终达到将其余额结转的目的。

五、增值税一般性业务资金运动整体流程图

企业增值税一般性业务资金运动整体流程如图2-7所示。

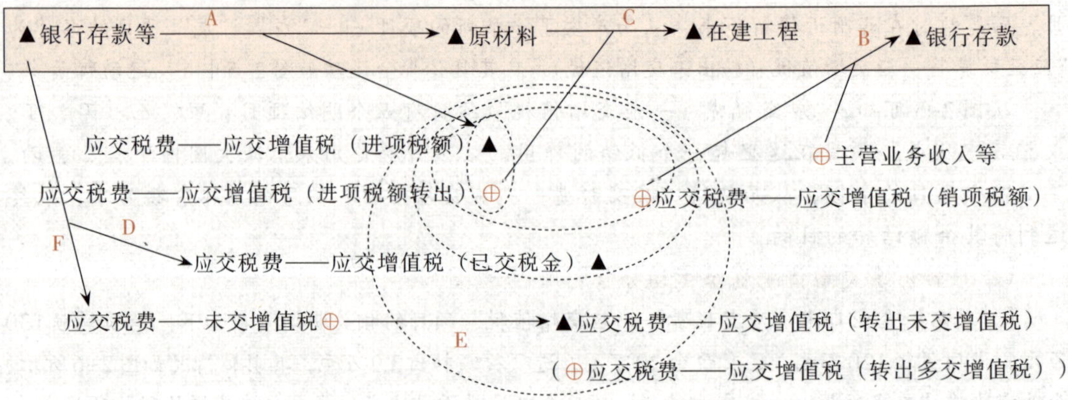

图2-7 增值税一般性业务资金运动整体流程图

从业务角度来看，图2-7中不同的资金运动反映不同的增值税业务。其具体情况为：(1) A段运动反映进项税额的发生；(2) B段运动反映销项税额的发生；(3) C段运动反映进项税额的转出；(4) D段运动反映企业缴纳本期增值税；(5) E段运动反映期末将“应交税费——应交增值税”余额转入“应交税费——未交增值税”；(6) F段运动反映缴纳上期应付未付的增值税。

增值税一般业务综合分析

从逻辑关系的角度来看，图2-7中大小不同的圈分别有着不同的经济含义。其具体情况为：(1) 小圈内的总金额，反映企业实际可以抵扣的进项税额；(2) 中圈内的总金额反映企业本期应缴纳的增值税税额；(3) 大圈内的总金额反映企业期末应交增值税余额，该余额需要期末进行结转；(4) 特大圈内的总金额反映“应交税费——应交增值税”项目的各子项目的余额抵销后为零，即特大圈内的总金额抵销后为零（虽然各子项目余额不一定为零）。

六、增值税一般性业务举例

【例2-5】甲公司为增值税一般纳税人，适用增值税税率13%。20×7年3月初，“应交税费——未交增值税”账户贷方余额为30万元。

本月发生了下列业务，要求：(1) 编制这些业务的会计分录；(2) 计算20×7年3月底应缴纳的增值税和月末应缴未缴的增值税或多缴的增值税，并对其期末余额进行结转。

(1) 3月10日，购进材料，价款200万元，增值税26万元，取得了增值税专用发票。该款项已以银行存款支付，材料尚未验收入库。

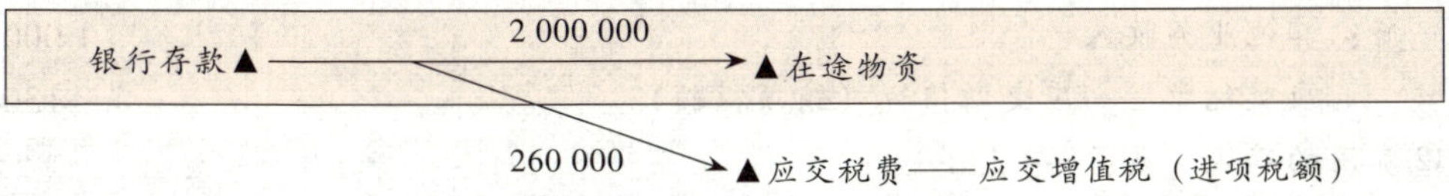

借：在途物资　　2 000 000

　　应交税费——应交增值税（进项税额）　　260 000

　贷：银行存款　　2 260 000

(2) 3月15日，销售产品售价500万元（不含税），货款尚未收到。该批产品的成本为200万元（见图2-8）。

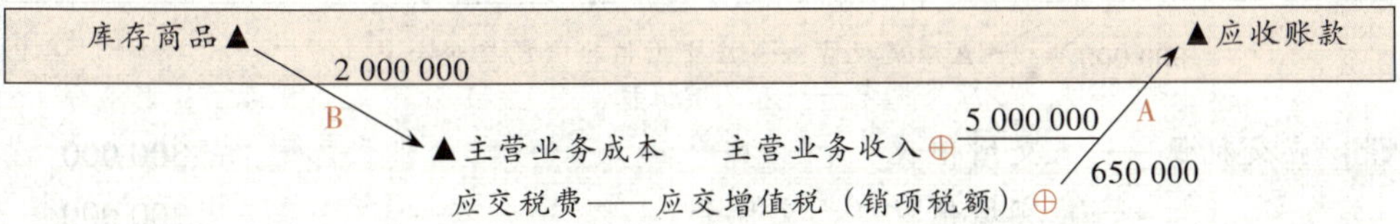

图2-8　甲公司资金运动分析图1

①收入的取得（见图2-8，A段）：

借：应收账款　　5 650 000

　贷：主营业务收入　　5 000 000

　　　应交税费——应交增值税（销项税额）　　650 000

增值税一般业务举例

②费用的确认（见图2-8，B段）：

借：主营业务成本　　2 000 000

　贷：库存商品　　2 000 000

（3）3月17日，集体福利性质工程领用原材料50万元（不含税），该批材料的进项税额不能抵扣，应予转出。

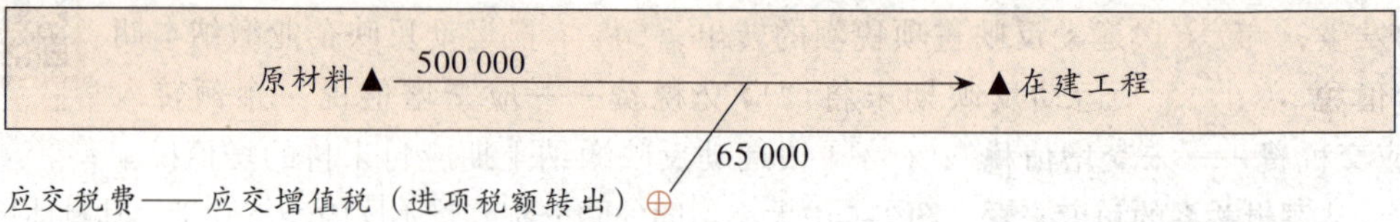

借：在建工程　565 000

　贷：原材料　500 000

　　应交税费——应交增值税（进项税额转出）　65 000

（4）3月20日销售材料，成本为60万元，售价为100万元（不含税），货款已收存银行（见图2-9）。

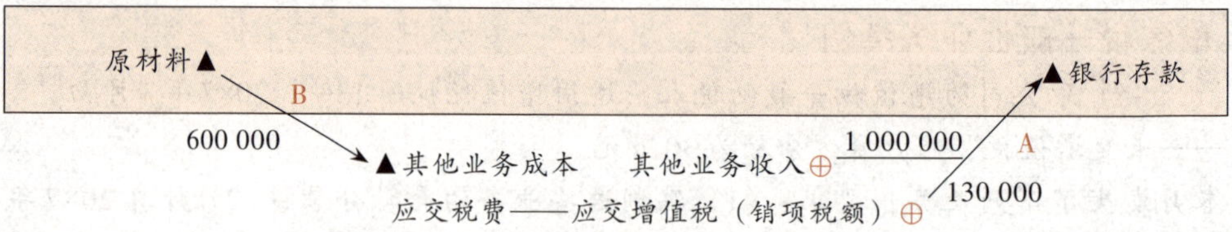

图2-9　甲公司资金运动分析图2

①收入的取得（见图2-9，A段）：

借：银行存款　1 130 000

　贷：其他业务收入　1 000 000

　　应交税费——应交增值税（销项税额）　130 000

②费用的确认（见图2-9，B段）：

借：其他业务成本　600 000

　贷：原材料　600 000

（5）3月28日，以银行存款缴纳增值税50万元，其中30万元是上月未缴的税费。

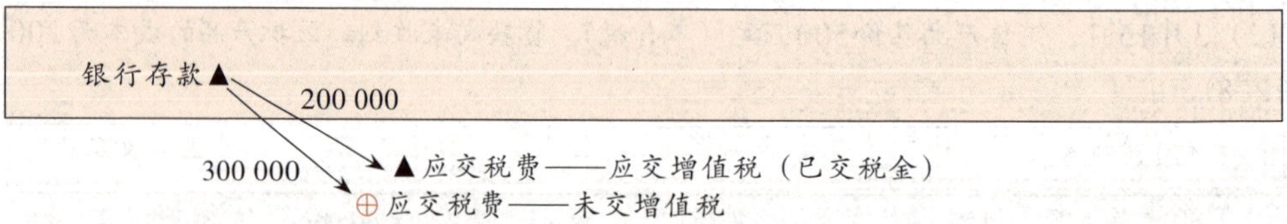

借：应交税费——未交增值税　300 000

　　——应交增值税（已交税金）　200 000

　贷：银行存款　500 000

（6）3月31日，计算本月底应交增值税期末余额，并进行期末余额结转。

3月份应交增值税期末余额=65+13-（26-6.5）-20=38.5（万元）

该余额属于应缴未缴的税费。

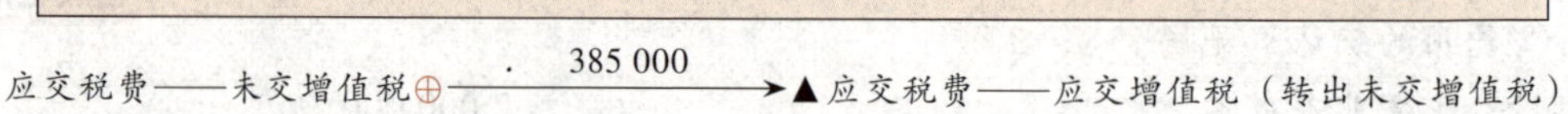

借：应交税费——应交增值税（转出未交增值税）　385 000

　　贷：应交税费——未交增值税　　385 000

假如3月份“应交税费——应交增值税”项目的期末余额为借方余额10万元。该余额就属于企业预缴的、留待抵扣未来税款的权利。其资金流程图为：

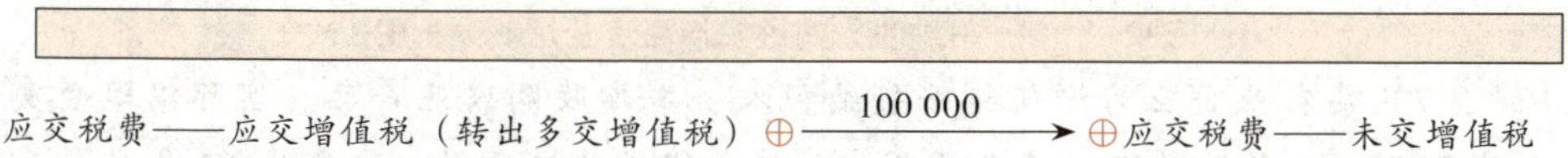

借：应交税费——未交增值税　　100 000

　　贷：应交税费——应交增值税（转出多交增值税）　　100 000

第三节　增值税特殊业务资金运动分析与会计处理

一、一般纳税人购进免税产品资金运动分析与会计处理

按《中华人民共和国增值税暂行条例》的规定，对农业生产者销售的自产农业产品、古旧图书等部分项目免征增值税。企业销售免征增值税项目的货物，不能开具增值税专用发票，只能开具普通发票。企业购进免税产品，一般情况下不能扣税。其所引起的资金运动如图2-10所示。

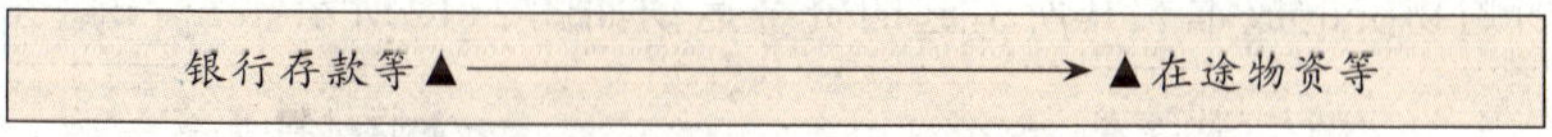

图2-10　免征增值税产品购进资金运动分析图

二、一般纳税人购进货物，未取得增值税专用发票资金运动分析与会计处理

一般纳税人购进货物，如未取得增值税专用发票，应将其所支付的全部价款作为所购物资的成本。其所引起的资金运动和图2-10相同。

【例2-6】甲企业是一般纳税人，向乙企业购入原材料一批，取得的普通销售发票上注明的金额为11.6万元，发票等结算凭证已到，货款尚未支付，材料已验收入库。

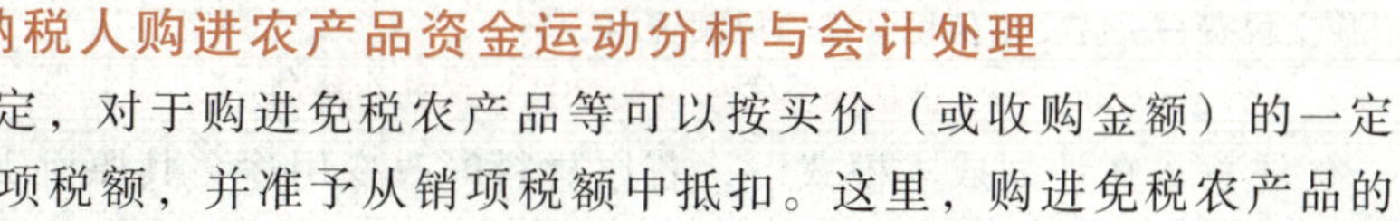

借：原材料　　116 000

　　贷：应付账款　　116 000

免税、未取得专用发票与农产品购进业务

三、一般纳税人购进农产品资金运动分析与会计处理

税法规定，对于购进免税农产品等可以按买价（或收购金额）的一定比率计算进项税额，并准予从销项税额中抵扣。这里，购进免税农产品的买价是指企业购进免税农产品支付给农业生产者的价款等。在会计核算中，一般是将购进免税产品有关凭证上确定的金额（买价）或者按收购金额，扣除一定比例的进项税额（目前的扣除比率一般为9%），作为购进农业产品的成本。其所引起的资金运动如图2-11所示。

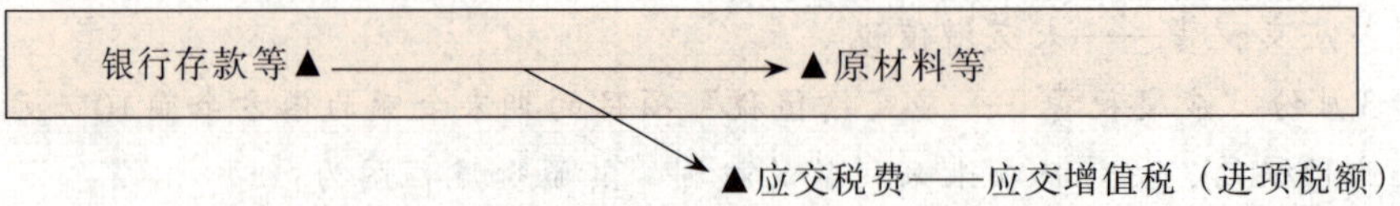

图2-11　一般纳税人购进农产品资金运动分析图

【例2-7】某农业企业为增值税一般纳税人，本期收购农业产品，实际以现金支付的总价款为20万元，收购的农业产品已验收入库。假设其进项税扣除率为9%。

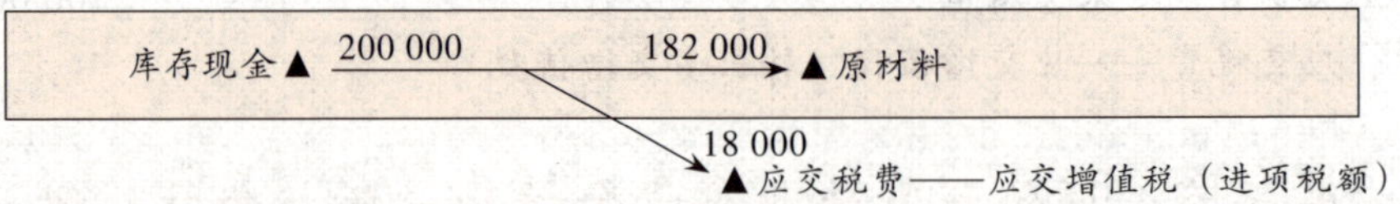

借：原材料　　182 000

　　应交税费——应交增值税（进项税额）　　18 000

　贷：库存现金　　200 000

四、进项税额不予抵扣业务资金运动分析与会计处理

（一）购买时就确定不能抵扣的进项税额

企业在购买时就已经确定所预缴的进项税额不能抵扣的，该进项税额应该与购买价格合并，计入所购物资的成本。其所引起的资金运动如图2-12所示。

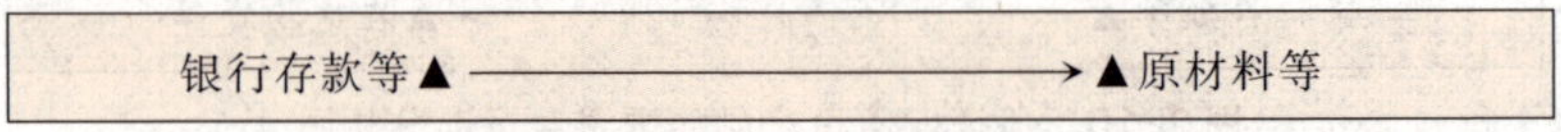

图2-12　购进时就确定进项税额不能抵扣业务资金运动分析图

这类项目主要有：(1) 用于简易计税方法计税项目、免征增值税项目；(2) 集体福利或者个人消费的购进货物、加工修理修配劳务、服务、无形资产和不动产；(3) 购进的贷款服务、餐饮服务、居民日常服务和娱乐服务。

职工集体福利事业主要包括：职工食堂、浴室、托儿所、医务室以及生活供应等各项集体事业。集体福利的福利形式，主要包括：住房福利、交通福利、饮食福利、教育培训福利、医疗保健福利、带薪休假、文化旅游福利等。

（二）购买时可以抵扣，但后来改变用途导致不能抵扣的进项税额

企业在购买时，按价税分离处理的原则进行处理；以后改变用途时，企业需要将原作为进项税额的增值税转出。其进项税额转出引起的资金运动如图2-13所示。

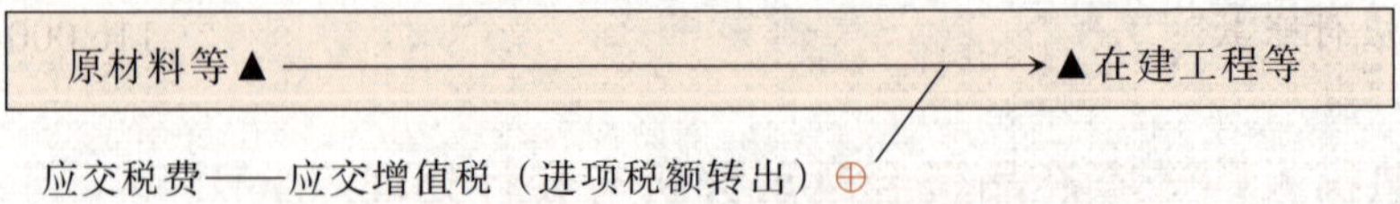

图2-13　进项税额不能抵扣的资金运动分析图

增值税不予抵扣业务分析

注意：在计划成本模式下，若原材料等改变用途，其原所支付的进项税额不能抵扣的，其转出金额不能以其计划成本来计算，而应该以其实际成本来计算。

这类业务主要有两种情况：

一种是与“非正常损失”相关。按照税法的规定，与“非正常损失”相

关的增值税进项税额不得抵扣。这些非正常损失主要包括：（1）非正常损失的购进货物，以及相关的加工修理修配劳务和交通运输服务；（2）非正常损失的在产品、产成品所耗用的购进货物、加工修理修配劳务和交通运输服务；（3）非正常损失的不动产及其所耗用的、不动产在建工程所耗用的购进货物、设计服务和建筑服务。税法所指的“非正常损失”主要包括以下两种情况：（1）因管理不善造成货物被盗、丢失、霉烂变质的情形；（2）因违反法律法规造成货物或者不动产被依法没收、销毁、拆除的情形。

另一种是其他相关规定。这类业务主要包括：（1）非生产用固定资产或在建工程所耗用的购进货物、设计服务和建筑服务；（2）已抵扣的进项税额，需要分期抵扣而转出的；（3）出口退税时，税法规定不予退税的部分，计入出口物资成本（如主营业务成本等）。

五、视同销售业务资金运动分析与会计处理

按《中华人民共和国增值税暂行条例实施细则》的规定，对于企业将自产、委托加工或购买的货物分配给股东或投资者，将自产、委托加工的货物用于集体福利和个人消费等行为，视同销售货物，需计算缴纳增值税。存货耗费与视同销售行为的关系分析见表2-2。

表2-2　存货耗费与视同销售行为关系分析表

存货				增值税		主要业务种类
流出企业	产权变动	计量模式	有无增值活动	视同销售	增值税处理	
是	是	公允价值	—	是	应交税费——应交增值税（销项税额）	以存货抵偿债务、非货币性资产交换（含对外投资）、发放职工个人福利、发放股利等
否	否	实际成本	无	否	不影响，或应交税费——应交增值税（进项税额转出）	将原材料用于生产用在建工程（不影响），将原材料用于非生产用在建工程（进项税额转出）
			有	是	应交税费——应交增值税（销项税额）	将自产产品、委托加工物资等用于非生产用在建工程等

表2-2中的“有无增值活动”，是指该存货在企业是否经过了加工过程。因为存货只有加工过，才可能涉及增值，进而涉及缴纳增值税。从表2-2中还可得知，视同销售具体分为两种情况：（1）确认收入、费用；（2）不确认收入与费用。

（一）作正常的销售处理，确认收入与费用

这类业务的特点是存货已流出企业，该存货的产权已经发生变化。既然涉及产权变动，那么该存货就应该按照正常的市场价格进行销售。在这种情况下，不仅增值税销项税额都以其销售价格为基础，而且要确认收入和费用。其所引起的资金运动如图2-14所示。

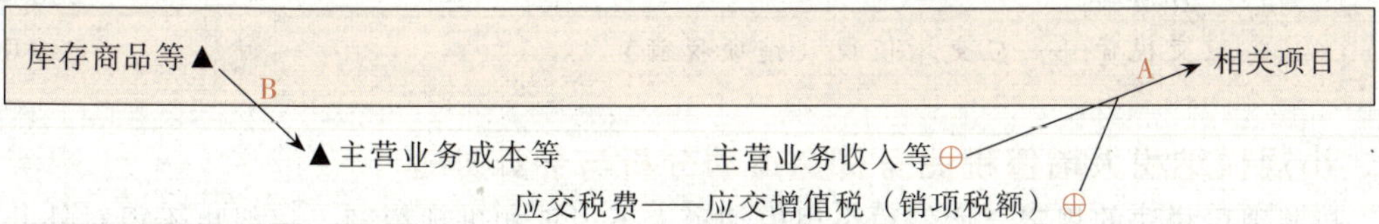

图2-14　作销售处理的视同销售资金运动分析图

【例2-8】甲公司将成本为16万元的原材料，以福利的形式发放给企业员工个人，其估计售价为20万元（如图2-15所示）。该企业的增值税税率为13%。

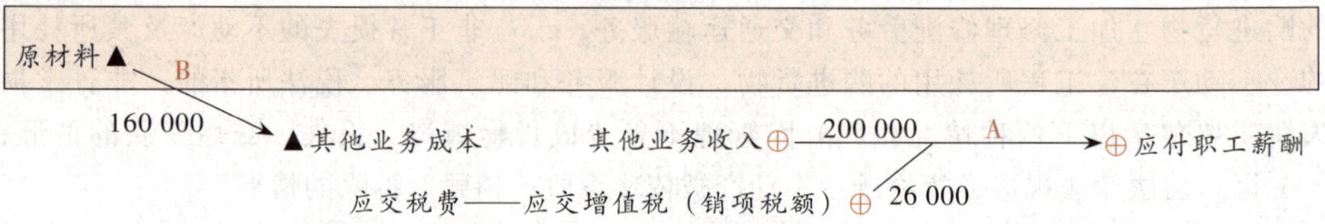

图2-15 甲公司资金运动分析图

①收入的取得（见图2-15，A段）：

借：应付职工薪酬　　226 000

　贷：其他业务收入　　200 000

　　应交税费——应交增值税（销项税额）　　26 000

视同销售业务分析

②费用的确认（见图2-15，B段）：

借：其他业务成本　　160 000

　贷：原材料　　160 000

这类业务实际上相当于一项正常的销售业务。根据其具体情况，图2-14中的相关项目可能是应付账款、换入资产、应付职工薪酬、应付股利等。

（二）不作销售处理，不确认收入与费用

此类业务主要为将自产产品、委托加工物资用于非生产用在建工程，这类业务的特点就是存货并没有流出企业，不涉及存货的产权变动，只是资产内部结构的转换而已。既然不涉及产权的变动，那么该存货就只能按原来的成本进行结转。其所引起的资金运动如图2-16所示。在这种情况下，存货的成本按其历史成本结转，其所引起的资金运动如图2-16中A段所示；增值税销项税额按存货的计税价格计算，其所引起的资金运动如图2-16中B段所示。

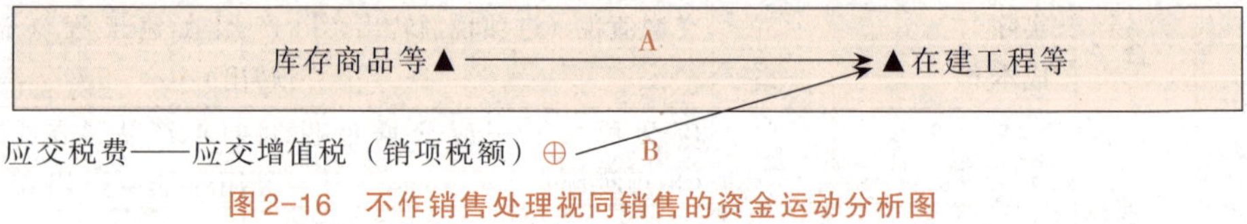

图2-16 不作销售处理视同销售的资金运动分析图

【例2-9】企业将自产产品投入到非生产用在建工程，其成本为20万元，其计税价格为30万元。增值税税率为13%。

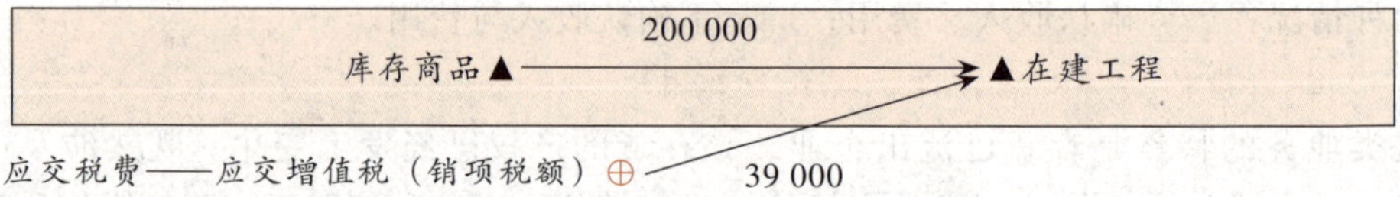

借：在建工程　　239 000

　贷：库存商品　　200 000

　　应交税费——应交增值税（销项税额）　　39 000

六、小规模纳税人增值税业务资金运动分析与会计处理

按照现行税法的规定，增值税小规模纳税人不得抵扣进项税额，一般也不得对外开具

增值税专用发票，其增值税采用简易计税核算方法。因此，即使取得了增值税专用发票，其增值税进项税额也应该与货物的买价一并计入其成本。

小规模纳税人购买货物时，无论是否取得增值税专用发票，一律价税合并计入存货成本。其资金运动如图2-17中A段所示。小规模纳税人销售货物时，按销售额和一定的增值税征收率确认其应纳增值税税额。其资金运动如图2-17中B段所示。

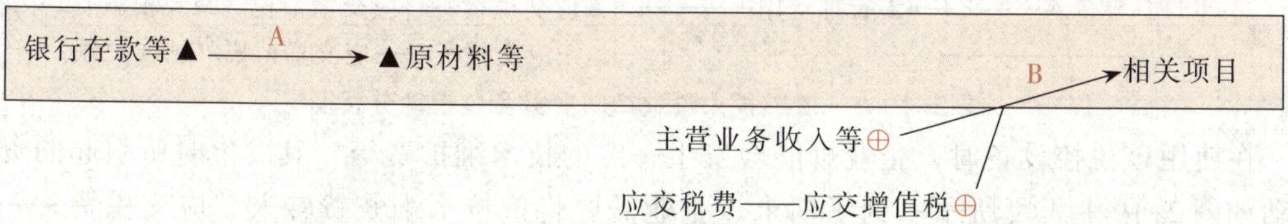

图2-17　小规模纳税人增值税业务资金运动分析图

【例2-10】（1）丁公司是增值税小规模纳税人，购入材料一批，取得增值税专用发票上注明的材料价款20万元，增值税为26 000元，发票等结算凭证已到，货款通过银行转账支付，材料尚未收到（见图2-18，A段）。

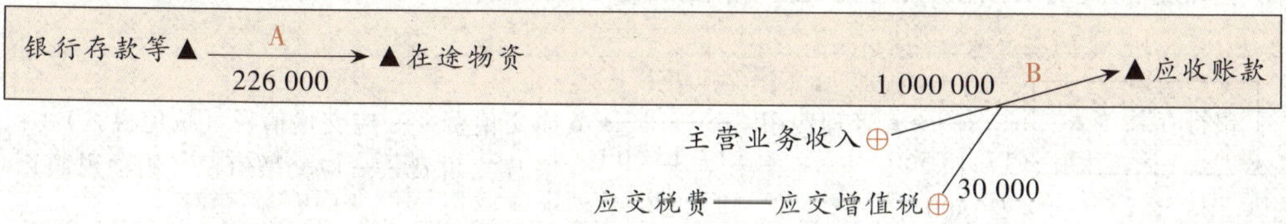

图2-18　丁公司资金运动分析图

借：在途物资　　226 000

　贷：银行存款　　226 000

（2）丁公司本期销售产品，取得销售收入（含增值税）103万元，其增值税税率为3%，货款尚未收到。

含税收入换算为不含税收入：103÷（1+3%）=100（万元）（见图2-18，B段）。

借：应收账款　　1 030 000

　贷：主营业务收入　　1 000 000

　　应交税费——应交增值税　　30 000

小规模纳税人增值税业务处理

七、增值税税控系统专用设备和技术维护费抵减资金运动分析与会计处理

（一）增值税一般纳税人税款抵减业务资金运动分析

税法规定，企业初次购买增值税税控系统专用设备支付的费用及发生的技术维护费允许在增值税应纳税额中全额扣除。

对于一般纳税人而言，企业需单独设置“应交税费——应交增值税（减免税款）”项目。该项目反映按照税法要求，可以抵扣应纳增值税额的、与增值税税控系统相关的专用设备购买和技术维护费等。

企业购买增值税税控系统专用设备，在发生时全部作为管理费用处理，其所引起的资金运动如图2-19中A段所示。到期末时再将其冲减企业本期应缴纳的增值税，但为了保持增值税各明细项目的完整性，该笔业务所引起的资金运动并没有直接冲销“应交税费

——应交增值税（销项税额）”项目，而是通过对该资金运动进行管控，从而在“应交税费——应交增值税（销项税额）”项目的附近停留下来，进而产生一个新的项目——“应交税费——应交增值税（减免税款）”；其所引起的资金运动如图2-19中B段所示。

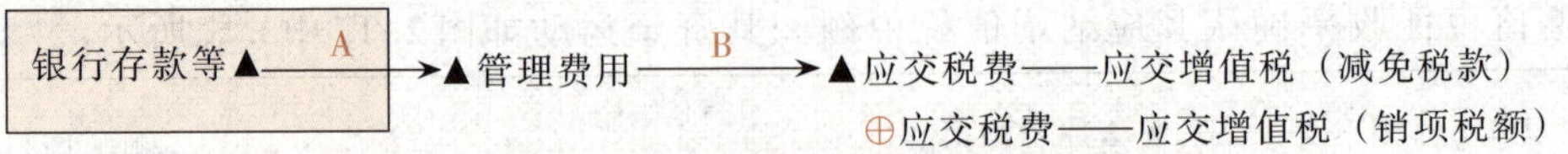

图2-19　一般纳税人税款抵减业务资金运动分析图

在使用该税控设备时，企业可能会发生一定的技术维护费等，其发生时所引起的资金运动如图2-19中A段所示。到了期末，企业需要将该技术维修费转入“应交税费——应交增值税（减免税款）”项目，从而冲减增值税销项税额，其所引起的资金运动如图2-19中B段所示。

【例2-11】（1）甲公司是增值税一般纳税人，公司购入税控专用设备，取得的增值税专用发票注明买价为12 000元，增值税为1 560元。贷款已通过银行转账支付。（如图2-20，A段（1）所示）

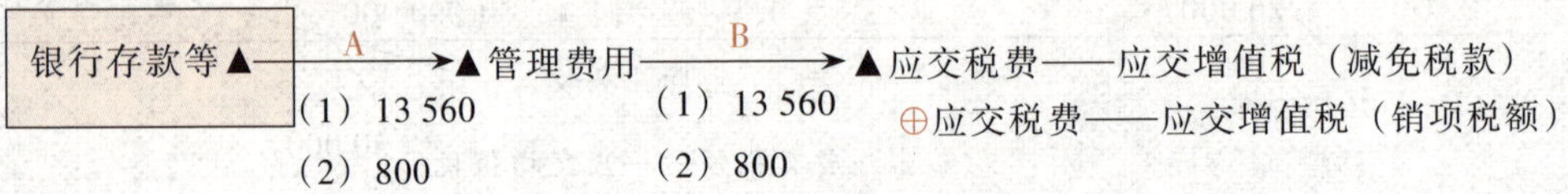

图2-20　一般纳税人税款抵减业务资金运动分析图

借：管理费用　　13 560

　贷：银行存款　　13 560

（2）月末，将其转入减免税款，冲抵本期的应交增值税。（见图2-20，B段（1））

借：应交税费——应交增值税（减免税款）　　13 560

　贷：管理费用　　13 560

（3）甲公司在使用过程中，发生维护费800元，以现金支票支付。期末再将其冲减应交税费。（见图2-20，A、B段（2））

借：管理费用　　800

　贷：银行存款　　800

借：应交税费——应交增值税（减免税款）　　800

　贷：管理费用　　800

税控系统专用设备和维修费减免税款业务

（二）小规模纳税人税款减免业务资金运动分析与会计处理

对于小规模纳税人而言，其税控系统专用设备和技术维修费抵减增值税所引起的资金运动流程和图2-19基本一样。其主要区别主要是小规模纳税人没有销项税额，不设置“应交税费——应交增值税（减免税款）”抵减项目，而是直接冲减“应交税费——应交增值税”项目。其具体资金运动如图2-21所示。

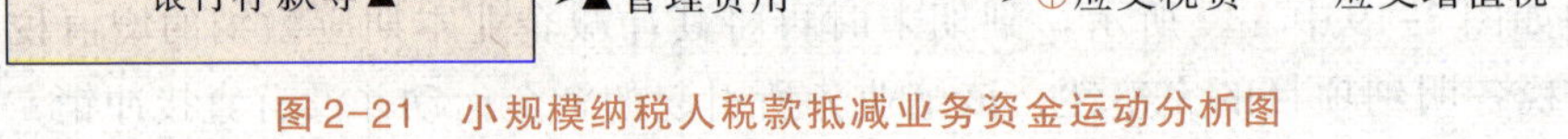

图2-21　小规模纳税人税款抵减业务资金运动分析图

八、差额征税业务资金运动分析与会计处理

根据财政部和国家税务总局增值税相关规定，对于企业发生的某些业务（金融商品转让、经纪代理业务、融资租赁和融资性售后回租业务、一般纳税人提供客运场站服务、试点纳税人提供旅游服务、选择简易计税方法提供建筑服务等）无法通过抵扣机制避免重复征税的，应采用差额征收方式计算应纳增值税。

差额征税业务分析

（一）企业按规定相关成本费用允许扣减销售额的业务处理

1.收入按总额法确认

按照增值税制度的规定，企业发生相关成本费用允许扣减销售额的，会导致增值税销项税额的减少。在采用总额法确认收入的情况下，企业发生成本费用，其所引起的资金运动如图2-22中A段所示。待取得合规增值税扣税凭证且纳税义务发生时，按照允许抵扣的税额，冲减销项税额；在冲减销项税额时，为了保持“应交税费——应交增值税（销项税额）”项目的完整性，资金并没有直接将其冲销，而是在其附近停留下来，从而形成一个新的项目——“应交税费——应交增值税（销项税额抵减）”。其所引起的资金运动如图2-22中B段所示。

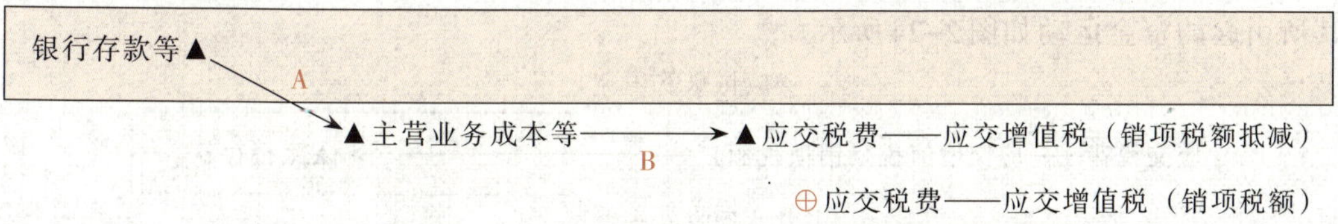

图2-22　差额征税业务资金运动分析图——收入按总额法确认

需要注意的是，如该笔销售业务原采用的是简易计税方法处理的，则不需要单独设立“应交税费——应交增值税（销项税额抵减）”项目，而是直接冲减“应交税费——简易计税”项目（一般纳税人）或“应交税费——应交增值税”项目（小规模纳税人）。

【例2-12】某旅行社为增值税一般纳税人，应交增值税采用差额征税方式核算，其收入确认采用总额法。20×8年10月份，该旅行社为乙公司提供职工境内旅游服务，向乙公司收取含税价款318 000元，其中增值税18 000元，全部款项已收妥入账。旅行社以银行存款支付其他接团旅游公司的旅游费用和其他单位相关费用共计254 400元，其中因允许扣减销售额而减少的销项税额为14 400元。

（1）确认旅游服务收入（见图2-23，A段）。

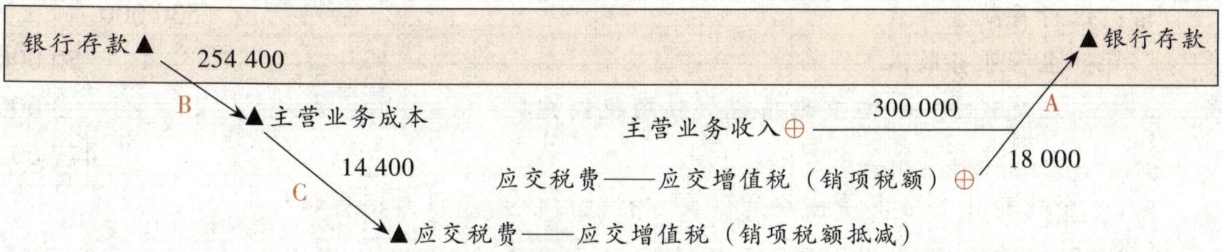

图2-23　某旅行社业务资金运动分析图

借：银行存款　318 000

贷：主营业务收入 300 000

应交税费——应交增值税（销项税额） 18 000

（2）支付旅游费用（见图 2-23，B段）。

借：主营业务成本 254 400

贷：银行存款 254 400

（3）根据增值税扣税凭证扣减销项税额，并调整主营业务成本（见图 2-23，C段）。

借：应交税费——应交增值税（销项税额抵减） 14 400

贷：主营业务成本 14 400

也可将图 2-23 中 B、C 两段合并：

借：主营业务成本 240 000

应交税费——应交增值税（销项税额抵减） 14 400

贷：银行存款 254 400

2.收入按净额法确认

在收入按净额法确认时，允许从销售额中扣除其支付给其他单位的款项应单独确认为应付账款，按销售额扣除支付给其他单位的款项后的净额确认收入及其增值税销项税额。其所引起的资金运动如图 2-24 所示。

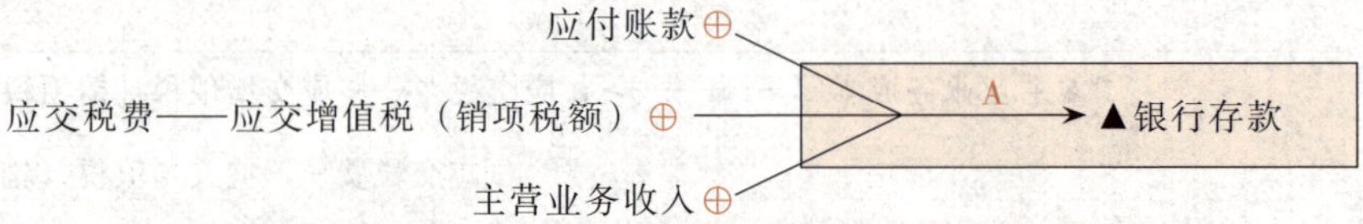

图 2-24 差额征税业务资金运动分析图——收入按净额法确认

【例 2-13】某客运站为增值税一般纳税人，为客运公司提供客源组织、售票、检票、发车、运费结算等服务。该企业采用差额征税的方式，以其所取得的全部价款和价外费用，扣除支付给承运方运费后的余额作为销售额。本期该企业向旅客收取车票款项 530 000 元，应向客运公司支付 477 000 元；剩下的 53 000 元中 50 000 元为销售额，3 000 元为增值税销项税额。其所引起的资金运动如图 2-25 所示。

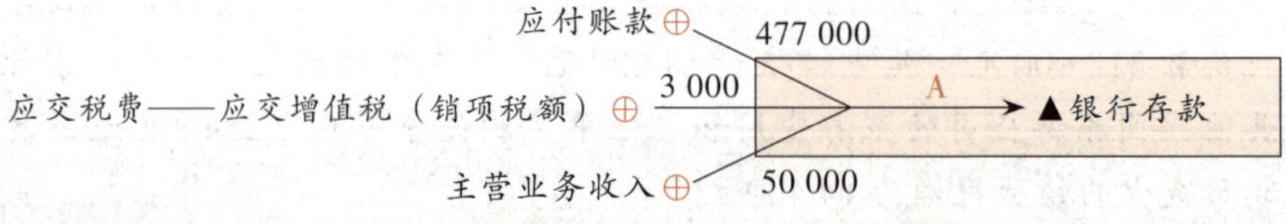

图 2-25 某客运站业务资金运动分析图

借：银行存款 530 000

贷：主营业务收入 50 000

应交税费——应交增值税（销项税额） 3 000

应付账款 477 000

（二）企业转让金融商品按规定以盈亏相抵后的余额作为销售额[①]

（略）

① 本部分内容见“第十一章第七节。”

九、出口退税资金运动分析与会计处理

（一）实现"免、抵、退"的企业

1."免、抵、退"政策的具体内容

有进出口权的企业，出口货物所涉及的增值税业务实行免、抵、退政策。免、抵、退政策的具体内容包括：

（1）"免"。企业货物出口销售时，免征销售环节的增值税。

（2）"抵"。出口货物所耗原材料等项目已缴纳的进项税额，可以抵扣内销货物的应纳税额。就内销产品而言，企业在内销货物时，会代收销项税额；当期内销产品的销项税额抵减当期内销产品所耗用的原材料预缴的进项税额之后的余额，就是企业本期应该缴纳的增值税税额。但由于出口的产品销售是免征增值税的，其所耗用的原材料等项目所缴纳的进项税额就需要予以退还。这样就会导致企业内销产品可能需要补缴税款，而外销产品需要退税。于是，企业出口退税，首先冲销内销产品所需要补缴的税款；不够的部分，国家再退给企业。

（3）"退"。若应退税的税额大于应纳税额，则未抵扣完的税额应予以退还，企业应在实际收到退税款时予以确认。

出口退税业务会计处理

2."免、抵、退"业务资金运动分析

从资金运动的角度来看，由于出口产品免征增值税，企业为出口这批产品所预缴的进项税额就需要予以退还，因此该批进项税额就需要从企业总的进项税额中转出。一般来说，该批进项税额可能有部分不能退回。对于不予退还的部分，企业仍然通过"应交税费——应交增值税（进项税额转出）"项目来反映；该部分资金量需要转入出口物资的成本之中，也就是说转入"主营业务成本"等项目，其所引起的资金运动如图2-26中A段所示。对于应予以退还的部分，为集中反映出口退税的总体情况，企业需要单独设立一个新的项目——"应交税费——应交增值税（出口退税）"来专门反映。该项目产生的原理同"应交税费——应交增值税（进项税额转出）"项目一样，都是固化后技术处理的结果。

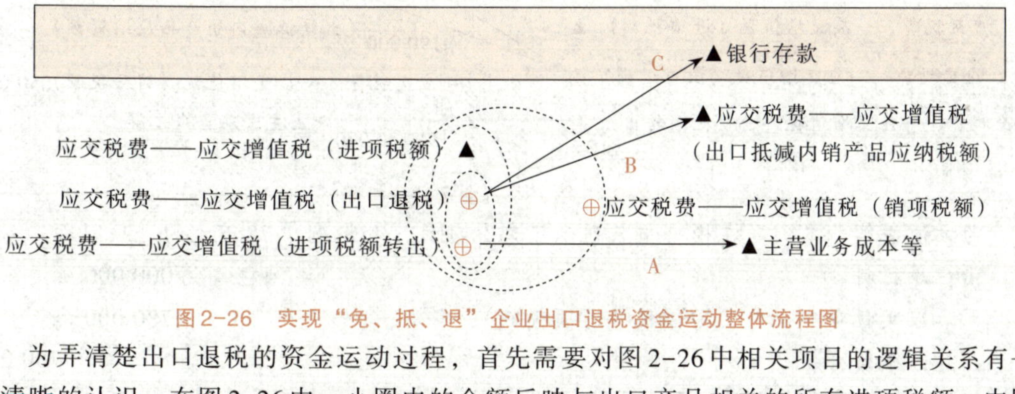

图2-26 实现"免、抵、退"企业出口退税资金运动整体流程图

为弄清楚出口退税的资金运动过程，首先需要对图2-26中相关项目的逻辑关系有一个清晰的认识。在图2-26中，小圈内的金额反映与出口产品相关的所有进项税额；中圈内的金额反映企业可以实际抵扣内销产品销项税额的进项税额；大圈内的金额反映企业当

期内销产品销项税额抵减进项税额后，应补缴的税款。

这里，假设图2-26中大圈的金额为X，“应交税费——应交增值税（出口退税）”项目的金额为Y。

当X>0时，说明企业内销产品需要补缴增值税。在此基础上，如X≥Y，则说明内销产品所应补缴的增值税税额足以满足出口产品退税的需要，企业所有的出口退税额直接抵销内销产品应补缴的税款即可；其所引起的资金运动如图2-26中B段所示。如X<Y，则说明内销产品所应补缴的增值税额不足以满足出口产品退税的全部需要，企业的出口退税额除抵销内销产品应补缴的所有税款外（其资金运动如图2-26中B段所示），余额部分还需要从国家那里得到补偿。企业应该在实际收到国家所支付的退税款时进行相应的确认与计量，其所引起的资金运动如图2-26中C段所示。

如X≤0，则说明企业内销产品不仅不存在需要补缴增值税的义务，而且可能有尚未抵扣的进项税额。因此，企业出口退税就不能指望冲减内销产品的应纳增值税了，因而也就不存在图2-26中的B段运动了。这样，企业所有的出口退税金额都应该在实际收到时进行确认与计量，其资金运动如图2-26中的C段所示。

从图2-26可知，在大圈内金额为正的情况下，企业内销产品需要补缴增值税，其在模型中总体上体现为一个沙坑项目。在出口退税的情况下，资金从“应交税费——应交增值税（出口退税）”项目流出，原本要冲销大圈内的余额，但为了确保大圈内每个项目的完整性，资金并没有直接冲销大圈内的余额，而是暂时在其附近停留下来，从而产生了一个新的项目——“应交税费——应交增值税（出口抵减内销产品应纳税额）”。

【例2-14】甲公司有进出口经营权。某月，企业发生下列业务（“应交税费——应交增值税”项目期初余额为0）。

（1）采购原材料600万元，材料已验收入库，其增值税税额为78万元，全部以银行存款支付（如图2-27所示）。（假设再无其他与进项税额有关的业务）

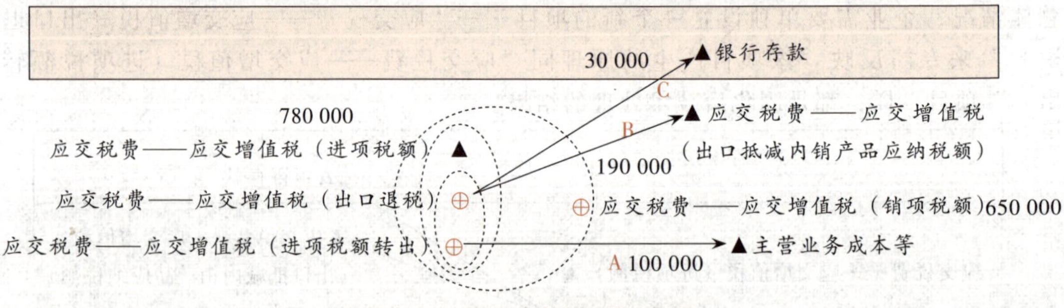

图2-27 甲公司资金运动分析图

为方便讲解，本例题在模型中只列示了部分项目，如本例中78万元的进项税额。

借：原材料	6 000 000
应交税费——应交增值税（进项税额）	780 000
贷：银行存款	6 780 000

（2）国内销售货物500万元，其增值税税额为65万元，款项已全部存入银行（假设再无其他销售）。将其销项税额65万元列示在模型之中。

借：银行存款　　5 650 000

贷：主营业务收入　　5 000 000

应交税费——应交增值税（销项税额）　　650 000

（3）出口货物300万元，款未收到，成本250万元。（假设其将业务1中所购材料耗用了200万元）

借：应收账款　　3 000 000

贷：主营业务收入　　3 000 000

借：主营业务成本　　2 500 000

贷：库存商品　　2 500 000

出口退税会计处理举例

（4）与出口产品相关的进项税额为32万元。按税法的规定，不能免征、抵扣、退还的增值税进项税额为10万元，作为出口货物的成本处理（见图2-27，A段）。

借：主营业务成本　　100 000

贷：应交税费——应交增值税（进项税额转出）　　100 000

（5）可予抵扣的金额：

应予退税的金额32-10=22（万元）

可予抵扣当期内销货物应纳增值税税额=65-（78-32）=19（万元）（见图2-27，B段）。

借：应交税费——应交增值税（出口抵减内销产品应纳税额）　　190 000

贷：应交税费——应交增值税（出口退税）　　190 000

（6）对于未抵扣完的进项税额以后企业实际收到退税款时，确认出口退税。即：22-19=3万元（见图2-27，C段）。

借：银行存款　　30 000

贷：应交税费——应交增值税（出口退税）　　30 000

（二）未实现“免、抵、退”的企业

未实现“免、抵、退”的企业，应该按照所预缴的进项税额的相同金额确认销项税额。其中，不予退税的部分，企业应将其转入所出口物资的成本，其所引起的资金运动如图2-28中的A1段所示；其应退税的部分，应作为“应收出口退税款”项目处理，其所引起的资金运动如图2-28中A2段所示；以后实际收到退税款时，再转换为银行存款，其所引起的资金运动如图2-28中的B段所示。

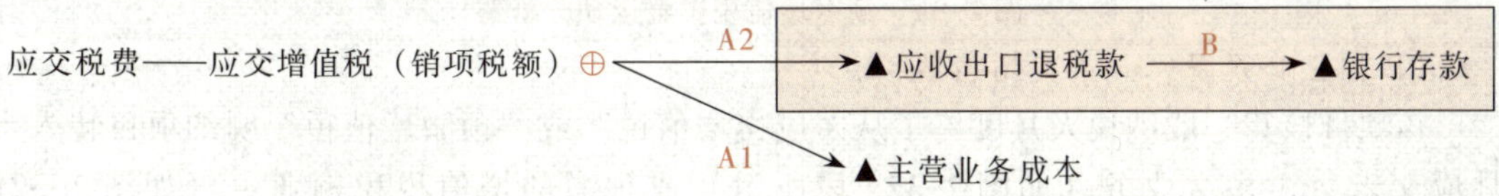

图2-28　未实行“免、抵、退”办法的企业出口退税资金运动分析图

十、增值税其他特殊业务资金运动分析与会计处理

（一）应交税费——待认证进项税额

增值税其他特殊业务分析

该项目核算一般纳税人由于未经税务机关认证而不得从当期销项税额中抵扣的进项税额。其包括：一般纳税人已取得增值税扣税凭证、按照现行增值税制度的规定准予从销项税额中抵扣，但尚未经税务机关认证的进项税额；一般纳税人申请稽

核但尚未取得与稽核结果相符的海关缴款书进项税额。

企业发生相关业务时，其所引起的资金运动如图2-29中A段所示；以后该进项税额可以抵扣时，其所引起的资金运动如图2-29中B段所示。

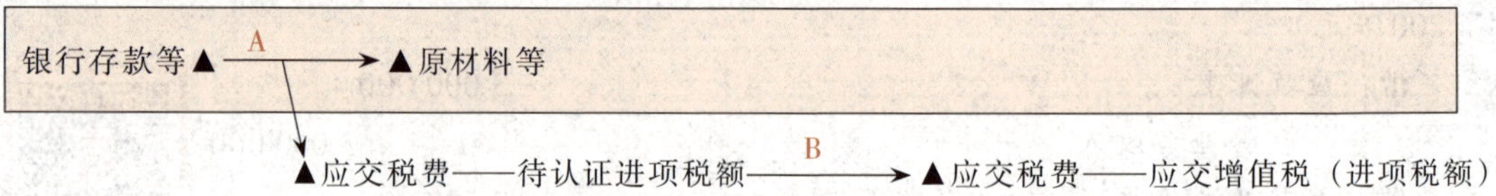

图2-29 待认证进项税额业务资金运动分析图

（二）应交税费——待转销项税额

该项目核算一般纳税人销售货物、加工修理修配劳务、服务、无形资产或不动产，已确认相关收入（或利得）但尚未发生增值税纳税义务而需于以后期间确认为销项税额的增值税税额。企业发生增值税待转销项税额时，其所引起的资金运动如图2-30中A1段所示；以后分期转销时，其所引起的资金运动如图2-30中B段所示。

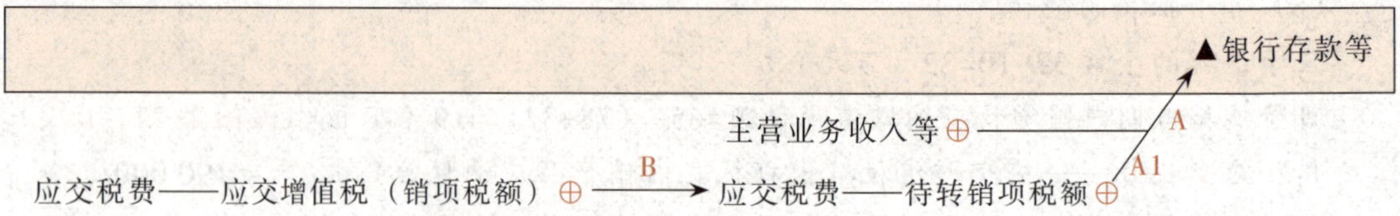

图2-30 待转销项税额资金运动分析图

（三）应交税费——预缴增值税

该项目核算一般纳税人转让不动产、提供不动产经营租赁服务、提供建筑服务、采用预收款方式销售自行开发的房地产项目等，按现行增值税制度的规定应预缴的增值税税额。

企业实际预缴增值税时，其引起的资金运动如图2-31中A段所示；期末，企业需要将其结转到“应交税费——未交增值税”项目，其所引起的资金运动如图2-31中B段所示。

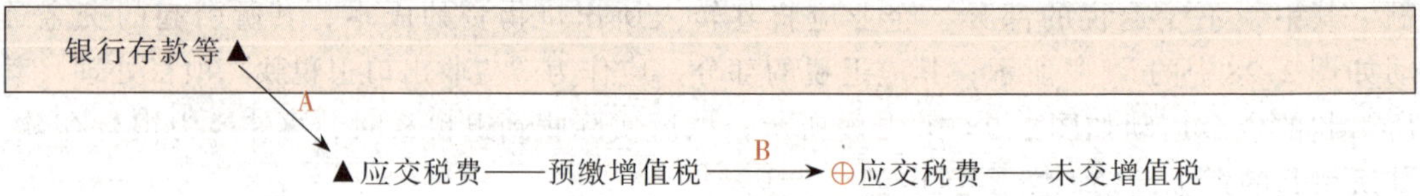

图2-31 预缴增值税资金运动分析图

（四）应交税费——未交增值税

该项目核算一般纳税人月度终了从“应交增值税”或“预缴增值税”明细项目转入当月应交未交、多交业务（如图2-32A段所示）或预缴的增值税税额业务（如图2-32B段所示），以及当月缴纳以前期间未缴的增值税税额业务（如图2-32C段所示）。与“应交税费——未交增值税”项目有关的资金运动如图2-32所示。

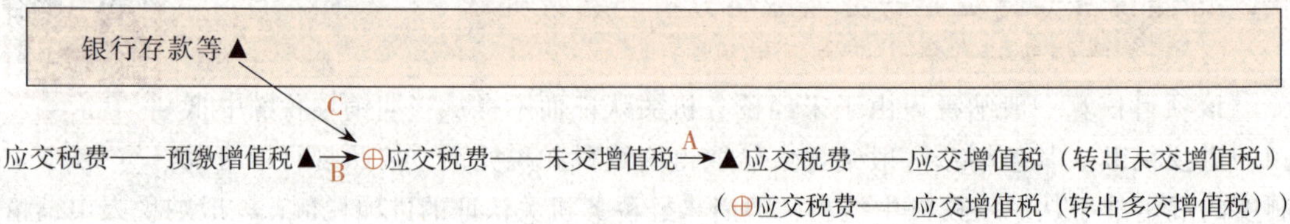

图2-32 未交增值税相关资金运动分析图

（五）应交税费——简易计税

该项目核算一般纳税人采用简易计税方法发生的增值税计提、扣减、预缴、缴纳等业务。其所引起的资金运动如图2-33所示。

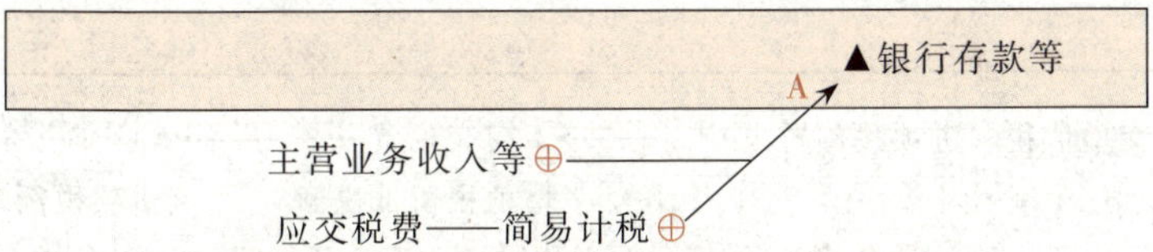

图2-33　简易计税业务资金运动分析图

（六）应交税费——转让金融商品应交增值税

该项目核算增值税纳税人转让金融商品发生的增值税税额。在转让金融商品时，企业应该按盈亏相抵后的余额作为销售额来确认增值税。该增值税的确认一般应发生在金融商品实际转让的月末。

在金融商品实际转让的月末，如产生转让收益，则企业应确认其应交增值税额纳税义务，其所引起的资金运动如图2-34中A段所示。如发生转让损失，则企业应该确认其抵扣下一期税款的权利。其所引起的资金运动如图2-34中A段所示，但其流量为负数。

年末，本项目如有借方余额，则该余额反映企业在这一时刻抵扣税款的权利，企业应该将其冲销。其引起的资金运动如图2-34中A段所示。

图2-34　转让金融产品应交增值税资金运动分析图

对于小规模纳税人而言，其转让金融产品应缴纳的增值税和一般纳税人的处理是完全一样的。

（七）应交税费——代扣代缴增值税

按照现行增值税制度规定，境外单位或个人在境内发生应税行为，在境内未设有经营机构的，应该以购买方为增值税扣缴义务人。

境内一般纳税人购进服务、无形资产或不动产时，应按相关金额确认相关成本费用或资产以及其进项税额，并同步确认其代扣代缴义务。其所引起的资金运动如图2-35所示。

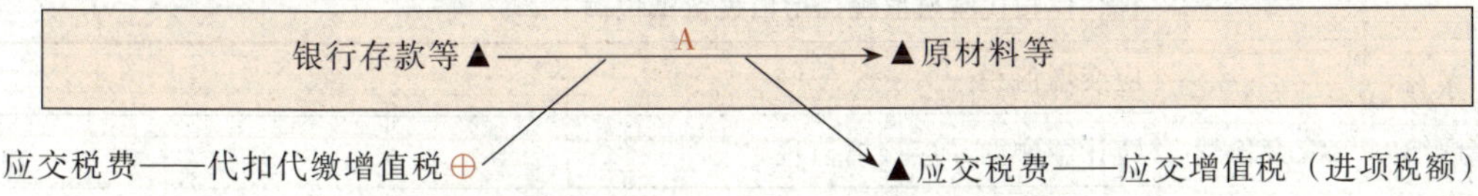

图2-35　代扣代缴增值税资金运动分析图

小规模纳税人涉及相关业务时，其资金运动流程和一般纳税人完全一样。

（八）应交税费——增值税留抵税额

该项目是指兼有销售服务、无形资产或者不动产的原增值税一般纳税人，截至纳入营改增试点之日前的增值税期末留抵税额，按照现行增值税制度规定不得从销售服务、无形资产或不动产的销项税额中抵扣的，应在“应交税费”科目下增设“增值税留抵税额”明细项目。

在纳入“营改增”试点当月月初，原增值税一般纳税人应确认其不得从销售服务、无形资产或不动产的销项税额中抵扣的增值税留抵税额，并将其从进项税额中转出。其所引起的资金运动如图2-36中A段所示。待以后期间允许抵扣时，再将其转入进项税额。其所引起的资金运动如图2-36中B段所示。

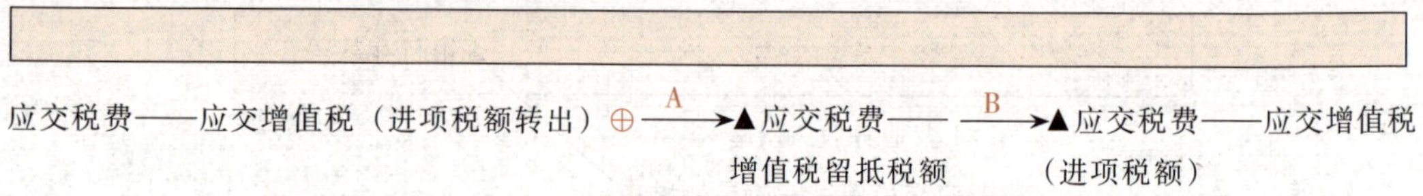

图2-36　增值税留抵税额资金运动分析图

（九）待抵扣进项税额

该项目核算一般纳税人已取得增值税扣税凭证并经税务机关认证，按照规定准予在以后期间从销项税额中抵扣的进项税额。发生待抵扣进项税额时，其所引起的资金运动如图2-37中A段所示。以后允许抵扣时，其所引起的资金运动如图2-37中B段所示。

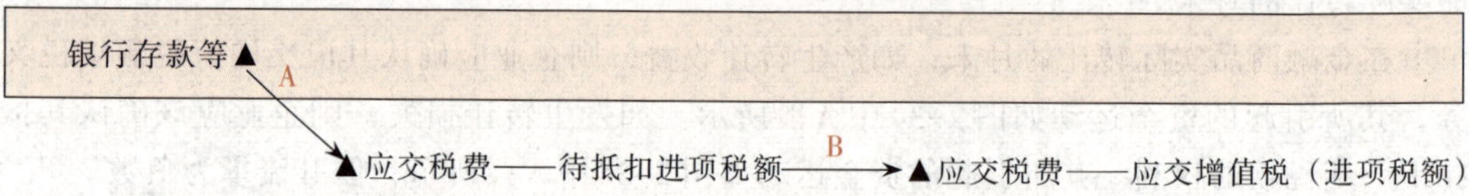

图2-37　待抵扣进项税额业务资金运动分析图

（十）增值税项目设置小结

与增值税有关的项目设置见表2-3。

表2-3　增值税相关项目设置汇总表

纳税人	一级科目	二级科目	三级科目
一般纳税人	应交税费	应交增值税	进项税额、进项税额转出；销项税额，销项税抵减；已交税金；转出未交增值税、转出多交增值税；出口退税、出口抵减内销产品应纳税额；减免税款
		待抵扣进项税额、待认证进项税额、待转销项税额、简易计税、转让金融产品应交增值税、未交增值税、预缴增值税、代扣代缴增值税、增值税留抵税额	
小规模纳税人	应交税费	应交增值税	
		转让金融商品应交增值税	
		代扣代缴增值税	

增值税业务设置这么多明细项目，其原因主要有以下两点：（1）增值税是国家重要的税种，国家需要对其进行严密管理与控制；（2）为满足税务稽查的需要，企业需要提供有关增值税业务所有的、未经任何修正的原始资料。

十一、财务报表相关项目列示

增值税明细项目很多，在编制资产负债表时，需要对这些明细项目进行重新确认与计量。

“应交增值税”“未交增值税”“待抵扣进项税额”“待认证进项税额”“增值税留抵税额”等明细科目期末借方余额应根据情况，在资产负债表中的“其他流动资产”或“其他非流动资产”项目列示。

“应交税费——待转销项税额”等科目期末贷方余额应根据情况，在资产负债表中的“其他流动负债”或“其他非流动负债”项目列示。

“未交增值税”“简易计税”“转让金融商品应交增值税”“代扣代缴增值税”等科目期末贷方余额应在资产负债表中的“应交税费”项目列示。

思考题

1. 应交增值税有哪几种计税方法？各种计税方法是如何进行计税的？
2. 进项税额转出主要包括哪些内容？
3. 哪些经济行为应该视同销售处理？
4. 一般纳税人和小规模纳税人在增值税的处理上有什么不同？
5. 如何理解出口退税的会计处理？

育德育人

小餐馆的大智慧：理解与实践增值税的正面影响

在繁华的都市一角，有一家名为“温馨家园”（虚构）的小餐馆。这家餐馆由李阿姨和她的儿子小张共同经营，以其家常菜的美味和亲民的价格在当地小有名气。随着生意日渐兴隆，小张意识到财务管理的重要性，特别是对国家税收政策的理解与应用，其中增值税成为了他们关注的重点。随着营业额的增长，“温馨家园”达到了增值税纳税的标准。小张发现，如果不能有效管理增值税，餐馆的运营成本将会增加，可能会影响到菜品的价格和顾客的消费体验。如何在遵守税法的同时，保持竞争力，成为摆在他们面前的一个难题。通过学习和分析，小张想出了以下方法来破解这一难题：

（1）学习与培训。小张首先通过参加税务局举办的免费培训班，深入学习了增值税的相关知识，了解了小微企业可以享受的税收优惠政策，比如月销售额不超过10万元的小规模纳税人免征增值税的政策。

（2）优化采购策略。了解到购进农产品等原材料可按收购金额的一定比例计算抵扣进项税额后，小张开始更倾向于选择能够提供增值税专用发票的供应商，有效增加了进项税额的抵扣，降低了实际应缴税款。

（3）数字化管理。小张引入了一套餐饮管理系统，不仅提高了点餐和库存管理的效率，还方便了财务记录，确保每一笔收入和支出都有据可查，为增值税申报提供了准确的数据支持。

（4）透明化经营。为了增强顾客的信任，小张在餐馆显眼的位置公示了合法纳税的证明，并简单解释了增值税的原理及餐馆如何合理纳税，让顾客明白他们的消费也间接支持了国家建设，营造了良好的企业形象。

请思考：面对国家税收政策，尤其是增值税制度，作为小微企业主或创业者，我们如何能像“温馨家园”小餐馆那样，将税收法规的遵守与企业经营管理策略相结合，既履行社会责任，又实现经济效益的最大化？在日常经营中，我们应如何充分利用现有的税收优惠政策，优化成本控制，同时提升企业形象和社会责任感，从而在激烈的市场竞争中脱颖而出？通过这个案例，我们是否能更深刻地理解到，税收不仅仅是义务，更是促进企业健康、长远发展的重要工具？

第三章　权益性筹资资金运动分析与会计处理

学习目标

本章主要阐述了所有者权益业务所引起的资金运动及其会计核算。通过本章的学习，要求了解企业组织形式与所有者权益之间的关系，了解企业资本变动的原因；熟悉不同组织形式下投入资本的不同，熟悉资本公积的内容、盈余公积的组成及其作用等；掌握投入资本、资本公积、盈余公积所引起的资金运动及其会计核算。

第一节　权益性筹资概述

一、所有者权益的概念及特征

所有者权益是指所有者在企业资产中享有的经济利益，其金额为资产减去负债后的余额，即一个会计主体在一定时期所拥有或可控制的具有未来经济利益资源的净额。会计方程式“资产-负债=所有者权益”清楚地说明了所有者权益实质上是一种剩余权益，是企业全部资产减去全部负债后的差额，体现了企业的权益性产权关系。

与负债相比，所有者权益具有如下主要特征：

1.所有者权益不具有优先性

在通常情况下，债权人要求支付利息和偿还本金的权利排在所有者权利之前，所有者权益对企业资源的要求权次于负债。

所有者权益概述

2.所有者权益不具有固定性

企业应支付的负债本金一般是固定的，其所支付的利息通常是按照约定利率计算的。相比之下，对所有者支付的股利往往要随本期收益、留存收益和可供分配现金的数额而变化。

3.所有者权益所产生的义务不具有法定偿还性

债权人要求权的到期日通常是依法或依约事先确定的，会计主体的负债一旦产生，就形成了法定义务，到期必须依法或依约还本付息。而所有者权益并不代表企业的法定义务，应付给投资者的股利也仅仅是经公司股东大会宣告之后才能视为企业的负债。

4.所有者权益不具有时间性

对负债的偿还时间，一般都有明确的法律规定，其时间约束性很强。而所有者权益是一种永久性资本，在一般情况下，投资者不得中途以任何形式将投入资本抽回。

二、所有者权益的构成内容

企业的所有者权益根据其核算的内容和要求，可分为实收资本（股本）、资本公积、其他权益工具、其他综合收益、盈余公积和未分配利润等部分。其中，实收资本（股本）和资本公积统称为投入资本，盈余公积和未分配利润统称为留存收益。

（一）投入资本

投入资本是企业在创办时以及在以后的生产经营过程中，所有者按照公司的章程，或合同、协议的约定，实际投入企业的资本。企业投资者投入资本金额可能与注册资本相同，也可能不同。投资者投入资本与企业注册资本相对应的部分被称为实收资本或股本，投入资本超过注册资本的部分被称为资本公积。

1.实收资本

注册资本是企业向国家市场监督管理部门登记的注册资本数额。《中华人民共和国公司法》和《企业法人登记管理条例》明确规定，企业申请开业，必须具备符合国家规定并与其生产经营和服务规模相适应的资金数额。投入资本正是投资者作为资本投入到企业中的各种资产的价值。为了反映、控制和监督企业注册资本的增减变化情况，维护所有者各方在企业中的权益，企业需要设置“实收资本”项目，该项目在股份有限公司则称为“股本”。

实收资本（或股本）按其投资主体分为国家投入资本、法人投入资本、个人投入资本和外商投入资本。国家投入资本是指有权代表国家投资的政府部门或机构以国有资产投入企业的资本数额；法人投入资本是指企业法人和其他社会法人以其可依法支配的财产向企业投入的资本数额；个人投入资本是指社会个人（自然人）或者本企业的职工以其合法财产向企业投入的资本数额；外商投入资本则是指国外的投资者以及我国香港、澳门特别行政区和台湾地区投资者向企业投入的资本数额。

企业需要在实收资本或股本账户中根据各投资者在企业注册资本中所占的份额设置明细分类账。

2.资本公积

资本公积主要包括资本（或股本）溢价和其他资本公积。资本（或股本）溢价是指企业收到投资者出资额超出其在注册资本中或股本中所占份额的部分。由于其他原因造成所有者权益增加的，一般作为“资本公积——其他资本公积”处理。

（二）留存收益

留存收益是指企业在经营过程中已实现但由于企业经营发展的需要，或由于法定的原因等而没有分配给所有者所累积的盈利。它由盈余公积和未分配利润两部分构成。

1.盈余公积

盈余公积是指企业按照规定从净利润中提取的各种积累资金。一般企业的盈余公积包括如下内容：（1）法定盈余公积。法定盈余公积是指企业按照公司法规定的比例从净利润中提取的盈余公积。（2）任意盈余公积。任意盈余公积是指企业经股东大会或类似机构批准按照规定比例从净利润中提取的盈余公积。

企业的盈余公积可用于弥补亏损、转增资本（或股本）。符合规定条件的企业，也可以用盈余公积分派现金股利。

2.未分配利润

未分配利润是企业留待以后年度进行分配的结存利润，包括两层含义：一是留待以后年度处理的利润；二是未指定特定用途的利润。其在数量关系上可表示为：期初未分配利润+本年净利润-已分配利润=期末未分配利润。

（三）其他权益工具

其他权益工具是指企业发行的除普通股以外，按照金融负债和权益工具区分原则分类为权益工具的部分。对于归类为权益工具的金融工具，无论其名称中是否包含“债”，其利息支出或股利分配都应当作为发行企业的利润分配处理，其回购、注销等作为权益的变动处理。

（四）其他综合收益

其他综合收益，是指企业根据其他企业会计准则规定未在当期损益中确认的各项利得和损失。其包括以后会计期间不能重分类进损益的其他综合收益和以后会计期间满足条件时将重分类进损益的其他综合收益两类。

以后会计期间不能重分类进损益的其他综合收益项目，主要包括重新计量设定收益计划净负债或净资产导致的变动，以及按照权益法核算因被投资单位重新计量设定收益计划净负债或净资产变动导致的权益变动，投资企业按持股比例计算确认的该部分其他综合收益项目。

以后会计期间满足条件时将重分类进损益的其他综合收益项目，主要包括：（1）其他债权投资公允价值变动形成的利得；（2）其他债权投资外币非货币性项目的汇兑损益；（3）金融资产的重分类，将其他债权投资重分类为债权投资、将债权投资重分类为其他债权投资等在重分类时公允价值与账面价值的差额；（4）采用权益法核算的长期股权投资，按照被投资单位实现其他综合收益变动以及持股比例计算应享有或分担的金额；（5）存货或自用房地产转化为投资性房地产之日的公允价值大于账面价值的差额；（6）现金流量套期工具产生的利得或损失中属于有效套期的部分；（7）外币财务报表折算差额等。

三、所有者权益的确认与计量

一般说来，在企业的正常经营活动中，企业的所有者权益变动较少，对它的确认相对较为容易。对投入资本，按所有者在实际投入时予以确认；对资本公积，按构成项目分别确认；对留存收益，则是按收入和费用配比后的结果进行确认。

如前所述，所有者权益是资产减负债后的差额，又称为净资产。可以看出，所有者权益的计量从属于资产和负债的计量，而资产的计量又与资本保全概念相联系。常见的净资产保全概念有货币资本保全观点、一般购买力资本保全观点和实物资本保全观点三种。各种资本保全观点都规定了各自的资本保全要求，从而使所有者权益的量度也有所不同。

货币资本保全观点以投入的货币额保全为条件，因其用名义货币作为计量单位，因此也称名义货币保全观点。在此观点下，所有者权益是所有者在过去投入企业和其他属于净权益持有人的资产份额的货币量之和，所有者权益因利润的实现而增加，因发生亏损而减少；利润分配和减资都会引起所有者权益的减少。货币资本保全观点是目前会计实务的基础，也使所有者权益量度的确定及其分类具有客观性。

一般购买力资本保全观点也称真实净权益保全观点。此种观点将所有者权益视为权益所有者在过去投入企业和留在企业的资产份额，按货币一般购买力计算的总和为资本保全的基础，在保全了期初所有者权益的一般购买力之后的净资产增量才被认为是企业已实现的利润。一般购买力资本保全观点使得所有者权益的计量与货币资本保全观点有所区别，同时，这一量度在投入资本和留存收益之间的划分也存在着差异。

实物资本保全观点将所保全的所有者权益实物以一定的实物量加以衡量。所有者权益不是按发生时的名义货币单位计量，也不是按一般购买力计量，而是以一定的实物数量或特定物价指数折算的货币来计量。通俗地讲，实物资本保全就是要维持企业原有的生产能力与生产规模，只有在维持了其原有的生产能力和生产规模后的结余，才是企业的利润。

第二节　投入资本业务资金运动分析与会计处理

一、投入资本初始投入资金运动分析与会计处理

有限责任公司初始投入资本业务

（一）有限责任公司初始投入资金运动分析

有限责任公司是指由50个以下的股东共同出资组成、每个股东以其认缴的出资额对公司承担有限责任、公司以其全部资产对其债务承担责任的企业法人。

在公司组建时，各投资者按照出资合同、协议或公司章程的规定将资金投入企业。企业需要将投资者投入资本分为两部分：投入资本中与投资者在注册资本中所占份额相等的部分确认为实收资本，其所引起的资金运动如图3-1中A段所示；超过投资者在注册资本中所占份额对应金额的部分，要单独确认为资本公积，其所引起的资金运动如图3-1中B段所示。

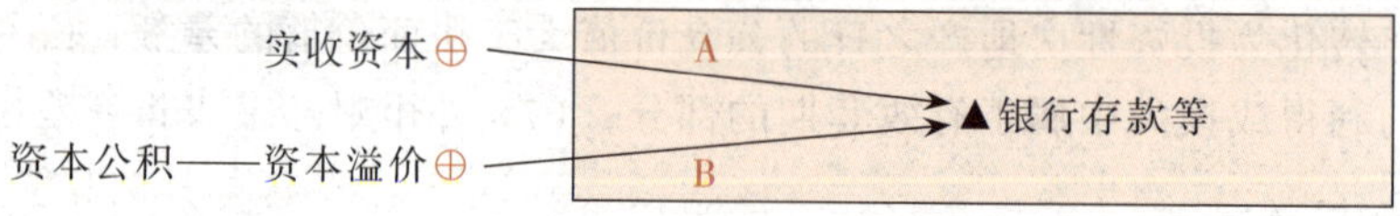

图3-1　有限责任公司初始投入资金运动分析图

【例3-1】甲公司20×3年1月2日由A、B、C三位股东共同出资组建，按照出资协议的规定，A、B、C投资者的出资比例分别为40%、35%和25%，其注册资本总额为200万元。A、B、C三位股东均以货币资金出资。

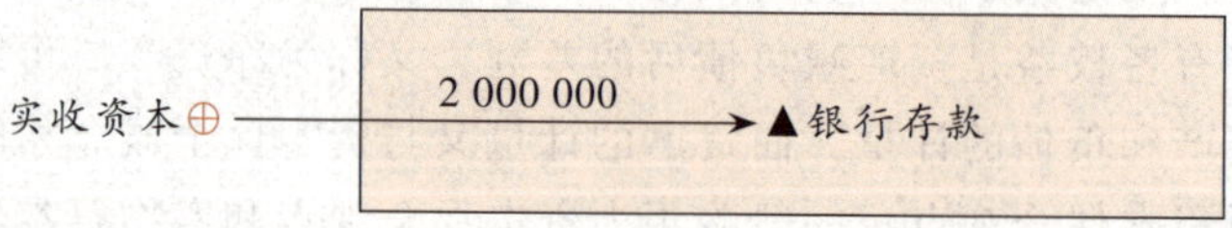

借：银行存款　　2 000 000

　贷：实收资本——A　　800 000

　　　　　　　——B　　700 000

　　　　　　　——C　　500 000

【例3-2】接【例3-1】。20×4年6月30日，经甲公司全体股东一致同意，接受D投

资者加入公司；并将公司注册资本增至300万元。D投资者以货币资金50万元出资，占甲公司注册资本的10%。注册资本剩余增资部分由原股东按原持股比例以货币资金补齐。

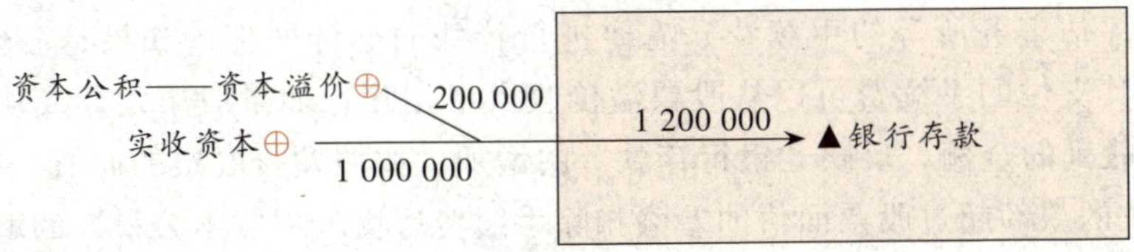

借：银行存款　　　　　　　　　　　　　　　1 200 000
　贷：实收资本——A　　　　　　　　　　　　　　　280 000
　　　　　　　——B　　　　　　　　　　　　　　　245 000
　　　　　　　——C　　　　　　　　　　　　　　　175 000
　　　　　　　——D　　　　　　　　　　　　　　　300 000
　　　资本公积——资本溢价　　　　　　　　　　　　200 000

（二）股份有限公司初始投入资金运动分析

股份有限公司是指注册资本由等额股份构成并通过发行股票或股权证书的方式筹集资本，股东以其所认购的股份对公司承担有限责任，公司以其全部资产对公司债务承担责任的法人。

股份有限公司的设立有两种方式，即发起设立和募集设立。发起设立是指公司的股份全部由发起人认购，公司不向发起人以外的任何人募集股份。而募集设立是指由发起人认购公司应发行股份的一部分，其余部分向社会公开募集而设立公司。

按《中华人民共和国公司法》等法规的规定，股份公司的注册资本等于公司发行股票的数量与每股面值的乘积。企业需要设置股本项目来反映、控制和监督注册资本的增减变化情况。

企业发行股票取得的收入与股本的总额可能存在不一致的情况。公司发行股票取得的收入大于股本总额的，称为溢价发行；小于股本总额的，称为折价发行；等于股本总额的，为面值发行。我国目前不允许企业折价发行股票。

1.发起设立股份有限公司所引起的资金运动分析

采用发起设立方式设立股份有限公司时，因股东是固定的，无须聘请证券商向社会募集股份，因而其筹资费用相对较少，其筹资费用首先冲减资本溢价收入，资本溢价收入不足冲减的，可以直接计入当期的“管理费用”。

企业发行股票筹集资金，与注册资本对应的部分确认为“股本”，其所引起的资金运动如图3-2中A段所示；发行股票所获得的溢价收入扣除相关手续费后确认为“资本公积——股本溢价”，其所引起的资金运动如图3-2中B段所示。

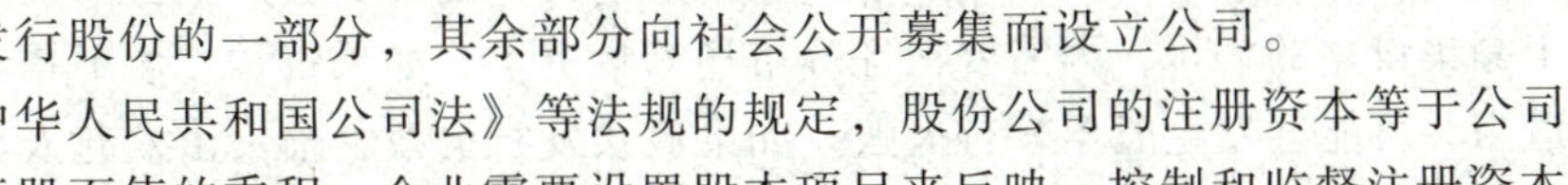

图3-2　股份有限公司发起设立资金运动分析图

股份有限公司初始投入资本业务

2.募集设立股份有限公司所引起的资金运动分析

在采用募集设立方式设立股份有限公司时，其股票发行数量大、费用支出大，其筹资费用（主要是支付给券商、会计师事务所、律师事务所、资产评估事务所等的手续费）需要进行特殊的会计处理。如果是溢价发行股票，其支付的手续费可以从股票溢价收入中扣除；如果股票发行成功，则按实际收到的金额，反映“银行存款”的增加，按照发行股票的面值，反映“股本”的增加，实收的款额超过股票面值的差额扣除手续费后反映“资本公积”的增加。

【例3-3】20×3年3月20日，甲公司委托乙证券公司代理发行普通股40 000 000股，每股面值1元，按每股12元的价格发行。甲公司与乙公司约定，按发行收入的3%收取手续费，从发行收入中扣除。假如收到的股款已存入银行。

公司实际收到的银行存款=40 000 000×12×（1-3%）=465 600 000（元）

“资本公积”金额=发行净收入-股本金额=465 600 000-40 000 000=425 600 000（元）

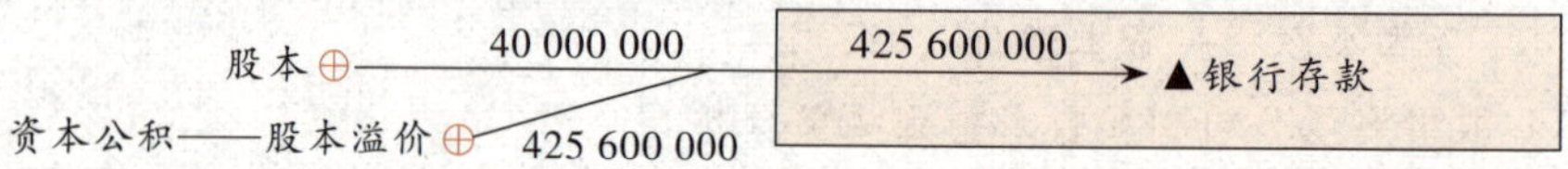

借：银行存款　　465 600 000

　贷：股本　　40 000 000

　　资本公积——股本溢价　　425 600 000

3.股票发行存在失败可能性所引起的资金运动分析

发起设立股份公司时，因所需的资本由发起人认购，通常不会产生公司设立失败的问题。而对于募集设立的公司，因需要在证券市场筹集资本，如果资本市场不景气或股票发行价格不适当，可能会发生股票发行失败。如果股票发行失败，损失由发起人承担。其发行失败损失包括公司的筹建费用、筹建过程中的债务，以及认股款的同期银行存款利息等。如果公司预计股票有可能发行失败，可以通过设立“已认购股本”项目来反映已认购的股份，发行费用先暂时通过长期待摊费用反映，企业发行股票的收入扣除发行费用后余额反映货币资金的增加，其所引起的资金运动如图3-3中A段所示。一旦股票发行成功，则将“已认购股本”所反映的资金量全部转入“股本”和“资本公积——股本溢价”项目，其所引起的资金运动如图3-3中B段所示；同时还需要将长期待摊费用转为企业的管理费用。一旦股票发行失败，则退还其认购款，其所引起的资金运动如图3-3中C段所示；此外，发起人还需要承担相应的股票发行失败损失，其发行失败损失应计入长期待摊费用，其所引起的资金运动如图3-3中D段所示。股票发行存在失败的可能性所引起的资金运动如图3-3所示。

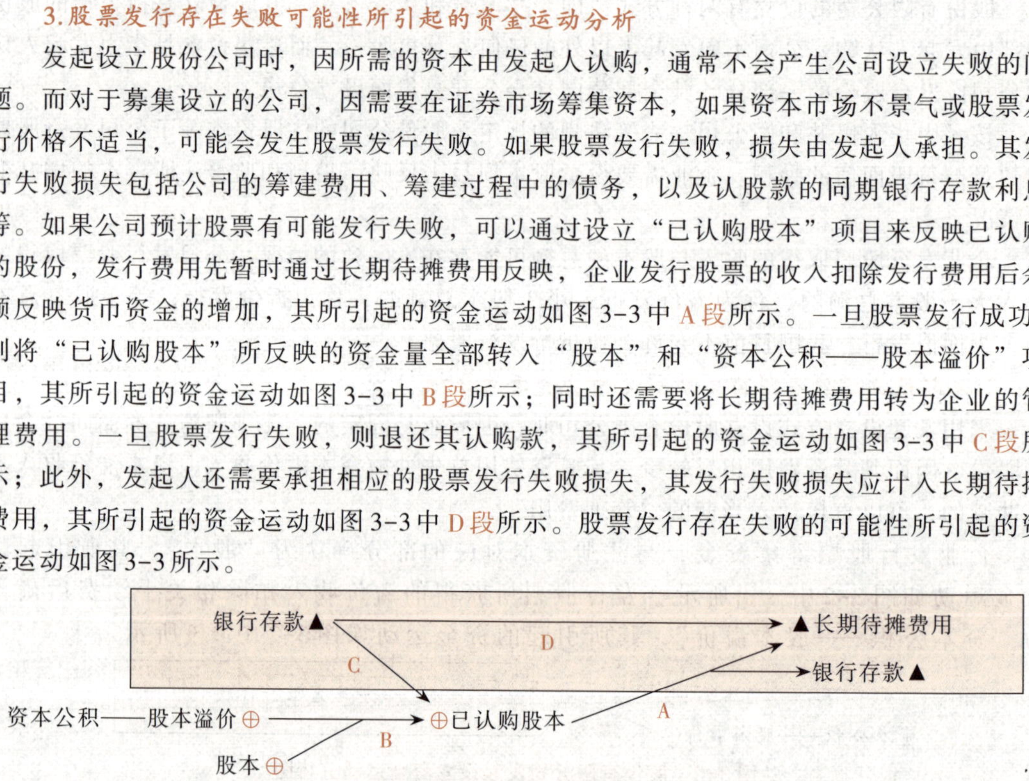

图3-3　股票发行相关资金运动分析图

二、投入资本后续业务资金运动分析与会计处理

（一）增减资本所引起的资金运动分析

在一般情况下，企业的实收资本或股本应相对稳定，不能随意增减。但在某些特殊情况下，实收资本（或股本）也会发生增减变化。《中华人民共和国企业法人登记管理条例》规定，企业的实收资本与原来注册资本数额增减变化超过20%时，应持有关资金证明或验资报告，向原登记机关申请变更登记。

1.增加资本所引起的资金运动分析

公司增加注册资本的方式或途径主要有以下四种：

后续增加资本业务

（1）资本公积金转增资本金，其所引起的资金运动如图3-4中A段所示。

（2）盈余公积金转增资本金，其所引起的资金运动如图3-4中B段所示。由于将盈余公积转增资本金，实际上就是将收益分配给投资者，所以企业需要代扣代缴个人所得税，可提供的盈余公积金在扣除代扣代缴个人所得税后的部分才能转增资本金。但需特别注意的是，用法定盈余公积转增资本金后，留存的法定盈余公积的数额不得少于转增前的注册资本的25%。

（3）投资者追加投入，投资者投入包括原有的投资者追加投资，也包括新投资者投入。企业应将投资者投入的资金与注册资本对应的部分确认为“实收资本”或“股本”，投入资本超过注册资本的部分确认为“资本公积”，其所引起的资金运动如图3-4中C段所示。

（4）股票股利的分配，其所引起的资金运动如图3-4中D段所示。企业可以根据股东大会（或股东代表大会）的决议以发放股票股利的形式增资，但须注意两个问题：其一，在公司董事会提请股东大会批准方案中涉及股票股利时，无须作会计处理，只有股东大会批准了发放股票股利的方案并办理了增资手续后，才按照股票的面值反映“股本”的增加。其二，在发放股票股利时，按照股东原来持有的股数分配，如果股东所持有的股份按比例分配不足一股时，应采取恰当的方法处理。通常采用两种方式解决：一是将不足一股的股票股利改为现金股利，用现金支付；二是由股东之间相互转让，凑为整股。

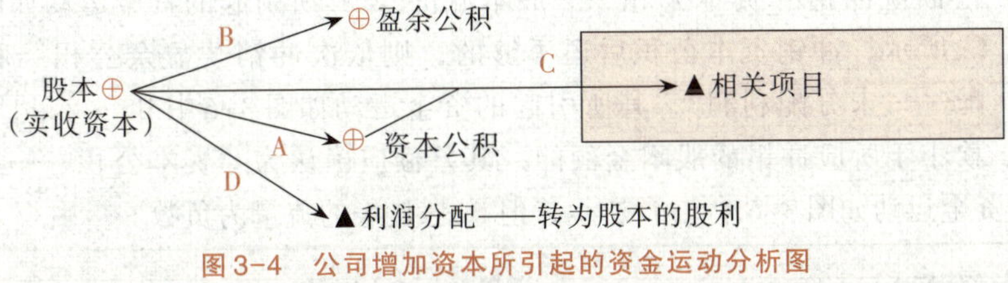

图3-4　公司增加资本所引起的资金运动分析图

【例3-4】甲公司20×3年3月15日经批准，将原计入资本公积的股本溢价1 000万元转增资本，每1元资本公积金转为1股股份，并向原登记机关办理了变更登记。

借：资本公积——股本溢价　　10 000 000

　贷：股本　　10 000 000

2.资本减少所引起的资金运动分析

后续减少资本业务

（1）企业因资本过剩减资

有限责任公司减资所引起的资金运动相对较为简单，通常按照退还资本的金额，一方面反映“实收资本”的减少，另一方面反映“银行存款”的减少，其所引起的资金运动如图3-5所示。

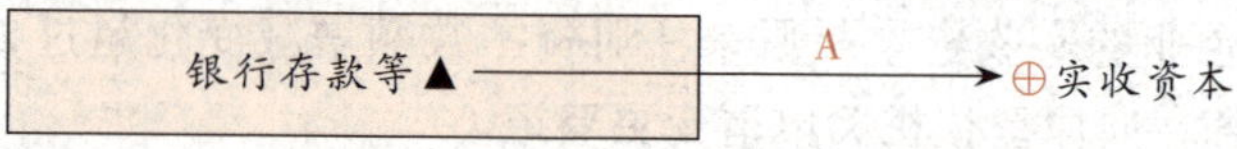

图3-5　有限责任公司因资本过剩减资所引起的资金运动分析图

【例3-5】20×3年3月20日，甲公司董事会决议，注册资本由300万元减为200万元。其减资已按各股东所占注册资本的份额直接用银行存款支付，甲、乙、丙分别持有50%、30%和20%的股份。

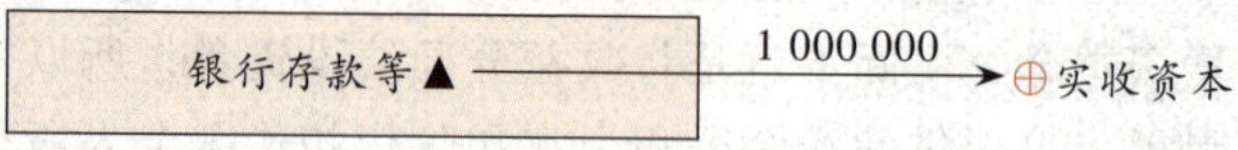

借：实收资本——甲　　500 000
　　　　　　——乙　　300 000
　　　　　　——丙　　200 000
　贷：银行存款　　1 000 000

股份有限公司减资主要分两步进行：先回购本公司的股票，然后再注销所回购的股票。由于从股份的回购到实际注销或转让有一个时差，企业需要单独设置“库存股”项目来反映这个处理过程。“库存股”项目的余额反映企业持有的、尚未注销或转让的本公司股票的金额。一旦注销或转让完成，其余额为0。

由于股票的回购价与所回购的股票面值可能不一致，导致在进行股份注销时，其会计处理不仅涉及股本，还可能涉及资本公积等其他所有者权益项目。因此，在会计处理上，应分别不同的情况进行：首先，企业需要将本公司股票回购，反映库存股的增加，其所引起的资金运动如图3-6中A段所示。其次，企业用库存股冲销股本，其所引起的资金运动如图3-6中B1段所示。如果回购价款大于所应冲销的股本，其差额应冲销“资本公积——股本溢价”，其所引起的资金运动如图3-6中B2段所示；冲销资本公积后还不够的，则依次冲销“盈余公积”和“利润分配——未分配利润”，其所引起的资金运动如图3-6中B3、B4段所示。回购款小于所应冲销的股本金额的，其差额应确认为“资本公积——股本溢价”，其所引起的资金运动如图3-6中B2段所示，但B2段代表的流量为负数。

股份回购业务理论分析

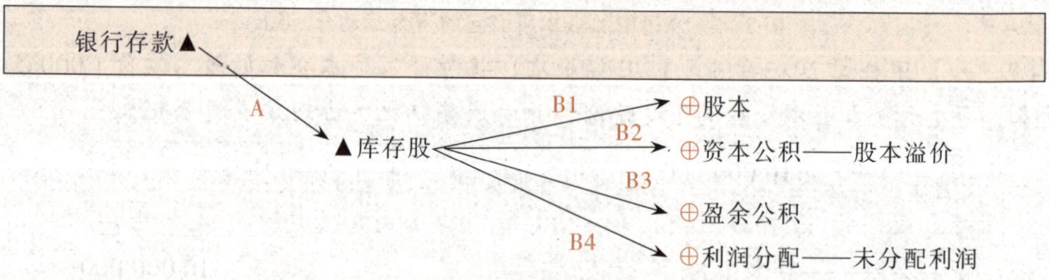

图3-6　股份公司减资所引起的资金运动分析图

【例3-6】甲公司截至20×2年12月31日共发行股票3 000万股，股票面值为1元，资本公积（股本溢价）为600万元，盈余公积为200万元，未分配利润为150万元。经股东大会批准，甲公司以现金的方式回购本公司的股票300万股并注销。不考虑其他因素。

股份回购业务举例

（1）假设甲公司按每股4元回购：

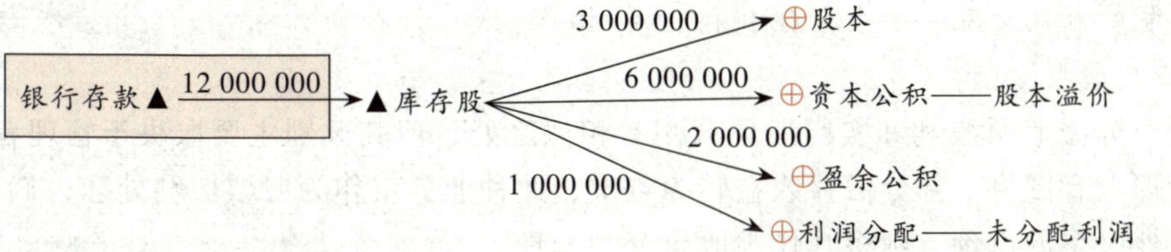

借：库存股　　12 000 000
　贷：银行存款　　12 000 000
借：股本　　3 000 000
　　资本公积——股本溢价　　6 000 000
　　盈余公积　　2 000 000
　　利润分配——未分配利润　　1 000 000
　贷：库存股　　12 000 000

（2）假设甲公司的回购价为每股0.9元。其他条件不变。

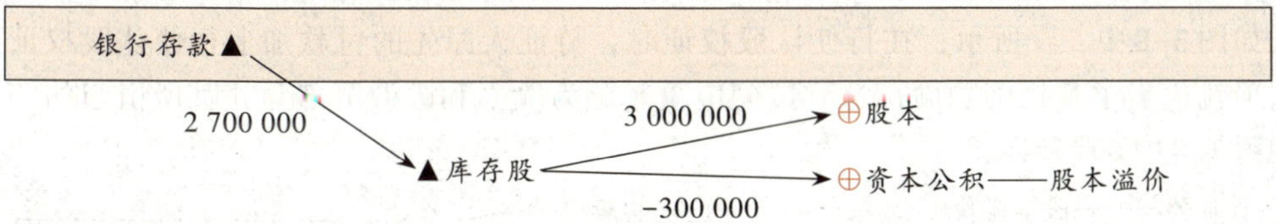

借：库存股　　2 700 000
　贷：银行存款　　2 700 000
借：股本　　3 000 000
　贷：库存股　　2 700 000
　　　资本公积——股本溢价　　300 000

（2）企业因亏损减资

企业因严重亏损而减资，只有经过有关部门批准并办理了相关手续后，企业才能进行相关的会计处理，即直接用“实收资本（或股本）”冲销“利润分配——未分配利润”。用资本弥补亏损所引起的资金运动如图3-7所示。需要注意的是，由于历年累计亏损，利润分配——未分配利润在模型上实际上以一个沙堆的形式存在（即账户的余额在借方）。

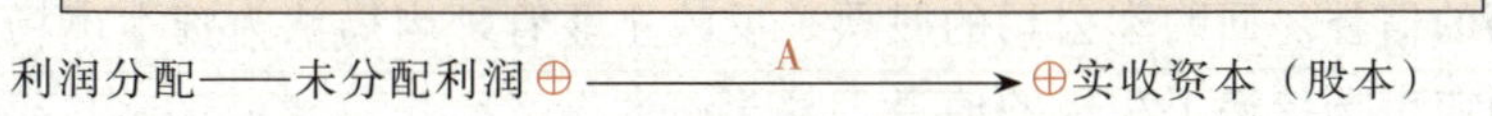

图3-7　因亏损减少资本所引起的资金运动分析图

【例3-7】20×3年2月25日，甲公司董事会决议，用注册资本弥补历年累计亏损300万元，并已按各股东所占注册资本的份额直接冲减其投入资本，甲、乙、丙分别持有50%、30%和20%的股份。

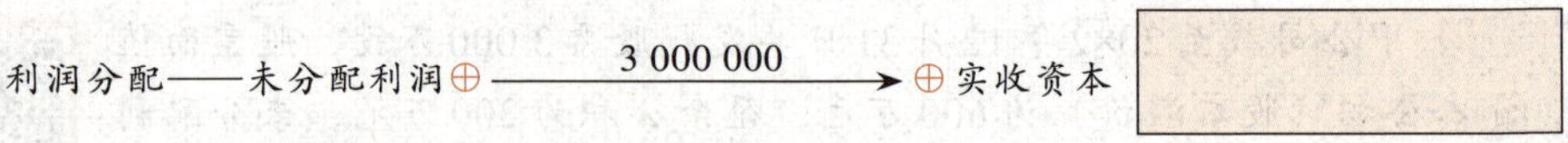

借：实收资本——甲　　1 500 000

　　　　　　——乙　　900 000

　　　　　　——丙　　600 000

　贷：利润分配——未分配利润　　3 000 000

（二）股票分割

公司分派股票股利和实行股票分割有相似之处，但其区别主要取决于管理者的意图，如果管理者意图将一部分留存收益转为资本，此种业务就作为股票股利处理；倘若是压低发行在外股票的市价，则将其作为股票分割处理。

一般而言，每种股票都有其最佳的价格范围，即当股票的市价在一定的合理区间内，其公司的价值将达到最大。因为如果股票价格过高，购买股票的投资者就可能减少，此时，如果通过股票分割则可以降低股票的市价，以刺激股票交易，从而使股票的分布更为广泛。因此，股票分割仅仅是企业的一项财务运作，并未产生新的会计问题。

（三）认股权证

认股权证是赋予其持有者按规定价格购买公司一定数量普通股票权利的证券。认股权证可单独发行，有时也可在发行其他证券时（如发行新普通股或公司债券时）同时发行。当认股权证单独发行时，收到的款项即代表了投资者对企业投入的资本，其所引起的资金运动如图3-8中A段所示；在行使认股权证时，持证人原先的付款加上行使认股权证另付的款项就代表了其投资总额，这一数额应重新分为股本和溢价两部分，其所引起的资金运动如图3-8中B段所示。

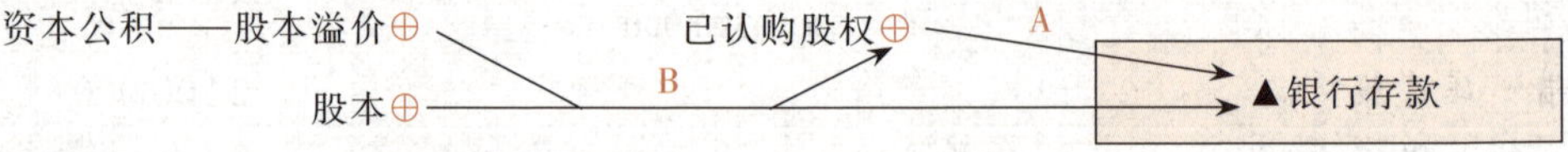

图3-8　认股权证所引起的资金运动分析图

（四）库存股

公司将发行在外的股票收回，这类回购的股票就称为库存股票或库存股份。将发行在外的普通股收回，通常有以下几个主要原因：（1）收缩经营规模。由于公司经营方针或市场需求发生重大变化、业务萎缩、营业不景气等原因而减少股本，使其经营规模与资本需求更加合理，同时也减少了分派股利的压力。（2）作为吸纳过量现金的合适投资。由于公司法并不承认库存股是发行在外的股份，它既不能收取股利，也没有表决权。故公司可在需要现金时再予出售，以获取现金。（3）预防被其他公司接管。由于股份回购，导致公司流通在外的股份减少，最终导致资本市场投资者为接管该公司所购买股份的成本增加。（4）维护公司的信誉。回购本公司的股票，反映企业管理当局认为资本市场低估了本公司的股份，从而向市场传递了积极的信息。

库存股票虽然可以随时向市场抛售，以作为公司重新筹资的一种手段，但库存股票不是公司的资产，而只能引起股东权益的减少。

思考题

1. 什么是所有者权益？其构成内容包括哪些？
2. 资本公积由哪些项目构成？各自有哪些特点？
3. 其他综合收益是怎样形成的？其有哪些主要类别？
4. 企业的利润是怎样形成的？会计上是如何核算的？
5. 企业实收资本减少的原因有哪些？如何进行会计处理？
6. 企业的留存收益主要由哪些项目构成？这些项目分别具有什么作用？

育德育人

新能源车企的权益性筹资

作为一家致力于新能源汽车研发与制造的高新技术企业，某汽车公司（下称“绿新能源”）面对行业快速发展所需的巨额资金投入，选择了权益性筹资作为主要融资途径。公司管理层深知，权益性筹资不仅仅是资本的聚集，更是企业价值观与社会责任的传递。因此，绿新能源在权益性筹资过程中，创造性地强调共享发展成果、坚持绿色发展和承担社会责任，吸引了众多具有共同价值观的投资者。

（1）绿色发展承诺。绿新能源在招股说明书中明确承诺，将部分筹集资金专门用于环保材料研发和生产线的绿色改造，以及新能源汽车废旧电池的回收处理，展现出了企业对国家生态文明建设政策的支持和响应。这种将绿色发展理念与企业经营紧密结合的做法，赢得了环保意识强的投资者的青睐。

（2）社会责任报告的发布。不同于传统的筹资只关注财务回报的做法，绿新能源每年发布社会责任报告，公开公司在促进就业、节能减排、公益捐赠等方面的成就，通过透明的信息披露，增强投资者对企业的信任和支持，体现了企业对社会的责任感。

（3）员工持股计划。在权益性筹资结构中，绿新能源设计了员工持股计划，让员工成为企业的股东之一，共享企业发展成果。这一做法不仅激励了员工的积极性和创造力，更体现了企业以人为本的宗旨，增强了企业的凝聚力和向心力。

请思考：绿新能源的案例证明，权益性筹资不仅仅是资本运作的过程，更是传递企业文化和价值观、展现社会责任担当的平台。以绿源新能源为例，探讨良好的权益性筹资对提升筹资成效、塑造企业形象及增强内部凝聚力的具体作用与实践策略。

第四章 债务性筹资资金运动分析与会计处理

学习目标

本章主要阐述了债务性筹资所引起的资金运动及其会计核算。通过本章的学习，要求了解债务的特征与分类，了解债务的终止方法，了解应付债券与可转换债券的区别，了解专项应付款产生的原因；熟悉负债的分类，熟悉各种负债的特点；掌握短期借款、借款费用、长期借款、应付债券、长期应付款等所引起的资金运动及其会计核算。

第一节 债务性筹资概述

一、负债的本质与特征

（一）负债的概念

负债是指企业资产总额中属于债权人的部分，它是指某一特定主体由过去的交易或事项所产生的、由现在承担且在将来向其他主体交付资产或提供劳务的责任，这种责任将导致预期经济利益的牺牲。简而言之，负债是指由过去的交易或事项所引起的企业的现存义务，这种义务需要企业将来以转移资产或提供劳务予以清偿，从而引起未来经济利益的流出。

（二）负债的本质

前已述及，负债本质上是一种权益，从狭义的角度去理解，它只是债权人权益，是某一特定主体的现存义务，需要未来以转移资产或提供劳务的方式予以清偿，最终将导致企业未来经济利益的流出。通常情况下，债权人要求支付利息和偿还本金的权利在所有者权利之前，即不论企业的生产经营状况如何，企业必须按照合同约定的期限在所有者分得股利之前，清偿到期的债务。

（三）负债的特征

虽然目前学者们对负债的概念还有不同的认识，但作为一项负债，其至少应具有以下主要特征：

1.负债是由过去的交易或事项所产生的

负债是由过去的交易或事项所产生的，即导致负债的交易或事项必须是已经发生的，而且企业已经为这些发生的负债承担责任时，会计上才能将其确认为负债。

2. 负债是一种强制性的义务或责任

到期偿还负债是法律、合同或其他具有法律效力的文书所赋予的强制责任。比如，企业向银行取得借款，必须签订具有法律效力的借款合同，合同将明确规定企业到期偿还本息，如果到期不能偿还本息，则需要由担保人偿还或拍卖原抵押物品以偿还债务。

3. 负债通常在未来特定时日通过交付资产或提供劳务进行清偿

企业所承担的负债，在未来必须以资产、提供劳务或举借新的负债来偿还。不管以何种形式偿还负债，其均代表着企业未来经济利益的牺牲或流出。

4. 负债是能够以货币确切地计量或合理估计的债务责任

在大多数情况下，债务责任产生于合同，其金额和支付时间均已由合同的条件所规定。但在某些情况下，待付的金额取决于未来的事项，如使用租赁财产将能获得的销售总额等。在这种情况下，即使其金额很不确定，但由于负债是确实存在的，因此，不能因为存在着计量上的困难而将这些不确定性情况下的债务责任排除在负债之外。

5. 负债一般都有确切的收款人和偿付日期

由于负债的产生一般都有合同等约束性条件，其收款人和偿付日期在合同中均有明确规定。但在特殊情况下，也有可能未明确具体的收款人和偿付日期，在此种情形下，只要企业承担了偿付义务，也应将其确认为负债。

二、负债的分类、确认与计量

（一）负债的分类

负债是企业必须履行的责任，但不同的负债要求偿付的方式和时间是不同的。为了便于分析企业的财务状况和偿债能力，会计上需要将负债按照不同的标准进行分类。

负债概述

1. 按照偿还期限，将负债分为流动负债和非流动负债

划分流动负债和非流动负债主要采用偿付时间标准，即以一年或一个营业周期为限，凡偿付期在一年或一个营业周期以内的，为流动负债；反之，超过一年或一个营业周期的，则为非流动负债。

划分流动负债与非流动负债的目的是将流动负债与流动资产相联系，以反映企业的偿债能力。

2. 按照履行义务的确定性，将负债分为可确定性负债和预计负债

可确定性负债是指有可能相当精确地计量的负债。诸如短期借款、长期借款、应付票据、应付账款、预收账款、各种应付税款、应付债券、长期应付款等。预计负债是指由于可能发生损失的偶发事项而形成的负债。诸如已贴现的商业承兑汇票、信用担保、待决诉讼、产品保修费用等。

3. 按照负债的偿付方式，将负债分为货币性负债和非货币性负债

货币性负债是指将来用货币来清偿的现有义务，在物价变动会计中，此种负债是指金额依据合同而固定，或者直接以货币反映不因通货膨胀而发生金额变动，但将发生购买力损益的负债项目，比如，银行借款、应付账款等。而非货币性负债是指将来用一定数量和

质量的商品或劳务来偿还的现有义务，在物价变动会计中，此种负债是指金额会随着一般物价水平的上升而提高，或随着一般物价水平的下降而降低、一般不会产生货币购买力损失的负债。

（二）负债的确认标准

尽管一般意义上的负债定义已广为人们所接受和认可，但在会计实务中，判断某一特定的交易或事项是否能确定地被确认为一项负债，则需要建立更为明确的具体确认标准或规则。常用的负债确认标准主要有以下几种：

1.依据法律概念

在传统会计中，确认一项负债的重要依据是企业承担了此项债务的法定偿还义务，通过签订正式合同所产生并将依据法律强制执行的债务便是法定义务。

2.依据公平义务或推定义务概念

所谓公平义务是指由债权人和债务人双方所同意且不需要通过法律强制执行的债务。比如，某一企业与另一企业达成协议，不能按期交付产品，则应立即退还定金，这就是一种公平义务。

所谓推定义务是指在特定情况下成立、推断或悟出的，不因为与另一个体订立了协议合同或因为政府强制执行的义务。比如，某一企业根据惯例应对其员工支付休假工资或年终奖金，则可视为推定义务。

3.依据负债金额的可计量性

在大多数情况下，负债的量度是肯定的。通常情况下，负债的确认时点是在经济业务发生之时，但在诸如负债量度的确定等方面，需要依据未来经营情况而定，存在或有负债的情况下，由于负债确已存在或基于稳健的需要，可根据估计数来确认负债。

（三）负债的计量

1.货币性负债

货币性负债是指将来需要以货币资金予以偿付的债务。从理论上讲，负债的计量都应是未来清偿债务的现值，即未来应付金额的贴现值。由于流动负债待付的时间一般较短，其折扣金额通常较小，因而，对于流动负债而言，负债的金额可按其面值，即以其未来应付的金额计量。

就长期负债而言，折现的扣除金额相对来说是比较大的，因而其现时价值应是按照合同在未来应支付价款的折现价值。倘若公司发行长期债券，其本金和利息均应以适当的折现率折算为现值作为长期债券的入账价值。至于长期借款，按理也应按未来支付本息的现值计价，但由于我国的会计惯例，对其仍然采用按未来应偿还的金额计价，而未采用现值计量方法。

2.非货币性负债

非货币性负债是指将来需要用一定数量和质量的商品或劳务予以偿还的债务。这类负债通常产生于顾客为了获取资产或服务而预付给企业的款项，如预收定金、预收租金等。对于这类负债，一般应根据特定数量和质量的资产或服务，按预定的或双方认可的价格来计量，而不考虑以后提供的资产或服务的货币价值是否发生变动。

三、债务终止

（一）债务的清偿

债务的清偿是指解除公司所承担的债务，包括以现金或其他方式清偿、在债务到期前清偿和债务到期日清偿等。此处仅以公司债券的清偿业务为例予以介绍。

1.债务到期日清偿

企业的债务依约或有关法规的要求到期必须清偿其本息。

2.提前偿还债务

企业出于理财或其他方面的原因，可能在债务到期以前提前进行清偿。其清偿的方式主要有两种：一是以现金清偿；二是以无风险的证券进行实质性清偿。

（1）以现金提前收回公司债券

发行债券的公司可能由于某种原因而提前以现金收回尚未到期的公司债券，比如，公司已无须使用发行债券所筹集的长期资金；市场利率有持续下降的趋势，收回债券后如发行利率更低的债券可以减少利息支出等。在实务操作中，通常是从债券持有者手中直接收回，而且是在付息日收回，如果付息日和收回日不一致，则在会计处理上应先计提上一付息日至收回日的利息，并摊销该期间应分摊的债券溢价或折价。然后，将收兑价格与债券账面价值的差额确认为收兑损益。如果有尚未摊销的债券发行费用，应作为债券账面价值的调整项目。其所得损益的计算公式如下：

收兑损益=公司债券账面价值-收兑价格-未摊销的债券发行费用

其中：债券的账面价值等于其面值加上或者减去未摊销的债券溢价或折价。

（2）实质性清偿

实质性清偿是指发行债券的公司将其外购的其他有价证券以不可撤回的方式存入某一信托公司，以这些证券的本息作为向证券持有者偿付本息的抵押品。在这种清偿方式下，尽管从法律上讲并未解除其作为原始债务人的责任，但从会计上讲，企业用其他有价证券提前做了清偿债券本息的准备，及用以清偿债券的未来现金流出实质上已经流出企业。故此种方式称为“实质性清偿”。

（二）债务重组

债务人由于经营不善使企业出现暂时的财务困难，致使资金周转不灵，难以按期偿还债务，或难以全部履行其债务责任。债权人为了保护自己的利益，可以通过法律程序要求债务人破产，并参与清算财产的分配。但是，在有些情况下，债权人和债务人可以通过协商或经法院裁决，债权人做出某些让步，使债务人减轻债务负担的经济行为，称为债务重组。

（三）可转换公司债券

可转换公司债券是指发行人依照法定程序发行、在一定期间内依照约定的条件可以转换为股份的公司债券。从发行企业的角度而言，如果企业直接增发股票有困难，可通过发行可转换公司债券，在债券持有者不需要追加投资的情况下，使其成为企业的股东，企业达到增资的目的。企业依约将债券转换为股份后，其负债将自行终止。

第二节　流动负债业务资金运动分析与会计处理

一、流动负债的特点

流动负债是指将在一年或者超过一年的一个营业周期内偿还的债务。流动负债具有如下特点：（1）偿还期限短，流动负债是债权人提出要求时即期偿付，或在一年或一个营业周期内必须履行的义务；（2）到期清偿，一般情况下，流动负债到期，必须动用资产、提供劳务或举借新的负债来清偿。

二、流动负债的分类

流动负债概述

为了加强对流动负债的管理，应根据不同的分类标准，对流动负债作如下分类：

1.按其产生的原因分类

按照流动负债产生的原因，将其分为借贷形成、结算过程中产生、经营过程中产生和利润分配过程中产生以及基于交易目的持有的流动负债五种。

借贷形成的流动负债主要是企业从银行和其他金融机构借入的短期借款。

结算过程中产生的流动负债主要是企业购入的存货等物资已经到货，但货款尚未支付而形成的待结算的应付账款、应付票据、其他应付款等应付款项。

经营过程中产生的流动负债是指由于会计上采用权责发生制而预先提取、尚未实际支付的负债，如应交税费、应付职工薪酬、应付利息、其他应付款（原来的预提费用）[①]、其他应付款等。

利润分配过程中产生的流动负债主要是指由于利润分配而产生的应付股利或应付利润等。

基于交易目的持有的流动负债主要是指企业持有的交易性金融负债等。

2.按其应付金额是否确定分类

按照流动负债的应付金额是否确定，将其分为应付金额确定、应付金额视经营情况而定、应付金额需予以估计的流动负债三类。

应付金额确定的流动负债是指根据合同、契约或法律的规定具有明确的偿付金额、偿付日期和收款人的负债。如短期借款、应付账款、应付票据等。

应付金额视经营情况而定的流动负债是指需要在经营期末才能确定其金额的负债。如应交税费、应付股利等。

应付金额需予以估计的流动负债是指这类负债的偿付金额、偿付日期或收款人在资产负债表日仍然难以完全确定的负债，如其他应付款、预计负债等。

三、流动负债业务资金运动分析与会计处理

从上面的分析可知，流动负债按产生的原因可分为五种。本处只分析借贷原因所形成

---

①“预提费用”属于负债类科目，它核算的是单位预先提取的已经发生但尚未支付的费用，例如预提租金费用等。但在新准则下，这些业务现在应计入“其他应付款”科目。

的流动负债中的短期借款，其他流动负债在其各相应的经营环节中讲述。

短期借款是指企业向银行或其他金融机构等借入的期限在一年以内（含一年）的各种借款。短期借款一般是企业为了维护正常的生产经营活动所需要的资金而借入，或者为偿还某些债务而借入的借款。其会计处理主要包括三项内容：取得借款、计息和归还本息。

企业应设置“短期借款”账户，用以反映、控制和监督企业向银行或金融机构借入的短期性借款。同时，企业还应该按债权人设置明细账进行明细分类核算。

当企业取得短期性借款时，资金从外部流入企业，企业在货币资产增加的同时所应承担的负债也相应增加，其所引起的资金运动如图4-1中A段所示。企业应该在每期期末计算并提取短期借款利息，并将利息作为费用计入当期损益。但按现行的银行结算制度，企业向银行借入的短期借款的利息一般是按季度支付的，这样一来企业就有可能形成对银行应付未付的债务，其所引起的资金运动如图4-1中B段所示。如果短期借款利息金额非常小，也可以不预提借款利息，在借款到期时一次性偿还本息。企业在短期借款到期时应一次性还本付息，其金额就包括借款本金、已经预提的前期借款利息以及本期未预提的借款利息；但如果利息是每期都支付，则借款到期时偿还本金和最后一期的借款利息。当借款到期时，企业应还本付息，其所引起的资金运动如图4-1中C段所示。

在账户设置上，对于短期借款应付未付的利息，可以设置“应付利息”账户核算，也可以通过“其他应付款”账户核算。

短期借款所引起的资金运动如图4-1所示。

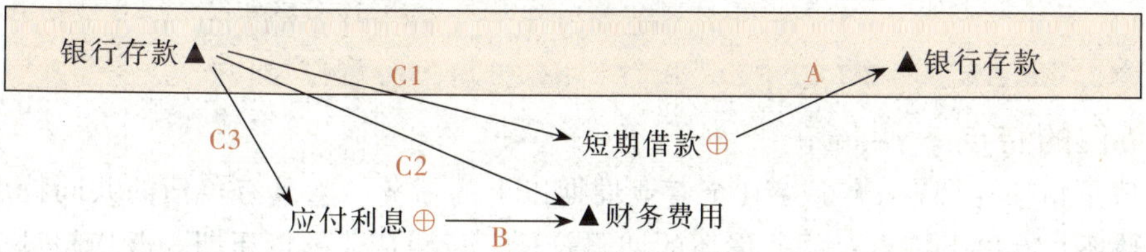

短期借款业务

图4-1　短期借款所引起的资金运动分析图

【例4-1】甲公司20×8年8月1日向银行取得期限为5个月的借款100万元，月利率为5‰。20×8年9月30日结算并支付第三季度利息。20×8年12月31日企业偿还本金并支付第四季度的借款利息。企业利息按月计提。

（1）20×8年8月1日取得短期借款（见图4-2，A段）。

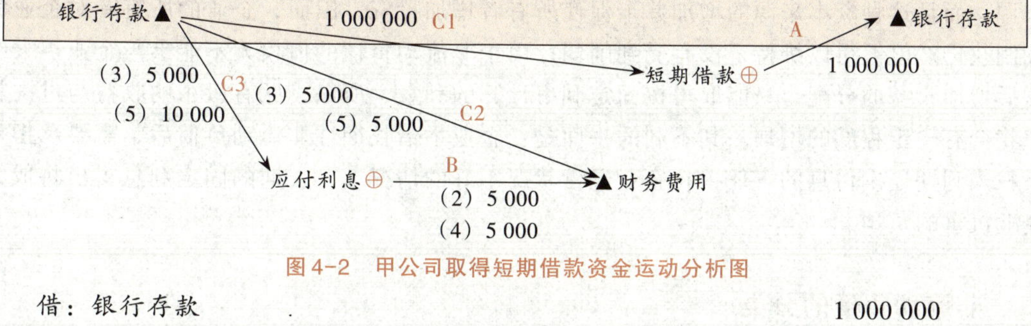

图4-2　甲公司取得短期借款资金运动分析图

借：银行存款　　　　　　　　　　　　　　　1 000 000

贷：短期借款　　1 000 000

（2）20×8年8月31日计提本月借款利息（见图4-2，B段中（2））。

借：财务费用　　5 000

贷：应付利息　　5 000

（3）20×8年9月30日结算并支付第三季度的借款利息（见图4-2，C2、C3段中（3））。

借：应付利息　　5 000

财务费用　　5 000

贷：银行存款　　10 000

（4）20×8年10月31日和11月30日分别计提短期借款利息（见图4-2，B段中（4））。

借：财务费用　　5 000

贷：应付利息　　5 000

（5）20×8年12月31日偿还本金和第四季度借款利息（见图4-2，C1、C2、C3段中（5））。

借：短期借款　　1 000 000

应付利息　　10 000

财务费用　　5 000

贷：银行存款　　1 015 000

第三节　非流动负债概述

一、非流动负债的特点

非流动负债是指偿还期在1年或者1个营业周期以上的债务。除具有负债的共同特点外，非流动负债还具有以下特点：（1）偿还的期限较长，长期负债的偿还期一般均超过一年或一个营业周期，便于企业能够较长时间地使用该项负债。（2）债务金额较大，企业举借长期负债，其目的主要是购置厂房、增添设备等固定资产投资，故要求的资金量较大。（3）非流动负债的偿还可以有多种形式。对非流动负债的偿还，可以采用分期偿还本息，也可采用分期偿还利息、到期偿还本金，或者到期一次还本付息等方式。

企业举借长期性的非流动负债有利有弊，其有利的一方面是：扩大了企业长期资本的来源，而且这种资本来源的增加并未促使所有者增加投资，因而，企业的所有者对企业的控制权仍然能够得以维持，没有受到削弱；由于非流动负债的债权人不能参与企业扩大经营后增加收益的分配，只能取得按固定利率计算的利息，所以，原有股东的收益与过去相比将会有一定程度的增加。其不利的一面是：企业举借长期性非流动负债后，需要承担对债权人到期还本付息的责任，在企业经营状况不好的情况下，长期的固定利息支出将成为企业沉重的负担。

二、非流动负债的分类

非流动负债按照其筹集方式，可分为长期借款、应付债券、长期应付款、专项应付款等。长期借款是指企业向金融机构或其他单位借入的偿还期在一年以上的各种借款；应付债券是指企业为了筹集长期资金，按照法定程序经批准向社会公众发行的长期债务凭证；长期应付款是指企业为引进设备、融资租入固定资产等产生的长期应付款项；专项应付款是指企业从国家有关部门获得用于项目研究、技术开发和技术改造等专项资金在项目研究、技术开发、技术研究尚处于研究开发过程中未结转以前形成的负债。

非流动负债按偿还方式分为定期偿还的长期负债和分期偿还的长期负债两类。定期偿还的长期负债是指在规定的债务到期日一次偿还的负债；分期偿还的长期负债是指在举债期间内，按照合同约定分若干次偿还的负债。

三、非流动负债的确认与计量

非流动负债的确认与计量方法与流动负债相同，即凡是因过去的交易而产生的需要未来以资产或劳务以及举借新债偿还的、偿还期在一年或者一个营业周期以上的债务，应确认为企业的长期负债。从理论上讲，非流动负债都应该采用未来现金流量的现值计量。但在我国会计实务中，除应付债券外，其他的非流动负债的计量通常不考虑货币的时间价值，即当长期负债发生时，一般按其未来应付的金额（或面值）计量。

非流动负债概述

第四节 借款费用业务资金运动分析与会计处理

一、借款费用概述

（一）借款费用的内容

借款费用是指企业因借入资金所付出的代价，它包括借款利息费用（包括借款折价或溢价的摊销和相关辅助费用）以及因外币借款而发生的汇兑差额等。承租人根据租赁准则所确认的融资租赁发生的融资费用属于借款费用。具体而言，借款费用主要包括：

1.因借款而发生的利息

因借款而发生的利息，包括企业向银行或其他金融机构等借入资金发生的利息、发行公司债券发生的利息以及为购建或生产符合资本化条件的资产而发生的带息债务所承担的利息等。

2.因借款而发生的折价或溢价的摊销

因借款而发生的折价或溢价主要是指发行债券等所发生的折价或溢价。发行债券中的折价或溢价，其实质是对债券票面利息的调整（即将债券票面利率调整为实际利率），属于借款费用的范畴。

3.因外币借款而发生的汇兑差额

因外币借款而发生的汇兑差额，是指由于汇率变动导致市场汇率与账面汇率出现差异，从而对外币借款本金及其利息的记账本位币金额所产生的影响额。由于汇率的变化往往和利率的变化紧密相连，它是企业外币借款所需要承担的风险。因此，因外币借款相关汇率变化所导致的汇兑差额属于借款费用的有机组成部分。

4.因借款而发生的辅助费用

因借款而发生的辅助费用，是指企业在借款的过程中发生的诸如手续费、佣金、印制费等费用，由于这些费用是因安排借款而发生的，也属于借入资金所付出的代价，是借款费用的组成部分。

（二）借款的范围

借款包括专门借款和一般借款。专门借款是指为购建或生产符合资本化条件的资产而专门借入的款项。专门借款应该有明确的用途，即为购建或者生产某项符合资本化条件的资产而专门借入，且通常应当具有标明该用途的借款合同。

一般借款是指除专门借款之外的借款，相对于专门借款而言，一般借款在借入时，其用途通常没有特指用于符合资本化条件的资产的购建或者生产。

（三）符合资本化条件的资产

符合资本化条件的资产是指需要经过相当长时间的购建或者生产才能达到预定可使用状态或者可销售状态的固定资产、投资性房地产和存货等资产。确认为无形资产的开发支出等在符合条件的情况下，也可以认定为符合资本化条件的资产。

符合资本化条件的存货，主要包括房地产开发企业用于对外出售的房地产开发产品、企业制造的对外出售的大型机械设备等，这类存货通常需要经过相当长时间的建造或者生产过程，才能达到预定可销售状态。其中，“相当长时间”应当指为资产的购建或者生产所必需的时间，通常为1年以上（含1年）。

在实务中，由于人为或故意等非正常因素导致资产的购建或者生产时间相当长的，该资产不符合资本化条件。购入即可使用的资产，或者购入后需要安装但所需安装时间较短的资产，又或者需要建造或生产但建造或生产时间较短的资产，均为不符合资本化条件的资产。

二、借款费用的确认

借款费用的确认

借款费用的确认主要解决的是将每期发生的借款费用资本化计入相关资产的成本，还是费用化计入当期损益的问题。根据借款费用准则的规定，借款费用确认的基本原则是：企业发生的、可直接归属于符合资本化条件的资产的购建或者生产的借款费用，应当予以资本化，计入相关资产成本；其他借款费用，应当在发生时根据其发生额确认为费用，计入当期损益。

（一）借款费用开始资本化的时点

借款费用允许资本化必须同时满足三个条件，即资产支出已经发生、借款费用已经发生、为使资产达到预定可使用或者可销售状态所必要的购建或生产活动已经开始。

1.“资产支出已经发生”的界定

“资产支出已经发生”是指企业已经发生了支付现金、转移非现金资产或者承担带息债务形式的支出。具体而言：

支付现金是指用货币资金支付固定资产的购置或建造支出，比如用现金、银行存款和其他货币资金等购买工程物资、用现金支付建造固定资产的职工工资等。

转移非现金资产是指将非现金资产用于固定资产的建造和安装，比如将企业生产的产品用于固定资产的建造，或以企业自己生产的产品向其他企业换取用于固定资产建造所需要的物资等。

承担带息债务是指因购买工程用材料等而承担带息应付款项（如带息应付票据）。企业以赊购方式向供货单位购买工程物资而产生的债务，既可能带息，也可能不带息。如果是不带息的债务，就不计入资产支出，因为该债务偿付前无须承担利息，企业不会因这部分未偿债务承担借款费用；而对于带息债务，它与用银行借款支付资产支出的性质是相同的，因此，带息债务应被视为资产支出。

2.“借款费用已经发生”的界定

“借款费用已经发生”是指企业已经发生了因购建或者生产符合资本化条件的资产而专门借入款项的借款利息或者所占用一般借款的借款费用。

3.“为使资产达到预定可使用状态或者可销售状态所必要的购建或者生产活动已经开始”的界定

“为使资产达到预定可使用状态或者可销售状态所必要的购建或者生产活动已经开始”是指符合资本化条件的资产的实体建造或者生产工作已经开始，如主体设备的安装、厂房的实际造价等。它不包括仅仅持有资产，但没有发生为改变资产形态而进行的实质上的建造或者生产活动。

（二）借款费用暂停资本化的时间

符合资本化条件的资产在购建或生产过程中发生非正常中断，并且中断时间连续超过3个月的，应当暂停借款费用的资本化。中断的原因必须是非正常中断，属于正常中断的，相关借款费用仍可资本化。在实务中，企业应该遵循实质重于形式等原则来判断借款费用暂停资本化的时间，如果相关资产购建或者生产的中断时间较长而且满足其他规定条件，相关借款费用应当暂停资本化。

非正常中断，通常是由于企业管理决策上的原因或者其他不可预见的原因等所导致的中断。正常中断通常仅限于因购建或者生产符合资本化条件的资产达到预定可使用或可销售状态所必要的程序，或者事先预见的不可抗力因素导致的中断。

（三）借款费用资本化的停止

购建或生产符合资本化条件的资产达到预定可使用或可销售状态时，借款费用应该停止资本化。在符合资本化条件的资产达到预定可使用或可销售状态之后所发生的借款费用，应直接计入当期财务费用。购建或者生产符合资本化条件的资产到达预定可使用或可销售状态，可以从以下几个方面进行判断：（1）符合资本化条件的资产的实体建造（包括安装）或生产工作已经全部完成或者实质上已经全部完成；（2）所购建或者生产的符合资本化条件的资产与设计要求、合同规定或者生产要求相符或基本相符，即使有极个别地方与设计、合同或者生产要求不相符，也不影响其正常使用或者销售。（3）继续发生在所建造或者生产的符合资本化条件的资产上的支出金额很少或几乎不再发生。

所建造或者生产的资产如果分别建造、分别完工，企业应当区别情况界定借款费用停止资本化的时点。

所购建或者生产的符合资本化条件的资产的各部分分别完工，且每部分在其他部分继续建造或者生产过程中可供使用或者可对外销售，且为使该部分资产达到预定可使用或可销售状态所必要的购建或生产活动实质上已经完成的，应当停止与该部分资产相关的借款费用的资本化，因为该部分资产已经达到了预定可使用或可销售状态。

三、借款费用资本化金额的确定

在借款费用资本化期间内，每一会计期间的利息资本化金额，应当按照下列规定确定：

（1）为购建或者生产符合资本化条件的资产而借入专门借款的，应当以专门借款当期实际发生的利息费用，减去将尚未动用的借款资金存入银行取得的利息收入或进行暂时性投资取得的投资收益后的金额确定。

借款费用的计量

（2）为购建或生产符合资本化条件的资产而占用了一般借款的，企业应当根据累计资产支出超出专门借款部分的资产支出加权平均数乘以所占用的一般借款的资本化率，计算确定一般借款应予以资本化的利息金额。资本化率应当根据一般借款加权平均利率计算确定。

（3）每一会计期间的利息资本化金额，不应当超过当期相关借款实际发生的利息金额。

（4）外币专门借款汇兑差额资本化金额的确定。当企业为购建或者生产符合资本化条件的资产所借入的专门借款为外币借款时，由于企业取得外币借款日、使用外币借款日和会计结算日往往不一致，而外汇汇率又在随时发生变化，因此，外币借款会产生汇兑差额。相应地，在借款费用资本化期间内，为购建固定资产而专门借入的外币借款所产生的汇兑差额，是企业购建固定资产的一项代价，应予以资本化，计入相关资产的成本。出于简化核算的考虑，在资本化期间内，外币专门借款本金及其利息的汇兑差额，应当予以资本化，计入符合资本化条件的资产的成本。而除外币专门借款之外的其他外币借款本金及其利息所产生的汇兑差额应作为财务费用，计入当期损益。

四、借款费用业务资金运动分析与会计处理

企业发生的借款费用满足资本化条件的，应计入相关资产的成本，其所引起的资金运动如图4-3中A段所示；不满足资本化条件的，应计入当期财务费用，其所引起的资金运动如图4-3中B段所示。

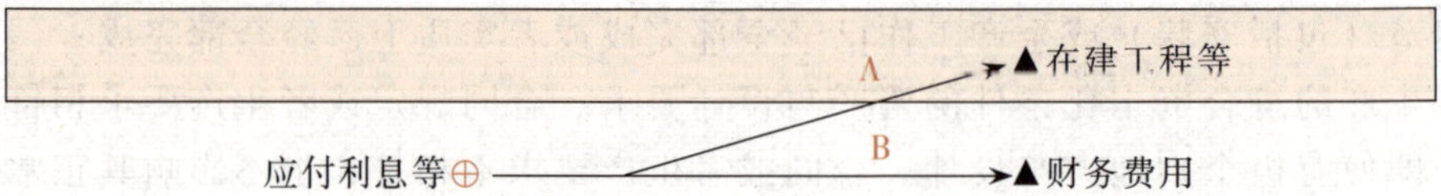

图4-3 借款费用所引起的资金运动分析图

在外币专门借款的情况下，除外币汇兑差额之外的其他借款费用，符合资本化条件的应计入相关资产，不符合的计入当期损益，其所引起的资金运动如图4-3中A、B段所示。外币汇兑差额既可能涉及外币借款本金，也可能涉及应付未付的外币借款利息，

其对外币借款本金的影响能够资本化的部分应计入相关资产的成本；其对外币借款应付未付的外币借款利息的影响能够资本化的部分计入相关资产的成本。外币汇兑差额对外币本金及应付未付的外币借款利息的影响不能资本化的部分全部计入当期财务费用。

【例4-2】甲公司于20×1年1月1日正式动工兴建一幢厂房，工期预计为1年零6个月，工程采用出包的方式，其支出情况见表4-1。

表4-1 建造办公楼支出金额表 单位：万元

日期	每期资产支出金额	累计资产支出金额	闲置借款资金用于短期投资的金额
20×1年1月1日	1 500	1 500	500
20×1年7月1日	2 500	4 000	2 000
20×2年1月1日	1 500	5 500	500
总计	5 500	—	3 000

公司为此于20×1年1月1日专门借款2 000万元，期限3年，年利率6%；另外在20×1年7月1日又借入专门借款4 000万元，期限5年，年利率7%。借款利息都按年支付。假设两笔借款名义利率与实际利率相同。闲置借款资金均用于进行固定收益债券短期投资，该债券短期投资月收益率为0.5%。该厂房于20×2年6月30日完工，达到预定可使用状态。

（1）经分析得知，该厂房资产未超过专门借款。

（2）确定资产化期间：20×1年1月1日—20×2年6月30日。

（3）20×1年1月1日—20×1年12月31日期间借款利息处理。

专门借款的利息金额=20 000 000×6%+40 000 000×7%×6/12=2 600 000（元）

短期投资收益=5 000 000×0.5%×6+20 000 000×0.5%×6=750 000 （元）

利息资本化金额=2 600 000−750 000 =1 850 000（元）

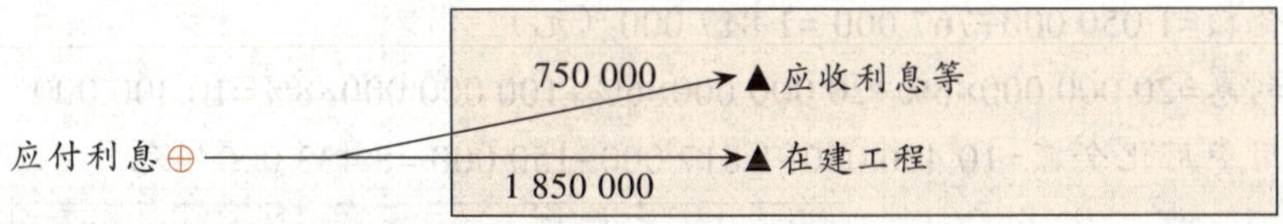

借：在建工程 1 850 000

应收利息（或银行存款） 750 000

贷：应付利息 2 600 000

（4）20×2年1月1日—20×2年6月30日期间借款利息处理。

专门借款的利息金额=（20 000 000×6%+40 000 000×7%）×6/12=2 000 000（元）

短期投资收益=5 000 000×0.5% ×6=150 000 （元）

利息资本化金额=2 000 000−150 000 =1 850 000（元）

借款费用业务举例1

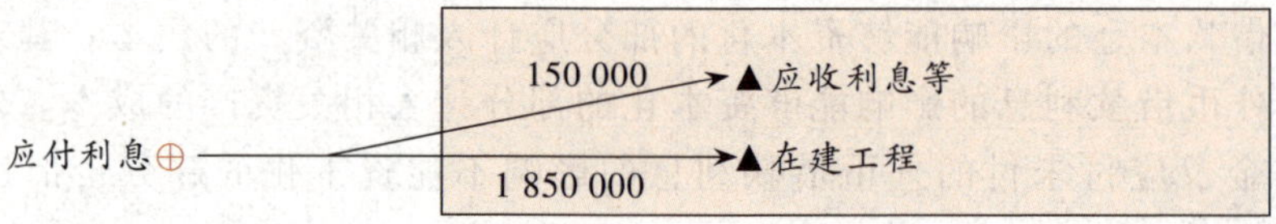

借：在建工程　　1 850 000

　　应收利息（或银行存款）　　150 000

　贷：应付利息　　2 000 000

【例 4-3】沿用【例 4-2】相关资料，但甲公司只有一笔20×1年1月1日的专门借款2 000万元，期限3年，年利率6%。在厂房建造过程中其占用了两笔一般借款，具体资料如下：(1) 20×1年1月1日，向甲银行申请长期贷款2 000万元，期限3年，年利率6%，按年支付利息；(2) 发行公司债券1亿元，于20×1年1月1日发行，期限5年，年利率8%，按年支付利息。假设全年按360天计算。

借款费用业务举例2

(1) 经分析得知，该厂房资产占用了一般借款。

(2) 确定资产化期间：20×1年1月1日—20×2年6月30日。

(3) 20×1年1月1日—20×1年12月31日期间借款利息处理。

①计算专门借款资本化金额。

资本化金额=20 000 000×6%−5 000 000×0.5%×6=1 050 000（元）

②计算一般借款资本化金额。

占用一般借款的资产加权平均数=20 000 000×180/360=10 000 000（元）

一般借款利息资本化率=（20 000 000×6%+100 000 000×8%）/（20 000 000+100 000 000）×100%

≈7.67%

资本化金额=10 000 000×7.67%=767 000（元）

③借款费用的处理。

资本化金额=1 050 000+767 000 =1 817 000（元）

借款总利息=20 000 000×6%+20 000 000×6%+100 000 000×8%=10 400 000（元）

借款费用费用化金额=10 400 000−1 817 000−150 000 =8 433 000（元）

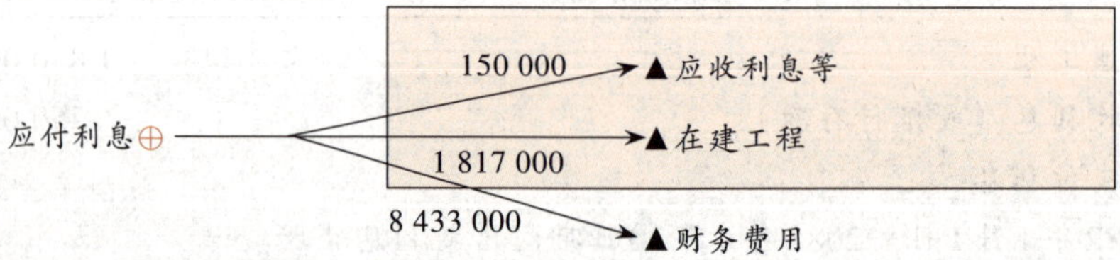

借：在建工程　　1 817 000

　　财务费用　　8 433 000

　　应收利息（或银行存款）　　150 000

　贷：应付利息　　10 400 000

(4) 20×2年1月1日—20×2年6月30日期间借款利息处理。

①计算专门借款资本化金额。

资本化金额=20 000 000×6%×180/360=600 000（元）

②计算一般借款资本化金额。

占用一般借款的资产加权平均数=（20 000 000+15 000 000）×180/360=17 500 000（元）

一般借款利息资本化率=7.67%

资本化金额=17 500 000×7.67%=1 342 250（元）

③借款费用的处理。

资本化金额=600 000 +1 342 250=1 942 250（元）

借款总利息=（20 000 000×6%+20 000 000×6%+100 000 000×8%）×180/360=5 200 000（元）

借款费用费用化金额=5 200 000−1 942 250=3 257 750（元）

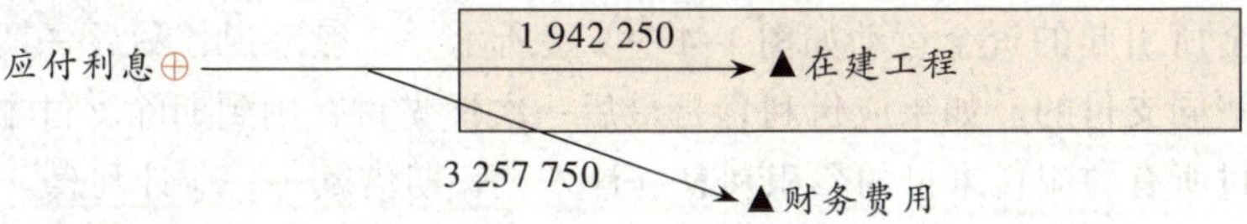

借款辅助费用和汇兑损益处理

借：在建工程　　　　1 942 250

　　财务费用　　　　3 257 750

　贷：应付利息　　　　5 200 000

第五节　长期借款业务资金运动分析与会计处理

一、长期借款概述

长期借款是企业向金融机构或其他单位借入的偿还期在一年以上的各种借款。

长期借款应按实际的发生额计价，主要包括借款的本金和长期借款利息两部分。其中，借款本金应按照借款合同约定的金额计量。按照现行会计准则的规定，与购建固定资产和无形资产有关的利息支出，符合资本化条件的应予以资本化；不符合资本化条件的应通过财务费用计入当期损益。

长期借款本息的偿还方式主要有分期付息、到期一次还本和分期偿还借款本息两种方式。在实际工作中，其本息的偿还主要是第一种方式，即分期支付利息、到期一次还本。在此主要分析这种常见的情况。

企业应设置“长期借款”账户，用以反映、控制和监督企业向银行或其他金融机构借入的期限超过一年或一个营业周期的借款。同时，企业需要设置“本金”“应计利息”等明细账，此外还应按贷款单位设置明细账，并按贷款种类进行明细核算。

二、长期借款业务资金运动分析与会计处理

企业取得长期借款，其所引起的资金运动如图4-4中A段所示。

在每一个资产负债表日，企业应当计算应支付的利息，一方面确认利息负债，另一方面确认借款费用。利息费用确认所引起的资金运动如图4-4中B1、B2段所示。对于借款费用，企业需要考虑的是予以资本化还是费用化的问题。对于利息，如果是到期一次支付，则应将其确认为非流动负债——长期借款——应计利息；如利息是分期支付的，应将

其计入流动负债——应付利息。

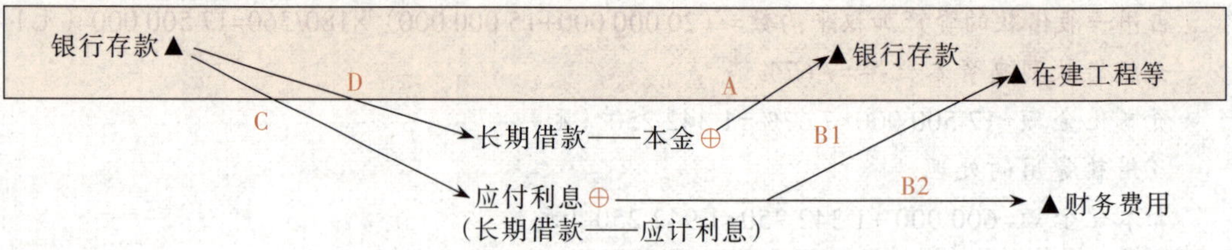

图4-4　长期借款所引起的资金运动分析图

长期借款资金运动分析

企业支付利息时所引起的资金运动如图4-4中C段所示。企业支付长期借款本金所引起的资金运动如图4-4中D段所示。一般来说，最后一期利息与本金是一同支付的。如果应付利息是最后一次性支付，则到期除支付本金外，还应支付所有的应付未付的累积利息（计入“长期借款——应计利息”项目中）。

长期借款所引起的资金运动整体流程如图4-4所示。

一般情况下，借款过程中发生的手续费等金额不大，企业可将其直接计入当期的财务费用。如手续费等金额较大，那就需要将手续费等在整个债券的持有期间按实际利率法进行摊销，其具体处理参见应付债券的资金运动分析及其会计处理。

企业借入长期借款时，其实际收到的金额与“长期借款——本金”有差额的，该差额应计入“长期借款——利息调整”项目之中。关于“长期借款——利息调整”项目的后续摊销参见本章“第六节 应付债券业务资金运动分析与会计处理”。

【例4-4】甲公司于20×4年1月2日从银行借入资金1 000 000元用于固定资产的更新改造。该借款期限为2年，年利率为6%，每年末计息并支付利息，到期一次还本。

（1）20×4年1月2日，取得借款（见图4-5，A段）。

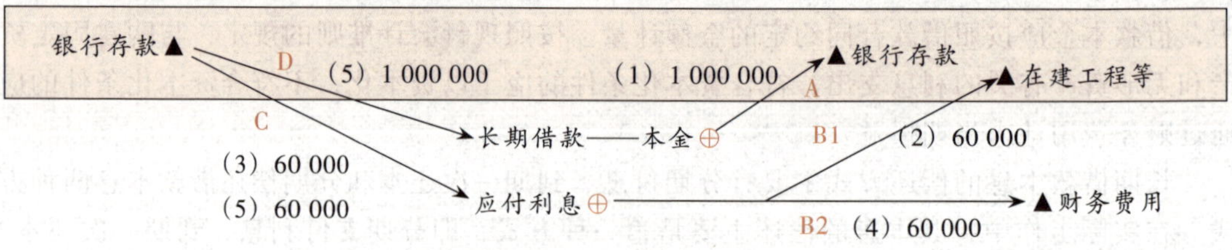

图4-5　甲公司资金运动分析图

借：银行存款　　1 000 000

　贷：长期借款——本金　　1 000 000

长期借款业务举例

（2）20×4年12月31日计提本年长期借款利息。该项工程于20×4年12月31日完工并投入使用（见图4-5，B1段）。

1 000 000×6%=60 000（元）

借：在建工程——固定资产更新改造　　60 000

　贷：应付利息　　60 000

（3）20×5年1月2日，甲公司支付上年利息（见图4-5，C段）。

借：应付利息　　60 000

　贷：银行存款　　60 000

（4）20×5年12月31日计提本年长期借款利息（见图4-5，B2段）。

借：财务费用　　　　60 000

　贷：应付利息　　　　60 000

（5）20×6年1月2日，甲公司偿还借款本金及上一年借款利息（见图4-5，C、D段）。

借：长期借款——本金　　　　1 000 000

　　应付利息　　　　60 000

　贷：银行存款　　　　1 060 000

第六节　应付债券业务资金运动分析与会计处理

一、公司债券的分类

公司债券是企业为了筹集长期资金经法定程序批准发行的一种载明利率、期限，并允诺在未来一定时期还本付息的有价证券。企业发行的超过一年的债券，构成企业的一项长期负债。

公司债券可以根据不同的标准进行分类，不同类别的公司债券所承担的风险和报酬不尽相同。

（一）有担保公司债券和无担保公司债券

有担保公司债券是指以充当抵押的特定财产作为抵押品而发行的债券。根据被抵押财产的不同，有担保公司债券还可分为不动产（如土地、房屋）抵押公司债券、动产（如机器、设备）抵押公司债券和证券（可转换的其他有价证券）抵押公司债券。

无担保公司债券，也称信用公司债券，是指没有相应的财产作为抵押，其债券契约的执行全凭发行债券契约的信用。与有担保公司债券相比，信用公司债券的风险较大，因而往往具有较高的报酬率。

（二）分次付息、一次还本债券和到期一次还本付息债券

公司债券按照付息方式可分为分次付息、一次还本公司债券和到期一次还本付息债券。分次付息、一次还本公司债券是指在一定期限内分次支付债券利息，债券到期日偿还本金的公司债券。一次还本付息是指债券到期日一次性地还本付息。

（三）记名公司债券和无记名公司债券

记名公司债券是指公司债券的持有人必须在发行债券的公司或信托管理机构办理登记，并凭债券和持有人的有效身份证件领取本息。债券买卖时，必须办理过户手续。记名公司债券手续较为繁琐，但风险较小。无记名公司债券，也称息票债券，是指持有人无须办理记名登记手续，但公司债券附有息票，任何人都可以凭息票领取债券利息，凭到期债券收回本金。无记名公司债券便于流通，但风险较大。

（四）不可转换公司债券和可转换公司债券

公司债券按照是否可以转换为发行公司的普通股，分为不可转换公司债券和可转换公司债券（一般公司债券）和可转换公司债券。本处所指的债券是一般公司债券。

应付债券概述

二、应付一般公司债券发行价格的确定

企业债券的发行价格受同期市场利率（一般指同期银行存款利率）的影

响较大，如果债券的票面利率与市场利率一致，则债券可按面值发行；如果债券的票面利率高于市场利率，则债券可溢价发行，溢价发行表明企业为以后多付利息而事先得到补偿；反之，如果债券的票面利率低于市场利率，则债券可折价发行，折价发行表明企业为以后少付利息而预先给投资者补偿。债券的溢价或折价是发行债券企业在债券存续期内对债券利息费用的一种调整。

债券的发行价格取决于债券未来现金流量的现值，即由债券面值按市场利率计算的现值和债券各期的利息按市场利率计算的现值之和。具体而言，债券发行价格的计算公式为：

债券的发行价格=债券面值的现值 + 各期应付利息的现值

企业需要设置“应付债券”账户来反映、控制和监督资金的筹集、应付债券本息的支付。该账户需要设置三个明细账：“面值”、“利息调整”和“应计利息”，其中“应付债券——面值”明细账专门核算所发行债券的面值，“应付债券——利息调整”专门核算所收到的实际价款与所发行债券面值的差额，而“应付债券——应计利息”则专门核算在到期一次性支付利息的情况下应付未付的利息，如果利息是分期支付，则应付未付的利息应通过“应付利息”来核算。

三、应付一般公司债券业务资金运动分析与会计处理

（一）应付债券筹资业务资金运动分析

企业发行债券时，可能会因为所发行债券的票面利率和市场利率不一致，导致实际筹集的资金与债券面值金额不一致，从而出现溢价发行债券和折价发行债券的情况。

1.企业溢价发行债券资金运动分析

假设该债券面值100万元，票面利率8%，企业发行价为110万元，则该债券属于溢价发行。

溢价发行债券资金运动分析

在溢价发行该债券时，所筹集的资金110万元银行存款中与债券面值100万元对应部分的资金来源渠道应确认为“应付债券——面值”，其所引起的资金运动如图4-6中A1段所示。筹集到的资金中，高于面值的部分资金（10万元）来源渠道应确认为“应付债券——利息调整”，其所引起的资金运动如图4-6中A2段所示。

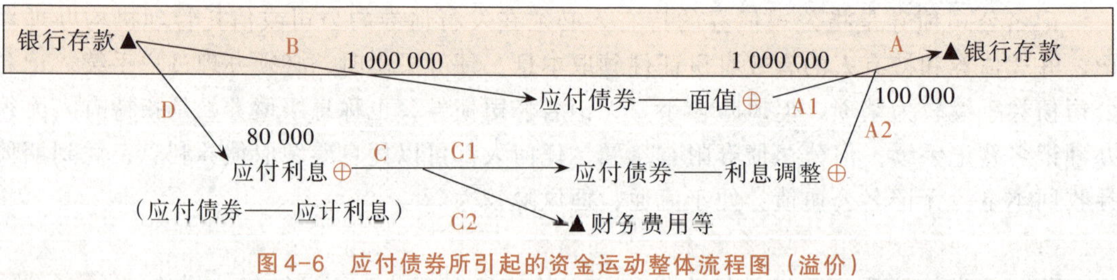

图4-6 应付债券所引起的资金运动整体流程图（溢价）

因此，“应付债券——面值”和“应付债券——利息调整”两项目合在一起，共同反映本次债券发行的筹资总成本，即110万元。在这110万元的筹资总成本中，“应付债券——面值”项目所反映的筹资成本100万元在债券到期时会以银行存款予以偿还，其所引起的资金运动如图4-6中B段所示；“应付债券——利息调整”项目所反映

的筹资成本10万元，只能通过每年的“应付利息”8万元分期予以偿还，其所引起的资金运动如图4-6中C1段所示；每年的“应付利息”8万元扣除筹资成本偿还的部分，剩下的才是企业的真正的借款成本，即财务费用等，其所引起的资金运动如图4-6中C2段所示。当企业支付应付利息时，资金发生图4-6中的D段运动。如果债券是到期一次性还本付息的，则应将“应付利息”项目改为“应付债券——应计利息”项目。

2.企业折价发行债券资金运动分析

假设该债券面值100万元，票面利率8%，企业发行价为97万元，则该债券属于折价发行。

在折价发行该债券时，所筹集到的资金97万元中与债券面值100万元对应部分的资金来源渠道应确认为“应付债券——面值”，其所引起的资金运动如图4-7中A1段所示。总价款中低于面值的部分（3万元）来源渠道应确认为“应付债券——利息调整”，其所引起的资金运动如图4-7中A2段所示，但其资金流量为负数，即-3万元。

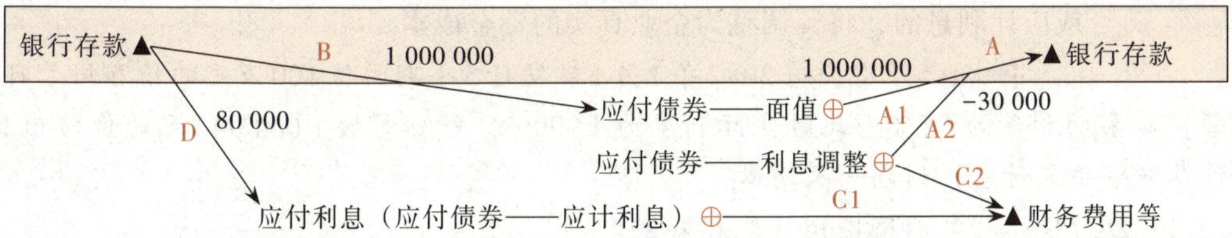

图4-7　应付债券所引起的资金运动整体流程图（折价）

因此，“应付债券——面值”和“应付债券——利息调整”两项目合在一起，共同反映本次债券发行的筹资总成本，即97万元。在这97万元的筹资总成本中，“应付债券——面值”项目所反映的筹资成本100万元在债券到期时企业会通过银行存款偿还，其所引起的资金运动如图4-7中B段所示。这就说明本次筹资的实际借款成本（即财务费用等）是由两部分构成的：一部分就是企业未来每年应支付的“应付利息”8万元全部是企业的财务费用等，其所引起的资金运动如图4-7中C1段所示；另一部分则是企业总筹资97万元，但到期却需要偿还100万元，其中多偿还的3万元也是企业的借款成本，即财务费用等，其所引起的资金运动如图4-7中C2段所示。

折价发行债券资金运动分析

当企业支付应付利息时，资金发生图4-7中的D段运动。如果债券是到期一次性还本付息的，则应将“应付利息”项目改为“应付债券——应计利息”项目。

（二）借款成本和利息调整金额的计量

1.借款成本的计量

借款成本主要是借入资金的利息费用。借款成本在满足资本化条件时应该予以资本化，计入在建工程等项目的成本；不满足资本化条件时，就应该费用化，计入当期的财务费用。

应付债券借款费用的确认与计量

借款成本金额应按如下公式计算：

利息费用=借款费用=摊余成本×实际利率

实际利率是指将金融资产或金融负债在预期存续期间或适用的更短期间内的未来现金流量，折算为该金融资产或金融负债当前账面价值所使用的利率。通俗地讲，这里的实际利率就是企业愿意承担的借入资金成本。

摊余成本是指金融资产或金融负债的初始确认金额经下列调整后的结果：(1) 扣除已偿还的本金；(2) 加上或减去采用实际利率法将该初始确认金额与到期日金额之间的差额进行摊销所形成的累计摊销额；(3) 扣除已发生的减值准备。通俗地讲，这里的摊余成本就是企业在某一特定时刻的负债总金额。

由此可见，利息费用取决于债务人本身，即债务人负债总金额及其愿意支付的资金成本率。

2. 应付利息与利息调整

应付利息（或应计利息）的计算公式如下：

应付利息=应计利息=票面面值×票面利率

溢价发行债券业务举例

应付利息金额和财务费用金额之差就是利息调整的金额，即利息调整=应付利息-财务费用等。这就告诉我们，企业实际所支付的应付利息并不一定等于企业的资金成本；“应付债券——利息调整”科目就是专门来调整应付利息或应计利息的，将其调整为企业真实的资金成本。

【例4-5】甲公司20×2年1月1日发行5年期面值100万元的债券用于日常经营，其票面利率为6.5%。此时实际利率为4.999%，甲公司按1 064 942元的价格出售。该债券每年年末付息，到期一次还本。

(1) 应付债券利息调整摊销（见表4-2）。

表4-2　应付债券利息调整摊销表　单位：元

付息日期	期初摊余成本（a）	财务费用（b）	应付利息	利息调整	未摊销完利息调整	现金流出（c）	期末摊余成本（d=a+b-c）
20×2-01-01	1 064 942	—	—	—	64 942	—	—
20×2-12-31	1 064 942	53 236	65 000	11 764	53 178	65 000	1 053 178
20×3-12-31	1 053 178	52 648	65 000	12 352	40 826	65 000	1 040 826
20×4-12-31	1 040 826	52 031	65 000	12 969	27 857	65 000	1 027 857
20×5-12-31	1 027 857	51 383	65 000	13 617	14 240	65 000	1 014 240
20×6-12-31	1 014 240	50 760*	65 000	14 240	0	1 065 000	0

*为避免出现小数点计算误差，最后一年的财务费用是倒推出来的（先算本期的利息调整，再算财务费用）。

(2) 20×2年1月1日发行债券（见图4-8，A段）。

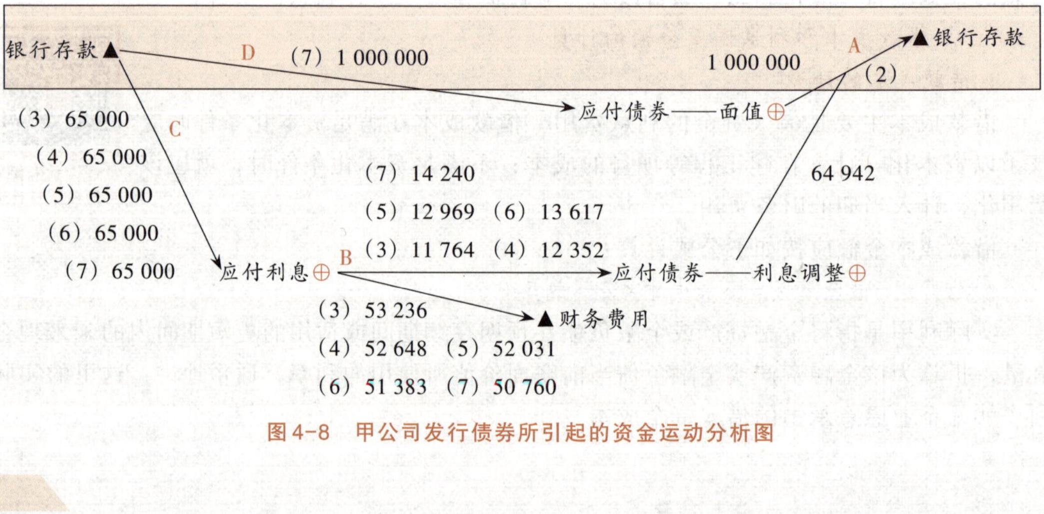

图4-8　甲公司发行债券所引起的资金运动分析图

借：银行存款　　1 064 942

　贷：应付债券——面值　　1 000 000

　　　　　　——利息调整　　64 942

（3）20×2年12月31日、20×3年年末、20×4年年末、20×5年年末、20×6年年末确认利息（见图4-8，B段）；以及其后的利息支付的处理（包括最后一年的本金支付）（见图4-8，C、D段）。其具体会计处理（见表4-3）。

表4-3　**后续确认财务费用、支付利息及偿还本金业务处理表**　单位：元

（1）业务	（2）会计分录	（3）20×2年	（4）20×3年	（5）20×4年	（6）20×5年	（7）20×6年
年末确认财务费用（见图4-8，B段）	借：财务费用	53 236	52 648	52 031	51 383	50 760
	借：应付债券——利息调整	11 764	12 352	12 969	13 617	14 240
	贷：应付利息	65 000	65 000	65 000	65 000	65 000
下年初支付款项（见图4-8，C、D段）	借：应付利息	65 000				
	借：应付债券——面值	—				1 000 000
	贷：银行存款	65 000				1 065 000

【例4-6】乙公司20×2年1月1日发行4年期面值为100万元的债券用于日常经营，其票面利率为8%。此时实际利率为8.86%，企业将该批债券按94万元的价格出售。该债券到期一次性还本付息。

（1）应付债券利息调整摊销（见表4-4）。

表4-4　**应付债券利息调整摊销表**　单位：元

付息日期	期初摊余成本（a）	财务费用（b）	应计利息	利息调整	未摊销完利息调整	现金流出（c）	期末摊余成本（d=a+b-c）
20×2-01-01	940 000	—	—	—	60 000	—	—
20×2-12-31	940 000	83 284	80 000	3 284	56 716	0	1 023 284
20×3-12-31	1 023 284	90 663	80 000	10 663	46 053	0	1 113 947
20×4-12-31	1 113 947	98 696	80 000	18 696	27 357	0	1 212 643
20×5-12-31	1 212 643	107 357*	80 000	27 357	0	1 320 000	0

*为避免出现小数点计算误差，最后一年的财务费用是倒推出来的（先算本期利息调整，再算财务费用）。

（2）20×2年1月1日发行债券（见图4-9，A段）。

借：银行存款　　940 000

　　应付债券——利息调整　　60 000

　贷：应付债券——面值　　1 000 000

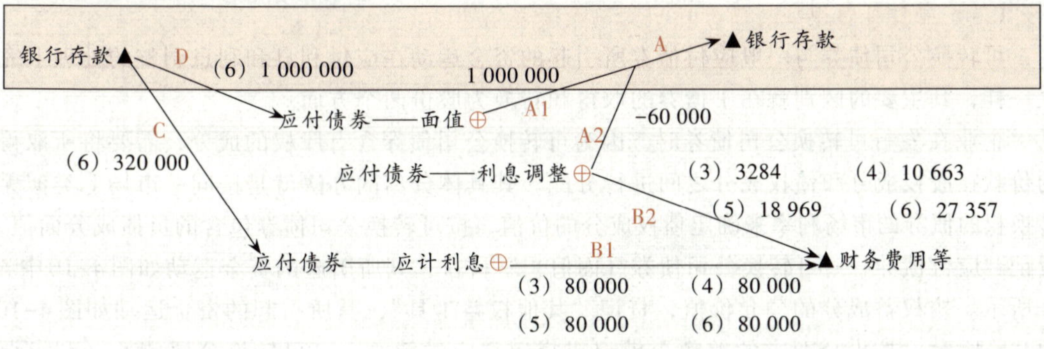

图4-9　乙公司资金运动分析图

折价发行债券业务举例

（3）20×2 年年末、20×3 年年末、20×4 年年末、20×5 年年末确认利息。（见图 4–9，B段）。

20×5 年 12 月 31 日归还债券本金及所有利息（见图 4–9，C、D段）。其具体会计处理见表 4–5。

表 4–5　后续确认财务费用、支付利息及偿还本金业务处理表　单位：元

（1）业务	（2）会计分录	（3）20×2 年	（4）20×3 年	（5）20×4 年	（6）20×5 年
年末确认财务费用（见图 4–9，B段）	借：财务费用	83 284	90 663	98 696	107 357
	贷：应付债券——利息调整	3 284	10 663	18 696	27 357
	贷：应付债券——应计利息	80 000	80 000	80 000	80 000
下年初支付款项（见图 4–9，C、D段）	借：应付债券——应计利息		—		320 000
	借：应付债券——面值		—		1 000 000
	贷：银行存款		—		1 320 000

四、应付可转换公司债券业务资金运动分析与会计处理

（一）应付可转换公司债券的概述

可转换公司债券既有债券的性质，又有股票的性质。企业发行可转换公司债券，可以较低的成本筹集资金。债券持有者可以在转换期内行使转换权利，将债券转换为股份，债券持有者就变为企业的股东，享有股东的权利；如果债券持有者在转换期内未行使转换权利，则债券持有者仍然作为企业的债权人，有权要求企业偿还本息。正是由于可转换公司债券具有这双重性质，可转换公司债券持有人的风险较小。就发行可转换公司债券的企业而言，如果发行企业直接增发股票有困难，可通过发行可转换公司债券，在债券持有者不需要追加投资的情况下，使其成为企业的股东，企业达到增资的目的。我国发行可转换公司债券采取记名式无纸化发行的方式。

在我国，上市公司和重点国有企业经批准可发行可转换公司债券，但发行可转换公司债券必须具备一定条件。其可转换公司债券价格的确定也需要遵守相关规定。

企业发行可转换公司债券，必须在“应付债券”科目下设置“可转换公司债券”明细科目核算。可转换公司债券会计核算的特点主要是转换为股份的核算，其他诸如可转换公司债券的发行、可转换公司债券到期未转换为股份的偿还本息等业务，均与一般公司债券的核算业务相同。

（二）应付可转换公司债券所引起的资金运动分析

可转换公司债券与一般应付债券所引起的资金运动在应付利息和利息调整的处理上完全一样，其主要的区别就在于债券的取得和转换为股份两个方面。

企业在发行可转换公司债券时，因为可转换公司债券含有股权的成分，需要将所取得的价款在股权成分和债权成分之间进行分配。其具体分离的办法就是按同一市场上类似无转换权的债券的市场利率来确定债权成分的价值，按可转换公司债券包含的负债成分面值，贷记“应付债券——可转换公司债券（面值）”科目，其所引起的资金运动如图 4–10 中A段所示。按权益成分的公允价值，贷记“其他权益工具”，其所引起的资金运动如图 4–10 中B段所示。按借贷双方的差额，借记或贷记“应付债券——可转换公司债券（利息调

整）”科目，其所引起的资金运动如图4-10中A段所示。经分离后的债券就可以按一般的债券处理。可转换公司债券发行所引起的资金运动如图4-10所示。

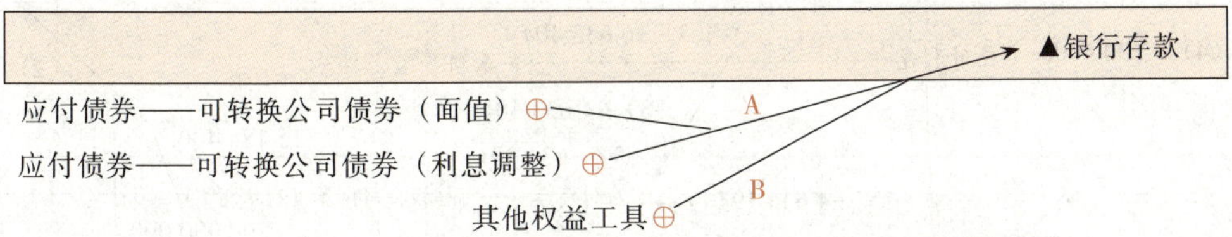

图4-10 应付可转换公司债券发行所引起的资金运动分析图

可转换公司债券在转换为股份时，其资金运动与一般公司债券不同。一般来说，企业应按可转换公司债券的约定条款确定转换股票的面值，作为“股本”核算，其所引起的资金运动如图4-11中C1段所示。可转换公司债券持有者在转换为股份时，如果不足转换为1股，企业应以现金偿还，其所引起的资金运动如图4-11中C2段所示。其账面价值（包括可转换公司债券的面值、未摊销完的债券利息调整和已计提的债券利息）和“其他权益工具”项目中应按比例结转的对应金额之和在扣除已转换为股本的价值后，作为“资本公积——股本溢价”处理，其所引起的资金运动如图4-11中C3段所示。

应付可转换债券资金运动分析

可转换公司债券转换时所发生的资金运动如图4-11所示。

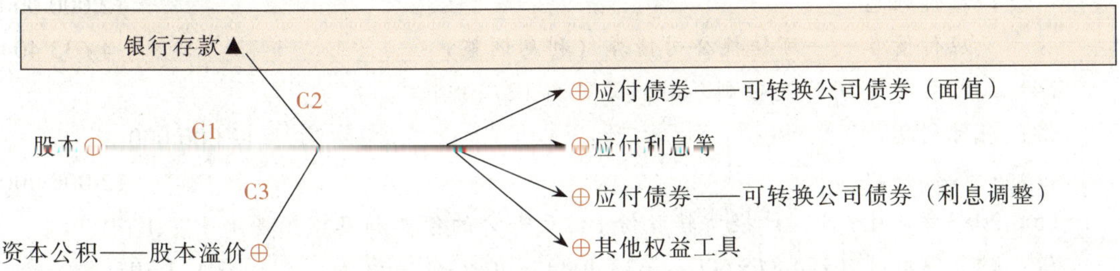

图4-11 应付可转换公司债券转换所引起的资金运动分析图

【例4-7】甲公司于20×2年1月1日发行面值总额为200 000 000元的可转换公司债券，发行价为201 000 000元，用于建设一条生产线。该债券期限为3年，票面利率为6%。甲公司在债券募集说明书中规定，从20×2年起每年1月10日支付上一年度的债券利息，债券持有人自20×3年3月31日可申请将所持有债券转换为公司普通股，转换价格为债券面值100元转换为10股，每股面值1元，没有约定赎回与回售条款（所转部分债券在20×3年的利息单独支付）。甲公司发行债券时，二级市场上与之类似但没有转换权的债券的市场利率为9%。20×3年4月1日，有面值为1亿元的可转换公司债券转股，共计转股1 000万股，并于当日办妥相关手续。到20×3年4月1日，该生产线尚未开工。

（1）20×2年1月1日，发行债券时：

按同类债券计算，该可转换公司债券负债成分的公允价值为：

200 000 000×（P/F，9%，3）+12 000 000×（P/A，9%，3）

=200 000 000×0.7722+12 000 000×2.5313

=184 815 600（元）

可转换公司债券权益成分的公允价值为：201 000 000−184 815 600=16 184 400（元）

（2）20×2年1月1日，发行债券（见图4-12，A段）。

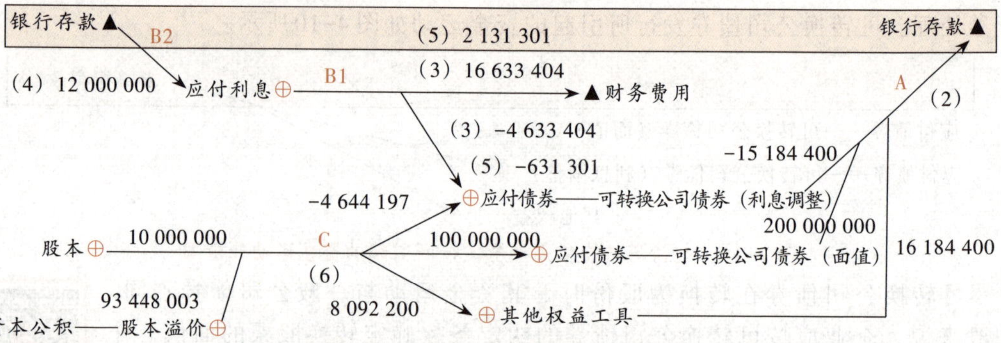

图4-12　甲公司资金运动分析图

应付可转换债券业务举例

借：银行存款　　201 000 000
　　应付债券——可转换公司债券（利息调整）　　15 184 400
　贷：应付债券——可转换公司债券（面值）　　200 000 000
　　　其他权益工具　　16 184 400

（3）20×2年12月31日计提利息时（见图4-12，B1段）。

借：财务费用（184 815 600×9%）　　16 633 404
　贷：应付利息　　12 000 000
　　　应付债券——可转换公司债券（利息调整）　　4 633 404

（4）20×3年1月10日支付利息时（见图4-12，B2段）。

借：应付利息　　12 000 000
　贷：银行存款　　12 000 000

（5）20×3年4月1日，计提所转股份1亿元部分的债券利息（见图4-12，B1段）。

借：财务费用（（184 815 600+4 633 404）×9%×3/12÷2）　　2 131 301
　贷：应付利息　　1 500 000
　　　应付债券——可转换公司债券（利息调整）　　631 301

（6）20×3年4月1日，债券转换为股份（见图4-12，C段）。

借：应付债券——可转换公司债券（面值）　　100 000 000
　　其他权益工具（16 184 400÷2）　　8 092 200
　贷：股本　　10 000 000
　　　应付债券——可转换公司债券（利息调整）（（15 184 400-4 633 404）÷2-631 301）　　4 644 197
　　　资本公积——股本溢价　　93 448 003

第七节　其他非流动负债业务资金运动分析与会计处理

除长期借款、应付债券外，其他非流动负债主要有长期应付款、专项应付款、递延所得税负债等。长期应付款主要包括以分期付款方式购入的固定资产、无形资产发生的应付款项等。以分期付款方式购入的固定资产、无形资产的应付款项参见投资环节资金运动分析中的固定资产和无形资产分析。递延所得税负债参见所得税准则。此处重点分析专项应付款。

专项应付款主要是指企业取得政府作为资本性投入的具有专项或特定用途的款项。政府投入该款项主要出于鼓励或支持企业进行技术开发。

企业收到政府的专项拨款，其所引起的资金运动如图4-13中A段所示。企业研发活动的正常支出所引起的资金运动如图4-13中B段所示。项目一旦研发成功，形成无形资产的同时，应将政府拨款中对应的部分转为资本公积，其所引起的资金运动如图4-13中C1、C2段所示。如果开发失败，则将相关研发支出直接冲销专项应付款，其所引起的资金运动如图4-13中D段所示。未用完的专项拨款需要还给政府，其所引起的资金运动如图4-13中E段所示。

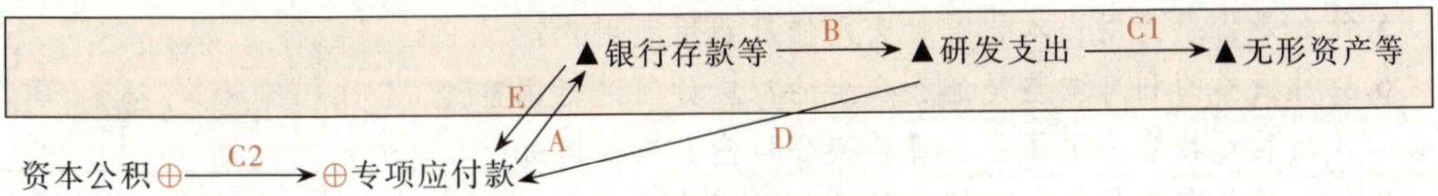

图4-13　专项应付款资金运动分析图

【例4-8】甲公司20×2年6月12日收到国家拨入的一项专用设备研究经费100万元存入银行。同年12月28日该项目研究成功并通过鉴定。实际支出123万元。

（1）20×2年6月12日收到专项研究拨款：（见图4-14，A段）

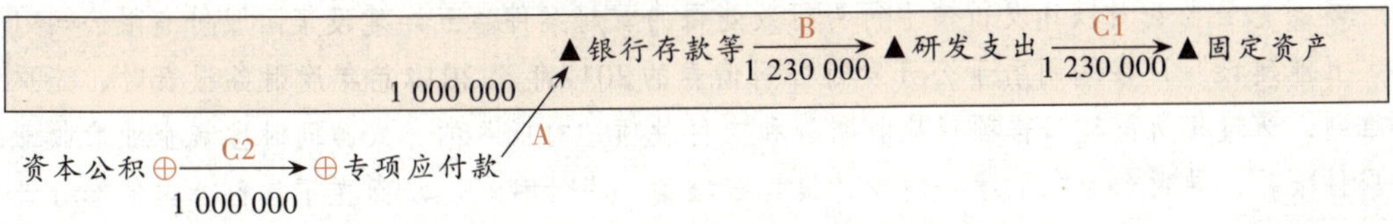

图4-14　甲公司资金运动分析图1

借：银行存款　　1 000 000

　贷：专项应付款　　1 000 000

长期应付款与专项应付款业务

（2）发生研究开发费用时：（见图4-14，B段）

借：研发支出——资本化支出　　1 230 000

　贷：银行存款等　　1 230 000

研发项目取得成功时：（见图4-14，C1段）

借：固定资产　　1 230 000

　贷：研发支出——资本化支出　　1 230 000

（3）专项拨款转账：（见图4-14，C2段）

借：专项应付款　　1 000 000

　贷：资本公积——拨款转入　　1 000 000

（4）如果该项研究失败，则冲销该笔专项应付款：（见图4-15，C段）

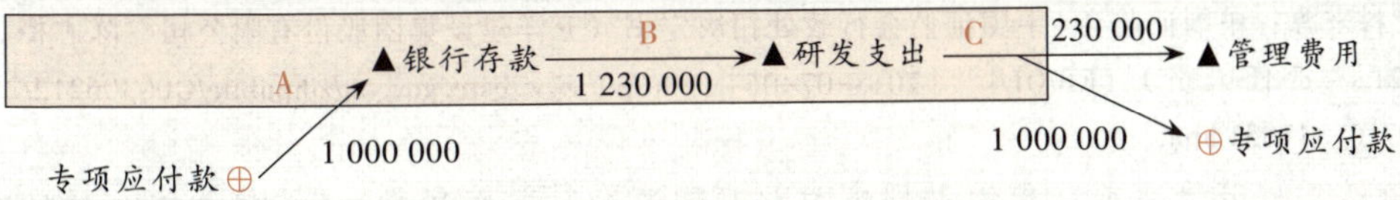

图4-15　甲公司资金运动分析图2

借：专项应付款　　1 000 000

借：管理费用　　230 000

　贷：研发支出　　1 230 000

思考题

1.负债是怎么定义的？与所有者权益相比，负债有什么特征？

2.流动负债如何界定？其具体内容有哪些？

3.什么是非流动负债？其主要包括哪些内容？

4.什么是借款费用？借款费用包括哪些内容？企业对借款费用是如何处理的？

5.什么是借款费用资本化？什么是借款费用费用化？

6.应付债券的利息调整是怎么产生的？应如何进行调整？

7.什么是可转换公司债券？可转换公司债券应如何进行核算？

8.什么是长期应付款？长期应付款包括哪些内容？

育德育人

五洋建设欺诈发行公司债券案

本案系证监会对欺诈发行债券行为行政处罚的首起案件。五洋建设集团股份有限公司（简称“五洋建设”）在编制用于公开发行公司债券的2012年至2014年年度财务报表时，违反会计准则，通过将所承建工程项目应收账款和应付款项“对抵”的方式，同时虚减企业应收账款和应付账款，导致企业在上述年度少计提坏账准备、多计利润。从而在不具备公司债券公开发行条件的情况下，五洋建设以通过上述财务处理方式编制的2012年至2014年年度虚假财务报表申请公开发行公司债券，于2015年7月骗取中国证监会的公司债券公开发行审核许可，并最终于2015年8月和2015年9月分两期向合格投资者公开发行公司债券8亿元和5.6亿元，合计13.6亿元。两只债券到期后发生实质性违约，2018年，五洋建设申请破产重整。

此外，五洋建设还存在未按规定及时披露年报、未按规定及时披露审计机构变更事项等违法行为。2018年7月，证监会依法对五洋建设及相关责任人员做出行政处罚。

2019年以来，债券投资者陆续起诉至杭州市中级人民法院称，五洋建设在不符合债券发行条件的前提下，通过制作虚假财务报表欺诈发行“15五洋债”“15五洋02”两只公募债券，要求五洋建设偿付债券本息及逾期利息；陈志樟作为实际控制人，德邦证券、大信会计等作为承销商和中介机构承担连带责任。2021年1月，绵延数年的“五洋债”欺诈发行案迎来一审判决，杭州市中级人民法院在其官方微信公众号发布消息称，五洋建设以虚假财务数据骗取债券发行资格，构成欺诈发行、虚假陈述的违法违规行为，应对投资者的损失承担赔偿责任。其余4家中介机构也应在相应范围内承担连带责任。

资料来源：中国证监会.中国证监会行政处罚决定书（五洋建设集团股份有限公司、陈志樟、王永敏等 21 名责任人员）[EB/OL].［2018-07-06］..http://www.csrc.gov.cn/zjhpublic/G00306212/201807/t20180710_341031.htm.

请思考：若干年前，朱镕基同志为北京国家会计学院题词：“诚信为本，操守为重，坚持准则，不做假账。”不做假账应该是财会人员的基本要求，也是一种常识。请结合上述资料，站在财会人员的角度谈一谈你对五洋建设欺诈发行公司债券案的看法。

第五章　对内投资（固定资产业务）资金运动分析与会计处理

学习目标

本章主要阐述了对内投资（固定资产）业务所引起的资金运动及其会计核算。通过本章的学习，要求熟悉固定资产的概念、计价标准及其价值构成，熟悉固定资产处置的基本流程，熟悉固定资产减值提取的确认与计量方法；掌握固定资产取得、使用、减值和处置所引起的资金运动及其相应的会计核算。

第一节　固定资产概述

一、固定资产的概念与特征

固定资产是指同时具有下列特征的有形资产：(1) 为生产商品、提供劳务、出租或经营管理的目的而持有；(2) 使用寿命超过一个会计年度。

从固定资产的定义看，其具有以下三个特征：(1) 固定资产是为生产商品、提供劳务、出租或经营管理的目的而持有。这意味着，企业持有的固定资产是企业的劳动工具或手段，而不是直接用于销售的产品。(2) 固定资产的使用寿命超过一个会计年度。固定资产的使用寿命，是指企业使用固定资产的预计期间，或者该固定资产所能生产产品或提供劳务的数量。通常情况下，固定资产的使用寿命是指使用固定资产的预计寿命，如自用房屋建筑物的使用寿命或使用年限；某些机器设备或运输设备等固定资产，其使用寿命往往以该固定资产所能生产产品或提供劳务的数量来表示，如发电设备按其预计发电量估计使用寿命，汽车或飞机等按其预计行驶（或航行）里程估计使用寿命。固定资产使用寿命超过一个会计年度，表明固定资产属于长期资产，随着使用和磨损，通过计提折旧方式逐渐减少账面价值。(3) 固定资产是有形资产。固定资产具有实物形态这一特征将其与无形资产区分开来。

除了符合固定资产的定义外，企业一项资产要作为固定资产进行确认，还应同时满足以下两个条件：第一，与该固定资产有关的经济利益很可能流入企业；第二，该固定资产的成本能够可靠地计量。

二、固定资产的内容与分类

企业的固定资产种类繁多、规格不一。为了加强管理，便于组织会计核算，有必要对其进行科学、合理的分类。根据不同的管理需要和不同的分类标准，可以对固定资产进行不同的分类。

根据其经济用途和使用状况，固定资产可以分为以下几类：

（1）生产经营用固定资产。生产经营用固定资产是指直接服务于企业的生产经营活动的各种固定资产，包括生产经营用房屋、建筑物、机器设备、运输工具、管理工具等。

（2）非生产经营用固定资产。非生产经营用固定资产是指不直接服务于企业生产经营活动的固定资产，包括职工食堂、职工浴池、幼儿园、医院等所使用的房屋、设备等。

（3）租出固定资产。租出固定资产是指企业租给外单位使用的固定资产。

（4）不需用固定资产。不需用固定资产是指本企业因生产条件变化等原因而导致出现多余或不适用，需要处置的固定资产。

（5）未使用固定资产。未使用固定资产是指已经完工或购建的尚未交付使用的新增固定资产，以及因改建、扩建等原因暂时停用的固定资产。但不包括因修理停用或季节性停用的固定资产。

（6）土地。土地是指单独作价入账的土地，而不是土地使用权，主要指公司在国外购买的土地。

第二节　固定资产取得资金运动分析与会计处理

一、固定资产的计价基础

固定资产的确认是指何时、以何种金额计入固定资产账户的过程。而固定资产计价，是指以何种计量属性对固定资产的价值进行计量的过程。通常都是以历史成本（原始价值）对固定资产进行初始计量和再计量，但随着会计计量属性的多元化，固定资产的价值也可采用现行成本、重置成本、现行市价、可变现净值、未来现金流量的现值等其他计量属性。按照现行固定资产的计价方式，主要有按历史成本计价、按重置成本计价和按净值计价三种方法。

（一）按历史成本计价

*历史成本，亦称原始购置成本或原始价值，是指企业购建某项固定资产达到使用状态前所发生的一切合理、必要的支出。*企业购建新固定资产的计价、确定计提折旧的依据等均采用此种计价方法。固定资产的取得方式不同，其历史成本的价值构成也有所差异。

（二）按完全重置价值计价

重置成本又称现行成本，是指按照当前市场条件重新购置同样的固定资产所需要的全部支出。这种计价方法一般用于盘盈、接受捐赠以及投资者投入等业务。

（三）按净值计价

固定资产净值，亦称折余价值，是指固定资产原始价值或重置成本减去已提折旧后的差额。采用此种方式计价，可以反映企业在固定资产上的实有资金数额以及固定资产的新旧程度。此种计价方法主要用于固定资产盘亏、毁损的处理。

二、固定资产的计价

固定资产价值的构成是指固定资产价值所包括的范围。它应包括企业为购建某项固定资产达到预定可使用状态前所发生的一切合理的、必要的支出。这些支出既有直接发生的，如购置固定资产的价款、运杂费、包装费和安装成本等；也有间接发生的费用，如应分摊的借款利息、外币借款折合差价以及应分摊的其他间接费用等。

固定资产概述与计价

由于固定资产的来源渠道不同，其价值构成的具体内容也有所差异。

1.购置不需要安装的固定资产

企业购置的不需安装即可使用的固定资产，按实际支付的买价加上支付的场地整理费、装卸费、运输费、包装费、保险费和专业人员服务费等作为入账价值。

企业用一笔款项购入多项没有单独标价的固定资产时，应按各项固定资产公允价值的比例对总成本进行分配，以确定各项固定资产的入账价值。

2.购置需要安装的固定资产

企业购置需要安装的固定资产，按实际支付的买价加上运杂费、包装费、保险费和安装成本等作为其入账价值。

3.自行建造的固定资产

企业自行建造的固定资产，按建造该项固定资产达到预定可使用状态前所发生的必要支出作为固定资产入账价值。

4.投资者投入的固定资产

企业取得投资者投入的固定资产，应以投资各方确认的金额作为入账价值。

5.盘盈的固定资产

盘盈固定资产按同类或类似的固定资产的市场价格，减去按该项资产的新旧程度估计的价值损耗后的余额，作为入账价值。如果同类或类似的固定资产不存在活跃市场，按该项固定资产的预计未来现金流量现值，作为入账价值。

6.接受捐赠的固定资产

企业接受捐赠的固定资产，如果捐赠方提供了有关凭据，按照凭据上标明的金额加上应支付的税费作为固定资产的入账价值。如果捐赠方未提供有关凭据，按如下顺序确定：

第一，同类或类似固定资产存在活跃市场的，按同类或类似固定资产的市场价格估计的金额，加上应支付的税费，作为固定资产的入账价值。

第二，同类或类似固定资产不存在活跃市场的，按该接受捐赠的固定资产的预计未来现金流量现值，作为固定资产的入账价值。

除此之外，固定资产的计量还需要注意以下几点：(1) 用于集体福利的固定资产入账价值应该包括所支付的进项税额；(2) 债务人抵债取得的固定资产、以非货币性交易换入的固定资产的计价，以及借款费用是否计入固定资产，参见各相关会计准则的处理方法；(3) 固定资产的入账价值中，还应当包括企业为取得固定资产而缴纳的契税、耕地占用税、车辆购置税等相关税费；(4) 企业购入计算机硬件所附带的、未单独计价的软件，与所购置的计算机硬件一并作为固定资产管理。

三、固定资产取得资金运动分析与会计处理

（一）阶段性原则对固定资产取得资金运动的影响

固定资产取得的基本资金运动流程如图5-1所示。

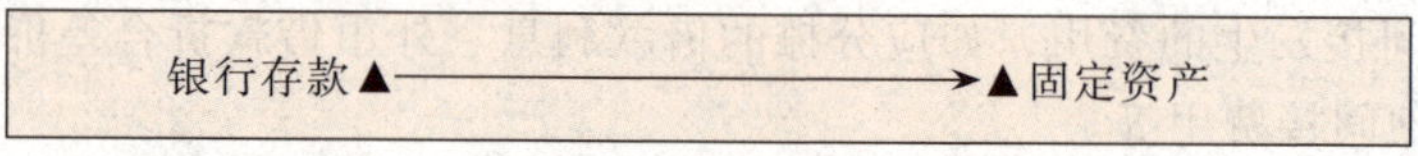

图5-1 固定资产取得的基本资金运动

固定资产业务资金运动综合分析

在企业取得固定资产的具体业务中，所失的发生和阶段与所得的实现在时间关系上会出现以下三种情况：(1) 同时发生，即钱货两清；(2) 先失后得，即预付；(3) 先得后失，即赊购。

在钱货两清时，如果所取得的固定资产不需要安装，购买所支付的价款和相关费用所引起的资金运动如图5-2中A1段所示，所支付的增值税进项税额所引起的资金运动如图5-2中B1段所示；在增值税进项税额不能抵扣时，B1段的流量应该与A1段合并，共同形成固定资产的价值。在所取得的机器设备等需要安装调试才能使用时，企业需要设置“在建工程”项目来管控整个安装调试过程并汇集所发生的成本，以此确定所形成的固定资产的入账价值。因此，所购买的机器设备等需要先确认为工程物资，其所引起的资金运动如图5-2中A2段和B1段（如果增值税进项税额不能抵扣，则仍然需要将B1段与A2段合并）运动所示；然后对其进行安装调试，其所引起的资金运动如图5-2中C段所示；在安装调试完毕达到合理可使用状态时，再将在建工程转为固定资产，其所引起的资金运动如图5-2中D段所示。如果机器设备买入与投入安装调试时间间隔很短，也可以不通过工程物资而直接计入在建工程，即将A2段与C段这两段资金运动合并为一段。

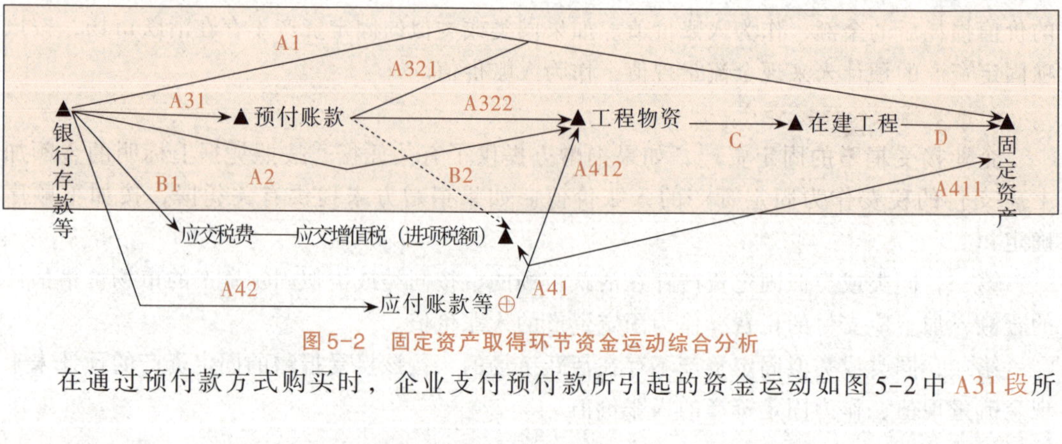

图5-2 固定资产取得环节资金运动综合分析

在通过预付款方式购买时，企业支付预付款所引起的资金运动如图5-2中A31段所

示；以后取得机器设备时，除支付增值税进项税额引起B2段资金运动外，还需要根据该机器设备是否需要安装分别处理，其所引起的资金运动如图5-2中A321段或A322段所示。其他分析同钱货两清一样。

在赊购时，企业取得机器设备并承担相应债务，其所引起的资金运动如图5-2中A41段所示，以后偿还债务所引起的资金运动如图5-2中A42段所示。其他分析同钱货两清一样。

需要注意的是，工程物资主要包括专用材料、工具和器具（为生产准备的）、预付大型设备款和专用设备等，企业需要设置四个明细分类账来分别进行反映与控制。在建工程项目可能包括企业进行基建工程、安装工程、技术改造工程、大修理工程等，企业应设置

建筑工程（土木工程）、安装工程（装饰工程）、在安装设备、技术改造工程、大修理工程和待摊支出等明细账户分别予以反映与控制。

此外，需要说明的是，本部分所指的固定资产都是假设其服务于企业生产需要的。对于服务于企业集体福利部门的非生产性固定资产，其所涉及的增值税进项税额应计入固定资产成本，不得抵扣增值税销项税额。

（二）动产类固定资产购建资金运动具体分析

1.企业外购不需要安装的固定资产

【例5-1】甲企业于20×3年2月10日以银行存款购入一台不需要安装的设备，增值税专用发票上注明：设备价格为500 000元，增值税为65 000元，该增值税进项税额可以抵扣。另外以现金支票支付运杂费，取得增值税专用发票，其中运费3 000元，增值税270元。

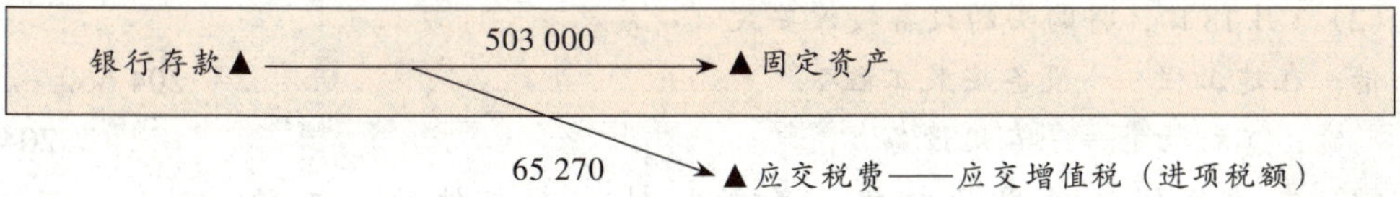

借：固定资产　　503 000

　　应交税费——应交增值税（进项税额）　　65 270

　贷：银行存款　　568 270

固定资产取得：外购一般业务

2.企业外购需要安装的固定资产

企业购买需要安装的固定资产，在安装的过程中，可能会发生各种耗费，这些耗费都将通过"在建工程"项目计入所安装的固定资产的成本，其引起的资金运动流程如图5-3所示。

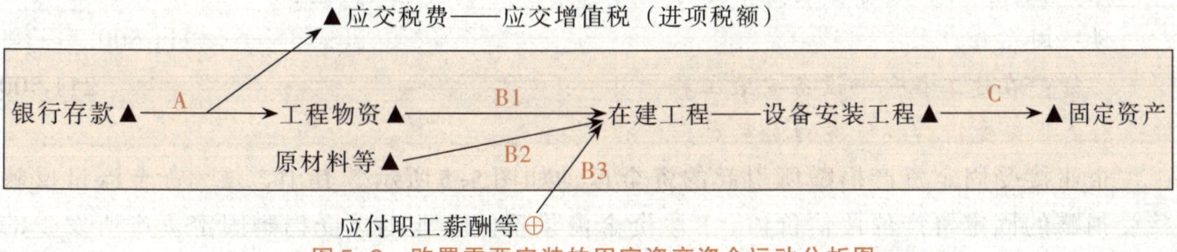

图5-3 购置需要安装的固定资产资金运动分析图

附注：A——购买需安装的机器设备；B1——将机器设备投入安装；B2——从原材料仓库领用材料

投入安装等；B3——应支付的安装人工费；C——设备安装完工，交付使用。

【例5-2】甲企业于20×3年3月10日以银行存款购入一台需要安装的设备，买价200 000元，所支付的增值税进项税额为26 000元。另外以银行存款支付运杂费4 660元，未取得增值税专用发票。3月18日将该设备投入安装。在安装过程中还发生了下列支出：领用原材料2 340元，直接以现金支票从市场上购得安装材料2 000元（不含增值税，其增值税税率为13%），应支付的安装人员薪酬2 500元。3月25日，该设备安装调试完毕，投入生产。

（1）3月10日，支付设备价款、增值税进项税额和运输费合计230 660元（见图5-4，A段）。

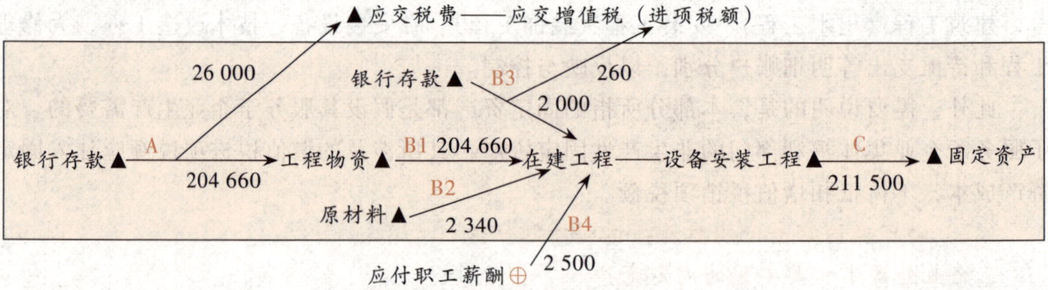

图5-4 甲企业资金运动分析图

借：工程物资——专用设备	204 660	
应交税费——应交增值税（进项税额）	26 000	
贷：银行存款		230 660

（2）3月18日，将购买的设备投入安装（见图5-4，B1段）。

借：在建工程——设备安装工程	204 660	
贷：工程物资——专用设备		204 660

（3）在此期间，领用原材料、购买材料、未支付的人工费（见图5-4，B2、B3、B4段）。

借：在建工程——设备安装工程	6 840	
应交税费——应交增值税（进项税额）	260	
贷：银行存款		2 260
应付职工薪酬		2 500
原材料		2 340

（4）3月25日，设备安装完毕交付使用（见图5-4，C段）。

借：固定资产	211 500	
贷：在建工程——设备安装工程		211 500

3.企业接受捐赠所获得的固定资产

企业接受固定资产捐赠所引起的资金运动如图5-5所示。其中，A段资金流量反映接受捐赠的固定资产的评估价值，B段资金流量反映企业因接受捐赠固定资产所发生的其他支付。若企业接受捐赠的固定资产包含可以抵扣的增值税进项税额，该进项税额应单列。

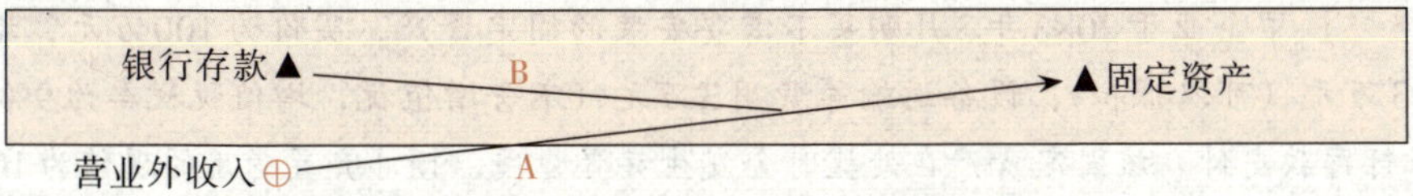

图5-5　接受固定资产捐赠引起的资金运动分析

【例5-3】20×3年3月8日，甲公司接受乙公司捐赠的不需要安装设备一台，其评估价值为80 000元（未提供增值税专用发票）。甲公司以银行存款支付相关的运杂费等3 000元。

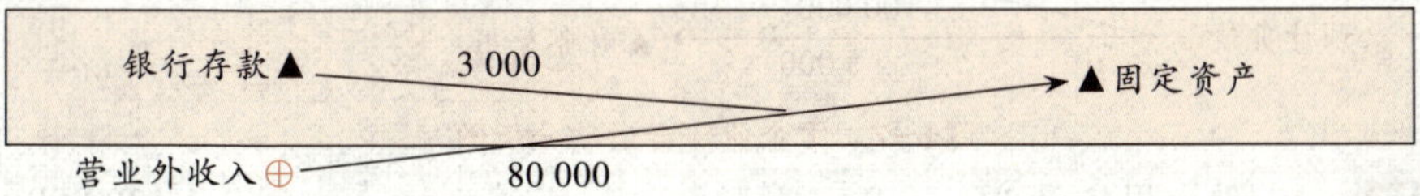

借：固定资产　　83 000
　贷：营业外收入　　80 000
　　　银行存款　　3 000

固定资产取得：接受投资与捐赠

4.投资者投入的固定资产资金运动分析

企业取得投资者投入的固定资产，应以投资各方确认的金额作为入账价值，除非该价值不公允。

【例5-4】甲公司注册资本为1 000 000元。20×6年6月5日，其接受乙公司以一台不需要安装的设备作为投资。经双方协商确认，该设备价值为400 000元（不含增值税），增值税发票上进项税额为52 000元。乙公司占其注册资本的30%。假定不考虑其他相关税费。

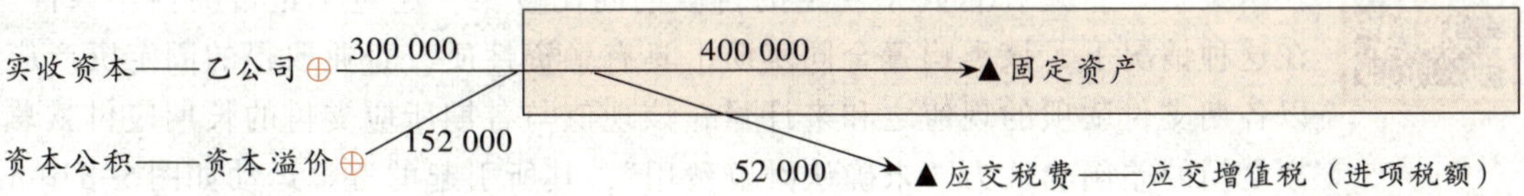

借：固定资产　　400 000
　　应交税费——应交增值税（进项税额）　　52 000
　贷：实收资本——乙公司　　300 000
　　　资本公积——资本溢价　　152 000

5.企业购买具有弃置义务的固定资产

企业购买具有弃置义务的固定资产，在初始计价时，需要将未来承担弃置义务而发生的支出金额的现值计入固定资产成本，其所引起的资金运动如图5-6中A段所示。同时需要在该固定资产的使用寿命期间，将该弃置义务的现值还原为将来需要发生的弃置义务的终值，其所引起的资金运动如图5-6中B段所示。

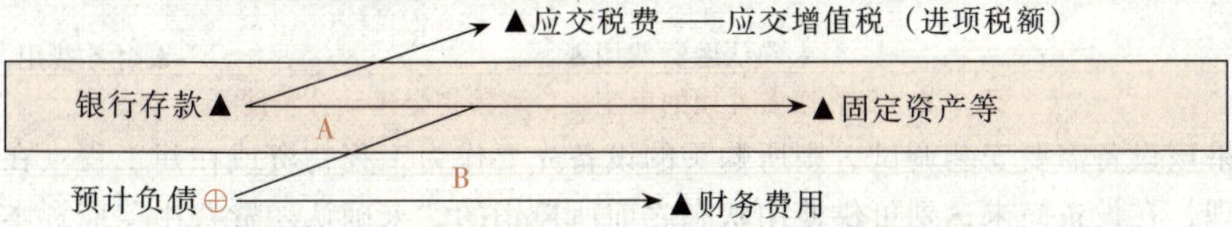

图5-6　取得具有弃置义务的固定资产资金运动分析

【例5-5】甲企业于20×3年3月购买不需要安装的固定资产，买价为100万元，增值税进项税额13万元（可以抵扣），设备运输等费用3万元（不含增值税，增值税税率为9%），款项全部以银行存款支付。该固定资产在处置时会发生弃置费用，预计弃置费用的现值为10万元。

（1）购买固定资产时（见图5-7，A段）：

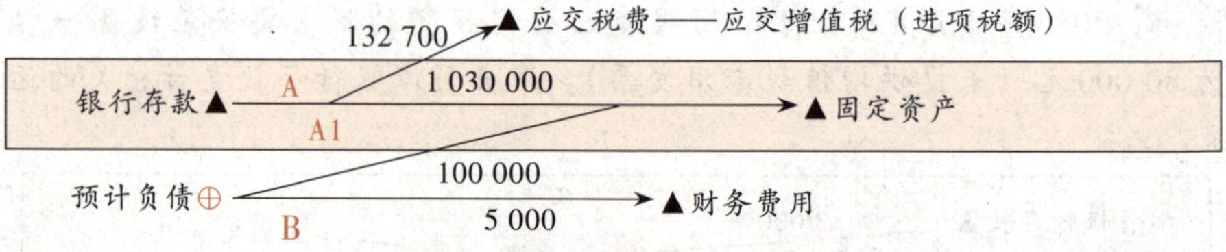

图5-7 甲企业资金运动分析图

固定资产取得：具有弃置义务

借：固定资产　　1 130 000
　　应交税费——应交增值税（进项税额）　　132 700
　贷：银行存款　　1 162 700
　　　预计负债——预计固定资产弃置费　　100 000

（2）在其使用寿命期内，确认弃置费用的利息。假设利率为5%。

第一年的弃置费用处理（见图5-7，B段）：

借：财务费用　　5 000
　贷：预计负债——预计固定资产弃置费　　5 000

6. 具有融资性质的分期付款方式购买固定资产

固定资产取得：具有融资性质分析

企业购买固定资产款项的支付有可能发生超过正常信用条件，如分期付款购买资产，且在合同中规定的付款期间比较长，超过了正常的信用条件。在这种情况下，该类购置合同实质上具有融资性质，企业取得的固定资产应以各期支付款项的现值之和来计量，该现值与各期所应支付的长期应付款总额之间的差额确认为“未确认融资费用”，其所引起的资金运动如图5-8中A段所示，其中A1段流量为负数。企业在合同约定的付款日分期支付货款及增值税进项税额，其所引起的资金运动如图5-8中B1段所示；与此同时，企业需要将“未确认融资费用”分期确认为各期的财务费用，其所引起的资金运动如图5-8中B2段所示，B2段的资金流量需要按实际利率法进行计量。

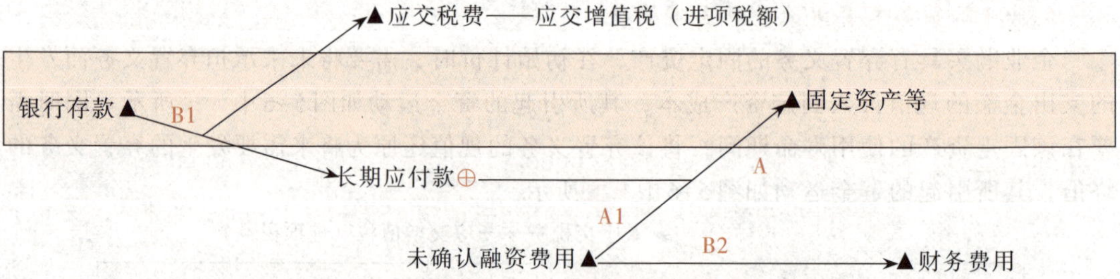

图5-8 具有融资性质的固定资产取得资金运动分析图

如果该设备需要安装调试，则所购买的设备先要作为工程物资或在建工程（在安装设备）处理，在设备尚未达到可供使用状态之前所摊销的“未确认融资费用”应资本化，计入在建工程成本；设备达到合理可使用状态之后，已经摊销的未确认融资费用应费用化，计入财务费用。

【例 5-6】20×3 年 1 月 1 日，甲公司购买不需要安装的大型设备一套，协议约定采用分期付款方式，从购买当年年末起分 5 年分期付款，每年 200 万元，合计 1 000 万元。假定企业在购买日一次性全额支付货款，只需支付 800 万元即可。该设备的增值税税率为 13%。

（1）20×3 年 1 月 1 日，甲公司取得该固定资产（见图 5-9，A 段）。

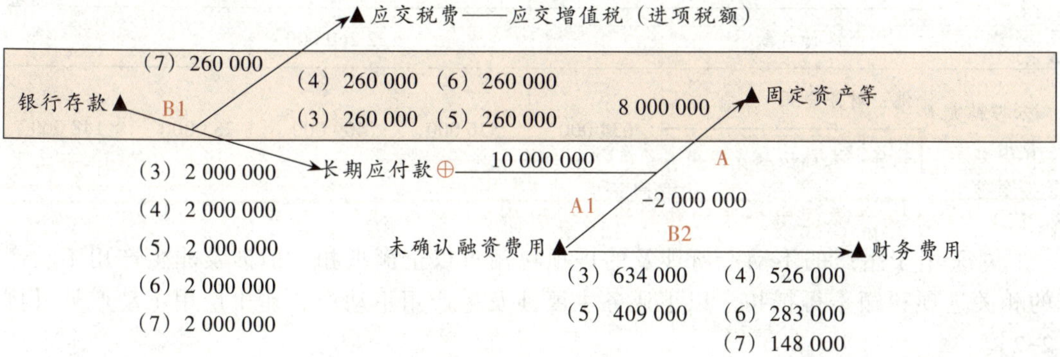

图 5-9　甲公司取得固定资产资金运动分析图

借：固定资产　　8 000 000
　　未确认融资费用　　2 000 000
　贷：长期应付款　　10 000 000

固定资产取得-具有融资性质举例

（2）未确认融资费用摊销的计算见表 5-1。

实际利率的计算：20×3 年，年金现值=800 万元，采用插入法计算可知，实际利率=7.93%。

表 5-1　未确认融资费用摊销表（计算取千位整数）　单位：元

日期	分期付款额	确认的融资费用	未确认融资费用	应付本金减少额	应付本金余额
	①	②=期初⑤×7.93%	③=期初③-②	④=①-②	⑤=期初⑤-④
20×3-1-1			2 000 000		8 000 000
20×3-12-31	2 000 000	634 000	1 366 000	1 366 000	6 634 000
20×4-12-31	2 000 000	526 000	840 000	1 474 000	5 160 000
20×5-12-31	2 000 000	409 000	431 000	1 591 000	3 569 000
20×6-12-31	2 000 000	283 000	148 000	1 717 000	1 852 000
20×7-12-31	2 000 000	148 000*	0	1 853 000	0

*尾数调整：148 000 =分期应付款 2 000 000-应付本金减少数 1 852 000。

（3）各年度末业务处理：支付款项和增值税进项税额（见图 5-9，B1 段）、分摊融资费用（见图 5-9，B2 段）的具体会计分录见表 5-2。

表5-2　　各年度末业务处理表

<table>
<tr><th>年末业务</th><th>会计分录</th><th>20×3年</th><th>20×4年</th><th>20×5年</th><th>20×6年</th><th>20×7年</th></tr>
<tr><td rowspan="3">支付款项（B1）</td><td>借：长期应付款</td><td colspan="5">2 000 000</td></tr>
<tr><td>借：应交税费——应交增值税（进项税额）</td><td colspan="5">260 000</td></tr>
<tr><td>贷：银行存款</td><td colspan="5">2 260 000</td></tr>
<tr><td rowspan="2">分摊融资费用（B2）</td><td>借：财务费用</td><td rowspan="2">634 000</td><td rowspan="2">526 000</td><td rowspan="2">409 000</td><td rowspan="2">283 000</td><td rowspan="2">148 000</td></tr>
<tr><td>贷：未确认融资费用</td></tr>
</table>

（三）不动产类固定资产的购建资金运动分析

对于用于生产的不动产所涉及的进项税额可以全额抵扣，但涉及非生产用不动产的相关进项税额不得抵扣。以下业务主要涉及生产用不动产，非生产用不动产见【例2-2】。

1.企业通过出包工程方式取得固定资产

企业采用出包工程的方式建设固定资产时，其工程成本在承建单位核算，而企业只与承建单位进行工程款的结算。其会计核算主要有三个环节：（1）签订合同并预付工程款；（2）按工程进度支付工程款；（3）工程完工，根据合同和工程竣工决算表（单）结转固定资产（如果工程资金来源于银行借款，还涉及借款费用资本化或费用化的问题）。其引起的资金运动如图5-10所示。

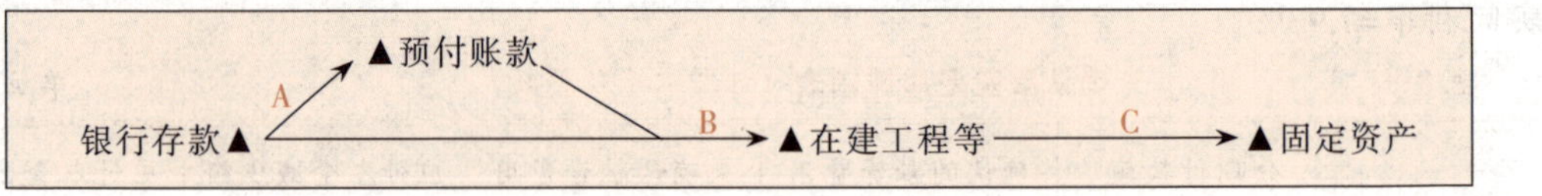

附注：A——预付工程款；B——根据工程完工进度进行工程结算；C——工程完工，转为固定资产。

图5-10　企业通过出包工程方式取得固定资产资金运动分析图

【例5-7】（1）20×5年3月2日，甲公司将一幢新建厂房工程出包给乙公司承建，按规定先向承包单位预付工程款400万元，以银行存款转账支付（见图5-11，A段）。

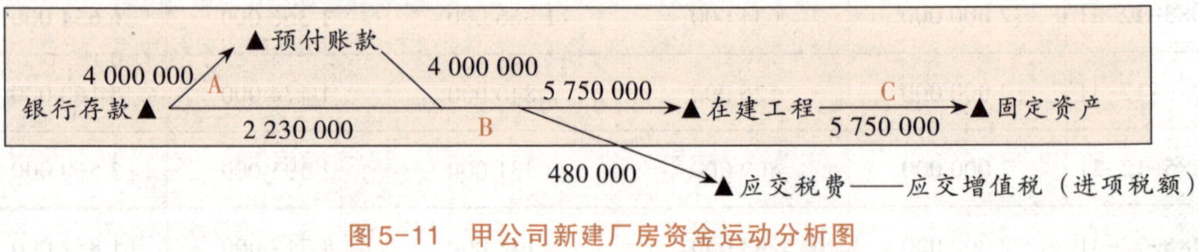

图5-11　甲公司新建厂房资金运动分析图

借：预付账款　　4 000 000

　贷：银行存款　　4 000 000

（2）20×5年7月2日，该工程达到预定可使用状态后，收到承包单位的有关工程结算单据，补付工程款223万元，以银行存款转账支付。其中，该单据涉及进项税额为48万元（见图5-11，B段）。

借：在建工程——建筑工程　　5 750 000
　　应交税费——应交增值税（进项税额）　　480 000
　贷：银行存款　　2 230 000
　　　预付账款　　4 000 000

企业通过出包工程的方式取得固定资产

（3）20×5年7月3日，工程达到预定可使用状态并经验收交付使用（见图5-11，C段）。

借：固定资产　　5 750 000
　贷：在建工程——建筑工程　　5 750 000

2.企业通过自行建造不动产类生产用固定资产

企业在进行不动产类生产用固定资产的建造时，需要外购专用材料、专用设备等工程物资。在项目建设中，可能还会领用企业生产产品所用的原材料以及企业的产成品。对于因工程领取而改变用途的原材料，按其实际成本结转；对于工程领用的产成品，应按实际成本结转；如果领用的是应税消费品，还需计算应纳的消费税。自营工程所引起的资金运动如图5-12所示。

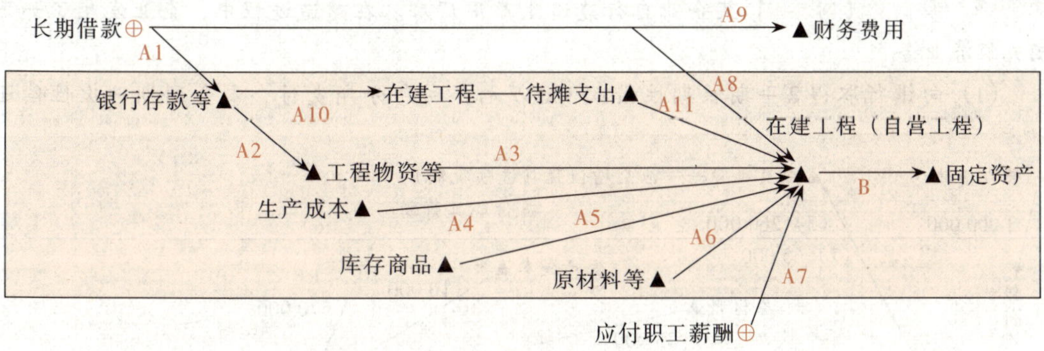

图5-12　自营工程所引起的资金运动图

附注：A1——取得长期借款；A2——购买工程物资；A3——将工程物资投入到工程；A4——耗用辅助生产部门所提供的水、电、劳务等；A5——领用本企业的产成品投入工程；A6——领用企业用于生产产品的原材料投入工程；A7——工程人员工资及福利；A8——借款利息资本化；A9——借款利息当期费用化；A10——发生的待摊支出；A11——将待摊支出转入自营工程；B——工程完工，转入固定资产。

对于工程项目达到可使用状态前进行负荷联合试车发生的费用，应作为“在建工程——待摊支出”项目；试车获得的产品能对外销售的，可以按预计售价将其转为库存商品，冲减“在建工程——待摊支出”项目。

对于在建项目中单项或单位工程报废或毁损，应将减去残值价值或过失人、保险公司赔偿后的净损失，计入“营业外支出——非常损失”项目。

在建项目已达到预计可使用状态时，应将“在建工程——待摊支出”项目分配转移给“在建工程——自营工程”项目，再将“在建工程——自营工程”项目转为“固定资产”项目。如已达到合理可使用状态但尚未办理竣工结算手续，应自达到预计可使用状态之日起，根据工程预算、造价或工程实际成本等，按估计价值转入固定资产，并计提折旧；待办理竣工结算手续后再调整固定资产实际成本，但不调整原已计提的折旧。

工程完工后剩余的工程物资若转作本企业存货（如包装物、低值易耗品和原材料等）则其所引起的资金运动如图5-13中A段所示；若将其销售，其会计处理与一般的原材料销售一样，其所引起的资金运动如图5-13中B段所示。工程物资节余所引起的资金运动流程如图5-13所示。

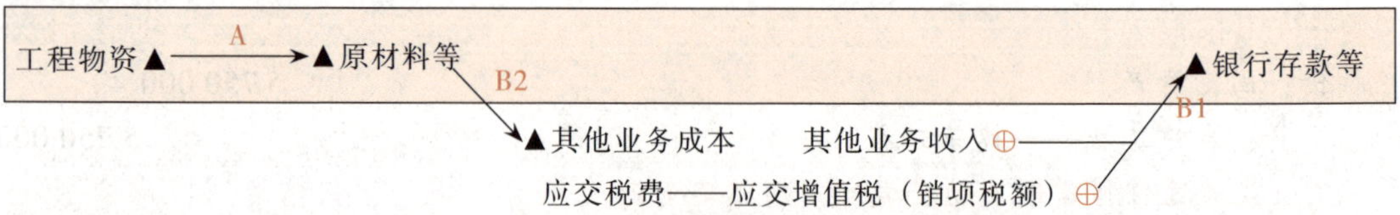

图5-13 剩余工程物资的处理资金运动分析图

企业盘盈、盘亏、报废和毁损的工程物资，减去保险公司、过失人赔偿部分，工程项目未完工的，计入或冲减所建工程项目成本；工程已经完工的，计入营业外收支。若因为管理不善等原因造成的，还需要将其进项税额也一并转入营业外支出之中。

固定资产取得：自营分析

【例5-8】某企业自行建造生产用厂房。在建造过程中，企业发生了如下相关经济业务：

（1）向银行取得2年期长期性借款300万元，利息分期支付，本金到期一次性偿还（见图5-14，A1段）。

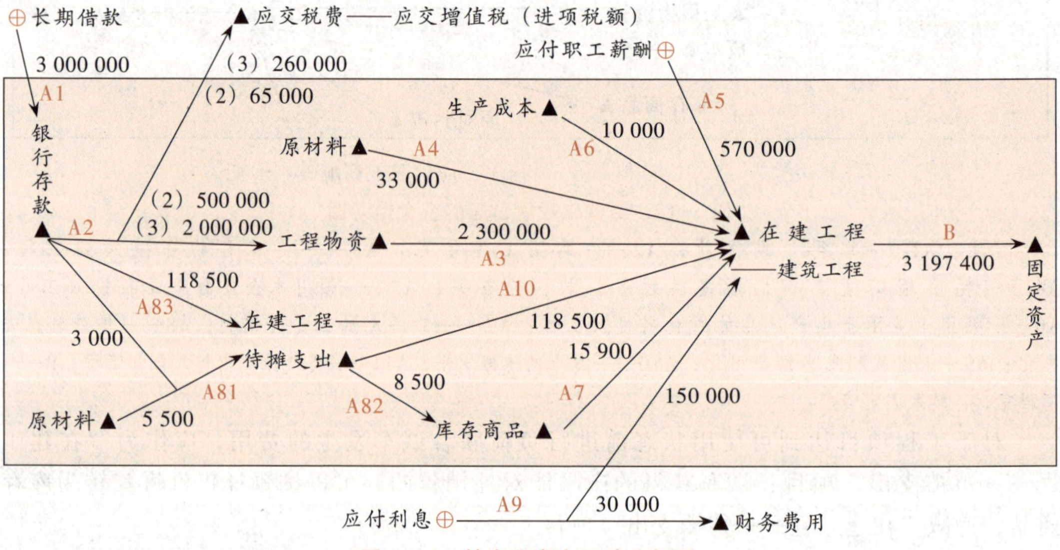

图5-14 某企业资金运动分析图

借：银行存款　　3 000 000

　贷：长期借款——本金　　3 000 000

（2）购入专用设备一台，买价500 000元，增值税65 000元，均以银行存款支付（见图5-14，A2段）。

借：工程物资——专用设备　　500 000

　　应交税费——应交增值税（进项税额）　　65 000

　　贷：银行存款　　　　565 000

（3）购入工程物资200万元，增值税26万元，以银行存款支付（见图5-14，A2段）。

借：工程物资——专用材料　　　　2 000 000

　　应交税费——应交增值税（进项税额）　　　　260 000

　　贷：银行存款　　　　2 260 000

（4）将专用设备50万元投入工程，另领用工程物资180万元投入在建工程（见图5-14，A3段）。

借：在建工程——建筑工程　　　　2 300 000

　　贷：工程物资——专用材料　　　　1 800 000

　　　　　　　　——专用设备　　　　500 000

（5）领用生产用原材料3.3万元（见图5-14，A4段）。

借：在建工程——建筑工程　　　　33 000

　　贷：原材料　　　　33 000

（6）应支付工程人员工资50万元，应支付福利费7万元（见图5-14，A5段）。

借：在建工程——建筑工程　　　　570 000

　　贷：应付职工薪酬　　　　570 000

（7）企业辅助生产车间为工程提供劳务支出10 000元（见图5-14，A6段）。

固定资产取得：自营举例

借：在建工程——建筑工程　　　　10 000

　　贷：生产成本——辅助生产成本　　　　10 000

（8）领用企业产品，成本1.59万元，（见图5-14，A7段）。

借：在建工程——建筑工程　　　　15 900

　　贷：库存商品　　　　15 900

（9）负荷联合试车，领用材料5 500元；发生其他费用3 000元，均以现金支票支付（见图5-14，A81段）。

借：在建工程——待摊支出　　　　8 500

　　贷：原材料　　　　5 500

　　　　银行存款　　　　3 000

（10）试车形成产成品转入产品仓库，其成本为8 500元（见图5-14，A82段）。

借：库存商品　　　　8 500

　　贷：在建工程——待摊支出　　　　8 500

（11）工程建造期间企业还发生如下费用：可行性研究费1万元，监理费3万元，临时设施费4万元和其他管理费等3.85万元，均以银行存款等支付（见图5-14，A83段）。

借：在建工程——待摊支出　　　　118 500

　　贷：银行存款　　　　118 500

（12）本期借款费用：资本化15万元、费用化3万元，分期付息，本期利息尚未支付（见图5-14，A9段）。

借：在建工程——建筑工程　　　　150 000

借：财务费用　　　　30 000

贷：应付利息　180 000

(13) 将待摊支出结转建筑工程（见图5-14，A10段）。

借：在建工程——建筑工程　118 500

贷：在建工程——待摊支出　118 500

(14) 工程完工交付使用（见图5-14，B段）。

借：固定资产　3 197 400

贷：在建工程——建筑工程　3 197 400

(15) 剩余工程物资20万元，40%转作存货，60%直接对外销售，售价30万元，销项税额3.9万元，款已存入银行（如图5-15所示）。

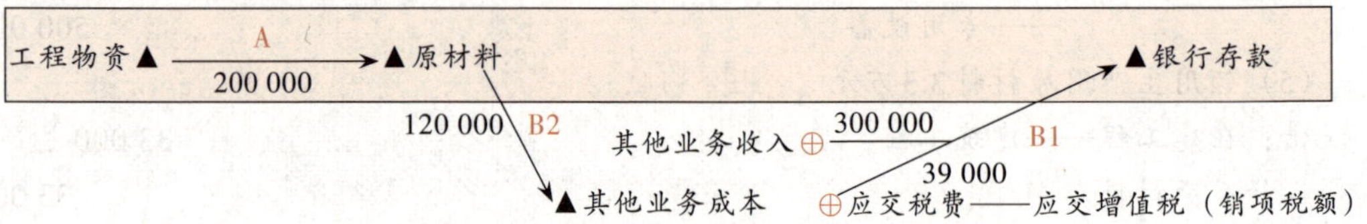

图5-15　某企业剩余工程物资相关资金运动分析图

①转作企业的存货（见图5-15，A段）。

借：原材料　200 000

贷：工程物资　200 000

②60%对外销售，售价30万元，销项税额3.9万元，款项已存入银行。

取得销售收入（见图5-15，B1段）：

借：银行存款　339 000

贷：其他业务收入　300 000

应交税费——应交增值税（销项税额）　39 000

③结转所销材料的成本（见图5-15，B2段）：

借：其他业务成本　120 000

贷：原材料　120 000

第三节　固定资产折旧资金运动分析与会计处理

一、折旧的概念与性质

折旧是指固定资产在使用过程中由于磨损而损耗的价值，固定资产的价值在其有效使用年限内进行分摊而形成折旧费用，计入各期成本、费用。

固定资产折旧计入成本、费用的过程，即是随着固定资产价值的逐渐转移，以折旧的形式从销售收入中得到补偿，并转化为货币资产的过程。

从本质上讲，折旧也是一种费用，只不过这一费用没有在计提期间付出实实在在的货币资金，但这种费用是前期已经发生的支出，而这种支出的收益在资产投入使用后的有效使用期内得以实现。无论从权责发生制原则，还是从收入与费用的配比原则上讲，都应该计提折旧。而不提折旧或不正确地计提折旧，都将错误地计算企业的产品成本和损益。

二、影响折旧的因素

应将固定资产的价值在其有效使用年限内合理地分摊，但如何合理分摊固定资产的价值，是能否正确计算折旧额的关键。影响折旧额大小主要有三大因素：

1.固定资产原值

固定资产原值，即固定资产的账面原价，一般为取得固定资产时的取得成本，即固定资产初始计价金额。

2.固定资产的净残值

固定资产净残值，是指固定资产预计使用寿命已满并处于使用寿命终了时的预期状态，企业目前从该项资产处置中获得的扣除预计处置费用后的金额。

3.固定资产的有效使用年限

固定资产的有效使用年限的确定，必须根据固定资产的有形损耗和无形损耗情况而定。企业应根据国家的有关规定，结合本企业固定资产的实际情况，合理确定固定资产的使用年限。所谓有形损耗是指固定资产由于使用或自然力作用而引起的使用价值和价值的减少；而无形损耗是指由于科学技术进步等原因而引起的固定资产价值的减少。固定资产使用年限确定得是否合理直接影响各期计提的折旧额的准确性。

固定资产应计提折旧总额=固定资产原值-预计净残值

如果考虑固定资产减值准备，则固定资产应计提折旧总额为：

固定资产原值-预计净残值-已计提减值准备累计金额

固定资产折旧概述

企业应当根据固定资产的性质和磨损方式，合理地确定固定资产的预计使用年限和预计净残值，并根据科学技术的发展、环境的变化及其他因素，合理选择固定资产的折旧方法；折旧依据应得到股东大会或董事会，或经理（厂长）会议或类似机构批准。同时，应按照法律、行政法规的规定报送有关部门备案，并备置于企业所在地，以供股东等有关各方查阅。企业已经确定的固定资产预计使用年限、预计净残值、折旧方法等一经确定，不得随意变更。如需变更，仍然应按照上述程序，经批准后报送有关部门备案，并在会计报表附注中加以说明。

企业因更新改造等原因调整固定资产价值的，应当根据调整后的价值、预计尚可使用年限和净残值，按选定的折旧方法计提折旧。

对于接受捐赠的旧固定资产，企业应当按照规定的固定资产入账价值、预计尚可使用年限、预计净残值，按选定的折旧方法计提折旧。

三、固定资产折旧范围

企业应对所有的固定资产计提折旧，但是，已提足折旧仍然继续使用的固定资产和单独计价入账的土地除外。

固定资产应按月计提折旧。固定资产应自达到预定可使用状态时开始计提折旧，终止确认时或划分为持有待售非流动资产时停止计提折旧。为了简化会计核算，当月增加的固定资产，当月不提折旧；当月减少的固定资产，当月照提折旧，从下月起不再计提折旧，即计提折旧按照固定资产的月初余额计算。固定资产提足折旧后，不管能否继续使用，均不再提取折旧；提前报废的固定资产，也不再补提折旧。

已达到预定可使用状态的固定资产，如果尚未办理竣工结算，应当按照预估价值暂估入账，并计提折旧；待办理了竣工结算手续后，再按照实际成本调整原来的暂估价值，但不需要调整原已计提的折旧额。

四、固定资产折旧方法

企业根据固定资产的性质和磨损方式，合理地预计固定资产的使用年限、预计净残值并选择恰当的折旧方法。折旧方法可采用平均年限法、工作量法、年数总和法、双倍余额递减法等。折旧方法一经确定，不得随意变更。

（一）平均年限法

平均年限法又称直线法或使用年限法，是将固定资产应计提折旧的价值平均分摊到各期的一种折旧方法。其计算公式是：

月折旧额=月初固定资产原价×月折旧率

月折旧率=年折旧率÷12

年折旧率=（1-预计净残值率）÷预计使用年限

=年折旧额÷固定资产原价

年折旧额=（固定资产原价-预计净残值）÷预计使用年限

【例5-9】甲公司20×2年12月2日建造完成厂房一栋，原价400万元，预计使用20年，预计残值25万元，预计清理费用8万元，则其20×3年1月份的折旧额为：

预计净残值=250 000 -80 000=170 000（元）

年折旧额=（4 000 000-170 000）÷20=191 500（元）

月折旧额=191 500 ÷12=15 958（元）

或者：预计净残值率=（250 000-80 000）÷4 000 000×100%=4.25%

年折旧率=（1-4.25%）÷20×100%=4.7875%

月折旧率=4.7875%÷12×100%=0.39896%

月折旧额=4 000 000×0.39896%=15 958（元）

折旧方法：年限平均法和工作量法

固定资产的折旧率可以分为个别折旧率（单项折旧率）、分类折旧率和综合折旧率。从折旧额计算的准确度而言，采用个别折旧率更合理。

平均年限法主要用于房屋、建筑物等固定资产的折旧计算。

（二）工作量法

工作量法是根据每期实际的工作量和单位工作量应计提的折旧额计算固定资产折旧的方法。这种方法弥补了平均年限法只重视时间，不考虑使用强度的缺点。其计算公式是：

某项固定资产月折旧额=该项固定资产当月实际完成的工作量×单位折旧额

单位工作量折旧额=固定资产原价×（1-预计净残值率）÷预计总工作量

工作量法从性质上看也是直线法，只不过是按照固定资产完成的工作量计算每期的折旧额。

【例5-10】甲公司20×2年12月31日用银行存款12万元购买了一辆货运卡车，预计净残值率为5%，预计总行驶里程为100万千米，20×3年1月份行驶了5 000千米。

单位折旧额=120 000×（1−5%）÷1 000 000=0.114（元/千米）

20×3年1月份应计提折旧额=5 000×0.114=570（元）

（三）加速折旧法

所谓加速折旧法，又称快速折旧法或递减折旧法，是指在固定资产使用的前期多计提折旧，后期相对少计提折旧，从而使折旧额呈递减趋势，相对加快折旧速度，以使固定资产成本在有效使用年限中加快得到补偿的折旧方法。

加速折旧法的优点主要有以下几点：（1）可以促进企业加强技术进步，并加快固定资产投资回收速度，减少财产风险；（2）固定资产在使用初期工作性能处于最佳状态，生产的产品质量高、产量多，能给企业创造相对较多的收益，因此多提折旧计入成本费用，更符合配比原则；（3）在使用期限内，维修费用是由少到多递增发生的，采用加速折旧法递减计提折旧，可以使各期负担的固定资产使用成本（维修费与折旧费之和）趋于平衡；（4）可以使企业获得纳税方面的好处（在折旧方法得到税务机关认可的情况下）；（5）真正考虑了固定资产的无形损耗。

常用的加速折旧法主要有年数总和法和双倍余额递减法。

1.年数总和法

折旧业务：年数总和法

年数总和法，又称年限合计法，是指将固定资产的原价减去预计净残值后的余额，乘以一个以固定资产尚可使用寿命为分子、以预计使用寿命逐年数字之和为分母的逐年递减的分数计算每年折旧额的方法。其计算公式是：

年折旧率=（预计使用年限−已使用年限）÷［n×（n+1）÷2］

其中：n为固定资产预计使用年限。

【例5-11】甲公司20×3年12月3日购买一台设备，原价10万元，预计使用5年，预计净残值0.4万元。采用年数总和法计算的各年折旧额见表5-3。

表5-3　年数总和法下折旧额计算表[①]　金额单位：元

年度	尚可使用年限	原价−净残值	折旧率	年折旧额	累计折旧
20×4	5	96 000	5/15	32 000	32 000
20×5	4	96 000	4/15	25 600	57 600
20×6	3	96 000	3/15	19 200	76 800
20×7	2	96 000	2/15	12 800	89 600
20×8	1	96 000	1/15	6 400	96 000

2.双倍余额递减法

双倍余额递减法是指在不考虑固定资产预计净残值的情况下，根据每期期初固定资产

① 根据前述的当月增加的固定资产，当月不提折旧，故该设备从20×4年1月开始计提折旧。

原价减去累计折旧后的金额和双倍的直线法折旧率计算固定资产折旧的一种方法。其计算公式是：

年折旧率=（2÷预计使用年限）×100%

月折旧率=年折旧率÷12

月折旧额=固定资产账面净值×月折旧率

折旧业务：双倍余额递减法

需要特别注意的是，应用这种方法计算折旧额时，由于每年年初固定资产净值没有扣除预计净残值，所以在计算固定资产折旧额时，应在其折旧年限到期前两年内，将固定资产净值扣除预计净残值后的余额平均摊销。

【例5-12】甲公司20×2年12月20日购买一台设备，原价56万元，预计使用年限为6年，预计净残值6万元，采用双倍余额递减法计算的各年折旧额见表5-4。

表5-4　双倍余额递减法下折旧额计算表　金额单位：元

年度	固定资产原价	折旧率	年折旧额	累计折旧	账面净值
20×3	560 000		184 800	184 800	375 200
20×4	560 000		123 816	308 616	251 384
20×5	560 000	33%	82 957	391 573	168 427
20×6	560 000		55 581	447 154	112 846
20×7	560 000		26 423	473 577	86 423
20×8	560 000		26 423[①]	500 000	60 000
合计	—	—	500 000	—	60 000

五、固定资产折旧资金运动分析与会计处理

在我国会计实务中，应以月初固定资产账面原价为依据，各月计提折旧的工作是通过编制"固定资产折旧计算表"完成的。计算出当月的折旧额后，根据固定资产的用途将其已磨损价值通过"累计折旧"账户分别流转到"制造费用"（生产用固定资产）、"管理费用"（管理部门用和非生产经营用固定资产）、"销售费用"（专设销售机构所用的固定资产），以及"其他业务成本"（经营租赁方式出租固定资产、免费给职工提供住房等）等项目。固定资产折旧资金流程如图5-16所示。

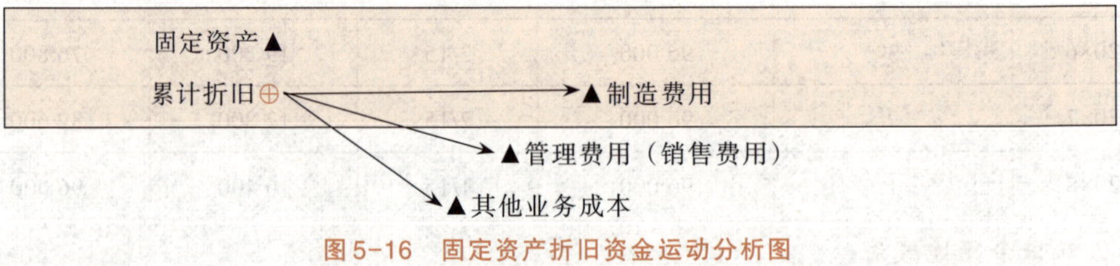

图5-16　固定资产折旧资金运动分析图

【例5-13】甲公司20×3年4月份固定资产折旧计算表如下（见表5-5）。

① 固定资产使用年限的最后两年，将固定资产账面净值扣除净残值后的余额平均摊销。

表 5-5 固定资产折旧计算表 单位：元

使用部门	固定资产项目	上月折旧额	上月增加		上月减少		本月折旧额	分配费用
			原价	折旧额	原价	折旧额		
生产车间	厂房	20 000					20 000	制造费用
	机器设备	12 000	500 000	4 200			16 200	
	其他设备	14 000			20 000	400	13 600	
	小计	46 000		4 200		400	49 800	
厂部及非经营部门	办公楼	50 000	600 000	2 000			52 000	管理费用
	运输工具	25 000					25 000	
	管理用具	15 000			60 000	1 000	14 000	
	其他	8 000					8 000	
	小计	98 000		2 000		1 000	99 000	
经营租赁出租	房屋	4 000					4 000	其他业务成本
	小计	4 000					4 000	
合计		148 000	1 100 000	6 200	80 000	1 400	152 800	

根据表 5-5，甲公司固定资产折旧所引起的资金运动如下图所示：

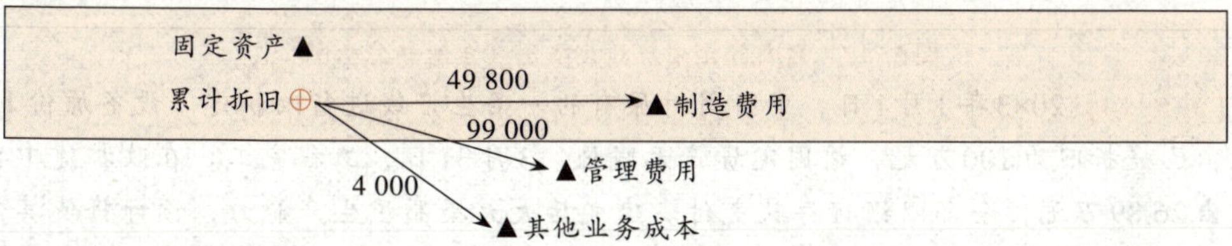

借：制造费用 49 800
　　管理费用 99 000
　　其他业务成本 4 000
　贷：累计折旧 152 800

第四节 固定资产后续支出资金运动分析与会计处理

固定资产的后续支出是指固定资产使用过程中发生的更新改造支出、修理费用等。企业的固定资产在投入使用后，为了适应新技术发展的需要，或者为了维护或提高固定资产的使用效能，往往需要对现有固定资产进行维护、改建、扩建或者改良等。如果这项支出增强了固定资产获取未来经济利益的能力，提高了固定资产的性能，使固定资产可能流入企业的经济利益超出了原先的预计，则该项支出符合资本化条件，应计入固定资产成本。否则，应将该后续支出予以费用化，计入当期损益。

一、资本化的后续支出

固定资产后续支出业务

资本化支出是指企业通过对固定资产的改建、扩建和改良而使其更加坚固耐用，或使固定资产的性能、质量都有较大的提高。资本化支出项目主要包括以下改进：（1）使固定资产的使用寿命延长；（2）使固定资产的生产能力提高；（3）使产品的质量提高；（4）使产品的生产成本降低；（5）使产品的品种、性能、规格等发生良好的变化；（6）使企业的生产经营环境或条件得到改善等。

企业在进行改扩建时，需要将现有的固定资产的账面价值全部转为在建工程，并停止计提折旧，其所引起的资金运动如图5-17中A段所示。其账面价值应为“固定资产原值-累计折旧-固定资产减值准备”。企业在改扩建的过程中发生的追加支出要计入“在建工程”成本，其所引起的资金运动如图5-17中B段所示。企业在改扩建中拆下资产的账面价值或变卖后的变价收入要冲减“在建工程”成本，其所引起的资金运动如图5-17中C段所示。改扩建完工，达到预定可使用状态后，应该将在建工程确认为固定资产，并按重新确定的使用寿命、预计净残值和折旧方法计提折旧，其所引起的资金运动如图5-17中D段所示。

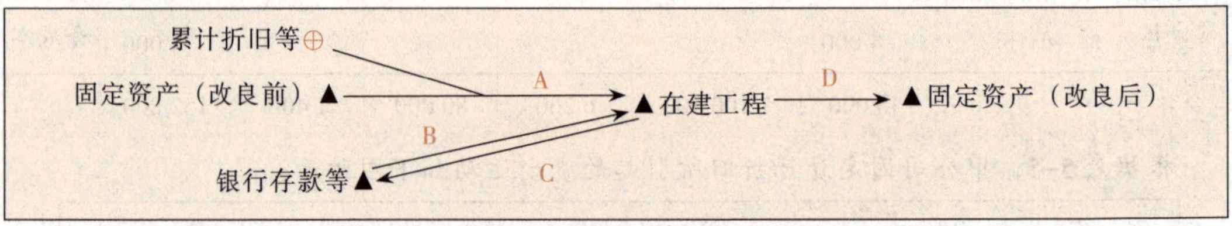

图5-17　自有固定资产改良支出资金运动分析图

【例5-14】20×3年1月1日，甲公司对原有的一条生产线进行改扩建。设备原价156.8万元，已提折旧为100万元，该固定资产无减值。3月31日，工程完工。在改扩建中共发生支出26.89万元，全部以银行存款支付。建成后大大提高了生产能力，预计将使其使用寿命延长4年。假定不考虑其他相关税费。

（1）20×3年1月1日，转入改扩建（见图5-18，A段）。

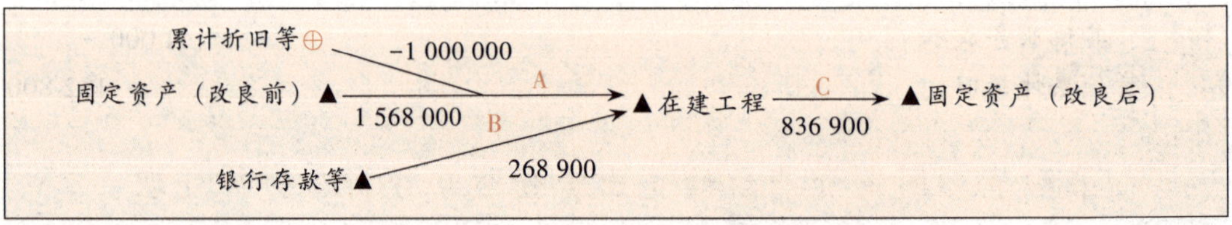

图5-18　甲公司固定资产改良资金运动分析图

借：在建工程　　568 000
　　累计折旧　　1 000 000
　贷：固定资产　　1 568 000

（2）20×3年1月1日—3月31日，发生支出（见图5-18，B段）。

借：在建工程　　268 900
　贷：银行存款　　268 900

（3）20×3年3月31日，改扩建完工（见图5-18，C段）。

借：固定资产　　836 900

　贷：在建工程　　836 900

【例5-15】某航空公司20×0年12月购入一架飞机，总计花费8 000万元（含发动机），发动机当时的购买价为500万元。公司未将发动机作为一项单独的固定资产。20×9年年初，为延长飞机的空中飞行时间，公司决定更新一部性能更为先进的发动机。新发动机购价700万元（已作为工程物资储备），另需支付安装费51 000元。假设飞机的年折旧率为3%。不考虑其他相关税费。

（1）20×9年年初转入改扩建，原值8 000万元，3%年折旧率，8年飞机累计折旧=8 000×3%×8=1 920（万元）（见图5-19，A段）。

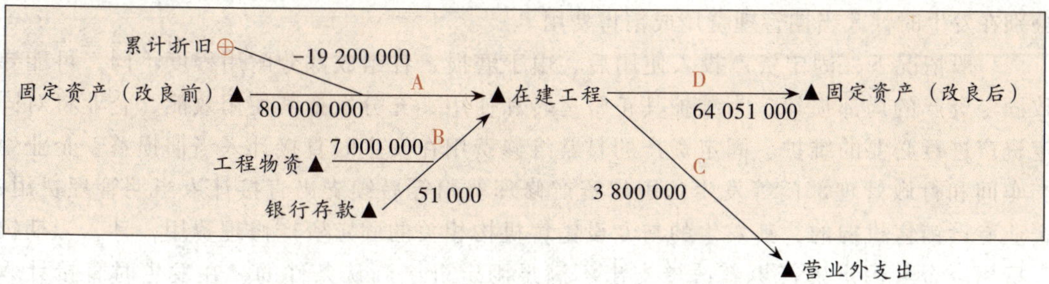

图5-19 某航空公司更新发动机资金运动分析图

借：在建工程　　60 800 000

　　累计折旧　　19 200 000

　贷：固定资产　　80 000 000

（2）安装发动机700万元（工程物资），安装费5.1万元（以银行存款支付）（见图5-19，B段）。

借：在建工程　　7 051 000

　贷：工程物资　　7 000 000

　　　银行存款　　51 000

（3）终止确认旧发动机的账面价值。假设旧发动机报废，无残值（见图5-19，C段）。

旧发动机的账面价值：500-500×3%×8=380（万元）

借：营业外支出　　3 800 000

　贷：在建工程　　3 800 000

（4）安装完毕，投入使用（见图5-19，D段）。

借：固定资产　　64 051 000

　贷：在建工程　　64 051 000

企业对固定资产进行定期检查发生的大修理费用，有确凿证据表明符合资本化条件的部分，可以计入固定资产成本；不符合的，应当费用化，计入当期损益。固定资产在定期大修理期间，照提折旧。

企业对租入的固定资产进行改良所发生的支出，应予以资本化，确认为长期待摊费用，并合理进行摊销。长期待摊费用是指企业已经支出，但摊销期限在1年以上（不含1

年）的费用。

企业对租入固定资产改良所引起的资金运动如图5-20中A段所示。企业在以后期间合理摊销所引起的资金运动如图5-20中B段所示。

图5-20　租入固定资产改良支出资金运动分析图

二、费用化的后续支出

与固定资产有关的修理费用等后续支出，不符合资本化条件的，应当根据不同的情况分别在发生时计入当期管理费用或销售费用。

一般情况下，固定资产投入使用后，由于磨损、各组成部分耐用程度不同，可能导致固定资产的局部损坏。为维护其正常运转和使用，充分发挥其使用效能，企业将对固定资产进行必要的维护。固定资产的日常维修费用在发生时直接计入当期损益。企业生产车间和行政管理部门等发生的固定资产修理费用等后续支出直接计入当期管理费用；企业专设销售机构的，其发生的与专设销售机构相关的固定资产修理费用，计入当期销售费用。企业固定资产更新改造支出不满足固定资产确认条件的，在发生时直接计入当期损益。

【例5-16】甲公司管理部门对其车辆进行经常性修理，用银行存款支付修理费2 000元。

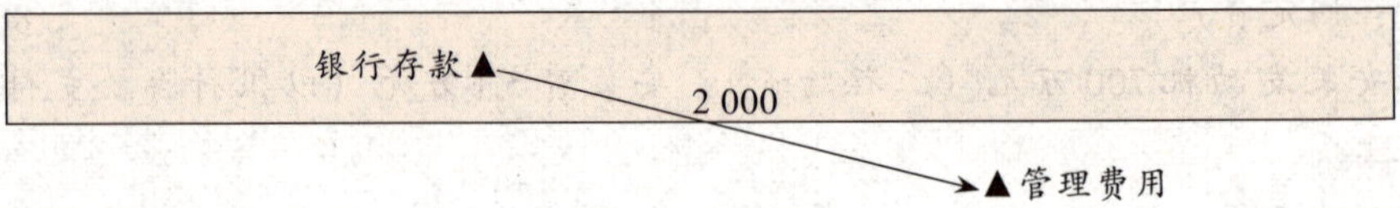

借：管理费用　　2 000
　贷：银行存款　　2 000

第五节　固定资产期末计价与处置资金运动分析与会计处理

一、固定资产的期末计价

（一）固定资产减值准备的确认

固定资产由于发生损坏、技术陈旧或其他原因，导致其可收回的金额低于其账面价值，这种情况称为固定资产减值。

对于已经发生减值的固定资产，如果不予确认，必然导致虚增固定资产价值，这既不符合可靠性原则，又有悖于稳健性原则。因此，在期末或者在每一会计年度终了，当固定资产出现减值迹象时，企业应对其进行减值测试，在确认为减值的情况下进行相应的减值处理。

当固定资产出现下列情况时，表明其出现了减值迹象：

（1）资产的市价在当期大幅下跌，其跌幅远远大于因时间推移或正常使用而引起的下跌，并且预计在近期内不可能恢复；（2）技术、市场、经济或法律等企业经营环境，或是资产的营销市场在当期或近期发生或正在发生重大变化，对企业产生负面影响；（3）市场利率或其他投资回报率在当期已经提高，从而很可能影响企业计算资产使用价值时采用的折现率，并大幅降低资产的可收回金额；（4）企业净资产的账面价值大于其市场化金额；（5）有证据表明，资产已经陈旧、过时或发生实体损坏；（6）资产的使用或预计使用方式或程度已在当期发生或在近期将发生重大变化，对企业产生负面影响（这些变化包括计划终止或重组该资产所属的经营业务，或计划在以前预定的日期之前处置该资产）；（7）企业内部报告提供的证据表明，资产的经济绩效已经或将要比预期的差等。

（二）固定资产减值准备所引起的资金运动分析

如果固定资产可收回金额低于账面价值，应将可收回金额与账面价值的差额作为固定资产减值准备。固定资产可回收金额的确定取决于以下两种方法计算得到的金额中的较高者：（1）其公允价值减去处置费用后的净额；（2）其所引起的未来现金流量的现值。

企业需要遵守会计的稳健性原则，将企业固定资产减值损失计入相关的费用之中，从而更加真实稳妥地反映固定资产的现行价值，发挥其决策有用性。同时，企业又需要遵守会计的实际成本原则，确保固定资产的历史成本数据的完整性、可核性。为了能同时遵守这两个原则，企业需要对固定资产减值所引起的资金运动进行必要的技术处理，其技术处理与固定资产折旧的技术处理相同。其处理的基本思路是：借助于"会计沙盘模型"对固定资产整个价值量进行固化处理；当固定资产发生减值时，其减值所应转出的资金量从已固化的固定资产下方流出，被固化的固定资产会等量下陷；在某一时刻，当把模型上已经固化的固定资产从下陷的地方挪开时，就会在原来下陷的地方出现一个新的沙坑（⊕），这个沙坑就代表固定资产已减值的价值。"固定资产减值准备"项目由此而生。其所引起的资金运动如图5-21所示。

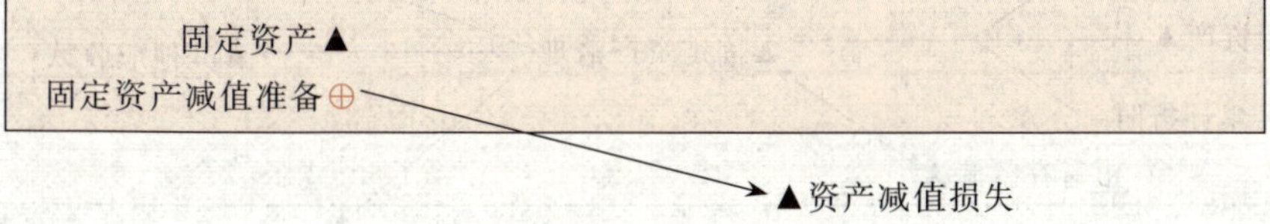

图5-21　固定资产减值资金运动分析图

资产减值损失是一个费用项目，因资产减值而给企业带来的损失通过这个项目来归集与汇总。借助于资产减值损失这个项目，企业可以清晰、简洁地对资产减值所带来的损失进行全面反映、控制和监督。

固定资产减值—一般分析

已计提减值准备的固定资产，应该按照固定资产的账面价值以及尚可使用年限重新计算确定折旧率和折旧额。固定资产减值准备一旦提取，不得转回，只有在处置该固定资产时才允许将该减值准备冲销。

二、固定资产终止确认的条件

固定资产满足下列条件之一的，应当予以终止确认：(1) 该固定资产处于处置状态。固定资产处置包括固定资产的出售转让、报废或毁损、对外投资、非货币性资产交换、债务重组、对外捐赠等。处于处置状态的固定资产不再用于生产商品、提供劳务、出租或经营管理，因此不再符合固定资产的定义，应予以终止确认。(2) 使用或处置该固定资产预期不能产生经济利益。固定资产确认条件之一是“与该固定资产有关的经济利益很可能流入企业”，如果使用或处置一项固定资产预期不能产生经济利益，就不再符合固定资产的定义和确认条件，应予以终止确认。

三、固定资产处置资金运动分析与会计处理

固定资产处置业务理论分析

由于固定资产处置过程时间较长，业务较为繁琐，企业需要设置“固定资产清理”项目来专门管控固定资产的清理过程及其清理结果。

固定资产的清理过程大致可以分为以下五步：(1) 将固定资产转入清理。即将固定资产的账面价值转入固定资产清理，其所引起的资金运动如图 5-22 中 A 段所示。(2) 发生清理费用。发生的清理费用所引起的资金运动如图 5-22 中 B 段所示。(3) 保险公司、过失人赔偿的处理。企业应确认由保险公司或过失人对该损失的赔偿，其所引起的资金运动如图 5-22 中 C 段所示。(4) 出售收入或残料的处理。企业收回出售固定资产的价款、报废固定资产的残料价值和变价收入等，其所引起的资金运动如图 5-22 中 D 段所示。(5) 清理净损益的处理。固定资产清理完毕后，属于生产经营期间的出售转让等正常处置损益，应确认为“资产处置损益”，其所引起的资金运动如图 5-22 中 E 段所示（若为净收益，其流量为负）。若因固定资产已丧失使用功能或因自然灾害而发生毁损等原因而报废清理产生的利得或损失，应计入“营业外收入”或“营业外支出”。

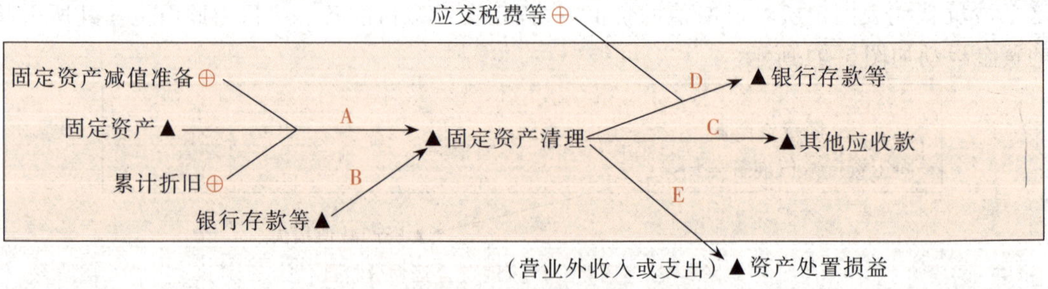

图 5-22 固定资产处置资金运动分析图

“资产处置损益”项目，反映企业出售划分为持有待售的非流动资产等（金融工具、长期股权投资和投资性房地产除外）时确认的处置利得或损失，以及处置未划分为持有待售的固定资产、在建工程、生产性生物资产及无形资产而产生的处置利得或损失。债务重组中因处置非流动资产产生的利得或损失和非货币性资产交换产生的利得或损失也包括在本项目内。

需要注意的是，对外捐赠固定资产不涉及变价收入和保险赔偿等问题。固定资产对

外投资、非货币性资产交换和债务重组等业务，参见各相关准则，本处不涉及上述业务。

【例5-17】（1）20×5年4月1日，甲公司出售一栋自建的建筑物，原价200万元，已使用6年，已计提折旧30万元，将其转为清理；该建筑物建造时涉及的增值税已全部计入其成本（见图5-23，A段）。

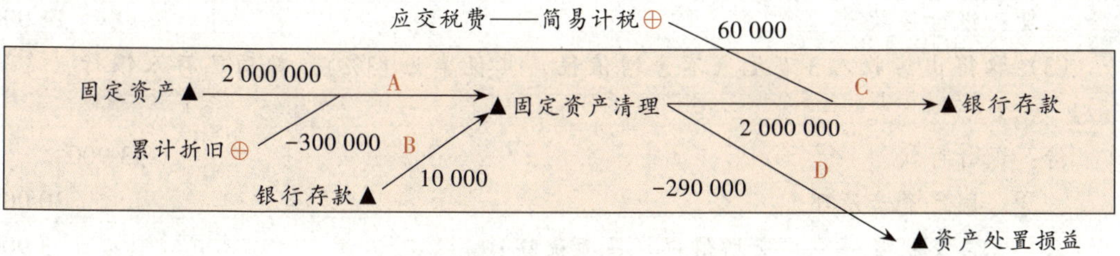

图5-23　甲公司资金运动分析图

借：固定资产清理　　1 700 000
　　累计折旧　　300 000
　贷：固定资产　　2 000 000

（2）用银行存款支付相关处置费用1万元，未取得增值税专用发票（见图5-23，B段）。

固定资产处置业务举例

借：固定资产清理　　10 000
　贷：银行存款　　10 000

（3）取得出售收入206万元（含增值税，其税率为3%），款项已存入银行（见图5-23，C段）。

应纳税额=销售价款÷（1+3%）×3% = 2 060 000÷（1+3%）×3% =60 000（元）

借：银行存款　　2 060 000
　贷：固定资产清理　　2 000 000
　　　应交税费——简易计税　　60 000

（4）结转固定资产清理净损益（见图5-23，D段）。

借：固定资产清理　　290 000
　贷：资产处置损益　　290 000

【例5-18】（1）20×5年3月5日，甲公司出售一台设备，原价80万元，已使用5年，已计提折旧78万元，将其转为清理。在原取得该设备时，其增值税已作为进项税额进行了抵扣（见图5-24，A段）。

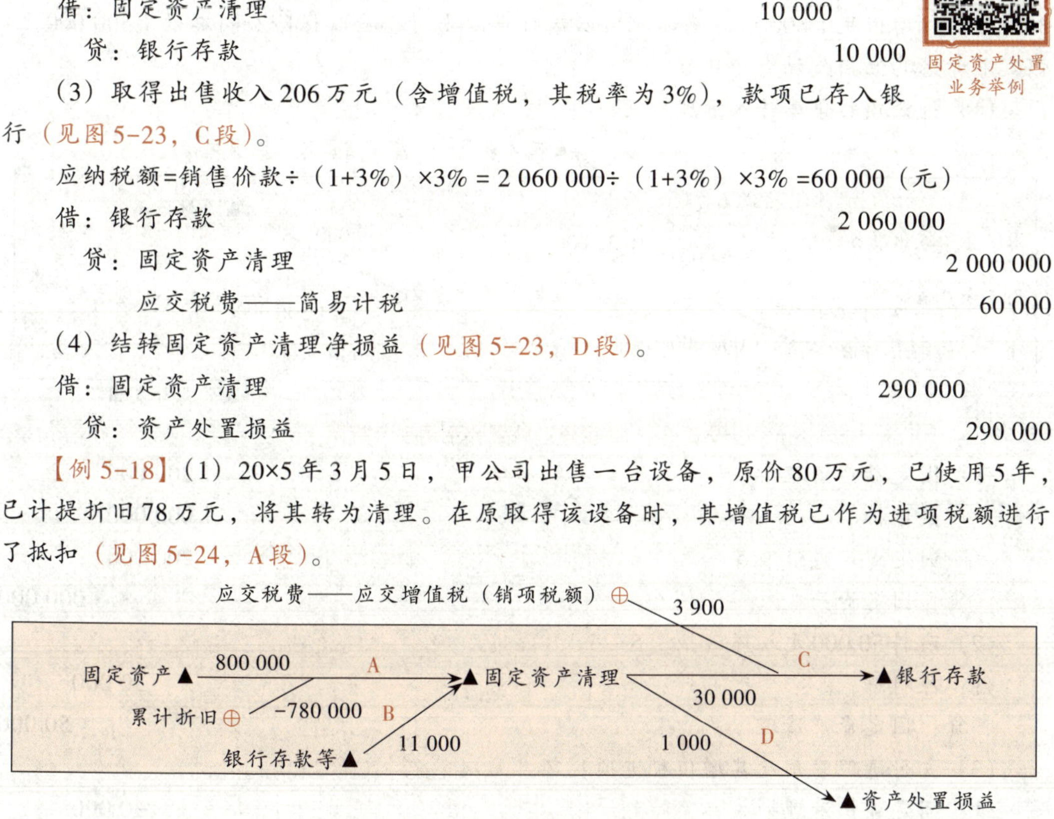

图5-24　甲公司资金运动分析图

借：固定资产清理　　20 000
　　累计折旧　　780 000
　贷：固定资产　　800 000

（2）用银行存款支付清理费用1.1万元（未取得增值税专用发票）（见图5-24，B段）。

借：固定资产清理　　11 000
　贷：银行存款　　11 000

（3）取得出售收入3万元（不含增值税，其税率为13%），款项已存入银行（见图5-24，C段）。

借：银行存款　　33 900
　贷：固定资产清理　　30 000
　　　应交税费——应交增值税（销项税额）　　3 900

（4）结转固定资产清理净损益（见图5-24，D段）。

借：资产处置损益　　1 000
　贷：固定资产清理　　1 000

【例5-19】乙公司为增值税一般纳税人，因遭受台风袭击毁损一座仓库。该仓库原价3 000 000元，已折旧1 000 000元，已计提减值准备200 000元，其残料估计价值为50 000元，残料已办理入库。乙公司发生清理费用并取得增值税专用发票，注明的装卸费为30 000元，增值税1 800元，全部款项以银行存款支付。应收保险公司赔款1 500 000元。假定不考虑其他相关税费。

（1）将毁损的仓库转入清理（见图5-25，A段）。

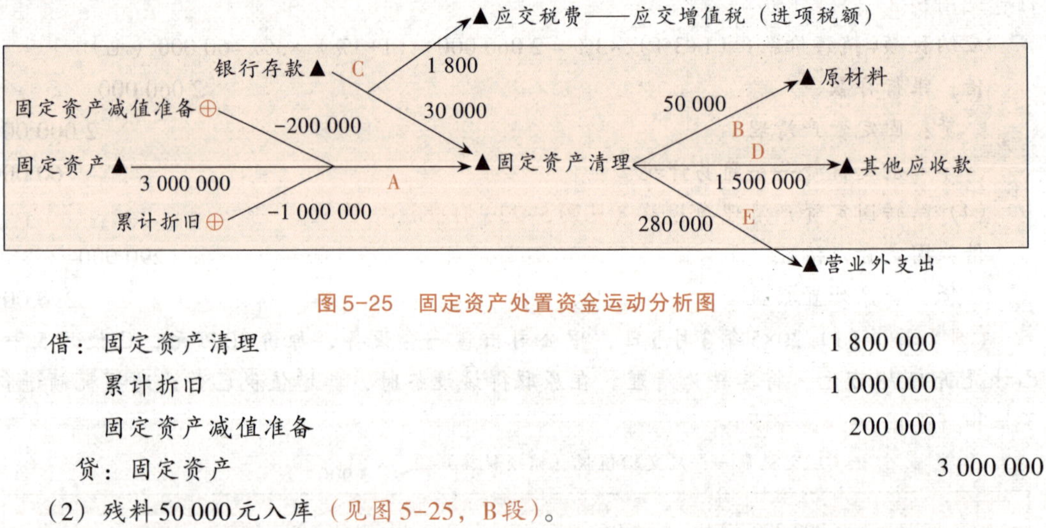

图5-25　固定资产处置资金运动分析图

借：固定资产清理　　1 800 000
　　累计折旧　　1 000 000
　　固定资产减值准备　　200 000
　贷：固定资产　　3 000 000

（2）残料50 000元入库（见图5-25，B段）。

借：原材料　　50 000
　贷：固定资产清理　　50 000

（3）支付清理费用及其增值税进项税额（见图5-25，C段）。

借：固定资产清理　　30 000
　　应交税费——应交增值税（进项税额）　　1 800

贷：银行存款　　31 800

（4）确认应收保险公司赔款（见图5-25，D段）。

借：其他应收款　　1 500 000

贷：固定资产清理　　1 500 000

（5）结转毁损固定资产清理结果（见图5-25，E段）。

借：营业外支出——非常损失　　280 000

贷：固定资产清理　　280 000

【例5-20】甲公司行政管理部门有一项固定资产原值960 000元，使用寿命估计为20年，该固定资产净残值为零，采用年限平均法计提折旧。截至20×1年12月31日已使用10年（本年度的折旧提取尚未进行）。该固定资产在20×1年12月31日、20×2年12月31日和20×3年12月31日的可回收金额分别为400 000元、380 000元和310 000元。20×4年1月1日，企业将其出售，售价30万元（不含增值税，增值税采用简易计税，税率为3%），款项已收存银行。

（1）20×1年12月31日，计提该固定资产本年度折旧：960 000÷20=48 000（元）（见图5-26，A段）。

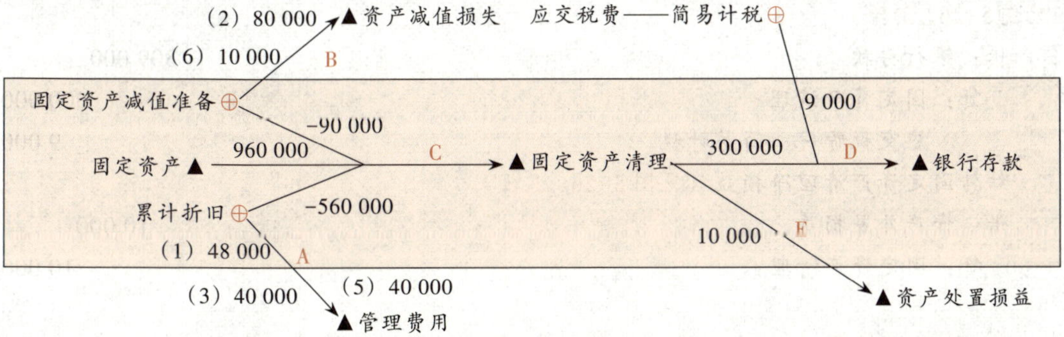

图5-26　甲公司资金运动分析图

借：管理费用　　48 000

贷：累计折旧　　48 000

（2）20×1年12月31日，预计可收回金额只有400 000元，而该固定资产的账面价值为480 000元，故应计提减值准备80 000元（见图5-26，B段）。

借：资产减值损失——计提固定资产减值准备　　80 000

贷：固定资产减值准备　　80 000

固定资产减值：举例

（3）20×2年12月31日，计提本年度该固定资产折旧（见图5-26，A段）：

（960 000 -480 000 -80 000）÷10=40 000（元）

借：管理费用　　40 000

贷：累计折旧　　40 000

（4）20×2年12月31日，预计该项固定资产的可收回金额为380 000元，而该固定资产的账面价值为360 000元，则说明该固定资产没有发生减值，而且其价值还得到了一定程度的恢复。企业不需要进行账务处理。

（5）20×3年12月31日，计提本年该固定资产折旧（见图5-26，A段）。

（960 000 -480 000 -80 000）÷10=40 000（元）

借：管理费用　　40 000

　贷：累计折旧　　40 000

（6）20×3年12月31日，预计该项固定资产的可收回金额只有310 000元，而该固定资产的账面价值为320 000元，故应计提减值准备10 000元（见图5-26，B段）。

借：资产减值损失——计提固定资产减值准备　　10 000

　贷：固定资产减值准备　　10 000

（7）20×4年1月1日，将该固定资产出售。

将固定资产转入清理（见图5-26，C段）。

借：固定资产清理　　310 000

　　累计折旧　　560 000

　　固定资产减值准备　　90 000

　贷：固定资产　　960 000

取得出售收入30万元（不含增值税，简易计税，其税率为3%），款项已存入银行。（见图5-26，D段）

借：银行存款　　309 000

　贷：固定资产清理　　300 000

　　　应交税费——简易计税　　9 000

结转固定资产清理净损益（见图5-26，E段）。

借：资产处置损益　　10 000

　贷：固定资产清理　　10 000

四、持有待售的固定资产

同时满足下列条件的非流动资产应当划分为持有待售：（1）企业已经就处置该非流动资产做出决议；（2）企业已经与受让方签订了不可撤销的转让协议；（3）该项转让很可能在一年内完成。

企业持有待售的固定资产，应当调整该项固定资产的预计净残值，使该项固定资产的预计净残值能够反映其公允价值减去处置费用后的金额，但不得超过符合持有待售条件时该项固定资产的原账面价值，原账面价值高于调整后预计净残值的差额，应当作为“资产减值损失”计入当期损益。

五、固定资产清查资金运动分析与会计处理

（一）固定资产清查的方法

在固定资产的使用过程中，由于客观因素或人为原因，会出现固定资产账实不符的情况。为了保护企业固定资产的安全与完整，应定期或不定期对固定资产进行清查。固定资产清查的基本方法是实地盘点，其目的是达到账实相符，防止固定资产流失或被侵占。

固定资产清查一般在年末进行，清查时按固定资产类别成立清查小组，分别清查房

屋、建筑物、机器设备、运输工具等。清查时，首先进行实物清查和使用状况检查，并由其中一人负责填表工作，其余人员清点固定资产实物，检查固定资产的编号、名称、规格、制造厂家、出厂编号及日期，并向使用单位询问其技术状况。其次，检查会计记录中固定资产的原始价值、已提折旧额、净值等数据。对于会计记录不健全的，应及时补充完整或予以更正。

对于出租的固定资产，由出租方进行清查，一旦发现没有登记入账的，要将清查结果与承租方核对后，登记入账；对于借出或未按规定手续批准转让的固定资产，必须及时查明原因，及时收回或补办转让手续。

清查固定资产时，应及时登记“固定资产清查报告表”，以此作为固定资产清查账务的处理依据。

（二）固定资产清查结果的处理程序

清查固定资产后，无论是发生的盘盈还是盘亏，均应按以下步骤进行：

（1）填写“固定资产盘盈盘亏报告表”，详细载明固定资产的原值、累计折旧和净值，并据此调整固定资产的记录。对于盘盈的固定资产，应按同类或类似固定资产的市场价格，减去按该项固定资产的新旧程度估计的价值损耗后的余额，确认入账价值；如果同类或类似固定资产不存在活跃市场，按该项固定资产的预计未来现金流量现值，确认入账价值。

（2）经有关程序批准后对盘盈或盘亏的固定资产进行处理。

（3）对于固定资产的损益，企业应于办理年终决算前查明原因，并报经批准后在期末结账前处理完毕。未能在年终决算前处理完毕的，在对外提供财务报告时应按上述规定进行处理，并在会计报表附注中予以说明；如果其后批准处理的金额与已处理的金额不一致，再做调整。

（三）固定资产清查所引起的资金运动分析

1.固定资产盘亏引起的资金运动分析

当发现固定资产盘亏时，应将该固定资产的账面价值转入待处理财产损溢，其所引起的资金运动如图5-27中A段所示。按照现行增值税制度规定，购进货物及不动产发生非正常损失，其负担的进项税额不得抵扣。对于盘亏的固定资产，应按其账面净值（即固定资产原价减去已计提的累计折旧）乘以适用税率计算不可以抵扣的进项税额，并将其转入待处理财产损溢，其所引起的资金运动如图5-27中B段所示。企业按照管理权限报经批准后处理时，确认可收回的保险赔偿或过失人赔偿，其所引起的资金运动如图5-25中C段所示；剩余的部分确认为营业外支出，其所引起的资金运动如图5-27中D段所示。

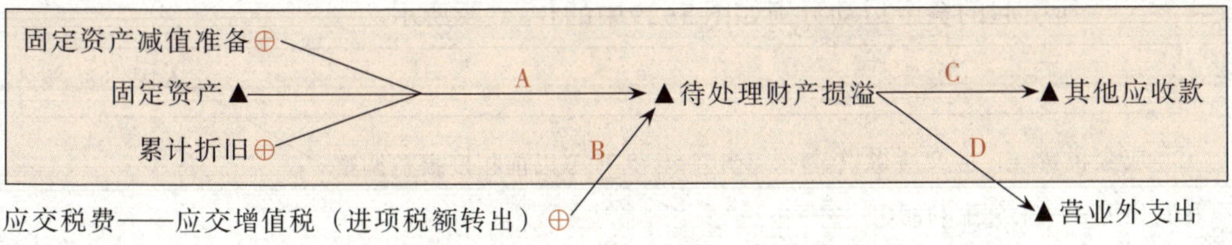

图5-27　固定资产盘亏处理资金运动分析图

固定资产盘亏业务

【例5-21】甲公司为增值税一般纳税人。甲公司在20×8年12月27日进行财产清查，发现某设备已无实物形态存在，经批准作为盘亏处理。该设备原价120 000元，已提取折旧100 000元，未提取减值准备。该设备购买时的增值税税率为13%。

（1）发生固定资产盘亏（见图5-28，A段）。

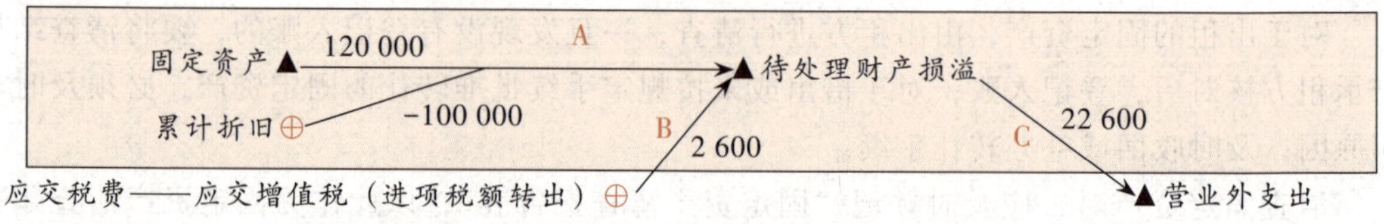

图5-28　固定资产盘亏处理资金运动分析图

借：待处理财产损溢　20 000

　　累计折旧　100 000

　贷：固定资产　120 000

（2）转出不可以抵扣的增值税进项税额（见图5-28，B段）。

借：待处理财产损溢　2 600

　贷：应交税费——应交增值税（进项税额转出）　2 600

（3）其损失报经批准转为营业外支出（见图5-28，C段）。

借：营业外支出　22 600

　贷：待处理资产损溢　22 600

2.固定资产盘盈引起的资金运动

一般来说，企业不会发生固定资产盘盈。如真发生固定资产盘盈，则说明企业之前一定发生过记账错误事项，如将固定资产误计入当期费用，应对这个错账进行更正。

由于从发现错账到最后对错账进行更正有一个时差，企业需要单独设置“以前年度损益调整”项目来进行过渡。一旦错账更正完毕，该项目就完成了其存在的使命。也就是说，“以前年度损益调整”是一个过渡性项目；企业在调整以前年度业务时，如涉及以前年度的损益，由于这些损益类项目都已经全部结转，没有余额，所以调整这些项目时都需要通过“以前年度损益调整”这个项目过渡。调整结束后，该项目的余额为0。

固定资产盘盈的处理过程依然分为两步：第一步是发现问题，企业需要如实反映固定资产盘盈这一事实，其所引起的资金运动如图5-29中A段所示。第二步是处理问题，企业需要对之前发生的记账错误事项所带来的经济后果进行更正。这笔错账导致企业以前年度的利润减少，从而导致企业应交所得税减少和留存收益的减少。现在需要更正这笔错误，企业需要补缴所得税，需要调增留存收益。其所引起的资金运动分别如图5-29中的B、C段所示。

固定资产盘盈业务

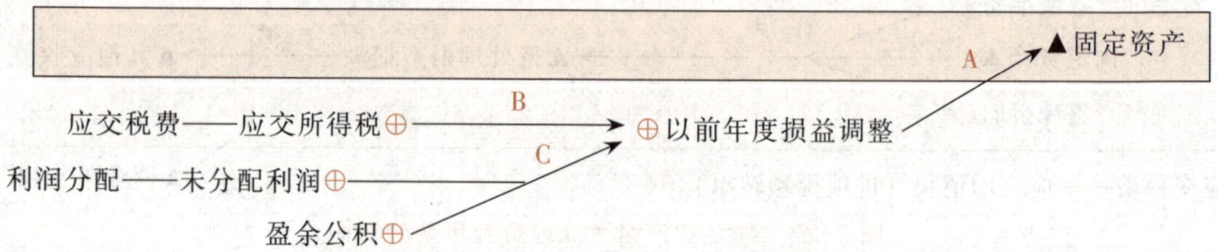

图5-29　固定资产盘盈资金运动分析图

【例5-22】甲公司20×2年12月27日进行财产清查时发现，有未入账设备一台，其重置价值为100 000元。该企业的所得税税率为25%，其按照净利润的20%提取盈余公积。

（1）发生盘盈（即发现问题）（见图5-30，A段）。

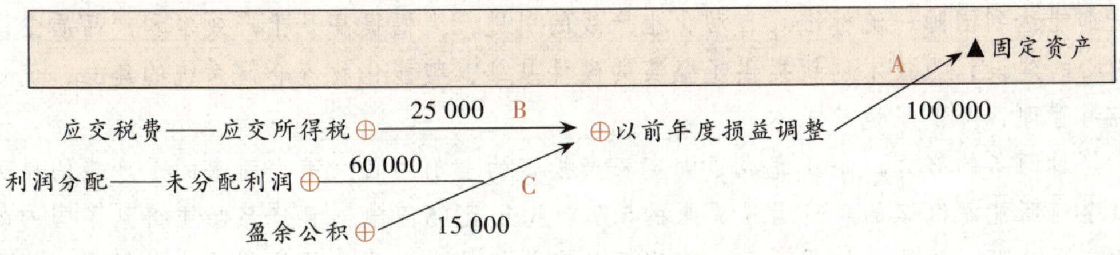

图5-30 甲公司未入账设备资金运动分析图

借：固定资产　　100 000

　贷：以前年度损益调整　　100 000

（2）确认应补缴的所得税（见图5-30，B段）。

借：以前年度损益调整　　25 000

　贷：应交税费——应交所得税　　25 000

（3）调整盈余公积、未分配利润项目（见图5-30，C段）。

借：以前年度损益调整　　75 000

　贷：盈余公积　　15 000

　　　利润分配——未分配利润　　60 000

思考题

1.固定资产确认的标准有哪些？如何理解固定资产的确认标准？
2.不同固定资产取得方式下，其入账价值的确定有何特点？
3.在固定资产核算中，哪些情形可能会涉及公允价值的使用？
4.影响固定资产折旧的因素有哪些？它们对固定资产折旧额有何影响？
5.固定资产的折旧方法有哪些？这些方法是如何计算折旧额的？
6.固定资产处置有哪些流程？固定资产处置结果最终如何处理？
7.固定资产清查结果如何处理？

育德育人

绿色转型：某新能源汽车制造企业的固定资产投资之路

近年来，随着全球对环保和可持续发展的重视，新能源汽车产业迎来了前所未有的发展机遇。位于我国东部沿海地区的某新能源汽车制造企业，敏锐地捕捉到了这一趋势，决定加大在固定资产业务上的对内投资，推动企业从传统燃油车向新能源汽车的全面转型，以期在新一轮的产业革命中占据先机。企业高层经过深思熟虑，制订了详细的固定资产投资计划，包括引进世界领先的自动化生产线、建设高标准的研发中心，以及打造智能化物流仓储系统。总投资额预计达到10亿元人民币，资金来源包括企业自筹、政府绿色产业基金，以及银行绿色信贷等多种渠道。

（1）资金筹措。企业积极与金融机构沟通，成功获得绿色信贷额度，同时，凭借其在新能源领域的前瞻性布局，吸引了政府绿色产业基金的大力支持。

（2）项目实施。企业聘请国际知名的工程咨询公司进行项目设计与监理，确保每一项投资都能达到国际一流标准。自动化生产线的引进，大幅提高了生产效率和产品质量；研发中心的建设，为技术创新提供了坚实的硬件基础；智能化物流仓储系统的建立，优化了供应链管理，降低了运营成本。

经过两年的努力，企业完成了固定资产投资的全部项目。随之而来的是产能的显著提升，企业新能源汽车的年产量从原来的5万辆跃升至15万辆，且产品品质得到了国内外市场的广泛认可。更重要的是，企业实现了从高能耗、高污染的传统制造业向低碳、环保的新能源产业的成功转型，为我国乃至全球的绿色发展做出了积极贡献。

请思考：在全球倡导绿色低碳、可持续发展的大背景下，企业如何通过精准的固定资产投资，实现从传统行业向新兴产业的战略转型？（可从绿色发展理念、科技创新驱动、社会责任与企业公民意识、政策导向与市场机遇等方面展开分析与思考）

第六章　对内投资（无形资产业务）资金运动分析与会计处理

学习目标

本章主要阐述了对内投资（无形资产）业务所引起的资金运动及其会计核算。通过本章的学习，要求了解无形资产的特征及其分类，了解无形资产取得的不同方式，了解无形资产使用过程中的价值摊销方式；熟悉不同的无形资产取得的计价方式，熟悉无形资产减值的确认与计量方法；掌握无形资产取得、使用、减值和处置所引起的资金运动及其相应的会计核算。

第一节　无形资产概述

一、无形资产的概念与特征

无形资产，是指企业拥有或控制的没有实物形态的可辨认非货币性资产。相对于其他资产，无形资产具有以下特征：

（一）无形资产不具有实物形态

无形资产通常表现为某种权利、某项技术或者是某种获取超额利润的综合能力，它们不具有实物形态，如土地使用权、专利技术等。虽然无形资产具有无形性，但它仍然有其物质载体，例如：专利权的物质载体是"专利权证书"；商标权的物质载体是"商标证书"；特许权的物质载体是"特许许可协议"。

无形资产的无形性主要表现在：（1）无形资产存在形式的无形性。它的具体表现形式是各种计算公式、文字、图纸、图案、图表、配方等以及企业生产经营者在长期的实践中摸索的不成文的经验、技巧、诀窍等。（2）无形资产作用的无形性。不同于有形资产通过实物价值的磨损和转移来为企业带来未来经济利益，无形资产在很大程度上是通过自身所具有的技术等优势为企业带来未来经济利益，它通过特殊的方式将其作用体现在有形资产中和企业的经营过程中，如产品的配方、特有的制造工艺、计算机软件、商标权、外观设计专利权等。通过它们的使用，可能在相当程度上提高了固定资产使用效率，节约了原材料消耗，提高了产品质量，减少了产品生产工时，增加了产品销售量等，从而降低了产品成本，增加了企业的利润。

无形资产概述

（二）无形资产具有可辨认性

符合下列条件之一的，应当认定其具有可辨认性：

（1）能够从企业中分离或划分出来，并能单独用于出售或转让等，而不需要同时处置在同一获利活动中的其他资产，表明该无形资产可以辨认。某些情况下，无形资产可能需要与有关合同一起用于出售转让等，这种情况下也可视为可辨认无形资产。

（2）产生于合同性权利或其他法定权利，无论这些权利是否可以从企业或其他权利和义务中转移或分离，如一方与另一方签订特许权合同而获得的特许使用权、通过法律程序申请获得的商标权等。如果企业有权获得一项无形资产产生的未来经济利益，并能约束其他方获取这些利益，则表明企业控制了该项无形资产。如对于会产生经济利益的技术知识，若其受到版权、贸易协议约束等法定权利或雇员保密职责的保护，这就说明该企业控制了相关利益。

客户关系、人力资源等，因为企业无法控制其带来的未来经济利益，不符合无形资产的定义，不应该将其确认为企业的无形资产。

内部产生的品牌、报刊名、刊头、客户名单和实质上类似项目的支出，不能与整个业务开发成本区分开来，这类项目不应该确认为无形资产。

（三）无形资产属于非货币性资产

非货币性资产是指企业持有的货币资金和将以固定或可确定的金额收取的资产以外的其他资产。无形资产由于没有发达的交易市场，一般不容易转换为现金，在持有过程中为企业带来的未来经济利益的情况不确定，不属于以固定或可确定的金额收取的资产，属于非货币性资产。

此外，无形资产受法律或契约的保护，企业享有无形资产的独占权或垄断权等特殊权力，这些“权力”能促成或保障企业具有一定的获利能力或获取超额利润的优势，从而形成一种独享权益。

二、无形资产的内容与分类

（一）无形资产的内容

无形资产主要包括：专利权、商标权、著作权、土地使用权、特许权、非专利技术（技术秘密）等。

1. 专利权

专利权是指专利发明人在法定期限内对某一发明创造所拥有的独占权和专有权。专利权的主体是依据专利法被授予专利权的单位或个人，其客体是受专利法保护的专利发明。这些专利权包括发明专利权、实用新型专利权和外观设计专利权。

2. 商标权

商标权是指企业依照有关法规在某种指定商品上使用特定的名称、图案、标识的权利。根据我国商标法的规定，经商标局核准的商标为注册商标，注册商标的注册人享有商标专用权，受法律保护，商标权包括独占使用权和禁止使用权。商标权的价值在于它能使享有人（使用者）具有较高的盈利能力。企业自创商标的成本是指为取得该商标而发生的耗费。如果自创的商标，其取得成本较小，会计上通常不需要将其支出资本化为无形资产进行核算。通常是将外购商标权的支出资本化为无形资产。

3.著作权

著作权亦称版权，是指著作权人对其著作依法享有的出版、发行方面的专有权利。著作权包括发表权、署名权、修改权、保护作品完整权、使用权和获得报酬权等。著作权人依法取得的著作权通常其支出较小，会计上一般无须将其资本化为无形资产核算，只有从外部购买的著作权，才将其所花费的成本资本化为无形资产进行核算。

4.土地使用权

土地使用权是指国家依法准许某一企业或单位在一定期限内对国有土地享有开发、利用、经营的权利。根据我国《土地管理法》的规定，我国土地实行公有制，任何单位和个人不得侵占、买卖或以其他形式非法转让。企业取得土地使用权的方式大致有行政划拨取得、购买取得（如以缴纳土地出让金方式取得）及接受投资者投资取得等。通常情况下，企业以缴纳土地出让金等方式外购的土地使用权、投资者投入等方式取得的土地使用权，应作为无形资产核算，但改变土地使用权用途，用于赚取租金或资本增值的，应当将其转为投资性房地产。

5.特许权

特许权亦称专营权或特许经营权，是指由政府有关部门授予企业的在特定地区经营或销售某种特定商品的特定权利，如取水权、采矿权、烟草专卖权、邮电通信专营权等；或由一家企业授予另一家企业使用其商标、商号、技术秘密等的权利，企业间通过签订合同、有限期或无限期使用另一家企业的某些权利，如连锁经营的分店等。我国会计上核算的特许权主要是企业间授予的特许权，即支付了相关费用而取得的特许权才能作为无形资产核算。

6.非专利技术

非专利技术亦称技术秘密或专有技术，它是指不为外界所知的、在生产经营活动者中已采用了的、不受法律保护的、可以给企业带来经济利益的各种具有实用价值的先进技术、技能、配方、经验、知识等。这些非专利技术主要包括工业专用技术、商业贸易专用技术、管理专门技术等。

非专利技术主要由企业自行开发，在开发过程中由于存在成功与失败两种可能，故其研究开发成本一般不符合资本化条件，不作为无形资产核算。通常只是对从企业外部购入的非专利技术，按照实际发生的支出资本化为无形资产核算。

非专利技术并不是专利法的保护对象，非专利技术采用自我保护的方式来维持其独占性，具有经济性、机密性和动态性等特点。

（二）无形资产的分类

为了更好地发挥无形资产的效能，科学地管理无形资产，必须将无形资产按照一定的标准予以分类。

1.按无形资产的存续期限分类

无形资产按其存续期限分为使用寿命有限的无形资产和使用寿命不确定的无形资产。

使用寿命有限的无形资产，是指由于法律、契约或合同的规定以及无形资产本身的性质，无形资产具有一定的存续期限而不能永久存在。如专利权、著作权、特许权（有合同约定年限的)、土地使用权等。

使用寿命不确定的无形资产，是指取得无形资产时并未规定其存续期限或无法确定其存续期限的无形资产，如永久特许权、非专利技术等。

此种分类的目的在于对两类无形资产在确认其取得成本和摊销价值时应考虑不同的影响因素，并采取相应的会计政策。如专利权，是典型的具有存续期限的无形资产，其摊销价值的确认必须以法定年限为基础，在法定有效期限内予以摊销；又如，非专利技术，只要企业在生产经营过程中其秘密不被泄露，企业就可以永久使用，会计上就不需要摊销。

2.按无形资产的存在形式分类

无形资产按其存在形式分为法定权利类和合同约定权利类两类。法定权利类无形资产是一种独占权，是指该类无形资产是法律或法规所赋予的一种特殊权利，如专利权、著作权、商标权等，合同约定权利类无形资产是根据企业间、企业与政府间签订的合同所赋予的一种独占权利，如特许权、土地使用权等。

此种分类的目的在于明确企业的无形资产是因何种原因所产生或获得的，以便于对其进行价值评估和会计处理。

3.按无形资产的取得方式分类

无形资产按取得方式可分为外购、自创、接受债务人以无形资产抵偿债务、以非货币性交易换入、接受捐赠和投资者投入等六类。

此种分类的目的在于明确不同来源的无形资产，其取得成本的构成不同，会计上在计量无形资产的取得成本时，应分别按不同情况处理。

第二节　无形资产取得资金运动分析与会计处理

一、无形资产的确认

无形资产的确认是指将符合无形资产确认条件的项目作为企业的无形资产加以记录并将其列入企业资产负债表的过程。《企业会计准则第6号——无形资产》规定，企业确认无形资产，必须满足两个条件：一是该项资产产生的经济利益很可能流入企业；二是该项资产的成本能够可靠计量。

（一）无形资产产生的经济利益很可能流入企业

在会计上将无形资产予以确认，其首要条件是该资产产生的经济利益很可能流入企业。但在实务中，要确定无形资产产生的经济利益是否能够流入企业，需要一定的职业判断。在实施这项职业判断时，需要考虑企业内外部的多种因素，并对这些因素的影响力和影响期做出合理而稳健的估计。如从企业内部看，这些因素包括企业是否有足够的人力资源、高素质的管理队伍、相关的硬件设施、相关的原材料供应等来配合无形资产为企业创造经济利益；从企业外部看，这些因素包括是否存在相关的新技术、新产品等。

（二）无形资产的成本能够可靠计量

无形资产的成本能够可靠计量是确认无形资产的又一重要条件，比如企业的自创商誉，它符合无形资产的定义，但自创商誉的支出却难以计量，因而目前会计上不将其确认为无形资产。又比如，一些高科技企业的科研人才，他们的才智是企业重要的资源，是企业的资产，他们的知识和能力能够为企业创造经济利益。但是，其知识和能力难以辨认，且形成这些知识和能力所发生的支出在目前还无法计量，故不能将人力资源的知识和技能确认为无形资产。

总而言之，目前会计上确认的无形资产还只是企业拥有的，并能产生收益的部分无形资产，而非全部。

二、无形资产初始计量

无形资产取得的计量也称为无形资产的初始计量。无形资产应当按照成本进行初始计量。但由于其取得方式不同，其入账价值的确定亦有所不同。

1.外购的无形资产

企业外购的无形资产，应根据购入过程所发生的全部支出作为无形资产的取得成本，即按其所支付的价款和有关的法律费用作为无形资产的入账价值。

购买无形资产的价款超过正常信用条件延期付款，实质上具有融资性质的，无形资产的成本以购买价款的现值为基础确定。实际支付的价款与购买价款的现值之间的差额，应作为未确认融资费用在信用期内分期摊销计入当期损益。

对于一次性购入的多项资产，其无形资产的价值应根据无形资产和其他资产的公允价值的相对比例确定。在一次性购入多项资产的情况下，是否需要单独确认无形资产，通常需要考虑两大因素：一是无形资产占全部资产的比重，如果无形资产的比重较小，则无须单独核算；二是无形资产与其他资产在使用上是否可分离，如果一揽子购买的无形资产和其他资产在使用上不可分离，而且在使用年限上基本一致，无形资产也无须单独核算。

2.投资者投入的无形资产

投资者投入的无形资产，应以投资各方确认的价值作为无形资产的入账价值。

3.接受捐赠的无形资产

接受捐赠的无形资产，如果捐赠方提供了有关凭据，按照凭据上注明的金额加上相关税费后的金额确定；如果捐赠方未提供有关凭据，则按下列顺序确定：同类或类似无形资产存在活跃市场的，按参照同类或类似无形资产的市场价格估计的金额加上应支付的相关税费确定；同类或类似无形资产不存在活跃市场的，按该受赠无形资产的预计未来现金流量的现值确定。

4.自行开发的无形资产

按现行准则的规定，自行开发的无形资产，应将整个研发过程分为研究阶段和开发阶段，其中，研究阶段所发生的支出，全部计入当期损益，不予资本化；而开发阶段的支出，有条件的予以资本化。

《企业会计准则第6号——无形资产》规定，研究阶段是探索性质的，为进一步开发活动进行资料及相关方面的准备，已进行的研究活动将来是否转入开发、开发后能否形成无形资产等具有较大的不确定性。

在开发阶段的支出，如果满足无形资产的确认条件，应予以资本化。开发活动是指已完成研究阶段的工作，在很大程度上具备了形成一项新产品或新技术的基础条件。如同时满足下列条件，企业在无形资产开发阶段的支出，应资本化确认为无形资产。

(1) 完成该项无形资产以使其能够使用或出售在技术上具有可行性。判断无形资产的开发在技术上是否具有可行性，应该以目前阶段的成果为基础，并提供相关的证据和材料，证明企业进行技术开发需要的技术条件等已经具备，不存在技术上的障碍或其他不确定因素。如企业已经完成了全部计划、设计和测试活动，这些活动是使资产能够达到设计计划书中的功能、特征和技术所必需的活动，或经过专家鉴定等。

(2) 具有完成该无形资产并使用或出售的意图，即企业能够说明其开发无形资产的目的。

(3) 无形资产产生未来经济利益的方式，包括能够证明运用该项无形资产生产的产品存在市场或无形资产自身存在市场；无形资产在内部使用的，应当证明其有用性。无形资产是否能够为企业带来经济利益，应该运用该无形资产生产产品的市场情况进行可靠预计，以证明所生产的产品存在市场并能够带来利益，或者能够证明市场上存在对该无形资产的需求。

(4) 有足够的技术、财务资源和其他资源支持，以完成该项无形资产的开发，并有能力使用或出售该项无形资产。企业能够证明可以取得无形资产所需的技术、财务和其他资源，以及获得这些资源的相关计划。

(5) 归属于该无形资产开发阶段的支出能够可靠计量。企业对于研究开发活动发生的支出应能够单独核算，或者是能够在相关活动中进行合理的分配。

5.其他方式取得的无形资产

企业通过非货币性资产交换、债务重组、政府补助和企业合并等方式取得的无形资产，其成本确认分别按照相关准则进行。

三、无形资产取得资金运动分析与会计处理

(一) 非自主研发取得无形资产资金运动分析

在无形资产取得环节，其基本资金运动如图6-1所示。无形资产是企业在该环节的阶段所得，而银行存款等则是企业应该在该环节发生的阶段所失。

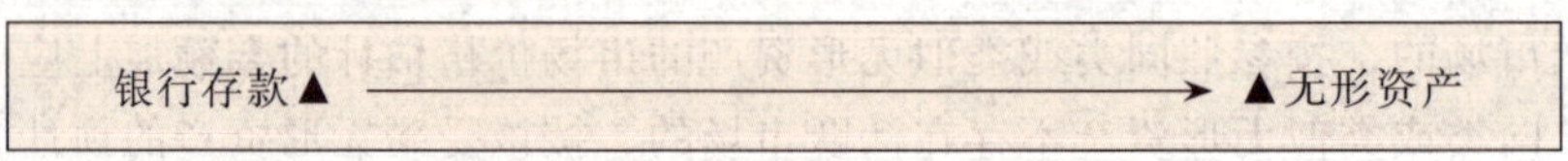

图6-1　无形资产取得基本资金运动图

首先在不考虑增值税的情况下，分析企业取得无形资产的资金运动。企业在取得无形资产的过程中，阶段所得与阶段所失在时间上的阶段性配比主要存在以下三种情况：钱货两清、赊购和预付。在钱货两清时，其所引起的资金运动如图6-2中A段所示；用预付款购买时，其所引起的资金运动如图6-2中B1、B2段所示；在赊购时，其所引起的资金运动如图6-2中C1、C2段所示。此外，企业通过接受捐赠取得无形资产所引起的资金运动如图6-2中D段所示；企业通过接受投资所引起的资金运动如图6-2中E段所示。

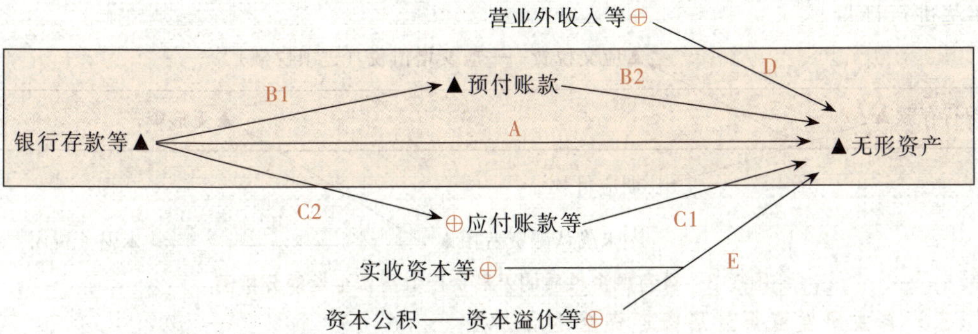

图6-2　无形资产取得资金运动分析图

在取得无形资产的实际业务中，企业都会涉及增值税的处理。因此，在进行实际的资金运动分析时，需要将增值税的进项税额考虑进来。

【例6-1】甲公司接受乙公司以其所拥有的非专利技术投资，双方商定的价值为56万元（不含增值税，增值税税率为6%）。其增值税发票上注明的进项税额为3.36万元。甲公司注册资本为1 000万元，乙公司投资后占甲公司注册资本的5%。

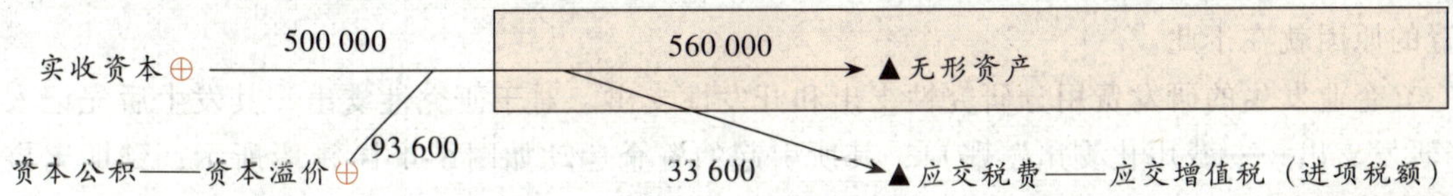

借：无形资产　　560 000
　　应交税费——应交增值税（进项税额）　　33 600
　贷：实收资本——乙公司　　500 000
　　　资本公积——资本溢价　　93 600

非自行研发取得无形资产业务

【例6-2】甲公司购入一项产品专利权，价款100万元（不含增值税，增值税税率为6%），其增值税专用发票上注明的税款为6万元。款项全部以银行存款支付。

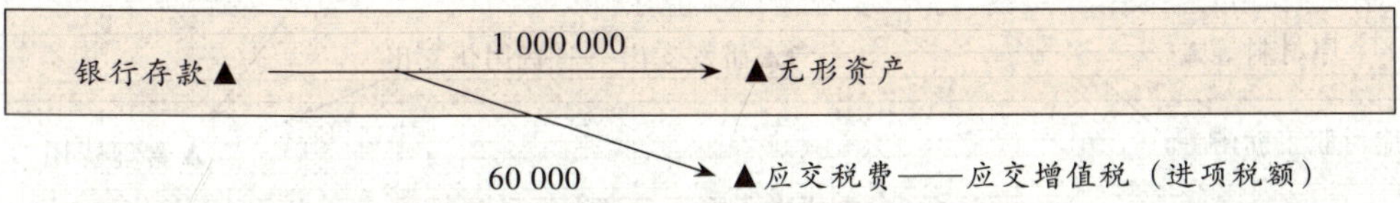

借：无形资产　　1 000 000
　　应交税费——应交增值税（进项税额）　　60 000
　贷：银行存款　　1 060 000

（二）具有融资性质的延期付款购买无形资产资金运动分析

企业购买无形资产有可能发生超过正常信用条件的情况，如分期付款购买资产，并且在合同中规定的付款期间比较长，超过了正常的信用条件。在这种情况下，该类购货合同实质上具有融资性质，企业取得的无形资产应以各期支付款项的现值之和来计量，该现值与各期所应支付的长期应付款之间的差额确认为未确认融资费用，其所引起的资金运动如图6-3中A段所示。企业在合同约定的付款日分期支付货款及增值税进项税额，其所引起的资金运动如图6-3中B1段所示；与此同时，企业需要将未确认融资费用分期确认为各期的财务费用，其所引起的资金运动如图6-3中B2段所示，其中B2段的流量需要按实际利率法进行计量。

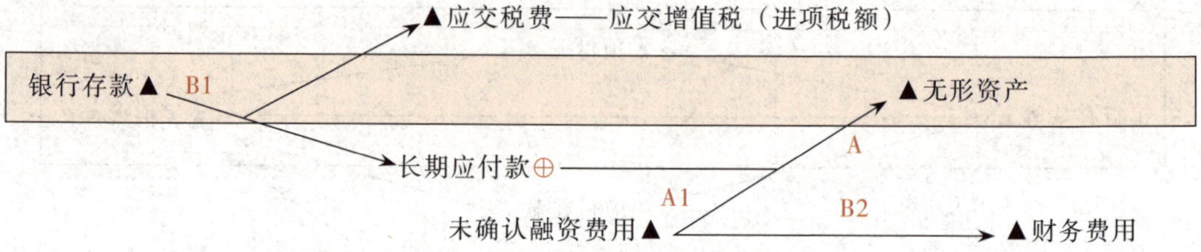

图6-3　具有融资性质的无形资产取得资金运动分析图

（三）自主研发取得无形资产资金运动分析

具有融资性质的无形资产购买

对研发活动大量、持续的投入，是确保企业保持领先地位和长久生存能力的法宝。一个没有研发活动的企业是没有发展潜力的。企业不仅要进行大量而持续的研发投入，还应该将所进行的研发活动信息提供给相关利益者，从而使利益相关者对企业有一个全面、正确的评价，以提升企业的市场价值。因此，无论从企业内部管理还是从投资者决策的角度来考虑，企业都需要完整地汇总企业的研发支出，不管这些支出最终是费用化还是资本化。“研发支出”项目设置的原因就在于此。

企业发生的研发费用分研究性支出和开发性支出。对于研究性支出，其发生后先记入“研发支出——费用化支出”账户，其所引起的资金运动如图6-4中A1段所示；到期末再转为管理费用，即图6-4中B段所示。开发性支出，对于不满足资本化条件的，其发生时记入“研发支出——费用化支出”账户，对于满足资本化条件的，其发生时记入“研发支出——资本化支出”账户，其所引起的资金运动如图6-4中A1、A2段所示；其后如果开发成功，则将其全部转为无形资产，即图6-4中C1段所示；如果开发不成功，则将其转为当期的管理费用，即图6-4中C2段所示。

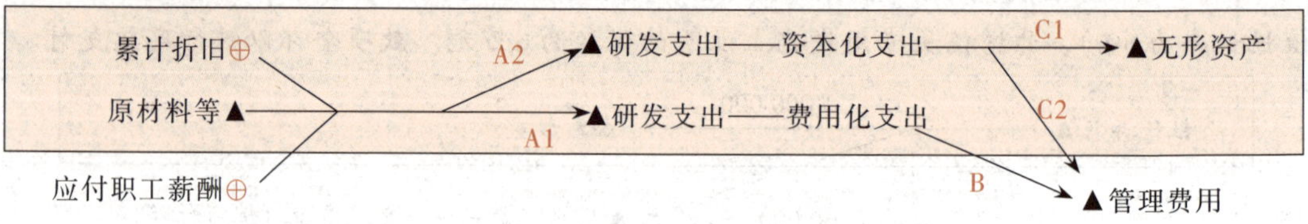

图6-4　自主研发无形资产资金运动分析图

【例6-3】甲公司是一家从事高科技软件开发的公司，现公司正准备开发一种新的应用程序软件。根据软件开发的基本程序，分三个阶段进行：第一阶段为市场调研阶段，本阶段主要通过市场调查，了解产品的客户需求情况、产品的市场潜力等，这一阶段发生的相应费用为20万元（假设该笔费用一次性以银行存款支付，下同）。第二阶段为研究阶段，本阶段主要根据客户需求情况，结合现有的理论和知识，对产品可行性进行研究，并提出具体的产品开发的初步方案。这一阶段要发生相应的科研人员的薪酬、科研过程中的各种耗材费用、办公费用等共计120万元。第三阶段为开发阶段，这时主要将第一阶段的研究成果运用于研究产品之中，使研究的产品完全具有商品价值，直接能上市出售，因此符合开发支出资本化的条件，这一阶段发生的费用为500万元。不考虑相关税费。

（1）第一阶段发生相关费用20万元。

发生时（见图6-5，A1段）：

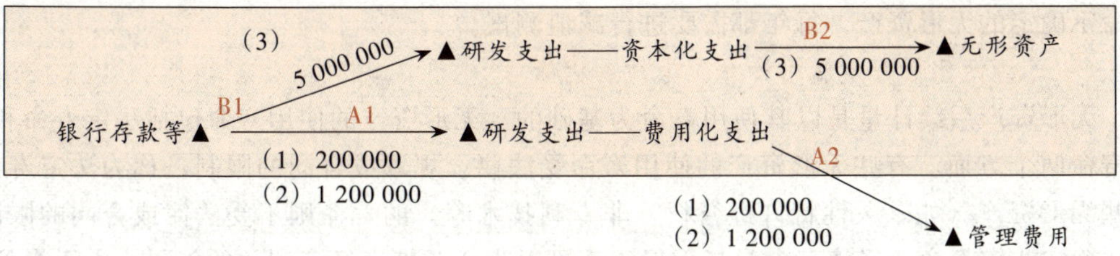

图6-5　甲公司资金运动分析图

借：研发支出——费用化支出　　200 000

　贷：银行存款等　　200 000

期末结转（见图6-5，A2段）：

借：管理费用　　200 000

　贷：研发支出——费用化支出　　200 000

（2）第二阶段发生相关费用120万元。

发生时（见图6-5，A1段）：

借：研发支出——费用化支出　　1 200 000

　贷：银行存款等　　1 200 000

自主研发取得无形资产业务

期末结转（见图6-5，A2段）：

借：管理费用　　1 200 000

　贷：研发支出——费用化支出　　1 200 000

（3）第三阶段发生相关费用500万元。

发生时（见图6-5，B1段）：

借：研发支出——资本化支出　　5 000 000

　贷：银行存款等　　5 000 000

项目成功（见图6-5，B2段）：

借：无形资产　　5 000 000

　贷：研发支出——资本化支出　　5 000 000

无形资产的后续支出是指为确保无形资产能够给企业带来预期收益，在无形资产入账后还可能发生的各种后续支出，如宣传活动支出。由于这些支出仅仅是为了确保已确认的无形资产能够为企业带来预定的经济利益，因而应在发生时确认为当期费用，而不得追加到无形资产的价值中去。

第三节　无形资产使用和处置资金运动分析与会计处理

一、无形资产后续计量的基本原则

无形资产的后续计量应该以该无形资产成本减去累计摊销额和累计减值损失后的余额

计量。确定无形资产在使用过程中的累计摊销额的前提条件是估计其使用寿命，只有使用寿命有限的无形资产才需要在估计的使用寿命内采用系统合理的方法进行摊销；对于使用寿命不确定的无形资产，每年都需要进行减值测试。

（一）估计无形资产使用寿命应考虑的因素

无形资产后续计量是以其使用寿命为基础的。无形资产的使用寿命包括法定寿命和经济寿命两个方面。有些无形资产的使用寿命受法律、规章或合同的限制，称为法定寿命。有些无形资产（如永久性特许经营权、非专利技术等）的寿命则不受法律或合同的限制，无法确定法定寿命。经济寿命是指无形资产可以为企业带来经济利益的年限。由于受到技术进步、市场竞争等因素的影响，无形资产的经济寿命往往短于法定寿命。因此，在估计无形资产的使用寿命时，应当综合考虑各相关因素的影响，合理确定无形资产的使用寿命。

（二）无形资产使用寿命的确定

源自合同性权利或其他法定权利取得的无形资产，其使用寿命不应该超过合同性权利或其他法定权利的期限。如果合同性权利或其他法定权利能够在到期时因续约等延续，需有证据表明企业续约不需要付出重大成本，这样续约期才能够包括在使用寿命的估计中。

没有明确的合同或法律规定的无形资产，企业应综合各方面情况，如聘请相关专家进行论证或与同行业的情况进行比较以及参照企业的历史经验等，以确定无形资产为企业带来未来经济利益的期限。如果在此基础上确实无法合理确定无形资产为企业带来经济利益的期限，再将其作为使用寿命不确定的无形资产处理。

（三）无形资产使用寿命的复核

企业至少应当于每年年度终了时，对无形资产的使用寿命进行复核，如果有证据表明无形资产的使用寿命不同于以前的估计，由于合同的续约或无形资产应用条件的改善，延长了无形资产的使用寿命，无形资产应改变其摊销年限，并按照《企业会计准则第28号——会计政策、会计估计变更和差错更正》进行处理。

对于使用寿命不确定的无形资产，如果有证据表明其使用寿命是有限的，应当按照《企业会计准则第28号——会计政策、会计估计变更和差错更正》进行处理，并按照无形资产准则中关于使用寿命有限无形资产的处理原则进行处理。

二、无形资产取得后续业务资金运动分析与会计处理

（一）使用寿命有限的无形资产摊销

使用寿命有限的无形资产，应在其预计的使用寿命内采用系统合理的方法对应摊销金额进行摊销。其中，应摊销金额是指无形资产的成本扣除残值后的金额。

1.摊销期和摊销方法

一般情况下，无形资产的应摊销金额应在其预计使用寿命内摊销。企业在确定无形资产预计使用寿命时，通常应考虑以下因素：运用该资产生产的产品通常的寿命周期；可获得的类似资产使用寿命的信息、技术、工艺等方面的现阶段情况及对未来发展趋势的估计；以该资产生产的产品或提供服务的市场需求情况；现在或潜在的竞争者预期采取的行

动；为维持该资产带来经济利益能力的预期维护支出，以及企业预计支付有关支出的能力；对该资产控制期限的相关法律规定或类似限制，如特许使用期、租赁期等；与企业持有其他资产使用寿命的关联性等。但是，如果预计使用寿命超过了相关合同规定的受益年限或法律规定的年限，应按如下原则确定摊销年限。

（1）合同规定受益年限但法律没有规定的，按不超过受益年限的期限摊销。

（2）如果合同没有规定受益年限，但有法律规定年限的，按不超过法律规定的年限摊销。

（3）如果合同规定了受益年限，法律也规定了有效年限的，摊销年限不应超过受益年限和有效年限二者之中的较短者。

无形资产的摊销年限一经确定，不能随意变更，如果因为客观经济环境改变确实需要变更摊销年限的，应将该变更作为会计估计变更处理。

无形资产的摊销期自其可供使用（即达到预定用途）当月开始摊销，处置当月不摊销。无形资产的摊销方法包括直线法、产量法等。企业选择无形资产摊销方法应依据从资产中获取的预期未来经济利益的预计消耗方式来选择，并一致地运用于不同的会计期间。无法可靠确定预期实现方式的，应当采用直线法摊销。

2.残值的确定

无形资产的残值一般为零，除非有第三方承诺在无形资产使用寿命结束时愿意以一定的价格购买该项无形资产，或者存在活跃市场，通过市场可以得到无形资产使用寿命结束时的残值信息，并且从目前情况看，在无形资产使用寿命结束时该市场还可能存在的情况下，可以预计无形资产的残值。

企业需要对外提供完整的无形资产价值信息，相关利益者可以据此了解企业的各种专利、技术状况，并更好地评价企业未来的发展潜力；同时，企业又需要对外提供无形资产的使用与耗费情况，相关利益者可以据此评价企业无形资产的“新旧程度”。累计摊销账户设置的原因就在于此。

企业应当按月对无形资产进行摊销，无形资产的摊销额一般应计入当期损益。企业自用的无形资产所引起的资金运动如图6-6中A段所示；如果某项无形资产包含的经济利益通过所产生的产品或其他资产实现，其摊销金额应当计入相关资产成本。

土地使用权的特殊规定：企业购入或以支付土地出让金方式取得的土地使用权（企业通过无偿划拨方式获得的土地不能作为无形资产核算，在缴纳土地出让金之后，可以将其作为无形资产核算），在尚未开发或建造自用项目之前，作为无形资产核算，并按规定的期限分期摊销；房地产开发企业开发商品房时，应将土地使用权的账面价值全部转入开发成本。

（二）无形资产的出租

企业将拥有的无形资产的使用权让渡给他人并收取的租金，属于与企业日常活动相关的其他经营活动取得的收入，在满足收入准则规定的确认标准的情况下，应确认相关的收入及成本。

企业获取租金所引起的资金运动如图6-6中B1段所示；企业相应的、应承担的无形资产摊销所引起的资金运动如图6-6中B2段所示。

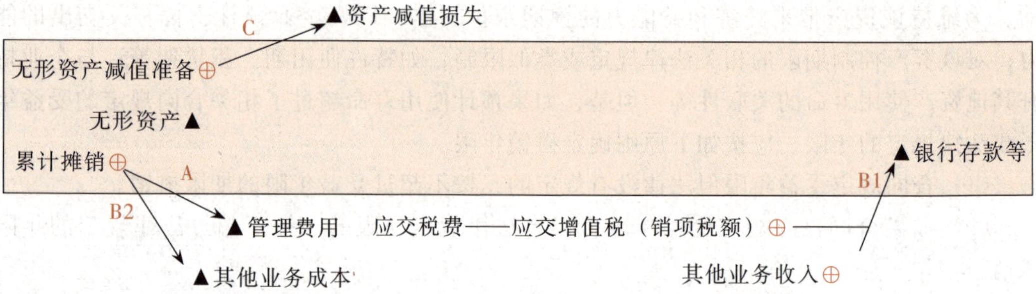

图6-6　无形资产摊销、出租、减值资金运动分析图

（三）无形资产的减值

无形资产摊销与减值业务理论分析

使用寿命确定的无形资产在资产负债表日存在可能发生减值的迹象时，其可收回金额低于账面价值的，企业应当将该无形资产的账面价值减记至可收回金额，减记的金额确认为减值损失。使用寿命不确定的无形资产，在资产负债表日重新复核后使用寿命仍然不确定的，应该进行减值测试，需要计提减值的，应进行相应的减值处理。无形资产的减值准备一经提取，除非涉及该无形资产的出售、处置等产权变动，否则减值准备不得转回。无形资产减值所引起的资金运动如图6-6中C段所示。

无形资产摊销与减值业务举例

【例6-4】甲公司购买的一项管理用特许权成本为120 000元，合同受益期为5年。甲公司采用年限平均法按月进行摊销。

甲公司每月摊销无形资产成本=120 000÷5÷12=2 000（元）。

借：管理费用　　2 000

　贷：累计摊销　　2 000

【例6-5】20×8年5月1日，甲公司将其自行研究开发完成的非专利技术出租给乙公司使用。该非专利技术的成本为240 000元，双方约定的租赁期为5年，甲公司采用年限平均法按月进行摊销。甲公司每月获得租金收入10 000元，该租金不含增值税，增值税税率为6%。

（1）计算每月应摊销的金额=240 000÷5÷12=4 000（元）。

每月分摊无形资产成本（见下图A段）。

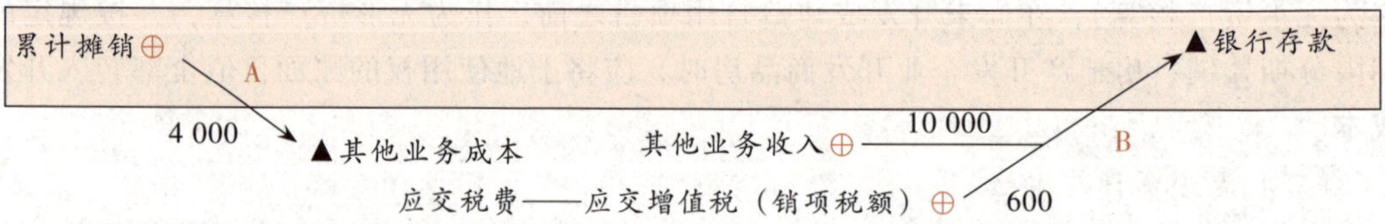

借：其他业务成本　　4 000

　贷：累计摊销　　4 000

（2）每月确认租金收入（见上图B段）。

借：银行存款　　10 600

贷：其他业务收入　　10 000

　　应交税费——应交增值税（销项税额）　　600

【例6-6】20×8年12月31日，甲公司拥有的一项专利技术的账面价值为2 000 000元。经减值测试，该专利技术的可收回金额为1 500 000元。由于该专利技术可收回金额低于其账面价值，应按其差额500 000元计提减值准备。

借：资产减值损失　　500 000

　贷：无形资产减值准备　　500 000

（四）无形资产的处置

企业将无形资产出售，表明企业放弃无形资产所有权。企业应将所得价款扣除该无形资产的账面价值及相关税费后的差额通过资产处置损益计入当期损益。

企业将无形资产出售，需要将其账面价值冲销，其所引起的资金运动如图6-7中A段所示，其中A1、A2段流量为负数。企业因获得出售收入而需要承担相应的税费，其所引起的资金运动如图6-7中B段所示。无形资产的账面价值与应交税费之和与出售收入之间的差额，确认为资产处置损益，如图6-7中D段所示；在出售净得为净损失时，其流量为正数；在出售净得为净收益时，其流量为负数。

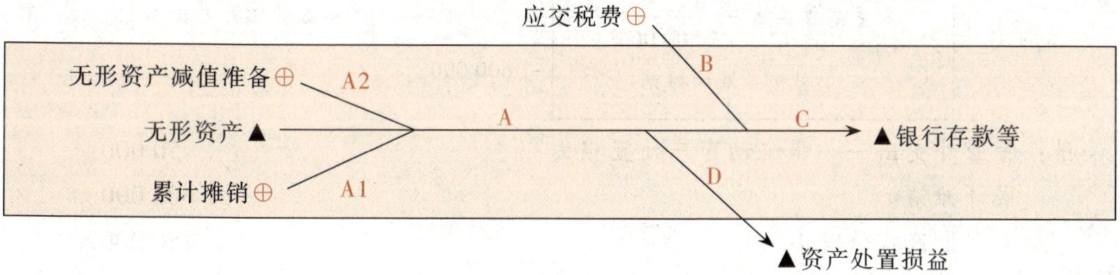

图6-7　无形资产处置资金运动分析图

如果无形资产预期不能为企业带来未来经济利益，不再符合无形资产的定义，则应将其转销（注销）。企业在判断某项无形资产预期能否为企业带来经济利益时，应根据以下迹象加以判断：一是该无形资产是否已经被其他新技术等所替代，并且不能给企业带来经济利益；二是该无形资产是否不再受法律的保护，并且不能给企业带来经济利益；三是其他足以证明某项无形资产已经失去使用价值和转让价值的情形。无形资产转销所引起的资金运动与无形资产处置（图6-7）不同的地方在于，由于没有获得出售收入，不存在税费的问题，也不存在获取银行存款的问题，即没有B段、C段资金运动。同时，无形资产转销的结果只可能产生损失，该损失应确认为营业外支出，计入当期损益。

无形资产处置业务

【例6-7】甲公司为增值税一般纳税人，将一项购买成本为1 000 000元、已计提累计摊销300 000元、已计提减值准备50 000元的专利技术出售给乙公司。其开具的增值税专用发票上注明的转让金额为800 000元，增值税进项税额为48 000元，全部款项848 000元已存入银行。

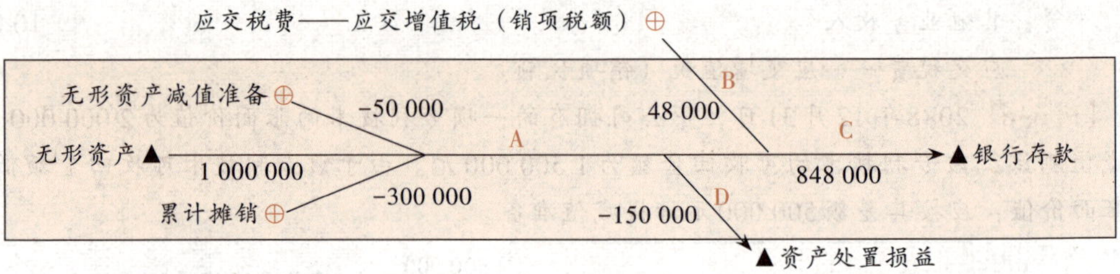

借：银行存款　848 000
　　累计摊销　300 000
　　无形资产减值准备　50 000
　贷：无形资产　1 000 000
　　　资产处置损益　150 000
　　　应交税费——应交增值税（销项税额）　48 000

【例6-8】20×8年12月20日，甲公司经批准用内部研发成功的某非专利技术替代原有的M专利技术，并将M专利技术予以转销。转销时，M专利技术的成本为1 800 000元，已计提累计摊销1 600 000元，已计提减值准备150 000元，该M专利技术的残值为0。假定不考虑其他相关因素。

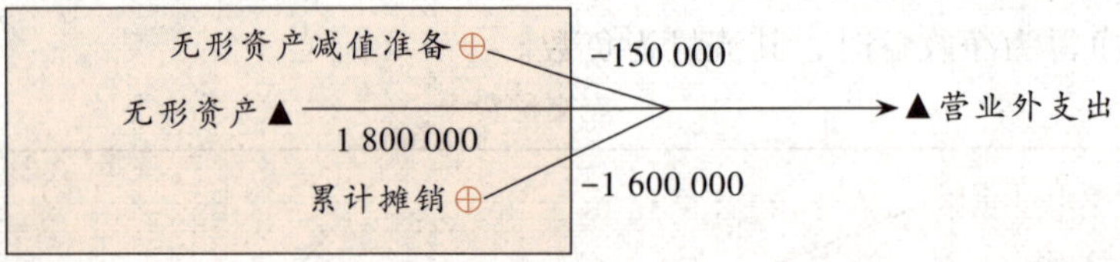

借：营业外支出——非流动资产处置损失　50 000
　　累计摊销　1 600 000
　　无形资产减值准备　150 000
　贷：无形资产　1 800 000

【例6-9】甲公司自20×2年1月起，每月分别投入材料、人工、机器设备（折旧费）1万元、1.5万元、2.5万元用于一项专利技术的基础研究。20×3年1月起开始进行开发活动，并符合资本化条件，至12月其每月的投入与以前一样。至12月20日，该专利技术研究取得成功。并于20×3年12月28日申请并成功地取得了该项专利权。在专利权的申请过程中，以银行存款支付专利登记费5万元，律师费1万元。该专利权的法定期限为10年（自20×4年1月1日起）。

20×4年7月，甲公司与乙公司签订合同，以每月30 000元的价格（不含增值税，增值税税率6%）允许乙公司使用该专利。租期1年半，从本年7月开始计算。

20×4年12月31日，该专利可收回金额为54万元。

20×5年12月31日，该专利可收回金额为50万元。

20×6年1月1日，甲公司以80万元将该专利权转让给乙公司（不含增值税，税率为6%）。

（1）20×2年1月—12月，每月发生研发费用（见图6-8，A1段）。

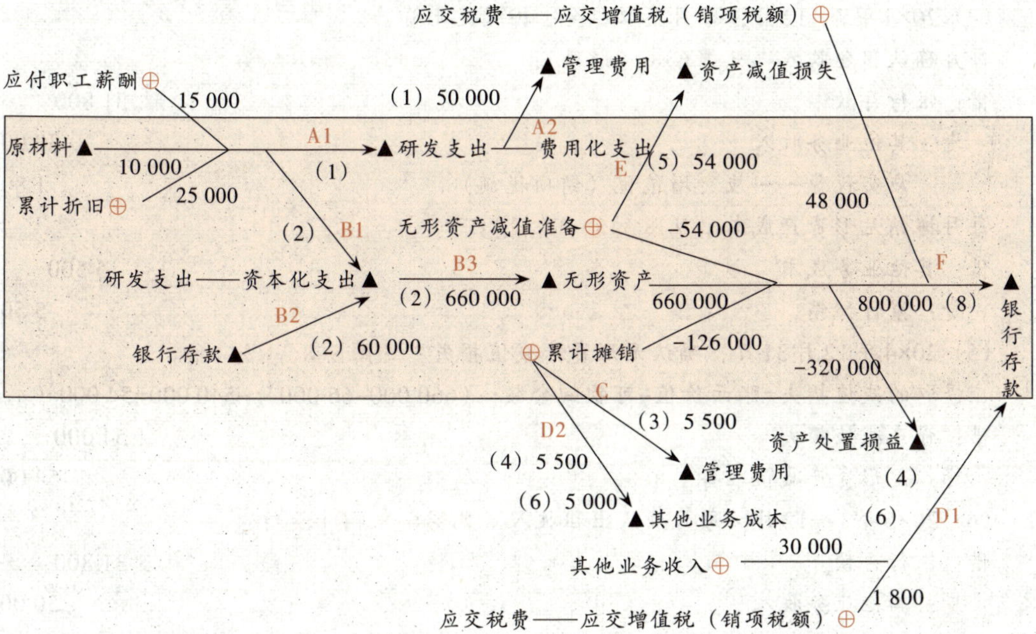

图6-8　甲公司资金运动分析图

借：研发支出——费用化支出　　50 000

　贷：原材料　　10 000

　　应付职工薪酬　　15 000

　　累计折旧　　25 000

无形资产综合举例1

到月末（见图6-8，A2段）：

借：管理费用　　50 000

　贷：研发支出——费用化支出　　50 000

（2）20×3年1月—12月，每月发生研发费用（见图6-8，B1段）。

借：研发支出——资本化支出　　50 000

　贷：原材料　　10 000

　　应付职工薪酬　　15 000

　　累计折旧　　25 000

申请专利发生费用（见图6-8，B2段）：

借：研发支出——资本化支出　　60 000

　贷：银行存款　　60 000

转入无形资产（见图6-8，B3段）：

借：无形资产——专利权　　660 000

　贷：研发支出——资本化支出　　660 000

（3）20×4年1月—6月，每月摊销660 000÷10÷12=5 500（元）（见图6-8，C段）。

借：管理费用　　5 500

　贷：累计摊销　　5 500

（4）20×4年7—12月，每月获取租金、摊销无形资产。

每月确认租金收入（见图6-8，D1段）：

借：银行存款　　31 800

　贷：其他业务收入　　30 000

　　　应交税费——应交增值税（销项税额）　　1 800

每月摊销无形资产成本（见图6-8，D2段）：

借：其他业务成本　　5 500

　贷：累计摊销　　5 500

（5）20×4年12月31日，确认无形资产减值损失（见图6-8，E段）：

应提取的减值损失=账面价值-可收回金额=（660 000-66 000）-540 000=54 000（元）

借：资产减值损失　　54 000

　贷：无形资产减值准备　　54 000

（6）20×5年1—12月，每月确认出租收入（见图6-8，D1段）：

借：银行存款　　31 800

　贷：其他业务收入　　30 000

　　　应交税费——应交增值税（销项税额）　　1 800

每月摊销无形资产成本：摊销金额=540 000÷9×（1/12）=5 000（元）（见图6-8，D2段）。

借：其他业务成本　　5 000

　贷：累计摊销　　5 000

（7）20×5年12月31日，其可收回金额为50万元。

此时无形资产账面价值为：660 000-126 000-54 000=480 000（元），其可收回金额为50万元。因而，该无形资产不仅没有减值，还发生了增值的情况。因此，不需要进行任何会计处理。

无形资产综合举例2

（8）20×6年1月1日，以80万元的价格（不含增值税）出售该专利权（见图6-8，F段）。

借：银行存款　　848 000

　　累计摊销　　126 000

　　无形资产减值准备　　54 000

　贷：无形资产　　660 000

　　　资产处置损益　　320 000

　　　应交税费——应交增值税（销项税额）　　48 000

思考题

1.什么是无形资产？其主要的存在形式有哪些？

2.无形资产的取得方式有哪些？每种取得方式下，其成本如何进行计量？

3.企业自行开发无形资产的各个阶段如何划分？不同阶段的会计处理有什么不同？

4.无形资产发生减值后，其摊销额如何计算？

5.转让无形资产所有权和转让无形资产使用权的会计处理有什么差异？

育德育人

某公司违规利用研发费用加计扣除少缴税款被查案

某公司通过违规进行研究开发费用税前加计扣除、违规税前列支等手段少缴税被深圳市税务局第三稽查局依法查处，查补税款128万元，处以罚款64万元，加收滞纳金45万元，合计237万元。

据了解，该公司为高新技术企业，按照《企业所得税法》的规定，享受减按15%的税率征收企业所得税、研究开发费加计扣除等税收优惠政策。检查人员在调取该公司相关年度的账册凭证等会计资料后，即对各税种开展核查。在对该公司企业所得税申报表进行审核时，检查人员发现该公司2012年、2013年分别申报了开发新技术、新产品、新工艺研究开发费加计扣除金额824万元、779万元，并在当年企业所得税纳税申报时按上述金额作了税前扣除。由于该项减免涉税金额较大，检查人员责成该公司提供了加计扣除鉴证报告、研发人员名单、研发经费台账等会计资料，进行了详细的审核，并实施了抽查会计记录、核对原始凭证、查阅研发费用预算表等审核程序，最终发现该公司存在将非直接从事研发活动的人员的工资、职工福利费、未能提供费用支出明细情况的委托外单位开发研发费等计入加计金额的违规行为，两年合计违规在税前扣除430多万元。此外，该公司还存在虚列税金支出、税前列支与生产经营无关的费用等税务违法行为。最终税务局依法对该公司进行了纳税调整，追回了其少缴的税款，处以相应罚款并追缴滞纳金。

资料来源：佚名.随意扩大税收优惠范围存税务违法风险［EB/OL］.［2016-09-18］. https://www.shui5.cn/article/92/107441.html.

请思考：税收优惠政策是国家利用税收调节经济的具体手段，国家通过税收优惠政策、可以扶持某些特殊地区、产业、企业和产品的发展，促进产业结构的调整和社会经济的协调发展。请结合上述资料想一想，国家对高科技企业的税收优惠政策有哪些？像上述资料中那样违规利用国家税收优惠政策对企业的长远发展有哪些危害？

第七章　供应环节资金运动分析与会计处理

学习目标

本章主要阐述了供应环节资金运动及其会计核算。通过本章的学习，了解货币资金的结算方式和内部控制，了解库存现金的使用范围，了解计划成本核算和实际成本核算的大致流程；熟悉其他货币资金的内涵，熟悉未达账项的定义及其构成，以及银行存款余额调节表的编制；掌握其他货币资金、原材料、委托加工物资、应付账款、应付票据、材料成本差异等业务所引起的资金运动及其相应的会计核算。

第一节　供应环节资金运动综合分析

一、供应环节资金运动综合分析概述

在钱货两清的情况下，企业支付的价款包括购货款和应支付的增值税进项税额。如果所购材料已满足阶段所得原材料的要求，资金会发生图7-1中A1和B1段运动。如果所购的材料未满足阶段所得的条件，则企业只获得了过程所得，资金发生图7-1中A2和B1段运动；等到所购材料验收入款、单价和总价确认后，其才能由在途物资转为原材料，资金发生图7-1中C段运动。

供应环节资金运动综合分析

在预付货款购买时，企业支付的款项形成预付账款，其所引起的资金运动如图7-1中A31段所示。企业以后获得所购的物资时，所支付的价款仍然包括购货款和应支付的增值税进项税额。在所购买的物资已满足阶段所得原材料的要求时，资金运动如图7-1中A322段和B2段所示。如果所购的材料未满足阶段所得的条件，则企业只获得了过程所得，资金运动如图7-1中A321段和B2段所示；等到所购材料验收入款、单价和总价确认后才能由在途物资转为原材料，资金运动如图7-1中C段所示。

在赊购的情况下，企业在购买材料时形成债务——应付账款或应付票据，该金额包括所购货物的价款和应支付的增值税进项税额。在所购物资已满足阶段所得原材料的要求时，资金运动如图7-1中A411段和B3段所示。如果所购的材料未满足阶段所得的条件，则企业只获得了过程所得，资金运动如图7-1中A412段和B3段所示；等到所购材料验收入款、单价和总价确认后，其才能由在途物资转为原材料，资金运动如图7-1中C段所示。企业未来偿还应付的购货款时用银行存款冲销应付款项，资金运动如图7-1中A42段

所示。供应环节资金运动整体流程如图 7-1 所示。

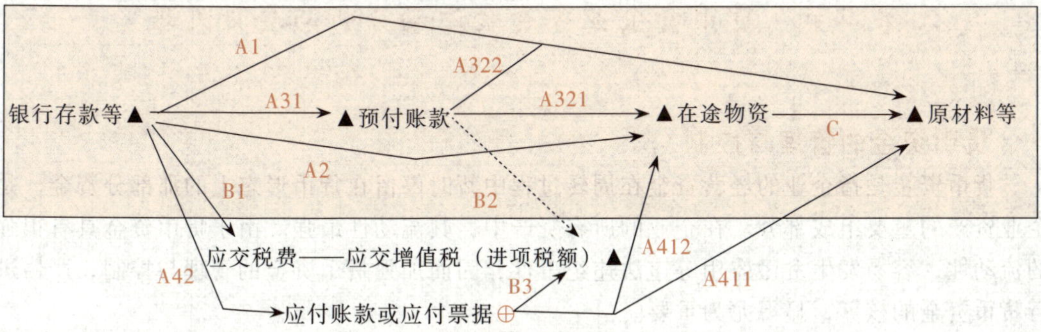

图7-1　供应环节资金运动综合流程图

二、原材料等阶段所得的确认与计量分析

原材料，是指企业在生产过程中经加工改变其形态或性质并构成产品主要实体的各种原料及主要材料、辅助材料、外购半成品（外购件）、修理用备件（备品备件）、包装材料、燃料等。原材料是制造业企业存货的重要组成部分，在全部的存货中占有很大的比重。

原材料界定及其成本确定

原材料按其经济内容可分为：原料及主要材料、辅助材料、外购半成品（外购件）、修理用备件（备品备件）、包装材料、燃料等六大类。原材料按其存放地点可分为：在途材料、库存材料、委托加工材料等三大类。

企业所购买的物资的成本主要由买价和采购费用两部分构成，其具体内容包括：

（1）买价，即供货单位的发票价格。

（2）采购费用，即除买价以外的其他各种采购费用，共包括：①运杂费，运到企业仓库前所发生的运输、包装、装卸、仓储等费用；②运输途中的合理损耗，该合理损耗增加货物的单价，不改变货物的总价；③入库前的挑选整理费用，这些费用主要包括工、费支出和必要的损耗，并减去回收的下脚废料价值；④购入物资负担的税金（如关税）和其他费用。

其他特殊规定：

（1）对于企业一次性购买多种不同物资所发生的采购费用，凡能直接分清的，可以直接计入各种物资的采购成本；不能分清的，应按物资的重量或买价等比例，分摊计入各种物资的采购成本。但企业发生在采购过程中的差旅费一般都直接计入当期的管理费用。

（2）小规模纳税人和购入物资不能取得增值税专用发票的一般纳税人，进项税额计入所购物资的成本。

（3）运输费中进项税额的处理，如果能够取得增值税专用发票，则该增值税应作为进项税额单列，以抵扣销项税额。

供应环节的阶段所得除原材料外，还包括包装物、低值易耗品等。这些包装物、低值易耗品等所引起的资金运动同原材料完全一样，其价值的计量也同原材料一致。

第二节　货币资金业务资金运动分析与会计处理

一、货币资金的管理与控制

货币资金是指企业的经营资金在周转过程中暂时停留在货币形态上的那部分资金，是企业资产的重要组成部分。在企业的所有资产中，其流动性最强。由于货币资金具有很强的流动性，容易发生贪污盗用等违法违纪事件，因而加强货币资金的管理与控制，严格进行货币资金的核算，显得尤为重要。

（一）货币资金的内容

货币资金按其存放地点和用途不同，分为库存现金、银行存款和其他货币资金。

1.库存现金

现金是企业流动性最强的一种货币性资产，可以随时用其购买所需的物资，支付有关费用，偿还债务，也可以随时存入银行。现金有狭义和广义之分。狭义的现金是指企业的库存现金；广义的现金包括库存现金、银行存款以及其他已被普遍接受的流通手段，比如银行汇票、银行本票等。本章现金是指狭义的现金，即库存现金，是指单位为了满足经营过程中零星支付需要而保留的、存放在企业财会部门由出纳人员保管的现金，现金包括人民币和外币。

2.银行存款

银行存款是企业存放在银行或其他金融机构的未指定用途的货币资金。按照国家的有关规定，凡是独立核算的单位都必须在当地银行开设账户。企业在银行开设账户以后，除按核定的限额保留库存现金以外，超过限额的现金必须存入银行；除了在规定的范围内可以用现金直接支付的款项外，在经营过程中所发生的一切货币收支业务，都必须通过银行存款账户进行结算。

3.其他货币资金

其他货币资金是指除现金、银行存款以外的各种货币资金。在企业的货币资金中，有一部分在存放地点和用途上，都与库存现金和银行存款不同，如外埠存款、银行汇票存款、银行本票存款、信用卡存款、信用证保证金存款、存出投资款等，为了将其与现金、银行存款加以区别，在会计上称之为“其他货币资金”。

货币资金的管理与控制

（二）国家有关货币资金的管理制度

1.现金管理办法

（1）现金的使用范围

根据国家现金管理制度和结算制度的规定，企业收支的各种款项必须按照国务院颁发的《现金管理暂行条例》的规定办理，在规定的范围内使用现金。允许企业使用现金结算的范围是：职工工资、津贴；个人劳务报酬；根据国家的规定颁发给个人的科学技术、文化艺术、体育等各种奖金；各种劳保、福利费用以及国家规定的对个人的其他支出；向个人收购农副产品和其他物资的价款；出差人员必须随身携带的差旅费；零星支出；中国人民银行确定需要支付现金的其他支出。

属于上述现金结算范围的支出，企业可以根据需要向银行提取现金支付，不属于上述现金结算范围的款项支付一律通过银行进行转账结算。

（2）库存现金的限额

库存现金限额是指为保证各单位日常零星支出按规定允许留存的现金的最高数额。库存现金的限额，由开户银行根据开户单位的实际需要和距离银行远近等情况核定。其限额一般按照单位3~5天日常零星开支所需现金确定。库存限额一经核定，要求企业必须严格遵守，不能任意超过，超过限额的现金应及时存入银行；库存现金低于限额时，可以签发现金支票从银行提取现金，补足限额。

（3）不准坐支现金

企业在经营活动中，经常会发生一些现金收入，如收取不足转账起点的小额销售收入、销售给不能转账的集体或个人的销货款、职工交回的差旅费剩余款等。企业的现金收入，应及时送存银行，不得直接用于支付自己的支出。用收入的现金直接支付支出的行为，叫作“坐支”。企业如因特殊情况需要坐支现金的，应当事先经开户银行审查批准，由开户银行核定坐支范围和限额。企业应定期向开户银行报送坐支金额和使用情况。

2.银行存款管理制度

按照国家《支付结算办法》的规定，企业应在银行开立账户，办理存款、取款和转账等结算。企业在银行开立人民币存款账户，必须遵守中国人民银行《银行账户管理办法》的各项规定。

（1）银行存款开户的有关规定

银行存款账户分为基本存款账户、一般存款账户、临时存款账户和专用存款账户。

基本存款账户是企业办理日常结算和现金收付的账户。企业的工资、奖金等现金的支取，只能通过基本存款账户办理。一般存款账户是企业在基本存款账户以外的办理银行借款转存业务的账户以及与基本存款账户的企业不在同一地点的附属非独立核算单位的账户，企业可以通过本账户办理转账结算和现金缴存，但不能办理现金支取。临时存款账户是企业因临时经营活动需要开立的账户，企业可以通过本账户办理转账结算和根据国家现金管理的规定办理现金收付。专用存款账户是企业因特定用途需要开立的账户。一个企业只能选择一家银行的一个营业机构开立一个基本存款账户，不得在多家银行机构开立基本存款账户；不得在同一家银行的几个分支机构开立一般存款账户。

（2）银行结算纪律

企业通过银行办理支付结算时，应当认真执行国家各项管理办法和结算制度。

中国人民银行发布的《支付结算办法》中规定：单位和个人办理支付结算，不准签发没有资金保证的票据或远期支票，套取银行信用；不准签发、取得和转让没有真实交易和债权债务的票据，套取银行和他人资金；不准无理拒绝付款，任意占用他人资金；不准违反规定开立和使用账户。

（三）企业的货币资金内部控制制度

企业应建立一套有效的内部控制制度，保证货币资金的安全完整。一套有效的货币资金内部控制制度主要包括以下内容：

（1）授权批准程序。货币资金的收入、支出和保管应当由两名或两名以上的授权人批准。重大货币资金支付，应当由企业有权批准的机构或企业负责人批准，决策过程应进行详细的书面记录，并作为档案保管。

(2) 岗位责任制与岗位轮换。货币资金业务的申请、批准、收支、保管岗位相互分离，收支保管岗位与核算、对账岗位相互分离，货币资金收支结算票证与所需印鉴分开保管，这样使得各岗位相互牵制、相互制约。同时，对货币资金业务的重要岗位的人员实行定期轮换，并通过轮换时的交接审核，及时发现可能存在的问题。

(3) 会计记录管理制度。企业应及时、正确、完整地记录货币资金业务和货币资金收支情况。各类货币资金收支业务发生后进行账务处理的截止时间原则上不超过一天。企业应确保会计记录的安全、完整，建立会计记录的录入、修改、保管、查阅程序。

(4) 定期的监督检查。企业应定期由独立于货币资金业务岗位的人员或机构（如内部审计机构和人员）对货币资金内部会计控制制度的执行情况进行监督检查。定期的独立检查有助于发现当前内部控制的薄弱环节，以进一步修订完善内部控制制度。

(5) 货币资金支付业务办理程序。该程序具体包括申请、批准、复核和办理四项内容。首先，由货币资金使用机构提前向授权人提交货币资金支付申请，注明货币资金支付用途、理由、金额、预算、支付方式等。授权人应仔细审核支付申请和所附说明材料。若授权人拒绝批准，则应履行特别审批程序（一般由上级授权人批准），才可支付。经批准的支付申请应由专门人员进行复核，复核的内容包括支付申请批准程序是否正确、手续及相关单证是否齐备、金额计算是否准确、支付方式是否妥当等。出纳人员根据审核后的支付申请办理支付手续，并及时记录所交付的货币资金支付票证的名称和用途、现金的用途和数量、领用人员、领用日期等内容。

(6) 对账制度。企业应及时与银行和经济业务往来单位核对账目。对账工作应由独立于货币资金经办岗位的人员负责。对账中若发现异常情况，应及时分析原因，并报有关机构进行处理。

(7) 业务人员的培训。从事货币资金业务岗位工作的人员应是业务和道德品质合格的人员，并应当定期接受职业道德、业务和法规的后续教育及培训。

二、银行结算办法

银行结算办法

根据中国人民银行有关支付结算办法的规定，目前企业发生的货币资金收付业务可以采用以下几种结算方式，通过银行办理转账结算。

（一）银行汇票

银行汇票是出票银行签发的，由其在见票时按照实际结算金额无条件支付给收款人或者持票人的票据。银行汇票具有使用灵活、票随人到、兑现性强等特点。银行汇票的收款人可以将银行汇票背书转让给他人。

申请人向银行申请办理银行汇票时，要将款项交存当地银行，再由银行签发汇票。企业的这部分资金已具有了特定的用途，属于其他货币资金。

（二）银行本票

银行本票是银行签发的，承诺自己在见票时无条件支付确定的金额给收款人或者持票人的票据。

银行本票由银行签发并保证兑付，而且见票即付，具有信誉好、支付功能强等特点。无论单位或个人，在同一票据交换区域支付各种款项时，都可以使用银行本票。

付款企业向银行申请取得银行本票时，必须先将款项交存银行，再由银行签发本票，企业的这部分款项已经具有特定的用途，属于其他货币资金。

（三）支票

支票是单位或个人签发的，委托办理支票存款业务的银行在见票时无条件支付确定的金额给收款人或者持票人的票据。

支票是同城结算中应用比较广泛的一种结算方式。支票上印有“现金”字样的为现金支票，现金支票只能用于支取现金。支票上印有“转账”字样的为转账支票，转账支票只能用于转账。未印有“现金”或“转账”字样的为普通支票，普通支票可以用于支取现金，也可以用于转账。在普通支票左上角划两条平行线的，为划线支票，划线支票只能用于转账，不得支取现金。

（四）信用卡

信用卡是指商业银行向个人和单位发行的，凭以向特约单位购物、消费和向银行存取现金，且具有消费信用的特制载体卡片。

凡在中国境内金融机构开立基本存款账户的单位可申领单位卡。单位卡可申领若干张，持卡人资格由申领单位法定代表人或其委托的代理人书面指定和注销，持卡人不得出租或转借信用卡。单位卡账户的资金一律从其基本存款账户转账存入，在使用过程中，需要向其账户续存资金的，也一律从其基本存款账户转账存入，不得交存现金，不得将销货收入的款项存入其账户。单位卡一律不得用于10万元以上的商品交易、劳务供应款项的结算，不得支取现金。

（五）汇兑

汇兑是汇款人委托银行将其款项支付给收款人的结算方式。单位和个人的各种款项的结算，均可使用汇兑结算方式。汇兑结算方式适用于异地之间的各种款项结算。这种结算方式划拨款项简便、灵活。

（六）委托收款

委托收款是收款人委托银行向付款人收取款项的结算方式。无论单位还是个人都可凭已承兑商业汇票、债券、存单等付款人债务证明办理收取同城或异地款项。委托收款还适用于收取电费、电话费等付款人众多、分散的公用事业费等有关款项。

（七）托收承付

托收承付是根据购销合同由收款人发货后委托银行向异地付款人收取款项，由付款人向银行承认付款的结算方式。办理托收承付结算的款项，必须是商品交易，以及因商品交易而产生的劳务供应的款项。代销、寄销、赊销商品的款项，不得办理托收承付结算。

采用托收承付结算方式时，购销双方必须签有符合《中华人民共和国民法典》的购销合同，并在合同上订明使用托收承付结算方式。销货企业按照购销合同发货后，填写托收承付凭证，盖章后连同发运证件（包括铁路、航运、公路等运输部门签发运单、运单副本和邮局包裹回执）或其他符合托收承付结算的有关证明和交易单证送交开户银行办理托收手续。

（八）信用证结算方式

信用证结算方式是当今世界国际贸易领域使用最广泛的结算方式。信用证是指开证银行根据申请人的要求和指示，向受益人开立的具有一定金额、在一定期限内凭规定的单据在指定地点付款的书面保证文件。信用证结算方式就是付款人根据贸易合同，请当地银行开立以收款人为受益人的信用证，银行经审核同意并收取一定保证金后即开具信用证，收款人接到信用证后履行合同，开证银行接到有关单据后向收款人付款，付款人再向开证银行付款的结算方式。

开证申请人存入开证行信用证保证金存款有特定用途，性质上属于其他货币资金。

三、货币资金账户的设置与登记

（一）库存现金账户的设置与登记

为了记录企业库存现金的收付变动和结存情况，需要设置“库存现金”账户。

企业还应设置“库存现金日记账”对现金业务进行序时核算。日记账由出纳人员根据审核无误的原始凭证和现金收款凭证、付款凭证等逐日逐笔序时登记。每日终了，应计算当日现金收入、支出的合计数和结余数，并同现金的实际库存数核对，做到账实相符。月末应将日记账余额同总分类账余额核对相符，做到账账相符、日清月结。

有外币现金的企业，应分别按人民币现金、各种外币现金设置“库存现金日记账”进行明细核算。

（二）银行存款账户的设置与登记

货币资金账户的设置与登记

企业为了记录银行存款的收付变动和结余情况，需要设置“银行存款”账户。

为了加强对银行存款的管理，及时掌握银行存款收付的动态和结余，企业还应按开户银行和其他金融机构、存款种类等，分别设置“银行存款日记账”，按照银行存款收付业务发生的先后顺序逐笔序时登记，每日终了应结出余额。银行存款日记账应定期与银行对账单核对，至少每月核对一次。月份终了，银行存款日记账的余额必须与银行存款总账余额核对相符。

有外币业务的企业，应在“银行存款”科目下分人民币和各种外币设置“银行存款日记账”进行明细核算。

（三）其他货币资金账户的设置与登记

银行存款和其他货币资金的界定

为了反映其他货币资金的增减结余情况，企业应设置“其他货币资金”账户。

企业还应按照其他货币资金的不同内容，设置“外埠存款”（指企业到外地进行临时或零星采购时，汇往采购地银行开立采购专户的款项。采购专户只付不收，付完结束账户）“银行汇票存款”“银行本票存款”“信用卡存款”“信用证保证金存款”“存出投资款”（指企业已存入证券公司但尚未进行短期投资的现金）等二级明细账户，并按外埠存款的开户银行、银行汇票或本票、信用证的收款单位等设置三级明细账。有信用卡业务的公司应在“信用卡”明细账中按开出信用卡的银行和信用卡种类设置三级明细账。

四、其他货币资金业务资金运动分析与会计处理

企业的其他货币资金主要包括外埠存款、银行汇票存款、银行本票存款、信用卡存款、信用证保证金存款、存出投资款等六种。信用证保证金存款只是交易的保证金。存出投资款主要是指企业已存入证券公司但由第三方托管的、尚未进行短期投资的货币资金。除此之外，其他货币资金所引起的资金运动基本相同。

为取得其他货币资金，企业需要将相应的货币资金从企业的银行存款中单独划拨出来，形成其他货币资金专户，其所引起的资金运动如图7-2中A段所示。企业使用其他货币资金采购材料所引起的资金运动如图7-2中B段所示，企业使用其他货币资金进行其他业务所引起的资金运动如图7-2中C段所示。结余的资金将转回原来的银行存款账户，其所引起的资金运动如图7-2中D段所示。

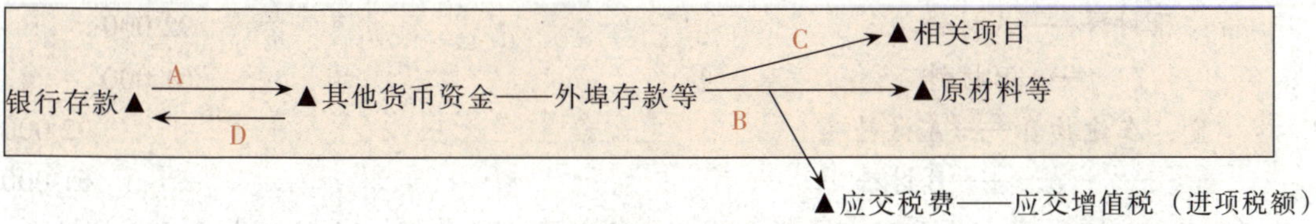

图7-2　外埠存款等业务资金运动分析图

【例7-1】20×8年10月19日，甲公司向银行申请并获得银行汇票，全额为177 000元。10月24日，公司用银行汇票支付采购材料价款，购入A材料20吨，价款总计90 000元，B材料10吨，价款总计60 000元，支付增值税进项税额19 500元，材料尚未验收入库。10月25日，公司以转账支票支付A、B两种材料的运输费3 000元（不含增值税，增值税税率9%），该运输费按材料重量分配。10月26日，公司收到开户银行转来的银行汇票多余款7 500元的收账通知。10月26日，在该材料验收入库的过程中，发现A材料损耗50千克，经查，属于运输中的合理损耗。计算并结转这批材料采购的实际成本，完成全部采购过程。

（1）20×8年10月19日，取得银行汇票（见图7-3，A段）。

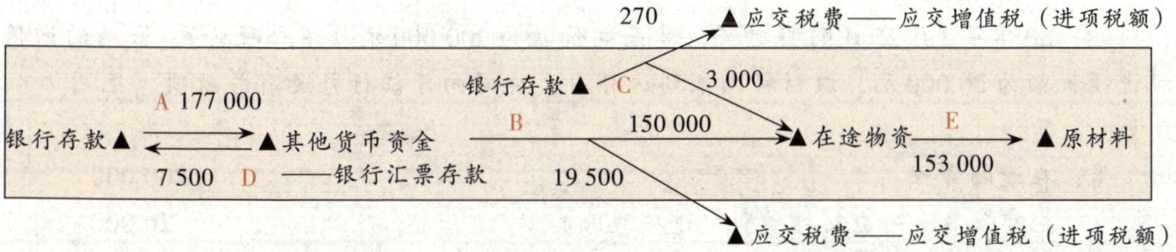

图7-3　甲公司材料采购资金运动分析图

借：其他货币资金——银行汇票存款　　177 000

　贷：银行存款　　177 000

（2）10月24日，采购A、B材料（见图7-3，B段）。

借：在途物资——A材料　　90 000

　　　　　　——B材料　　60 000

　　应交税费——应交增值税（进项税额）　　19 500

其他货币资金业务分析

贷：其他货币资金——银行汇票存款 169 500

（3）10月25日支付并分配运输费用（见图7-3，C段）。

A材料应分担：3 000×（20/30）=2 000（元），B材料应分担：3 000×（10/30）=1 000（元）

借：在途物资——A材料 2 000

——B材料 1 000

应交税费——应交增值税（进项税额） 270

贷：银行存款 3 270

（4）10月26日，收到银行转来的银行汇票多余款项（见图7-3，D段）：

借：银行存款 7 500

贷：其他货币资金——银行汇票存款 7 500

（5）10月26日材料验收入库，并结转A、B材料的实际采购成本（见图7-3，E段）：

借：原材料——A材料 92 000

——B材料 61 000

贷：在途物资——A材料 92 000

——B材料 61 000

【例7-2】（1）甲公司于20×8年2月10日拟购进原材料一批，向银行申请开立信用证，并存入保证金100 000元（见图7-4，A段）。

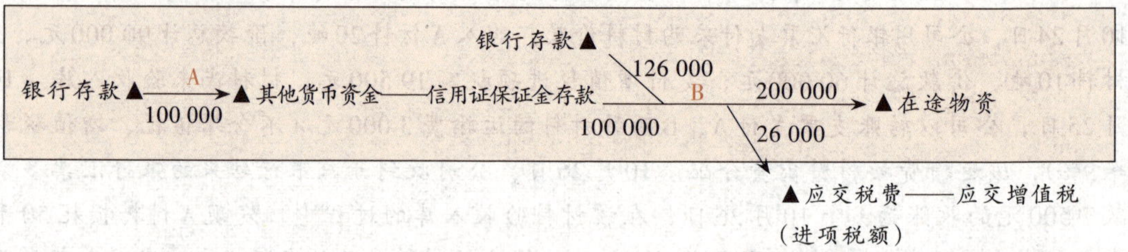

图7-4 甲公司购进原材料资金运动分析图

借：其他货币资金——信用证保证金存款 100 000

贷：银行存款 100 000

（2）20×8年2月25日购买材料，其采购价款为200 000元（不含税价），缴纳的增值税进项税额为26 000元，该材料尚未到达公司。公司向开证行补足有关款项（见图7-4，B段）。

借：在途物资 200 000

应交税费——应交增值税（进项税额） 26 000

贷：其他货币资金——信用证保证金存款 100 000

银行存款 126 000

五、货币资金的清查

（一）库存现金的清查所引起的资金运动分析

库存现金的清查，包括出纳人员的每日清点核对和清查小组的定期或不定期核查。如存在账实不符，则企业需要按规定的程序处理。为反映、控制和监督整个财产清查的过程与结果处理，企业需要设置“待处理财产损溢”账户。该账户既反映盘盈也反映盘亏，是一个有着双重性质的账户。该账户可以设置“待处理流动资产损溢”和“待处理非流动资产损溢”两个明细分类账。

发生现金盘亏时，其资金运动如图7-5中A段所示。以后再进行相应的处理，如果应由相关责任人赔偿，则转为其他应收款，其资金运动如图7-5中B1段所示；无法查明原因的，计入当期的管理费用，其资金运动如图7-5中B2段所示。

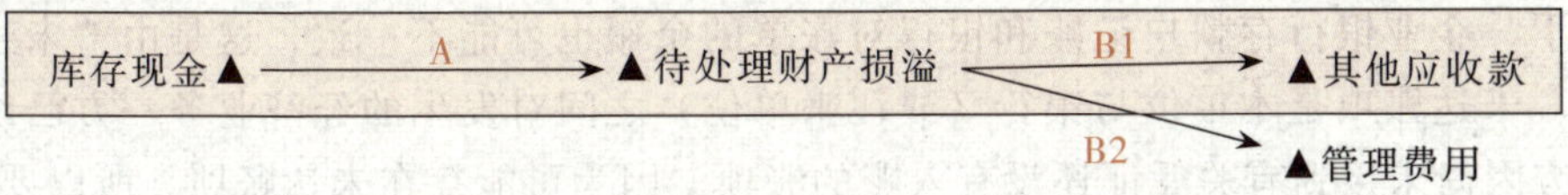

图7-5　库存现金盘亏业务资金运动分析图

发生现金盘盈时，其资金运动如图7-6中A段所示。以后根据其具体情况分别处理：属于应付未付的，计入其他应付款，其资金运动如图7-6中B1段所示；无法查明原因的，计入营业外收入，其资金运动如图7-6中B2段所示。

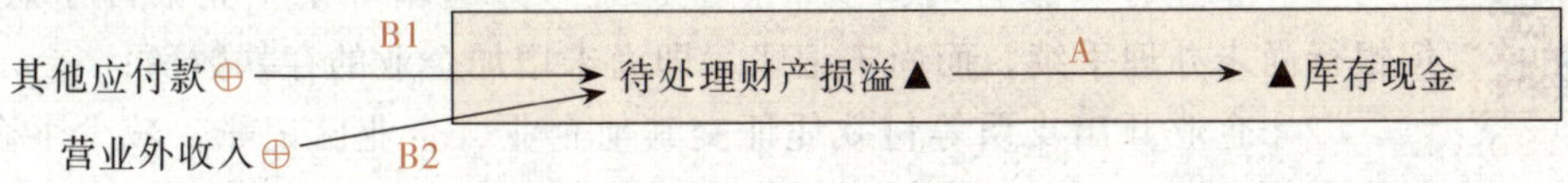

图7-6　库存现金盘盈业务资金运动分析图

【例7-3】(1) 20×8年2月28日，甲公司在现金清查中发现现金短缺2 000元，原因待查（见图7-7，A段）。

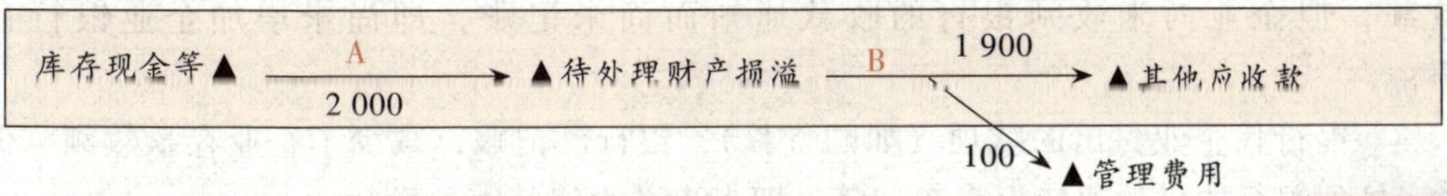

图7-7　甲公司现金清查资金运动分析图

借：待处理财产损溢——待处理流动资产损溢　　2 000
　贷：库存现金　　2 000

库存现金盘盈盘亏业务处理

(2) 经查，上述现金短缺系出纳人员张明失职所造成，应向其索赔1 900元，余款100元由公司承担（见图7-7，B段）。

借：其他应收款——张明　　1 900
　　管理费用　　100
　贷：待处理财产损溢——待处理流动资产损溢　　2 000

【例7-4】(1) 20×8年3月31日，甲公司清查中发现现金溢余150元，无法查明原因（见图7-8，A段）。

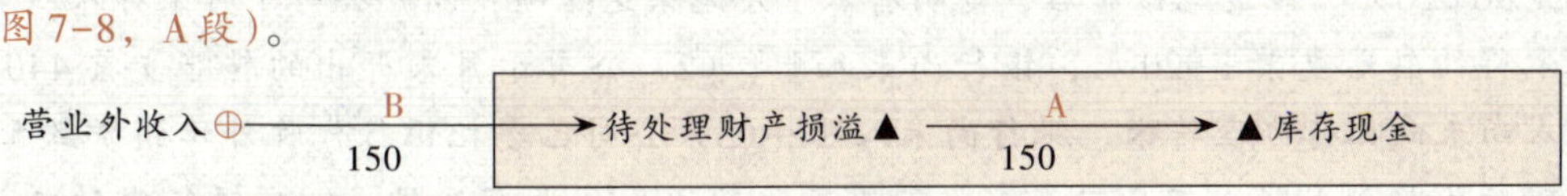

图7-8　甲公司现金溢余资金运动分析图

借：库存现金　　150
　贷：待处理财产损溢——待处理流动资产损溢　　150

(2) 报经批准，转作营业外收入处理（见图7-8，B段）。

借：待处理财产损溢——待处理流动资产损溢　150

　贷：营业外收入——现金溢余　150

（二）银行存款的清查

对银行存款的清查，一般采用与银行核对账目的办法进行，即用本企业的银行存款日记账与银行定期送来的对账单逐笔进行核对。银行对账单逐笔记录了本单位银行存款增加、减少和结余额，是清查银行存款账目的重要依据。但在企业和银行双方记账均无错误的情况下，企业银行存款户记账和银行对账单的余额也可能不一致，这是由“未达账项”引起的。未达账项是本单位与银行（或往来单位）之间对发生的经济业务一方已经入账，而另一方因尚未接到有关凭证还没有入账的账项。因为可能存在未达账项，所以要编制银行存款余额调节表。如调节后仍不相等，表明记账有差错，或是单位错账，或是银行错账，应予以查明，及时更正。

银行存款的清查

企业和银行之间的未达账项有四种情况：

（1）企业存入银行的款项，企业已经入账，增加了企业银行存款数额，但银行尚未办理手续，而尚未记账，即尚未增加企业的存款数额；

（2）企业开出支票等付款凭证交其他企业，企业已记账，减少了企业银行存款数额，但银行尚未办理手续而尚未记账，即尚未减少企业的存款数额；

（3）银行代企业收入的款项（如销售的货款），银行已记账，增加了企业的存款数额，但企业尚未收到银行的收款通知而尚未记账，即尚未增加企业银行存款数额；

（4）银行代企业付出的款项（如购货款），银行已记账，减少了企业存款数额，但企业尚未接到银行的付款通知而尚未记账，即尚未减少银行存款数额。

上述任何一种未达账项发生，都会使企业银行存款日记账与银行定期送来的对账单余额不一致。调整企业与银行之间未达账项的途径是编制“银行存款余额调节表”。该表的公式是：

企业银行存款日记账余额 + 银行已作企业存款增加企业未入账款 − 银行已作企业存款减少企业未入账款 = 调节后的存款余额

银行对账单余额 + 企业已作企业存款增加银行未入账款 − 企业已作企业存款减少银行未入账款 = 调节后的存款余额

【例7–5】甲公司20×8年3月31日银行存款日记账余额是32 540元，银行对账单上的余额是36 020元，经逐笔核对后，查明有以下几笔未达账项：（1）公司于月末存入从其他单位取得的转账支票1 920元，银行尚未入账；（2）公司于月末开出的转账支票440元，持票人尚未向银行办理转账，银行尚未入账；（3）公司已委托银行代收外埠销货款5 200元，银行已收到入账，但公司尚未收到银行收款通知，没有入账；（4）银行代付电话费240元，但公司尚未收到银行付款通知，没有入账。

根据上述资料编制“银行存款余额调节表”，见表7–1。

表7-1

银行存款余额调节表

20×8年3月31日

单位：元

项目	金额	项目	金额
银行对账单上的存款余额	36 020	企业账面上的存款余额	32 540
加：企业已作存款增加，银行未入账款	1 920	加：银行已作存款增加，企业未入账款	5 200
减：企业已作存款减少，银行未入账款	440	减：银行已作存款减少，企业未入账款	240
调节后的存款余额	37 500	调节后的存款余额	37 500

调节后，如余额不相等，表明记账有差错，需要进一步核对，找出原因，更正错误的记录。需要说明的是，“银行存款余额调节表”主要是用来核对企业与银行双方的记账有无差错，不能根据银行存款余额调节表来编制会计分录，改动账面记录，而必须在收到银行的通知凭证后才能入账。

第三节　供应环节结算业务资金运动分析与会计处理

一、应付款项业务资金运动分析与会计处理

（一）应付账款业务

应付账款是企业因购买原材料、商品或接受劳务供应等经营活动而应付给供应单位的款项。实务中，为了使所购材料、商品的金额、品种、数量和质量与合同规定的条款相符，避免因验收时发现所购材料、商品的数量或质量存在问题而对入账的材料、商品或应付账款金额进行改动，在材料、商品和发票账单同时到达的情况下，一般在所购材料、商品已经验收入库后，根据发票账单登记入账，确认应付账款。

企业购入材料、库存商品等，但货款尚未支付，其所引起的资金运动如图7-9中A段所示。在未来企业以银行存款偿还应付账款时，如果享受了现金折扣，应冲减财务费用，偿还该债务及享受现金折扣所引起的资金运动如图7-9中B段所示，其中B1段流量反映所享受的现金折扣金额，如果没有现金折扣，则B1段流量为0。如果企业用商业票据抵偿应付账款，其所引起的资金运动如图7-9中C段所示。如果由于债权单位撤销或其他原因而导致应付账款无法清偿时，应将其转为营业外收入，其所引起的资金运动如图7-9中D段所示。

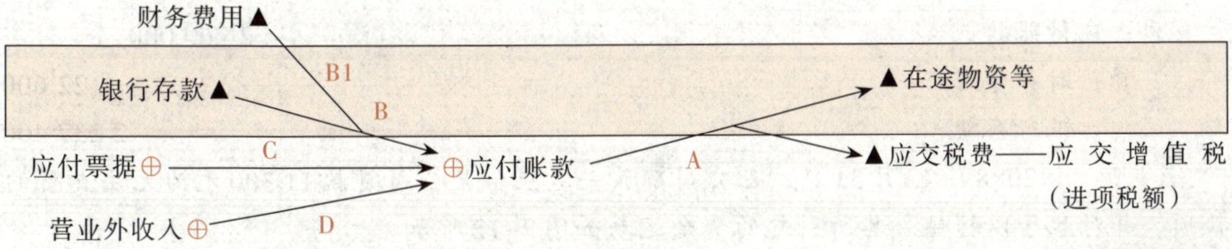

图7-9　应付账款业务资金运动分析图

【例7-6】甲企业为增值税一般纳税人，其材料采用实际成本进行核算。20×8年7月3日，从乙公司购入一批材料，增值税专用发票上注明的价款为200 000元，增值税税额为26 000元；同时乙公司还代垫运费1 000元，增值税税额90元，已收到对方开具的增值税专用发票。该材料已验收入库，货

应付账款一般业务

款尚未支付。7月18日，甲企业以银行存款支付所购材料款项及其所代垫的运费。

（1）确认应付账款（见图7-10，A段）。

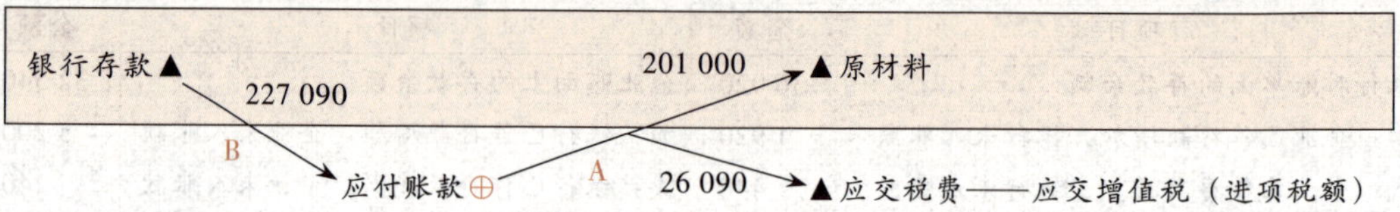

图7-10　甲企业应付账款业务资金运动分析图

借：原材料　201 000

　　应交税费——应交增值税（进项税额）　26 090

　贷：应付账款　227 090

（2）偿还应付账款（见图7-10，B段）。

借：应付账款　227 090

　贷：银行存款　227 090

【例7-7】甲百货公司为增值税一般纳税人，其存货采用实际成本进行核算。20×8年3月10日，从乙公司购入一批家电产品并已验收入库。增值税专用发票上注明的价款为2 000 000元，增值税税额为260 000元。按照购货协议的规定，甲百货公司如在10天内付清款项，将获得1%的现金折扣（假定以应付账款总额计算现金折扣）。20×8年3月19日，甲百货公司按照规定扣除现金折扣后的金额，用银行存款付清了欠乙公司的货款。

（1）3月10日确认应付账款（见图7-11，A段）。

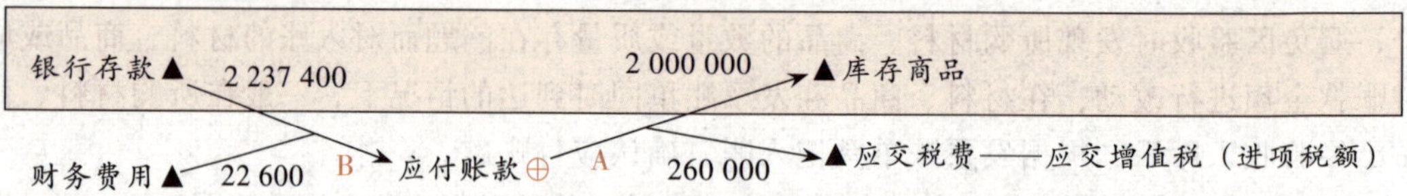

图7-11　甲公司应付账款业务资金运动分析图

借：库存商品　2 000 000

　　应交税费——应交增值税（进项税额）　260 000

　贷：应付账款　2 260 000

（2）3月19日偿还应付账款（见图7-11，B段）。

现金折扣金额=2 260 000×1%=22 600（元）

借：应付账款　2 260 000

　贷：财务费用　22 600

　　　银行存款　2 237 400

【例7-8】20×8年12月31日，乙公司确认一笔应付某公司货款11 300元为无法支付的款项，并对此予以转销。其所引起的资金运动如图7-12所示。

图7-12　乙公司转销应付账款资金运动分析图

借：应付账款　11 300

　贷：营业外收入　11 300

实务中，企业外购电力、燃气等动力一般通过“应付账款”项目进行核算。在每月付款时，先作为暂付款处理；月末再按照外购动力的用途在各使用部门之间进行分配。

【例7-9】20×8年6月25日，丙企业收到银行转来电力公司供电部门所开具的增值税专用发票，发票上注明的电费为40 000元，增值税税额为5 200元，企业以银行存款付讫。月末，该企业经计算确定，本月应付电费40 000元中生产车间应负担38 000元，企业管理部门应负担2 000元。

（1）支付外购动力费用（见图7-13，A段）。

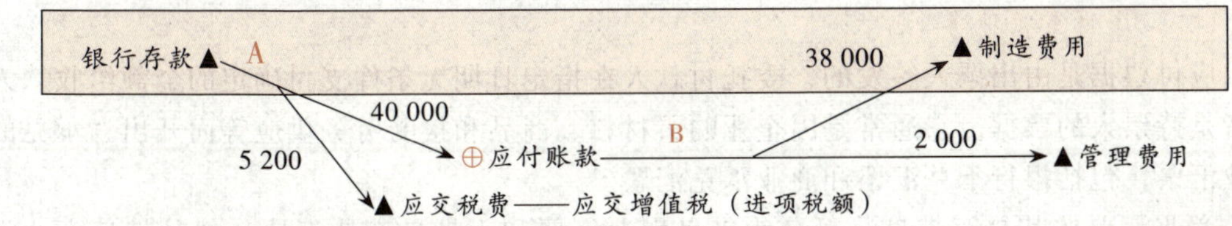

图7-13　丙企业外购动力业务资金运动分析图

应付账款特殊业务

借：应付账款　　40 000

　　应交税费——应交增值税（进项税额）　　5 200

　贷：银行存款　　45 200

（2）月末分配外购动力费用（见图7-13，B段）。

借：制造费用　　38 000

　　管理费用　　2 000

　贷：应付账款　　40 000

在所购材料、商品已验收入库，但是发票账单未能同时到达的情况下，企业应付材料、商品供应单位的债务已经成立，在会计期末，为了反映企业的负债情况，需要将所购材料、商品和相关的应付账款暂估入账（暂估入账的时候不需要考虑增值税），待下月初用红字将上月末暂估入账的应付账款予以冲销。

【例7-10】20×8年6月25日，甲公司购入一批A材料，材料已验收入库，但发票账单尚未收到，无法确定其实际成本。至6月30日，该发票账单仍未收到。20×8年7月4日，该材料采购的发票账单收到，增值税专用发票上注明的价款为40 000元，增值税税额为5 200元，已用银行存款付讫。甲公司为增值税一般纳税人，采用实际成本对材料进行核算。

（1）20×8年6月25日，甲公司不需要进行会计处理。

（2）20×8年6月30日，甲公司对A材料进行估计，暂估价为30 000元，甲公司据此确认应付账款（见图7-14，A段）。

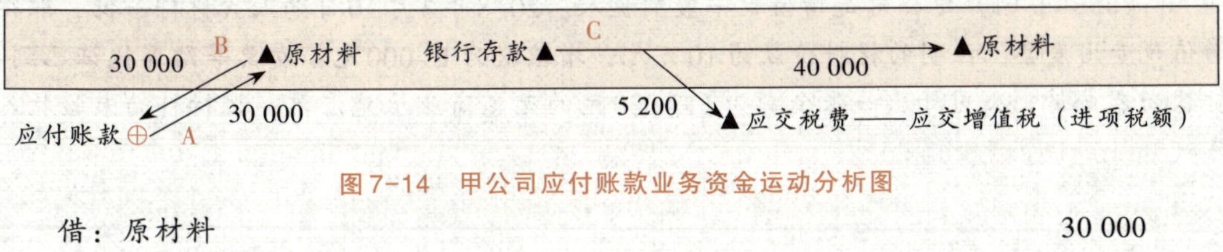

图7-14　甲公司应付账款业务资金运动分析图

借：原材料　　30 000

贷：应付账款　30 000

（3）20×8年7月1日，将6月30日暂估入账的金额予以冲销（见图7-14，B段）。

借：应付账款　30 000

贷：原材料　30 000

（4）20×8年7月4日，收到发票账单，按单料同到进行处理（见图7-14，C段）。

借：原材料　40 000

应交税费——应交增值税（进项税额）　5 200

贷：银行存款　45 200

（二）应付票据业务

应付票据是由出票人签发的，委托付款人在指定日期无条件支付确定的金额给收款人或者是持票人的票据。它通常是因企业购买材料、商品和接受劳务供应等而开出、承兑的商业汇票，包括银行承兑汇票和商业承兑汇票。

商业汇票按其是否带息，可分为带息商业汇票和不带息商业汇票。如是带息商业汇票，其应付利息的处理方法主要有：第一，期末计算应付利息，并增加应付票据的账面价值；第二，如果票据的期限很短，利息金额不大，为了简化会计核算，也可在票据到期时，直接将利息计入财务费用。对于逾期无款支付的带息应付票据不再计提利息。目前，我国的商业汇票一般不带息。

企业因赊购商品、承担债务而开出应付票据，其所引起的资金运动如图7-15中A段所示。如果应付票据是带息的，则企业应确认相应的财务费用，其所引起的资金运动如图7-15中B段所示。应付票据到期，企业以银行存款支付，其所引起的资金运动如图7-15中C1段所示；企业以新的商业汇票抵付已到期的票据，其所引起的资金运动如图7-15中C2段所示；如企业无力偿还，或者是对于商业承兑汇票，企业无力偿还而由担保人偿还，企业需要将应付票据转换为应付账款，其引起的资金运动如图7-15中C3段所示；如果是银行承兑汇票，在企业无力偿还而由担保银行代为偿还时，企业需要将应付票据转为对银行的短期借款，其所引起的资金运动如图7-15中C4段所示。

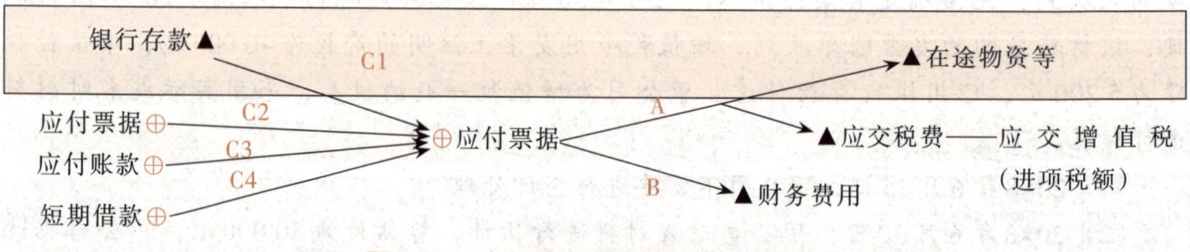

图7-15　应付票据业务资金运动分析图

【例7-11】（1）甲公司是增值税一般纳税人。20×8年3月10日购入A材料一批，取得增值税专用发票上注明的材料价款为10万元，增值税为13 000元，发票等结算凭证已到，货款尚未支付，公司开出一张金额为113 000元的无息商业承兑汇票，该材料尚未验收入库（见图7-16，A段）。

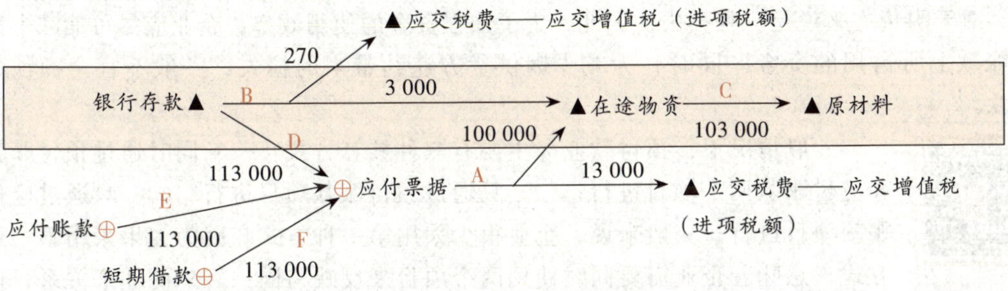

图7-16　甲公司资金运动分析图

借：在途物资——A材料　　100 000

　　应交税费——应交增值税（进项税额）　　13 000

　贷：应付票据　　113 000

（2）公司取得运输费增值税专用发票，运费3 000元，增值税270元，以现金支票支付（见图7-16，B段）。

借：在途物资——A材料　　3 000

　　应交税费——应交增值税（进项税额）　　270

　贷：银行存款　　3 270

（3）该材料已验收入库，结转其实际采购成本（见图7-16，C段）。

借：原材料——A材料　　103 000

　贷：在途物资——A材料　　103 000

（4）商业承兑汇票到期，企业以银行存款支付（见图7-16，D段）。

应付票据业务

借：应付票据　　113 000

　贷：银行存款　　113 000

（5）如果商业承兑汇票到期，公司无力偿还（见图7-16，E段）。

借：应付票据　　113 000

　贷：应付账款——销货方或担保方　　113 000

如该票据是银行承兑汇票，公司无力偿还时由银行代为偿还，由此形成向银行的借款（见图7-16，F段）。

借：应付票据　　113 000

　贷：短期借款　　113 000

二、预付账款业务资金运动分析与会计处理

预付账款是指企业按照购货合同或劳务合同的规定，预先支付给供货方或提供劳务方的款项。预付账款是企业的一项资产，其未来经济利益体现在企业到期可以收到所采购的物资，并有供货合同作为保障。

预付账款具有以下几个特点：第一，是在采购业务中产生的债权。只有在采购物资过程中预付的款项才能在预付账款中核算。第二，通常以收到存货等材料物资来行使权利。预付账款通常是由供货方发来货物履行其债务。第三，预付账款一般只是货款的一部分或定金。由于预付账款相当于企业向供货方无偿地提供一笔资金供其使用，供货方从中受

益，对于购货方来说是一种损失。因此，为了加强资金的使用效率，企业应尽可能减少预付账款上所占用的资金。同时，为减少因供货方违约带来的损失，一般不宜全额预付货款。

预付账款业务

一般情况下，预付款业务主要有三种核算方式：(1) 同时通过预付账款和应付账款两个项目进行；(2) 只通过预付账款项目进行；(3) 只通过应付账款项目进行。一般来说，企业很少采用第一种方式。因为如果采用第一种方式，意味着企业需要同时使用两个项目来反映与同一客户的往来关系，这显然不利于集中管理与控制。

【例7-12】20×8年11月12日，甲公司通过银行转账向乙公司预付购货款120 000元。11月25日甲公司收到从乙公司购入的A材料，取得增值税专用发票上注明的材料价款为300 000元，增值税为39 000元，发票等结算凭证已到，货款除抵销预付账款外，余款尚未支付。该材料已验收入库。11月28日，甲公司以银行存款向乙公司补付购货款。

第一种情况：同时通过预付账款项目和应付账款项目进行：

(1) 11月12日，支付预付款（见图7-17，A段）。

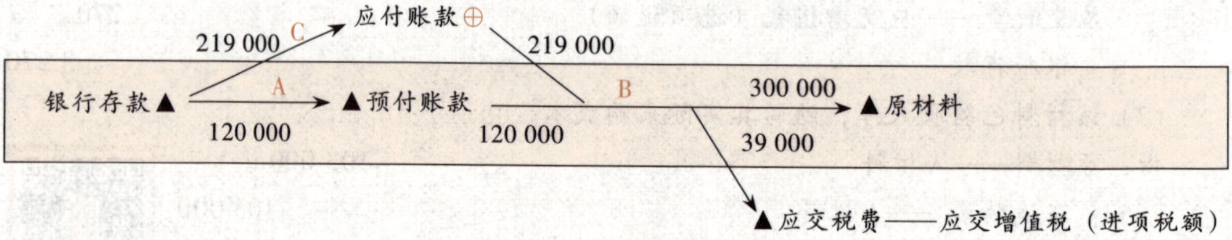

图7-17 甲公司资金运动分析图1

借：预付账款——乙公司　　120 000
　贷：银行存款　　120 000

(2) 11月25日，收到所购物资（见图7-17，B段）。

借：原材料——A材料　　300 000
　　应交税费——应交增值税（进项税额）　　39 000
　贷：预付账款　　120 000
　　　应付账款　　219 000

(3) 11月28日，企业补付购货款（见图7-17，C段）。

借：应付账款——乙公司　　219 000
　贷：银行存款　　219 000

第二种情况：只通过预付账款项目进行（见图7-18，A段）。

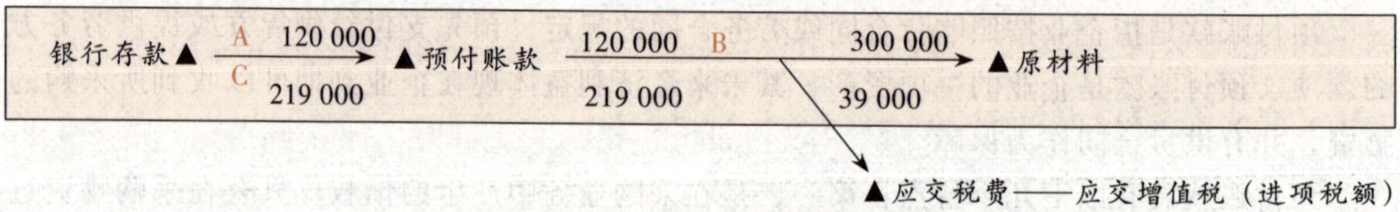

图7-18 甲公司资金运动分析图2

(1) 11月12日，企业预付购货款（见图7-18，A段）。

借：预付账款——乙公司　　120 000

贷：银行存款　　120 000

(2) 11月25日，收到所购物资（见图7-18，B段）。

借：原材料——A　　300 000

应交税费——应交增值税（进项税额）　　39 000

贷：预付账款　　339 000

此时，预付账款项目反映的是应付款，其在模型上已转换为沙坑，其账户余额在贷方。

(3) 11月28日，企业补付购货款（见图7-18，C段）。

借：预付账款——乙　　219 000

贷：银行存款　　219 000

第三种情况：只通过应付账款项目进行：

(1) 11月12日，支付预付款（见图7-19，A段）。

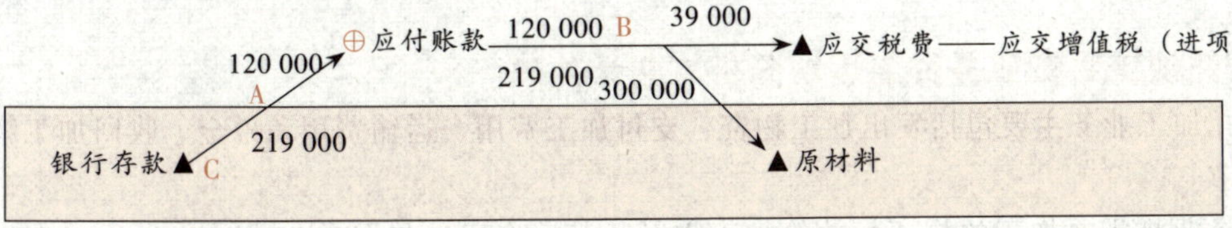

图7-19　中公司资金运动分析图3

借：应付账款——乙公司　　120 000

贷：银行存款　　120 000

此时，应付账款项目反映的是预付款，其在模型上已转换为沙堆，其账户余额在借方。

(2) 11月25日，收到所购物资（见图7-19，B段）。

借：原材料——A材料　　300 000

应交税费——应交增值税（进项税额）　　39 000

贷：应付账款　　339 000

此时，应付账款才变成真正的应付款，反映应付未付的金额。

(3) 11月28日，公司补付购货款（见图7-19，C段）。

借：应付账款——乙公司　　219 000

贷：银行存款　　219 000

预付账款与应付账款的关系

第四节　委托加工物资业务资金运动分析与会计处理

一、委托加工物资的计价

企业往往为了满足生产用料的特殊要求，对购入的材料委托外单位进行重新加工，使其变成另一种符合需要的材料。这种委托受托单位进行加工的材料物资，会计上称作委托加工物资。该物资经过加工，其实物形态、性能发生变化；而且，在其加工过程中要发生各种耗费。企业需要设置委托加工物资账户来反映、控制和监督整个委托加工过程。

委托加工后的物资的实际成本应包括：被加工物资的原实际成本；支付的加工费用及往返运输费等；可能发生的相关税费等。

加工物资应负担的增值税，凡属加工物资用于应交增值税项目并取得增值税专用发票的一般纳税人，可将这部分增值税作为进项税额，不计入加工物资的成本。凡属加工物资用于非应纳增值税项目或免征增值税项目，以及未取得增值税专用发票的一般纳税人和小规模纳税人的加工物资，应将这部分增值税计入加工物资的成本。

加工物资应负担的消费税，凡属加工物资收回后直接用于销售的，应将代扣代缴的消费税计入委托加工物资的成本。凡属加工物资收回后用于连续生产应交消费税产品的，企业应将负担的消费税单列，待应交消费税的加工物资连续生产完工销售后，抵交其应缴纳的销售环节消费税。

二、委托加工物资业务资金运动分析与会计处理

委托加工业务主要包括发出加工物资、支付加工费用、运输费用和税金、收回加工物资等环节。

当企业将需要加工的物资发放给加工方时，其资金运动如图7-20中A段所示。在发出和回收过程中所发生的运输费等也应该计入委托加工物资的成本。

企业需要支付加工费和相应的增值税进项税额，其资金运动如图7-20中B段所示。如增值税进项税额不能抵扣，则其应该与加工费合并计入委托加工物资的成本。

委托加工物资业务理论分析

如果委托加工物资属于应纳消费税的应税消费品，按照消费税的有关规定，应由受托方在向委托方交货时代收代缴税款。委托加工的应税消费品，用于连续生产应税消费品的，所纳税款予以按规定抵扣，其所缴纳的消费税不计入委托加工物资的成本而应单列，其资金运动如图7-20中C1段所示；委托加工的应税消费品直接出售，不再征收消费税的，其所缴纳的消费税直接计入委托加工物资的成本，其资金运动如图7-20中C2段所示。

委托加工物资加工完成验收入库，其资金运动如图7-20中D段所示。

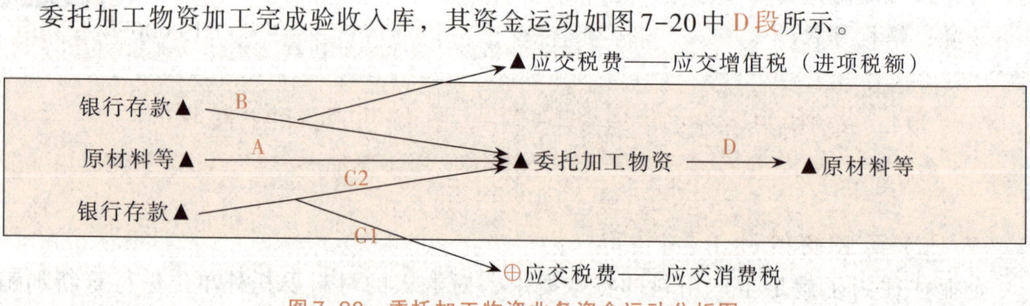

图7-20 委托加工物资业务资金运动分析图

【例7-13】甲公司委托乙公司加工材料一批（属于应税消费品），该材料实际成本为105 000元，支付的加工费为80 000元（不含增值税），该增值税进项税额可以抵扣，该加

工物资的消费税税率为10%，材料加工完成验收入库。所有支出和税金全部以银行存款支付。双方适用的增值税税率为13%。

（1）发出委托加工材料（见图7-21，A段）：

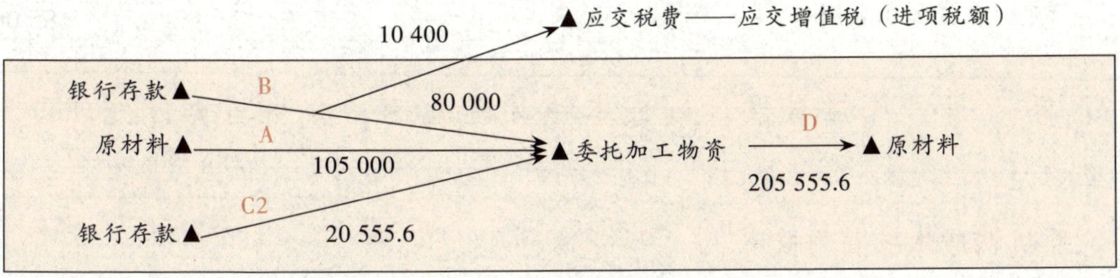

图7-21 甲公司资金运动分析图1

借：委托加工物资　　105 000

　贷：原材料　　105 000

（2）支付加工费用和增值税进项税额（见图7-21，B段）。

应缴纳的进项税额=80 000×13%=10 400（元）

借：委托加工物资　　80 000

　　应交税费——应交增值税（进项税额）　　10 400

　贷：银行存款　　90 400

委托加工物资业务举例

（3）如甲公司收回加工后的物资直接用于销售，不需要再缴纳消费税：

消费税计税价格=（105 000+80 000）÷（1-10%）=205 556（元）

受托方代收代缴的消费税=205 556×10%=20 555.6（元）

缴纳消费税时（见图7-21，C2段）。

借：委托加工物资　　20 555.6

　贷：银行存款　　20 555.6

收回委托加工物资，并验收入库（见图7-21，D段）。

借：原材料　　205 555.6

　贷：委托加工物资　　205 555.6

（4）如甲公司收回加工后的物资用于连续生产应税消费品：

消费税的计算同上。

缴纳消费税时（见图7-22，C1段）：

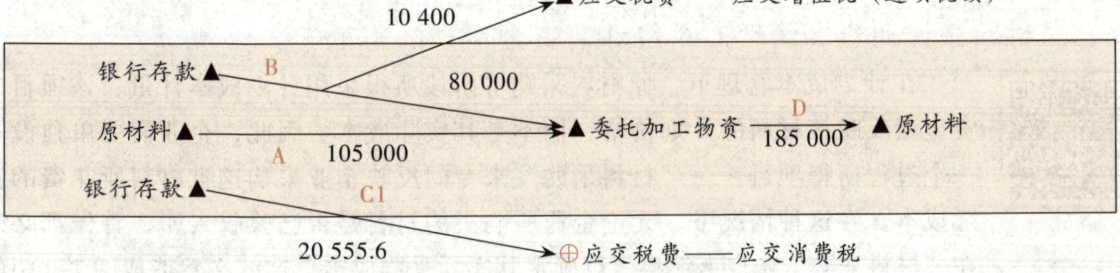

图7-22 甲公司资金运动分析图2

借：应交税费——应交消费税　　20 555.6

贷：银行存款　　20 555.6

收回委托加工物资，并验收入库（见图7-22，D段）。

借：原材料　　185 000

贷：委托加工物资　　185 000

第五节　原材料按计划成本核算资金运动分析与会计处理

一、原材料成本核算方式

在实际工作中，原材料的日常核算有两种方法：按实际成本计价核算和按计划成本计价核算。企业可以根据自已的情况选择某一种核算方法。

原材料按实际成本计价方法进行日常收发业务核算，其特点是：从材料的收发凭证到明细分类账和总分类账全部按实际成本计价。本章前面讲到的原材料相关业务都是指原材料按实际成本核算。按实际成本进行会计核算，其优点是：可以直接提供材料资金的实际占用额；能为计算产品生产成本直接提供实际材料费用数据；核算结果比较准确。其缺点是：对材料品种规格繁多、采购收发业务频繁的企业，材料计价工作量较大，而且不能通过账户反映材料采购业务的成果。因此，实际成本核算方法一般适用于规模较小、存货品种简单、采购业务不多的企业。

原材料按计划成本方法进行核算，就是指原材料的总分类核算和明细分类核算均按计划价格计价。其主要特点是：收发凭证按材料的计划成本计价，总账和明细分类账按计划成本登记；外购原材料付款时，先要通过“材料采购”科目进行核算，材料的实际成本与计划成本的差异通过“材料成本差异”科目进行核算。本核算方法适用于存货品种繁多、收发频繁的企业。

材料按计划成本计价核算的优点包括：（1）可以确定各类材料的实际成本与计划成本的差异，便于考核材料采购业务的成果；（2）在计划成本下，排除了价格变动对发出材料成本的影响，有利于分析各部门耗用材料的节约或浪费情况，考核各用料部门的经济效果；（3）简化了材料收发计价的明细核算工作。其缺点有两个方面：在材料按计划成本进行日常核算的情况下，月末需要将发出材料的计划成本调整为实际成本，一方面加大了企业月末会计核算的工作量，另一方面由于不可能按每种材料进行材料成本差异的核算，因而调整的结果不如直接按实际成本计算准确。

二、原材料按计划成本管理对供应环节资金运动的影响

原材料按计划成本核算：理论分析

在计划成本管理下，原材料采购等阶段所得采用计划成本计量，该项目的资金量反映该材料的计划价格，而不是其实际成本。因此，企业需要单独设置一个过程所得项目——“材料采购”来专门反映企业采购这批材料所花费的实际成本。在这种情况下，无论企业所购买的材料是否已验收入库，首先都必须在“材料采购”账户上汇集，以确定其实际采购成本。这就必然造成图7-1中的A1段与A2段合并，形成新的A1段；A322段与A321段合并，形成新的A22段；A411段与A412段合并，形成新的A31段；其合并情况如图7-23中A段所示。

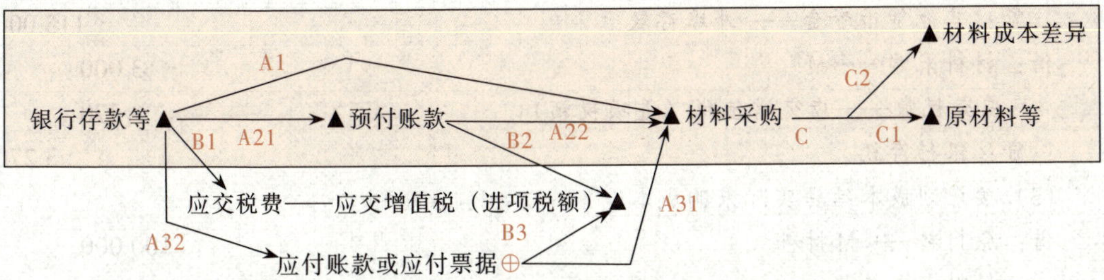

图7-23　计划成本模式下供应环节资金运动综合流程图

材料采购过程结束时，企业需要将这批材料按计划价格确定价值，而材料采购的实际成本与其计划价格经常不一致。为了反映、控制和监督这种不一致所形成的差异，企业需要开设“材料成本差异”项目。这样，企业在完成采购过程、结转其实际成本时，需要将材料采购的实际成本分为两部分：与该批材料的计划价格对应的部分确认为原材料的成本，其资金运动如图7-23中的C1段所示；实际成本与计划价格的差异作为材料成本差异进行反映，其资金运动如图7-23中的C2段所示。在这里，C段的流量为实际成本，C1段的流量为计划成本，C2段的流量为两者之差；当实际成本高于计划成本时，C2段的流量为正，该差异属于不利差异；当实际成本低于计划成本时，C2段的流量为负数，该差异为有利差异。

在这种模式下，原材料与材料成本差异结合起来才能反映库存材料的实际成本。计划成本管理模式下供应环节资金运动综合分析如图7-23所示。

【例7-14】20×8年10月8日，甲公司委托当地开户银行汇款122 000元给采购地银行开立专户，款已汇出。10月18日，采购员交来货物发票：增值税专用发票上注明购入M材料20吨，总价款100 000元，支付的增值税进项税额为13 000元。同时，以银行存款支付运输费3 000元，增值税270元。原材料已验收入库，其计划成本为5 000元/吨，计算并结转其实际采购成本。10月20日，企业收到开户银行转来多余的外埠存款转回收账通知，通知上填写的多余款为9 000元。

（1）10月8日设立采购专户（见图7-24，A段）。

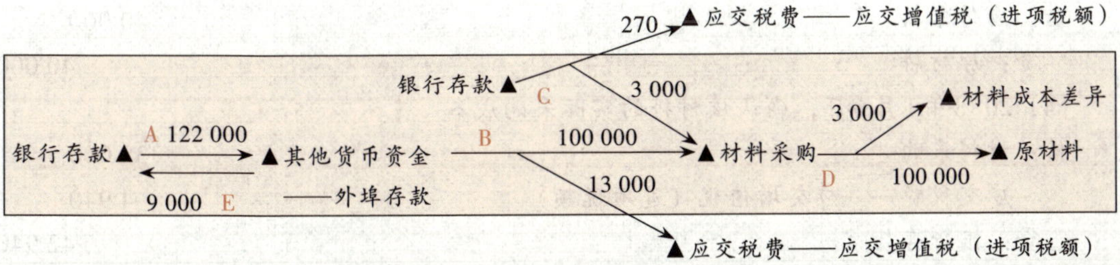

图7-24　甲公司资金运动分析图

借：其他货币资金——外埠存款　　122 000
　贷：银行存款　　122 000

（2）10月18日，材料购进（见图7-24，B、C段）。

借：材料采购——M　　100 000
　　应交税费——应交增值税（进项税额）　　13 000

原材料按计划成本核算举例

贷：其他货币资金——外埠存款　　113 000

借：材料采购——M　　3 000

应交税费——应交增值税（进项税额）　　270

贷：银行存款　　3 270

（3）按计划成本结转实际采购成本（见图7-24，D段）。

借：原材料——M材料　　100 000

材料成本差异　　3 000

贷：材料采购——M材料　　103 000

（4）10月20日，退回多余款项（见图7-24，E段）。

借：银行存款　　9 000

贷：其他货币资金——外埠存款　　9 000

【例7-15】甲公司20×7年12月28日购入材料10吨，材料已经运到，并验收入库，但发票等结算凭证尚未收到，货款尚未支付。该材料计划价格为40 000元。

20×8年1月6日，公司收到结算凭证并付款。其实际支付的材料价款为38 000元，增值税税率为13%。计算并结转其实际采购成本。

（1）20×7年12月28日不进行账务处理。

（2）20×7年12月31日，按计划成本估计该笔原材料的价值（见图7-25，A段）。

借：原材料　　40 000

贷：应付账款　　40 000

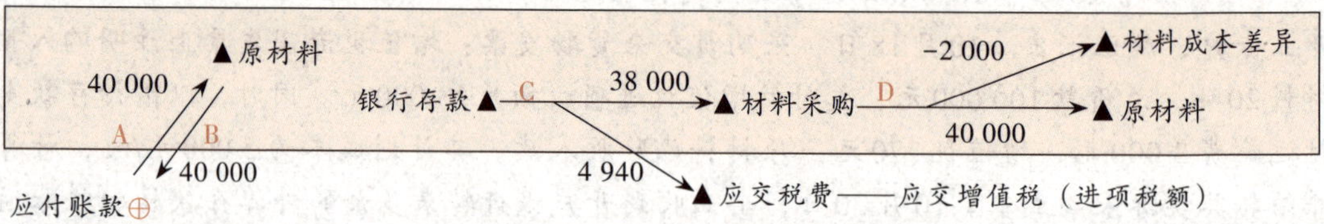

图7-25　甲公司资金运动分析图1

（3）20×8年1月1日，冲销上面估计入账的账务处理（见图7-25，B段）。

借：应付账款　　40 000

贷：原材料　　40 000

（4）20×8年1月6日，确认该材料的实际采购成本（见图7-25，C段）。

借：材料采购　　38 000

应交税费——应交增值税（进项税额）　　4 940

贷：银行存款　　42 940

按计划成本结转（见图7-25，D段）。

借：原材料　　40 000

贷：材料采购　　38 000

材料成本差异　　2 000

【例7-16】20×8年3月5日，甲公司购买包装物100只，增值税专用发票上注明的包装物价款为5 000元，进项税额为650元；购买低值易耗品300件，收到普通发票上注明的金额为9 000元。货款全部以银行存款支付。包装物计划价格为45元/只，低值易耗品计划价格为35元/件。

（1）包装物、低值易耗品的购买（见图7-26，A段）。

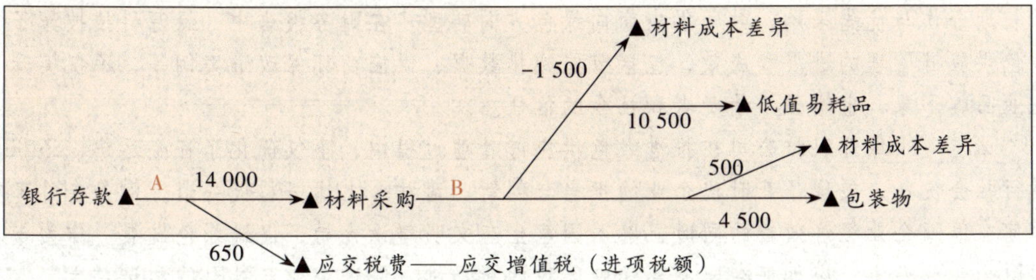

图7-26　甲公司资金运动分析图2

借：材料采购——包装物	5 000	
——低值易耗品	9 000	
应交税费——应交增值税（进项税额）	650	
贷：银行存款		14 650

（2）按计划价格结转其成本（见图7-26，B段）。

借：低值易耗品	10 500	
包装物	4 500	
材料成本差异——包装物	500	
贷：材料采购		14 000
材料成本差异——低值易耗品		1 500

委托加工物资业务（按计划成本核算）举例

思考题

1. 货币资金包括哪些内容？
2. 现金溢余或短缺应如何进行会计处理？
3. 什么是未达账项？常见的未达账项有哪些情况？如何编制银行存款余额调节表？
4. 购买环节资金运动有什么特点？这些特点如何影响会计处理？
5. 原材料成本核算的方法有哪些？各自有什么特点？
6. 预付账款与应付账款在本质上有什么区别？

育德育人

绿色供应链下的创新

绿源科技公司（虚构）在优化产能、应对市场竞争的背景下，意识到传统供应链模式已难以满足可持续发展的要求。公司管理层决定从供应链源头入手，实施绿色采购策略，优先选择环保达标、低碳生产的供应商伙伴。基于全面成本观，财务部门不仅考虑了直接采购成本，而且将环境对成本的影响纳入考量，如碳排放成本、废物处理成本等。通过ERP系统，实现采购信息透明化，确保每一笔支出都能反映企业的绿色发展理念。

为支持绿色供应链转型，绿源科技调整资金结构，设立专项绿色基金，用于支持供应商的环保技术改造和清洁能源应用。会计部门通过精准的成本归集与分摊，清晰地展示了绿色投资的经济效应，证明了经济效益与环境保护可以并行不悖。在供应合同谈判中，绿源科技引入了环境绩效指标作为合作条件之一，与供应商共同进行环境风险管理，同时承诺长期合作与优先采购，鼓励供应商向绿色方向转型。在财务报告中，绿源科技披露了其绿色供应链管理的进展和成效，包括节能减排数据、供应商环保改进案例等，不仅提升了企业品牌形象，也增强了消费者和社会的信任。

请思考：绿源科技公司在推进绿色供应链管理过程中，不仅优化了资金运作，还积极履行社会责任，展现了新时代企业的担当与创新。请结合上述资料谈一谈，财务会计工作如何在保障企业经济效益的同时，融入国家生态文明建设大局，促进绿色发展。作为未来的财会专业人士，应如何在职业实践中体现创新思维，促进企业与社会的和谐共生。

第八章　生产环节资金运动分析与会计处理

学习目标

本章主要阐述了生产环节资金运动及其会计核算。通过本章的学习，要求了解职工薪酬及其构成，了解包装物及低值易耗品的差异；熟悉存货的概念及其构成，熟悉成本按计划成本核算和按实际成本核算的主要内容，熟悉存货可变现净值的计量方法；掌握生产过程中材料等耗费、人工薪酬以及存货减值所引起的资金运动及其相应的会计核算。

第一节　生产环节资金运动综合分析

一、企业生产环节资金运动分析

为生产产品，企业生产车间会发生各种支出，如材料支出、工资支出、机器设备等损耗。当该支出直接服务于某一特定产品的生产时，应将其作为直接费用计入生产成本；当该支出服务于生产车间的一般性耗费时，应将其作为间接费用计入制造费用。在资产负债表日或产品生产完工时，企业需要将原汇集在制造费用上的累计间接生产费用按照合理的标准分配给企业所生产的各个产品；最后，所生产的产品完工验收入库，资金由生产成本存在形态转为库存商品，企业整个生产过程到此全部结束。

生产环节资金运动综合分析与存货界定

生产环节资金运动整体流程如图8-1所示。

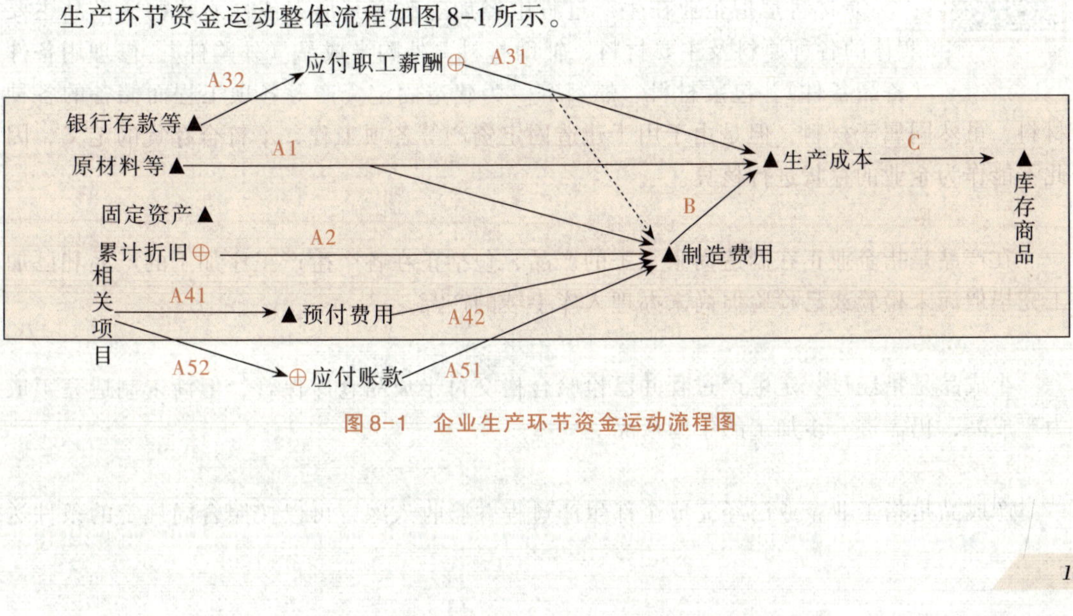

图8-1　企业生产环节资金运动流程图

二、存货的确认

（一）存货的概念与范围

存货是指企业在日常生产经营过程中持有以备出售，或仍然处在生产过程，或者在生产或提供劳务过程中被耗用的材料或物料等。其包括企业的各种库存商品、产成品，处于生产过程中的在产品，库存的各种原材料、辅助材料、包装物、低值易耗品等。存货属于企业的流动资产。存货的范围包括下列三类有形资产：

（1）在正常经营过程中储存以备出售的存货。它是指企业在正常的经营过程中处于待销状态的各种物品，如工业企业的库存产成品、商品流通企业的库存商品等。但特种储备以及按国家指令专项储备的资产不属于存货的范围。

（2）为了最终出售正处于生产过程中的存货。它是指为了最终出售但目前尚处于生产加工过程中的各种物品，如工业企业的在产品和自制半成品等。

（3）为了生产供销售的商品或提供服务以备消耗的存货。它是指企业为产品生产或提供服务过程中耗用而储存的各种物品，如工业企业为生产产品耗用而储存的原材料、燃料、包装物、低值易耗品等。值得注意的是，为建造固定资产等工程而储备的各种材料，虽然具有存货的某些特征，但它们并不处于企业生产经营过程中的不同阶段，不属于为生产产品而储备的资产，也不包括在存货范围之内。

企业的存货通常在流动资产或全部资产中占有很大比重，存货数量及价值的计算，直接影响到资产负债表中资产价值的真实性；存货成本与销货成本之间存在着有机的联系，存货的计价还会直接影响到当期和以后各期的财务成果。因此，存货核算的主要目的是：（1）确定期末存货数量，以便计算列入资产负债表中的存货价值；（2）计算确定销货成本，以便和当期营业收入相配比，从而正确合理地确定本期损益。

（二）存货的分类

存货的确认与计量

存货按经济用途可分为如下几类：

1.原材料

原材料是指企业在生产过程中经加工改变其形态或性质并构成产品主要实体的各种原料及主要材料、辅助材料、外购半成品（外购件）、修理用备件（备品备件）、包装材料、燃料等。为建造固定资产等各项工程而储备的各种材料，虽然同属于材料，但是由于用于建造固定资产等各项工程，不符合存货的定义，因此不能作为企业的存货进行核算。

2.在产品

在产品是指企业正在制造尚未完工的产品，包括正在各个生产工序加工的产品和已加工完毕但尚未检验或已检验但尚未办理入库手续的产品。

3.半成品

半成品是指经过一定生产过程并已检验合格交付半成品仓库保管，但尚未制造完工成为产成品，仍需进一步加工的中间产品。

4.产成品

产成品是指工业企业已经完成全部生产过程并验收入库，可以按照合同规定的条件送交订货单位，或者可以作为商品对外销售的产品。企业接受外来原材料加工制造的代制品和为外单位加工修理的代修品，制造和修理完成验收入库后，应视同企业的产成品。

5.商品

商品是指商品流通企业外购或委托加工完成验收入库用于销售的各种商品。

6.周转材料

周转材料是指企业能够多次使用、逐渐转移其价值但仍保持原有形态不确认为固定资产的物资，如包装物和低值易耗品。其中，包装物是指为了包装本企业商品而储备的各种包装容器，如桶、箱、瓶、坛、袋等，其主要作用是盛装、装潢产品或商品。低值易耗品是指不符合固定资产确认条件的各种用具物品，如工具、管理用具、玻璃器皿、劳动保护用品以及在经营过程中周转使用的容器等。

7.委托代销商品

委托代销商品是指企业委托其他单位代销的商品。

三、存货入账价值的计量

企业会计准则规定，各种存货应当按取得时的实际成本记账，即存货应以历史成本为计价原则。

在不同的取得方式下，存货成本的具体构成内容并不完全相同。因此，应结合存货的不同取得方式，分别确认存货的成本。

（一）外购存货的成本

外购存货的成本主要由买价和相关采购费用构成。买价应为企业购入的材料或商品的发票账单上列明的价款，但不包括可以抵扣的增值税进项税额。相关的采购费用应包括运输费（按规定可以确认为增值税进项税额的部分要扣除）、装卸费、保险费、包装费、仓储费等费用，以及运输途中的合理损耗、入库前的挑选整理费用和按规定应计入成本的税金以及其他费用等。

商品流通企业在采购过程中发生的运输费、装卸费、保险费、包装费以及其他可以归属于存货采购成本的费用等进货费用，应当计入存货采购成本，也可以先行归集，期末根据所购商品的存销情况分别进行摊销。商品流通企业采购商品的进货费用金额较小的，也可以在发生时直接计入当期损益。

（二）加工取得的存货成本

企业通过进一步加工取得的存货，主要包括产成品、在产品、委托加工物资等。这类存货的成本主要由采购成本和加工成本构成。某些存货还包括使该存货达到目前使用状态所发生的其他成本，如可以认定的产品设计费用等。通过加工进一步取得的存货成本中的采购成本是由所使用或消耗的原材料采购成本转移而来的。因此，计量加工取得的存货成本，重点是确定存货的加工成本。

存货加工成本主要由直接人工费用和制造费用构成，其实质是企业在进一步加工存货的过程中追加发生的生产成本。其中，直接人工费用是指企业在生产产品过程中，直接从事产品生产的员工的薪酬。制造费用是指企业为生产产品和提供劳务而发生的各种生产性间接费用，主要包括车间生产部门管理人员的职工薪酬、折旧费、办公费、水电费、机物料消耗、劳动保护费、季节性和修理期间的停工损失等。

（三）其他方式取得的存货成本

委托外单位加工完成的存货，以实际耗用的原材料或者半成品以及加工费、运输费、装卸费和保险费等费用以及按规定应计入成本的税金，作为实际成本。商品流通企业加工的商品，以商品的进货原价、加工费用和按规定应计入成本的税金，作为实际成本。

投资者投入的存货，按照投资合同或协议约定的价值确定，但合同或协议不公允的除外。在合同或协议不公允时，该存货应按公允价值作为入账价值。

接受捐赠的存货，应按捐赠方提供的有关凭据（如发票、报关单、有关协议）上标明的金额加上应支付的相关税费，作为实际成本。捐赠方没有提供有关凭据的，按同类或类似存货的市场价格或估计的预计未来现金流量的现值加相关的税费作为入账价值。

盘盈的存货，应该按其重置成本作为入账价值。

通过债务重组、非货币性资产交换等方式获得的，参见各相关准则。

在企业存货成本的确认过程中，下列费用不应当计入存货成本，而应该在发生时计入当期损益：(1) 非正常消耗的直接材料费、直接人工费及制造费用，应当计入当期损益，不计入存货成本。(2) 企业在采购入库后发生的仓储费用，应计入当期损益。但是，在生产过程中为达到下一生产阶段所必需的仓储费用则应当计入存货成本。如某酒类产品生产企业为使生产的酒达到规定的产品质量标准而必须发生的仓储费用，就应该计入酒的成本，而不是计入当期损益。(3) 不能归属于使存货达到目前场所和状态的其他支出，不符合存货的定义和确认条件，应在发生时计入当期损益，不得计入存货的成本。

第二节　发出存货资金运动分析与会计处理

一、在实际成本核算制度下存货的发出

发出存货的计量是指对发出的存货和结余存货的价值进行计量。企业的经营规模不一、存货收发的频繁程度以及每次收发存货的数量等都有所不同。因而，发出存货的计价方法也可以有所不同。在存货采用实际成本核算的情况下，发出存货的计价方法主要有：个别计价法、先进先出法、后进先出法、月末一次加权平均法和移动加权平均法等。但根据现行《企业会计准则第1号——存货》的规定，企业不得采用后进先出法。其具体的计量及其发出的会计处理详见本套系图书《会计学原理》相关内容的讲解。

二、在计划成本法核算制度下存货的发出

（一）计划成本法概述

计划成本法是指企业存货的收入、发出和结余均按预先制定的计划价格计价，同时另设“材料成本差异”（或产品成本差异，下同）项目，反映、监督和控制实际成本与计划成本的差额。存货按计划成本核算，要求存货的总分类核算和明细分类核算均按计划成本计价。

采用计划成本核算的前提是制定每一品种规格存货的计划成本，存货计划成本的组成

内容应与其实际成本的构成一致，包括买价、运杂费和有关的税金等。存货的计划成本一般由企业采购部门会同财会等有关部门共同制定，制定的计划成本应尽可能接近实际。

采用计划成本进行日常核算的企业，其基本的核算程序如下：

(1) 应制定各种存货的计划成本目录，规定存货的分类、各种存货的名称、规格、编号、计量单位和计划单位价格。除一些特殊情况外，计划单位成本在年度内一般不作调整。

(2) 平时收到存货时，应按计划单位成本计算出入库存货的计划成本填入收料单内，并按实际成本与计划成本的差额，作为“材料成本差异”分类登记。

(3) 平时领用、发出存货，都按计划成本核算；月份终了，再对本月发出的存货应负担的成本差异进行分摊，随同本月发出存货的计划成本记入有关账户，将发出存货的计划成本调整为实际成本。发出存货应负担的成本差异，必须按月分摊，不得在季末或年末一次分摊。

(二) 发出存货成本差异率的计算

在计划成本法下，企业需要通过“材料成本差异”项目，将发出存货和期末存货调整为实际成本。调整的基本公式为：

实际成本 = 计划成本 ± 成本差异

实际成本核算：发出存货理论分析

材料成本差异随着材料的入库而形成，包括外购材料、自制材料、委托加工完成材料入库等；同时也随着材料的出库而减少，如领用材料、出售材料、消耗材料等。期初和当期形成的材料成本差异，应该在当期已发出材料和期末结存材料之间进行分配，属于已消耗材料应分配的材料成本差异，应从“材料成本差异”账户转入到有关项目。企业应该在月份终了时计算材料成本差异率，据以分配当月形成的材料成本差异。材料成本差异率的计算公式如下：

$$\text{本月材料成本差异率} = \frac{\text{月初结存材料的成本差异} + \text{本月入库材料的成本差异}}{\text{月初结存材料的计划成本} + \text{本月入库材料的计划成本}} \times 100\%$$

本月发出材料应负担的成本差异=本月发出材料的计划成本×材料成本差异率

需要说明的是：第一，材料成本差异率的计算方法一经确定，不得随意变更。如果需要变更，应在会计报表附注中予以说明。第二，企业应按存货的类别，如原材料、包装物、低值易耗品等，对材料成本差异进行明细分类核算，不能使用综合差异率。第三，企业暂估入账的原材料在计算材料成本差异率时不予考虑。

原材料按计划成本核算时，发出材料所引起的资金运动如图 8-2 所示。

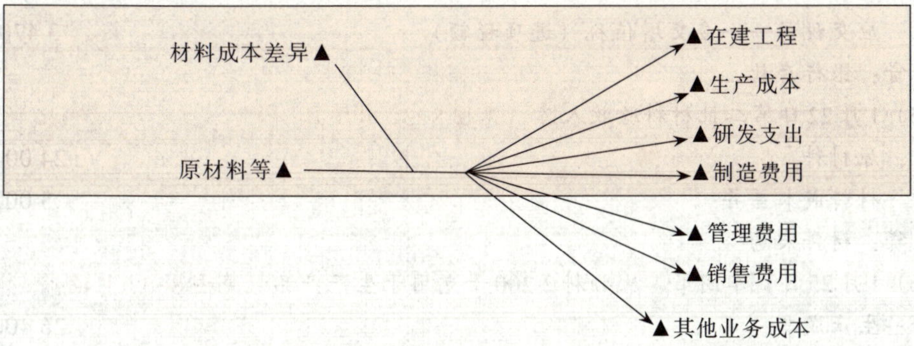

图 8-2　在计划成本核算制度下原材料发出资金运动分析图

【例8-1】甲公司材料存货采用计划成本法核算。20×3年1月份“原材料”科目某类材料的期初余额为56 000元，“材料成本差异”科目期初借方余额4 400元，原材料单位计划成本12元/千克。

本月10日进货1 500千克，进价10元/千克；20日进货2 000千克，进价13元/千克。本月15日和25日车间分别领用材料2 000千克、2 200千克用于产品生产。

（1）1月10日进货，支付材料货款15 000元，材料进项税额1 950元；运输费500元，取得增值税专用发票，增值税45元（见图8-3，A段）。

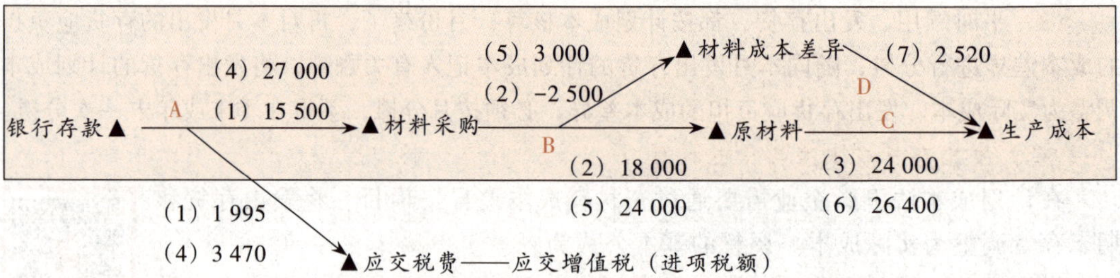

图8-3 甲公司资金运动分析图

借：材料采购　　15 500

　　应交税费——应交增值税（进项税额）　　1 995

　贷：银行存款　　17 495

计划成本核算发出存货举例1

（2）1月11日，第一批材料验收入库（见图8-3，B段）。

借：原材料　　18 000

　贷：材料采购　　15 500

　　　材料成本差异　　2 500

（3）1月15日，车间领料2 000千克用于生产产品（见图8-3，C段）。

借：生产成本　　24 000

　贷：原材料　　24 000

（4）1月20日进货，取得增值税专用发票，支付材料货款26 000元（不含增值税，增值税税率13%）；取得运费增值税专用发票，运费1 000元（不含增值税，增值税税率9%）（见图8-3，A段）。

借：材料采购　　27 000

　　应交税费——应交增值税（进项税额）　　3 470

　贷：银行存款　　30 470

（5）1月22日第二批材料验收入库（见图8-3，B段）。

借：原材料　　24 000

　　材料成本差异　　3 000

　贷：材料采购　　27 000

（6）1月25日，车间第二次领料2 200千克用于生产产品（见图8-3，C段）。

借：生产成本　　26 400

　贷：原材料　　26 400

（7）1月31日计算分摊本月领用材料的成本差异（见图8-3，D段）。

本月材料成本差异率=（4 400-2 500+3 000）÷（56 000+18 000+24 000）×100%=5%

本月领用材料应分摊的材料成本差异=（24 000+26 400）×5%=2 520（元）

借：生产成本　　2 520

　贷：材料成本差异　　2 520

【例8-2】甲公司根据领料、退料凭证和有关资料编制“发出材料汇总表”，见表8-1。企业生产A、B两种产品。对领用材料的业务进行核算。

表8-1　**发出材料汇总表**　金额单位：元

材料用途＼材料类别	原材料（差异率2%）	
	计划价格	材料成本差异
基本生产领用材料，其中：	400 000	8 000
A产品领用	300 000	6 000
B产品领用	100 000	2 000
生产车间一般耗费	30 000	600
企业管理部门领用	5 000	100
企业研发部门领用	3 000	60
对外销售	40 000	800
在建工程领用（生产用）	30 000	600
合计	508 000	10 160

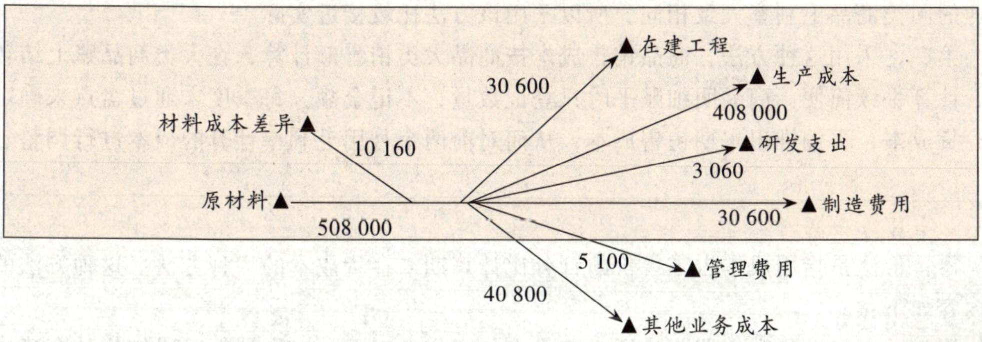

借：生产成本——A产品　　306 000

　　　　　——B产品　　102 000

　　制造费用　　30 600

　　管理费用　　5 100

　　研发支出　　3 060

　　其他业务成本　　40 800

　　在建工程　　30 600

　贷：原材料　　508 000

　　　材料成本差异　　10 160

计划成本核算
发出存货举例2

三、存货发出的特殊计价方法

（一）毛利率法

毛利率法是指根据本期销售净额乘以前实际（或本月计划）毛利率匡算本期销售毛利，并计算发出存货成本的一种方法。其计算公式如下：

毛利率（以前或计划）=销售毛利÷销售净额×100%

销售净额=商品销售收入−销售退回与折让

销售毛利=销售净额×毛利率

销售成本=销售净额−销售毛利=销售净额×（1−毛利率）

期末存货成本=期初存货成本+本期购货成本−本期销售成本

【例 8-3】甲公司（商场性质）20×3 年 1 月 1 日纺织品存货 146 000 元，本月购货 850 000 元，销货 1 200 000 元，销售退回与折让合计 10 000 元，上季度该类商品毛利率为 25%，计算本月已销存货和月末存货的成本。

商品流通企业：毛利率法

本期销售净额=1 200 000−10 000=1 190 000（元）

销售毛利=1 190 000×25%=297 500（元）

销售成本=1 190 000−297 500=892 500（元）

月末存货成本=146 000+850 000−892 500=103 500（元）

毛利率法主要有以下两个特点：

第一，用毛利率法计算本期销售成本和期末存货成本，在商品流通企业较为常见，特别是商品批发企业。若按每种商品计算并结转销售成本，工作量较为繁重，而且商品批发企业的同类商品毛利率大致相同，所以采用该方法比较接近实际。

第二，采用这种方法，商品销售成本按商品大类销售额计算，在大类商品账上结转成本，计算手续简便。商品明细账平时只登记数量，不记金额。每季度末通过盘点来确定期末存货成本，再倒推出本期销售成本，从而对前两个月用毛利率计算的成本进行调整。

（二）零售价法

1.零售价法概述

零售价法是指用成本占零售价的百分比计算期末存货成本的一种方法。这种方法的基本内容如下：

第一，期初存货和本期购货同时按成本与零售价记录，以便计算可供销售的存货成本和售价总额。

第二，本期销售只按售价记录，从本期可供销售的存货售价总额中减去本期销售的售价金额，计算出期末存货的售价金额。

商品流通企业：售价金额核算法

第三，计算存货成本占零售价的百分比，即成本率，公式为：

$$成本率=\frac{期初存货成本+本期购货成本}{期初存货售价+本期购货售价}\times 100\%$$

第四，计算期末存货成本，公式为：

期末存货成本=期末存货售价×成本率

第五，计算本期销售成本，公式为：

本期销售成本=期初存货成本+本期购货成本-期末存货成本

【例8-4】甲公司（商店性质）20×3年1月份期初存货成本100 000元，售价金额为125 000元；本期购货成本为450 000元，增值税税率为13%，货款以银行存款支付，售价金额为675 000元；本期销售收入为640 000元，增值税税率为13%，款已存入银行。相关资料见表8-2。计算期末存货成本和本期销货成本。

表8-2　　**购买及销售情况表**　　单位：元

项目	成本	售价
期初存货	100 000	125 000
本期购货	450 000	675 000
可供销售商品	550 000	800 000
成本率=550 000÷800 000×100%=68.75%	—	—
减：销售收入		640 000
期末存货售价		160 000
期末存货成本（160 000×68.75%）	110 000	
本期销货成本	440 000	

零售价法主要适用于商品零售企业，如百货商店或超级市场等，由于这类企业的商品都要标明零售价格，而且商品的型号、品种、款式繁多，采用其他方法计价手续繁琐。

2.售价金额核算法

在我国会计实务中，商品零售企业广泛采用售价金额核算法。这种方法是通过设置“商品进销差价”账户进行处理的，平时商品的进、销、存均按售价记账，售价与进价的差额记入“商品进销差价”项目；期末通过计算进销差价率的办法计算本期已销商品应分摊的进销差价，并据以调整本期销售成本。进销差价率的计算公式为：

$$进销差价率=\frac{期初库存商品进销差价+本期购入商品进销差价}{期初库存商品售价+本期购入商品售价}\times 100\%$$

本期已销售商品应分摊的进销差价=本期商品销售收入×进销差价率

库存商品售价金额核算所引起的资金运动流程如图8-4所示。

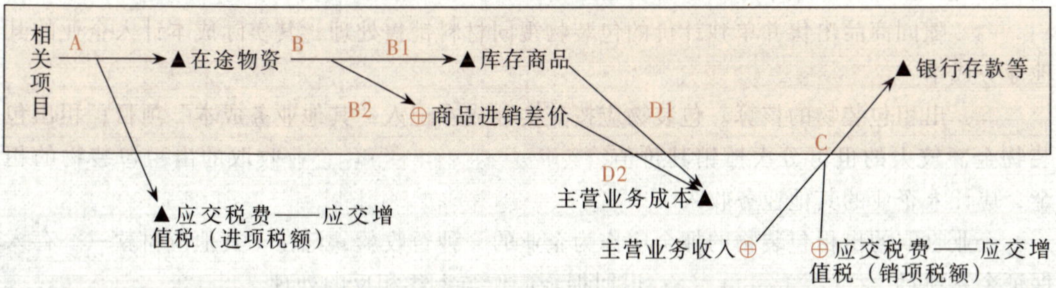

图8-4　库存商品采用售价金额核算资金运动分析图

注：A——过程所得的实现

B——阶段所得的实现

B1——阶段所得中实际成本部分

B2——阶段所得中进销差价部分

C——销售收入的实现

D——销售成本的结转

D1——按售价结转的"虚"成本

D2——抵销"虚"成本，得出实际销售成本（D2流量为负数）

商品零售企业在会计期末编制资产负债表时，存货项目中的商品存货部分，应根据"库存商品"科目的期末余额扣除"商品进销差价"科目的期末余额，按其差额列示。

四、周转材料业务资金运动分析与会计处理

（一）包装物业务资金运动分析与会计处理

包装物是指企业在生产经营活动中为包装本企业产品而储备的各种包装容器，如桶、箱、瓶、坛、袋等。

下列各项不属于包装物：(1) 各种包装材料，如纸、绳、铁丝、铁皮等，这些属于一次性使用的包装材料，应作为原材料进行核算；(2) 用于储存和保管产品、材料而不对外出售的包装物，这类包装物应按其价值的大小和使用年限的长短，分别作为固定资产或低值易耗品管理和核算；(3) 计划上单独列作企业商品出售的自制包装物，应作为产成品进行管理和核算。

包装物数量不多的企业，可以不设置"包装物"科目，而将包装物并入"原材料"科目核算。

对包装物采用计划成本进行计价的企业，包装物的实际成本与计划成本之间的差异，也应通过"材料成本差异"科目核算。

企业购入、自制和委托外单位加工的包装物，其采购和入库的核算与原材料基本相同。

包装物发出的用途不同，其核算方法也不相同：

(1) 生产部门领用的包装物，构成产品的组成部分，其实际成本应计入产品生产成本（见图8-5中A段）。

(2) 随同商品出售但不单独计价的包装物，视同销售过程中耗用材料处理，应于包装物发出时，按其实际成本计入销售费用（见图8-5中B段）。

(3) 随同商品出售并单独计价的包装物视同材料销售处理，其实际成本计入企业的其他业务成本（见图8-5中C2段）。

(4) 出租包装物的核算。包装物应按其实际成本记入"其他业务成本"项目；租出包装物金额较大的也可分次摊销其价值（见图8-5中C2段）。企业收取的出租包装物的租金，应计入企业的其他业务收入（见图8-5中C1段）。

企业收取的出租包装物的押金应作为企业的一种暂收款，记在"其他应付款——存入保证金"项目（见图8-6中A段）；退回押金应作与上述相反的处理（见图8-6中B段）。

企业出租包装物不能使用而报废时，对其残料价值应冲减其他业务成本，增加"原材料"项目（见图8-5中D段）；企业的出租包装物若采用五五摊销法摊销其价值，有关业务的核算方法与低值易耗品的核算方法基本相同。

(5) 包装物出借的，应作为销售费用，价值大的出借包装物可以采用五五摊销法摊销其价值（见图8-5中B段）。

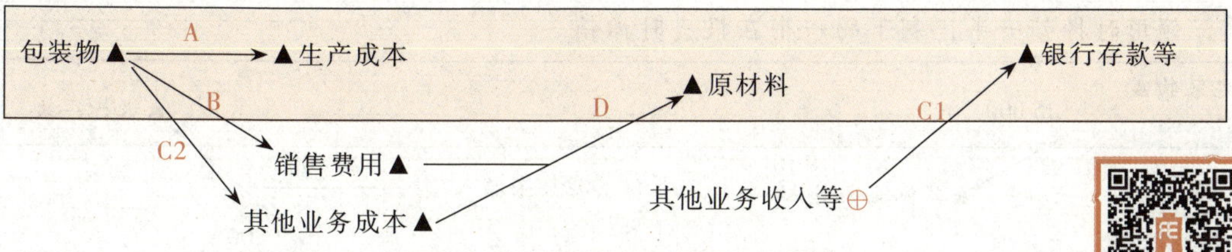

图8-5 包装物业务资金运动分析图

包装物业务理论分析

对逾期未退包装物没收的押金，转作其他业务收入（见图8-6中C1段）；对于逾期未退回包装物没收加收的押金，应转作企业的营业外收入（见图8-6中C2段）。

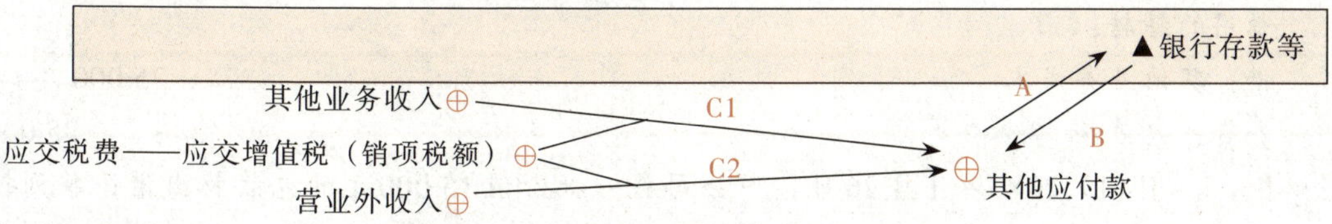

图8-6 包装物出租业务资金运动分析图

【例8-5】（1）20×3年1月10日，甲公司生产车间领用包装物5 000元，包装产品（见图8-7，A段）。

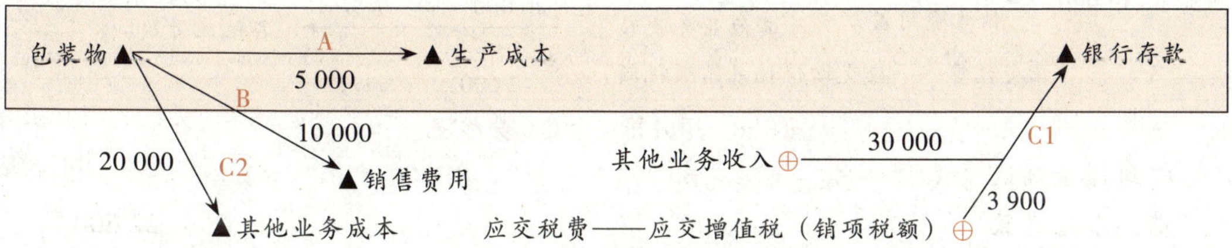

图8-7 甲公司资金运动分析图

借：生产成本　　5 000

　贷：包装物　　5 000

（2）20×3年1月21日，随同产品销售领用包装物价值10 000元，包装物不单独计价。（见图8-7，B段）。

借：销售费用　　10 000

　贷：包装物　　10 000

（3）20×3年1月25日，甲公司随同产品销售领用包装物20 000元，该包装物单独作为销售计价，计价收入为30 000元，增值税税率为13%，款已存入银行（见图8-7，C1、C2段）。

借：银行存款　　33 900

　贷：其他业务收入　　30 000

　　应交税费——应交增值税（销项税额）　　3 900

借：其他业务成本　　20 000

　贷：包装物　　20 000

包装物业务举例

【例8-6】20×3年1月25日，甲公司出租新包装物一批，价值50 000元，收到租金20 000元（不含增值税，增值税税率13%），款已存入银行。该包装物的价值分两次摊销，领用时摊销一半，剩下的一半在报废时摊销。

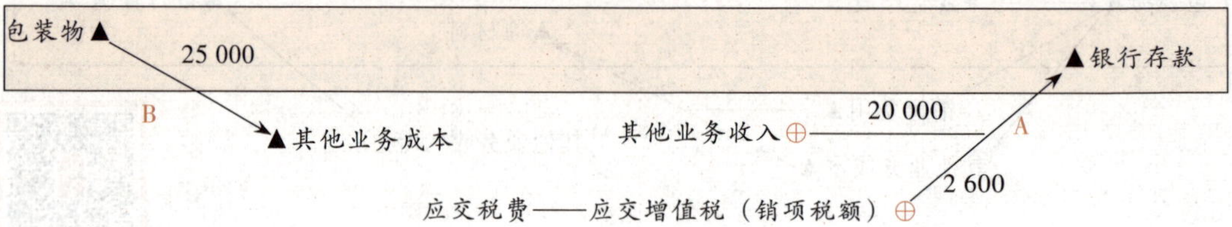

借：银行存款　22 600

　贷：其他业务收入　20 000

　　　应交税费——应交增值税（销项税额）　2 600

费用的结转：

借：其他业务成本　25 000

　贷：包装物　25 000

【例8-7】（1）20×3年1月26日，甲公司将一批价值15 000元的包装物出借，收到押金22 600元，款已存入银行。包装物在首次领用时一次摊销。甲公司资金运动如图8-8所示。

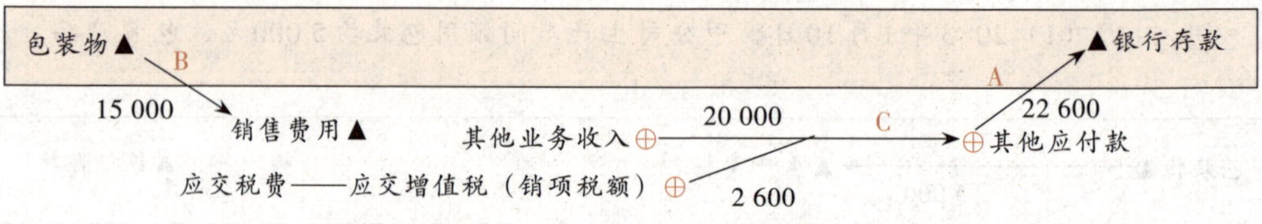

图8-8　甲公司资金运动分析图

收到押金确认（见图8-8，A段）。

借：银行存款　22 600

　贷：其他应付款　22 600

费用的结转（见图8-8，B段）。

借：销售费用　15 000

　贷：包装物　15 000

（2）出借的包装物到期没有收回，没收押金，按13%的比例计算应缴的增值税（见图8-8，C段）。

借：其他应付款　22 600

　贷：其他业务收入　20 000

　　　应交税费——应交增值税（销项税额）　2 600

（二）低值易耗品业务资金运动分析与会计处理

低值易耗品是指单位价值较低、使用年限较短，不能作为固定资产的各种用具物品，如工具、管理用具、玻璃器皿以及在经营过程中周转使用的包装容器等。低值易耗品可分为以下几大类：一般工具、专用工具、替换设备、管理用具、劳动保护用品等。

对低值易耗品采用计划成本进行计价的企业，其实际成本与计划成本之间的差异，也应通过“材料成本差异”项目核算。

企业购入、自制和委托外单位加工的低值易耗品，其采购和入库的核算与原材料基本相同。

企业可以根据不同管理要求和低值易耗品的不同情况，分别采用以下方法进行摊销：

（1）一次摊销法。一次摊销法是指领用低值易耗品时，将其价值一次计入成本、费用的方法。低值易耗品报废时，将报废低值易耗品的残料价值作为当月低值易耗品摊销额的减少，冲减“制造费用”“管理费用”等项目。

（2）五五摊销法。五五摊销法是指低值易耗品领用时先摊销其价值的一半，报废时再摊销另外一半的方法。它适用于各月领用和报废比较均衡的低值易耗品。

在五五摊销法下，企业领用低值易耗品时，将其由在库改为在用，其资金运动如图8-9中A段所示；在领用时需要将低值易耗品的价值摊销一半，其价值摊销采用和固定资产提取折旧相同的方法，其资金运动如图8-9中B段所示。报废时，企业需要将低值易耗品的另外一半价值摊销，其资金运动如图8-9中B段所示；同时企业需要将“低值易耗品——在用”冲销“低值易耗品——摊销”，其资金运动如图8-9中D段所示；如果有残值，应确认原材料等，其资金运动如图8-9中C段所示。

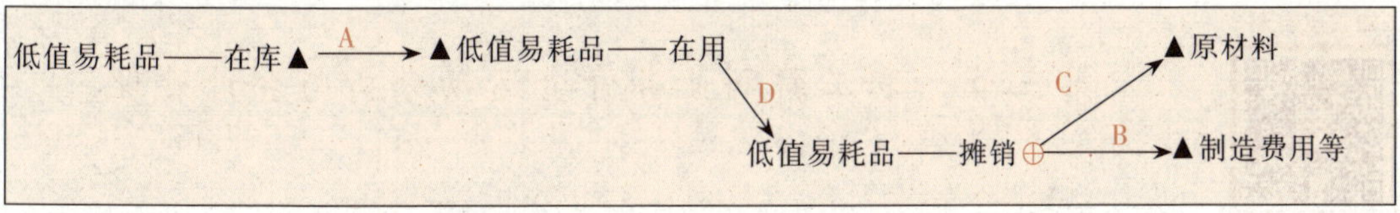

图8-9　低值易耗品采用五五摊销业务资金运动分析图

【例8-8】甲公司行政管理办公室20×2年6月2日领用一批低值易耗品，实际成本5 000元。会计上采用五五摊销法（领用时摊销一半，报废时再摊销一半）。假定20×2年10月20日，该批低值易耗品报废，收回残料价值100元作为原材料处理。甲公司资金运动分析如图8-10所示。

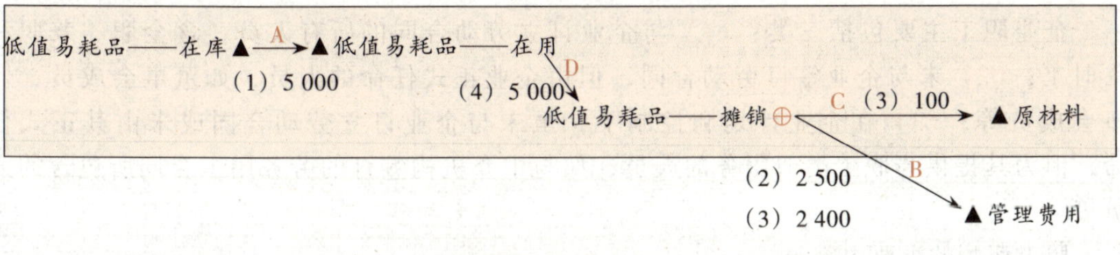

图8-10　甲公司领用低值易耗品资金运动分析图

（1）领用低值易耗品（见图8-10，A段）。

借：低值易耗品——在用　　5 000

　贷：低值易耗品——在库　　5 000

（2）领用时摊销50%（见图8-10，B段）。

借：管理费用　　2 500

　贷：低值易耗品——摊销　　2 500

（3）报废时再摊销另外的50%（扣除残料）（见图8-10，B、C段）。

借：管理费用　　2 400

　　原材料　　100

　贷：低值易耗品——摊销　　2 500

低值易耗品业务

（4）报废冲销该批低值易耗品的账面价值（见图8-10，D段）。

借：低值易耗品——摊销　　5 000

　贷：低值易耗品——在用　　5 000

五、自制半成品

自制半成品是指已经过一定生产过程并已检验合格交付半成品仓库，但尚未制造完成为商品产品，仍须继续加工的中间产品。

为了核算企业各种自制半成品的增减变动及结存情况，应设置“自制半成品”账户。该账户的借方登记入库自制半成品的实际成本，贷方登记发出自制半成品的实际成本，期末借方余额为库存自制半成品的实际成本。企业外购的半成品（外购件）应作为原材料处理，不在“自制半成品”账户核算。企业自制的半成品的核算同“库存商品”的核算相似。

知识点自测

第三节　职工薪酬业务资金运动分析与会计处理

一、职工薪酬的相关概念与范围

职工薪酬，是指企业为获得职工提供的服务或解除劳动关系而给予的各种形式的报酬或补偿。职工薪酬包括短期薪酬、离职后福利、辞退福利和其他长期职工福利。企业提供给职工配偶、子女、受赡养人、已故员工遗属及其他受益人等的福利，也属于职工薪酬。

企业职工主要包括三类：（1）与企业订立劳动合同的所有人员，含全职、兼职和临时工；（2）未与企业签订劳动合同，但由企业正式任命的人员，如董事会成员、监事会成员等；（3）在企业计划和控制下，虽未与企业订立劳动合同或未由其正式任命，但为其提供与职工类似服务的人员，如与中介机构签订的劳务用工合同所包含的人员等。

职工薪酬的主要内容包括：

1.短期薪酬

短期薪酬是指企业在职工提供相关服务的年度报告期间结束后12个月内需要全部予以支付的职工薪酬，因解除与职工的劳动关系而给予的补偿除外。因解除与职工的劳动关系而给予的补偿属于辞退福利的范畴。短期薪酬主要包括：

（1）职工工资、奖金、津贴和补贴，是指按照构成工资总额的计时工资、计件工资、支付给职工的超额劳动报酬和增收节支的报酬、为补偿职工特殊或额外的劳动消耗和因其他特殊原因支付给职工的津贴，以及为保证职工工资不受物价影响而支付给职工的物价补贴等。其中，企业按照短期奖金计划向职工发放的奖金属于短期薪酬，按照长期奖金计划向职工发放的奖金属于其他长期职工福利。

（2）职工福利费，是指企业向职工提供的生活困难补助费、丧葬补助费、抚恤费、职工异地安家费、防暑降温费等职工福利支出。

（3）医疗保险费、工伤保险费等社会保险费，是指企业按照国家规定的基准和比例计算，向社会保险经办机构缴纳的医疗保险费、工伤保险费等。

（4）住房公积金，是指企业按照国家规定的基准和比例计算，向住房公积金管理机构缴存的住房公积金。

（5）工会经费和职工教育经费，是指企业为改善职工文化生活、为职工学习先进技术及提高文化水平和业务素质，用于开展工会活动和职工教育及职业技能培训等相关支出。

（6）短期带薪缺勤，是指职工虽然缺勤但企业仍向其支付报酬的安排，包括年休假、病假、婚假、产假、丧假、探亲假等。长期带薪缺勤属于其他长期职工福利。

（7）短期利润分享计划，是指因职工提供服务而与职工达成的基于利润或其他经营成果提供薪酬的协议。长期利润分享计划属于其他长期职工福利。

（8）其他短期薪酬，是指除上述短期薪酬以外的其他为获取职工提供的服务而给予的短期薪酬。

职工薪酬的界定

2.离职后福利

离职后福利，是指企业为获得职工提供的服务而在职工退休或与企业解除劳动关系后，提供的各种形式的报酬和福利，短期薪酬和辞退福利除外。离职后福利计划，是指企业与职工就离职后福利达成的协议，或者企业为向职工提供离职后福利制定的规章或办法等。离职后福利计划按照企业承担的风险和义务情况，可以分为设定提存计划和设定受益计划。其中，设定提存计划，是指向独立的基金缴存固定费用后，企业不再承担进一步支付义务的离职后福利计划；设定受益计划，是指除设定提存计划以外的离职后福利计划。

3.辞退福利

辞退福利，是指企业在职工劳动合同到期之前解除与职工的劳动关系，或者为鼓励职工自愿接受裁减而给予职工的补偿。

4.其他长期职工福利

其他长期职工福利，是指除短期薪酬、离职后福利、辞退福利之外所有的职工薪酬。其主要包括长期带薪缺勤、长期残疾福利、长期利润分享计划等。

为了核算职工薪酬，企业需要设置“应付职工薪酬”账户。在该账户下，企业需要设置“工资”“职工福利”“社会保险费”“住房公积金”“工会经费”“职工教育经费”“累积带薪缺勤”“利润分享计划”“设定提存计划”“设定受益计划”“辞退福利”等明细分类账户。

二、短期薪酬确认与计量资金运动分析与会计处理

企业应当在职工为其提供服务的会计期间，将实际发生的短期薪酬确认为负债，并同步计入相关资产成本或计入当期损益。

（一）货币性职工薪酬业务

1.职工工资业务

对于职工工资、奖金、津贴和补贴等货币性职工薪酬，企业应当在职工为其提供服务

的期间，将实际应该发放的职工工资、奖金、津贴和补贴等，根据职工提供服务的受益对象，分别予以确认。其所引起的资金运动如图8-11中A段所示。

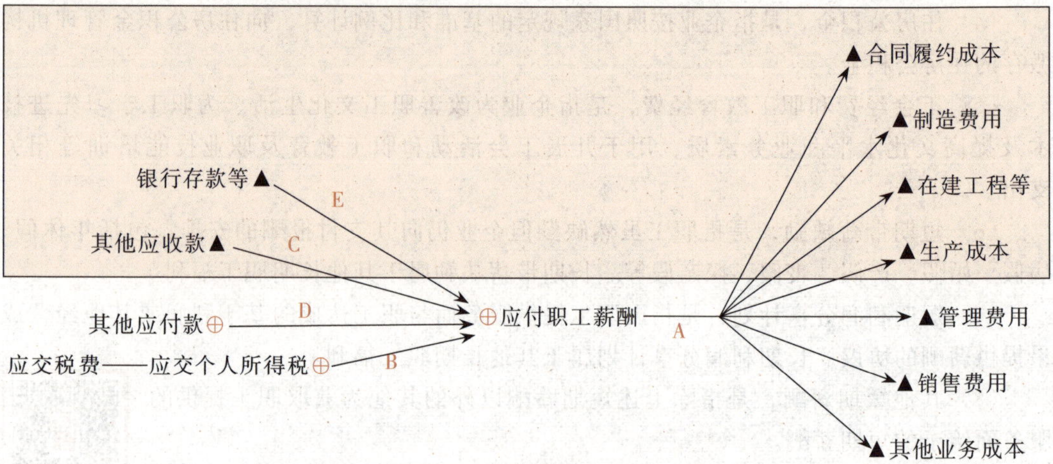

图8-11　职工薪酬业务资金运动分析图

企业按照规定向职工支付工资、奖金、津贴和补贴时，需要为职工代扣代缴个人所得税，应冲减应付职工薪酬，其所引起的资金运动如图8-11中B段所示。企业可能需要从职工薪酬中扣还已代垫的各种款项，其所引起的资金运动如图8-11中C段所示。企业可能需要代职工缴纳某些款项（未垫付），其所引起的资金运动如图8-11中D段所示。最后企业按照实际应发放的金额，以银行存款予以支付，其所引起的资金运动如图8-11中E段所示。实务中，企业一般在每月发放工资前，根据“工资费用分配汇总表”中的“实发金额”栏的合计数，通过开户银行支付给职工或从开户银行提取现金，然后再向职工发放。

【例8-9】甲公司20×8年9月份应付职工工资总额为700 000元。“工资费用分配汇总表”中列示的产品生产人员工资为500 000元，车间管理人员工资为40 000元，企业管理人员工资为60 000元，专设销售机构人员工资为100 000元。

（1）计算并确认应付职工薪酬，分配薪酬费用（见图8-12，A段）。

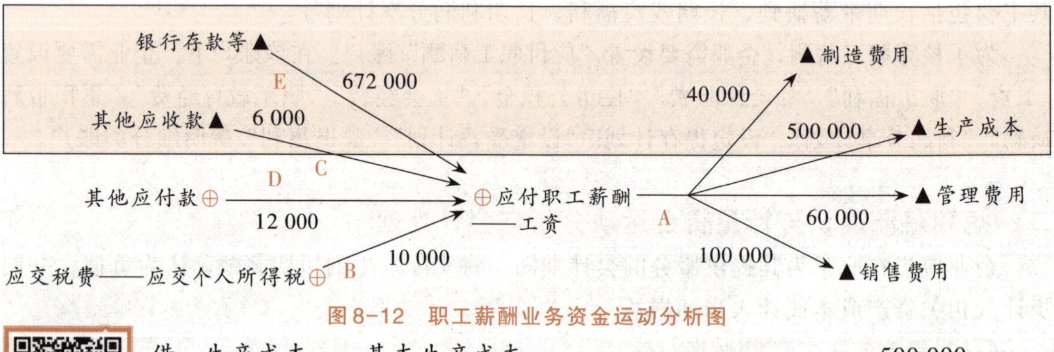

图8-12　职工薪酬业务资金运动分析图

职工工资业务

借：生产成本——基本生产成本　　500 000

　　制造费用　　40 000

　　管理费用　　60 000

借：销售费用　　100 000

　贷：应付职工薪酬——工资　　700 000

(2) 甲公司根据“工资费用分配汇总表”结算本月应付职工薪酬700 000元，其中企业应代扣代缴职工个人所得税10 000元（尚未代缴），收回代垫职工水电费4 500元和代垫职工家属医药费1 500元，应代扣职工房租12 000元（尚未代交），实际以银行存款支付工资672 000元。

确认代扣职工个人所得税（见图8-12，B段）。

借：应付职工薪酬——工资　　10 000

　贷：应交税费——应交个人所得税　　10 000

结转代垫款项（见图8-12，C段）。

借：应付职工薪酬——工资　　6 000

　贷：其他应收款——代垫职工水电费　　4 500

　　　　　　　——代垫医药费　　1 500

确认代扣房租费（见图8-12，D段）。

借：应付职工薪酬——工资　　12 000

　贷：其他应付款——代扣职工房租　　12 000

以银行存款发放工资（见图8-12，E段）。

借：应付职工薪酬——工资　　672 000

　贷：银行存款　　672 000

2.职工福利费业务

对于职工福利费，企业应当在实际发生时根据实际发生额计入当期损益或相关资产成本，其所引起的资金运动如图8-11中A段运动所示。实际支付时，冲销应付职工福利费，其所引起的资金运动如图8-11中E段运动所示。其区别在于“应付职工薪酬”项目的明细项目不同而已。

【例8-10】甲企业下设一所职工食堂，每月根据在岗职工数量及岗位分布情况、相关历史经验数据、现行物价水平等计算需要补贴食堂的金额，从而确定企业每月因补贴职工食堂需要承担的福利费金额。20×8年9月，企业在岗职工共计300人，其中管理部门30人，生产车间250人（其中管理人员10人），销售部门20人。企业每名职工每月需补贴食堂200元。

(1) 确认本月应付职工的福利费，并分配福利费用（见图8-13，A段）。

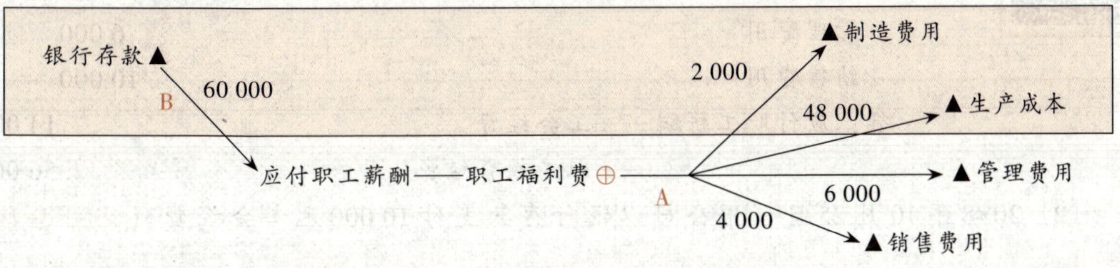

图8-13　甲企业职工福利费业务资金运动分析图

借：生产成本——基本生产成本　　48 000

　　制造费用　　2 000

职工福利费业务

借：管理费用　　6 000

　　销售费用　　4 000

　贷：应付职工薪酬——职工福利费　　60 000

（2）20×8年10月3日，甲企业以银行存款支付60 000元补贴给食堂（见图8-13，B段）。

借：应付职工薪酬——职工福利费　　60 000

　贷：银行存款　　60 000

3.国家规定计提标准的职工薪酬业务

（1）工会经费和职工教育经费

企业应按照每月全部职工工资总额的2%向工会拨缴经费，并在成本费用中列支，主要用于为职工服务和工会活动。职工教育经费一般由企业按照每月工资总额的8%计提，主要用于职工接受岗位培训、继续教育等方面的支出。

期末，企业根据规定的计提基础和计提比例确定应付工会经费、应付职工教育经费，其所引起的资金运动如图8-11中A段所示。实际支付时，冲销应付工会经费和应付职工教育经费，其所引起的资金运动如图8-11中E段所示。其区别在于“应付职工薪酬”项目的明细项目不同而已。

【例8-11】接【例8-9】。20×8年9月份，甲公司根据相关规定，分别按照职工工资总额的2%和8%的计提标准，确认应付工会经费和应付职工教育经费。

（1）确认本月应付工会经费和应付职工教育经费，并分配相关费用（见图8-14，A段）。

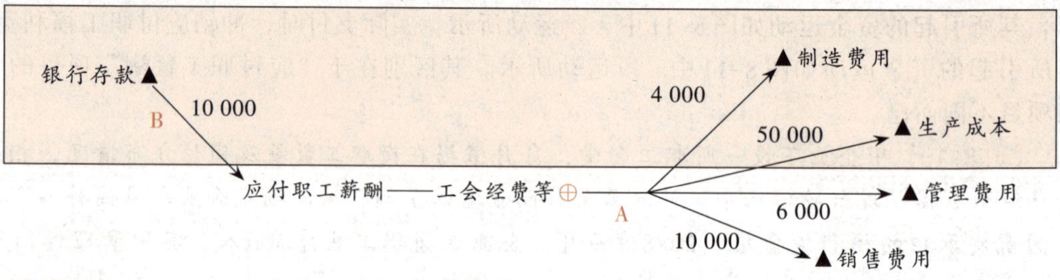

图8-14　甲公司工会经费和职工教育经费业务资金运动分析图

工会经费和职工教育经费业务

借：生产成本——基本生产成本　　50 000

　　制造费用　　4 000

　　管理费用　　6 000

　　销售费用　　10 000

　贷：应付职工薪酬——工会经费　　14 000

　　　　　　　　——职工教育经费　　56 000

（2）20×8年10月25日，甲公司以银行存款支付10 000元工会经费（见图8-14，B段）。

借：应付职工薪酬——工会经费　　10 000

　贷：银行存款　　10 000

（2）社会保险费和住房公积金

社会保险费包括医疗保险费、养老保险费、失业保险费、工伤保险费。企业承担的社会保险费，除养老保险费和失业保险费按规定被确认为离职后福利外，其他的社会保险费作为企业的短期薪酬。

住房公积金分为职工所在单位为职工缴存和职工个人缴存两部分，但其全部属于职工个人所有。

期末，对于企业应缴纳的社会保险费（不含基本养老保险费和失业保险费，该业务作为离职后福利，采用设立提存计划处理）和住房公积金，应该按照国家规定的计提基础和比例，确认相应的应付职工薪酬，并在职工提供服务期间根据受益对象计入当期损益或相关资产成本，其所引起的资金运动如图8-11中A段所示。对于职工个人承担的部分社会保险费和住房公积金，由职工所在企业从其工资中代扣代缴，其所引起的资金运动如图8-11中D段所示。以后缴纳时，用银行存款冲销该债务。其区别在于"应付职工薪酬"项目的明细项目不同而已。

【例8-12】接【例8-9】。20×8年9月份，甲公司根据国家相关规定，分别按照职工工资总额的12%（不含基本养老保险费和失业保险费）和11%的计提标准，确认应付社会保险费84 000元和应付住房公积金77 000元。

（1）确认本月公司应承担的社会保险费和住房公积金，并分配相关费用（见图8-15，A段）。

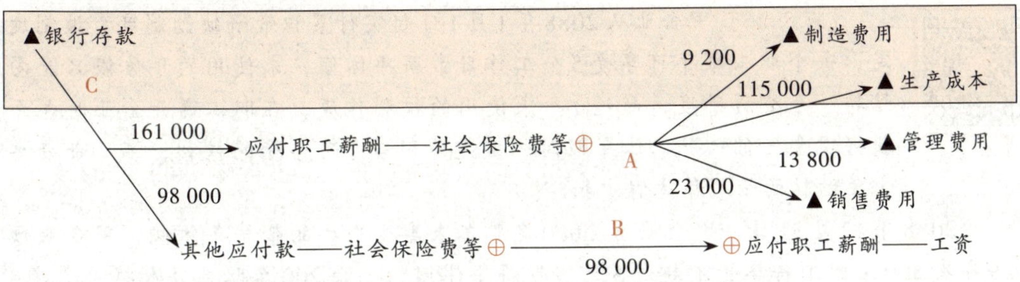

图8-15　甲公司社会保险费业务资金运动分析图

借：生产成本——基本生产成本　　115 000
　　制造费用　　9 200
　　管理费用　　13 800
　　销售费用　　23 000
　贷：应付职工薪酬——社会保险费　　84 000
　　　　　　　　——住房公积金　　77 000

社会保险费和住房公积金业务

（2）公司分别按3%和11%的比例从职工个人工资中代扣个人应缴纳的社会保险费（不含基本养老保险费和失业保险费）21 000元和住房公积金77 000元，共计98 000元（见图8-15，B段）。

借：应付职工薪酬——工资　　98 000
　贷：其他应付款——社会保险费　　21 000
　　　　　　　　——住房公积金　　77 000

（3）20×8年10月5日，甲公司以银行存款支付上述社会保险费105 000元和住房公积金154 000元（见图8-15，C段）。

借：应付职工薪酬——社会保险费　84 000
　　　　　　　　——住房公积金　77 000
　　其他应付款——社会保险费　21 000
　　　　　　　——住房公积金　77 000
　贷：银行存款　259 000

4.短期带薪缺勤

对于职工带薪缺勤，企业应当根据其性质及职工享有的权利，分为累积带薪缺勤和非累积带薪缺勤两类。企业应当对累积带薪缺勤和非累积带薪缺勤分别进行会计处理。如果带薪缺勤属于长期带薪缺勤，企业应当作为其他长期职工福利处理。

（1）累积带薪缺勤

累积带薪缺勤，是指带薪权利可以结转到下期的带薪缺勤，本期尚未用完的带薪缺勤权利可以在未来期间使用。企业应当在职工提供了服务从而增加了其未来享有的带薪缺勤权利时，确认与累积带薪缺勤相关的职工薪酬，并以累积未行使权利而增加的预计支付金额计量。其所引起的资金运动如图8-11中A段所示。以后职工行使带薪缺勤权利时，企业以银行存款予以支付，其所引起的资金运动如图8-11中E段所示。其区别在于“应付职工薪酬”项目的明细项目不同而已。

短期带薪缺勤业务

【例8-13】甲企业从20×8年1月1日起实行累积带薪缺勤制度。该制度规定，每个职工每年可享受5个工作日带薪年休假，未使用的年休假只能向后结转一个公历年度，超过1年未使用的权利作废，在职工离开企业时也无权获得现金支付；职工休年假时，首先使用当年可享受的权利，不足部分再从上年结转的带薪年休假中扣除。

至20×8年12月31日，甲企业有1 000名职工未享受当年的带薪年休假，甲企业预计20×9年有800名职工将享受不超过5天的带薪年休假，剩余200名职工每人将平均享受6天半年休假，假定这200名职工全部为公司总部各部门经理，该企业平均每名职工每个工作日工资为300元。不考虑其他相关因素。

甲企业在20×8年12月31日应当预计由于职工累积未使用的带薪年休假权利而导致的预期支付的金额，即相当于300天（200×（6.5−5））的年休假工资金额90 000元。其所引起的资金运动如图8-16所示。

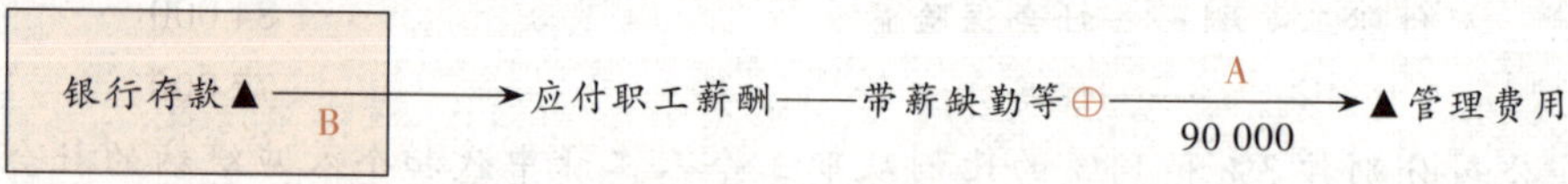

图8-16　累积带薪缺勤资金运动分析图

借：管理费用　90 000
　贷：应付职工薪酬——带薪缺勤——短期带薪缺勤——累积带薪缺勤　90 000

（2）非累积带薪缺勤

非累积带薪缺勤，是指带薪缺勤权利不能结转到下期的带薪缺勤，本期尚未使用完的带薪缺勤权利将予以取消，并且职工离开企业时也无权获得现金支付。我国企业职工休婚假、产假、丧假、探亲假、病假期间的工资通常属于非累积带薪缺勤。由于职工提供服务本身不能增加其能够享受的福利金额，企业在职工未缺勤时不应该计提相关费用和负债。为此，企业应当在职工实际发生缺勤的会计期间确认与非累积带薪缺勤的相关薪酬。

企业确认职工享有的与非累积带薪缺勤权利相关的薪酬，视同职工出勤，确认当期损益或相关资产成本。通常情况下，与非累积带薪缺勤相关的职工薪酬已经包括在企业每期向职工发放的工资等薪酬中，因此，不必额外做相应的账务处理。

（二）非货币性职工薪酬

企业以其生产的产品作为非货币性福利提供给职工的，应当按照该产品的公允价值和相关税费，确认与计量应支付的职工薪酬金额，并分配薪酬，其所引起的资金运动如图8-17中A段所示。企业以所生产的产品支付，就相当于将产品销售给企业职工，企业需要确认销售收入和销售成本，并冲销应付职工薪酬，其所引起的资金运动如图8-17中B1段、B2段所示。

非货币性职工薪酬业务理论分析

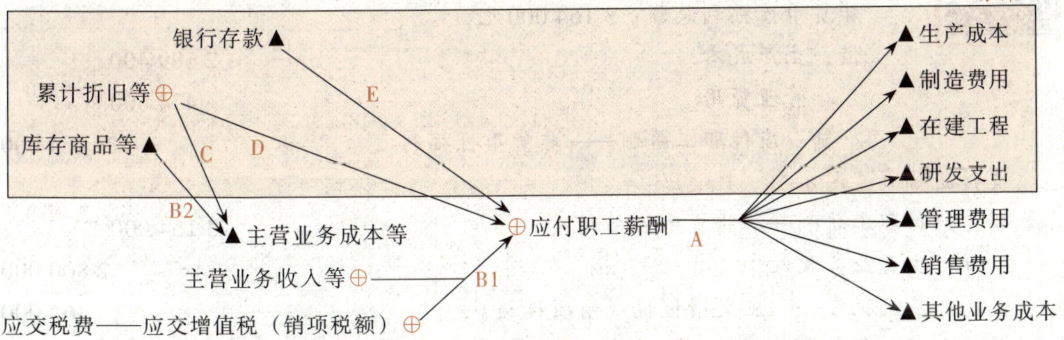

图8-17　非货币性职工薪酬业务资金运动分析图

企业将自有的房屋等资产无偿提供给职工使用的，应当根据受益对象，将住房每期租金的公允价值计入当期损益或相关资产成本，同时确认应付职工薪酬，其资金运动如图8-17中A段所示。企业支付薪酬，即将自己的房屋等资产无偿提供给职工使用，视同正常的市场出租行为，确认租金收入和增值税，同时确认房屋等资产的折旧，其资金运动如图8-17中B1段、C段所示。如果无法计量所出租房屋租金的公允价值，可以不考虑租金的公允价值，而是直接按该房屋的折旧费金额来确认与计量所支付的非货币性职工薪酬金额，其所引起的资金运动如图8-17中D段所示。

企业租赁住房等资产供职工无偿使用的，应该根据其受益对象，将每期应付的租金计入当期损益或相关资产成本，其所引起的资金运动如图8-17中A段所示。实际支付租金时，以货币资金冲减该负债，其所引起的资金运动如图8-17中E段所示。

难以认定受益对象的非货币性福利，直接计入当期损益和应付职工薪酬。

【例8-14】甲公司为一家生产彩电的企业，共有职工200名，20×8年2月，公司以其生产的成本为10 000元的液晶彩电和外购的每台不含税价格为1 000元的电暖气作为春节福利发放给职工。该型号的液晶彩电的市场价格为14 000元，甲公司适用的增值税税率为13%；甲公司以银行存款支付了购买电暖气的价款和增值税税额，并开具了增值税专用发票，增值税税率为13%。假设200名职工中170名为直接参与生产的职工，30名为总部管理人员。

（1）液晶彩电的处理：

确认并分配薪酬（见图8-18，A段）：

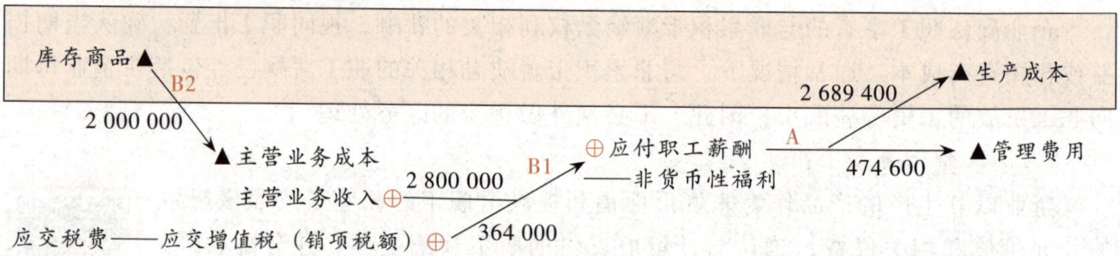

图8-18 甲公司非货币性职工薪酬业务资金运动分析图

非货币性职工福利业务举例1

计入生产成本的：170×14 000×（1+13%）=2 689 400（元）

计入管理费用的：30×14 000×（1+13%）=474 600（元）

非货币性福利总额：3 164 000元

借：生产成本	2 689 400	
管理费用	474 600	
贷：应付职工薪酬——非货币性福利		3 164 000

支付薪酬（见图8-18，B段）。

借：应付职工薪酬——非货币性福利	3 164 000	
贷：主营业务收入		2 800 000
应交税费——应交增值税（销项税额）		364 000
借：主营业务成本	2 000 000	
贷：库存商品		2 000 000

（2）电暖气的处理：

确认并分配薪酬（见图8-19，A段）。

计入生产成本的金额：170×1 000×（1+13%）=192 100（元）

计入管理费用的金额：30×1 000×（1+13%）=33 900（元）

非货币性福利总额：226 000元

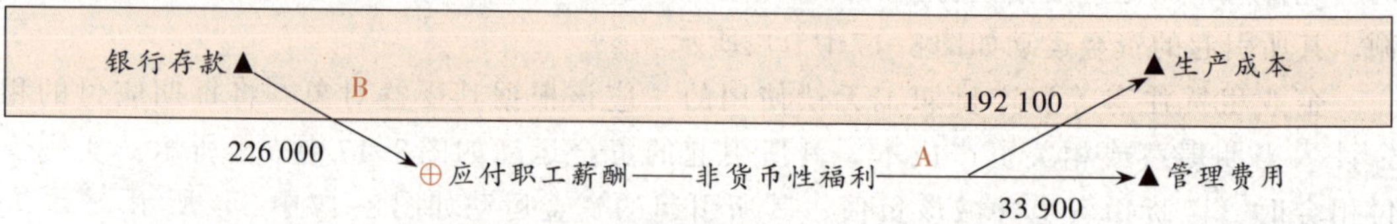

图8-19 甲公司非货币性职工薪酬业务资金运动分析图

借：生产成本	192 100	
管理费用	33 900	
贷：应付职工薪酬——非货币性福利		226 000

支付薪酬（见图8-19，B段）。

借：应付职工薪酬——非货币性福利	226 000	

贷：银行存款　　　　226 000

【例 8-15】甲公司为总部各部门经理级别以上职工配备了汽车，供其免费使用，同时为副总裁以上高级管理人员每人租赁一套住房。总部共有部门经理级别以上职工50人，副总裁级别以上职工10人（均计入管理费用）。每辆汽车每月的折旧费为1 000元，该汽车出租的市场价格无法确定。副总裁级别以上的职工，每人租赁一套月租金为8 000元的公寓（含9%的增值税，并且该汽车出租的市场价格无法确定取得增值税专用发票），本月租金甲公司已用银行存款支付。

（1）本月应确认并分配薪酬（见图8-20，A段）。

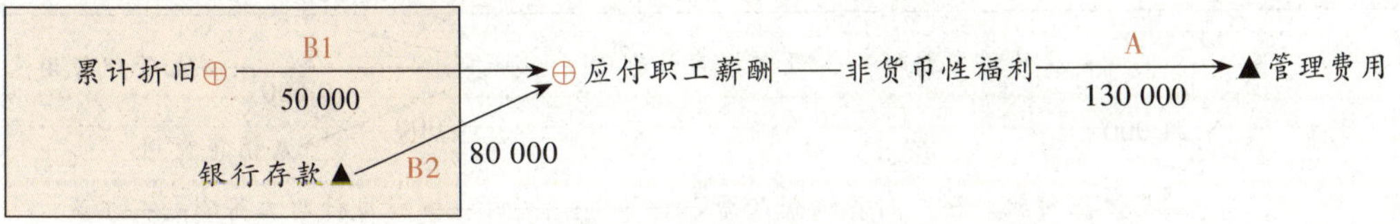

图8-20　甲公司非货币性职工薪酬业务资金运动分析图

1 000×50+8 000×10=130 000（元）。

借：管理费用　　　　130 000

　贷：应付职工薪酬——非货币性福利　　　　130 000

（2）本月支付薪酬（见图8-20，B1、B2段）。

借：应付职工薪酬——非货币性福利　　　　130 000

　贷：银行存款　　　　80 000

　　　累计折旧　　　　50 000

非货币性职工福利业务举例2

【例 8-16】甲公司为总部各部门经理级别以上职工提供企业自有住房，供其免费使用，总部共有部门经理级别以上职工20人。每套住房每月折旧额为4 000元，该自有房屋出租的市场价格无法确定。

（1）本月应确认并分配薪酬（见图8-21，A段）。

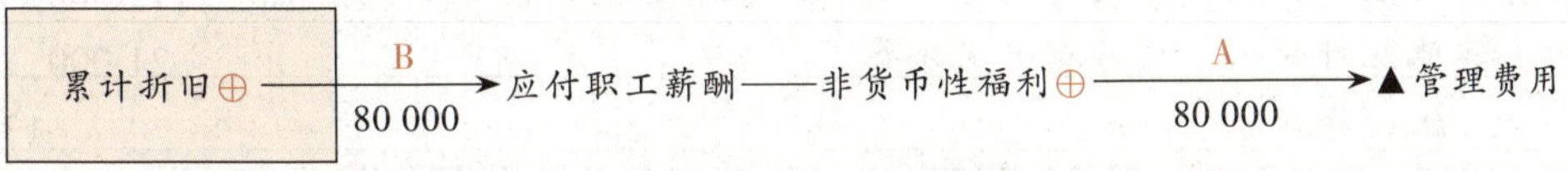

图8-21　甲公司非货币性职工薪酬业务资金运动分析图

借：管理费用　　　　80 000

　贷：应付职工薪酬——非货币性福利　　　　80 000

（2）本月支付薪酬（见图8-21，B段）。

借：应付职工薪酬——非货币性福利　　　　80 000

　贷：累计折旧　　　　80 000

三、设定提存计划业务资金运动分析与会计处理

对于设定提存计划，企业应当根据在资产负债表日为换取职工在会计期间提供的服务而应向独立主体缴存的提存金，确认应付职工薪酬，并计入当期损益或相关资产成本，其所引起的资金运动如图8-11中A段所示。以后将该提存金交付独立主体（如社保部门等）

时，以银行存款冲销该债务，其所引起的资金运动如图8-11中E段所示。

【例8-17】接【例8-9】，假设20×8年9月份，甲公司根据相关规定，按照职工工资总额的16%计提基本养老保险费，缴存当地社保机构。其应计提的金额总计112 000元，其中，应计入生产成本80 000元，应计入制造费用6 400元，应计入管理费用9 600元，应计入销售费用16 000元。

（1）确认本月应计提的基本养老保险费，并分配相关费用（见图8-22，A段）。

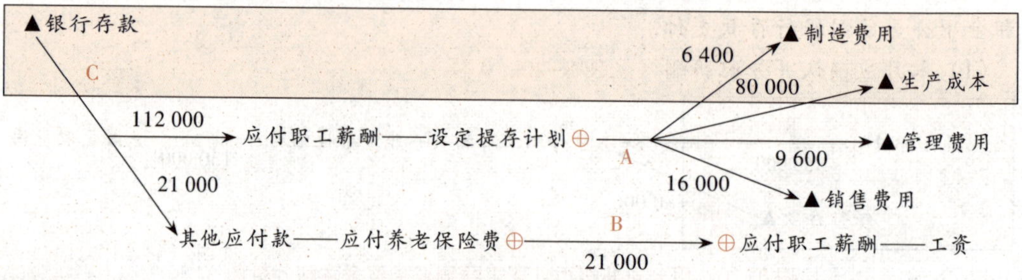

图8-22　甲公司基本养老保险费业务资金运动分析图

设定提存计划业务

借：生产成本——基本生产成本　　80 000
　　制造费用　　6 400
　　管理费用　　9 600
　　销售费用　　16 000
　贷：应付职工薪酬——设定提存计划——基本养老保险　　112 000

（2）从职工工资中代扣基本养老保险费21 000元（见图8-22，B段）。

借：应付职工薪酬——工资　　21 000
　贷：其他应付款——应付养老保险费　　21 000

（3）20×8年10月25日，甲企业以银行存款缴纳基本养老保险费133 000元（见图8-22，C段）。

借：应付职工薪酬——设定提存计划——基本养老保险　　112 000
　　其他应付款——应付养老保险费　　21 000
　贷：银行存款　　133 000

第四节　存货期末计价资金运动分析与会计处理

会计期末，为了客观地反映企业期末存货的实际价值，企业在编制资产负债表时，应当准确地计量存货项目的金额，即要确定期末存货的价值。能否正确地进行存货的计量，又取决于存货数量的确定是否准确和采用何种期末计价原则。

一、存货的清查

企业存货的数量需要通过盘存来确定。所谓财产物资的盘存制度是指确定某一时日财产物资结存数量的方法，常用的存货数量盘存方法主要有实地盘存制和账面盘存制两种。

为了核算企业在财产清查中查明的各种财产物资的盘盈、盘亏和毁损，企业应设置“待处理财产损溢”账户。该账户下应设置“待处理流动资产损溢”和“待处理固定资产损溢”两个明细账户。存货的盘盈、盘亏和毁损，通过“待处理流动资产损溢”明细账户核算。

1.存货盘盈的处理

发生盘盈的存货，经查明是由收发计量或核算上的误差等原因造成的，应及时办理存货入账的手续，调整增加存货的实存数，同时按同类或类似存货的市场价格作为实际成本记入“待处理财产损溢”项目。按规定程序报经有关部门批准之后，转销待处理存货盘盈，冲减管理费用。

【例8-18】20×2年12月31日，甲公司在财产清查中盘盈原材料500千克，市场价格为30元，经查属于材料收发计量方面的错误。

(1) 批准处理前（见图8-23，A段）。

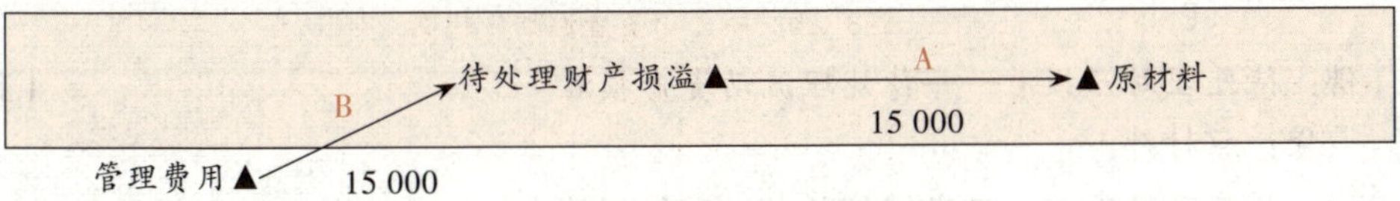

图8-23　甲公司资金运动分析图

借：原材料　　15 000

　贷：待处理财产损溢——待处理流动资产损溢　　15 000

(2) 批准处理后（见图8-23，B段）。

借：待处理财产损溢——待处理流动资产损溢　　15 000

　贷：管理费用　　15 000

2.存货盘亏或毁损的处理

企业存货的盘亏或毁损，在报经批准前，应根据“存货盘存报告表”及时办理存货销账手续，调整减少存货的实存数，同时，按盘亏、毁损存货的实际成本，记入“待处理财产损溢”项目。对于管理不善造成的非正常损失引起的盘亏，其对应的进项税额应一并转入“待处理财产损溢”项目。在报经批准后，对于已经入账的存货盘亏、毁损，应根据不同的情况分别进行处理：(1) 属于自然损耗产生的定额内的损耗，经批准后转入管理费用；(2) 属于计量收发差错和管理不善等原因造成的存货短缺或毁损，应先扣除残值价值、可以回收的保险赔偿和过失人的赔偿，然后将净损失计入管理费用；(3) 属于自然灾害或意外事故造成的，应先扣除残值和可以回收的保险赔偿，然后将净损失计入营业外支出。

存货盘盈盘亏业务

【例8-19】(1) 20×3年2月28日，乙公司在财产清查中发现毁损A材料2 000元，该材料的进项税额不需要转出（见图8-24，A段）。

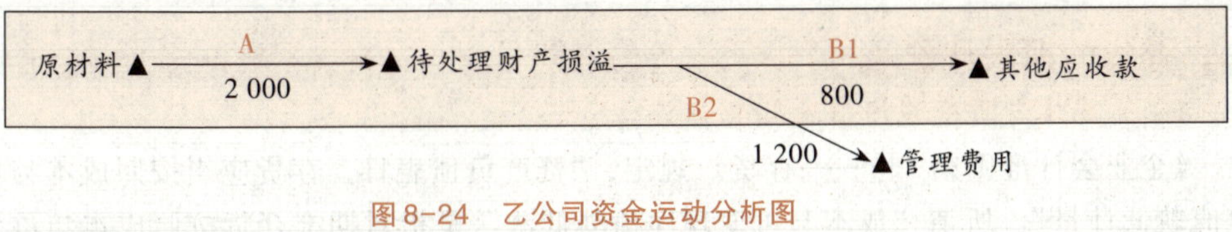

图8-24　乙公司资金运动分析图

借：待处理财产损溢——待处理流动资产损溢　　2 000

　贷：原材料　　2 000

（2）经研究决定，保管员李涛应赔偿800元，剩余的由公司承担（见图8-24，B1、B2段）。

借：其他应收款——李涛　　800

　　管理费用　　1 200

　贷：待处理财产损溢——待处理流动资产损溢　　2 000

【例8-20】（1）20×3年1月25日，甲公司因管理不善造成原材料毁损1 000元，其增值税税率为13%（见图8-25，A段）。

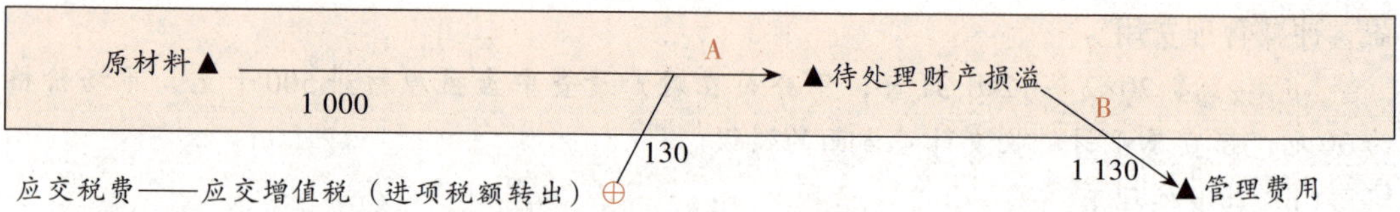

图8-25　甲公司资金运动分析图

借：待处理财产损溢——待处理流动资产损溢　　1 130

　贷：原材料　　1 000

　　　应交税费——应交增值税（进项税额转出）　　130

（2）经批准，该损失转为管理费用（见图8-25，B段）。

借：管理费用　　1 130

　贷：待处理财产损溢——待处理流动资产损溢　　1 130

【例8-21】（1）20×3年1月24日，丁公司因管理不善发生火灾，烧毁成本为100万元的库存商品，其料、工、费的比例为6∶3∶1，其增值税税率为13%（见图8-26，A段）。

则应转出的进项税额=1 000 000×60%×13%=78 000（元）

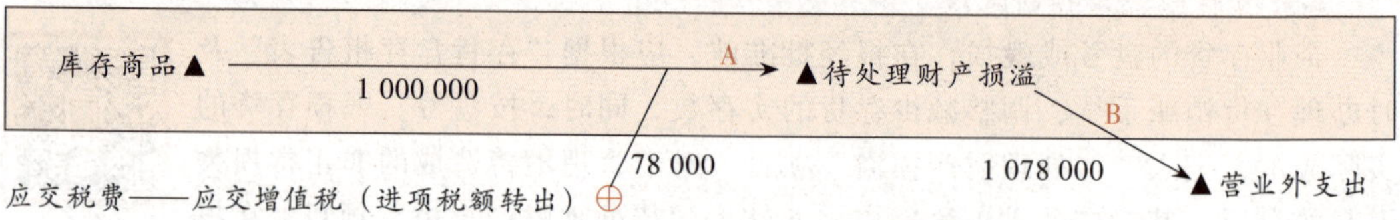

图8-26　丁公司资金运动分析图

借：待处理财产损溢——待处理流动资产损溢　　1 078 000

　贷：库存商品　　1 000 000

　　　应交税费——应交增值税（进项税额转出）　　78 000

（2）该损失经批准转为营业外支出（见图8-26，B段）。

借：营业外支出　　1 078 000

　贷：待处理财产损溢——待处理流动资产损溢　　1 078 000

二、存货的期末计价

（一）成本与可变现净值孰低的含义

《企业会计准则第1号——存货》规定，“资产负债表日，存货应当按照成本与可变现净值孰低计量”。所谓“成本与可变现净值孰低法”是指对期末存货按照成本与可变现净值两者之中较低者进行计价的方法，即当成本低于可变现净值时，存货按成本计量；当成本高于可变现净值时，存货按可变现净值计量。

“成本”是指期末存货的历史成本；“可变现净值”是指在正常的生产经营过程中，以存货的估计售价减去至完工时估计将要发生的成本、估计的销售费用以及相关税金后的金额。

（二）可变现净值的确定

1.企业确定存货的可变现净值时应考虑的因素

企业在确定存货的可变现净值时，应当以取得的可靠证据为基础，并且考虑持有存货的目的、资产负债表日后事项的影响等因素。

（1）在对可变现净值加以确定时，应以取得的可靠证据为基础。

（2）还应考虑持有存货的目的。由于企业持有存货的目的不同，确定存货可变现净值的计算方法也不同。企业持有存货的目的，通常可以分为：持有以备出售，如商品、产成品，其中又分为有合同约定的存货和没有合同约定的存货；将在生产过程或提供劳务过程中耗用，如材料等。

2.存货可变现净值的确定原则

在确定各类存货的可变现净值时，应针对存货的具体项目分别确定：

（1）产成品、商品和用于出售的原材料等直接用于出售的存货，其可变现净值根据在正常生产经营过程中，以存货的估计售价减去估计的销售费用和相关税金后的金额确定。

可变现净值的确定

（2）用于生产的材料、在产品或自制半成品等需要经过加工的存货，其可变现净值根据在正常生产经营过程中，以存货的估计售价减去至完工时估计将要发生的成本、估计的销售费用以及相关税金后的金额确定。

（3）如果属于按订单生产，则应按协议价而不是估计售价确定可变现净值。

3.存货可变现净值中估计售价的确定原则

对于企业持有的各类存货，在确定其可变现净值时，应区别以下情况确定其估计售价：

（1）为执行销售合同或者劳务合同而持有的存货，通常应当以产成品或商品的合同价格作为其可变现净值的计量基础。

如果企业与购买方签订了销售合同（或劳务合同，下同），并且销售合同订购的数量大于或等于企业持有的存货数量，在这种情况下，在确定与该项销售合同直接相关存货的可变现净值时，应当以销售合同价格作为其可变现净值的计量基础。如果企业销售合同所规定的标的物还没有生产出来，但持有专门用于该标的物生产的原材料，其可变现净值也应当以合同价格作为计量基础。

【例8-22】20×2年12月26日，甲公司与乙公司签订了一份不可撤销的销售合同，双方约定，20×3年3月20日，甲公司应按每台310 000元的价格向乙公司提供W4型机器12台。20×2年12月31日，甲公司还没有生产该批W4型机器，但持有库存原材料——D材料专门用于生产该批W4型机器12台，其账面价值（成本）为1 440 000元，市场销售价格总额为1 120 000元。

确定甲公司D材料的可变现净值的计量基础——估计售价的过程如下：由于甲公司与乙公司签订的销售合同规定，W4型机器的销售价格已由销售合同约定，甲公司还未生产，但持有库存原材料——D材料专门用于生产该批W4型机器，且可生产的W4型机器的数量不大于销售合同订购的数量，因此，在这种情况下，计算该批原材料——D材料的可变现净值时，应以销售合同约定的W4型机器的销售价格总额3 720 000元（310 000×12）作为计量基础。

（2）如果企业持有存货的数量多于销售合同订购数量，超出部分的存货可变现净值应当以产成品或商品的一般销售价格作为计量基础。

（3）没有销售合同约定的存货，但不包括用于出售的材料，其可变现净值应当以产成品或商品一般销售价格（即市场销售价格）作为计量基础。

（4）用于出售的材料等，应当以市场价格作为其可变现净值的计量基础。这里的市场价格是指材料等的市场销售价格。

（5）对于用于生产而持有的材料等，则应当将其与所生产的产成品的期末价值减损情况联系起来。具体而言，对于用于生产而持有的材料等，按以下原则处理：

①对于用于生产而持有的材料等，如果用其生产的产成品的可变现净值预计高于产成品成本，则该材料应当按照成本计量。这里的“材料”指原材料、在产品、委托加工材料等。

【例8-23】20×2年12月31日，丁公司库存原材料——A材料的账面价值（成本）为3 000 000元，市场购买价格总额为2 800 000元，假设不发生其他购买费用；用A材料生产的产成品——W1型机器的可变现净值高于成本。

确定20×2年12月31日A材料的价值的过程如下：

根据上述资料可知，20×2年12月31日，A材料的账面价值（成本）高于其市场价格，但是由于用其生产的产成品——W1型机器的可变现净值高于成本，也就是用该原材料生产的最终产品此时并没有发生价值减损，因而，在这种情况下，即使A材料账面价值（成本）已高于市场价格，也不应计提存货跌价准备，仍应按3 000 000元列示在20×2年12月31日的资产负债表的存货项目之中。

②如材料价格的下降表明产成品的可变现净值低于成本，则该材料应当按可变现净值计量。

【例8-24】20×2年12月31日，丁公司库存原材料——B材料的账面价值（成本）为1 200 000元，市场购买价格总额为1 100 000元，假设不发生其他购买费用；由于B材料市场销售价格下降，市场上用B材料生产的W2型机器的市场销售价格也发生了相应下降，下降了10%。由此造成丁公司W2型机器的市场销售价格总额由3 000 000元降为2 700 000元，但生产成本仍为2 800 000元，将B材料加工成W2型机器尚需投入1 600 000元，估计销售费用及税金为100 000元。

确定20×2年12月31日B材料的价值的步骤如下：

第一步，计算用该原材料所生产的产成品的可变现净值。

W2型机器的可变现净值=W2型机器估计售价-估计销售费用及税金

=2 700 000-100 000=2 600 000（元）

第二步，将用该原材料所生产的产成品的可变现净值与其成本进行比较。

W2型机器的可变现净值2 600 000元小于其成本2 800 000元，即B材料价格的下降表明W2型机器的可变现净值低于成本，因此B材料应当按可变现净值计量。

第三步，计算该原材料的可变现净值，并确定其期末价值。

$$\text{B材料的可变现净值}=\text{W2型机器的售价总额}-\text{将B材料加工成W2型机器尚需投入的成本}-\text{估计销售费用及税金}=2\,700\,000-1\,600\,000-100\,000=1\,000\,000\text{（元）}$$

B材料可变现净值1 000 000元小于其成本1 200 000元，因此B材料的期末价值应为其可变现净值1 000 000元，即B材料应按1 000 000元列示在20×2年12月31日的资产负债表的存货项目之中。

（三）成本与可变现净值孰低法的账务处理

1.存货跌价准备的提取条件

企业每期都应该重新确定存货的可变现净值，企业在定期检查时，如果发现以下情形之一，应当考虑计提存货跌价准备：（1）市价持续下降，并且在可以预见的未来无回升的希望；（2）使用该材料生产的产品的成本大于产品的销售价格；（3）因产品更新换代，原有的材料已不适应新产品的需要，而该材料的市场价格又低于其账面成本；（4）因商品或劳务过时或消费者偏好改变而使市场需求发生变化，导致市场价格逐渐下跌；（5）其他足以证明该项存货实质上已经发生减值的情形。

2.存货跌价准备的提取方法

（1）存货跌价准备应当按照单个存货项目计提。企业应当根据管理的要求及存货的特点，具体规定存货项目的确定标准。

（2）在某些情况下，比如，与具有类似目的或最终用途并在同一地区生产和销售的产品系列相关，且难以将其与该产品系列的其他项目区别开来进行估价的存货，可以合并计提存货跌价准备。存货具有类似目的或最终用途，并在同一地区生产和销售，意味着所处的经济环境、法律环境、市场环境等相同，具有相同的风险和报酬。因此，在这种情况下，可以对存货合并计提存货跌价准备。

（3）对于数量繁多、单价较低的存货，可以按存货类别计提存货跌价准备。

3.稳健性原则和实际成本原则对存货减值资金运动的影响

企业在根据成本与可变现净值孰低法的原则确定了期末存货的价值之后，应视具体的情况进行相关的账务处理：如果期末存货的成本低于可变现净值，则不需要进行账务处理，资产负债表中的存货仍按期末账面价值列示；如果期末存货的成本高于可变现净值，则必须在当期确认存货跌价损失，并进行相关的账务处理。

企业对存货减值所引起的资金运动分析，同固定资产减值准备的技术处理一样。“存货跌价准备”项目由此而生。其资金运动如图8-27中A段所示。

每一会计期末，企业首先应比较成本与可变现净值，从而确定存货是否存在减值；如果存在的话，存货减值了多少（即存货跌价准备期末应保留的金额）。然后将存货减值的金额与“存货跌价准备”项目已有的余额进行比较，若减值金额大于已提取的金额，则企业应予以补提（即存货跌价准备本期提取的金额），从而增加企业的当期费用，其资金运动如图8-27中的A段所示。若减值金额小于已提取的金额，则说明企业存货的价值有所恢复，则减记的金额应当予以恢复，企业则应冲销已提取的部分金额，其资金运动如图8-27中的B段所示。但企业存货价值的恢复金额应在原已计提的存货跌价准备的金额内予以转回，不得超过其金额。

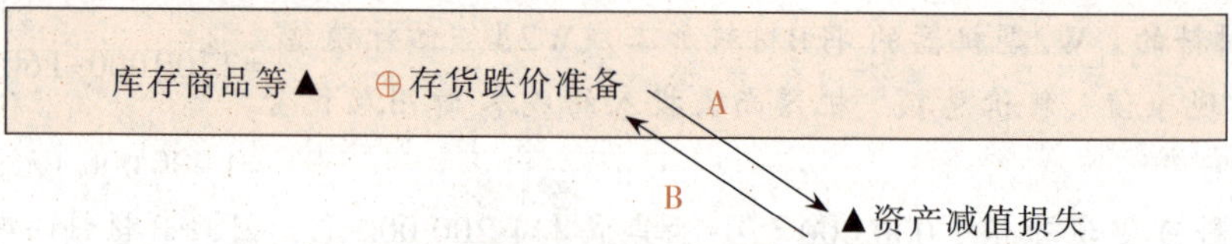

图8-27　存货减值业务资金运动分析图

存货减值提取理论分析

存货跌价准备仍然是资产项目，只不过是属于资产抵减项目。“存货跌价准备”抵减库存商品等存货的原价就可知道库存商品等存货的账面价值。

对于已经销售的存货而言，其已计提的存货跌价准备的处理主要有两种方法：(1) 随同每笔存货的销售成本一同结转，即调整主营业务成本或其他业务成本的金额，其资金运动如图8-28中B段所示；(2) 在已减值的存货销售时，其所提取的减值准备不一同结转，而是继续保留在存货跌价准备账上，通过企业在期末对其他相关存货进行减值处理时一并调整，即其减值准备的调整融在了企业期末正常的存货跌价准备的考量中。

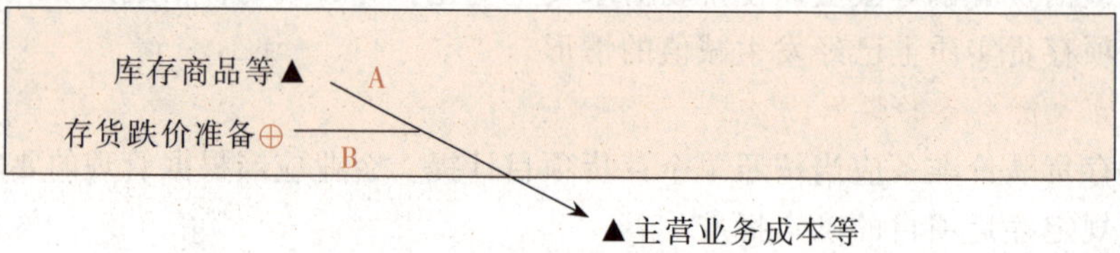

图8-28　已售存货的跌价准备处理资金运动分析图

【例8-25】甲公司采用“成本与可变现净值孰低法”进行存货的计价核算。假设企业存货在连续四年内的有关资料如下（在此前未发生减值情况，减值准备不随同存货出售而结转）。

(1) 该公司20×5年年末存货的账面成本为1 000 000元，预计可变现净值为800 000元，“存货跌价准备”科目的年初余额为零（见图8-29，A段）。

应计提的存货跌价准备为200 000元（1 000 000−800 000）。

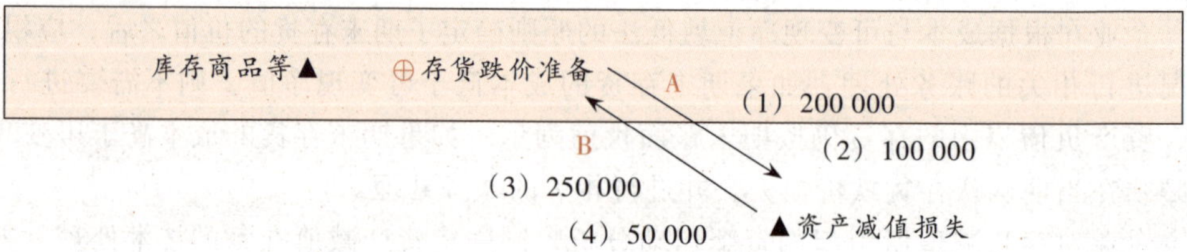

图8-29　甲公司资金运动分析图

借：资产减值损失　　200 000

　贷：存货跌价准备　　200 000

(2) 20×6年年末，存货成本为2 000 000元，其预计可变现净值为1 700 000元。

则应补提的存货跌价准备为100 000元（300 000−200 000）（见图8-29，A段）。

借：资产减值损失　　100 000

　贷：存货跌价准备　　100 000

(3) 20×7年年末，存货成本为400万元，其可变现净值为395万元（见图8-29，B段）。

则应冲减计提的存货跌价准备250 000元（300 000−50 000）。

借：存货跌价准备　　250 000

　贷：资产减值损失　　250 000

存货减值业务举例

（4）20×8年年末，存货成本为600万元，其可变现净值为610万元（见图8-29，B段）。

则应冲减已计提的存货跌价准备50 000元。

借：存货跌价准备　　50 000

　贷：资产减值损失　　50 000

【例8-26】公司期末结转已售产品成本100万元，其中已计提存货跌价准备5万元。假设其所提的减值准备在存货销售时一并结转。

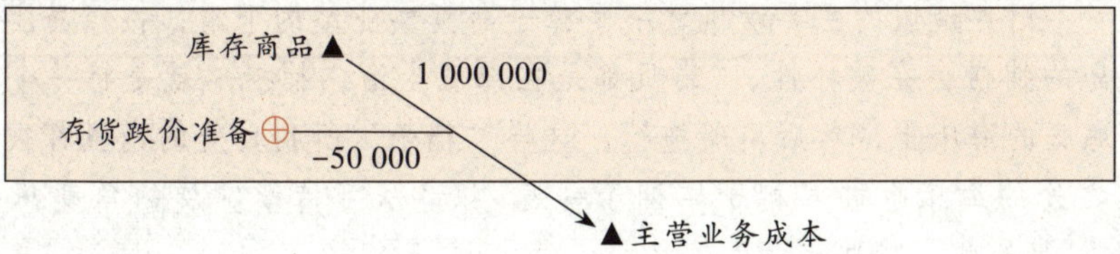

借：主营业务成本　　950 000

　　存货跌价准备　　50 000

　贷：库存商品　　1 000 000

思考题

1.存货的范围和基本特征是什么？

2.发出存货主要有哪几种方法？各自有什么优缺点？

3.存货按计划成本核算和按实际成本核算如何影响企业的账户设置？如何影响企业的会计核算？

4.职工薪酬的主要内容有哪些？哪些属于非货币性职工薪酬？

5.什么是短期薪酬？具体包括哪些内容？

6.什么是其他长期职工福利？如何进行会计处理？

7.存货清查过程中发生的盘盈、盘亏如何处理？

8.什么是成本与可变现净值孰低法？其如何影响存货的会计核算？

育德育人

獐子岛“扇贝事件”

自上市以来，獐子岛共上演了3次扇贝死亡或逃走的“事件”，分别发生在2014年、2017年、2019年。2019年证监会对獐子岛公司第二次扇贝死亡事件进行了调查。证监会借助北斗卫星导航系统，对獐子岛公司27条采捕船数百万条海上航行定位数据进行了分析，委托两家第三方专业机构运用计算机技术还原了采捕船的真实航行轨迹，复原了公司最近两年真实的采捕海域，进而确定实际采捕面积，并据此认定獐子岛公司成本、营业外支出、利润等存在虚假。

2020年6月25日，獐子岛以公告的形式发布了证监会对獐子岛（002069.SZ）的《行政处罚决定书》和《市场禁入决定书》，公告中披露了2016年和2017年獐子岛对业绩的虚报和对公司及其高层的处罚决定。根据该公告中所披露的信息，在2016年和2017年，獐子岛存在业绩造假行为。2016年獐子岛虚增1.3亿元净利润，2017年虚减2.7亿元净利润。对此，证监会决定对獐子岛处罚60万元，对共计16人进行了处罚或警告，其中包括董事长吴厚刚，以及除獐子岛镇大耗村村委会主任金显利以外的所有董事。同时，对吴厚刚、原常务副总裁梁峻采取终身市场禁入措施，对原公司财务总监勾荣、原董事会秘书兼副总裁孙福君分别采取5年证券市场禁入措施。

资料来源：孙吉正．业绩造假、董事长辞职 獐子岛“扇贝事件”真相浮现［EB/OL］．［2020-07-04］. https://baijiahao.baidu.com/s?id=1671246633170846076&wfr=spider&for=pc.

请思考：财务造假的主要动机之一是獐子岛真实业绩的下滑，按照岛上部分渔民的说法，獐子岛的捕捞存在破坏性，“扇贝都是在海底生活，捕捞船就是将一个类似耙子的拖网下放到海底的海床上，然后用船拖行，这样‘耙子’所到之处的扇贝都被耙到网里，同样，所到之处的海床也被‘耙子’翻了一遍。”请从可持续发展的角度想一想，獐子岛“扇贝事件”带给我们哪些启示？

第九章 销售环节资金运动分析与会计处理（上）——基本业务

学习目标

本章主要阐述了销售环节一般业务所引起的资金运动及其会计核算。通过本章的学习，要求了解日常活动和非日常活动的差异，了解费用与成本的界定及其划分标准，了解企业的各种税费及其对企业的影响；熟悉收入确认的标准，熟悉费用的构成，熟悉各种税费及其对企业当期损益的影响；掌握收入、费用等业务所引起的资金运动及其相应的会计处理。

第一节 销售环节资金运动综合分析

在不考虑增值税的情况下，企业销售环节资金运动整体流程如图 9-1 所示。

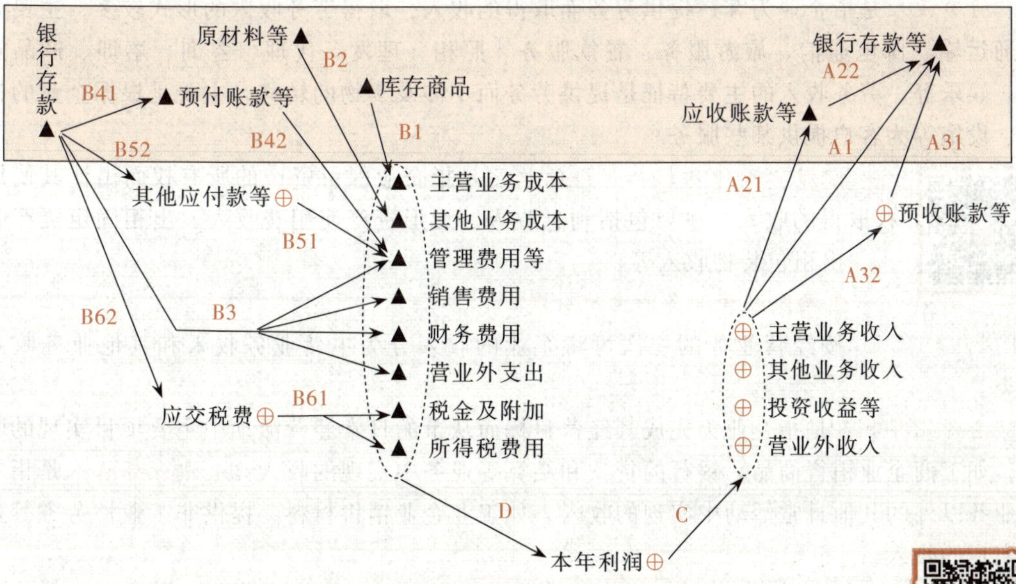

图 9-1 销售环节资金运动整体流程图

在考虑增值税的情况下，企业在确认收入的同时，还需要同步确认代国家收缴的增值税额。在企业代收但尚未代缴之前，就形成企业对国家的债务。对于增值税的处理，如果企业采用一般计税方法，该债务应记入“应交

销售环节资金运动整体分析

税费——应交增值税（销项税额）”项目；若采用简易计税方法的，则该债务应记入“应交税费——简易计税”项目；如果涉及投资收益的，则该债务应记入“应交税费——转让金融商品应交增值税”项目。其引起的资金运动如图9-2中B段所示。

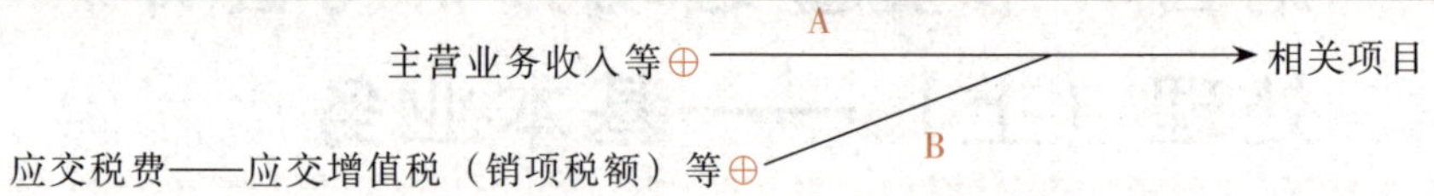

图9-2　销售环节增值税业务资金运动分析图

第二节　收入与费用的确认与计量

一、收入

收入，是指企业在日常活动中形成的、会导致所有者权益增加的、与所有者投入资本无关的经济利益的总流入。

（一）收入的分类

1.按照收入的性质分类

收入按其性质可分为销售商品收入、提供劳务收入和让渡资产使用权收入等。

销售商品收入是工商企业取得收入的主要形式，其主要特征是商品销售收入的取得，伴随有实物的转移。

劳务收入是指企业为客户提供劳务而取得的收入，取得劳务收入的形式较多，主要有交通运输、邮电通信、旅游服务、餐饮服务、照相、理发、代理、咨询、培训、产品安装、娱乐等。劳务收入的主要特征是提供劳务而不涉及实物的转移，主要是根据企业的技术、设施等为客户提供某些服务。

收入与费用的确认与计量

让渡资产使用权而获得的收入是指企业保留资产的所有权而出让其使用权取得的收入，主要包括利息收入、无形资产使用费收入、出租固定资产收入、出租包装物收入等。

2.按照经营业务的主次分类

按经营业务的主次可将企业的收入分为主营业务收入和其他业务收入两类。

主营业务收入是指企业为完成其经营目标而从事的日常经营活动中主要项目实现的收入，如工商企业销售商品、银行的贷款和结算等业务中实现的收入。其他业务收入是指主营业务以外的其他日常活动中实现的收入，如工业企业销售材料、提供非工业性劳务等业务实现的收入。

在实际工作中，主营业务收入和其他业务收入通常按其营业执照上注明的主营业务和兼营业务划分，即营业执照注明的主营业务所实现的收入即为主营业务收入，兼营业务实现的收入即为其他业务收入，但如果兼营业务量较大，而且是经常性业务，也可将此类业务划为主营业务。不同行业的主营业务收入所包括的内容不尽相同，如工业企业的主营业务收入主要包括：销售商品、自制半成品取得的收入，销售代制品、代修品的收入，提供工业性作业所取得的收入等；商品流通企业的主营业务主要包括销售商品取得的收入；旅游服务企业的主营业务收入包括客房收入、餐饮收入等。主营业务收入通常在企业全部收入中所占的比重较大。其他业务收入主要包括出租固定资产、无形资产，出租包装物和商品，以及销售材料等所实现的收入。其他业务收入在全部收入中所占的比重相对较小。

（二）收入的确认条件

企业应当在履行了合同中的履约义务，即客户取得相关商品（或服务）控制权时确认收入。取得相关商品（或服务）控制权，是指能够主导该商品（或服务）的使用并从中获得几乎全部的经济利益。

当企业与客户之间的合同同时满足下列条件时，企业应当在客户取得相关商品控制权时确认收入：(1) 合同各方已批准该合同并承诺将履行各自义务；(2) 该合同明确了合同各方与所转让商品或提供劳务（以下简称“转让商品”）相关的权利和义务；(3) 该合同有明确的与所转让商品相关的支付条款；(4) 该合同具有商业实质，即履行该合同将改变企业未来现金流量的风险、时间分布或金额；(5) 企业因向客户转让商品而有权取得的对价很可能收回。

在合同开始日即满足前款条件的合同，企业在后续期间无须对其进行重新评估，除非有迹象表明相关事实和情况发生重大变化。合同开始日通常是指合同生效日。

二、费用

（一）费用定义及分类

费用是与收入相对应的概念，它是指企业在日常活动中发生的，会导致所有者权益减少的，与向所有者分配利润无关的经济利益的总流出。费用有广义和狭义之分，广义的费用泛指企业各种日常活动所发生的耗费，狭义的费用则仅指与本期营业收入相配比的耗费。本书所指的费用通常属于狭义费用范畴。企业发生的费用，通常可按其经济用途和经济性质进行分类：

1.按经济用途分类

费用按经济用途可分为生产费用和期间费用两部分。生产费用按其计入的方式不同，还可分为直接费用和间接费用，直接费用包括直接材料、直接动力、直接人工等，间接费用主要指制造费用。期间费用主要包括销售费用、管理费用和财务费用等。

2.按经济性质分类

费用按经济性质可分为外购材料、外购燃料、外购动力、工资及福利费、折旧费用、利息支出、费用性税金以及其他支出等。

（二）费用的确认

费用应该按照权责发生制和配比原则确认。权责发生制原则要求，凡应属于本期负担的费用，无论款项是否已经支付，均确认为当期费用；反之，不属于本期的费用，即使款项已经支付，也不能确认为本期费用。

配比原则要求费用的确认以它与当期收入的合理关系为基础。具体地，费用和收入的内在联系表现为两方面：性质上的因果性和时间上的一致性。从因果性角度来看，费用应当是为了获取收入而发生的；从时间一致性角度来看，费用必须与同一时期的收入相配比，即本期费用与本期确认的收入相配比。

根据费用和收入配比关系，费用可以分为三类：(1) 直接与当期收入相联系的费用；(2) 与收入虽无直接联系但凭借某些基础可与当期收入相联系的费用；(3) 难以确定与某一期间收入联系与否的费用。

与此对应的，费用的配比原则也包括三项确认规则：(1) 直接配比，某些费用的发生与收入有直接因果关系，如商品销售成本，应直接与所确认的收入进行配比；(2) 系统合理地分摊，某些费用的发生额与收入存在间接关系，如固定资产的折旧费，由于固定资产的成本不能直接与特定期间的收入相对应，只能通过系统的摊销方法分摊到各个受益期；(3) 立即确认，如广告费，可以为企业取得长期经济效益，但很难确定某一会计期间获得的收入与哪一次（或几次）广告相关，实际的解决方法是将广告费直接作为当期费用处理。

(三) 划分费用界限

为了合理地确认当期费用，应划分如下费用界限：

1.资本性支出和收益性支出的界限

支出的效益影响多个会计年度的，应作为资本性支出，如购置固定资产的支出、对外长期投资的支出等；支出的效益只影响一个会计年度的，应作为收益性支出，如生产过程中的原材料消耗、直接人工消耗、制造费用及期间费用等均属收益性支出。企业发生的资本性支出，应采用折旧或摊销的方式计入产品成本或费用，而收益性支出则直接计入当期的成本或费用。如果将资本性支出计入收益性支出，其结果将是少计资产，而增加当期费用，最终导致当期利润大幅度下降；反之，将收益性支出计入资本性支出，则少计费用，多计资产，导致利润虚增，结果将导致超分配利润。无论哪种情形产生，均影响当期产品成本和费用的正确性。

2.计入产品成本的费用和不计入产品成本的费用的界限

工业企业发生的生产费用是多种多样的，有的可以直接计入产品成本，而有的费用则不能计入产品成本，只能计入相关的期间费用。如果将计入期间费用的生产费用计入产品成本将导致产品成本人为地增大；反之，将计入产品成本的费用计入期间费用，将导致人为地减少产品成本。

3.各个会计期间的费用界限

一般来说，企业应该按月计算产品成本，以便考核生产经营费用计划和产品成本计划的完成情况和结果。根据权责发生制的要求，必须划分各个月份的生产费用界限，即本月实际发生的应由本月负担的费用应当全部由本月负担，而不能由以后月份负担；本月发生的但需要由本月和以后月份负担的费用，只能作为“预付费用”处理，而不能作为当期费用；本月虽未支付，但需要由本月负担的费用，应作为负债处理。

4.各种产品应负担费用的界限

工业企业在产品生产过程中，有时可能是多种产品同时进行生产，其所发生的耗费相类似或相同，凡是能直接计入某个产品的费用，应直接计入相应产品的成本中，如果不能直接确认为某个产品的费用，则需要采用一定的方法将共同耗费的费用在不同产品间分配。生产费用在不同产品之间分配，亦称生产费用在不同成本计算对象间分配。

5.完工产品应负担的费用和在产品应负担费用的界限

在月末存在在产品的情况下，要正确计算本月完工产品的成本，就必须采用一定的方法将生产费用在完工产品和在产品之间进行分配。

（四）费用的计量

在多数情况下，费用的发生都有明确的数额，并有发生费用的原始凭证可以证明，在费用发生的凭证中如实记载了费用的发生情况。因此，费用的计量应以历史成本为依据，以企业实际发生的耗费进行计量。

第三节　销售环节结算业务资金运动分析与会计处理

一、应收票据业务资金运动分析与会计处理

（一）应收票据的概念与分类

应收票据是企业持有的、尚未到期兑现的商业汇票。应收票据按承兑人不同，分为商业承兑汇票和银行承兑汇票。商业承兑汇票由银行以外的付款人承兑，一般为出票人承兑，也可以是收款人出票交由付款人承兑。银行承兑汇票是由付款人签发，由付款人的开户银行承兑的票据。银行承兑汇票风险较小，商业承兑汇票则相对风险较大。

应收票据按是否计息，分为不带息商业汇票和带息商业汇票。不带息商业汇票是到期时承兑人只按票面金额（面值）向收款人或被背书人支付款项的汇票。带息商业汇票是到期时承兑人必须按票面金额加上应计利息向收款人或被背书人支付票款的汇票。目前，我国的商业汇票一般都是不带息票据。

为了记录企业应收票据的取得和回收情况，企业应设置“应收票据”账户，还应按不同的票据种类或不同的债务人设置明细账。企业还应设置“应收票据备查簿”，逐笔登记每一应收票据的种类、号数、出票日期、票面金额、票面利率、交易合同号、付款人、承兑人、背书人的姓名或单位名称、到期日、背书转让日、贴现日期、贴现率、贴现净额、未计提的利息，以及收款日期、收回金额、退票情况等资料，应收票据到期结清票款或退票后，应在备查簿内逐笔注销。

（二）应收票据的计价

由于我国的商业票据期限一般较短（6个月以内），如果用现值计价，不仅计算较麻烦，而且需对其折溢价进行逐期摊销，增加了核算的工作量，不符合成本效益原则。因此，应收票据一般按面值计价，即企业收到应收票据时，按票据的面值入账。如果是带息应收票据，还应于中期期末或年度终了，按应收票据的票面价值和确定的利率计提利息，计提的利息增加应收票据的账面价值。

应收票据业务理论分析

(三)应收票据所引起的资金运动具体分析

1.应收票据取得所引起的资金运动分析

企业因销售商品或提供劳务而收到应收票据，其所引起的资金运动如图9-3中A段所示。

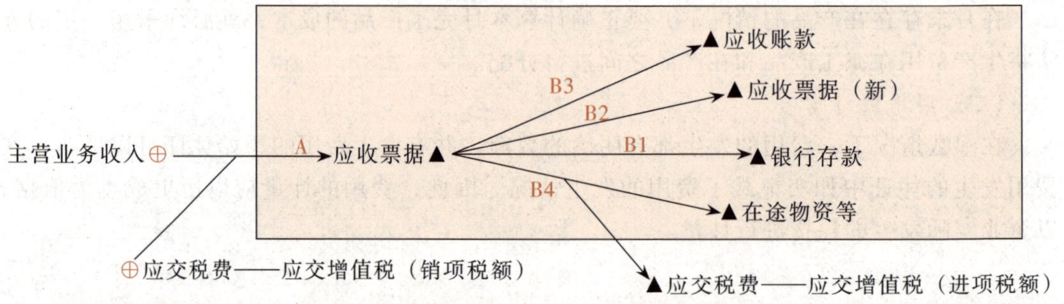

图9-3　应收票据一般业务资金运动分析图

2.带息应收票据利息所引起的资金运动分析

对于带息应收票据，企业应在中期期末和年度终了，按规定计提票据利息，并增加应收票据的账面价值，同时冲减财务费用。需要指出的是，到期不能收回的应收票据，应按其账面余额转入应收账款核算，期末不再计提利息，其所包含的利息在有关备查簿中进行登记，待实际收到时再冲减收到当期的财务费用。企业中期期末和年度终了计提利息所引起的资金运动如图9-4所示。

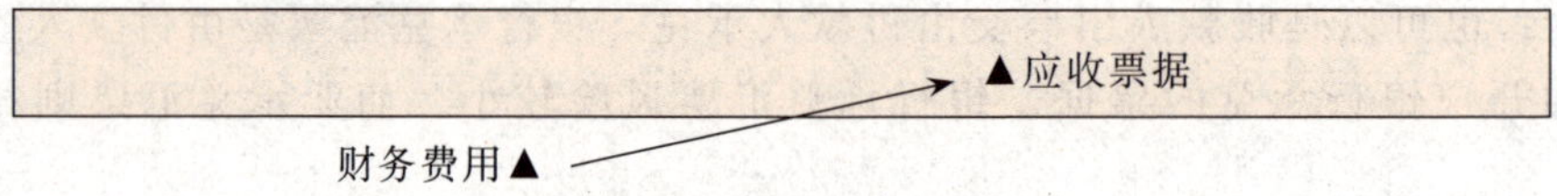

图9-4　带息应收票据利息确认资金运动分析图

3.应收票据到期所引起的资金运动分析

应收票据到期收回存入银行，其资金运动如图9-3中B1段所示；如到期没有收到银行存款，而是收到一张新的应收票据，其资金运动如图9-3中B2段所示；如到期出票人或承兑人都无法支付货款，企业没有如期收到银行存款或其他相关资产，企业需要将应收票据转为应收账款，其资金运动如图9-3中B3段所示。

4.应收票据的背书转让

应收票据转让是指持票人因偿还前欠货款、购买物资等原因，将未到期的商业汇票背书后转让给其他单位或个人的业务活动。背书是指持票人在票据背面签字，签字人称为背书人，背书人对票据的到期付款负连带责任。如果票据的背书转让无须负担连带责任（如几乎没有风险的银行承兑汇票等），其资金运动如图9-3中的B4段所示。

【例9-1】甲公司发生下列业务：

(1) 20×2年7月1日，向乙公司销售商品一批，货款为100 000元尚未收到，已办妥托收手续，适用的增值税税率为13%（见图9-5，A段）。

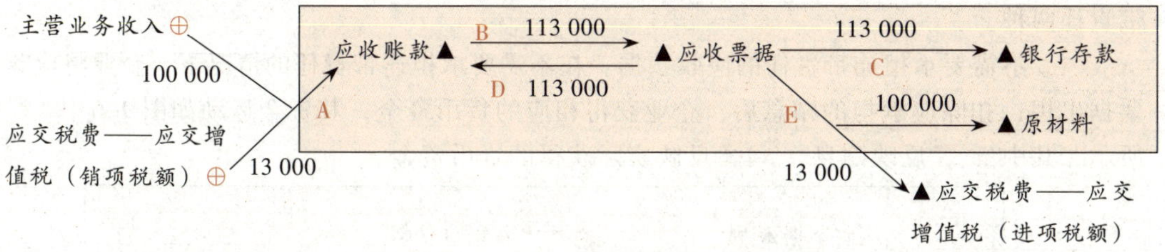

图9-5　甲公司资金运动分析图

借：应收账款　　113 000

　贷：主营业务收入　　100 000

　　应交税费——应交增值税（销项税额）　　13 000

（2）20×2年7月10日，收到乙公司寄来的一张3个月的商业承兑汇票，面值为113 000元，抵付产品货款（见图9-5，B段）。

借：应收票据　　113 000

　贷：应收账款　　113 000

应收票据业务举例

（3）20×2年10月10日，应收票据到期，收回票面金额113 000元存入银行（见图9-5，C段）。

借：银行存款　　113 000

　贷：应收票据　　113 000

（4）20×2年10月10日，若乙公司无力偿还票款，担保人也无力偿还（见图9-5，D段）。

借：应收账款　　113 000

　贷：应收票据　　113 000

（5）若甲公司于8月26日将上述应收票据背书转让，以取得生产经营所需的A材料，该材料的金额为100 000元，适用的增值税税率为13%。该材料已验收入库。甲公司背书后不负连带责任（见图9-5，E段）。

借：原材料　　100 000

　　应交税费——应交增值税（进项税额）　　13 000

　贷：应收票据　　113 000

5.应收票据的出售或贴现所引起的资金运动分析

按照中国人民银行《支付结算办法》的规定，实付贴现金额按票面价值扣除贴现日至汇票到期前一日的利息计算。承兑人在异地的，贴现利息的计算应另加3天的划款日期。票据贴现的有关计算公式如下：

票据到期价值=票据面值×（1+年利率×票据到期天数÷360）

或　　　　=票据面值×（1+年利率×票据到期月数÷12）

贴现息=票据到期价值×年贴现率×贴现天数÷360

贴现天数=贴现日至票据到期日实际天数−1（承兑人在异地的再加3天）

贴现所得金额=票据到期价值−贴现息

根据是否需要承担连带责任，应收票据的贴现分为不需要承担连带责任和需要承担连带责任两种。

（1）不需要承担连带责任的应收票据。在不需要承担连带责任的情况下，企业将应收票据出售，扣除应承担的贴息后，企业获得相应的货币资金，其资金运动如图9-6中A段所示，其中A1段反映贴息，A2段反映实际获得的货币资金。

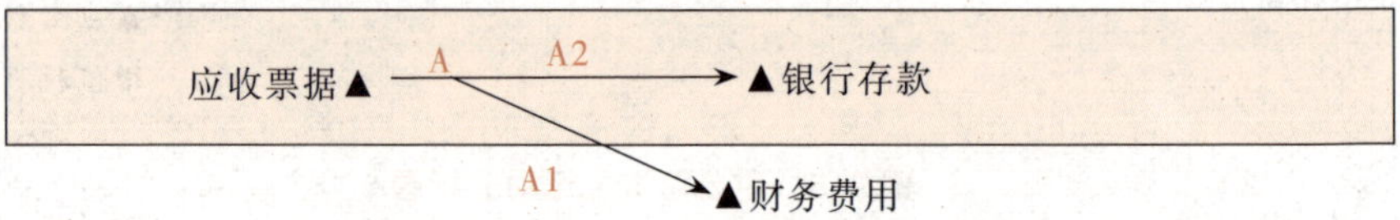

图9-6　应收票据贴现或出售资金运动分析图（不负连带责任）

应收票据贴现或出售理论分析

（2）需要承担连带责任的应收票据。在此情况下企业承担了该票据的最终风险，企业不应该冲销应收票据的账面价值，而应该将其作为抵押贷款处理。因此，当企业将该票据贴现时，企业相当于获得了一笔以应收票据作为抵押的短期借款，在扣除贴息后企业获得了相应的货币资金，其资金运动如图9-7中A段所示。当票据到期，银行收到出票人或承兑人所支付的票款时，企业所承担的连带责任自动消除，企业应以应收票据冲销短期借款，其资金运动如图9-7中B段所示。如票据到期，出票人或承兑人无力支付，银行就会将票据退回申请贴现的企业，同时从本贴现企业的账户中将票据款划回；同时，贴现企业应将所收票据转作应收账款，其资金运动如图9-7中C1、C2段所示；如果申请贴现企业的银行存款账户余额也不足的话，那么银行会将该款项作为逾期贷款处理，企业只需要将应收票据转为应收账款即可，其资金运动如图9-7中D段所示。

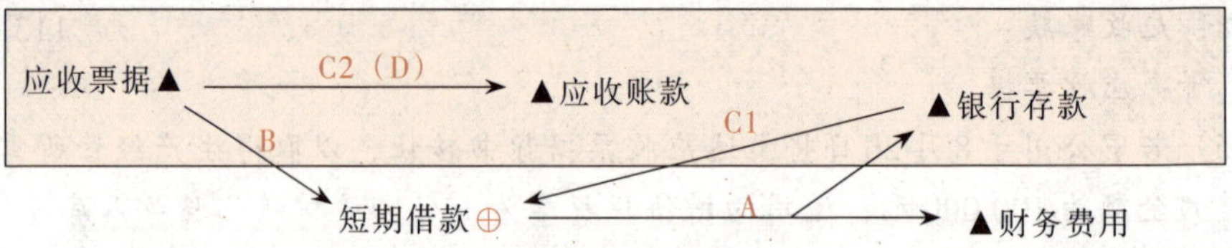

图9-7　应收票据贴现或出售资金运动分析图（负连带责任）

【例9-2】乙公司于20×2年3月1日取得一张面值为113 000元、3个月到期的不带息商业汇票（含增值税，增值税税率为13%）。乙公司于20×2年4月1日贴现，分无追索权与有追索权两种情况，票据到期时分出票人有能力付款和无能力付款两种情况（此处假定每月月末均为资产负债表日）。

第一种情况：无追索权。

（1）20×2年3月1日取得商业汇票（见图9-8，A段）。

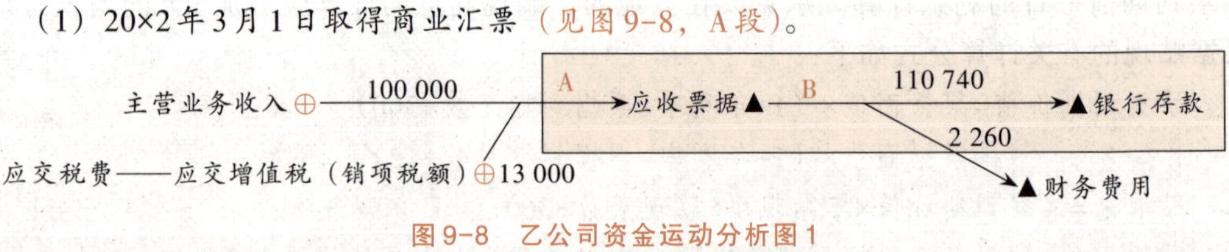

图9-8　乙公司资金运动分析图1

借：应收票据　113 000

　贷：主营业务收入　100 000

　　　应交税费——应交增值税（销项税额）　13 000

（2）20×2年4月1日贴现，假设贴息为2 260元（见图9-8，B段）。

借：银行存款　　110 740

　　财务费用　　2 260

　贷：应收票据　　113 000

应收票据贴现或出售业务举例

（3）20×2年6月1日所出售的票据到期，但该票据已与本企业无关。

第二种情况：有追索权。

（1）20×2年3月1日取得商业汇票（见图9-9，A段）。

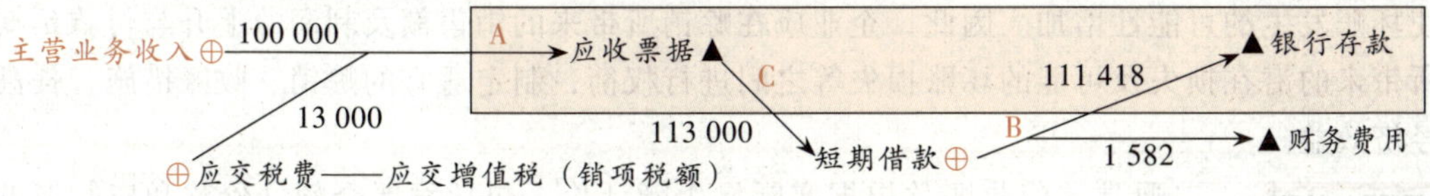

图9-9　乙公司资金运动分析图2

借：应收票据　　113 000

　贷：主营业务收入　　100 000

　　　应交税费——应交增值税（销项税额）　　13 000

（2）20×2年4月1日贴现，假设贴现息为1 582元（见图9-9，B段）。

借：银行存款　　111 418

　　财务费用　　1 582

　贷：短期借款　　113 000

（3）20×2年6月1日到期，对方正常还款（见图9-9，C段）。

借：短期借款　　113 000

　贷：应收票据　　113 000

（4）对方无法还款，贴现公司存款余额充足（见图9-10，A、B段）。

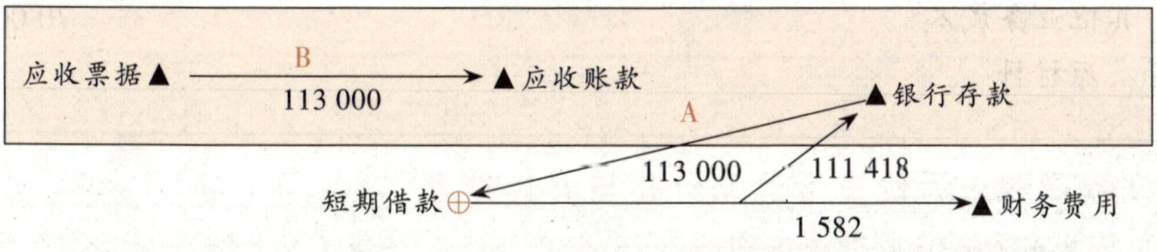

图9-10　乙公司资金运动分析图3

借：短期借款　　113 000

　贷：银行存款　　113 000

借：应收账款　　113 000

　贷：应收票据　　113 000

（5）对方无法还款，贴现公司存款余额不足（见图9-11，A段）。

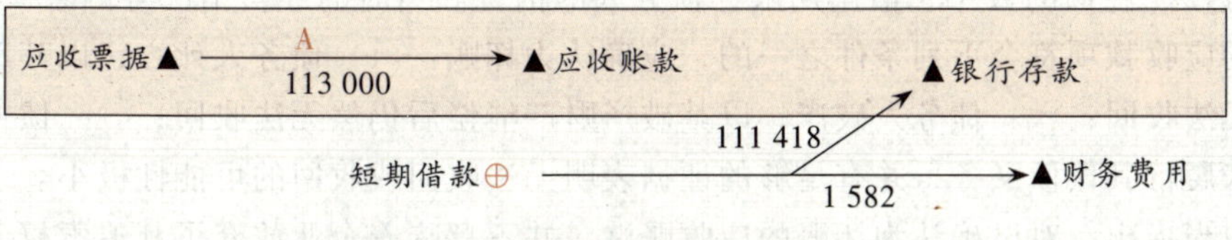

图9-11　乙公司资金运动分析图4

借：应收账款　　113 000

　贷：应收票据　　113 000

二、应收账款业务资金运动分析与会计处理

应收账款指企业因销售商品、产品或提供劳务等，应向购货客户或接受劳务客户收取的款项。在赊销业务中，企业提供了产品或劳务而不立即收取现款，实质上是向购货企业提供了一笔无息短期贷款，是企业的一项损失。同时，赊销既增加了以后的收账成本，也使坏账发生的可能性增加。因此，企业应在赊销所带来的销售额及利润的上升与付款延期所带来的潜在损失及可能的坏账损失等之间进行权衡，制定适宜的赊销、收账措施，提高经济效益。

应收账款业务

通常，应收账款根据实际发生额计价，包括发票金额（价款和应收取的增值税额）和代购货单位垫付的运杂费两个部分。如果发生商业折扣和现金折扣，在计量应收账款时还需分别考虑。

【例 9-3】20×3 年 1 月 23 日，甲公司销售多余材料，售价 80 000 元，增值税税率为 13%，该材料成本为 70 000 元，货款尚未收到。

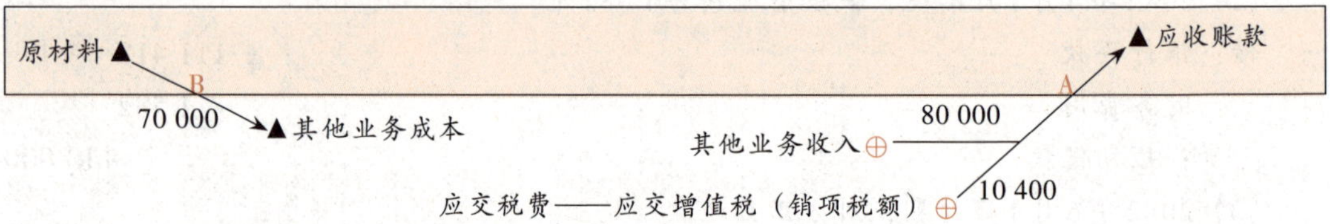

借：应收账款　　90 400

　贷：其他业务收入　　80 000

　　　应交税费——应交增值税（销项税额）　　10 400

借：其他业务成本　　70 000

　贷：原材料　　70 000

三、应收款项期末计价资金运动分析与会计处理

（一）信用风险对应收款项的影响

商品经济条件下，商业信用客观存在。激烈的市场竞争必然使那些管理不善、扭亏无望、无力偿债的企业破产，从而使债权人面临着难以收回应收账款的风险。在会计上，将不能收回的应收账款称为坏账或呆账。坏账是指企业无法收回或收回的可能性极小的应收账款。由于发生坏账而产生的损失，称为坏账损失。

企业确认坏账时，应遵循财务报告的目标和会计核算的基本原则，具体分析各应收账款的特性、金额的大小、信用期限、债务人的信誉和当时的经营情况等因素。一般来讲，企业的应收款项符合下列条件之一的，应确认为坏账：(1) 债务人死亡，以其遗产清偿后仍然无法收回；(2) 债务人破产，以其破产财产清偿后仍然无法收回；(3) 债务人较长时间内未履行其偿债义务，并有足够的证据表明无法收回或收回的可能性极小。

应当指出，对已确认为坏账的应收账款，并不意味着企业放弃了其追索权，一旦重新

收回，应及时入账。

（二）坏账损失的核算方法

对于坏账损失的核算方法有两种：直接转销法和备抵法。

直接转销法是指在实际发生坏账时，确认坏账损失，计入期间费用，同时注销该笔应收账款的方法。直接转销法的优点是账务处理简单，但是这种方法忽视了坏账损失与赊销业务的联系，在转销坏账损失的前期，对于坏账的情况不做任何处理，显然不符合权责发生制及收入与费用相配比的会计原则，而且核销手续繁杂，致使企业发生大量陈账、呆账、长年挂账，虚增了前期利润，也夸大了前期资产负债表上应收账款的可实现价值，因而也违背了会计的稳健性原则。因此，我国现行的企业会计准则取消了这种方法。

稳健性原则要求在会计核算中充分考虑应收账款中因无法收回而给企业造成损失的可能性。应收账款应按其实际可以回收的净额计量。稳健性等原则要求企业在坏账的处理上选用备抵法。备抵法下，在资产负债表日，企业应收款项在未来整个存续期内预计会发生信用减值的，应将该应收款项减记至预计未来现金流量现值，减记的金额确认减值损失，计提坏账准备。短期应收款项的预计未来现金流量与其现值相差很小的，在确定相关预期信用减值损失时，可不对其预计未来现金流量进行折现。

提取坏账准备的对象主要是应收账款和其他应收款。对于预付账款，如有确凿证据表明其不符合预付账款性质，或者因供货单位破产、撤销等原因已无望再收到所购货物的，也应该按规定计提坏账准备；对于应收票据，企业持有的未到期应收票据，如有确凿证据证明其不能收回或收回的可能性不大时，应将其账面余额转入应收账款，并计提相应的坏账准备。

备抵法的优点：一是预计不能收回的应收账款可作为坏账损失及时计入费用，能较好地贯彻权责发生制原则、稳健性原则和配比原则，避免企业虚增利润；二是在报表上列示应收账款可实现净额，使报表阅读者能更好地了解企业真实的财务状况；三是有利于企业加速资金周转，提高经济效益。

企业对于不能收回的应收款项应查明原因，追究责任。对有确凿证据表明确实无法收回的应收账款，如债务单位已撤销、破产、资不抵债、现金流量严重不足等，根据企业的管理权限，经股东大会或董事会，或经理（厂长）办公会或类似机构批准作为坏账损失，冲销提取的坏账准备。

（三）坏账准备的计量

采用备抵法要按期估计预期信用损失。对于应收账款的预期信用损失，企业可采用简便方法进行估计。企业可参照历史信用损失经验，编制应收账款逾期天数与固定准备率对照表（若未逾期为1%；若逾期不到30日为2%；若逾期天数为30~90（不含）日，为3%；若逾期天数为90~180（不含）日，为20%等），以此为基础计算预期信用损失，即账龄分析法。如果企业的历史经验表明不同细分客户群体发生损失的情况存在显著差异，那么企业应当对客户群体进行恰当的分组，在分组的基础上运用上述简便方法。企业可用于对资产进行分组的标准可能包括：地理区域、产品类型、客户评级、担保物以及客户类型（如批发和零售客户）。企业还可采用应收账款余额百分比和赊销净额百分比计量坏账准备。

其具体的使用方法参见《会计学原理》[①]一书中资产计价部分，本处略。

（四）备抵法所引起的资金运动分析

应收款项减值业务理论分析

企业需要遵守会计的稳健性原则，将企业应收款项中可能存在的损失计入相关的费用之中，从而更加真实、稳妥地反映应收款项当前的现行价值，提高其决策有用性。同时，企业又需要遵守会计的实际成本原则，确保应收款项历史成本数据的完整性、可核实性。为了能同时遵守这两个原则，企业需要对应收款项减值所引起的资金运动进行必要的技术处理，其技术处理同固定资产折旧的技术处理一样。其处理的基本思路是：借助“会计沙盘模型”对应收款整个价值量进行固化处理；当其发生减值时，其减值所应转出的资金量从已固化的应收款的下方流出，被固化的应收款沙坑等量下陷；在某一时刻，当把模型上已经固化的应收款从其下陷的地方挪开时，就会在原来下陷的地方出现一个新的沙坑（⊕），这个沙坑就代表应收款发生减值的价值。“坏账准备”项目由此而生。其资金运动如图9-12中A段所示。

每一会计期末，企业首先应确定应收款项是否存在减值；如果存在的话，应确认应收款项减值了多少（即坏账准备期末应保留的金额）。然后将应收款项减值的金额与“坏账准备”项目已有的余额进行比较，若减值金额大于已提取的金额，企业经应予补提（即坏账准备本期提取的金额），从而增加企业的当期费用，其资金运动如图9-12中的A段所示；若减值金额小于已提取的金额，则说明企业应收款项的价值有所恢复，则减记的金额应当予以恢复，企业则应冲销已计提的部分金额，其资金运动如图9-12中的B段所示。

当企业实际发生坏账时，将已确认为坏账的应收款项冲销坏账准备，其资金运动如图9-12中C段所示；如原作为坏账冲销的应收款项重新收回，企业有两种处理方法：一种首先更正原来作为坏账冲销的处理，然后再作为正常的应收款收回处理，其资金运动如图9-12中D11、D12段所示；另一种处理就是采取简化措施，直接调整坏账准备与银行存款，其资金运动如图9-12中的D2段所示。

应收款项减值资金运动分析

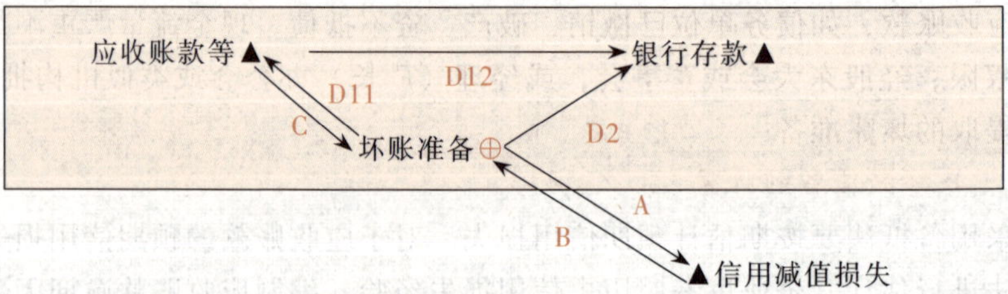

图9-12　应收款项减值资金运动分析图

从会计沙盘模型上看，坏账准备的表现形式与资产的表现形式不一样，但其仍然是资产项目，属于资产抵减项目。“坏账准备”抵减应收款项的原价就可知道应收款项的账面价值。

“信用减值损失”项目是一个费用项目。该项目专门用来反映金融资产因预期信用减值可能带来的损失，该项目期末应全部结转到“本年利润”项目，其期末余额为零。

---

① 施先旺，龚翔.会计学原理［M］. 3版. 大连：东北财经大学出版社，2024.

【例 9-4】丙公司在一定时期内连续发生与坏账准备相关的经济业务如下：

应收款项减值业务举例

（1）20×2 年 12 月 31 日，公司应收账款余额为 400 万元，估计坏账损失率为 1%。“坏账准备”账户期初余额为零（见图 9-13，A 段）。

借：信用减值损失　　40 000

　贷：坏账准备　　40 000

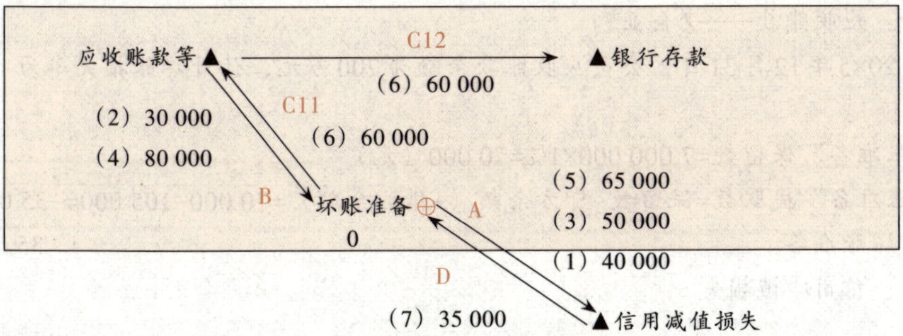

图 9-13　丙公司资金运动分析图

（2）20×3 年 10 月 30 日，公司一笔价值为 30 000 元的应收款（X 企业）经确认无法收回，作为坏账冲销准备金（全年仅此一笔相关业务）（见图 9-13，B 段）。

借：坏账准备　　30 000

　贷：应收账款——X 企业　　30 000

（3）20×3 年 12 月 31 日，公司应收账款余额为 600 万元，估计坏账率为 1%（见图 9-13，A 段）。

“坏账准备”的保留数=6 000 000×1%=60 000（元）

“坏账准备”的提取数=保留数-贷方余额（或者“+借方余额”）

=60 000-10 000=50 000（元）

借：信用减值损失　　50 000

　贷：坏账准备　　50 000

（4）20×4 年 8 月 21 日，公司一笔价值为 80 000 元的应收款（Y 企业）经确认无法收回，冲销准备金（全年仅此一笔相关业务）（见图 9-13，B 段）。

借：坏账准备　　80 000

　贷：应收账款——Y 企业　　80 000

（5）20×4 年 12 月 31 日，公司应收账款余额为 450 万元，估计坏账损失率为 1%（见图 9-13，A 段）。

“坏账准备”的保留数=4 500 000×1%=45 000（元）

“坏账准备”的提取数=保留数-贷方余额（或者“+借方余额”）

=45 000+20 000=65 000（元）

借：信用减值损失　　65 000

　贷：坏账准备　　65 000

（6）20×5 年 4 月 5 日，公司一笔原已确认为坏账的 60 000 元货款（Z 企业）现重新收回，款项已存入银行（全年仅此一笔相关业务）（见图9-13，C11、C12段）。

重新确认应收账款：

借：应收账款——Z企业　　60 000

　贷：坏账准备　　60 000

反映应收账款的收回：

借：银行存款　　60 000

　贷：应收账款——Z企业　　60 000

（7）20×5年12月31日，公司应收账款余额为700万元，估计坏账损失率为1%（见图9-13，D段）。

"坏账准备"保留数=7 000 000×1%=70 000（元）

"坏账准备"提取数=保留数-贷方余额（+借方余额）=70 000-105 000=-35 000（元）

借：坏账准备　　35 000

　贷：信用减值损失　　35 000

第四节　销售环节费用确认段资金运动分析与会计处理

费用包括企业日常活动所发生的经济利益的总流出，主要是指企业为取得营业收入进行产品销售等营业活动所发生的营业成本、税金及附加和期间费用。企业为生产产品、提供劳务等发生的可归属于产品成本、劳务成本等的费用，应当在确认销售产品收入、提供劳务收入等时，将已销售商品、已提供劳务的成本确认为营业成本（包括主营业务成本和其他业务成本）。期间费用主要包括销售费用、管理费用和财务费用。

知识点自测

一、常规费用确认资金运动分析与会计处理

（一）营业成本业务会计处理

营业成本是指企业为生产产品、提供劳务等发生的可归属于产品成本、劳务成本等的费用，企业应当在确认商品销售收入、提供劳务收入等时，将已销售商品、已提供劳务的成本等计入当期损益。营业成本包括主营业务成本和其他业务成本。

1.主营业务成本

主营业务成本是指企业销售商品、提供劳务等经常性活动所发生的成本。企业一般在确认销售商品、提供劳务等主营业务的收入时，或在月末，将已销售商品、已提供劳务的成本转入主营业务成本。企业应该设置"主营业务成本"账户，用以核算企业因销售商品、提供劳务等日常活动而发生的实际成本，该账户按主营业务的种类进行明细核算。企业结转已销售商品或提供劳务成本时，其所引起的资金运动如图9-14中A段所示。期末，将主营业务成本的余额转入"本年利润"账户时，其所引起的资金运动如图9-14中B段所示。结转后，该账户无余额。

图 9-14　主营业务成本业务资金运动分析图

2.其他业务成本

其他业务成本是指企业确认的除主营业务活动之外的其他日常经营活动所发生的支出。其他业务成本包括销售材料的成本、出租固定资产的折旧费、出租无形资产的摊销费、出租包装物的成本或摊销额等。采用成本模式计量投资性房地产的，其投资性房地产计提的折旧额或摊销额也构成其他业务成本。

企业应设置“其他业务成本”账户，用以核算企业确认的除主营业务活动之外的其他日常经营活动所发生的支出。“其他业务成本”账户按其种类进行明细分类核算。企业发生其他业务成本时，其所引起的资金运动如图 9-15 中 A 段所示。期末，将其他业务成本的余额转入“本年利润”账户时，其所引起的资金运动如图 9-15 中 B 段所示。结转后，该账户无余额。

营业成本业务理论分析

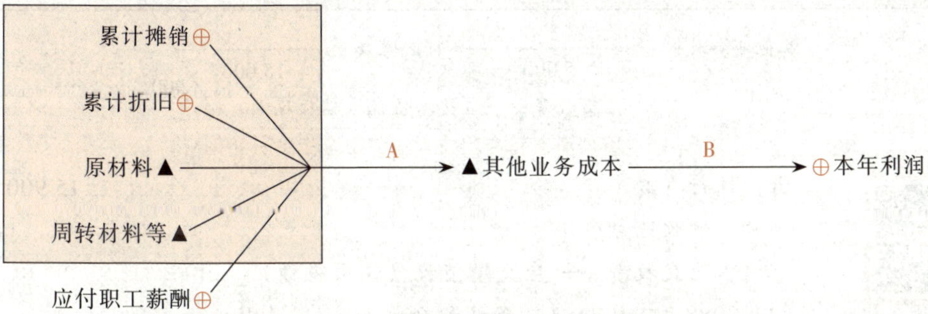

图 9-15　其他业务成本业务资金运动分析图

【例 9-5】20×8 年 10 月 10 日，甲公司销售商品领用单独计价的包装物的实际成本为 30 000 元，开具的增值税专用发票上注明的价款为 50 000 元，增值税税款为 6 500 元，款项已由银行收妥。企业销售商品领用单独计价包装物属于销售商品和销售包装物两项履约义务，且属于在某一时点履行的履约义务。销售商品业务略。

（1）20×8 年 10 月 10 日，出售包装物。（见图 9-16，A 段）

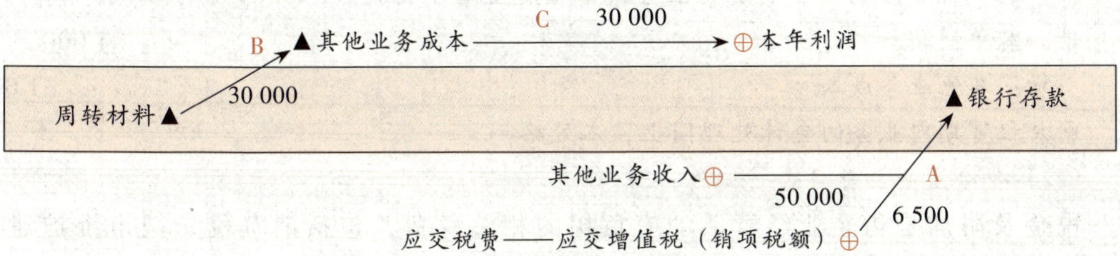

图 9-16　甲公司销售包装物业务资金运动分析图

借：银行存款　　56 500

　贷：其他业务收入　　50 000

　　应交税费——应交增值税（销项税额）　　6 500

结转出售包装物成本。（见图9-16，B段）

借：其他业务成本　　30 000

　贷：周转材料——包装物　　30 000

（2）期末，将其他业务成本结转至本年利润。（见图9-16，C段）

借：本年利润　　30 000

　贷：其他业务成本　　30 000

【例9-6】20×8年1月1日，甲公司将自行开发完成并申请获得专利许可的专利技术出租给乙公司，该专利技术成本为120 000元（可使用10年）。双方约定的租赁期为2年，租期为20×8年1月1日至20×9年12月31日，其租金支付方式为每季度的第一天支付本季度租金15 000元及增值税税款900元。甲公司每月应摊销专利技术费1 000元。

（1）20×8年1月1日，收到第一季度租金及增值税税款。（见图9-17，A段）

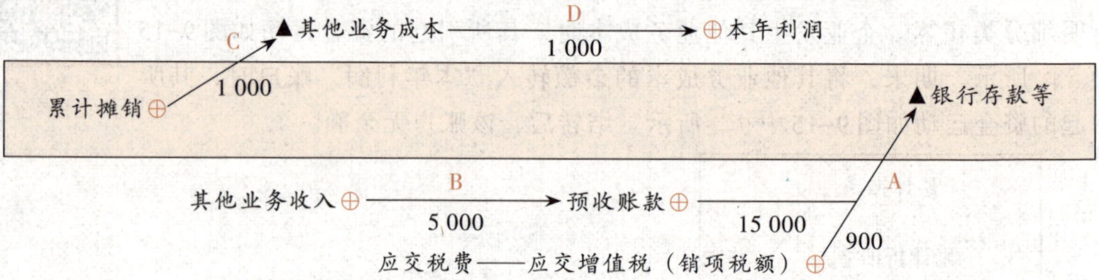

图9-17　甲公司出租专利技术业务资金运动分析图

营业成本业务举例

借：银行存款　　15 900

　贷：预收账款　　15 000

　　应交税费——应交增值税（销项税额）　　900

（2）20×8年1月31日，确认租金收入。（见图9-17，B段）

借：预收账款　　5 000

　贷：其他业务收入　　5 000

（3）20×8年1月31日，结转出租专利技术的成本。（见图9-17，C段）

借：其他业务成本　　1 000

　贷：累计摊销　　1 000

（4）20×8年1月31日，将其他业务成本结转至本年利润。（见图9-17，D段）

借：本年利润　　1 000

　贷：其他业务成本　　1 000

剩余租赁期内业务的会计处理同上，本处略。

（二）税金及附加业务会计处理

税金及附加是指企业经营活动应负担的相关税费，包括消费税、城市维护建设税、教育费附加、资源税、土地增值税、房产税、城镇土地使用税、车船税、印花税等。

企业应当设置“税金及附加”账户，用以核算企业经营活动中所发生的相关税费。企业按规定计算确定与经营活动有关的相关税费，其所引起的资金运动如图9-18中A段所示。企业缴纳税费时，其所引起的资金运动如图9-18中B段所示。期末，将税金及附加的余额转入“本年利润”账户，其所引起的资金运动如图9-18中C段所示。结转后，该账户无余额。企业缴纳的印花税，不会发生应付未付税款的情况，不需要预计应纳税金额，同时也不存在与税务机关结算或者清算的问题。因此，企业缴纳印花税时，不需要通过“应交税费”账户，而是直接记入“税金及附加”账户，其所引起的资金运动如图9-18中D段所示。

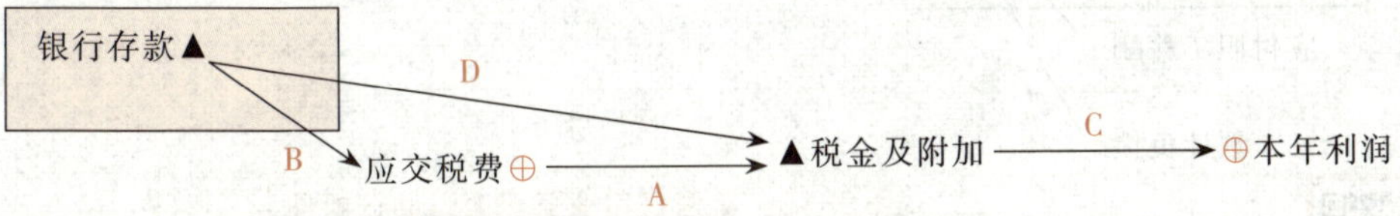

图9-18　税金及附加业务资金运动分析图

（三）期间费用业务会计处理

期间费用是指企业日常经营活动发生的、不能计入特定核算对象的成本，而应该计入发生当期损益的费用。

期间费用是企业日常活动中所发生的经济利益的流出，通常不计入特定的成本核算对象，是因为期间费用是企业为组织和管理整个经营活动所发生的费用，与可以确定特定成本核算对象的材料采购、产成品生产等没有直接关系，因而期间费用不计入有关核算对象的成本，而是直接计入当期损益。

期间费用包含以下两种情况：（1）企业发生的不符合或者不再符合资产确认条件的支出，应当在发生时确认为费用，计入当期损益。（2）企业发生的交易或者事项导致其承担了一项负债，而又不能确认为一项资产的，应当在发生时确认为费用，计入当期损益。期间费用主要包括销售费用、管理费用和财务费用。

1.销售费用

销售费用是指企业在销售产品、提供劳务等日常经营过程中发生的各项费用以及专设销售机构的各项经费，主要包括：因销售产品而发生的运输费、包装费、装卸费、保险费、销售佣金和代销手续费等；为推销产品所支付的宣传费、广告费等；企业的产品参加展览和展销活动而发生的费用；专设销售机构（含销售网点、售后服务网点等）所发生的人员工资及福利费、折旧费、修理费、物料消耗、办公费、差旅费、低值易耗品摊销等费用。企业发生的与专设销售机构相关的固定资产维修费用等后续支出也属于销售费用。

销售费用是与企业销售商品活动有关的费用，但不包括销售商品、提供劳务本身的成本，该成本属于主营业务成本或其他业务成本。

企业应设置“销售费用”账户，用以核算销售费用的发生和结转情况，该账户应按照销售费用的具体项目进行明细核算。当企业发生各种销售费用时，其所引起的资金运动如图9-19中A段所示。期末将销售费用的余额转入“本年利润”账户时，其所引起的资金运动如图9-19中B段所示。结转后，该账户无余额。涉及增值税的，允许抵扣的要作为进项税额单列，不允许抵扣的要合并在销售费用之中。

税金及附加和销售费用业务理论分析

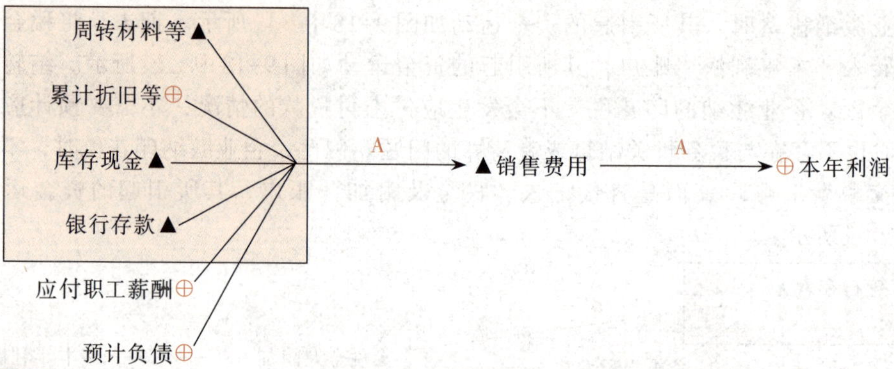

图9-19　销售费用业务资金运动分析图

销售费用业务举例

【例9-7】甲公司为增值税一般纳税人。

（1）20×8年9月1日，为宣传新产品发生广告费，取得的增值税专用发票上注明的价款为300 000元，增值税税款为18 000元。所有款项均以银行存款支付。（见图9-20，A段中（1））

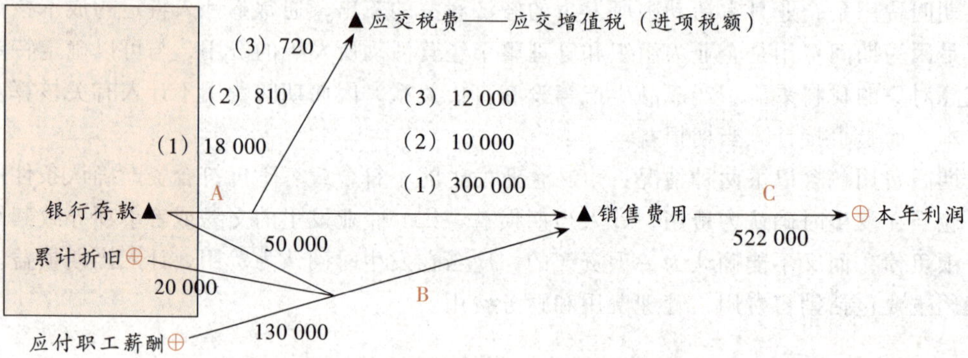

图9-20　甲公司销售费用业务资金运动分析图

借：销售费用——广告费　　300 000
　　应交税费——应交增值税（进项税额）　　18 000
　贷：银行存款　　318 000

（2）20×8年9月10日，甲公司销售一批产品，取得的增值税专用发票上注明的运输费为9 000元，增值税税款为810元，取得的增值税普通发票上注明的装卸费为1 000元，上述款项全部以银行存款支付。（见图9-20，A段中（2））

借：销售费用——运杂费　　10 000
　　应交税费——应交增值税（进项税额）　　810
　贷：银行存款　　10 810

（3）20×8年9月15日，甲公司以银行存款支付所销产品的保险费合计12 720元，取得的增值税专用发票上注明的保险费为12 000元，增值税税款为720元。（见图9-20，A段中（3））

借：销售费用——保险费　　12 000
　　应交税费——应交增值税（进项税额）　　720
　贷：银行存款　　12 720

（4）20×8年9月，甲公司销售部门共发生费用200 000元，其中应付销售人员薪酬130 000元，销售部门专用办公设备和房屋的折旧费共计20 000元，业务费50 000元（全部以银行存款支付）。假设不考虑其他因素。（见图9-20，B段）

借：销售费用　　200 000
　贷：银行存款　　50 000
　　累计折旧　　20 000
　　应付职工薪酬　　130 000

（5）20×8年9月30日，企业将本期的销售费用522 000元全部结转至“本年利润”账户。（见图9-20，C段）

借：本年利润　　522 000
　贷：销售费用　　522 000

2.管理费用

管理费用是指企业行政管理部门为管理和组织企业经营管理活动发生的各项费用，包括：企业在筹建期间内发生的开办费；董事会和行政管理部门在企业的经营管理中发生的或应由企业统一负担的公司经费（包括企业行政管理人员的职工薪酬、差旅费、办公费、折旧费、修理费、物料消耗、低值易耗品摊销及其他公司经费）；行政管理部门负担的工会经费、董事会费（包括董事会成员津贴、会议费和差旅费等）、聘请中介机构费、咨询费（含顾问费）、审计费、诉讼费、绿化费；技术转让费，研发费用，无形资产摊销，业务招待费，存货盘亏、毁损和报废（减盘盈），企业生产车间和行政管理部门等发生的固定资产修理费用等。

企业应设置“管理费用”账户，用以核算管理费用的发生和结转情况，该账户应按照其具体项目进行明细核算。商品流通企业管理费用不多的，可不设“管理费用”账户，相关核算内容可以并入“销售费用”账户核算。

管理费用业务理论分析

当企业发生各种管理费用时，其所引起的资金运动如图9-21中A段所示。期末将管理费用的余额转入“本年利润”账户时，其所引起的资金运动如图9-21中B段所示。结转后，该账户无余额。涉及增值税的，允许抵扣的要作为进项税额单列，不允许抵扣的要合并在管理费用之中。

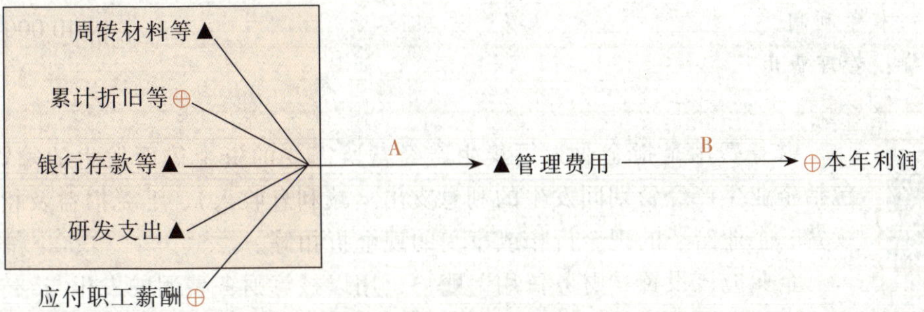

图9-21　管理费用业务资金运动分析图

【例9-8】甲公司为增值税一般纳税人。

（1）20×8年9月10日，甲公司管理部门发生差旅费，取得的增值税专用发票上注明的住宿费为30 000元，增值税税款为1 800元，已用银行存款支付。（见图9-22，A段）

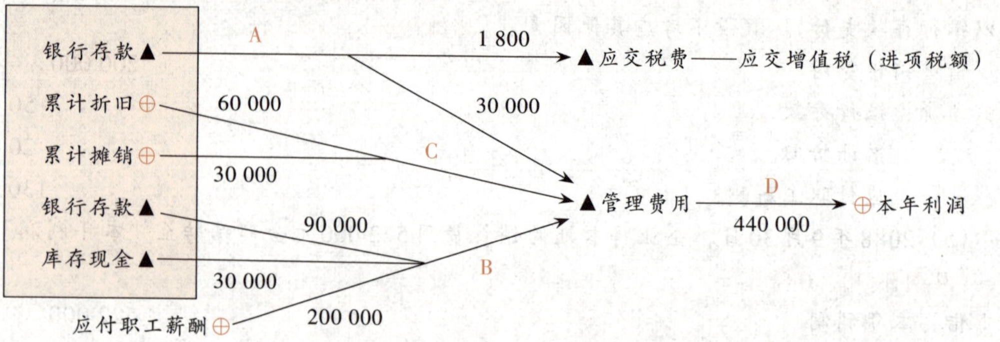

图9-22　甲公司管理费用业务资金运动分析图

借：管理费用——差旅费　30 000
　　应交税费——应交增值税（进项税额）　1 800
　贷：银行存款　31 800

管理费用业务举例

（2）20×8年9月，甲公司本月共发生管理费用320 000元，其中应付行政管理人员薪酬200 000元，以现金支付各种办公费用30 000元，以银行存款支付水电费、其他办公费用90 000元。（见图9-22，B段）

借：管理费用　320 000
　贷：银行存款　90 000
　　　库存现金　30 000
　　　应付职工薪酬　200 000

（3）20×8年9月，甲公司计提管理部门固定资产折旧费60 000元，摊销公司管理部门无形资产成本30 000元。（见图9-22，C段）

借：管理费用　90 000
　贷：累计折旧　60 000
　　　累计摊销　30 000

（4）20×8年9月30日，甲公司将本月“管理费用”账户余额440 000元转入本年利润。（见图9-22，D段）

借：本年利润　440 000
　贷：管理费用　440 000

3.财务费用

财务费用业务理论分析

财务费用是指企业为筹集生产经营所需要的资金等而发生的筹资费用，包括企业生产经营期间发生的利息支出（减利息收入）、汇兑损益及相关的手续费、企业给予的现金折扣或享受的现金折扣等。

企业应该设置“财务费用”账户，用以核算财务费用的发生与结转情况。当企业计提本期应付财务费用时，其所引起的资金运动如图9-23中A段所示；以后支付该应付未付的利息时，其所引起的资金运动如图9-23中B段所示。如本期所确认的财务费用本期直接以银行存款支付，其所引起的资金运动如图9-23中C段所示。当企业确认本期利息收入时，其所引起的资金运动如图9-23中C段所示，但其流量为负数。企业将应收款项出售的（不负连带责任），其所引起的资金运动如图9-23中D段所示。企业享受销货方提供的现金折扣的，其所引起的资金运动如图9-23中E段所示。期末，企业将财务费用全部结转至本年利润时，其所引起的资金运动如图9-23中F段所示。结转后，该账户无余额。

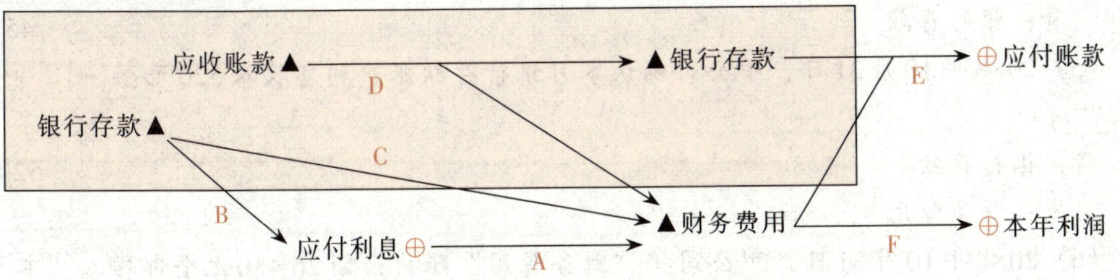

图9-23 财务费用业务资金运动分析图

【例9-9】甲公司为增值税一般纳税人。

（1）20×8年10月4日，甲公司将一笔应收账款113 000元出售（不负连带责任），取得银行存款112 000元。（见图9-24，D段）

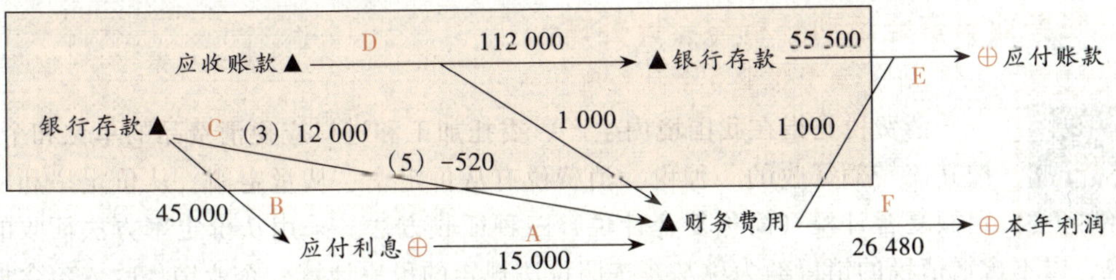

图9-24 甲公司财务费用业务资金运动分析图

借：银行存款 112 000

财务费用 1 000

贷：应收账款 113 000

（2）20×8年10月5日，甲公司偿还一笔赊购款56 500元，享受现金折扣1 000元，以银行存款支付55 500元。（见图9-24，E段）

财务费用业务举例

借：应付账款 56 500

贷：银行存款 55 500

财务费用 1 000

（3）20×8年10月31日，甲公司以银行存款支付本期应负担的短期借款利息12 000元。（见图9-24，C段中（3））

借：财务费用 12 000

贷：银行存款 12 000

（4）20×8年10月31日，甲公司预计本月应负担的借款利息。该借款于20×8年10月1日向银行借入，借款本金为3 000 000元，期限为6个月，年利率为6%，该借款本金到期一次归还，利息按月预提、按季支付（利息支付日期为本季度结束后的第二天）。（见

图9-24，A段）

本月末预提当期应付利息=3 000 000×6%÷12=15 000（元）

借：财务费用　　15 000

　贷：应付利息　　15 000

20×9年1月1日支付上年度第四季度应付利息45 000元（其他月份略）。（见图9-24，B段）

借：应付利息　　45 000

　贷：银行存款　　45 000

（5）20×8年10月31日，甲公司确认本月银行存款账户利息收入520元。（见图9-24，C段中（5））

借：银行存款　　520

　贷：财务费用　　520

（6）20×8年10月31日，甲公司将“财务费用”账户余额26 480元全部转入“本年利润”账户。（见图9-24，F段）

借：本年利润　　26 480

　贷：财务费用　　26 480

二、税费业务资金运动分析与会计处理

知识点自测

（一）消费税业务会计处理

消费税是指在我国境内生产、委托加工和进口应税消费品的单位和个人，按其流转额征收的一种税。消费税有从价定率、从量定额、从价定率和从量定额复合计税（简称复合计税）三种征收方法。采用从价定率方法征收的消费税，以不含增值税的销售额为税基，按照税法规定的税率计算。企业销售收入包含增值税的，应将其换算为不含增值税的销售额。采用从量定额征收的消费税，按照税法规定的企业应税消费品的数量和单位应税消费品应缴纳的消费税计算确定。采用复合计税计征的消费税，由以不含增值税的销售额为税基、按照税法规定的税率计算的消费税和根据按照税法确定的企业应税消费品的数量和单位应税消费品应缴纳的消费税计算的消费税确定。

1.销售应税消费品的会计处理

企业销售应税消费品时，应确认应交消费税，其所引起的资金运动如图9-25中A段所示。缴税时，以银行存款冲销应交消费税，其所引起的资金运动如图9-25中B段所示。期末，将税金及附加结转至“本年利润”账户，其所引起的资金运动如图9-25中C段所示。

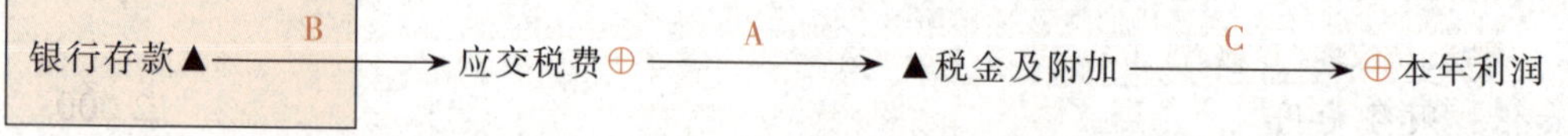

图9-25　消费税业务资金运动分析图

【例9-10】甲公司销售其生产的化妆品，取得的增值税专用发票上注明的产品售价为200 000元，增值税税款为26 000元。该产品适用的消费税税率为30%。款项已收存银行。该产品的成本为80 000元。

（1）确认销售收入。（见图 9-26，A 段）

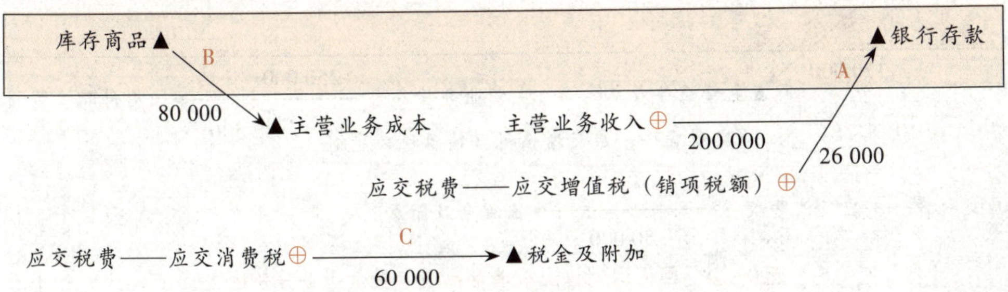

图 9-26　甲公司销售应税消费品业务资金运动分析图

借：银行存款　　226 000

　贷：主营业务收入　　200 000

　　　应交税费——应交增值税（销项税额）　　26 000

消费税概述与销售应税消费品举例

（2）结转所售产品成本。（见图 9-26，B 段）

借：主营业务成本　　80 000

　贷：库存商品　　80 000

（3）计算并确认应交消费税。（见图 9-26，C 段）

应纳消费税金额=200 000×30%=60 000（元）

借：税金及附加　　60 000

　贷：应交税费——应交消费税　　60 000

2.自产自用应税消费品的会计处理

企业将生产的应税消费品用于在建工程等项目，按规定应确认应交消费税。

【例 9-11】甲公司在建工程项目领用本企业生产的应税消费品，其成本为 100 000 元，估计售价为 150 000 元。其适用的消费税税率为 20%，不考虑其他相关税费。这项业务所引起的资金运动如图 9-27 所示。

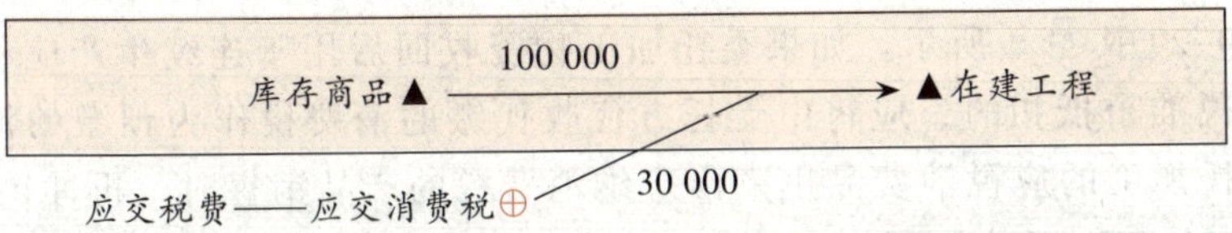

图 9-27　甲公司领用应税消费品业务资金运动分析图

应确认的应交消费税=150 000×20%=30 000（元）

借：在建工程　　130 000

　贷：库存商品　　100 000

　　　应交税费——应交消费税　　30 000

【例 9-12】甲公司下设的职工食堂享受公司提供的补贴，本月领用自产消费品一批，其成本为 120 000 元，估计不含增值税售价为 250 000 元，适用的增值税税率为 13%，适用的消费税税率为 20%。

（1）确认销售收入。（见图 9-28，A 段）

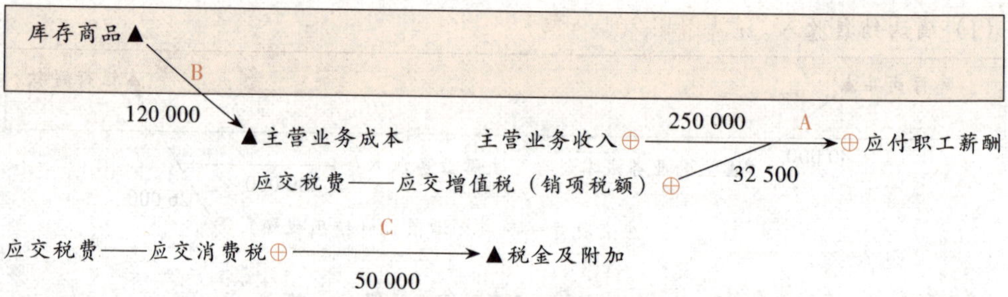

图9-28　甲公司销售应税消费品业务资金运动分析图

自产自用、进口应税消费品业务

借：应付职工薪酬　　282 500

　贷：主营业务收入　　250 000

　　应交税费——应交增值税（销项税额）　　32 500

（2）结转产品成本。（见图9-28，B段）

借：主营业务成本　　120 000

　贷：库存商品　　120 000

（3）计算并确认应交消费税。（见图9-28，C段）

应交消费税=250 000×20%=50 000（元）

借：税金及附加　　50 000

　贷：应交税费——应交消费税　　50 000

从本题可知，自产应税消费品用于非生产的集体福利时，该业务实际上视同一个正常的销售业务。

3.委托加工应税消费品的会计处理

企业如有应缴消费税的委托加工物资，一般应由受托方代收代缴消费税。委托加工物资收回后，直接用于销售的，应将受托方代收代缴的消费税计入委托加工物资成本（即由受托方代收代缴后，企业未来处理这批物资时，不再涉及消费税），其所引起的资金运动如图9-29中C1段所示。如果委托加工物资收回后用于连续生产应税消费品的，按规定消费税准予抵扣的，应将由受托方代收代缴的消费税作为预缴的消费税单列，待以后用委托加工的应税消费品生产出应纳消费税的产品销售时，再冲销预缴的消费税，其所引起的资金运动如图9-29中C2段所示（类似于增值税中的进项税额抵扣销项税额）。

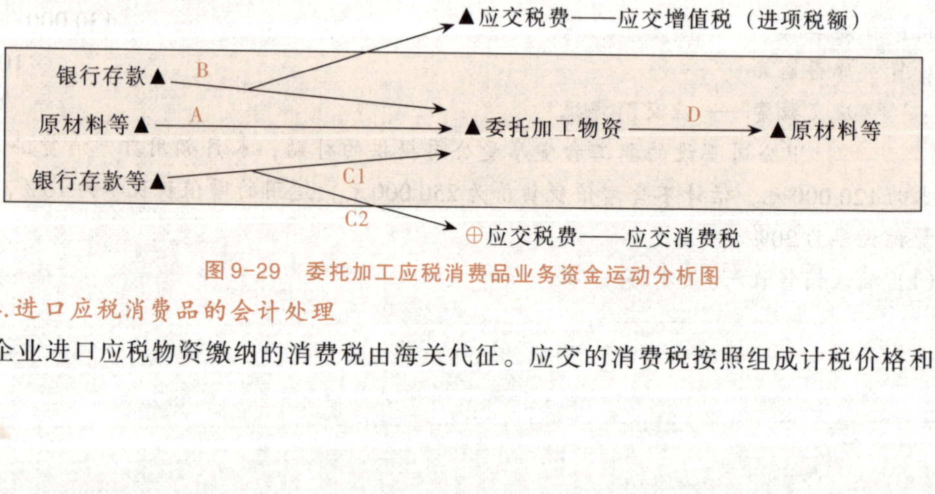

图9-29　委托加工应税消费品业务资金运动分析图

4.进口应税消费品的会计处理

企业进口应税物资缴纳的消费税由海关代征。应交的消费税按照组成计税价格和规定的税率计算，消费税计入所购物资的成本之中。

【例 9-13】甲公司从国外进口一批需要缴纳消费税的商品，该商品关税完税价格为700 000元，按规定应缴纳关税140 000元。假定进口的应税消费品的消费税税率为20%，增值税税率为13%。货物报关后，自海关取得的“海关进口消费税专用缴款书”注明的消费税为210 000元，“海关进口增值税专用缴款书”注明的增值税为136 500元。进口商品已验收入库，全部货款和税款已用银行存款支付。

消费税的计税价格=（700 000+140 000）÷（1-20%）=1 050 000（元）

应交消费税=1 050 000×20%=210 000（元）

应交增值税=（700 000+140 000+210 000）×13%=1 050 000×13%=136 500（元）

甲公司进口应税消费品所引起的资金运动如图9-30所示。

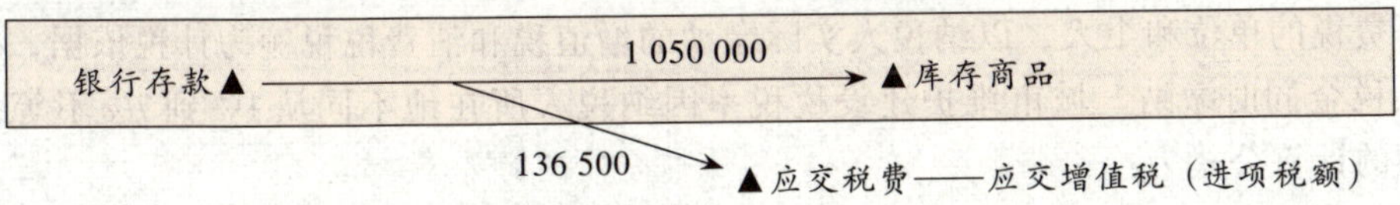

图 9-30 甲公司进口应税消费品业务资金运动分析图

借：库存商品　　1 050 000

　　应交税费——应交增值税（进项税额）　　136 500

　贷：银行存款　　1 186 500

（二）资源税业务会计处理

资源税是对在我国境内开采矿产品或者生产盐的单位和个人征收的税。对外销售应税产品应缴纳的资源税应通过“税金及附加”账户计入当期损益，其所引起的资金运动如图9-31中A段所示。自产自用应税产品应缴纳的资源税计入相关资产的成本中，其所引起的资金运动如图9-31中B段所示。以后缴纳应交资源税时，其所引起的资金运动如图9-31中C段所示。期末将税金及附加转入“本年利润”账户时，其所引起的资金运动如图9-31中D段所示。

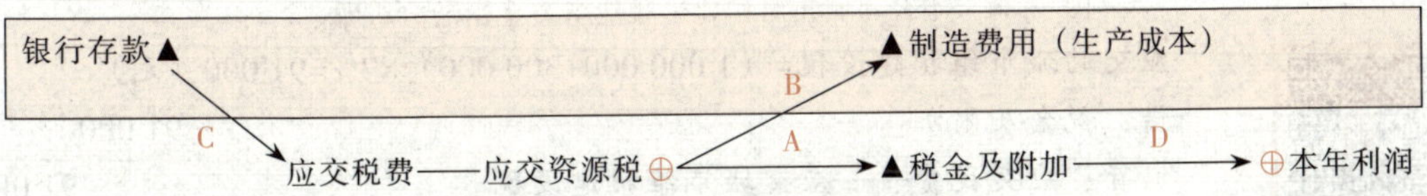

图 9-31 资源税业务资金运动分析图

【例 9-14】甲公司本期对外销售资源税应税矿产品5 000吨，将自产资源税应税矿产品1 000吨用于产品生产。按税法规定，企业每吨矿产品应交资源税8元。

（1）计算对外销售应税矿产品应交资源税。（见图9-32，A段）

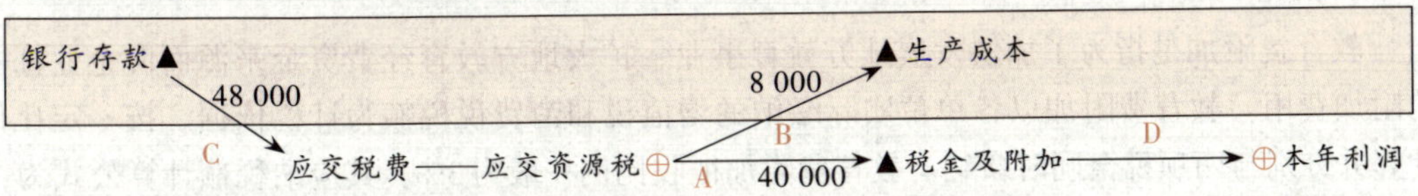

图 9-32 甲公司资源税业务资金运动分析图

企业对外销售应税矿产品应缴纳的资源税=5 000×8=40 000（元）

借：税金及附加　　40 000

贷：应交税费——应交资源税　　40 000

（2）计算自产自用应税矿产品应交资源税。（见图 9-32，B 段）

企业自产自用应税矿产品应缴纳的资源税=1 000×8=8 000（元）

借：生产成本　　8 000

贷：应交税费——应交资源税　　8 000

资源税业务分析

（3）企业支付应交资源税。（见图 9-32，C 段）

借：应交税费——应交资源税　　48 000

贷：银行存款　　48 000

（三）城市维护建设税业务会计处理

城市维护建设税是以增值税和消费税为计税依据征收的一种税。其纳税人为缴纳增值税和消费税的单位和个人，以纳税人实际缴纳的增值税和消费税税额为计税依据，并分别与两项税金同时缴纳。城市维护建设税税率因纳税人所在地不同从 1% 到 7% 不等。其应纳税额的计算公式为：

应纳税额=（实际缴纳的增值税+实际缴纳的消费税）×适用税率

企业按规定计算并确认应交城市维护建设税时，其所引起的资金运动如图 9-33 中 A 段所示。以后缴税时，其所引起的资金运动如图 9-33 中 B 段所示。

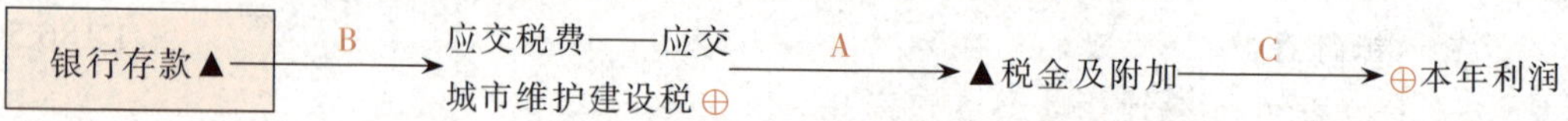

图 9-33　城市维护建设税业务资金运动分析图

【例 9-15】20×8 年 9 月份，甲公司实际缴纳增值税 1 000 000 元，实际缴纳消费税 300 000 元。该公司适用的城市维护建设税税率为 7%。

（1）计算并确认应交城市维护建设税。（见图 9-34，A 段）

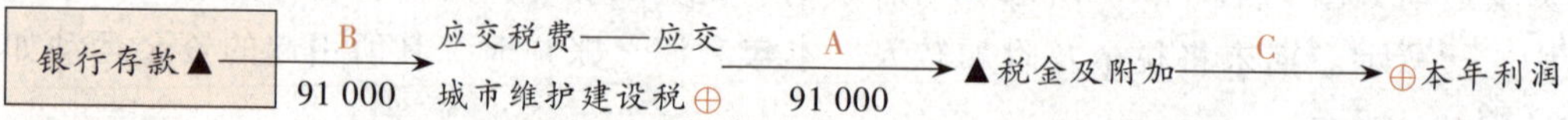

图 9-34　甲公司城市维护建设税业务资金运动分析图

应交的城市维护建设税=（1 000 000+300 000）×7%=91 000（元）

借：税金及附加　　91 000

贷：应交税费——应交城市维护建设税　　91 000

城市维护建设税和教育费附加业务分析

（2）用银行存款缴纳城市维护建设税。（见图 9-34，B 段）

借：应交税费——应交城市维护建设税　　91 000

贷：银行存款　　91 000

（四）教育费附加业务会计处理

教育费附加是指为了加快发展地方教育事业、扩大地方教育经费资金来源而向企业征收的附加费用。教育费附加以各单位实际缴纳的增值税和消费税税额为计税依据，按一定比例计算并分别与两项税金同时缴纳。教育费附加征收比例一般为 3%。其应纳税额计算公式为：

应纳税额=（实际缴纳的增值税+实际缴纳的消费税）×适用征收率

企业按规定计算并确认应交教育费附加时，其所引起的资金运动如图 9-35 中 A 段所示。以后缴纳时，其所引起的资金运动如图 9-35 中 B 段所示。

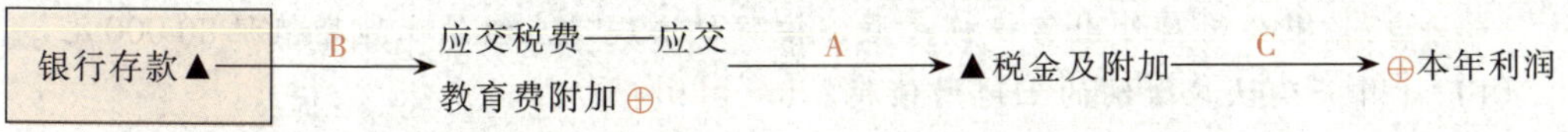

图9-35 教育费附加业务资金运动分析图

【例9-16】20×8年9月份，甲公司实际缴纳增值税1 000 000元，实际缴纳消费税300 000元。该公司适用的教育费附加征收率为3%。

（1）计算并确认应交教育费附加。（见图9-36，A段）

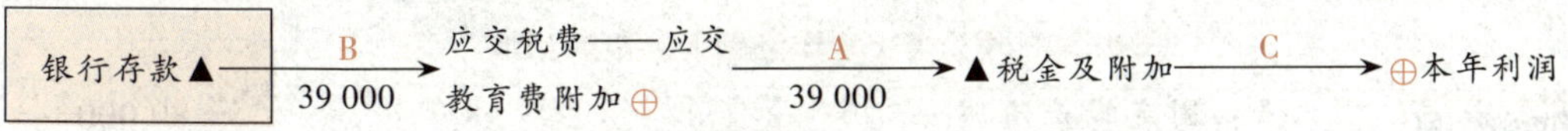

图9-36 甲公司教育费附加业务资金运动分析图

应交教育费附加=（1 000 000+300 000）×3%=39 000（元）

借：税金及附加 39 000

　贷：应交税费——应交教育费附加 39 000

（2）用银行存款缴纳教育费附加。（见图9-36，B段）

借：应交税费——应交教育费附加 39 000

　贷：银行存款 39 000

（五）土地增值税业务会计处理

转让国有土地使用权、地上建筑物及其附着物（简称为“转让房地产”）并取得增值性收入的单位和个人，均应缴纳土地增值税。

土地增值税按照转让房地产所取得的增值额和规定的税率计算征收。这里的增值额是指转让房地产所取得的收入减去税法规定扣除项目金额后的余额。企业转让房地产所取得的收入，包括货币收入、实物收入和其他收入。计算土地增值额的主要扣除项目有：（1）取得土地使用权所支付的金额；（2）开发土地的成本及费用；（3）新建房屋及配套设施的成本及费用，或者旧房及建筑物的评估价格；（4）与转让房地产有关的税金；（5）财政部确定的其他扣除项目等。土地增值税采用四级超率累进税率，其中最低税率为30%，最高税率为60%。

企业对房地产核算的方法不同，对应交土地增值税的账务处理也有所不同。企业转让的土地使用权连同地上建筑物及其附着物一并在“固定资产”账户核算的，转让时应交的土地增值税应通过“固定资产清理”账户核算，其所引起的资金运动如图9-37中A段所示。土地使用权在“无形资产”账户核算的，应通过“资产处置损益”账户核算，其所引起的资金运动如图9-37中B段所示。房地产开发公司销售房地产应缴纳的土地增值税，应通过“税金及附加”账户计入当期损益，其所引起的资金运动如图9-37中C段所示。以后缴纳应交土地增值税时，其所引起的资金运动如图9-37中D段所示。

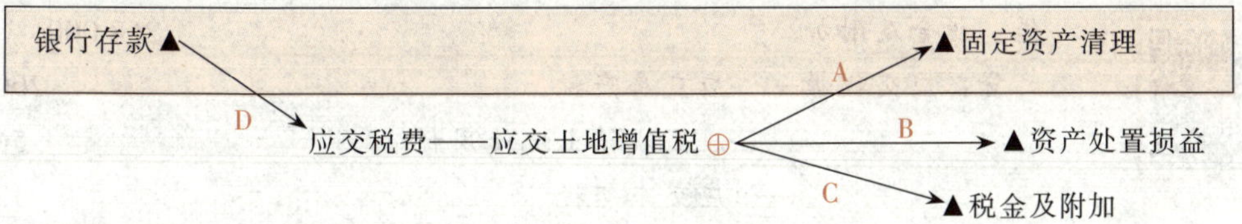

图9-37 土地增值税业务资金运动分析图

【例9-17】甲公司对外出售一栋房屋，按照税法规定应缴纳土地增值税80 000元。

（1）计算并确认应缴纳的土地增值税。（见图9-38，A段）

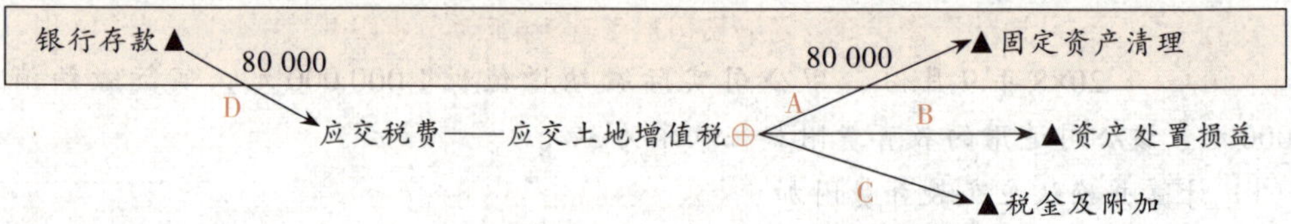

图9-38 甲公司土地增值税业务资金运动分析图

土地增值税业务分析

借：固定资产清理　　80 000

　贷：应交税费——应交土地增值税　　80 000

（2）用银行存款缴纳土地增值税。（见图9-38，D段）

借：应交税费——应交土地增值税　　80 000

　贷：银行存款　　80 000

（六）房产税、城镇土地使用税和车船税业务会计处理

房产税是国家对城市、县城、建制镇和工矿区征收的由产权所有人缴纳的一种税。房产税依据房产原值一次扣除10%～30%后的余额计算缴纳。没有房产原值作为依据的，由房产所在地税务机关参考同类房产核定；房屋出租的，以房产租金收入作为房产税的计税依据。

城镇土地使用税是以城市、县城、建制镇、工矿区范围内使用土地的单位和个人为纳税人，以其实际占用的土地面积和规定税额计算征收的一种税。

车船税是以车辆、船舶（简称为“车船”）为课税对象，向车船的所有者或者管理者征收的一种税。

企业计算并确认应缴纳的房产税、城镇土地使用税和车船税，其所引起的资金运动如图9-39中A段所示。以后缴纳该税费时，其所引起的资金运动如图9-39中B段所示。

图9-39 房产税等业务资金运动分析图

【例9-18】甲公司按税法规定，本期应缴纳房产税200 000元、车船税12 000元、城镇土地使用税56 000元。

（1）计算并确认应交房产税、城镇土地使用税和车船税。（见图9-40，A段）

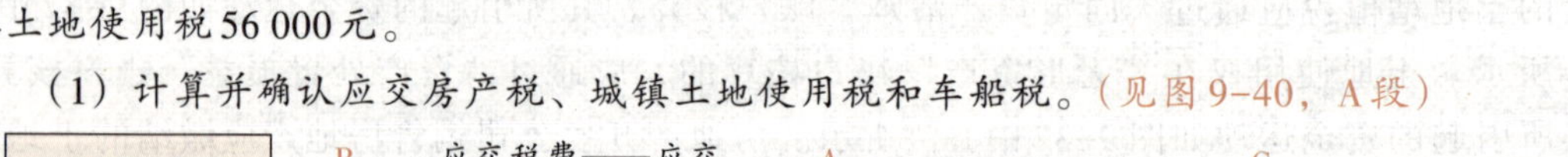

图9-40 甲公司房产税等业务资金运动分析图

房产税、城镇土地使用税、车船税业务

借：税金及附加　　268 000

　贷：应交税费——应交房产税　　200 000

　　　——应交城镇土地使用税　　56 000

　　　——应交车船税　　12 000

（2）用银行存款缴纳上述税金。（见图9-40，B段）

借：应交税费——应交房产税　　200 000
　　　　　　——应交城镇土地使用税　　56 000
　　　　　　——应交车船税　　12 000
　贷：银行存款　　268 000

（七）耕地占用税和印花税业务会计处理

耕地占用税是国家为了利用土地资源、加强土地管理、保护农用耕地而征收的一种税。耕地占用税以实际占用的耕地面积计税，按照规定税额一次征收，无须通过“应交税费”账户而在以银行存款支付时直接将其计入在建工程成本之中，其所引起的资金运动如图9-41中A段所示。

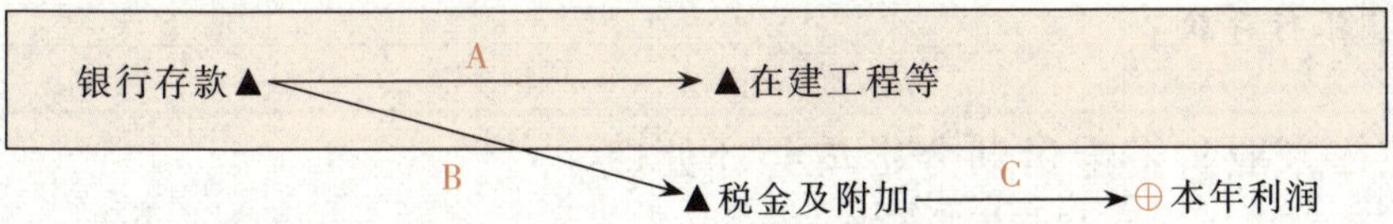

图9-41　耕地占用税、印花税业务资金运动分析图

印花税是对书立、领受购销合同等凭证的行为征收的税款，实行由纳税人根据规定自行计算应纳税额，购买并一次性贴足印花税票的缴纳方法。应纳税凭证主要包括购销、加工承揽、建设工程承包、财产租赁、货物运输、仓储保管、借款、财产保险、技术合同或者具有合同性质的凭证，产权转移书据，营业账簿，权利、许可证照等。纳税人根据应纳税凭证的性质，分别按比例税率或者按件定额计算应纳税额。企业购买印花税票时一次性将其计入当期的税金及附加，其所引起的资金运动如图9-41中B段所示。

【例9-19】甲公司以银行存款8 000 000元支付耕地占用税，以银行存款购买印花税票1 000元，其所引起的资金运动如图9-42所示。

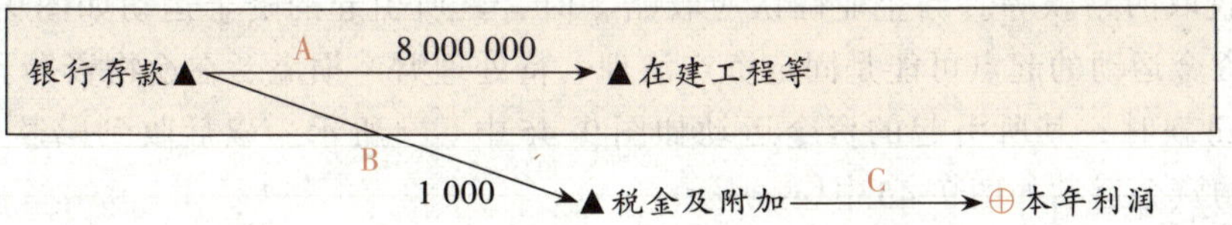

图9-42　甲公司耕地占用税、印花税业务资金运动分析图

借：在建工程　　8 000 000
　　税金及附加　　1 000
　贷：银行存款　　8 001 000

耕地占用税和印花税业务分析

（八）预扣预缴个人所得税业务会计处理

企业职工按规定应缴纳的个人所得税通常由单位预扣预缴。企业按规定计算的预扣预缴的职工个人所得税，其所引起的资金运动如图9-43中A段所示。以后企业以银行存款缴纳个人所得税时，其所引起的资金运动如图9-43中B段所示。

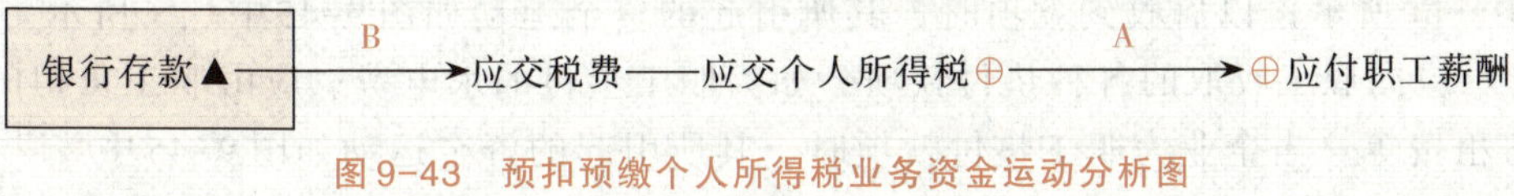

图9-43　预扣预缴个人所得税业务资金运动分析图

【例9-20】甲公司结算本月应付职工工资总额为5 000 000元，按税法规定预扣预缴的

职工个人所得税共计130 000元，实发工资4 870 000元。

（1）预扣个人所得税。（见图9-44，A段）

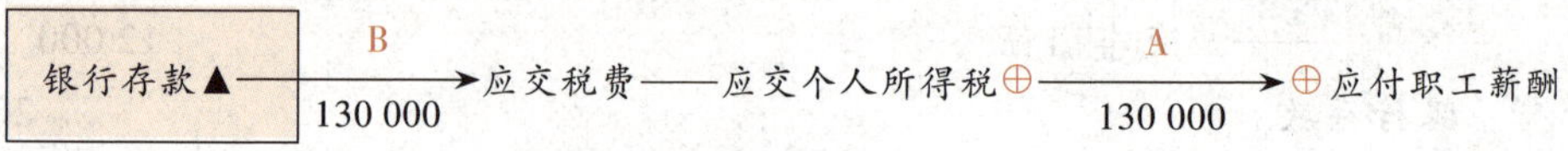

图9-44 甲公司预扣预缴个人所得税业务资金运动分析图

借：应付职工薪酬——工资　130 000

　贷：应交税费——应交个人所得税　130 000

（2）缴纳个人所得税。（见图9-44，B段）

借：应交税费——应交个人所得税　130 000

　贷：银行存款　130 000

三、其他往来业务资金运动分析与会计处理

（一）其他应收款业务的会计处理

1.其他应收款一般业务的会计处理

其他应收款是指除应收票据、应收账款和预付账款（在采购和销售业务中产生的债权）等以外的其他各种应收、暂付款项。

其他应收款-一般业务

为了反映和监督其他应收款的发生和结算情况，企业应设置“其他应收款”账户。同时，企业应按其他应收款的项目分类，并按不同的债务人设置明细账，期末各明细账的余额合计数应与总账余额核对相等。

其他应收款包括：

（1）应收的各种赔款、罚款，如因企业财产等遭受意外损失而应向有关保险公司收取的赔款等。当企业确认应收赔款时，其所引起的资金运动如图9-45中A段所示，其资金运动的起点可能是固定资产清理、待处理财产损溢、在途物资等。当企业确认应收的罚款时，其所引起的资金运动如图9-45中B段所示。以后收到赔款和罚款时，其所引起的资金运动如图9-45中C段所示。

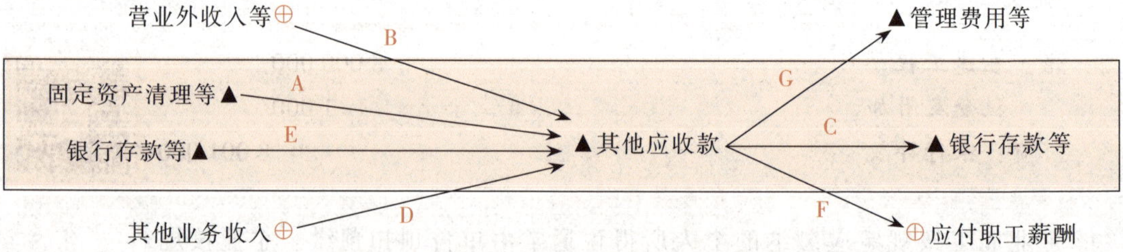

图9-45 其他应收款业务资金运动分析图

（2）应收出租包装物租金。当企业确认租金收入时，其所引起的资金运动如图9-45中D段所示；以后收到款项时，其所引起的资金运动如图9-45中C段所示。

（3）应向职工收取的各种垫付款项，如为职工垫付的水电费、应由职工负担的医药费、房租费等。当企业为职工垫付款项时，其所引起的资金运动如图9-45中E段所示；以后收回所垫付的款项时，其所引起的资金运动如图9-45中F段所示。

（4）预付给企业内部单位或个人的备用金。当企业预付给内部单位或个人备用金时，其所引起的资金运动如图9-45中E段所示；以后各内部单位或个人报销时，其所引起的资金运动如图9-45中G段所示。

（5）存出保证金，如租入包装物支付的押金。当企业支付押金时，其所引起的资金运动如图9-45中E段所示；以后收回押金时，其所引起的资金运动如图9-45中C段所示。

（6）预付账款转入。当预付账款转入时，其所引起的资金运动如图9-45中E段所示。

（7）其他各种应收、暂付款项。

企业应定期对其他应收款进行检查，预计可能发生的坏账损失，并计提坏账准备。

【例9-21】甲公司原材料采用计划成本核算，其在采购过程中发生材料毁损，按保险合同的规定，应由N保险公司赔偿50 000元，赔偿尚未收到。假设甲公司对原材料采用计划成本进行日常核算。

（1）确认应收N保险公司的赔偿。（见图9-46，A段）

图9-46　甲公司应收赔款业务资金运动分析图

借：其他应收款——N保险公司　　50 000

　贷：材料采购　　50 000

（2）收到N保险公司的赔偿。（见图9-46，B段）

借：银行存款　　50 000

　贷：其他应收款——N保险公司　　50 000

【例9-22】甲公司以银行存款为职工李利支付应由其个人负担的医疗费12 000元，拟从其工资中扣除。

（1）为李利垫付款项。（见图9-47，A段）

图9-47　甲公司垫付款项业务资金运动分析图

借：其他应收款——李利　　12 000

　贷：银行存款　　12 000

（2）从李利工资中扣款。（见图9-47，B段）

借：应付职工薪酬　　12 000

　贷：其他应收款——李利　　12 000

【例9-23】甲公司向丙公司租入包装物一批，以现金支票向丙公司支付押金4 000元。

（1）支付押金。（见图9-48，A段）

图9-48　甲公司支付押金业务资金运动分析图

借：其他应收款——丙公司　　4 000

贷：银行存款　　4 000

（2）甲公司如约向丙公司退还包装物，并收回押金4 000元，款项已存入银行。（见图9-48，B段）

借：银行存款　　4 000

贷：其他应收款——丙公司　　4 000

2.备用金业务的会计处理

备用金制度是一种常见的会计核算方法，是企业预付给内部单位或个人，用于日常零星现金开支的有一定额度的款项，属于其他应收款项。企业零星开支金额较小、发生频繁，为了便于管理、减少工作量，可以建立备用金制度。

企业预付给各业务和职能部门一笔固定金额的库存现金，以备日常开支，其所引起的资金运动如图9-49中A段所示；等实际报销时再根据有关凭证补足定额，其所引起的资金运动如图9-49中B段所示。以后如取消备用金制度，则从各业务和职能部门手中将备用金收回，其所引起的资金运动如图9-49中C段所示。

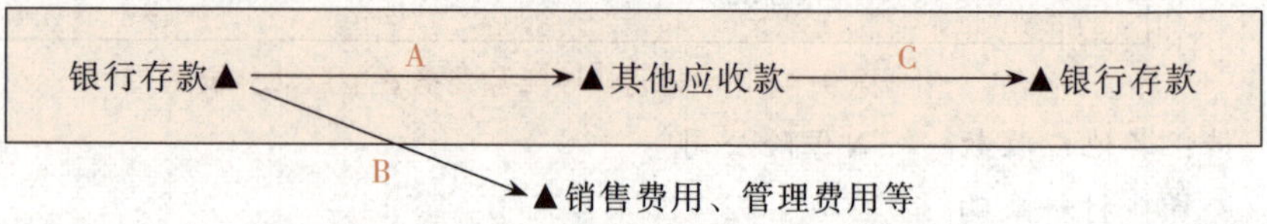

图9-49　备用金业务资金运动分析图

其他应收款-备用金业务

【例9-24】甲公司发生与备用金制度相关的业务如下：

（1）20×8年5月1日，为其销售部门设立定额备用金，按定额5 000元开出现金支票。（见图9-50，A段）

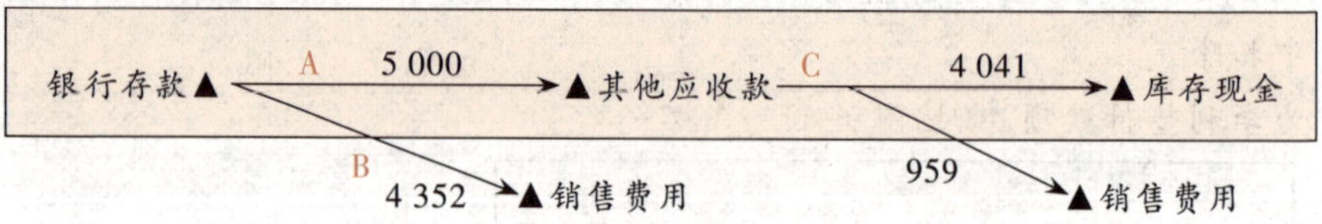

图9-50　甲公司备用金业务资金运动分析图

借：其他应收款——备用金（销售部门）　　5 000

贷：银行存款　　5 000

（2）20×8年5月31日，备用金经管人员报销已付款凭证，共计4 352元，其中购买办公用品2 638元，市内差旅费1 382元，零星销售产品邮寄费用332元。经审核无误，开出现金支票4 352元。（见图9-50，B段）

借：销售费用　　4 352

贷：银行存款　　4 352

（3）如果甲公司决定取消备用金制度，经管人员清点后，发现有已支付的顾客信访费306元、差旅费653元，剩余现金4 041元。（见图9-50，C段）

借：库存现金　　4 041

销售费用　　959

贷：其他应收款——备用金（销售部门）　　5 000

3. 差旅费业务的会计处理

差旅费的处理主要有两种情况：

（1）出差人在出差时未借支差旅费，其出差回来后据实报销，所发生的差旅费直接计入当期损益，其所引起的资金运动如图9-51中A段所示。

（2）出差人在出差前向企业预借差旅费，出差结束后报销，多退少补。其预借差旅费所引起的资金运动如图9-51中B段所示；报销差旅费所引起的资金运动如图9-51中C段所示，其中C1段反映多退少补业务，“多退”时其流量为正数，“少补”时其流量为负数。

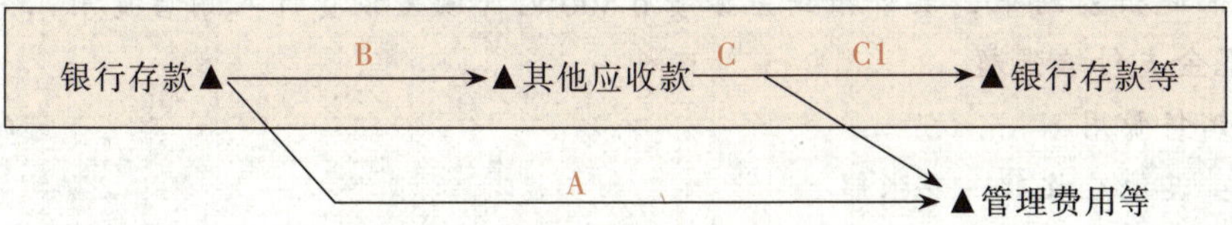

图9-51　差旅费业务资金运动分析图

【例9-25】甲公司管理部门李潜出差归来，报销差旅费1 832元。李潜未借支差旅费，出纳员以现金支票予以支付，其所引起的资金运动如图9-52所示。

其他应收款：差旅费业务

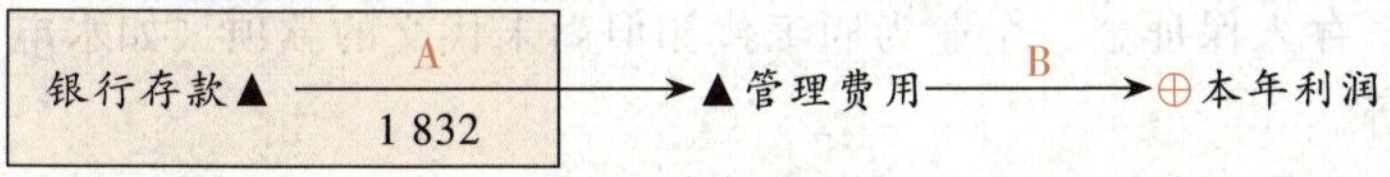

图9-52　甲公司差旅费业务资金运动分析图（1）

借：管理费用　　1 832
　贷：银行存款　　1 832

【例9-26】甲公司管理部门王军报销差旅费。

（1）在出差之前，王军向企业财务部门预借差旅费4 000元，出纳员以现金支票支付。（见图9-53，A段）

图9-53　甲公司差旅费业务资金运动分析图（2）

借：其他应收款——王军　　4 000
　贷：银行存款　　4 000

（2）王军出差结束，共计报销差旅费3 800元，差额部分200元以现金退还给公司。（见图9-53，B段）

借：管理费用　　3 800
　　库存现金　　200
　贷：其他应收款——王军　　4 000

【例9-27】甲公司销售部门张超报销差旅费。

（1）在出差之前，张超向企业财务部门预借差旅费6 000元，出纳员以现金支票支付。（见图9-54，A段）

图9-54　甲公司差旅费业务资金运动分析图（3）

借：其他应收款——张超　　6 000

　贷：银行存款　　6 000

（2）张超出差结束，共计报销差旅费6 800元（该差旅费计入销售费用），差额部分800元以现金支付给张超。（见图9-54，B段）

借：销售费用　　6 800

　贷：其他应收款——张超　　6 000

　　库存现金　　800

（二）其他应付款业务的会计处理

企业除了应付票据、应付账款等主要由商品交易所产生的应付款项外，还会发生与商品交易不具有直接关系的应付、暂收款项。其主要内容有应付短期租赁固定资产的租金、应付租入包装物租金、存入保证金、企业为职工代扣但尚未代交的款项（如水电费、托儿费、社会保险费等）等。

当企业确认应付的短期租赁固定资产租金、应付租入包装物的租金时，其所引起的资金运动如图9-55中A段所示；以后支付该租金时，其所引起的资金运动如图9-55中B段所示。当企业收到押金之类的保证金时，其所引起的资金运动如图9-55中C段所示；以后退还对方保证金时，其所引起的资金运动如图9-55中B段所示。当企业为职工代扣但尚未代缴时，其所引起的资金运动如图9-55中D段所示；以后代缴时用银行存款冲销该债务，其所引起的资金运动如图9-55中B段所示。

其他应付款业务分析

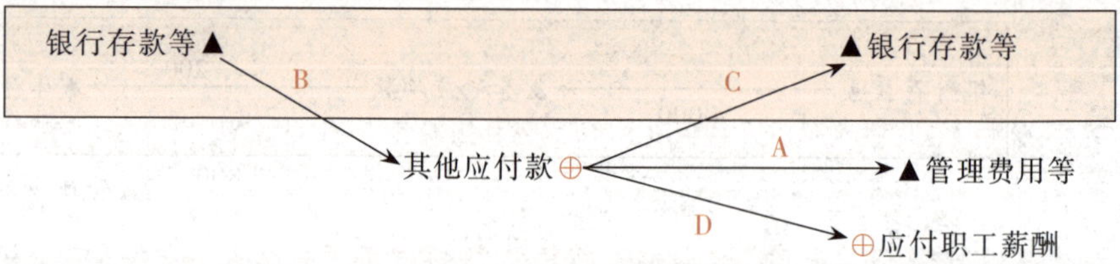

图9-55　其他应付款业务资金运动分析图

【例9-28】甲公司从20×8年4月1日起，以短期租赁方式租入管理用办公设备一批，租期为3个月，每月租金为6 000元，到期支付。6月30日，甲公司以银行存款支付租金18 000元和增值税税款2 340元。

（1）4月30日，甲公司计提本月应付短期租赁固定资产租金（见图9-56，A段）。

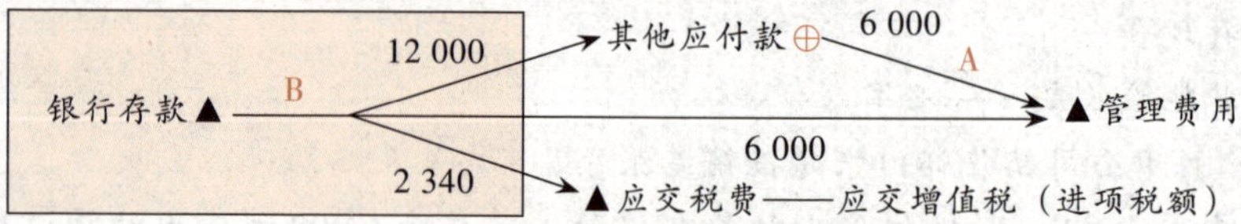

图9-56　甲公司应付租金业务资金运动分析图

借：管理费用　　6 000

贷：其他应付款——应付短期租赁租金　　6 000

5月31日，甲公司计提该月应付短期租赁固定资产租金的处理同上。

（2）6月30日，甲公司支付本季度租金18 000元和增值税2 340元（见图9-56，B段）。

借：其他应付款——应付短期租赁租金　　12 000

管理费用　　6 000

应交税费——应交增值税（进项税额）　　2 340

贷：银行存款　　20 340

【例9-29】20×8年3月10日，甲公司发放职工工资1 000 000元，扣除已为职工垫付的各种款项30 000元，代扣社会保险费50 000元（尚未代交），剩余的920 000元以银行存款支付，其所引起的资金运动如图9-57所示。

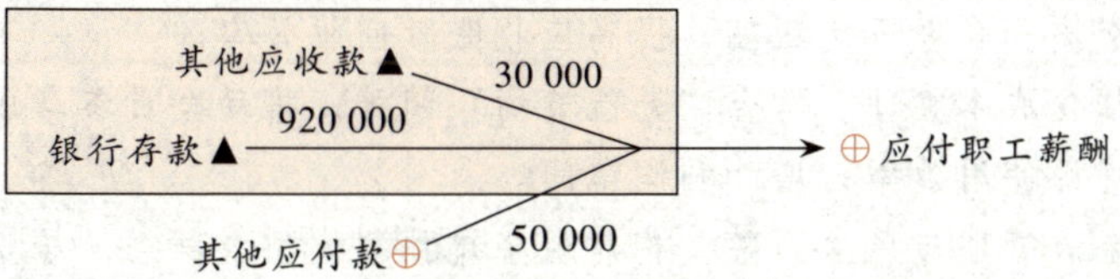

图9-57　甲公司代扣款项业务资金运动分析图

借：应付职工薪酬——工资　　1 000 000

贷：其他应收款　　30 000

其他应付款——应付社会保险费　　50 000

银行存款　　920 000

思考题

1.收入是如何定义的？它主要包括哪些内容？

2.费用是如何定义的？它主要包括哪些内容？

3.应收票据的贴现主要分为哪两类？这两类的会计处理有什么不同？

4.应收款的坏账处理主要有哪两种方法？其会计处理有什么不同？

5.企业主要有哪些税费？这些税费是如何影响企业当期损益的？

6.什么是备用金制度？备用金制度有什么特点？

7.期间费用主要有哪几种？各自由哪些项目构成？

育德育人

华光电子的销售资金链重塑

华光电子（虚构）是一家主要从事电子产品研发与销售的企业。近年来，随着市场竞争加剧和消费者需求多元化，华光电子面临着销售业绩下滑、库存积压严重、资金周转困难等问题。为扭转局面，公司决定从销售环节的资金运动入手，进行系统性改革。

1.销售环节资金运动状况分析

（1）销售预测不准确。由于市场调研不足，产品定位不准，导致生产计划与市场需求脱节，造成库存积压，资金占用率高。

（2）应收账款管理不善。对客户信用评估不足，账期过长，导致应收账款回收缓慢，影响资金回笼速度。

（3）成本控制不严。生产成本和销售费用控制不力，降低了利润率，减少了可用于再投资和发展的资金。

（4）现金流管理不当。缺乏有效的现金流预测和管理机制，难以应对突发情况，资金链脆弱。

2. 改革措施

（1）强化市场意识与责任感教育。通过定期举办市场分析学习班，增强员工对市场动态的敏感度，同时培养员工以企业利益为重的责任感，鼓励大家积极参与到销售策略的制定与执行中来。

（2）建立诚信销售文化。将诚信经营作为企业文化和思政教育的重要组成部分，加强同客户的沟通与交流，合理设定账期，提高应收账款回收效率。

（3）推行精细化成本管理。结合“勤俭节约”精神，推动全员参与成本控制，从源头减少浪费，提高资源使用效率，增加利润空间。

（4）加强现金流管理与风险预警。构建现金流预测模型，结合“居安思危”理念，提高财务风险管理意识，确保企业有足够的流动资金应对市场变化。

3. 改革成效

经过一系列改革后，华光电子实现了销售环节资金运动的显著改善：（1）销售预测准确性提高，库存周转加快；（2）应收账款管理得到强化，资金回笼周期缩短；（3）成本控制有效，利润率提升；（4）现金流管理更加科学，企业抗风险能力增强。更重要的是，员工的主人翁意识和团队凝聚力显著增强，为企业持续健康发展奠定了坚实的基础。

请思考：将思想政治教育融入企业管理，特别是关键的销售环节资金运动管理中，不仅能解决实际经营问题，还能提升企业文化软实力，实现企业经济效益与社会效益的双赢。请思考除了短期内解决销售环节资金运动的问题，如何通过持续的教育活动，强化企业核心价值观，形成独特且持久的企业文化，从而为企业的长期发展提供精神支撑和动力源泉？

第十章 销售环节资金运动分析与会计处理（下）——特殊业务

学习目标

本章主要阐述了销售环节特殊销售业务所引起的资金运动分析及其会计核算。通过本章的学习，要求了解各种特殊销售行为的经济含义；熟悉收入确认与计量的各种规则，熟悉各种特殊销售行为的特殊处理规则；掌握附有销售退回条件的销售、附有质量保证条件的销售、可变对价的销售、销售过程中的主要责任人和代理人关系、售后回购、建造合同等业务所引起的资金运动及其相应的会计处理。

第一节 收入确认与计量过程中的特殊项目分析

根据我国2017年修订后的《企业会计准则第14号——收入》的规定，收入的确认与计量大致分为五步：第一步，识别与客户签订的合同；第二步，识别合同中的单项履约义务；第三步，确定交易价格；第四步，将交易价格分摊至各单项履约义务；第五步，履行各单项义务时确认收入。其中第一步、第二步和第五步主要与收入的确认相关；第三步和第四步主要与收入的计量相关。本节首先分析收入确认与计量过程中的特殊科目，以后各节详细介绍收入的确认与计量方法。

一、合同成本

（一）合同履约成本

企业为履行合同可能会发生各种成本，企业应当对这些成本进行分析，属于存货、固定资产、无形资产的，应当按照相关规范进行会计处理；不属于这些特定资产且同时满足下列条件的，应当确认为一项资产——合同履约成本。

1.该成本与一份当前或预期取得的合同直接相关

预期取得的合同应当是企业能够明确识别的合同，如现有合同续约后的合同、尚未获得批准的特定合同等。与合同直接相关的成本包括直接人工（如直接为客户提供所承诺服务的人员的工资、奖金等）、直接材料（如为履行合同耗用的原材料、辅助材料、构配件、零件、半成品的成本和周转材料的摊销及租赁费用等）、制造费用或类似费用（如组织和管理相关生产、施工、服务等活动发生的费用，包括相关活动管理人员的职工薪酬、劳动保护费、固定资产折旧费及修理费、物料消耗、取暖费、水电费、办公费、差旅费、财产保险费、工程保修费、临时设施摊销费等）、明确由客户承担的成本以及仅因该合同而发生的其他成本（如支付给分包商的成本、机械使用费、设计和技术援助费用、施工现场二次搬运费、生产工具和用具使用费、检验试验费、工程定位复测费、工程点交费用、场地清理费等）。

合同履约成本和合同取得成本分析

2. 该成本增加了企业未来用于履行（包括持续履行）履约义务的资源

3. 该成本预期能够收回

对于下列支出，企业应当在发生时将其计入当期损益：(1) 管理费用，除非这些费用明确由客户承担。(2) 非正常消耗的直接材料、直接人工和制造费用（或类似费用），这些支出是为履行合同发生的，但未反映在合同价格中。(3) 与履约义务中已履行（包括已全部履行或部分履行）部分相关的支出，即该支出与企业过去的履约活动相关。(4) 无法在尚未履行的与已履行（或已部分履行）的履约义务之间区分的相关支出。

【例10-1】甲公司与乙公司签订合同，为乙公司信息中心提供管理服务，合同期限为5年。在向乙公司提供服务之前，甲公司设计并搭建了一个信息技术平台供其内部使用，该信息技术平台由相关的硬件和软件组成。甲公司需要提供设计方案，将该信息技术平台与乙公司现有的信息系统对接，并进行相关测试。该平台并不会转让给乙公司，但是将用于向乙公司提供服务。甲公司为该平台的设计、购买硬件和软件以及信息中心的测试付出了成本。除此之外，甲公司专门指派两名员工，负责向乙公司提供服务。

本例中，在甲公司为履行合同发生的上述成本中，购买硬件和软件的成本应当分别确认为固定资产和无形资产。设计服务成本和信息中心的测试成本不属于其他业务的范围，但是这些成本与履行该合同直接相关，并且增加了甲公司未来用于履行履约义务（即提供管理服务）的资源，如果甲公司预期该成本可通过未来提供服务收取的对价收回，则甲公司应当将这些成本确认为一项资产，即合同履约成本。甲公司向两名负责该项目的员工支付的工资费用，虽然与向乙公司提供服务有关，但是由于其并未增加企业未来用于履行履约义务的资源，因此，应当于发生时计入当期损益。

（二）合同取得成本

企业为取得合同发生的增量成本预期能够收回的，应当确认为一项资产——合同取得成本。增量成本，是指企业不取得合同就不会发生的成本，如销售佣金等。为简化实务操作，该资产摊销期限不超过一年的，可以在发生时计入当期损益。

企业为取得合同发生的、除预期能够收回的增量成本之外的其他支出，如无论是否取得合同均会发生的差旅费、投标费、为准备投标资料发生的相关费用等，应当在发生时计入当期损益，除非这些支出明确由客户承担。

【例10-2】甲公司是一家咨询公司，其通过竞标赢得一个新客户，为取得与该客户的合同，甲公司发生了下列支出：(1) 聘请外部律师进行尽职调查，支付相关费用15 000元；(2) 为投标而发生的差旅费为10 000元；(3) 支付销售人员佣金5 000元。甲公司预期这些支出未来均能够收回。此外，甲公司根据其年度销售目标、整体盈利情况及个人业绩等，向销售部门经理支付年度奖金10 000元。

本例中，甲公司因与该客户签订合同而向销售人员支付的佣金属于为取得合同发生的增量成本，应当将其作为合同取得成本确认为一项资产。甲公司聘请外部律师进行尽职调查发生的支出、为投标发生的差旅费，无论是否取得合同都会发生，不属于增量成本，因此应当于发生时直接计入当期损益。甲公司向销售部门经理支付的年度奖金也不是为取得合同发生的增量成本，这是因为该奖金发放与否以及发放金额还取决于其他因素（包括公司的盈利情况和个人业绩），并不能直接归属于可识别的合同。

企业因现有合同续约或发生合同变更需要支付的额外佣金，也属于为取得合同发生的增量成本。实务中，当涉及合同取得成本的安排比较复杂时，企业需要对发生的合同取得成本进行恰当的会计处理，如企业支付的佣金金额取决于客户未来的履约情况或者取决于累计取得的合同数量或金额等。

【例10-3】根据甲公司的相关政策，销售部门的员工每取得一份新合同，可以获得提成100元；现有合同每续约一次，员工可以获得提成60元；甲公司预期上述提成均能够收回。

本例中，甲公司为取得新合同支付给员工的提成（100元/份）属于为取得合同发生的增量成本，且预期能够收回，因此应当确认为一项资产。同样，甲公司为现有合同续约支付给员工的提成（60元/份），也属于为取得合同发生的增量成本，这是因为如果不发生合同续约，就不会支付相应的提成，由于该提成预期能够收回，甲公司应当在每次续约时将应支付的相关提成确认为一项资产。

假定除上述规定外，甲公司相关政策规定，当合同变更时，如果客户在原合同的基础上，向甲公司支付额外的对价以购买额外的商品，则甲公司需根据该新增的合同金额向销售人员支付一定的提成。在这种情况下，甲公司均应当将应支付的提成视同取得合同（变更后的合同）发生的增量成本进行会计处理。

（三）与合同成本有关的资产的摊销和减值

1.与合同成本有关的资产的摊销

对于确认为资产的合同履约成本和合同取得成本，应当采用与该资产相关的商品收入确认相同的基础（即在履约义务履行的时点或按照履约义务的履约进度）进行摊销，计入当期损益。合同履约成本所引起的资金运动如图10-1所示；在图10-1中，A段运动反映履约成本的发生，B段运动反映履约成本的摊销。

图10-1　合同履约成本的发生与摊销图

合同取得成本所引起的资金运动如图10-2所示；在图10-2中，A段运动反映合同取得成本的发生，B段运动反映合同取得成本的摊销。

图10-2　合同取得成本的发生与摊销图

在确定与合同成本有关的资产的摊销期限和方式时，如果该资产与一份预期将要取得的合同（如续约后的合同）相关，则在确定相关摊销期限和方式时，应当考虑该将要取得的合同的影响。但是，对于合同取得成本而言，如果合同续约时，企业仍需要支付与取得原合同相当的佣金，这表明取得原合同时支付的佣金与未来预期取得的合同无关，该佣金只能在原合同的期限内进行摊销。企业为合同续约仍需支付的佣金是否与原合同相当，需要根据具体情况进行判断。如两份合同的佣金按照各自合同金额的相同比例计算，通常表明这两份合同的佣金水平是相当的。但是，实务中，与取得原合同相比，现有合同续约的难度可能较低，因此，即使合同续约时应支付的佣金低于取得原合同的佣金，也可能表明这两份合同的佣金水平是相当的。

企业应当根据向客户转让与上述资产相关的商品的预期时间变化，对资产的摊销情况进行复核并更新，以反映该预期时间的重大变化。此类变化应当作为会计估计变更进行会计处理。

2.与合同成本有关的资产的减值

与合同成本有关的资产，其账面价值高于下列第（1）项减去第（2）项的差额的，超出部分应当计提减值准备，并确认为资产减值损失：（1）企业因转让与该资产相关的商品预期能够取得的剩余对价；（2）为转让该相关商品估计将要发生的成本。这里，企业应当按照确定交易价格的原则（关于可变对价估计的限制要求除外）预计其能够取得的剩余对价。估计将要发生的成本主要包括直接人工、直接材料、制造费用（或类似费用）、明确由客户承担的成本以及仅因该合同而发生的其他成本等。以前期间减值的因素之后发生变化，使得企业上述第（1）项减去第（2）项后的差额高于该资产账面价值的，应当转回原已计提的资产减值准备，并计入当期损益，但转回后的资产账面价值不应超过假定不计提减值准备情况下该资产在转回日的账面价值。合同成本发生减值所引起的资金运动如图10-3中A段所示，其减值转回所引起的资金运动发生反向运动（或者其流量为负数）。

图10-3　合同成本减值资金运动分析图

二、应收退货成本

“应收退货成本”科目核算企业销售商品时预期将退回商品的价值，扣除收回该商品预计发生的成本（包括退回商品的价值减损）后的余额。其余额反映企业预计将退货的退货成本。企业在销售过程中确认应收退货成本，其所引起的资金运动如图10-4中A段所示；以后发生实际退货时其资金发生B段运动，未退货的部分结转销售成本，其资金发生C段运动。

合同退货成本分析

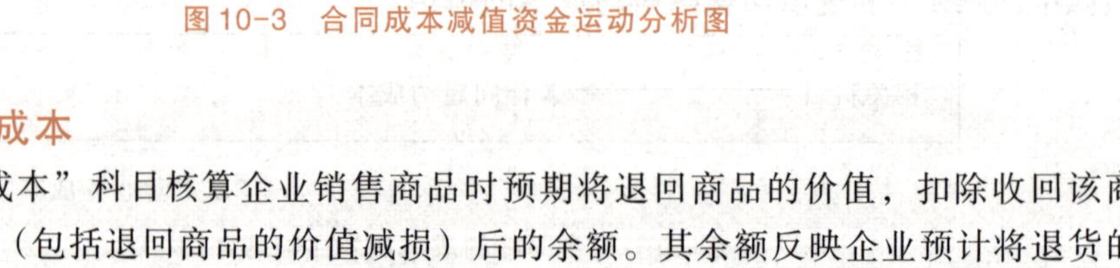

图10-4　应收退货成本相关资金运动分析图

三、合同资产

“合同资产”科目核算企业已向客户转让商品而有权收取对价的权利，且该权利取决于时间流逝之外的其他因素。在客户实际支付合同对价或在该对价到期应付之前，企业如果已向客户转让了商品，则应当将因转让商品而有权收取的权利列示为合同资产，但不包括应收账款。

应收账款与合同资产的异同见表10-1。

表10-1　应收账款与合同资产的异同分析表

项目		应收账款	合同资产
相同之处		都是企业拥有的有权收取合同对价的权利	
不同之处	权利内涵不一样	代表的是无条件收取合同对价的权利，即企业仅仅随着时间的流逝即可收款	不是一项无条件收款权利，该权利除了时间流逝之外，还取决于其他条件（如履行合同中的其他条款）才能收取相应的合同对价
	风险不一样	信用风险	履约风险、信用风险
	分类不一样	金融资产	非金融资产

当企业获得有条件收取合同对价时，其所引起的资金运动如图10-5中A段所示；以后该权利转换为无条件收取合同对价的权利时，资金发生B段运动；以后实际收到款项时，资金发生C段运动。合同资产也可以直接转化为企业的银行存款，如果这样的话，B和C两段就合二为一。

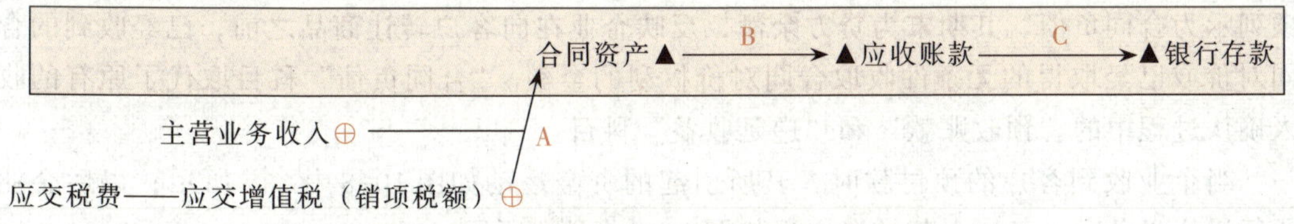

图10-5　合同资产相关业务资金运动分析图

【例10-4】20×8年3月1日，甲公司与客户签订合同，向其销售M、N两个商品，合同价款为20万元。合同约定，M商品于合同开始日交付，N商品从合同开始日起1个月之后交付，只有当M、N两项产品全部交付之后，甲公司才有权收取20万元的合同对价。假设M商品和N商品构成两项履约义务，其控制权在交付时转移给客户，分摊至M、N的交易价格分别为4万元和16万元。上述价格均不包括增值税，增值税税率为13%。

（1）交付M商品时（见图10-6，A段）。

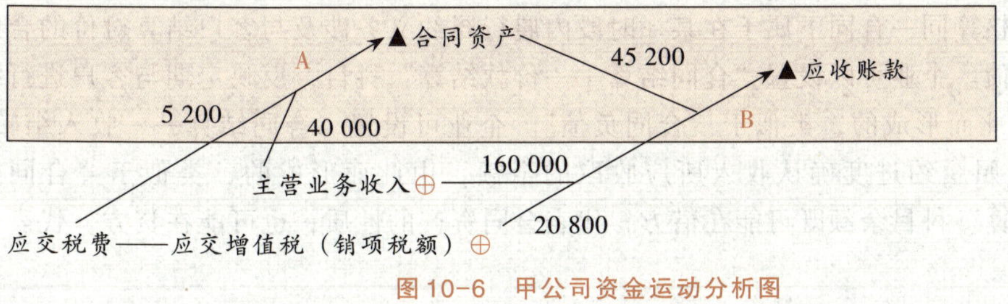

合同资产分析

图10-6　甲公司资金运动分析图

借：合同资产 45 200

　贷：主营业务收入 40 000

　　应交税费——应交增值税（销项税额） 5 200

（2）交付N商品，售价16万元，增值税2.08万元，款项尚未收到（见图10-6，B段）。

借：应收账款 226 000

　贷：主营业务收入 160 000

　　应交税费——应交增值税（销项税额） 20 800

　　合同资产 45 200

如合同资产发生减值，企业应计提合同资产减值准备，其所引起的资金运动如图10-7中A段所示。以后期间转回已计提的资产减值准备时，资金发生反向运动。“合同资产减值准备”科目余额为贷方余额，反映企业已计提但尚未转销的合同资产减值准备。

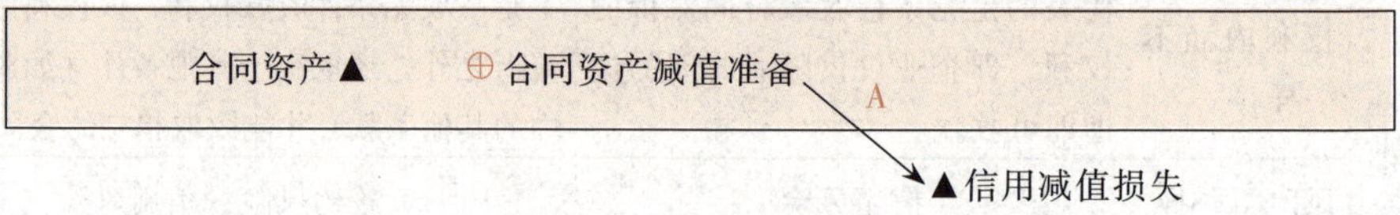

图10-7 合同资产减值业务资金运动分析图

四、合同负债

合同负债核算企业已收或应收客户对价而应向客户转让商品的义务。企业在向客户转让商品之前，如果客户已经支付了合同对价或企业已经取得了无条件收取合同对价的权利，则企业应该在客户实际支付款项与到期应支付款项孰早的时点，将该已收或应收的款项列示为合同负债。其期末为贷方余额，反映企业在向客户转让商品之前，已经收到的合同对价或已经取得的无条件收取合同对价权利的金额。“合同负债”科目取代了原有的收入确认过程中的“预收账款”和“递延收益”科目。

当企业收到客户的预付款时，其所引起的资金运动如图10-8中A段所示；以后企业履行履约义务时，其所引起的资金运如图10-8中B段所示。

合同负债分析

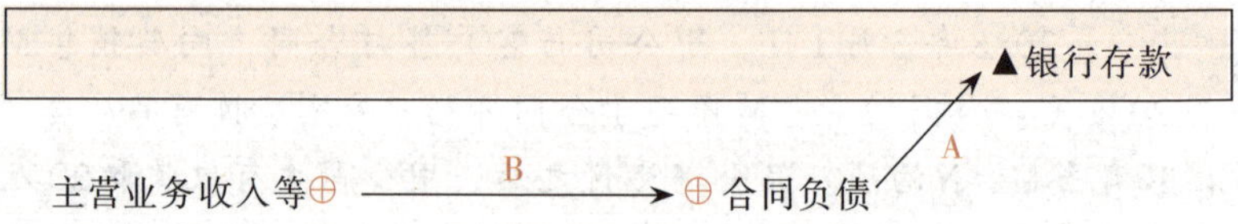

图10-8 合同负债业务资金运动分析图

五、合同结算

合同结算核算同一合同下属于在某一时段内履行履约义务涉及与客户结算对价的合同资产或合同负债。企业可以设置“合同结算——价款结算”科目，反映定期与客户进行结算的金额，由此而形成的，类似于“合同负债”。企业可设置“合同结算——收入结转”科目，反映按照履约进度确认收入所应收取的金额，由此而形成的，类似于“合同资产”。“合同结算”科目余额既可能在借方，代表合同资产的性质；也可能在贷方，代表合同负债的性质。

企业按照履约进度确认收入时，其所引起的资金运动如图10-9中A段所示；企业按照与客户的约定结算款项时，其所引起的资金运动如图10-9中B段所示。合同完工，将“合同结算——收入结转”冲销“合同结算——价款结算”，其所引起的资金运动如图10-9中C段所示 。

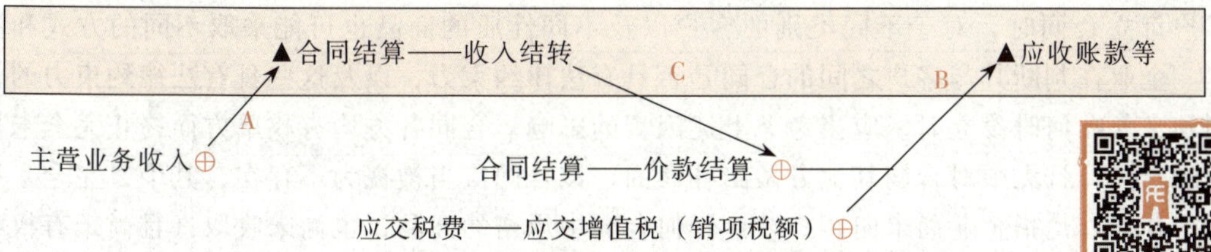

图10-9　合同结算业务资金运动分析图

合同结算分析

第二节　收入的具体确认与计量

一、识别与客户订立的合同

收入的确认与计量应该以合同为基础。合同是指双方或多方订立有法律约束力的权利和义务的协议，包括书面形式、口头形式以及其他可验证的形式。

识别与客户签订的合同

（一）收入确认的原则

企业应当在履行了合同中的履约义务，即在客户取得相关商品控制权时确认收入。取得相关商品控制权，是指能够主导该商品的使用并从中获得几乎全部的经济利益，也包括有能力阻止其他方主导该商品的使用并从中获得经济利益。企业在判断商品的控制权是否发生转移时，应当从客户的角度进行分析，即客户是否取得了相关商品的控制权以及何时取得该控制权。取得商品控制权同时应包括下列三项要素：

（1）能力。企业只有在客户拥有现时权利，能够主导该商品的使用并从中获得几乎全部经济利益时，才能确认收入。如果客户只能在未来的某一期间主导该商品的使用并从中获益，则表明其尚未取得该商品的控制权。

（2）主导该商品的使用。客户有能力主导该商品的使用，是指客户在其活动中有权使用该商品，或者能够允许或阻止其他方使用该商品。

（3）能够获得几乎全部的经济利益。客户必须拥有获得该商品几乎全部经济利益的能力，才能被视为获得了对该商品的控制。商品的经济利益，是指该商品的潜在现金流量，既包括现金流入的增加，也包括现金流出的减少。客户可以通过使用、消耗、出售、处置、交换、抵押或持有等多种方式直接或间接地获得商品的经济利益。

（二）收入确认的前提条件

企业与客户之间的合同同时满足下列五项条件的，企业应当在履行了合同中的履约义务，即在客户取得相关商品控制权时确认收入：（1）合同各方已批准该合同并承诺将履行各自义务；（2）该合同明确了合同各方与所转让商品相关的权利和义务；（3）该合同有明确的与所转让商品相关的支付条款；（4）该合同具有商业实质，即履行该合同将改变企业未来现金流量的风险、时间分布或金额；（5）企业因向客户转让商品而有权取得的对价很可能收回。

企业在进行上述判断时，需要注意下列三点：

（1）合同约定的权利和义务是否具有法律约束力，需要根据企业所处的法律环境和实务操作进行判断。不同的企业可能采取不同的方式和流程与客户订立合同，同一企业在与客户订立合同时，对于不同类别的客户以及不同性质的商品也可能采取不同的方式和流程。企业在判断其与客户之间的合同是否具有法律约束力，以及这些具有法律约束力的权利和义务在何时设立时，应当考虑上述因素的影响。合同各方均有权单方面终止完全未执行的合同，且无须对合同其他方做出补偿的，该合同应当被视为不存在。其中，完全未执行的合同，是指企业尚未向客户转让任何合同中承诺的商品，也尚未收取（且尚未有权收取）已承诺商品的任何对价的合同。

（2）合同具有商业实质，是指履行该合同将改变企业未来现金流量的风险、时间分布或金额。

（3）企业在评估其因向客户转让商品而有权取得的对价是否很可能收回时，仅应考虑客户到期时支付对价的能力和意图（即客户的信用风险）。当对价是可变对价时，由于企业可能会向客户提供价格折让，企业有权收取的对价金额可能会低于合同标价。企业向客户提供价格折让的，应当在估计交易价格时进行考虑。

对于不符合这五个条件的合同，企业只有在不再负有向客户转让商品的剩余义务（例如，合同已完成或取消），且已向客户收取的对价（包括全部或部分对价）无须退回时，才能将已收取的对价确认为收入；否则，应当将已收取的对价作为负债进行会计处理，该负债代表了企业在未来向客户转让商品或者支付退款的义务。其中，企业向客户收取无须退回的对价的，应当在已经将该部分对价所对应的商品的控制权转移给客户，并且已经停止向客户转让额外的商品，也不再负有此类义务时；或者，在相关合同已经终止时，将该部分对价确认为收入。

需要说明的是，没有商业实质的非货币性资产交换，无论何时，均不应确认收入。从事相同业务的企业之间，为便于向客户或潜在客户销售而进行的非货币性资产交换（例如，两家石油公司之间相互交换石油，以便及时满足各自不同地点客户的需求），不应当确认收入。

（三）合同合并与变更

1. 合同合并

企业与同一客户（或该客户的关联方）同时订立或在相近时间内先后订立的两份或多份合同，在满足下列条件之一时，应当合并为一份合同进行会计处理：（1）该两份或多份合同基于同一商业目的而订立并构成一揽子交易，如一份合同在不考虑另一份合同的对价的情况下将会发生亏损。（2）该两份或多份合同中的一份合同的对价金额取决于其他合同的定价或履行情况，如一份合同如果发生违约，将会影响另一份合同的对价金额。（3）该两份或多份合同中所承诺的商品（或每份合同中所承诺的部分商品）构成单项履约义务。两份或多份合同合并为一份合同进行会计处理的，仍然需要区分该一份合同中包含的各单项履约义务。

2. 合同变更

合同变更是指经合同各方批准对原合同范围或价格做出的变更。企业应当区分下列三种情形对合同变更分别进行会计处理：

（1）合同变更部分作为单独合同。合同变更增加了可明确区分的商品及合同价款，并且新增合同价款反映了新增商品单独售价的，应当将该合同变更部分作为一份单独的合同进行会计处理。

判断新增合同价款是否反映了新增商品的单独售价时，应当考虑为反映该特定合同的具体情况而对新增商品价格所做的适当调整。例如，在合同变更时，企业由于省去了为发展新客户等而支付的销售费用，可能会向客户提供一定的折扣，从而适当调整新增商品的单独售价，该调整不影响新增商品单独售价的判断。

（2）合同变更作为原合同终止及新合同订立。合同变更不属于上述第（1）种情形，且在合同变更日已转让的商品或已提供的服务（以下简称“已转让的商品”）与未转让的商品或未提供的服务（以下简称“未转让的商品”）之间可明确区分的，应当视为原合同终止；同时，将原合同未履约部分与合同变更部分合并为新合同进行会计处理。

未转让的商品既包括原合同中尚未转让的商品，也包括合同变更新增的商品。新合同的交易价格应当为下列两项金额之和：一是原合同交易价格中尚未确认为收入的部分（包括已向客户收取的金额）；二是合同变更中客户已承诺的对价金额。

（3）合同变更部分作为原合同的组成部分。合同变更不属于上述第（1）种情形，且在合同变更日已转让的商品与未转让的商品之间不可明确区分的，应当将该合同变更部分作为原合同的组成部分，在合同变更日重新计算履约进度，并调整当期收入和相应成本等。

二、识别合同中的单项履约义务

合同开始日，企业应当对合同进行评估，识别该合同所包含的各单项履约义务，并确定各单项履约义务是在某一时段内履行，还是在某一时点履行；然后，在履行了各单项履约义务时分别确认收入。履约义务，是指合同中企业向客户转让可明确区分商品的承诺。

企业应当将下列向客户转让商品的承诺作为单项履约义务：（1）企业向客户转让可明确区分商品（或者商品的组合）的承诺。（2）企业向客户转让一系列实质相同且转让模式相同的、可明确区分商品的承诺。

（一）企业向客户转让可明确区分商品（或者商品的组合）的承诺

企业向客户承诺的商品同时满足下列两项条件的，应当作为可明确区分的商品：

识别合同中的单项履约义务

（1）客户能够从该商品本身或从该商品与其他易于获得资源的一起使用中受益，即该商品本身能够明确区分。（2）企业向客户转让该商品的承诺与合同中其他承诺可单独区分，即转让该商品的承诺在合同中是可明确区分的。需要注意的是，在评估某项商品是否能够明确区分时，应该基于商品本身的特征，而与客户可能使用该商品的方式无关。

下列情形通常表明企业向客户转让商品的承诺与合同中的其他承诺不可单独区分：

（1）企业需提供重大的服务以将该商品与合同中承诺的其他商品进行整合，形成合同约定的某个或某些组合产出转让给客户。换言之，企业以该商品作为投入，生产或向客户交付其所要求的组合产出。因此，企业应当评估其在合同中承诺的每一单项商品本身就是合同约定的各项产出，还是仅为一个或多个组合产出的投入。

（2）该商品将对合同中承诺的其他商品予以重大修改或定制。如果某项商品将对合同中的其他商品做出重大修改或定制，实质上每一项商品将被整合在一起（即作为投入）以生产合同约定的组合产出。例如，企业承诺向客户提供其开发的一款现有软件，并提供安装服务，虽然该软件无须更新或技术支持也可直接使用，但是企业在安装过程中需要在该软件现有基础上对其进行定制化的重大修改，为该软件增加重要的新功能，以使其能够与客户现有的信息系统相兼容。在这种情况下，转让软件的承诺与提供定制化重大修改的承诺在合同层面是不可明确区分的。

（3）该商品与合同中承诺的其他商品具有高度关联性。也就是说，合同中承诺的每一单项商品均受到合同中其他商品的重大影响。合同中包含多项商品时，如果企业无法通过单独交付其中的某一单项商品而履行其合同承诺，则可能表明合同中的这些商品会受到彼此的重大影响。

需要说明的是，在企业向客户销售商品的同时，约定企业需要将商品运送至客户指定的地点的情况下，企业需要根据相关商品的控制权转移时点判断该运输活动是否构成单项履约义务。通常情况下，控制权转移给客户之前发生的运输活动不构成单项履约义务，只是企业为了履行合同而从事的活动，相关成本应当作为合同履约成本；相反，控制权转移给客户之后发生的运输活动则可能表明企业向客户提供了一项运输服务，企业应当考虑该项服务是否构成单项履约义务。

（二）一系列实质相同且转让模式相同的、可明确区分的商品

当企业向客户连续转让某项承诺的商品时，如每天提供类似劳务的长期劳务合同等，如果这些商品属于实质相同且转让模式相同的一系列商品，则企业应当将这一系列商品作为单项履约义务。其中，转让模式相同，是指每一项可明确区分的商品均满足在某一时段内履行履约义务的条件，且采用相同方法确定其履约进度。

企业在判断所转让的一系列商品是否实质相同时，应当考虑合同中承诺的性质，当企业承诺的是提供确定数量的商品时，需要考虑这些商品本身是否实质相同。例如，企业与客户签订2年的合同，每月向客户提供工资核算服务，共计24次，由于企业提供服务的次数是确定的，在判断每月的服务是否实质相同时，应当考虑每次提供的具体服务是否相同，由于同一家企业的员工结构、工资构成以及核算流程等相对稳定，企业每月提供的该项服务很可能符合“实质相同”的条件；当企业承诺的是在某一期间内随时向客户提供某项服务时，需要考虑企业在该期间内的各个时间段（如每天或每小时）的承诺是否相同，而并非具体的服务行为本身。例如，企业向客户提供2年的酒店管理服务，具体包括保洁、维修、安保等，但没有具体的服务次数或时间的要求，尽管企业每天提供的具体服务不一定相同，但是企业每天对客户的承诺都是相同的，即按照约定的酒店管理标准，随时准备根据需要为其提供相关服务，因此，企业每天提供的该酒店管理服务符合“实质相同”的条件。

企业为履行合同而应开展的初始活动，通常不构成履约义务，除非该活动向客户转让了承诺的商品。如某俱乐部为注册会员建立档案，该活动并未向会员转让承诺的商品，因此不构成单项履约义务。

三、确定交易价格

交易价格，是指企业因向客户转让商品而预期有权收取的对价金额。企业代第三方收取的款项（如增值税）以及企业预期将退还给客户的款项，应当作为负债进行会计处理，不计入交易价格。合同标价并不一定代表交易价格，企业应当根据合同条款，并结合以往的习惯做法确定交易价格。在确定交易价格时，企业应当考虑可变对价、合同中存在的重大融资成分、非现金对价以及应付客户对价等因素的影响，并应当假定将按照现有合同的约定向客户转移商品，且该合同不会被取消、续约或变更。

（一）可变对价

企业与客户的合同中约定的对价金额可能是固定的，也可能会因折扣、价格折让、返利、退款、奖励积分、激励措施、业绩奖金、索赔等因素而变化。此外，企业有权收取的对价金额，将根据一项或多项或有事项的发生有所不同的情况，也属于可变对价的情形。

企业在判断合同中是否存在可变对价时，不仅应当考虑合同条款的约定，在下列情况下，即使合同中没有明确约定，合同的对价金额也是可变的：（1）根据企业已公开宣布的政策、特定声明或者以往的习惯做法等，客户能够合理预期企业将会接受低于合同约定的对价金额，即企业会以折扣、返利等形式提供价格折让。（2）其他相关事实和情况表明，企业在与客户签订合同时即打算向客户提供价格折让。例如，企业与一新客户签订合同，虽然企业没有对该客户销售给予折扣的历史经验，但是，根据企业拓展客户关系的战略安排，企业愿意接受低于合同约定的价格。合同中存在可变对价的，企业应当对计入交易价格的可变对价进行估计。

1. 可变对价最佳估计数的确定

在对可变对价进行估计时，企业应当按照期望值或最可能发生金额确定可变对价的最佳估计数。这并不意味着企业可以在两种方法之间随意进行选择，而是应当选择能够更好地预测其有权收取的对价金额的方法，并且对于类似的合同，应当采用相同的方法进行估计。

期望值是按照各种可能发生的对价金额及相关概率计算确定的金额。如果企业拥有大量具有类似特征的合同，企业据此估计合同可能产生多个结果时，按照期望值估计可变对价金额通常是恰当的。

【例10-5】甲公司生产和销售电视机。20×8年3月甲公司向零售商乙公司销售1 000台电视机。每台售价3 000元，不含增值税，增值税税率为13%。甲公司向乙公司提供价格保护，同意在未来6个月内，如同款电视机售价下降，则按照合同价格与最低售价之间的差额向乙公司支付差价。甲公司根据以往执行类似合同的经验，预计各种结果发生的概率见表10-2。

表10-2 电视机未来6个月内降价幅度及概率预测表

未来6个月内降价的金额（元/台）	概率
0	40%
200	30%
500	20%
1 000	10%

（1）20×8年3月甲公司销售时的会计处理（见图10-10，A段）。

甲公司估计销售价格=3 000×40%+2 800×30%+2 500×20%+2 000×10%=2 740（元/台）

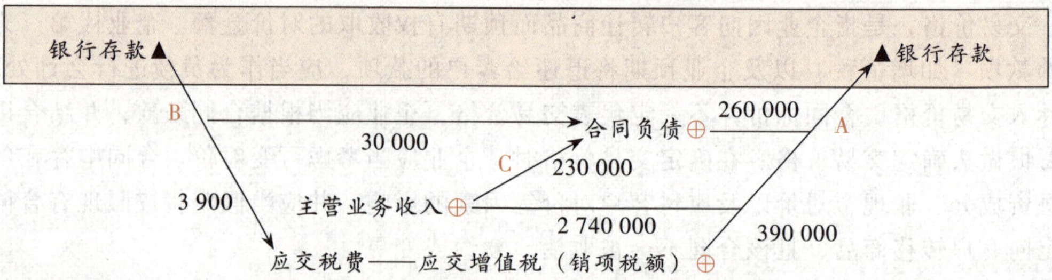

图10-10　甲公司销售电视机资金运动分析图

确定交易价格：可变对价1

借：银行存款　　3 390 000

　贷：主营业务收入　　2 740 000

　　合同负债　　260 000

　　应交税费——应交增值税（销项税额）　　390 000

（2）6个月到期时，市场售价每台下降30元，应补偿对方3万元，并已支付（见图10-10，B段）。

借：合同负债　　30 000

　应交税费——应交增值税（销项税额）　　3 900

　贷：银行存款　　33 900

（3）剩下的23万元转为收入（见图10-10，C段）。

借：合同负债　　230 000

　贷：主营业务收入　　230 000

最可能发生金额是指一系列可能发生的对价金额中最可能发生的单一金额，即合同最可能产生的单一结果。当合同仅有两个可能结果（如企业能够达到或不能达到某业绩奖金目标）时，按照最可能发生金额估计可变对价金额可能是恰当的。

【例10-6】甲公司为其客户建造一栋厂房，合同约定的价款为100万元。如甲公司不能在合同签订之日起的120天内竣工，则需支付10万元罚款，该罚款从合同金额中扣除。上述金额不含增值税。

甲公司对于合同结果的估计如下：工程按时完工的概率为90%，工程延期的概率为10%。甲公司认为按照最可能发生金额能够更好地预测其有权获取的对价金额。因此，甲公司的估计交易价格为100万元，即为最可能发生的单一金额。

2.计入交易价格的可变对价金额的限制

企业按照期望值或最可能发生金额确定可变对价金额之后，计入交易价格的可变对价金额还应该满足限制条件，即包含可变对价的交易价格，应当不超过在相关不确定性消除时，累计已确认的收入极可能不会发生重大转回的金额。企业在评估与可变对价相关的不确定性消除时，累计已确认的收入金额是否极可能不会发生重大转回时，应当同时考虑收入转回的可能性及转回金额的比重。其中，“极可能”发生的概率应远高于“很可能（即可能性超过50%）”，但不要求达到“基本确定（即可能性超过95%）”，其目的是避免因为一些不确定性因素的发生导致之前已经确认的收入发生转回；在评估收入转回金额的比重时，应同时考虑合同中包含的固定对价和可变对价。也就是说，企业应当评估可能发生的收入转回金额相对于合同总对价（包括固定对价和可变对价）而言的比重。企业应当将满足上述限制条件的可变对价金额计入交易价格。

每一资产负债表日，企业应当重新估计可变对价金额（包括重新评估对可变对价的估计是否受到限制），以如实反映报告期末存在的情况以及报告期内发生的情况变化。

【例 10-7】20×8 年 10 月 1 日，甲公司签订合同，为一只股票型基金提供资产管理服务，合同期限为 3 年。甲公司所能获得的报酬包括两部分：（1）每季度按照本季度末该基金净值的 1% 收取管理费，该管理费不会因基金净值的后续变化而调整或被要求退回；（2）该基金在 3 年内的累计回报如果超过 10%，则甲公司可以获得超额回报部分的 20% 作为业绩奖励。20×8 年 12 月 31 日，该基金的净值为 5 亿元。假定不考虑相关税费影响。

本例中，甲公司在该项合同中收取的管理费和业绩奖励均为可变对价，其金额极易受到股票价格波动的影响，这是在甲公司影响范围之外的，虽然甲公司以往有类似合同的经验，但是该经验在确定未来市场表现方面并不具有借鉴意义。因此，在合同开始日，甲公司无法对其能够收取的管理费和业绩奖励进行估计。

20×8 年 12 月 31 日，甲公司重新估计该合同的交易价格，影响本季度管理费收入金额的不确定性已经消除，甲公司确认管理费收入 500 万元（500 000 000×1%）。甲公司未确认业绩奖励收入，这是因为，该业绩奖励仍然会受到基金未来累计回报的影响，难以满足将可变对价计入交易价格的限制条件。在后续的每一资产负债表日，甲公司应当重新估计交易价格是否满足将可变对价计入交易价格的限制条件，以确定其收入金额。

【例 10-8】20×8 年 1 月 1 日，甲公司与客户签订合同，以每件 150 元的价格向其销售产品；如果客户 20×8 年全年的采购量超过 100 万件，该产品的销售价格将追溯下调至每件 125 元。该产品的控制权在交付时转移给客户。在合同开始日，甲公司估计该客户全年的采购量能够超过 100 万件。20×8 年 1 月 31 日，甲公司交付了第一批产品共 10 万件。以上价格均不包括增值税，增值税税率为 13%。

（1）20×8 年 1 月 31 日，甲公司的业务处理（见图 10-11，A 段）。

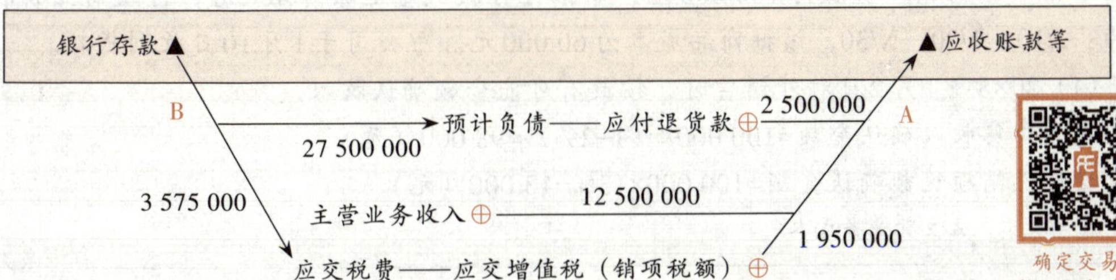

图 10-11 甲公司商品销售资金运动分析图

确定交易价格：可变对价 2

借：应收账款等	16 950 000	
贷：主营业务收入		12 500 000
预计负债——应付退货款		2 500 000
应交税费——应交增值税（销项税额）		1 950 000

（2）20×8年12月31日，客户总采购量为110万件（见图10-11，B段）。

应付退货款为1 100 000×25=2 750（万元），并同步冲销增值税357.5万元，假设价款已退。

借：预计负债——应付退货款　　27 500 000

　　应交税费——应交增值税（销项税额）　　3 575 000

　贷：银行存款　　31 075 000

现金折扣是企业为了鼓励买方及早付款而给予买方一定的债务扣除，现金折扣一般发生在企业对外提供的赊销交易之中。企业为了鼓励债务人提前偿付债务，与债务人达成协议，使债务人在不同的付款期限内享受不同比例的折扣。其表示方法为“折扣率/付款期限”，如“2/10，1/20，N/30”，其具体含义就是，在10天之内付款可享有2%的折扣，超过10天但在20天内付款的可享受1%的优惠，超过20天则没有优惠，对方应该在30天之内全价付款，否则就属于拖欠货款。企业发生的现金折扣是为尽快回笼资金而发生的理财费用，应在实际发生时计入财务费用。

现金折扣发生在商品销售之后，是否发生以及发生多少要视客户的付款情况而定，企业在确认销售商品收入时，应将现金折扣作为可变对价处理。也就是说，企业应该按照最可能发生的概率预测其有权获取的对价金额（一般假设对方会享受最大的现金折扣），并按该金额确认收入，但需要按增值税专用发票上注明的增值税确认销项税额。其所引起的资金运动如图10-12中A段、B段运动所示。

后续实际收款，其所引起的资金运动如图10-12中C段运动所示。如果实际收到的款项与所预计的不一样，则其差额应确认收入，其所引起的资金运动如图10-12中D段运动所示。

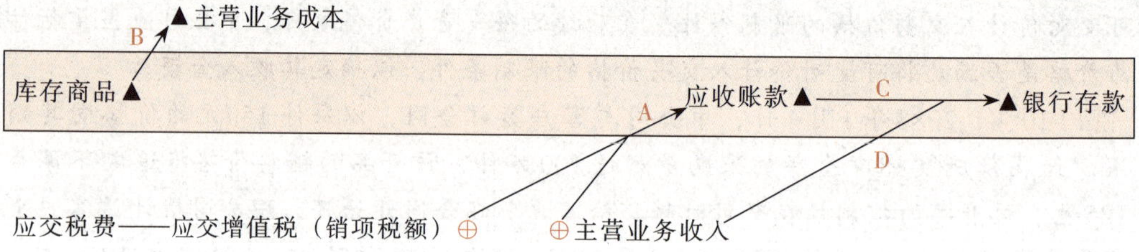

图10-12　现金折扣业务资金运动分析图

【例10-9】甲公司是一般纳税人，增值税税率为13%。20×8年1月2日，甲公司向乙公司赊销一批商品，价款为100 000元，以银行存款代垫运杂费400元，付款商业折扣条件为：2/10，1/20，N/30，该批商品成本为60 000元。甲公司于1月10日收到货款。

（1）20×8年1月2日对外销售时，按最有可能金额确认收入（见图10-13，A、B段）：

商品销售收入确认金额=100 000×（1−2%）=98 000（元）

增值税销项税额确认金额=100 000×13%=13 000（元）

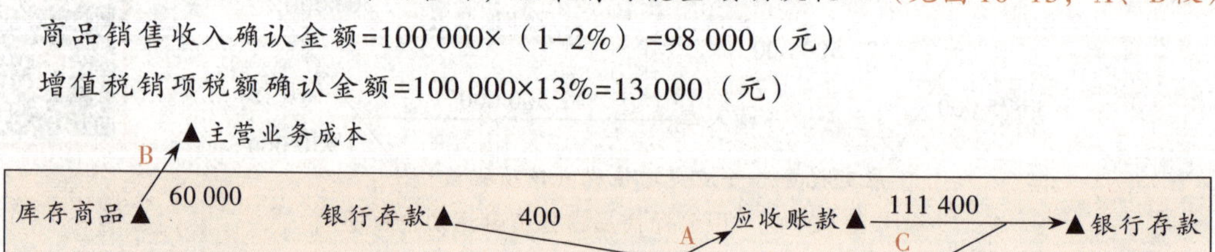

图10-13　甲公司现金折扣业务资金运动分析图

确定交易价格：可变对价3

借：应收账款　　111 400
　　贷：主营业务收入　　98 000
　　　　应交税费——应交增值税（销项税额）　　13 260
　　　　银行存款　　400
借：主营业务成本　　60 000
　　贷：库存商品　　60 000

（2）甲公司1月10日收到货款（见图10-13，C段）。

借：银行存款　　111 400
　　贷：应收账款　　111 400

假设甲公司回收货款的时间在1月18日，则乙公司只能享受1%的现金折扣，甲公司需要补充确认1%的主营业务收入。其所引起的资金运动如图10-14中C、D段运动所示。

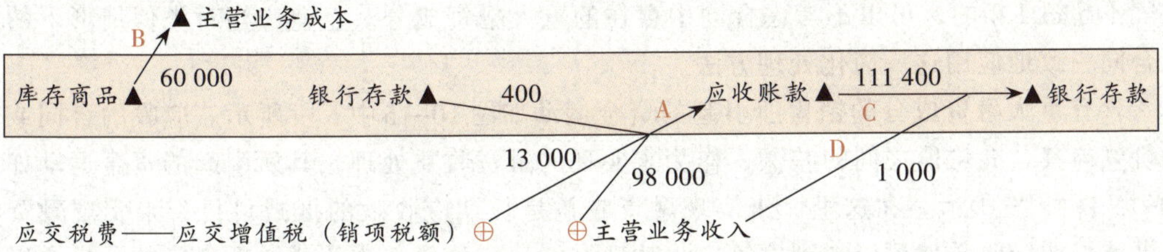

图10-14　甲公司现金折扣业务资金运动分析图

（二）合同中存在重大融资成分

当企业将商品的控制权转移给客户的时间与客户实际付款的时间不一致时（例如企业以赊销的方式销售商品，或者要求客户支付预付款等），如果各方以在合同中明确（或者以隐含的方式）约定的付款时间为客户或企业就转让商品的交易提供了重大融资利益，则合同中即包含了重大融资成分。企业在确定交易价格时，应当对已承诺的对价金额做出调整，以剔除货币时间价值的影响。

合同中存在重大融资成分的，企业应当按照假定客户在取得商品控制权时即以现金支付的应付金额（即现销价格）确定交易价格。在评估合同中是否存在融资成分以及该融资成分对于该合同而言是否重大时，企业应当考虑与之相关的事实和情况，其具体包括：（1）已承诺的对价金额与已承诺商品的现销价格之间的差额，如果企业（或其他企业）在销售相同商品时，不同的付款时间会导致销售价格有所差别，则通常表明各方知晓合同中包含了融资成分。（2）企业将承诺的商品转让给客户与客户支付相关款项之间的预计时间间隔和相应的市场现行利率的共同影响，尽管向客户转让商品与客户支付相关款项之间的时间间隔并非决定性因素，但是，该时间间隔与现行利率两者的共同影响可能提供了是否存在重大融资利益的明显迹象。

企业向客户转让商品与客户支付相关款项之间虽然存在时间间隔，但两者之间的合同没有包含重大融资成分的情形有：（1）客户就商品支付了预付款，且可以自行决定这些商品的转让时间。如企业向客户出售其发行的储值卡，客户可随时持卡到该企业购物；再如，企业向客户授予奖励积分，客户可随时到该企业兑换这些积分等。（2）客户承诺支付的对价中有相当大的部分是可变的，该对价金额或付款时间取决于某一未来事项是否发生，且该事项实质上不受客户或企业控制。如按照实际销售量收取的特许权使用费。(3) 合同承诺的对价金额与现销价格之间的差额是由于向客户或企业提供融资利益以外的其他原因所导致的，且这一差额与产生该差额的原因是相称的。如合同约定的支付条款是为了向企业或客户提供保护，以防止另一方未能依照合同充分履行其部分或全部义务。

需要说明的是，企业应当在单个合同层面考虑融资成分是否重大，而不应在合同组合层面考虑。合同中存在重大融资成分的，企业在确定该重大融资成分的金额时，应使用将合同对价的名义金额折现为商品现销价格的折现率。该折现率一经确定，不得因后续市场利率或客户信用风险等情况的变化而变更。企业确定的交易价格与合同承诺的对价金额之间的差额，应当在合同期间内采用实际利率法摊销。

为简化实务操作，如果在合同开始日，企业预计客户取得商品控制权与客户支付价款间隔不超过1年的，可以不考虑合同中存在的重大融资成分。企业应当对类似情形下的类似合同一致地应用这一简化处理方法。

含有重大融资成分的销售所引起的资金运动如图10-15中A段所示。应收的合同或协议价款与其公允价值之间的差额，作为未实现的融资收益处理，其所引起的资金运动如图10-15中A2段所示。在这里，未实现融资收益是长期应收款的抵减科目，未实现融资收益抵减长期应收款就可以得到这笔应收款现在的真实价值。增值税销项税额的计量应以增值税专用发票上开列的金额为准，其确认时点应该为每年年末收款开票时间，因此，在企业确认收入的同时还并未产生增值税代扣代缴义务，而只能暂时作为“应交税费——待转销项税额”处理，其引起的资金运动如图10-15中A3段所示。同时企业要结转已售产品成本，其所引起的资金运动如图10-15中B段所示。企业在期末或者在合同或协议约定的收款日收到货款，其所引起的资金运动如图10-15中C1段所示；同时，企业需要将未实现的融资收益在合同或协议期间内，按照应收款项的摊余成本和实际利率计算确定的金额进行摊销，冲减财务费用，其所引起的资金运动如图10-15中C2段所示。同时，企业还需要将“应交税费——待转销项税额”部分确认为销项税额，其所引起的资金运动如图10-15中C3段所示。

确定交易价格：具有融资成分1

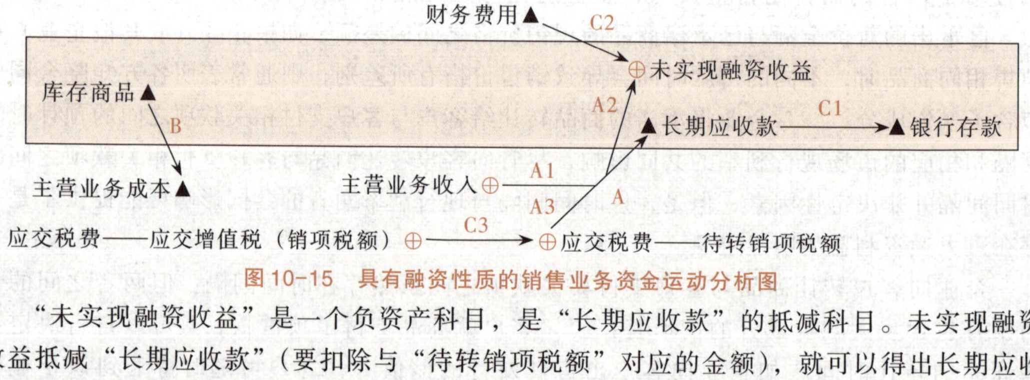

图10-15 具有融资性质的销售业务资金运动分析图

“未实现融资收益”是一个负资产科目，是“长期应收款”的抵减科目。未实现融资收益抵减“长期应收款”(要扣除与“待转销项税额”对应的金额)，就可以得出长期应收款在这一时刻的现时价值，即现值。“应交税费——待转销项税额”是一个过渡性科目，用以反映会计上已确认收入但按照税法规定尚未产生对国家的代扣代缴义务（即销项税额）的一种暂时的、待确认的代缴义务。

【例10-10】甲公司20×3年1月5日向丙公司售出大型设备一套，协议约定从销售当年末分5年分期收款，每年200万元，合计1 000万元（不含增值税，增值税税率13%）。假定购货方在销售成立日支付货款，只需付800万元即可。该产品的生产成本为600万元。假设实际利率为7.93%。

（1）未实现融资收益摊销表见表10-3。

表10-3　**未实现融资收益摊销表**　单位：元

项目	本期利息收益 A=期初E×7.93%	未实现融资收益 B=上期B-本期A	本期收款 C	本期收回本金 D=C-A	期末未收本金 E=上期E-本期D
销售日	—	2 000 000	—	—	8 000 000
第1年末	634 000	1 366 000	2 000 000	1 366 000	6 634 000
第2年末	526 000	840 000	2 000 000	1 474 000	5 160 000
第3年末	409 000	431 000	2 000 000	1 591 000	3 569 000
第4年末	283 000	148 000	2 000 000	1 717 000	1 852 000
第5年末	148 000	0	2 000 000	1 852 000	0
合计	2 000 000	—	10 000 000	8 000 000	—

注：本表中数字保留到千位数。

（2）甲公司20×3年1月5日出售设备（见图10-16，A、B段）。

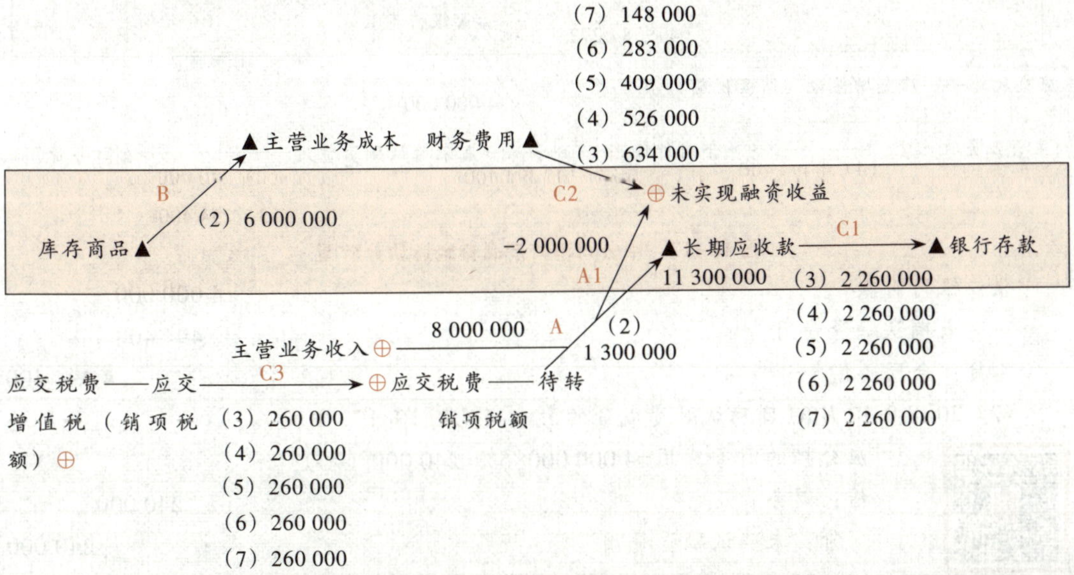

图10-16　甲公司出售设备分期收款资金运动分析图

借：长期应收款——丙公司　11 300 000

　贷：主营业务收入　8 000 000

　　　未实现融资收益　2 000 000

　　　应交税费——待转销项税额　1 300 000

借：主营业务成本　6 000 000

　贷：库存商品　6 000 000

确定交易价格：具有融资成分2

（3）各年年末的业务处理：收到款项（见图10-16，C1段），确认融资收益（见图10-16，C2段），确认销项税额（见图10-16，C3段）。其具体的会计处理见表10-4。

表10-4　　　　　　　　　　　　各年年末业务处理汇总表

年底业务	会计分录	20×3	20×4	20×5	20×6	20×7
收到款项（图10-14，C1段）	借：银行存款 　贷：长期应收款	2 260 000（各年相同）				
分摊融资收益（图10-14，C2段）	借：未实现融资收益 　贷：财务费用	634 000	526 000	409 000	283 000	148 000
确认销项税额（图10-14，C3段）	借：应交税费——待转销项税额 　贷：应交税费——应交增值税（销项税额）	260 000（各年相同）				

【例10-11】20×8年1月1日，甲公司与乙公司签订合同，向其销售一批产品。合同约定，该批产品将于2年之后交货。合同中包括两种可供选择的付款方式，即乙公司可以在2年后交易产品时支付449.44万元，或者在合同签订时支付400万元。乙公司选择在合同签订时支付货款。该批产品的控制权在交货时转移。甲公司于20×8年1月1日收到乙公司支付的货款。款项均不含增值税，增值税税率为13%。假设按照两种付款方式计算的利率为6%。

（1）20×8年1月1日收到货款400万元（见图10-17，A段）。

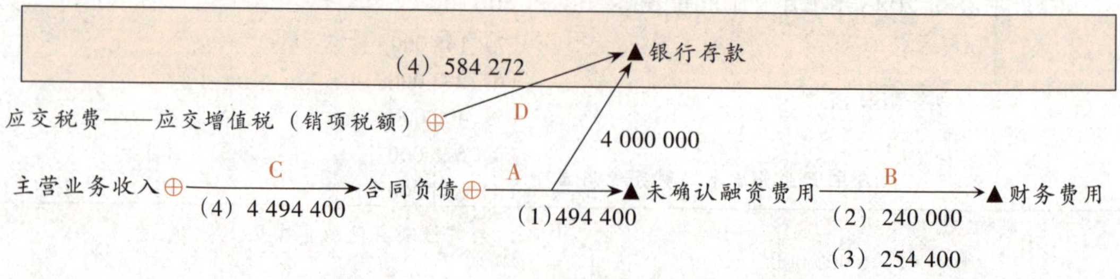

图10-17　甲公司销售产品资金运动分析图

借：银行存款　　　　　　　　　　　　　　　　　　　　4 000 000
　　未确认融资费用　　　　　　　　　　　　　　　　　　494 400
　贷：合同负债　　　　　　　　　　　　　　　　　　　　　　4 494 400

（2）20×8年12月31日确认融资成分的影响（见图10-17，B段）。

应分摊的财务费用=4 000 000×6%=240 000（元）

借：财务费用　　　　　　　　　　　　　　　　　　240 000
　贷：未确认融资费用　　　　　　　　　　　　　　　　　240 000

确定交易价格：具有融资成分3

（3）20×9年12月31日确认融资成分的影响（见图10-17，B段）。

应分摊的财务费用=（4 000 000+240 000）×6%=254 400（元）

借：财务费用　　　　　　　　　　　　　　　　　　254 400
　贷：未确认融资费用　　　　　　　　　　　　　　　　　254 400

（4）20×9年12月31日交付产品（见图10-17，C段），并于当天收到增值税款项（见图10-17，D段）。

借：合同负债　　　　　　　　　　　　　　　　　　4 494 400
　贷：主营业务收入　　　　　　　　　　　　　　　　　　4 494 400
借：银行存款　　　　　　　　　　　　　　　　　　584 272

贷：应交税费——应交增值税（销项税额）　　584 272

（三）非现金对价

当企业因转让商品而有权向客户收取的对价是非现金资产形式时（如存货、无形资产、股权、客户提供的广告服务等），企业通常应当按照非现金对价在合同开始日的公允价值确定交易价格。非现金对价公允价值不能合理估计的，企业应当参照其承诺向客户转让商品的单独售价，间接确定交易价格。

非现金对价的公允价值可能会因对价的形式而发生变动（如企业有权向客户收取的对价是股票，股票本身的价格会发生变动），也可能会因为其他原因而发生变动（如企业有权收取非现金对价的公允价值因企业的履约情况而发生改变）。合同开始日后，非现金对价的公允价值因对价形式以外的原因而发生变动的，应当作为可变对价，按照与计入交易价格的可变对价金额的限制条件相关的规定进行处理；合同开始日后，非现金对价的公允价值因对价形式而发生变动的，该变动金额不应计入交易价格。

（四）应付客户对价

企业在向客户转让商品的同时，需要向客户或第三方支付对价的（如优惠券、兑换券等），应当将该应付对价冲减交易价格，但应付客户对价是为了向客户取得其他可明确区分商品的除外。

确定交易价格：其他

企业应付客户对价是为了向客户取得其他可明确区分商品的，应当采用与企业其他采购相一致的方式确认所购买的商品。企业应付客户对价超过向客户取得的可明确区分商品公允价值的，超过金额应当作为应付客户对价冲减交易价格。向客户取得的可明确区分商品公允价值不能合理估计的，企业应当将应付客户对价全额冲减交易价格。在对应付客户对价冲减交易价格进行会计处理时，企业应当在确认相关收入与支付（或承诺支付）客户对价二者孰晚的时点冲减当期收入。

四、将交易价格分摊至各单项履约义务

当合同中包含两项或多项履约义务时，需要将交易价格分摊至各单项履约义务，以使企业分摊至各单项履约义务（或可明确区分的商品）的交易价格能够反映其因向客户转让已承诺的相关商品而预期有权收取的对价金额。

将交易价格分摊至各单项履约义务

（一）分摊的一般原则

合同中包含两项或多项履约义务的，企业应当在合同开始日，按照各单项履约义务所承诺商品的单独售价的相对比例，将交易价格分摊至各单项履约义务。

单独售价，是指企业向客户单独销售商品的价格。企业在类似环境下向类似客户单独销售某商品的价格，应作为确定该商品单独售价的最佳证据。单独售价无法直接观察的，企业应当综合考虑其能够合理取得的全部相关信息，采用市场调整法、成本加成法、余值法等方法合理估计单独售价。

市场调整法，是指企业根据类似商品的市场售价，考虑本企业的成本和毛利等进行适当调整后确定其单独售价的方法。成本加成法，是指企业根据某商品的预计成本加上其合理毛利后的金额，确定其单独售价的方法。余值法，是指企业根据合同交易价格减去合同中其他商品可观察单独售价后的余额，确定某商品单独售价的方法。企业在商品近期售价

波动幅度巨大，或者因未定价且未曾单独销售而使售价无法可靠确定时，可采用余值法估计其单独售价。

如果合同中存在两项或两项以上的商品，其销售价格变动幅度较大或尚未确定，企业可能需要采用多种方法相结合的方式，对合同所承诺的商品的单独售价进行估计。

【例10-12】甲公司与客户签订合同，向其销售A、B、C三件产品，合同价款为10 000元。此时A、B、C产品的单独售价分别为5 000元、2 500元和7 500元，合计15 000元。上述价格均不包括增值税，则：

A产品应当分摊的交易价格=10 000×（5 000÷15 000）=3 333（元）

B产品应当分摊的交易价格=10 000×（2 500÷15 000）=1 667（元）

C产品应当分摊的交易价格=10 000×（7 500÷15 000）=5 000（元）

（二）分摊合同折扣

合同折扣，是指合同中各单项履约义务所承诺商品的单独售价之和高于合同交易价格的金额。企业应当在各单项履约义务之间按比例分摊合同折扣。有确凿证据表明合同折扣仅与合同中一项或多项（而非全部）履约义务相关的，企业应当将该合同折扣分摊至相关的一项或多项履约义务。

同时满足下列三项条件时，企业应当将合同折扣全部分摊至合同中的一项或多项（而非全部）履约义务：(1) 企业经常将该合同中的各项可明确区分商品单独销售或者以组合的方式单独销售；(2) 企业也经常将其中部分可明确区分的商品以组合的方式按折扣价格单独销售；(3) 归属于上述第 (2) 项中每一组合的商品的折扣与该合同中的折扣基本相同，且针对每一组合中的商品的分析为将该合同的整体折扣归属于某一项或多项履约义务提供了可观察的证据。

有确凿证据表明，合同折扣仅与合同中的一项或多项（而非全部）履约义务相关，且企业采用余值法估计单独售价的，应当首先在该一项或多项（而非全部）履约义务之间分摊合同折扣，然后再采用余值法估计单独售价。

【例10-13】甲公司与客户签订合同，向其销售A、B、C三种产品，合同总价款为120万元，这三种产品构成三项履约义务。甲公司经常以50万元的价格单独出售A产品，其单独售价可直接观察；B产品和C产品的单独售价不可直接观察，企业采用市场调整法估计的B产品的单独售价为25万元，采用成本加成法估计的C产品的单独售价为75万元。甲公司通常以50万元的价格单独销售A产品，并将B产品和C产品组合在一起以70万元的价格销售。上述价款均不含增值税。

则A产品应当分摊的交易价格为50万元，B产品和C产品应当分摊的交易价格为70万元。

B产品应当分摊的交易价格=70×（25÷100）=17.5（万元）

C产品应当分摊的交易价格=70×（75÷100）=52.5（万元）

（三）分摊可变对价

合同中包含可变对价的，该可变对价可能与整个合同相关，也可能仅与合同中的某一特定组成部分有关，后者包括两种情形：(1) 可变对价可能与合同中的一项或多项（而非全部）履约义务有关，如是否获得奖金取决于企业能否在指定时期内转让某项已承诺的商品。(2) 可变对价可能与企业向客户转让的构成单项履约义务的一系列可明确区分商品中的一项或多项（而非全部）商品有关，如为期两年的保洁服务合同中，第二年的服务价格将根据指定的通货膨胀率确定。

同时满足下列条件的，企业应当将可变对价及可变对价的后续变动额全部分摊至与之相关的某项履约义务，或者构成单项履约义务的一系列可明确区分商品中的某项商品：(1) 可变对价的条款专门针对企业为履行该项履约义务或转让该项可明确区分商品而进行的努力（或者是履行该项履约义务或转让该项可明确区分商品所导致的特定结果）；(2) 企业在考虑了合同中的全部履约义务及支付条款后，将合同对价中的可变金额全部分摊至该项履约义务或该项可明确区分商品符合分摊交易价格的目标。对于不满足上述条件的可变对价及可变对价的后续变动额，以及可变对价及其后续变动额中未满足上述条件的剩余部分，企业应当按照分摊交易价格的一般原则，将其分摊至合同中的各单项履约义务。对于已履行的履约义务，其分摊的可变对价后续变动额应当调整变动当期的收入。

（四）交易价格的后续变动

交易价格发生后续变动的，企业应当按照在合同开始日所采用的基础将该后续变动金额分摊至合同中的履约义务。企业不得因合同开始日之后单独售价的变动而重新分摊交易价格。

合同变更之后发生可变对价后续变动的，企业应当区分下列三种情形分别进行会计处理：(1) 合同变更后成为独立合同的。企业应当判断可变对价后续变动与哪一项合同相关，并按照分摊可变对价的相关规定进行会计处理。(2) 合同变更后，与未履行完的合同合并为新合同的，企业应当首先将该可变对价后续变动额以原合同开始日确定的单独售价为基础进行分摊，然后再将分摊至合同变更日尚未履行履约义务的该可变对价后续变动额以新合同开始日确定的基础进行二次分摊。(3) 合同变更之后，构成原合同一部分的，企业应当将该可变对价后续变动额分摊至合同变更日尚未履行（或部分未履行）的履约义务。

五、履行每一单项履约义务时确认收入

企业应当在履行了合同中的履约义务，即客户取得相关商品控制权时确认收入。企业将商品的控制权转移给客户，该转移可能在某一时段内（即履行履约义务的过程中）发生，也可能在某一时点（即履约义务完成时）发生。企业应当根据实际情况，首先判断履约义务是否满足在某一时段内履行的条件，如不满足，则该履约义务属于在某一时点履行的履约义务。对于在某一时段内履行的履约义务，企业应当选取恰当的方法来确定履约进度；对于在某一时点履行的履约义务，企业应当综合分析控制权转移的迹象，判断其转移时点。

（一）在某一时段内履行的履约义务的收入确认条件

满足下列条件之一的，属于在某一时段内履行履约义务，相关收入应当在该履约义务履行的期间内确认。

1.客户在企业履约的同时即取得并消耗企业履约所带来的经济利益

企业在履约过程中是持续地向客户转移企业履约所带来的经济利益的，该履约义务属于在某一时段内履行的履约义务，企业应当在履行履约义务的期间确认收入。对于一些服务类的合同而言（如保洁服务），可以通过直观的判断获知，企业在履行履约义务（即提供保洁服务）的同时，客户即取得并消耗了企业履约所带来的经济利益。对于难以通过直观判断获知结论的情形，企业在进行判断时，可以假定在企业履约的过程中更换为其他企业继续履行剩余履约义

履行单项履约义务时确认收入1

务，当该继续履行合同的企业实质上无须重新执行企业累计至今已经完成的工作时，表明客户在企业履约的同时即取得并消耗了企业履约所带来的经济利益。例如，甲公司承诺将客户的一批货物从A市运送到B市，假定该批货物在途经C市时，由乙运输公司接替甲公司继续提供该运输服务，由于A市到C市之间的运输服务是无须重新执行的，表明客户在甲公司履约的同时即取得并消耗了甲公司履约所带来的经济利益，因此，甲公司提供的运输服务属于在某一时段内履行的履约义务。

企业在判断其他企业是否实质上无须重新执行企业累计至今已经完成的工作时，应当基于下列两个前提：（1）不考虑可能会使企业无法将剩余履约义务转移给其他企业的潜在限制，包括合同限制或实际可行性限制，在上述甲公司提供运输服务的例子中，甲公司为客户提供运输服务时，双方可能会在合同中约定，合同双方均不得解除合同，在进行上述判断时不需要考虑这一约定；（2）假设继续履行剩余履约义务的其他企业将不会享有企业目前已控制的，且在剩余履约义务转移给其他企业后仍然控制的任何资产的利益。

2.客户能够控制企业履约过程中在建的商品

企业在履约过程中在建的商品包括在产品、在建工程、尚未完成的研发项目、正在进行的服务等，由于客户控制了在建的商品，客户在企业提供商品的过程中获得其利益。因此，该履约义务属于在某一时段内履行的履约义务，应当在该履约义务履行的期间内确认收入。

3.企业履约过程中所产出的商品具有不可替代用途，且该企业在整个合同期间内有权就累计至今已完成的履约部分收取款项

（1）商品具有不可替代的用途。具有不可替代用途，是指因合同限制或实际可行性限制，企业不能轻易地将商品用于其他用途。当企业产出的商品只能提供给某特定客户，而不能被轻易地用于其他用途（如销售给其他客户）时，该商品就具有不可替代用途。在判断商品是否具有不可替代用途时，企业既应当考虑合同限制，也应当考虑实际可行性限制，但无须考虑合同被终止的可能性。企业在判断商品是否具有不可替代用途时，需要注意下列四点：

第一，判断时点是合同开始日。企业应当在合同开始日判断所承诺的商品是否具有不可替代用途，此后，除非发生合同变更，且该变更显著改变了原合同约定的履约义务，否则，企业无须重新进行判断。

第二，考虑合同限制。当合同中存在实质性的限制条款，导致企业不能将合同约定的商品用于其他用途时，该商品满足具有不可替代用途的条件。在判断限制条款是否具有实质性时，应当考虑企业试图把合同中约定的商品用于其他用途时，客户是否可以根据这些限制条款，主张其对该特定商品的权利，如果是，那么这些限制条款就是实质性的；相反，如果合同中约定的商品和企业的其他商品在很大程度上能够互相替换（如企业生产的标准化产品），而不会导致企业违约，也无须发生重大成本，则表明该限制条款不具有实质性作用。此外，如果合同中的限制条款仅为保护性条款，也不应考虑。

第三，考虑实际可行性限制。虽然合同中没有限制条款，但是当企业将合同中约定的商品用作其他用途，将导致企业遭受重大经济损失时，企业将该商品用作其他用途的能力实际上受到了限制。企业遭受重大经济损失的原因可能是需要发生重大的返工成本，也可能是只能在承担重大损失的情况下才能将这些商品销售给其他客户。

第四，基于最终转移给客户的商品的特征判断。当商品在前若干个生产步骤是标准化的，只是从某一时点（或者某一流程）才进入定制化的生产时，企业应当根据最终转移给客户时该商品的特征来判断其是否满足“具有不可替代用途”的条件。例如，某汽车零部件生产企业，为客户提供定制零部件的生产，该生产通常需要经过四道工序，前两道工序是标准工序，后两道工序是特殊工序，处于前两道工序的在产品，可以用于满足任一客户的需要，但是进入第三道工序后的产品只能销售给某特定客户。在企业与该特定客户之间的有关最终产品的合同下，最终产品符合“具有不可替代用途”的条件。

（2）企业在整个合同期间内有权就累计至今已完成的履约部分收取款项。“有权就累计至今已完成的履约部分收取款项”，是指在由于客户或其他方原因终止合同的情况下，企业有权就累计至今已完成的履约部分收取能够补偿其已发生成本和合理利润的款项，并且该权利具有法律约束力。需要强调的是，合同终止必须是由于客户或其他方而非企业自身的原因所致，在整个合同期间内的任一时点，企业均应当拥有此项权利。企业在进行判断时，需要注意下列五点：

第一，企业有权收取的该款项应当大致相当于累计至今已经转移给客户的商品的售价，即该金额应当能够补偿企业已经发生的成本和合理利润。

第二，该规定并不意味着企业拥有现时可行使的无条件收款权。企业通常会在与客户的合同中约定，只有在达到某一重要时点、某重要事项完成后或者整个合同完成之后，企业才拥有无条件地收取相应款项的权利。在这种情况下，企业在判断其是否有权就累计至今已完成的履约部分收取款项时，应当考虑，假设在发生由于客户或其他方原因导致合同在该重要时点、重要事项完成前或合同完成前终止时，企业是否有权主张该收款权利，即是否有权要求客户补偿其累计至今已完成的履约部分应收取的款项。

第三，当客户只有在某些特定时点才有权终止合同，或者根本无权终止合同时，客户终止了合同（包括客户没有按照合同约定履行其义务），但是，合同条款或法律法规要求，企业应继续向客户转移合同中承诺的商品并因此有权要求客户支付对价，此种情况也符合“企业有权就累计至今已完成的履约部分收取款项”的要求。

第四，企业在进行判断时，既要考虑合同条款的约定，还应当充分考虑适用的法律法规、补充或者凌驾于合同条款之上的以往司法实践以及类似案例的结果等。

第五，企业和客户之间在合同中约定的付款时间进度表，不一定就表明企业有权就累计至今已完成的履约部分收取款项，这是因为合同约定的付款进度和企业的履约进度可能并不匹配。此种情况下，企业仍需要证据对其是否有该收款权进行判断。

（二）在某一时段内履行的履约义务的收入确认方法

对于在某一时段内履行的履约义务，企业应当在该段时间内按照履约进度确认收入，但是履约进度不能合理确定的除外。企业应当考虑商品的性质，采用产出法或投入法确定恰当的履约进度，并且在确定履约进度时，应当扣除那些控制权尚未转移给客户的商品和服务。企业按照履约进度确认收入时，通常应当在资产负债表日按照合同的交易价格总额乘以履约进度扣除以前会计期间累计已确认的收入后的金额，确认为当期收入。

1.产出法

产出法是根据已转移给客户的商品对于客户的价值确定履约进度的方法，通常可采用实际测量的完工进度、评估已实现的结果、已达到的里程数、时间进度、已完工或交付的产品等产出指标确定履约进度。企业在评估是否采用产出法确定履约进度时，应当考虑具体的事实和情况，并选择能够如实反映企业履约进度和向客户转移商品控制权的产出指标。

产出法是根据能够代表向客户转移商品控制权的产出指标来直接计算履约进度的，因此通常能够客观地反映履约进度。但是，产出法下有关产出指标的信息有时可能无法直接获得，企业为获得这些信息需要花费很高的成本，这就可能需要采用投入法来确定履约进度。

2. 投入法

投入法是根据企业履行履约义务的投入确定履约进度的方法，通常可采用投入的材料数量、花费的人工工时或机器工时、发生的成本和时间进度等投入指标确定履约进度。当企业从事的工作或发生的投入是在整个履约期间内均匀发生时，企业也可以按照直线法确认收入。

投入法所需要的投入指标虽然易于获得，但是，投入指标与企业向客户转移商品的控制权之间未必存在直接的对应关系。因此，企业在采用投入法确定履约进度时，应当扣除那些虽然已经发生，但是未导致向客户转移商品的投入。如企业为履行合同应开展一些初始活动，如果这些活动并没有向客户转移企业承诺的服务，则企业在使用投入法确定履约进度时，不应将为开展这些活动发生的相关投入包括在内。

实务中，通常按照累计实际发生的成本占预计总成本的比例（即成本法）确定履约进度，累计实际发生的成本包括企业向客户转移商品过程中所发生的直接成本和间接成本，如直接人工、直接材料、分包成本以及其他与合同相关的成本。在下列情形下，企业在采用成本法确定履约进度时，可能需要对已发生的成本进行适当调整：

（1）已发生的成本并未反映企业履行履约义务的进度。如因企业生产效率低下等原因而导致的非正常消耗，包括非正常消耗的直接材料、直接人工及制造费用等，不应包括在累计实际发生的成本中，这是因为这些非正常消耗并没有为合同进度做出贡献，但是，企业和客户在订立合同时已经预见会发生这些成本并将其包括在合同价款中的除外。

（2）已发生的成本与企业履行履约义务的进度不成比例。当企业已发生的成本与履约进度不成比例，企业在采用成本法确定履约进度时需要进行适当调整，通常仅以其已发生的成本为限确认收入。对于施工中尚未安装、使用或耗用的商品或材料成本等，当企业在合同开始日就预期将能够满足下列所有条件时，应在采用成本法确定履约进度时不包括这些成本：第一，该商品或材料不构成单项履约义务；第二，客户先取得该商品或材料的控制权，之后才接受与之相关的服务；第三，该商品或材料的成本相对于预计总成本而言是重大的；第四，企业自第三方采购该商品或材料，且未深入参与其设计和制造，对于包含该商品的履约义务而言，企业是主要责任人。

每一资产负债表日，企业应当对履约进度进行重新估计。对于每一项履约义务，企业只能采用一种方法来确定其履约进度，并加以一贯运用。对于类似情况下的类似履约义务，企业应当采用相同的方法（如成本法）确定履约进度。

企业如果无法获得确定履约进度所需的可靠信息，则无法合理地确定其履行履约义务的进度。当履约进度不能合理确定时，企业已经发生的成本预计能够得到补偿的，应当按照已经发生的成本金额确认收入，直到履约进度能够合理确定为止。

（三）在某一时点履行的履约义务

对于不属于在某一时段内履行的履约义务，应当属于在某一时点履行的履约义务，企业应当在客户取得相关商品控制权的时点确认收入。在判断客户是否已取得商品控制权（即客户是否能够主导该商品的使用并从中获得几乎全部的经济利益）时，企业应当考虑下列五个迹象：

（1）企业就该商品享有现时收款权利，即客户就该商品负有现时付款义务。当企业就该商品享有现时收款权利时，可能表明客户已经有能力主导该商品的使用并从中获得几乎全部的经济利益。

履行单项履约义务时确认收入2

（2）企业已将该商品的法定所有权转移给客户，即客户已拥有该商品的法定所有权。当客户取得了商品的法定所有权时，可能表明其已经有能力主导该商品的使用并从中获得几乎全部的经济利益，或者能够阻止其他企业获得这些经济利益，即客户已取得对该商品的控制权。如果企业仅仅是为了确保到期收回货款而保留商品的法定所有权，那么该权利通常不会对客户取得对该商品的控制权构成阻碍。

（3）企业已将该商品实物转移给客户，即客户已占有该商品实物。客户如果已经占有商品实物，则可能表明其有能力主导该商品的使用并从中获得其几乎全部的经济利益，或者使其他企业无法获得这些利益。需要说明的是，客户占有了某项商品实物并不意味着其就一定取得了该商品的控制权，反之亦然。企业应分以下情况进行具体的会计处理：

①委托代销安排。这一安排是指委托方和受托方签订代销合同或协议，委托受托方向终端客户销售商品。在这种安排下，企业应当评估受托方在企业向其转让商品时是否已获得对该商品的控制权，如果没有，企业不应在此时确认收入，通常应当在受托方售出商品时确认销售商品收入；受托方应当在商品销售后，按合同或协议约定的方法计算确定手续费，并依据手续费确认收入。表明一项安排是委托代销安排的迹象包括但不限于：一是在特定事件发生之前（如向最终客户出售商品或指定期间到期之前），企业拥有对商品的控制权；二是企业能够要求将委托代销的商品退回或者将其销售给其他方（如其他经销商）；三是尽管受托方可能被要求向企业支付一定金额的押金，但是其并没有承担对这些商品无条件付款的义务。

②售后代管商品安排。售后代管商品是指根据企业与客户签订的合同，已经就销售的商品向客户收款或取得了收款权利，但是直到在未来某一时点将该商品交付给客户之前，仍然继续持有该商品实物的安排。实务中，客户可能会因为缺乏足够的仓储空间或生产进度延迟而要求与销售方订立此类合同。在这种情况下，尽管企业仍然持有商品的实物，但是，当客户已经取得了对该商品的控制权时，即使客户决定暂不行使实物占有的权利，其依然有能力主导该商品的使用并从中获得几乎全部的经济利益。因此，企业不再控制该商品，而只是向客户提供代管服务。

在售后代管商品安排下，除了应当考虑客户是否有取得商品控制权的迹象之外，还应当同时满足下列四项条件，才表明客户取得了该商品的控制权：一是该安排必须具有商业实质，如该安排是应客户的要求而订立的；二是属于客户的商品必须能够单独识别，如将属于客户的商品单独存放在指定地点；三是该商品可以随时交付给客户；四是企业不能自行使用该商品或将该商品提供给其他客户。实务中，越是通用的、可以和其他商品互相替换的商品，越有可能难以满足上述条件。

需要注意的是，如果在满足上述条件的情况下，企业对尚未发货的商品确认了收入，则企业应当考虑是否还承担了其他的履约义务，如向客户提供保管服务等，从而应当将部分交易价格分摊至该履约义务。

(4) 企业已将该商品所有权上的主要风险和报酬转移给客户，即客户已取得该商品所有权上的主要风险和报酬。企业向客户转移了商品所有权上的主要风险和报酬，可能表明客户已经取得了主导该商品的使用并从中获得其几乎全部经济利益的能力。但是，在评估商品所有权上的主要风险和报酬是否转移时，不应考虑导致企业在除所转让商品之外产生其他单项履约义务的风险。如企业将产品销售给客户，并承诺提供后续维护服务的安排中，销售产品和提供维护服务均构成单项履约义务，企业将产品销售给客户之后，虽然仍然保留了与后续维护服务相关的风险，但是由于维护服务构成单项履约义务，所以该风险并不影响企业已将产品所有权上的主要风险和报酬转移给客户这一判断。

(5) 客户已接受该商品。如果客户已经接受了企业提供的商品，如企业销售给客户的商品通过了客户的验收，可能表明客户已经取得了该商品的控制权。合同中有关客户验收的条款，可能允许客户在商品不符合约定规格的情况下解除合同或要求企业采取补救措施。因此，企业在评估是否已经将商品的控制权转移给客户时，应当考虑此类条款。当企业能够客观地确定其已经按照合同约定的标准和条件将商品的控制权转移给客户时，客户验收只是一项例行程序，并不影响企业判断客户取得该商品控制权的时点。如企业向客户销售一批必须满足规定尺寸和重量的产品，合同约定，客户收到该产品时，将对此进行验收。由于该验收条件是一个客观标准，企业在客户验收前就能够确定其是否满足约定的标准，客户验收可能只是一项例行程序。实务中，企业应当根据过去执行类似合同积累的经验以及客户验收的结果取得相应证据。当在客户验收之前确认收入时，企业还应当考虑是否还存在剩余的履约义务，如设备安装等，并且评估是否应当对其单独进行会计处理。

相反，当企业无法客观地确定其向客户转让的商品是否符合合同规定的条件时，在客户验收之前，企业不能认为已经将该商品的控制权转移给了客户。这是因为，在这种情况下，企业无法确定客户是否能够主导该商品的使用并从中获得其几乎全部的经济利益。如客户主要基于主观判断进行验收时，该验收往往不能被视为仅仅是一项例行程序，在验收完成之前，企业无法确定其商品是否能够满足客户的主观标准，因此，企业应当在客户完成验收并接受该商品时才能确认收入。实务中，定制化程度越高的商品，越难以证明客户验收仅仅是一项例行程序。

此外，如果企业将商品发送给客户供其试用或者测评，且客户并未承诺在试用期结束前支付任何对价，则在客户接收该商品或者在试用期结束之前，该商品的控制权并未转移给客户。

需要强调的是，在上述五个迹象中，并没有哪一个或哪几个迹象是决定性的，企业应当根据合同条款和交易实质进行分析，综合判断其是否将商品的控制权转移给客户以及何时转移，从而确定收入确认的时点。此外，企业应当从客户的角度进行评估，而不应当仅考虑企业自身的看法。

第三节　特殊销售业务资金运动分析与会计处理

一、附有销售退回条款的销售

对于附有销售退回条款的销售，企业应当在客户取得相关商品控制权时，按照因向客户转让商品而预期有权收取的对价金额（即不包含预期因销售退回将退还的金额）确认收入，按照预期因销售退回将退还的金额确认负债；同时，按照预期将退回商品转让时的账面价值，扣除收回该商品预计发生的成本（包括退回商品的价值减损）后的余额，确认为一项资产，按照所转让商品转让时的账面价值，扣除上述资产成本的净额结转成本。

每一资产负债表日，企业应当重新估计未来销售退回情况，并对上述资产和负债进行重新计量。如有变化，应当作为会计估计变更进行会计处理。

【例10-14】甲公司是一家健身器材销售公司。20×8年10月1日，甲公司向乙公司销售5 000件健身器材，单位售价500元/件，单位生产成本400元/件，开出的增值税专用发票上注明的销售价格为250万元，增值税32.5万元。健身器材已经发出，但款项尚未收到。根据协议，乙公司应在20×8年12月1日之前支付货款，在20×9年3月31日之前有权退还健身器材。发出健身器材后，甲公司根据以往经验，估计其退货率为20%；在20×8年12月31日，甲公司对退货率进行了重新评估，得出其退货率为10%。甲公司为增值税一般纳税人，健身器材发出时纳税义务已经发生，实际发生退货时取得税务机关开具的红字增值税专用发票。假设健身器材在发出时控制权即转移给乙公司。

（1）20×8年10月1日甲公司销售健身器材，总售价250万元，总成本200万元，估计退货率20%（见图10-18，A1、A2段）。

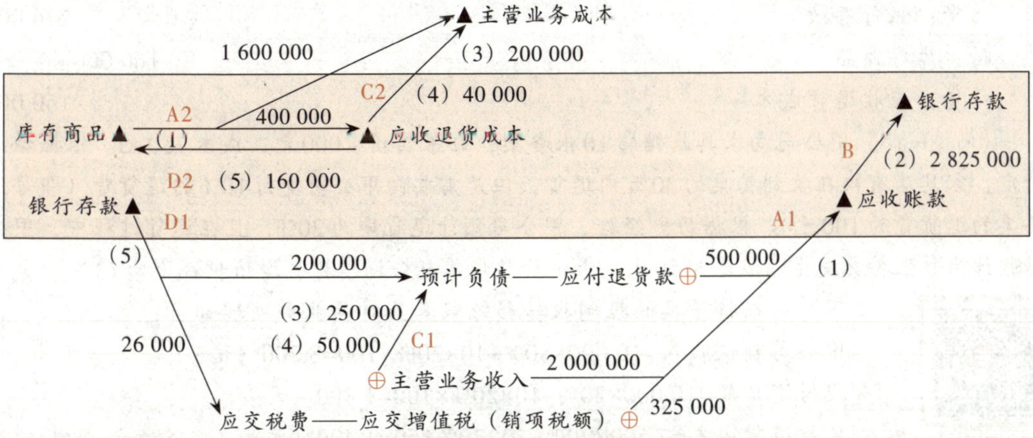

图10-18　甲公司销售健身器材资金运动分析图

借：应收账款　　2 825 000

　贷：主营业务收入　　2 000 000

　　预计负债——应付退货款　　500 000

　　应交税费——应交增值税（销项税额）　　325 000

借：主营业务成本　　1 600 000

　应收退货成本　　400 000

　贷：库存商品　　2 000 000

附有商品销售退回条件的销售1

（2）20×8年12月1日前甲公司收到货款（见图10-18，B段）。

借：银行存款　　2 825 000

　贷：应收账款　　2 825 000

（3）20×8年12月31日，甲公司重新评估退货率为10%，原估计的退货率为20%。企业应增加收入250×10%=25（万元）；增加主营业务成本20万元（见图10-18，C1、C2段）。

借：预计负债——应付退货款　　250 000

　贷：主营业务收入　　250 000

借：主营业务成本　　200 000

　贷：应收退货成本　　200 000

（4）20×9年3月31日，乙公司向甲公司退货400件。甲公司原预计退货率为10%，即500件。甲公司应再确认销售收入5万元，结转销售成本4万元（见图10-18，C1、C2段）。

借：预计负债——应付退货款　　50 000

　贷：主营业务收入　　50 000

借：主营业务成本　　40 000

　贷：应收退货成本　　40 000

（5）20×9年3月31日，取得红字增值税专用发票，确认退回货款20万元并冲销增值税，退回库存商品16万元，假设款项已经支付（见图10-18，D1、D2段）。

借：预计负债——应付退货款　　200 000

　　应交税费——应交增值税（销项税额）　　26 000

　贷：银行存款　　226 000

借：库存商品　　160 000

　贷：应收退货成本　　160 000

【例10-15】甲公司向家具店销售10张餐桌，每张售价1 000元，成本750元。根据合同约定，家具店有权在收到餐桌的30天内退货，但是需要向甲公司支付10%的退货费（即每张餐桌的退货费为100元）。根据历史经验，甲公司预计退货率为20%，且在退货过程中，甲公司预计为每张餐桌发生的成本为50元。上述价款均不包含增值税，增值税税率为13%。

附有商品销售退回条件的销售2

甲公司在将餐桌的控制权转移给家具店时的业务处理如下：

甲公司确认收入=10 000×80%+10×20%×100=8 200（元）

应付退货款=10 000×20%−10×20%×100=1 800（元）

应收退货成本=7 500×20%−10×20%×50=1 400（元）

主营业务成本=7 500−1 400=6 100（元）（是倒挤出来的）

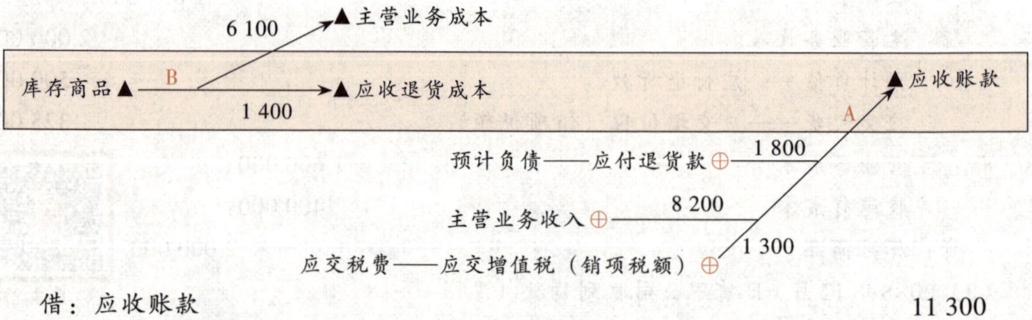

借：应收账款　　11 300

　贷：主营业务收入　　8 200

　　　预计负债——应付退货款　　1 800

　　贷：应交税费——应交增值税（销项税额）　　1 300
借：主营业务成本　　6 100
　　应收退货成本　　1 400
　　贷：库存商品　　7 500

二、附有质量保证条款的销售

对于附有质量保证条款的销售，企业应当对其所提供的质量保证的性质进行分析；对于客户能够选择单独购买质量保证的，表明该质量保证构成单项履约义务；对于客户虽然不能选择单独购买质量保证，但如果该质量保证在向客户保证所销售的商品符合既定标准之外提供了一项单独服务的，也应当作为单项履约义务。对于不能作为单项履约义务的质量保证，企业应当按照或有事项的规定进行会计处理。

企业在评估一项质量保证是否在向客户保证所销售的商品符合既定标准之外提供了一项单独的服务时，应当考虑的因素包括：该质量保证是否为法定要求、质量保证期限、企业承诺履行义务的性质。

企业提供的质量保证同时包含保证类质量保证和服务类质量保证的，应当分别对其进行会计处理；无法合理区分的，应当将这两类质量保证一起作为单项履约义务按照本准则进行会计处理。

【例10-16】20×7年，甲公司销售笔记本电脑实现销售收入1 000万元。另外，甲公司因其客户购买笔记本电脑延保服务收取了20万元，该延保服务条款规定：产品售出后超过法定1年保修期后的1年内，如发生正常质量问题，甲公司将免费负责修理。假定款项已经全部收存银行。根据以往的经验，如果出现较小的质量问题，则发生的修理费为产品销售收入的5%；而如果出现较大的质量问题，则发生的修理费为产品销售收入的10%。据预测，本年度已售产品中，超过法定的1年保修期后的1年内有40%不会发生质量问题，有20%将发生较小的质量问题，有40%将发生较大的质量问题。20×9年，甲公司按照合同约定对其20×7年销售的笔记本电脑提供延保服务，发生成本18万元，假定全部以银行存款支付。销售电脑的增值税税率为13%，延保服务的增值税税率为6%。以上款项均不含增值税。

（1）20×7年销售收入为1 000万元，增值税为130万元；取得20万元延保费，增值税为1.2万元（见图10-19，A段）。

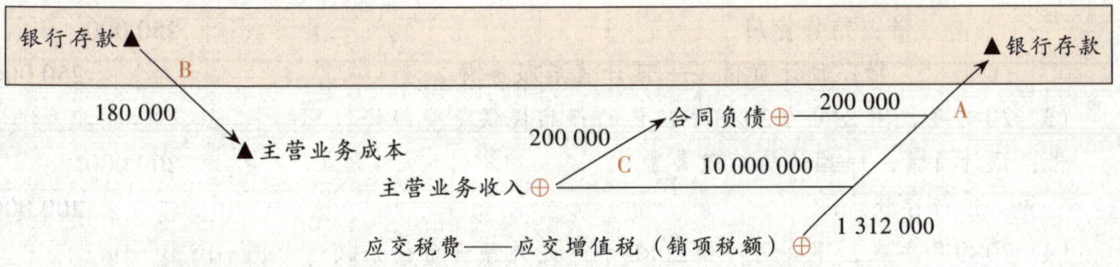

图10-19　甲公司销售笔记本电脑资金运动分析图

附有质量保障条款的销售1

借：银行存款　　11 512 000

　贷：主营业务收入　　10 000 000

　　合同负债　　200 000

　　应交税费——应交增值税（销项税额）　　1 312 000

（2）20×9年，实际发生延保费支出18万元，以银行存款支付（见图10-19，B、C段）。

借：主营业务成本　　180 000

　贷：银行存款　　180 000

借：合同负债　　200 000

　贷：主营业务收入　　200 000

【例10-17】20×8年，甲公司产品销售收入为1 000万元，款项已全部存入银行。甲公司的产品质量保证条款为：产品出售1年内，如发生正常质量问题，甲公司将负责免费维修。根据以往的经营情况，如出现较小的质量问题，需要发生的维修费为产品销售收入的10%；如出现较大的质量问题，需要发生的维修费为产品销售收入的20%。据预测，本年度已售产品中，有80%不会发生质量问题，有15%会发生较小的质量问题，有5%将发生较大的质量问题。20×9年，甲公司按照合同约定对其去年销售的产品提供免费维修服务，发生成本20万元，假设全部以银行存款支付。该公司增值税税率为13%。

（1）20×8年甲公司销售产品（见图10-20，A段）。

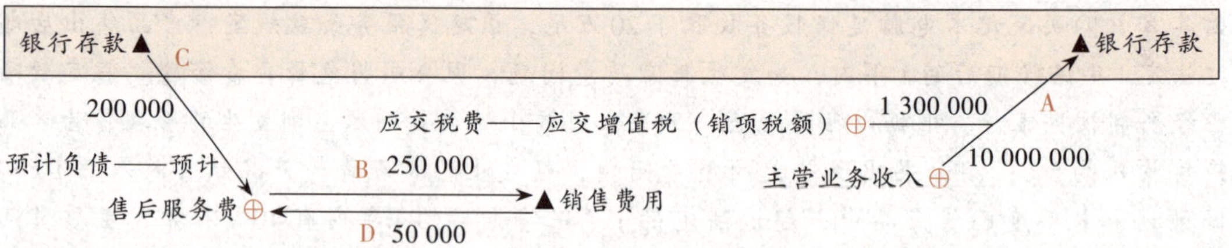

图10-20　甲公司资金运动分析图

附有质量保障条款的销售2

借：银行存款　　11 300 000

　贷：主营业务收入　　10 000 000

　　应交税费——应交增值税（销项税额）　　1 300 000

（2）20×8年年底，甲公司根据估计确认预计负债（见图10-20，B段）。

20×8年全年销售预计售后服务费=1 000×（10%×15%+20%×5%）=25（万元）

借：销售费用　　250 000

　贷：预计负债——预计售后服务费　　250 000

（3）20×9年，甲公司为20×8年销售的产品提供免费维修（见图10-20，C段）。

借：预计负债——预计售后服务费　　200 000

　贷：银行存款　　200 000

（4）20×9年年底，甲公司冲销20×8年计提的预计负债余额（见图10-20，D段）。

借：预计负债——预计售后服务费　　50 000

　贷：销售费用　　50 000

三、主要责任人和代理人

当企业向客户销售商品涉及其他方参与其中时，企业应当确定其自身在该交易中的身份是主要责任人还是代理人。主要责任人应当按照已收或应收对价总额确认收入；代理人应当按照预期有权收取的佣金或手续费的金额确认收入。

1.主要责任人或代理人的判断原则

企业在判断其是主要责任人还是代理人时，应当根据其承诺的性质，也就是履约义务的性质，确定企业在某项交易中的身份是主要责任人还是代理人。企业承诺自行向客户提供特定商品的，其身份是主要责任人；企业承诺安排他人提供特定商品的，即为他人提供协助的，其身份是代理人。自行向客户提供特定商品可能也包含委托另一方（包括分包商）代为提供特定商品。

2.企业作为主要责任人的情况

当存在第三方参与企业向客户提供商品时，企业向客户转让特定商品之前能够控制该商品的，应当作为主要责任人。企业作为主要责任人的情形包括：（1）企业自该第三方取得商品或其他资产控制权后，再转让给客户。（2）企业能够主导第三方代表本企业向客户提供服务。（3）企业自第三方取得商品控制权后，通过提供重大的服务将该商品与其他商品整合成合同约定的某组合产出转让给客户。

3.需要考虑的相关事实和情况

实务中，企业在判断其在向客户转让特定商品之前是否已经拥有对该商品的控制权时，不应仅局限于合同的法律形式，而应当综合考虑所有相关事实和情况进行判断，这些事实和情况包括但不限于：（1）企业承担向客户转让商品的主要责任。（2）企业在转让商品之前或之后承担了该商品的存货风险。（3）企业有权自主决定其所交易商品的价格。

需要强调的是，企业在判断其是主要责任人还是代理人时，应当以该企业在特定商品转让给客户之前是否能够控制该商品为原则。上述相关事实和情况仅为支持对控制权的评估，不能取代控制权的评估，也不能凌驾于控制权评估之上，更不是单独或额外的评估；并且这些事实和情况并无权重之分，其中某一项或几项也不能被孤立地用于支持某一结论。企业应当根据相关商品的性质、合同条款的约定以及其他具体情况，综合进行判断。不同的合同可能需要上述不同的事实和情况共同作为支持证据。

在收取手续费形式的商品代销中，委托方发出商品，其控制权并没有发生转移，故不应该确认为销售收入。受托方根据所代销的商品数量向委托方收取手续费，这对受托方来说实际上是一种劳务收入。在这种方式下，受托方通常应按照委托方规定的价格销售，不得自行改变售价。委托方应在受托方将商品销售后并向委托方开具代销清单时，确认收入；受托方在商品销售后，一方面确认对委托方的债务，并向委托方开具销售清单；另一方面按应收取的手续费确认收入。

就委托方而言，企业首先需要将商品发给受托方，其所引起的资金运动如图10-21中A段所示；当收到受托方送来的代销清单时，企业确认收入，结转成本，并确认所应支付的代销手续费，其所引起的资金运动如图10-21中B、C、D段所示；企业最后收回货款，其所引起的资金运动如图10-21中E段所示。

主要责任人和代理人业务1

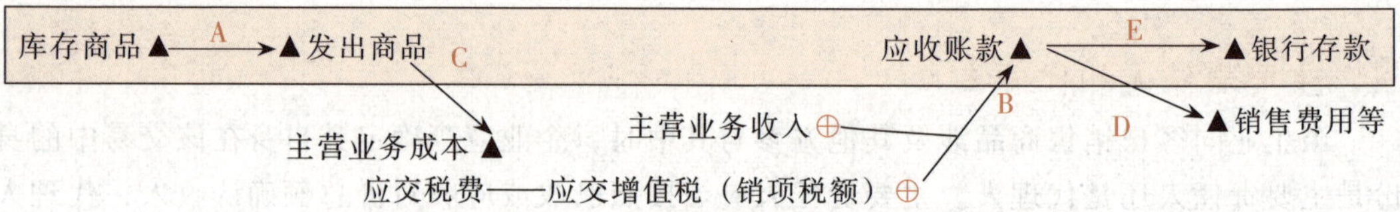

图10-21　委托方销售商品所引起的资金运动分析图

就受托方而言，企业收到委托方所交付的代销商品，该受托代销商品按售价计价，其所引起的资金运动如图10-22中A段所示；当企业对外销售时，企业需要将所收取的货款确认为应付给委托人的债务，同时确认增值税销项税额，其所引起的资金运动如图10-22中B段所示；当企业在向委托方交付代销清单时，应从委托方获得相应的增值税销售发票，企业根据该发票确认增值税进项税额，从而通过抵销增值税销项税额，将增值税代收代缴义务转嫁给委托方，其所引起的资金运动如图10-22中C段所示；最后，企业在扣除手续费后将货款支付给委托方，其所引起的资金运动如图10-22中D段所示，同时冲销受托代销商品，其所引起的资金运动如图10-22中E段所示。

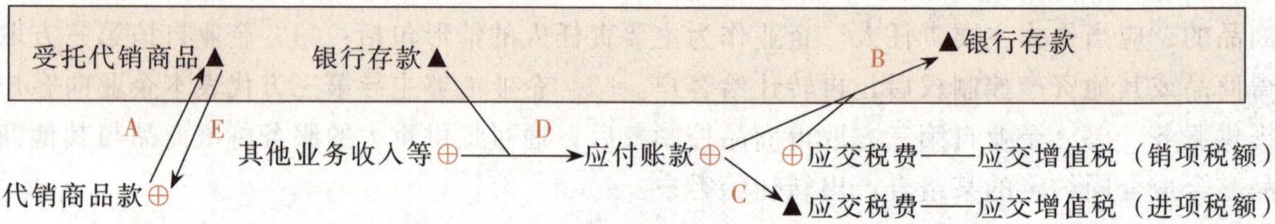

图10-22　受托方代销商品所引起的资金运动分析图

【例10-18】20×3年1月20日，甲公司委托乙公司销售A商品100件，乙公司按每件200元的价格出售给客户，甲公司按照售价（不含增值税）的10%支付给乙公司手续费（不含增值税，增值税税率为6%）。该商品成本为120元/件，增值税税率为13%。乙公司实际销售时，向买方开出一张增值税专用发票，发票上注明A商品售价20 000元，增值税2 600元。20×3年2月18日，甲公司在收到乙公司交来的代销清单时，向乙公司开具一张相同金额的增值税发票。20×3年2月25日，甲公司收到乙公司扣除手续费后的销售款项，已将其存入银行，同时还收到乙公司开具的增值税专用发票，发票注明手续费2 000元、增值税120元。

甲公司的会计处理如下：

（1）20×3年1月20日，将A商品交付给乙公司（见图10-23，A段）。

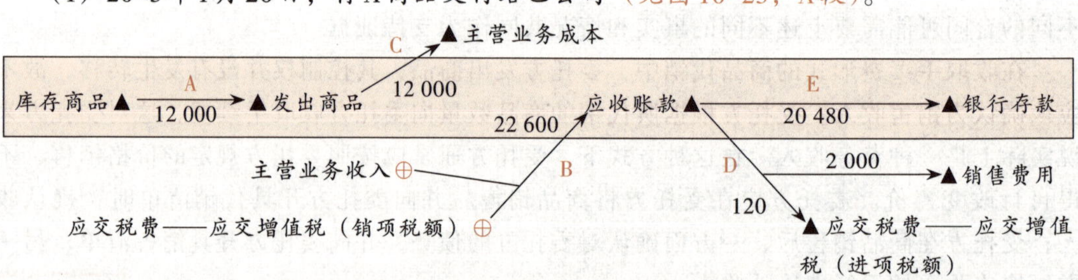

图10-23　甲公司委托代销商品资金运动分析图

借：发出商品　　12 000

　　贷：库存商品　　12 000

（2）20×3年2月18日，甲公司收到乙公司开具的代销清单（见图10-23，B、C段）。

借：应收账款——乙公司　22 600
　贷：主营业务收入　20 000
　　应交税费——应交增值税（销项税额）　2 600
借：主营业务成本　12 000
　贷：发出商品　12 000

主要责任人和代理人业务2

（3）20×3年2月18日，甲公司确认代销手续费和进项税额（见图10-23，D段）。

借：销售费用　2 000
　应交税费——应交增值税（进项税额）　120
　贷：应收账款——乙公司　2 120

（4）20×3年2月25日，甲公司收到货款净额（见图10-23，E段）。

借：银行存款　20 480
　贷：应收账款——乙公司　20 480

乙公司的会计处理：

（1）20×3年1月20日，收到甲公司的商品（见图10-24，A段）。

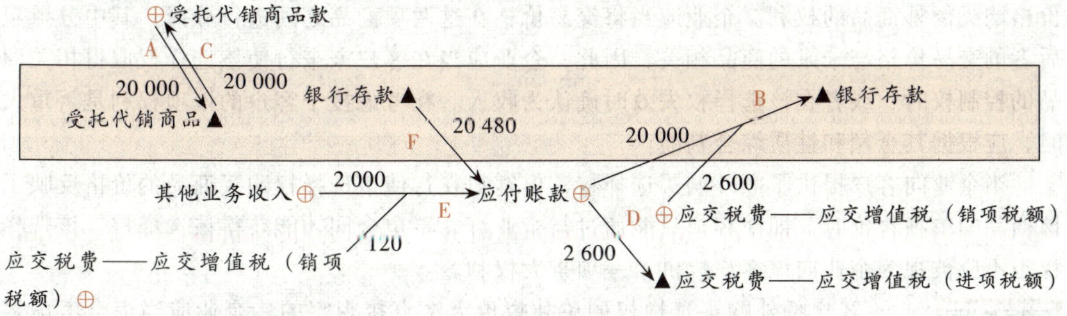

图10-24　乙公司受托代销商品资金运动分析图

借：受托代销商品　20 000
　贷：受托代销商品款　20 000

（2）乙公司销售商品（见图10-24，B、C段）。

借：银行存款　22 600
　贷：应付账款——甲公司　20 000
　　应交税费——应交增值税（销项税额）　2 600
借：受托代销商品款　20 000
　贷：受托代销商品　20 000

（3）20×3年2月18日，乙公司转嫁增值税代扣代缴义务（见图10-24，D段）。

借：应交税费——应交增值税（进项税额）　2 600
　贷：应付账款——甲公司　2 600

（4）20×3年2月25日，乙公司确认代销手续费收入（见图10-24，E段）。

借：应付账款——甲公司　2 120
　贷：其他业务收入　2 000
　　应交税费——应交增值税（销项税额）　120

（5）20×3年2月25日，乙公司将货款净额交给甲公司（见图10–24，F段）。

借：应付账款——甲公司　　20 480

　贷：银行存款　　20 480

四、附有客户额外购买选择权的销售

某些情况下，企业在销售商品的同时，会向客户授予选择权，允许客户可以据此免费或者以折扣价格购买额外的商品。企业向客户授予的额外购买选择权的形式包括销售激励、客户奖励积分、未来购买商品的折扣券以及合同续约选择权等。

对于附有客户额外购买选择权的销售，企业应当评估该选择权是否向客户提供了一项重大权利。如果客户只有在订立了一项合同的前提下才取得了额外购买选择权，并且客户行使该选择权购买额外商品时，能够享受到超过该地区或该市场中其他同类客户所能够享有的折扣，则通常认为该选择权向客户提供了一项重大权利。该选择权向客户提供了重大权利的，应当作为单项履约义务。在这种情况下，客户在该合同下支付的价款实际上购买了两项单独的商品：一是客户在该合同下原本购买的商品；二是客户可以免费或者以折扣价格购买额外商品的权利。企业应当将交易价格在这两项商品之间进行分摊，其中分摊至后者的交易价格与未来的商品相关，因此，企业应当在客户未来行使该选择权取得相关商品的控制权时，或者在该选择权失效时确认为收入。在考虑授予客户的该项权利是否重大时，应根据其金额和性质综合判断。

当企业向客户提供了额外购买选择权，但客户在行使该选择权购买商品的价格反映了该商品的单独售价时，即使客户只能通过与企业订立特定合同才能获得该选择权，该选择权也不应被视为企业向该客户提供了一项重大权利。

附有客户额外购买选择权的销售1

客户额外购买选择权的单独售价无法直接观察的，企业应当综合考虑客户行使和不行使该选择权所能获得的折扣的差异以及客户行使该选择权的可能性等全部相关信息后，予以合理估计。

如果客户行使该权利购买的额外商品与原合同下购买的商品类似，且企业将按照原合同条款提供该额外商品的，则企业可以采用简化处理方式，无须估计该选择权的单独售价，而是直接把其预计将提供的额外商品的数量以及预计将收取的相应对价金额纳入原合同。这种简化处理方式常见于企业向客户提供续约选择权的情况。

【例10–19】甲公司以100元的价格向客户销售A商品，购买A商品的客户可以得到一张40%的折扣券，客户可以在未来的30天内使用该折扣券购买甲公司原价不超过100元的任一商品。同时，甲公司计划推出季节性促销活动，在未来30天内针对所有产品均提供10%的折扣。上述两项优惠活动不能叠加。根据历史经验，甲公司预计有80%的客户会使用该折扣券，额外购买的商品的金额平均为50元。上述金额均不包括增值税，企业增值税税率为13%。

（1）甲公司估计该折扣券的单独售价为：50×（40%–10%）×80%=12（元）

（2）总售价在A商品与折扣券之间进行分摊：

A商品应分摊：100×（100÷112）=89（元）

折扣券应分摊：12×（100÷112）=11（元）

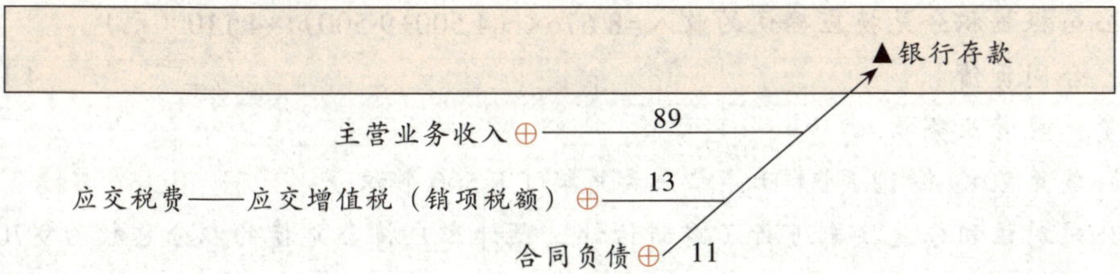

借：银行存款　　113

　贷：主营业务收入　　89

　　合同负债　　11

　　应交税费——应交增值税（销项税额）　　13

【例10-20】20×8年1月1日，甲公司开始推出一项奖励积分计划。根据该计划，客户在甲公司每消费10元可获得1个积分，每个积分从次月开始在购物时可以抵减1元。截至20×8年1月31日，客户共消费10万元，可获得1万个积分。根据经验，甲公司估计该积分的兑换率为95%。上述金额不包括增值税，增值税税率为13%。

截至20×8年12月31日，客户共兑换了4 500个积分，甲公司对该积分兑换率进行了重新估计，仍然预计客户将会兑换的积分总数为9 500个。

截至20×9年12月31日，客户共兑换了8 500个积分，甲公司对该积分兑换率进行了重新估计，预计客户将会兑换的积分总数为9 700个。

（1）截至20×8年1月31日，客户共消费10万元，可获得1万个积分（见图10-25，A段）。

估计兑换率为95%。甲公司估计积分的单独售价=10 000×95%=9 500（元）

甲公司在商品与积分之间分摊交易价格：

商品分摊的金额=10×（10÷10.95）=9.1324（万元）

积分分摊的金额=10×（0.95÷10.95）=0.8676（万元）

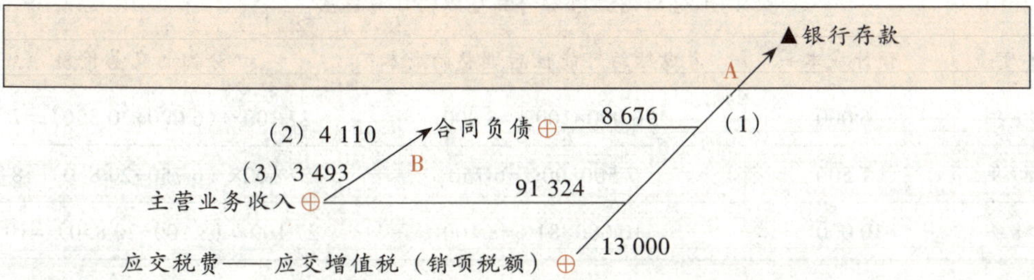

图10-25　甲公司税分兑换销售资金运动分析图

借：银行存款　　113 000

　贷：主营业务收入　　91 324

　　合同负债　　8 676

　　应交税费——应交增值税（销项税额）　　13 000

附有客户额外购买选择权的销售2

（2）截至20×8年12月31日，客户共兑换了4 500个积分（见图10-25，B段）。

甲公司对该积分兑换率进行了重新估计，仍然预计客户将会兑换的积分总数为

9 500个。

甲公司根据积分兑换应确认的收入=8 676×（4 500÷9 500）≈4 110（元）

借：合同负债　　4 110

　贷：主营业务收入　　4 110

（3）截至20×9年12月31日，客户共兑换了8 500个积分（见图10–25，B段）。

甲公司对该积分兑换率进行了重新估计，预计客户将会兑换的积分总数为9 700个。

甲公司根据积分兑换应确认的收入=8 676×（8 500÷9 700）−4 110≈3 493（元）

借：合同负债　　3 493

　贷：主营业务收入　　3 493

【例10–21】20×6年1月1日，甲公司与100位客户签订为期1年的服务合同，每份合同的价格为1万元，并在当日全额支付了款项。该项服务是甲公司推出的一项新业务，为推广这项业务，该合同约定，客户有权在20×6年年末选择以同样的价格续约1年并立即支付1万元；选择在20×7年续约的客户还有权在20×7年年末选择以相同的价格再续约1年并立即支付1万元。甲公司在20×7年和20×8年将对该项服务的价格分别提高至每年3万元和每年5万元。20×6年及以后，没有续约但之后又购买该服务的以及所有的新客户都将使用当年涨价后的价格。假设甲提供该项服务属于在一段时间内履行的履约义务，并按照成本法确定履约进度。上述金额均不含增值税，增值税税率为6%。合同开始日，甲公司估计有90%的客户会续约，之后其中又有90%的客户会再续约。20×6年至20×8年合同预计成本分别为6 000元、7 500元和10 000元。

附有客户额外购买选择权的销售3

（1）20×6年度业务处理如下：

①合同开始日，甲公司估计每份合同的交易价格（3年）为：

交易价格=10 000+10 000×90%+10 000×90%×90%=27 100（元）

甲公司预计每份合同各年应分摊的交易价格见表10–5。

表10–5　甲公司预计每份合同交易价格分摊表　单位：元

年度	预计成本	考虑续约可能性后调整的成本	分摊的交易价格
20×6年	6 000	6 000×100%=6 000	27 100×（6 000÷20 850）=7 799
20×7年	7 500	7 500×90%=6 750	27 100×（6 750÷20 850）=8 773
20×8年	10 000	10 000×81%=8 100	27 100×（8 100÷20 850）=10 528
合计	23 500	20 850	27 100

②20×6年1月1日，合同开始日。100位客户，每份合同的价格为1万元，已经全额支付了款项。上述金额均不含增值税，增值税税率为6%（见图10–26，A段（1）项）。

③20×6年期间，陆续发生履约成本65万元（见图10–26，B段）。

④20×6年12月31日，95位客户续约（视同20×7年1月1日处理）（见图10–26，A段（2）项）。

⑤20×6年12月31日，95位客户续约，估计下一年度续约率为96%（视同20×7年1月1日处理）。下两个年度的估计履约成本分别为8 000元和10 500元。

甲公司重新计算合同预计交易价格：

预计交易价格=10 000+10 000×95%+10 000×95%×96%=28 620（元）

甲公司预计每份合同各年应分摊的交易价格见表10-6。

表10-6　　甲公司预计每份合同交易价格分摊表　　单位：元

年度	预计成本	考虑续约可能性后调整的成本	分摊的交易价格
20×6年	6 500	6 500×100%=6 500	28 620×（6 500÷23 676）=7 857
20×7年	8 000	8 000×95%=7 600	28 620×（7 600÷23 676）=9 187
20×8年	10 500	10 500×95%×96%=9 576	28 620×（9 576÷23 676）=11 576
合计	25 000	23 676	28 620

确认本期收入78.57万元与费用65万元（见图10-26，C1、C2段）。

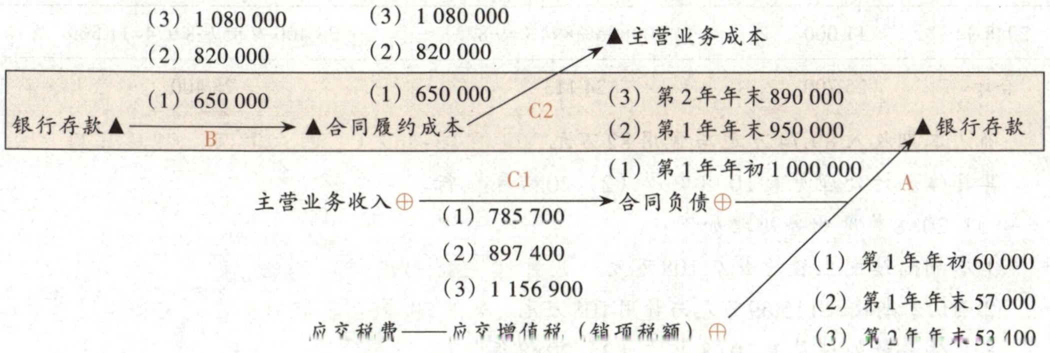

图10-26　甲公司资金运动分析图

其具体会计处理见表10-7中“（1）20×6年度”。

表10-7　　甲公司业务处理汇总表　　单位：万元

业务	会计分录	（1）20×6年度	（2）20×7年度	（3）20×8年度
收取客户资金（图10-26，A段）（本年末或下年初）	借：银行存款	106	100.7	94.34
	贷：合同负债	100	95	89
	应交税费——应交增值税（销项税额）	6	5.7	5.34
发生履约成本（图10-26，B段）	借：合同履约成本	65	82	108
	贷：银行存款	65	82	108
按履约进度确认收入（图10-26，C1段）	借：合同负债	78.57	89.74	115.69
	贷：主营业务收入	78.57	89.74	115.69
按履约进度确认费用（图10-26，C2段）	借：主营业务成本	65	82	108
	贷：合同履约成本	65	82	108

（2）20×7年度业务处理如下：

①本期陆续发生履约成本82万元（见图10-26，B段（2）项）。

②12月31日收到89位续约客户的款项（视同20×8年1月1日处理）（见图10-26，A段（3）项）。

③12月31日，估计下一年履约成本11 000元。

甲公司重新计算合同交易价格：

交易价格=10 000+10 000×95%+10 000×95%×（89÷95）=28 400（元）

甲公司预计每份合同各年应分摊的交易价格见表10-8。

表10-8 甲公司预计每份合同交易价格分摊表 单位：元

年度	预计成本	考虑续约可能性后调整的成本	分摊的交易价格
20×6年	6 500	6 500×100%=6 500	7 857
20×7年	8 200	8 200×95%=7 790	28 400×（14 290÷24 113）−7 857=8 974
20×8年	11 000	11 000×95%×94%=9 823	28 400−7 857−8 974=11 569
合计	25 700	24 113	28 400

确认本期收入89.74万元与费用82万元（见图10-26，C1段（2）项、C2段（2）项）。其具体会计处理见表10-8中“（2）20×7年”行。

（3）20×8年度业务处理如下：

①本期陆续发生履约成本108万元（见图10-26，B段（3）项）。

②确认本期收入115.69万元与费用108万元（见图10-26，C1段（3）项、C2段（3）项）。其具体会计处理见表10-8中“（3）20×8年”行。

五、授予知识产权许可

授予知识产权许可，是指企业授予客户对企业拥有的知识产权享有相应权利。常见的知识产权包括软件和技术、影视和音乐等的版权、特许经营权以及专利权、商标权和其他版权等。

授予客户的知识产权许可不构成单项履约义务的，企业应当将该知识产权许可和所售商品一起作为单项履约义务进行会计处理。知识产权许可与所售商品不可明确区分的情形包括：（1）该知识产权许可构成有形商品的组成部分并且对于该商品的正常使用而言不可或缺，如企业向客户销售设备和相关软件，该软件内嵌于设备之中，该设备必须安装该软件之后才能正常使用；（2）客户只有将该知识产权许可和相关服务一起使用才能够从中获益。比如客户取得授权许可，但是只有通过企业提供的在线服务才能访问相关内容。

授予客户的知识产权许可构成单项履约义务的，企业应当根据该履约义务的性质，进一步确定其是在某一时段内履行还是在某一时点履行。企业向客户授予的知识产权许可，同时满足下列三项条件的，应当作为在某一时段内履行的履约义务确认相关收入；否则，应当作为在某一时点履行的履约义务确认相关收入：

（1）合同要求或客户能够合理预期企业将从事对该项知识产权有重大影响的活动。企业向客户授予知识产权许可之后，还可能会从事一些后续活动，如市场推广、知识产权的继续开发或者能够影响知识产权价值的日常活动等。企业从事的活动存在下列情况之一的，将会对该项知识产权有重大影响：一是这些活动预期将显著改变该项知识产权的形式（如知识产权的设计、内容）或者功能（如执行某任务的能力）；二是客户从该项知识产权中获益的能力在很大程度上来源于或者取决于这些活动，即这些活动会改变该项知识产权的价值，如企业授权客户使用其品牌，客户从该品牌获得的利益价值取决于企业为维护或提升其品牌价值而持续从事的活动。

（2）该活动对客户将产生有利或不利影响。如果企业从事的后续活动并不影响授予客户的知识产权许可，那么企业的后续活动只是在改变其自己拥有的资产。虽然这些活动可能影响企业提供未来知识产权许可的能力，但将不会影响客户已控制或使用的内容。

（3）该活动不会导致向客户转让某项商品。企业向客户授予知识产权许可，并承诺从事与该许可相关的某些后续活动时，如果这些活动本身构成了单项履约义务，那么企业在评估授予知识产权许可是否属于在某一时段履行的履约义务时应当不予考虑。

【例10-22】甲公司是一家设计制作连环漫画的公司，乙公司是一家大型邮轮运营商。甲公司授权乙公司可在4年内使用其3部连环漫画中的角色形象和名称，乙公司可以以不同的方式使用这些漫画中的角色。甲公司每部连环漫画都有其主要角色，并会定期更新角色，角色的形象也会随时变化。合同要求乙公司必须使用最新的角色形象。在授权期内，甲公司每年向乙公司收取1 000万元的使用费（不含增值税，增值税税率为6%）。

（1）甲公司在年初收到款项1 060万元（含增值税60万元）（见图10-27，A段）。

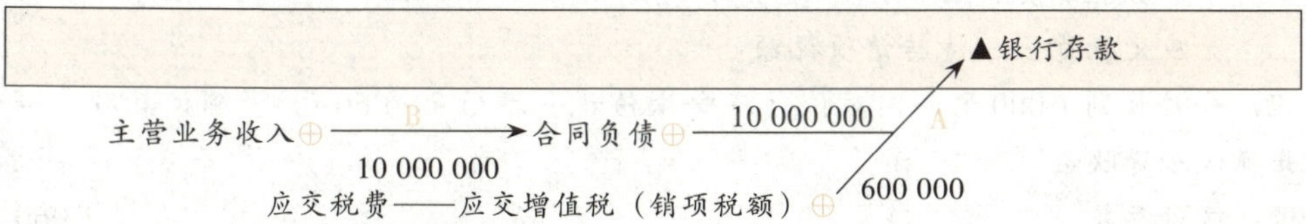

图10-27 甲公司资金运动分析图

借：银行存款　10 600 000
　贷：合同负债　10 000 000
　　应交税费——应交增值税（销项税额）　600 000

向客户授予知识产权许可

（2）甲公司在一段时期内履约以确认收入，并按时间进度（年）确定履约进度（见图10-27，B段）。

借：合同负债　10 000 000
　贷：主营业务收入　10 000 000

授予知识产权许可不属于在某一时段内履行的履约义务的，应当作为在某一时点履行的履约义务，在履行该履约义务时确认收入。在客户能够使用某项知识产权许可并开始从中获利之前，企业不能对此类知识产权许可确认收入。如企业授权客户在一定期间内使用软件，但是，在企业向客户提供该软件的密钥之前，客户无法使用该软件，因此，企业在向客户提供该密钥之前虽然已经得到授权，但也不应确认收入。

此外，由于公司履约的时间与客户付款时间（如两年内每月支付）之间间隔较长，公司需要判断该项合同中是否存在重大的融资成分，并进行相应的会计处理。

【例10-23】甲音乐唱片公司将其拥有的一首经典民歌的版权授予乙公司，并约定乙公司在两年内有权在国内所有商业渠道（包括电视、广播和网络广告等）使用该经典民歌。因提供版权许可，甲公司每月收取1 000元的固定对价。除提供版权之外，甲公司无须提供任何其他商品，该合同不可撤销。如乙公司一次性付款，只需要支付20 000元即可。以上款项均不含增值税，增值税税率为6%。

甲公司按某一时点履约确认收入，该合同具有重大的融资成分。

（1）甲在控制权转移时，确认收入等（见图10-28，A段）。

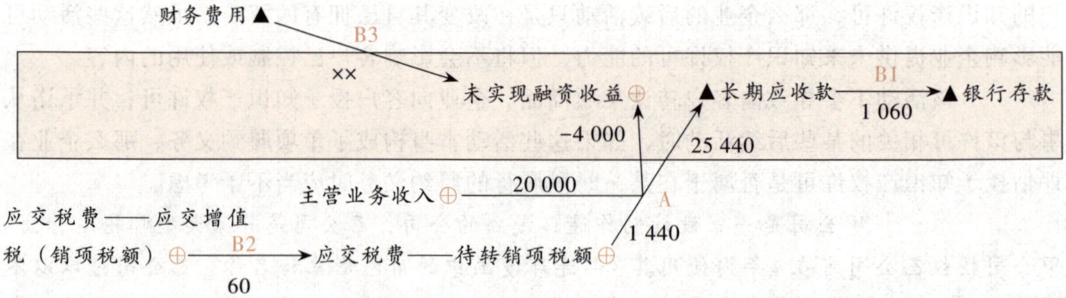

图10-28 甲公司资金运动分析图

借：长期应收款　　25 440
　贷：主营业务收入　　20 000
　　未实现融资收益　　4 000
　　应交税费——待转销项税额　　1 440

（2）每月收到1 000元合同对价（不含增值税，增值税为60元），确认款项，转销增值税并确认融资收益（见图10-28，B1段、B2段、B3段）。

借：银行存款　　1 060
　贷：长期应收款　　1 060
借：应交税费——待转销项税额　　60
　贷：应交税费——应交增值税（销项税额）　　60
借：未实现融资收益　　××
　贷：财务费用　　××

企业向客户授予知识产权许可，并约定按客户实际销售或使用情况（如按照客户的销售额）收取特许权使用费的，应当在客户后续销售或使用行为实际发生与企业履行相关履约义务二者孰晚的时点确认收入。

【例10-24】甲公司是一家著名的足球俱乐部，授权乙公司在其设计生产的服装、帽子、水杯以及毛巾等产品上使用甲公司球队的名称和图标，授权期间为2年。合同约定，甲公司收取的合同对价由两部分组成：一是200万元固定金额的使用费；二是按照乙公司销售上述商品所取得销售额的5%计算的提成。乙公司预期甲公司会继续参加当地顶级联赛，并取得优异的成绩。

本例中，该合同仅包括一项履约义务，即授予使用权许可，甲公司继续参加比赛并取得优异成绩等活动是该许可的组成部分。由于乙公司能够合理预期甲公司将继续参加比赛，甲公司的成绩将会对其品牌（包括名称和图标等）的价值产生重大影响，而该品牌价值可能会进一步影响乙公司产品的销量，甲公司从事的上述活动并未向乙公司转让任何可明确区分的商品，因此，甲公司授予的该使用权许可属于在2年内履行的履约义务。甲公司收取的200万元固定金额的使用费应当在2年内平均确认收入，按照乙公司销售相关商品所取得销售额的5%计算的提成应当在乙公司的销售发生时确认收入。

六、售后回购

售后回购，是指企业销售商品的同时承诺或有权选择日后再将该商品购回的销售方式。被购回的商品包括原销售给客户的商品、与该商品几乎相同的商品，或者以该商品作为组成部分的其他商品。一般来说，售后回购通常有三种形式：一是企业和客户约定企业有义务回购该商品，即存在远期安排。二是企业有权回购该商品，即企业拥有回购选择权。三是当客户要求时，企业有义务回购该商品，即客户拥有回售选择权。对于不同类型的售后回购交易，企业应当区分下列两种情形分别进行会计处理：

1.企业因存在与客户的远期安排而负有回购义务或企业享有回购权利的

企业因存在与客户的远期安排而负有回购义务或企业享有回购权利的，尽管客户可能已经持有了该商品的实物，但是，由于企业承诺回购或者有权回购该商品，导致客户主导该商品的使用并从中获取几乎全部经济利益的能力受到限制，因此，在销售时点，客户并没有取得该商品的控制权。在这种情况下，企业应根据下列情况分别进行相应的会计处理：（1）回购价格低于原售价的，应当视为租赁交易，按照租赁准则的相关规定进行会计处理；（2）回购价格不低于原售价的，应当视为融资交易，在收到客户款项时确认金融负债，而不是终止确认该资产，并将该款项和回购价格的差额在回购期间内确认为财务费用等。

在融资交易性质的售后回购情况下，将商品出售给对方时，企业并没有确认收入，而是确认一项其他应付款，其所引起的资金运动如图10-29中A段所示；同时将库存商品转为发出商品，其所引起的资金运动如图10-29中B段所示。在回购期内，企业需要将回购价格大于原售价的差额进行摊销，计提利息费用，增加其他应付款，其所引起的资金运动如图10-29中C段所示。企业在合同或协议约定的回购日将商品购回，其所引起的资金运动如图10-29中D段所示；同时将发出商品转为库存商品，其所引起的资金运动如图10-29中E段所示。

售后回购业务理论分析

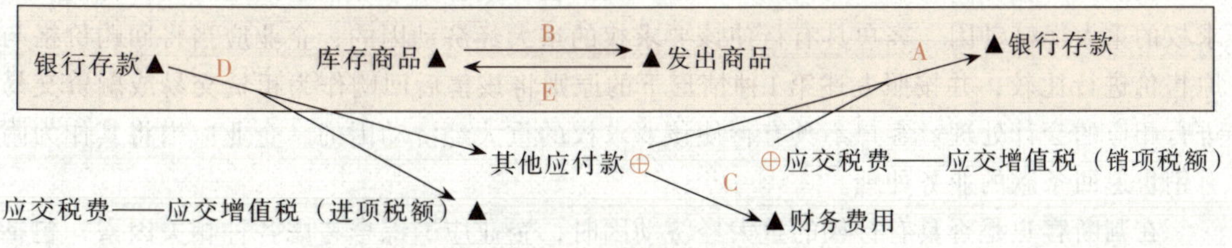

图10-29　售后回购业务资金运动分析图

【例10-25】丁公司于20×1年1月5日将一批商品销售给乙公司，售价为1 000万元，增值税税率为13%，货款已收到。该商品成本为600万元。合同规定，6个月后丁公司将这批商品重新购回，回购价为1 060万元。20×1年7月5日丁公司按合同规定将该商品购回。

（1）20×1年1月5日丁公司将商品销售，收到货款（见图10-30，A、B段）。

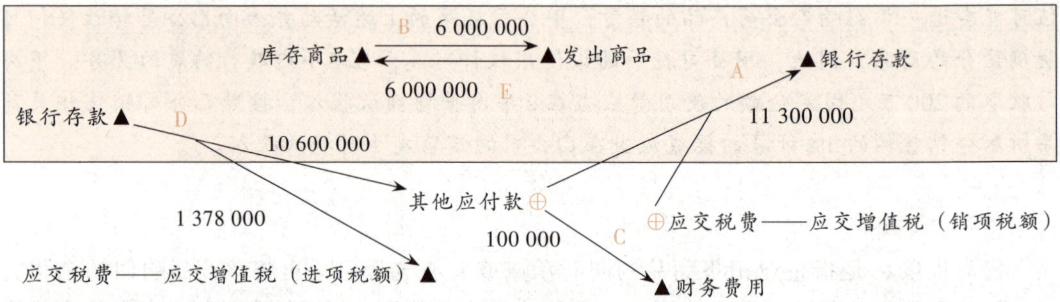

图10-30 丁公司资金运动分析图

售后回购业务举例

借：银行存款	11 300 000	
贷：其他应付款		10 000 000
应交税费——应交增值税（销项税额）		1 300 000

同时结转库存商品：

借：发出商品	6 000 000	
贷：库存商品		6 000 000

（2）20×1年1—6月，分期补提回购价与售价之间的差额（见图10-30，C段）。

600 000÷6=100 000（元）

借：财务费用	100 000	
贷：其他应付款		100 000

（3）20×1年7月5日丁公司回购该商品（见图10-30，D、E段）。

借：其他应付款	10 600 000	
应交税费——应交增值税（进项税额）	1 378 000	
贷：银行存款		11 978 000

同时将发出商品转回：

借：库存商品	6 000 000	
贷：发出商品		6 000 000

2.企业应客户要求回购商品的

企业负有应客户要求回购商品义务的，应当在合同开始日评估客户是否具有行使该要求权的重大经济动因。客户具有行使该要求权的重大经济动因的，企业应当将回购价格与原售价进行比较，并按照上述第1种情形下的原则将该售后回购作为租赁交易或融资交易进行相应的会计处理。客户不具有行使该要求权的重大经济动因的，企业应当将其作为附有销售退回条款的业务处理。

在判断客户是否具有行权的重大经济动因时，企业应当综合考虑各种相关因素，包括回购价格与预计回购时市场价格之间的比较以及权利的到期日等。当回购价格明显高于该资产回购时的市场价值时，通常表明客户有行权的重大经济动因。

【例10-26】甲公司向乙公司销售其生产的一台设备，销售价格为2 000万元，双方约定，乙公司在5年后有权要求甲公司以1 500万元的价格回购该设备。甲公司预计该设备在回购时的市场价值将远低于1 500万元。

本例中，假定不考虑时间价值的影响，甲公司的回购价格1 500万元低于原售价2 000万元，但远高于该设备在回购时的市场价值，甲公司判断乙公司有重大的经济动因行使其权利要求甲公司回购该设备。因此，甲公司应当将该交易作为租赁交易进行会计处理。

对于上述两种情形，企业在比较回购价格和原销售价格时，应当考虑货币的时间价值。在企业有权要求回购或者客户有权要求企业回购的情况下，企业或者客户到期未行使权利的，应在该权利到期时终止确认相关负债，同时确认收入。

七、客户未行使的权利

企业因销售商品向客户收取的预收款，赋予了客户一项在未来从企业取得该商品的权利，并使企业承担了向客户转让该商品的义务，因此，企业应当将预收的款项确认为合同负债，待未来履行了相关履约义务，即向客户转让相关商品时，再将该负债确认为收入。

某些情况下，企业收取的预收款无须退回，但是客户可能会放弃其全部或部分合同权利，如放弃储值卡的使用等。企业预期将有权获得与客户所放弃的合同权利相关的资金的，应当按照客户行使合同权利的模式按比例将上述资金确认为收入；否则，企业只有在客户要求其履行剩余履约义务的可能性极低时，才能将相关负债余额转为收入。企业在确定其是否预期将有权获得与客户所放弃的合同权利相关的资金时，应当考虑将估计的可变对价计入交易价格的限制要求。

如果有相关法律规定，企业所收取的、与客户未行使权利相关的款项须转交给其他方（如法律规定无人认领的财产须上交政府），那么企业不应将其确认为收入。

【例10-27】甲公司经营连锁面包店。20×8年7月，甲公司向客户销售了5 000张储值卡，每张面值为200元。客户可以在甲公司经营的任何一家门店使用该储值卡进行消费。根据历史经验，甲公司预期客户购买的储值卡中将有大约相当于储值卡面值金额的5%（即5万元）的部分不会被消费。截至20×8年12月31日，客户使用该储值卡消费的金额为40万元。甲公司为增值税一般纳税人，在客户使用该储值卡消费时发生增值税纳税义务。

（1）20×8年7月甲公司销售储值卡（见图10-31，A段）。

将储值卡款项价税分离，其不含税款项为100÷（1+13%）=88.4956（万元）。

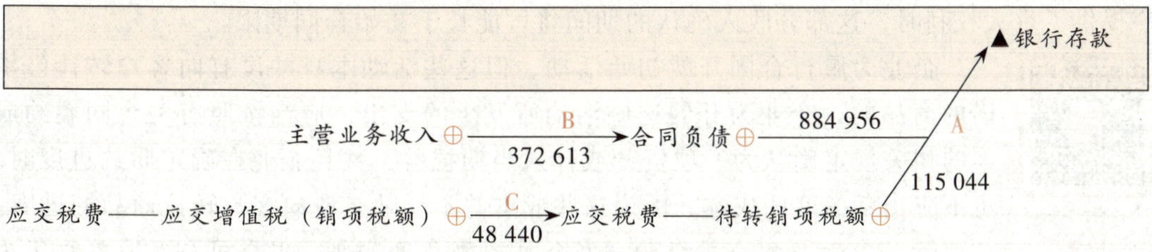

图10-31　甲公司资金运动分析图

借：银行存款	1 000 000	
贷：合同负债		884 956
应交税费——待转销项税额		115 044

（2）截至20×8年12月31日，销售40万元，并同步结转客户未行使的权利（见图10-31，B段、C段）。

客户未行使的权利

①销售40万元，价税分离：

收入金额=40÷（1+13%）=35.3982（万元）

增值税税额=40-35.3982=4.6018（万元）

②未使用权利的分期结转：

应结转金额（含税）=5×（40÷95）=2.1053（万元）

将2.1053万元的应结转金额进行价税分离：

收入金额=2.1053÷（1+13%）=1.8631（万元）

增值税税额=2.1053-1.8631=0.2422（万元）

③确认收入总金额及增值税总金额：

确认的收入总金额=35.3982+1.8631=37.2613（万元）

确认的增值税总金额=4.6018+0.2422=4.8440（万元）

相关会计分录如下：

借：合同负债	372 613	
贷：主营业务收入		372 613
借：应交税费——待转销项税额	48 440	
贷：应交税费——应交增值税（销项税额）		48 440

八、无须退回的初始费用

企业在合同开始日（或邻近合同开始日）向客户收取的无须退回的初始费用通常包括入会费、接驳费、初装费等。企业收取该初始费用时，应当评估该初始费用是否与向客户转让已承诺的商品相关。该初始费用与向客户转让已承诺的商品相关，且该商品构成单项履约义务的，企业应当在转让该商品时，按照分摊至该商品的交易价格确认收入；该初始费用与向客户转让已承诺的商品相关，但该商品不构成单项履约义务的，企业应当在包含该商品的单项履约义务履行时，按照分摊至该单项履约义务的交易价格确认收入；该初始费用与向客户转让已承诺的商品不相关的，该初始费用应当作为未来将转让商品的预收款，在未来转让该商品时确认为收入。当企业向客户授予了续约选择权，且该选择权向客户提供了重大权利时，这部分收入确认的期间将可能长于初始合同期限。

无须退回的初始费用

企业为履行合同开展初始活动，但这些活动本身并没有向客户转让已承诺的商品的，企业为开展这些活动所发生的支出，应当按照有关合同履约成本的相关规定确认为一项资产或计入当期损益，并且企业在确定履约进度时，也不应当考虑这些成本，因为这些成本并不反映企业向客户转让商品的进度。

【例10-28】甲公司经营一家会员制健身俱乐部。甲公司与客户签订了为期2年的合同，客户入会之后可以随时在该俱乐部健身。除俱乐部的年费2 000元之外，甲公司还向客户收取了50元的入会费，用于补偿俱乐部为客户进行注册登记、准备会籍资料以及制作会员卡等初始活动所花费的成本。甲公司收取的入会费和年费均无须返还。

本例中，甲公司承诺的服务是向客户提供健身服务（即可随时使用的健身场地），而甲公司为会员入会所开展的初始活动并未向客户提供其所承诺的服务，而只是一些内部行政管理性质的工作。因此，甲公司虽然为补偿这些初始活动向客户收取了入会费，但是该入会费实质上是客户为健身服务所支付的对价的一部分，故应当作为健身服务的预收款，与收取的年费一起在2年内分摊确认为收入。

九、“合同结算”业务

“合同结算”科目核算同一合同下属于在某一时段内履行履约义务涉及客户结算对价的合同资产或合同负债。该科目一般适用于施工类劳务型企业的业务核算。

企业在施工过程中发生各种履约成本，其引起的资金运动如图10-32中A段所示；在期末按履约进度确认收入和费用，其引起的资金运动如图10-32中B段、C段所示；在与客户结算款项时，企业按应结算的款项确认应收账款，其引起的资金运动如图10-32中D1段所示，以后实际收到结算款项，其引起的资金运动如图10-32中D2段所示。最后，合同完工，将“合同结算——收入结转”科目与“合同结算——价款结算”科目对冲，其所引起的资金运动如图10-32中E段所示。

合同结算业务理论分析

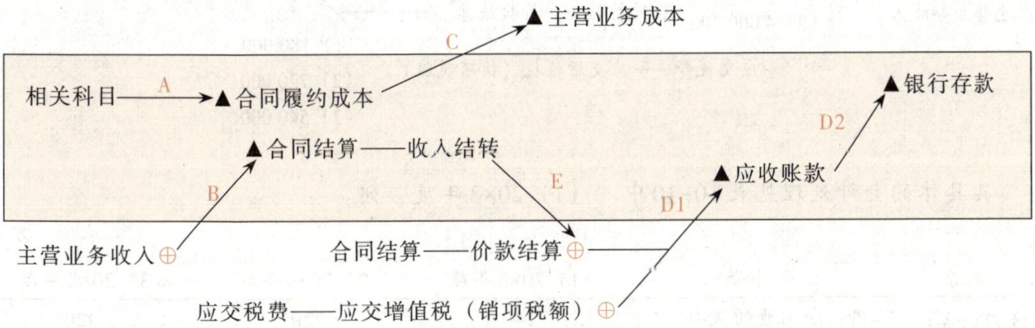

图10-32　合同结算业务资金运动分析图

【例10-29】甲公司（建筑性质）与客户签订一项总金额为1 520万元的建造合同，工程已于20×3年7月3日开工，20×5年7月完工。该项合同在20×3年年末预计总成本为1 200万元。20×4年客户提出变更部分设计，经双方协商，客户同意追加投资80万元。20×4年年末，预计工程总成本为1 280万元。上述所有款项均不包含增值税，增值税税率为9%。该建造合同其他有关资料见表10-9。

表10-9　甲公司建筑施工相关资料汇总表　单位：万元

项目	20×3年度	20×4年度	20×5年度
累计实际发生成本	240	960	1 280
已结算工程价款	218	872	654
实际收到的价款	200	700	844

假设甲公司在与客户结算时发生增值税纳税义务，客户在实际支付工程价款时支付其对应的增值税税款。假定该建造合同的结果能够可靠估计；甲公司采用累计实际发生的合同成本占合同预计总成本的比例确定该项合同的履约进度。

（1）20×3年度：

①实际发生合同履约成本240万元（见图10-33，A段）。

②计算并确认20×3年度合同收入与合同成本（见图10-33，B、C段）。

合同结算业务举例1

20×3年度履约进度=2 400 000÷12 000 000×100%=20%

合同收入=15 200 000×20%=3 040 000（元）

合同成本=12 000 000×20%=2 400 000（元）

③记录已结算的工程价款218万元（含增值税），实际收回200万元（见图10-33，D1、D2段）。

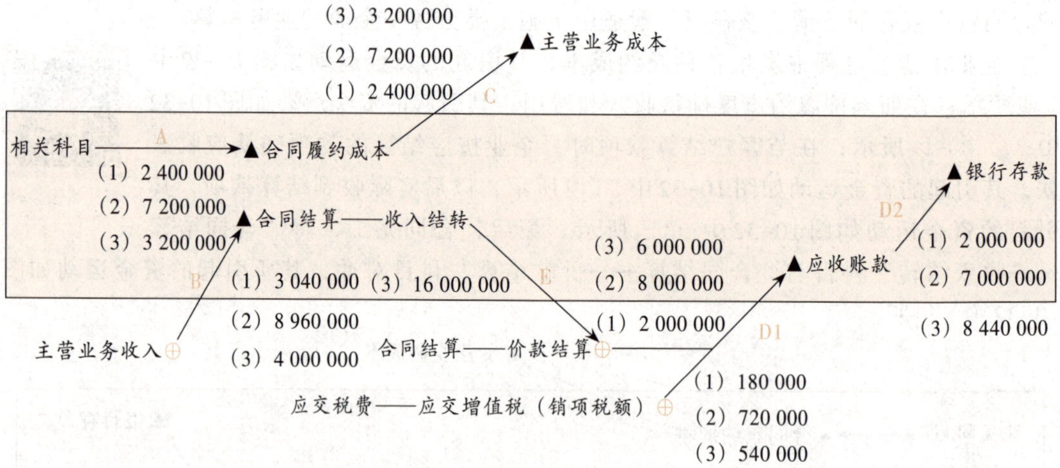

图10-33 甲公司建筑施工资金运动分析图

其具体的会计处理见表10-10中“（1）20×3年度”列。

表10-10 甲公司业务处理汇总表 单位：万元

业务	会计分录	（1）20×3年度	（2）20×4年度	（3）20×5年度
发生履约成本（图10-33，A段）	借：合同履约成本	240	720	320
	贷：相关科目	240	720	320
按履约进程确认收入（图10-33，B段）	借：合同结算——收入结转	304	896	400
	贷：主营业务收入	304	896	400
按履约进度结转成本（图10-33，C段）	借：主营业务成本	240	720	320
	贷：合同履约成本	240	720	320
与客户结算款项（图10-33，D1段）	借：应收账款	218	872	654
	贷：合同结算——价款结算	200	800	600
	贷：应交税费——应交增值税（销项税额）	18	72	54
实际收到结算款项（图10-33，D2段）	借：银行存款	200	700	844
	贷：应收账款	200	700	844
项目完工，办理财产移交（图10-33，E段）	借：合同结算——价款结算	—	—	1 600
	贷：合同结算——收入结转	—	—	1 600

（2）20×4年度：

①实际发生合同履约成本720万元（见图10-33，A段）。

②计算并确认20×4年度合同收入与合同成本（见图10-33，B、C段）。

20×4年度履约进度=9 600 000÷12 800 000×100%=75%

合同收入=（15 200 000+800 000）×75%-3 040 000=8 960 000（元）

合同成本=12 800 000×75%-2 400 000=7 200 000（元）

③记录已结算的工程价款872万元（含增值税），实际收回700万元（见图10-33，D1、D2段）。

其具体的会计处理见表10-11中"（2）20×4年度"列。

（3）20×5年度：

①实际发生合同履约成本320万元（见图10-33，A段）。

②计算并确认20×5年度合同收入与合同成本（见图10-33，B、C段）。

合同收入：16 000 000-3 040 000-8 960 000=4 000 000（元）

合同成本：12 800 000-2 400 000-7 200 000=3 200 000（元）

③记录已结算的工程价款654万元（含增值税），实际收回844万元（见图10-33，D1、D2段）。

④合同完工，将"合同结算——收入结转"与"合同结算——价款结算"对冲（见图10-33，E段）。

其具体的会计处理见表10-11中"（3）20×5年度"列。

合同结算业务举例2

【例10-30】某建筑公司与客户签订了一项总金额为100万元的建造合同。第1年实际发生工程成本40万元。该企业增值税税率为9%。

（1）本年度发生履约成本40万元（见图10-34，A段）。

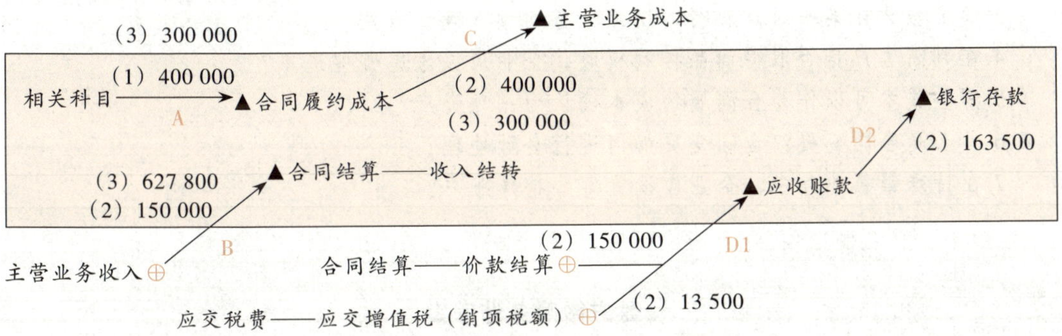

图10-34　某建筑公司资金运动分析图

借：合同履约成本　　400 000

　贷：相关科目　　400 000

（2）年底只结算16.35万元，其余款项可能收不回来（见图10-34，B段、C段、D1段、D2段）。

将含税收入转为不含税收入：16.35÷（1+9%）=15（万元），增值税销项税额为1.35万元。

借：合同结算——收入结转　　150 000

　贷：主营业务收入　　150 000

借：主营业务成本　　400 000

　贷：合同履约成本　　400 000

借：应收账款　163 500
　贷：合同结算——价款结算　150 000
　　应交税费——应交增值税（销项税额）　13 500
借：银行存款　163 500
　贷：应收账款　163 500

（3）第2年，收回款项的不确定性因素消除。实际发生成本30万元，预计未完成合同尚需发生成本20万元（见图10-34，A、B、C段）。

履约进度=（40+30）÷（40+30+20）×100%=77.78%

合同收入=100×77.78%-15=62.78（万元）

合同费用=（40+30+20）×77.78%-40=30（万元）

借：合同履约成本　300 000
　贷：相关科目　300 000
借：合同结算——收入结转　627 800
　贷：主营业务收入　627 800
借：主营业务成本　300 000
　贷：合同履约成本　300 000

思考题

1.收入确认的前提条件是什么？
2.简要叙述在某一段时间内履行的履约义务的收入确认方法。
3.简要叙述在某一时点履行的履约义务的收入确认方法。
4.在判断客户是否取得商品控制权时，企业应该考虑哪些迹象？
5.哪些成本可以作为合同履约成本确认为一项资产？
6.什么是合同变更？合同变更如何进行会计处理？
7.在特殊销售业务中，企业应设置哪些特殊账户？

育德育人

盈方微财务造假案

本案系一起上市公司利用境外业务实施财务造假的典型案件。盈方微电子股份有限公司（简称盈方微）以在境外开展数据中心业务为名，在不具备业务开展条件、不能提供合同约定服务的情况下确认收入，虚增2015年度利润2 356.571万元，占当期披露利润总额的245.08%。

2019年5月27日，盈方微收到证监会《行政处罚及市场禁入事先告知书》（行政处罚决定书〔2019〕114号），证监会决定对盈方微责令改正，给予警告，并处以罚款60万元；对相关责任人分别给予警告、证券市场禁入以及罚款等处罚。

资料来源：阎侠. 连续亏损以致暂停上市，盈方微曾虚增利润超两千万［EB/OL］.［2020-04-04］. https://new.qq.com/omn/20200404/20200404A03UWY00.html.

请思考：社会和谐稳定发展是维持一个国家长治久安，保证人民生活幸福的重要保障，请从宏观的角度谈一谈，财会人员对于促进资本市场稳定运行、维护社会和谐稳定发展的重要作用。

第十一章　对外投资环节资金运动分析与会计处理

学习目标

本章主要阐述了对外投资所引起的资金运动及其会计核算。通过本章的学习，要求了解对外投资的概念及其特点，了解金融资产的概念及其特点，了解企业管理各种金融资产的业务模式等；熟悉金融资产的分类及其各种分类的业务特点，熟悉长期股权投资的成本法和权益法的区别，熟悉各种金融资产之间的相互转换；掌握债权投资、其他债权投资、其他权益工具投资、交易性金融资产、长期股权投资等业务所引起的资金运动及其相应的会计处理。

第一节　对外投资概述

一、对外投资的概念

在正常生产经营之外，企业为了有效地利用暂时闲置的资金，以获取一定的经济利益；或者为了影响或控制其他企业的经营与财务政策，以保障本企业正常经营业务的顺利进行和经营规模的扩大；或者为了积累整笔巨额资金，以满足企业未来某些特定用途需要等，而将货币资金等资产让渡给其他企业，从而形成对其他企业的投资。

会计上的投资有广义和狭义之分。一般说来，狭义的投资是指企业购入并持有的其他企业发行的有价证券，也就是企业的证券投资，包括各种债券投资、股票投资和基金投资等。而广义的投资既包括对外的证券投资，也包括对内的固定资产、无形资产投资等。

本章所指的投资是指企业通过分配来增加财富，或为谋求其他利益，而将资产让渡给其他企业所获得的另一项资产，是一个狭义概念上的投资。它具体表现为企业通过支付货币资金等所取得和持有的各种证券，属于企业广义的金融资产。

二、对外投资的特点

与其他资产相比，对外投资具有以下特点：

(1) 投资是以让渡其他资产而换取的另一项资产。投资是一种资产交换结果的特殊表现形式，如企业以现金购买债券或股票，以固定资产等非现金资产向其他企业投资取得其他企业的股权，就是将其拥有的现金、固定资产等资产让渡给其他企业使用，而换取债权投资或股权投资。

对外投资概述

（2）投资是企业在生产经营过程之外而持有的资产。投资虽然是企业的一项资产，但它不参与企业的生产经营周转，不直接为企业生产商品、提供劳务或行政管理服务。

（3）投资是一种以权利为表现形式的资产。投资表现为对被投资企业的一项权利（股权或债权），即要求取得收益或其他利益的权利。投资虽然与其他资产一样，能为企业带来未来的经济利益，但投资所流入的经济利益与其他资产为企业带来的经济利益在形式上有所不同。一般说来，企业的其他资产带给企业的经济利益，是企业通过本身生产经营所产生的，是一种直接的经济利益；而投资带给企业的经济利益，是通过其他企业使用投资者投入的资产创造净利润后分配取得的，或者通过投资改善贸易关系等而达到获取利益的目的，因而是一种间接的经济利益。

（4）投资是一种具有财务风险的资产。由于投资是将企业的部分资产让渡给其他企业使用而取得的一项权利，因此企业投资目的能否实现取决于被投资企业经营状况的好坏，以及证券市场上有价证券市价的上涨或下跌，如果被投资企业经营亏损，投资企业就不能分得股利或利润；如果股票或债券的市价持续下跌或者被投资企业财务状况恶化，就可能导致企业投资发生减值损失甚至无法收回。

三、对外投资的分类

为了更好地体现企业管理层的投资策略和风险管理的要求，便于强化对外投资的管理，应按照不同的标准对投资进行分类。

（一）按投资的性质分类

按投资的性质分类，投资可以分为权益性投资、债权性投资和混合性投资三类。

1. 权益性投资

权益性投资是指企业为获取其他企业的权益或净资产所进行的投资。这种投资具体表现为企业取得和持有被投资企业所发行的权益性证券，如对其他企业的普通股股票投资、为获取其他企业股权的联营投资等，均属于权益性投资。企业进行这种投资是为了取得对被投资企业的控制权，或实施对被投资企业的重大影响，或为了其他目的。

2. 债权性投资

债权性投资是指企业为取得债权所进行的投资。这种投资具体表现为企业取得和持有被投资企业所发行的债务性证券，如购买公司债券。企业进行这种投资不是为了获得其他企业的剩余资产，而是为了获取高于银行存款利率的利息，并保证按期收回其本息。

3. 混合性投资

混合性投资是指兼有权益性质和债权性质的投资。这种投资通常表现为混合性证券投资，如购买企业发行的优先股股票，购买可转换公司债券等。

（二）按管理金融资产的业务模式和金融资产的合同现金流量特征分类

企业应当根据其管理金融资产的业务模式和金融资产的合同现金流量特征，将其划分为以下三类：（1）以摊余成本计量的金融资产；（2）以公允价值计量且其变动计入其他综合收益的金融资产；（3）以公允价值计量且其变动计入当期损益的金融资产。上述分类一经确定，不得随意变更。

企业管理金融资产的业务模式，是指企业如何管理其金融资产以产生现金流量。业务模式决定企业所管理金融资产现金流量的来源是收取合同现金流量、出售金融资产还是两者兼而有之。企业管理金融资产的业务模式，应该以企业关键管理人员决定的对金融资产进行管理的特定业务目标为基础确定。其管理金融资产的业务模式，应该以客观事实为依据，不得以按照合理预期不会发生的情形为基础确定。

金融资产的合同现金流量特征，是指金融工具合同约定的、反映相关金融资产经济特征的现金流量属性。企业分类为以摊余成本计量的金融资产和以公允价值计量且其变动计入其他综合收益的金融资产，其合同现金流量特征应当与基本借贷安排相一致，即相关金融资产在特定日期产生的合同现金流量仅为对本金和以未偿付本金金额为基础的利息的支付。其中，本金是指金融资产在初始确认时的公允价值，本金金额可能因提前还款等原因在金融资产的存续期内发生变动；利息是一种对价，是对包括货币时间价值、与特定时期未偿付本金金额相关的信用风险、其他基本借贷风险、企业付出的成本和必要的利润等做出的必要补偿。

需要注意的是，长期股权投资也属于广义的金融资产，是指投资方对被投资方实施控制、共同控制或重大影响的权益性投资。由于现行金融工具准则所界定的金融资产是一个狭义的概念，因此，长期股权投资不属于金融工具准则所界定的金融资产。

金融资产的含义

金融资产分类的标准

金融资产分类的具体类别

会计错配与分类指定

金融资产确认与计量的主要内容

第二节　以摊余成本计量的金融资产业务

一、以摊余成本计量的金融资产概述

以摊余成本计量的金融资产是指在资产负债表日按摊余成本计量的长期债权投资。该金融资产应同时符合以下两个条件：(1) 企业管理该金融资产的业务模式是以收取合同现金流量为目标；(2) 该金融资产的合同条款规定，在特定日期产生的现金流量，仅为对本金和以未偿付本金金额为基础的利息的支付。

为了反映以摊余成本计量的金融资产的取得、持有以及到期收回等业务，企业需要设置“债权投资”科目，并按照其类别和品种，分别设置“成本”“利息调整”“应计利息”等明细科目。其中，“成本”明细科目主要反映债券面值部分，“利息调整”明细科目主要反映投资总成本与债券面值之间的差额，如所购买的债券利息是到期一次性收回的，则每期所确认的利息都应该作为“应计利息”明细科目处理。以摊余成本计量的金融资产发生减值的，应设置“债权投资减值准备”科目。

二、债权投资业务资金运动分析与会计处理

企业在购买债权投资时，可能会因为所购买的债券的票面利率和市场利率不一致，导

致购买所支付的价款与债券面值金额不一致，从而出现溢价购买或折价购买的情况。

（一）企业溢价购买债券资金运动分析

假设某债券面值100万元，票面利率8%，企业购买价为110万元，则该投资属于溢价购买。

在购买该债券时，所支付的价款110万元（包括相关的交易费用）中与债券面值100万元对应的部分应记入“债权投资——成本”科目，其资金运动如图11-1A1段所示。所支付的价款中高于面值的10万元应作为“债权投资——利息调整”，其资金运动如图11-1A2段所示。如果所支付的买价中包含已实现但尚未支付的债券利息应单独作为“应收利息”或“债权投资——应计利息”处理。

因此，“债权投资——成本”和“债权投资——利息调整”两科目共同反映投资总成本。在这110万元的投资总成本中，“债权投资——成本”科目所反映的投资成本100万元在债券到期时会收回，其所引起的资金运动如图11-1中B段所示；“债权投资——利息调整”科目所反映的投资成本10万元，只能通过每年的“应收利息”8万元分期收回，其所引起的资金运动如图11-1中C1段所示；每年的“应收利息”8万元扣除投资成本收回的部分，剩下的就是企业的投资收益，其所引起的资金运动如图11-1中C2段所示。当企业收到利息时，资金发生D段运动。如果债券是到期一次性还本付息的，则应将“应收利息”科目改为“债权投资——应计利息”科目。

债权投资溢价资金运动分析

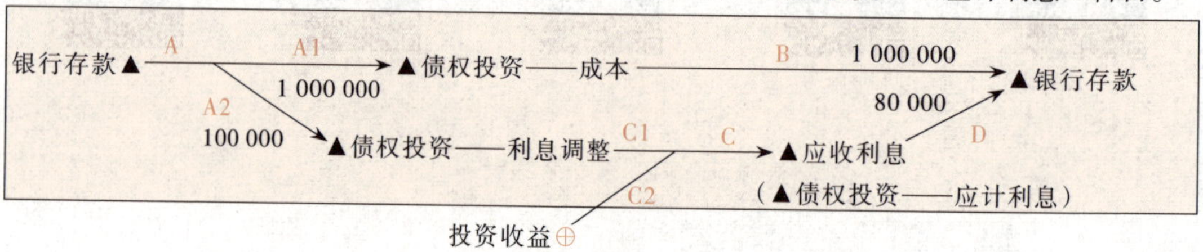

图11-1 债权投资业务资金运动分析图（溢价）

（二）企业折价购买债券资金运动分析

假设某债券面值100万元，票面利率8%，企业购买价为97万元。则该投资属于折价购买。

在购买该债券时，所支付的97万元价款（包括相关的交易费用）中与债券面值100万元对应的部分应记入“债权投资——成本”科目，其资金运动如图11-2中A1段所示。所支付的总价款中低于面值的3万元作为“债权投资——利息调整”处理，其资金运动如图11-2中A2段所示，其资金流量为负数（-3万元）。如果所支付的买价中包含已实现但尚未支付的债券利息应单独作为“应收利息”或“债权投资——应计利息”处理。

因此，“债权投资——成本”和“债权投资——利息调整”两科目共同反映投资总成本。在这97万元的投资总成本中，“债权投资——成本”科目所反映的投资成本100万元在债券到期时会收回，其所引起的资金运动如图11-2中B段所示。这就说明投资收益是由两部分构成的：一是企业未来每年收到的“应收利息”8万元全部是企业的投资收益，其所引起的资金运动如图11-2中C2段所示；二是企业总投资97万元，但到期却收回了100万元，其中还有3万元的投资收益，其所引起的资金运动如图11-2中C1段所示。

债权投资折价资金运动分析

当企业收到利息时，资金发生D段运动。如果债券是到期一次性还本付息的，则应将“应收利息”科目改为“债权投资——应计利息”科目。

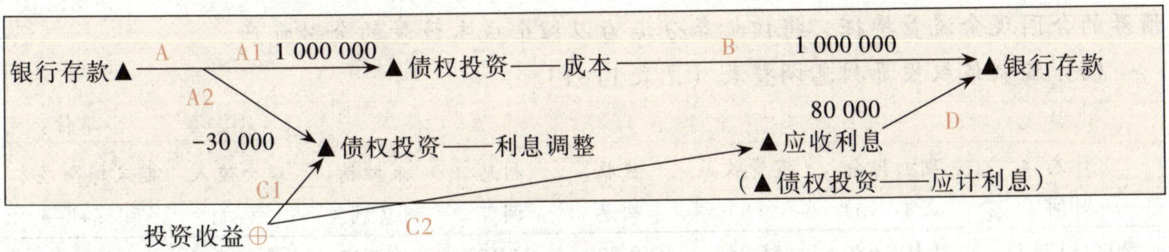

图11-2　债权投资业务资金运动分析图（折价）

这里需要说明的是，在图11-2债权折价投资的分析中，C1段的流量是正数。如果将C1段的流量改为负数，则该段资金运动就会变为反向。一旦变为反向，整个C段运动就会变得只有一个终点（应收利息），两个起点（债权投资——利息调整和投资收益）。资金运动变为反向后的流程图就和图11-1完全一样了。所以我们可以用图11-1反映整个债权投资所引起的资金运动。其区别就在于，在溢价购买的情况下，C1段的流量为正数；在折价购买的情况下，C1段的流量为负数。在平价购买时，整个投资不存在利息调整，应收利息与投资收益相等。本处不做进一步分析。

（三）利息收入和利息调整金额的计量

在每一个资产负债表日，企业应当计算应收利息，并对其进行调整，从而确认当期的利息收入。该债权投资利息调整的金额（即图11-1中的C1段流量）计算如下：

应收利息（或应计利息）=票面面值×票面利率

利息收入（或投资收益）=摊余成本×实际利率

在溢价的情况下：利息调整=应收利息-利息收入（或投资收益）

在折价的情况下：利息调整=利息收入（或投资收益）-应收利息

实际利率是指将金融资产或金融负债在预期存续期间或适用的更短期间内的未来现金流量，折算为该金融资产或金融负债当前账面价值所使用的利率。通俗地讲，实际利率就是债券发行时资本市场的实际资金成本。该实际利率可以采用内插法通过下列等式计算出来：

债权投资的成本=到期债券面值的现值+应收利息的现值

摊余成本是指其初始确认成本在扣除下列项目之后的金额：（1）扣除已偿还的本金；（2）加上或减去采用实际利率法将该初始确认金额与到期日金额之间的差额进行摊销所形成的累计摊销额；（3）扣除已发生的减值准备。通俗地讲，摊余成本就是企业在某一特定时刻投资在该债权投资上的实际总金额。

将实际利率和摊余成本结合起来就会发现，企业的利息收入（或投资收益）只取决于企业自身，即企业实际投资总成本和实际利率。

【例11-1】20×4年1月1日甲公司购买债券，其公允价值为1 103 680元，债券面值为100万元，票面利率为8%，剩余期限为4年。该债权投资发生相关交易费用3 000元，款项全部以存款支付。该债券的利息每年支付一次，支付的具体时间为下一年度的1月8日；其本金到期时与最后一期利息一并支付。该债券的实际利率为4.992%。合同约定，该债券的发行方在遇到特定情况时可以将债券赎回，且不需要为提前赎回支付额外款项。甲公司在购买该债券时，预计发行方不会提前赎回。甲公司根据其管理该债券的业务模式和该债券的合同现金流量特征，将该债券分类为以摊余成本计量的金融资产。

（1）编制债权投资利息调整表（见表11-1）。

表11-1　债权投资利息调整表　单位：元

计息时间	期初摊余成本（a）	投资收益（b）	应收利息	利息调整	未摊销利息调整	现金流入（c）	期末摊余成本（d=a+b-c）
20×4-12-31	1 106 680	55 245	80 000	24 755	81 925	80 000	1 081 925
20×5-12-31	1 081 925	54 010	80 000	25 990	55 935	80 000	1 055 935
20×6-12-31	1 055 935	52 712	80 000	27 288	28 647	80 000	1 028 647
20×7-12-31	1 028 647	51 353*	80 000	28 647	0	1 080 000	0

*数字考虑了计算过程中出现的尾数。

（2）20×4年1月1日购买债券（图11-3，A段）。

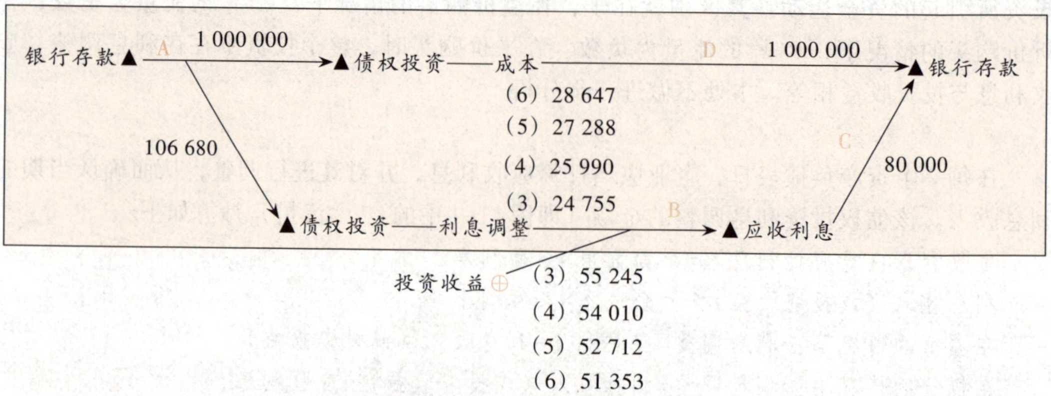

图11-3　甲公司债权投资资金运动分析图

债权投资业务举例1

借：债权投资——成本　1 000 000

　　　　　——利息调整　106 680

　贷：银行存款　1 106 680

（3）20×4年年底投资收益的确认及后续利息的收到（图11-3，B、C段）。

（4）20×5年年底投资收益的确认及后续利息的收到（图11-3，B、C段）。

（5）20×6年年底投资收益的确认及后续利息的收到（图11-3，B、C段）。

（6）20×7年年底投资收益的确认及后续本息的收到（图11-3，B、C、D段）。

相关会计处理见表11-2。

表11-2　后续确认投资收益、收到利息及收回本金业务处理表　单位：元

业务	会计分录	20×4年	20×5年	20×6年	20×7年
年末确认投资收益（B段）	借：应收利息	80 000	80 000	80 000	80 000
	贷：债权投资——利息调整	24 755	25 990	27 288	28 647
	贷：投资收益	55 245	54 010	52 712	51 353
下年年初收到款项（C、D段）	借：银行存款		80 000		1 080 000
	贷：应收利息		80 000		80 000
	贷：债权投资——成本	—	—	—	1 000 000

【例 11-2】接【例 11-1】，假定在20×6年1月1日，甲公司预计本金的一半（即50万元）将会在年底收回，而剩余的一半本金将于20×7年年末付清。

（1）甲公司20×6年年初的摊余成本为1 042 294元（（50+8）÷（1+4.992%）+（50+4）÷（1+4.992%）÷（1+4.992%））。

而目前的摊余成本为1 055 935元，应调减摊余成本13 641元（1 055 935−1 042 294）。

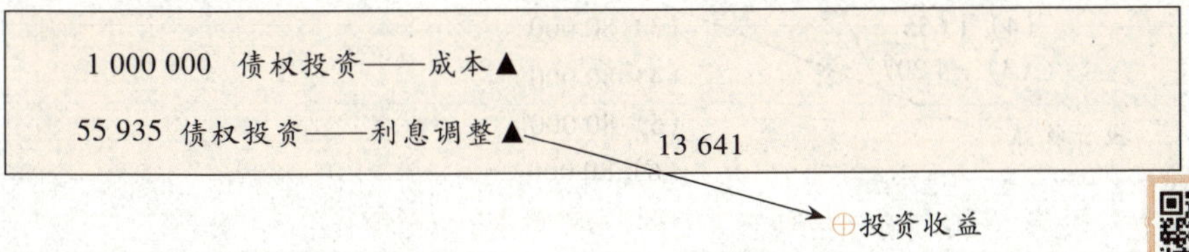

借：投资收益　　13 641

　贷：债权投资——利息调整　　13 641（其他业务略）

债权投资业务举例2

（2）调整之后的债权投资利息调整表见表11-3。

表11-3 债权投资利息调整表　　单位：元

计息时间	期初摊余成本（a）	投资收益（b）	应收利息	利息调整	未摊销利息调整	现金流入（c）	期末摊余成本（d=a+b−c）
20×4-12-31	1 106 680	55 245	80 000	24 755	81 925	80 000	1 081 925
20×5-12-31	1 081 925	54 010	80 000	25 990	55 935	80 000	1 055 935
20×6-12-31	1 042 294	52 031	80 000	27 969	14 325	580 000	514 325
20×7-12-31	514 325	25 675*	40 000	14 325	0	540 000	0

*数字考虑了计算过程中出现的尾数。

【例 11-3】20×2年1月1日甲公司购买债券，其公允价值为97万元，款项以银行存款支付。其面值为100万元，票面利率8%，期限4年。以存款支付交易费用1万元。该债券到期一次性还本付息。该债券的实际利率为7.734%。甲公司根据其管理该债券的业务模式和该债券的合同现金流量特征，将该债券分类为以摊余成本计量的金融资产。

（1）各年的利息调整摊销（见表11-4）。

表11-4 债权投资利息调整表（计算结果保留整数）　　单位：元

计息时间	期初摊余成本（a）	投资收益（b）	应计利息	利息调整	未摊销利息调整	现金流入（c）	期末摊余成本（d=a+b−c）
20×2-01-01	980 000	—	—	—	20 000	—	—
20×2-12-31	980 000	75 793	80 000	−4 207	24 207	0	1 055 793
20×3-12-31	1 055 793	81 655	80 000	1 655	22 552	0	1 137 448
20×4-12-31	1 137 448	87 970	80 000	7 970	14 582	0	1 225 418
20×5-12-31	1 225 418	945 82*	80 000	14 582	0	1 320 000	0

*数字考虑了计算过程中出现的尾数。

（2）20×2年1月1日，购买债券（见图11-4，A段）。

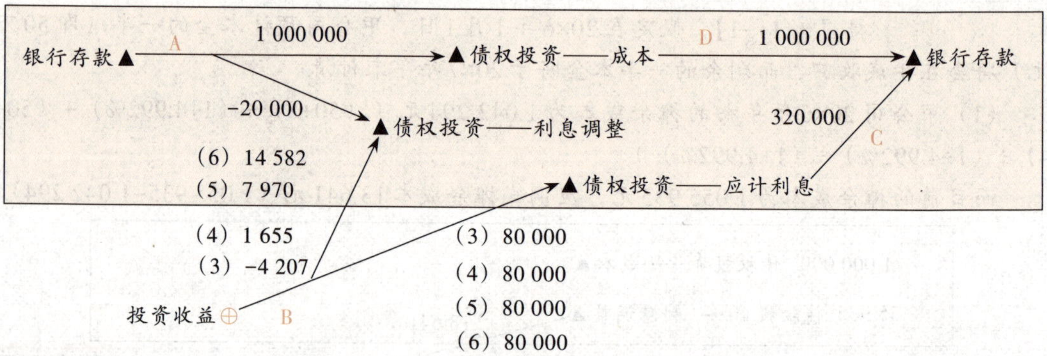

图11-4　甲公司资金运动分析图

债权投资业务举例3

借：债权投资——成本　　1 000 000

　贷：银行存款　　980 000

　　债权投资——利息调整　　20 000

（3）20×2年年底投资收益的确认（见图11-4，B段）。

（4）20×3年年底投资收益的确认（见图11-4，B段）。

（5）20×4年年底投资收益的确认（见图11-4，B段）。

（6）20×5年年底投资收益的确认及本息的收到（见图11-4，B、C、D段）。

相关会计分录见表11-5。

表11-5　**后续确认投资收益及收回本息业务处理表**　单位：元

业务	会计分录	（3）20×2年	（4）20×3年	（5）20×4年	（6）20×5年
年末确认投资收益（B段）	借：债权投资——应计利息	80 000	80 000	80 000	80 000
	借：债权投资——利息调整	-4 207	1 655	7 970	14 582
	贷：投资收益	75 793	81 655	87 970	94 582
最后一次性收回本息（C、D段）	借：银行存款		—		1 320 000
	贷：债权投资——应计利息		—		320 000
	贷：债权投资——成本		—		1 000 000

第三节　以公允价值计量且其变动计入其他综合收益的金融资产业务

一、以公允价值计量且其变动计入其他综合收益的金融资产概述

以公允价值计量且其变动计入其他综合收益的金融资产既可能是债权性质的金融资产，也可能是权益性质的金融资产。

对于债权性质的金融资产同时符合下列条件的，应当分类为以公允价值计量且其变动计入其他综合收益的金融资产：（1）企业管理该金融资产的业务模式既以收取合同现金流量为目标又以出售该金融资产为目标。（2）该金融资产的合同条款规定，在特定日期产生

的现金流量，仅为对本金和以未偿付本金金额为基础的利息的支付。

对于权益性质的金融资产，企业在初始确认时，可以将非交易性权益工具投资指定为以公允价值计量且其变动计入其他综合收益的金融资产。该指定一经做出，不得撤销。

二、其他债权投资资金运动与会计处理

其他债权投资业务1

（一）其他债权投资核算特点

对于债权性质的以公允价值计量且其变动计入其他综合收益的金融资产，在取得时按其公允价值和相关的交易费用之和作为初始投资成本。在资产负债表日，该金融资产应按公允价值计价。该金融资产的公允价值与原账面价值的差额，应记入"其他综合收益"科目。

为了对这类金融资产进行反映、控制和监督，企业需要设置"其他债权投资"科目。在"其他债权投资"科目下，企业需要设置"成本""应计利息""利息调整""公允价值变动"等明细科目以加强对该类金融资产的管理与控制。

同时，为了反映、控制和监督该类金融资产期末公允价值的变化，企业需要设置"其他综合收益"科目。该科目属于所有者权益类科目。在处置该类金融资产时，应将其对应的"其他综合收益"科目上的累计金额转入投资收益。

（二）其他债权投资引起的资金运动分析

其他债权投资的取得与债权投资一样，所支付的价款（包括交易费用）与债券面值对应的部分应作为"其他债权投资——成本"反映，两者的差额作为"其他债权投资——利息调整"反映，其所引起的资金运动如图11-5中A段所示；在折价的情况下，A2段的流量为负数。如所支付的价款中包含已实现但尚未支付的债券利息应单独作为"应收利息"或"其他债权投资——应计利息"处理。

在债券出售之前，其期末利息收入的处理同债权投资一样，其所引起的资金运动如图11-5中B段和C段所示。期末该资产需要按公允价值计量，其所引起的资金运动如图11-5中D段所示。处置该资产所引起的资金运动如图11-5中E段所示。在处置时还需要将原记在"其他综合收益"上的累计金额转入投资收益，其所引起的资金运动如图11-5中F段所示。

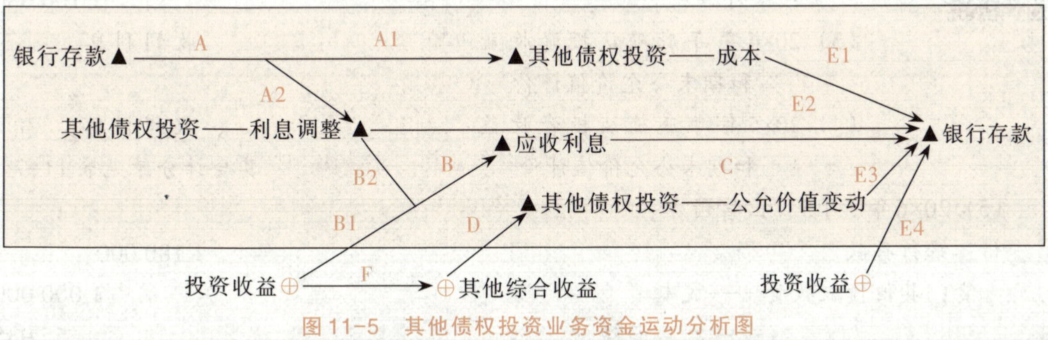

图11-5　其他债权投资业务资金运动分析图

【例11-4】20×4年1月1日企业购买债券作为其他债权投资处理，其公允价值为1 103 680元，债券面值100万元，票面利率8%，期限为4年。该债权投资发生交易费用3 000元，

款项全部以存款支付。该债券每年分期支付利息，到期一次还本。该债券的实际利率为4.992%。

20×4年12月31日其公允价值为120万元；20×5年12月31日其公允价值为1 168 075元；20×6年3月5日将其出售，取得出售收入118万元，款项已存入银行。

（1）其他债权投资利息调整表见表11-6。

表11-6　其他债权投资利息调整表　单位：元

计息时间	期初摊余成本（a）	投资收益（b）	应收利息	利息调整	未摊销利息调整	现金流入（c）	期末摊余成本（d=a+b−c）
20×4-12-31	1 106 680	55 245	80 000	24 755	81 925	80 000	1 081 925
20×5-12-31	1 081 925	54 010	80 000	25 990	55 935	80 000	1 055 935
20×6-12-31	1 055 935	52 712	80 000	27 288	28 647	80 000	1 028 647
20×7-12-31	1 028 647	513 53*	80 000	28 647	0	1 080 000	0

*数字考虑了计算过程中出现的尾数。

（2）20×4年1月1日购买债券（见图11-6，A段）。

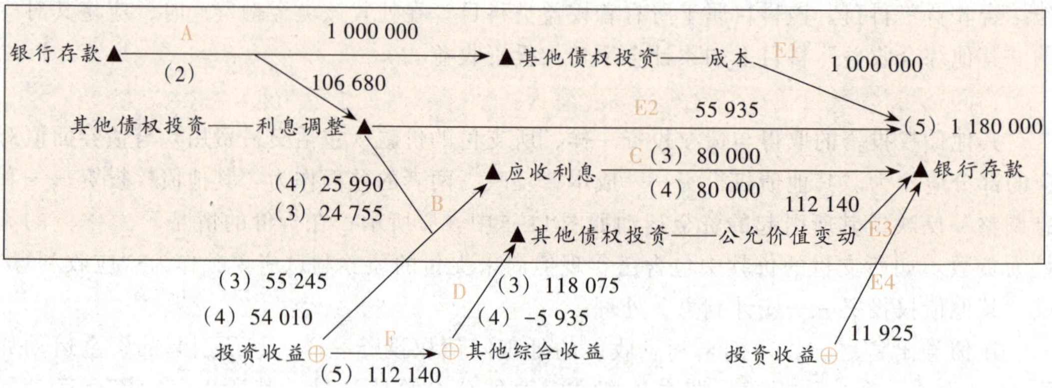

图11-6　企业购买债券资金运动分析图

其他债权投资业务2

借：其他债权投资——成本　1 000 000

——利息调整　106 680

贷：银行存款　1 106 680

（3）20×4年年底确认投资收益（见图11-6，B段）、收到利息（见图11-6，C段）和期末公允价值计价（见图11-6，D段）。

（4）20×5年年底确认投资收益（见图11-6，B段）、收到利息（见图11-6，C段）和期末公允价值计价（见图11-6，D段）。其会计分录见表11-7。

（5）20×6年3月5日出售债券（见图11-6，E段）。

借：银行存款　1 180 000

贷：其他债权投资——成本　1 000 000

——利息调整　55 935

——公允价值变动　112 140

投资收益　11 925

表 11-7　　后续确认投资收益、收到利息及期末计价业务处理表　　单位：元

业务	会计分录	（3）20×4 年	（4）20×5 年
年末确认投资收益（图 11-6，B段）	借：应收利息	80 000	80 000
	贷：其他债权投资——利息调整	24 755	25 990
	贷：投资收益	55 245	54 010
期末按公允价值计量（图 11-6，D段）	借：其他债权投资——公允价值变动	118 075	−5 935
	贷：其他综合收益	118 075	−5 935
下年年初收到款项（图11-6，C段）	借：银行存款	80 000	
	贷：应收利息	80 000	

同时，企业还需要将原记在“其他综合收益”科目上的累计金额转入投资收益（见图 11-6，F段）。

借：其他综合收益——公允价值变动　　112 140

　贷：投资收益　　112 140

三、其他权益工具投资资金运动与会计处理

（一）其他权益工具投资核算概述

对于权益工具投资性质的以公允价值计量且其变动计入其他综合收益的金融资产，在取得时按其公允价值和相关的交易费用之和作为初始投资成本。如买价中包含了已宣告但尚未支付的现金股利，应作为“应收股利”单独反映。在资产负债表日，该类金融资产应按公允价值计价。该类金融资产的公允价值与原账面价值的差额，应记入“其他综合收益”科目。在处置该类金融资产时，其账面价值与处置时公允价值的差额直接调整留存收益；同时，还需要将原记入“其他综合收益”科目的累计金额转为留存收益。

为了对这类金融资产进行反映、控制和监督，企业需要设置“其他权益工具投资”科目。在“其他权益工具投资”科目下，企业需要设置“成本”“公允价值变动”等明细科目以加强对该类金融资产的管理与控制。

（二）其他权益工具投资引起的资金运动分析

在取得其他权益工具投资时，按照取得时的公允价值与相关交易费用之和作为“其他权益工具投资——成本”反映，其所引起的资金运动如图 11-7 中 A 段所示。如所支付的价款中包含已宣告但尚未支付的现金股利的，应单独作为“应收股利”处理。

其他权益工具投资业务 1

在持有其他权益工具投资期间，企业所获得的现金股利或利润应直接作为投资收益处理。其所引起的资金运动如图 11-7 中 B 段所示，其中 B1 段反映应收股利或利润的确认，B2 段反映应收股利的实际收到。

资产负债表日，企业对该其他权益工具投资应按其公允价值计量。企业一方面需要按其期末的公允价值对该资产的账面价值进行调整，另一方面则需要将公允价值的波动通过“其他综合收益”计入资产负债表。其所引起的资金运动如图 11-7 中 C 段所示。在其公允价值下跌时，C 段的流量为负数。

在处置该资产时，企业所取得的价款与其账面价值之间的差额直接调整留存收益。其所引起的资金运动如图11-7中D段所示。与此同时，企业还需要将原记在“其他综合收益”科目上的累计金额全部转为留存收益。其所引起的资金运动如图11-7中E段所示。

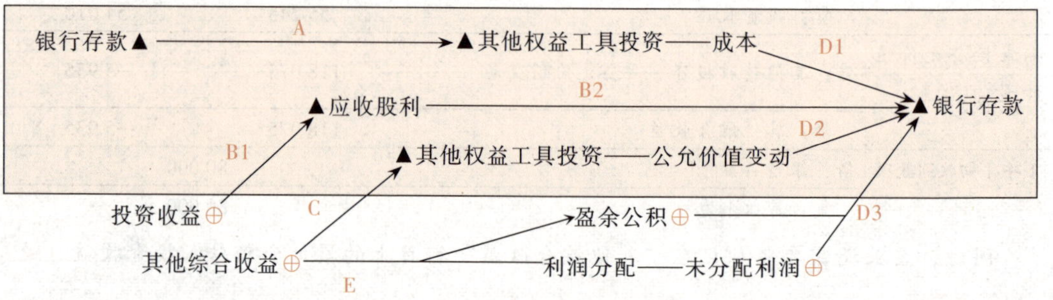

图11-7　其他权益工具投资业务资金运动分析图

【例11-5】（1）20×2年4月1日，甲公司支付3 200万元（含交易费用和已宣告但尚未发放的现金股利200万元）购入乙公司发行的股票200万股，占乙公司发行在外股份的5%。甲公司将其指定为以公允价值计量且其变动计入其他综合收益的非交易性权益工具投资（见图11-8，A段）。

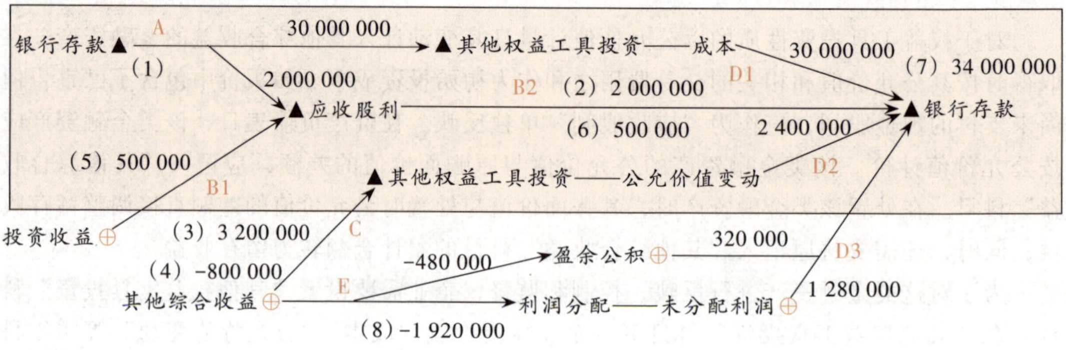

图11-8　甲公司资金运动分析图

借：其他权益工具投资——成本　　30 000 000
　　应收股利　　2 000 000
　贷：银行存款　　32 000 000

（2）20×2年5月16日，甲公司收到乙公司发放的现金股利200万元（见图11-8，B2段）。

借：银行存款　　2 000 000
　贷：应收股利　　2 000 000

其他权益工具投资业务2

（3）20×2年6月30日，甲公司所购的乙公司股票每股16.6元（见图11-8，C段）。

借：其他权益工具投资——公允价值变动　　3 200 000
　贷：其他综合收益——公允价值变动　　3 200 000

（4）20×2年12月31日，甲公司所购的乙公司股票每股16.2元（见图11-8，C段）。

借：其他综合收益——公允价值变动　　800 000

　贷：其他权益工具投资——公允价值变动　　800 000

（5）20×3年4月11日，乙公司宣布发放现金股利1 000万元。甲公司应得50万元（见图11-8，B1段）。

借：应收股利　　500 000

　贷：投资收益　　500 000

（6）20×3年6月21日，甲公司收到乙公司发放的现金股利50万元（见图11-8，B2段）。

借：银行存款　　500 000

　贷：应收股利　　500 000

（7）20×3年6月28日，甲公司将所持的乙公司股票以每股17元的价格出售。甲公司按20%提取盈余公积（见图11-8，D段）。

借：银行存款　　34 000 000

　贷：其他权益工具投资——成本　　30 000 000

　　　　　　　　　　——公允价值变动　　2 400 000

　　盈余公积　　320 000

　　利润分配——未分配利润　　1 280 000

（8）20×3年6月28日，甲公司出售该股票后，应将其记在其他综合收益上的累计金额转出，并按20%提取盈余公积（见图11-8，E段）。

借：其他综合收益——公允价值变动　　2 400 000

　贷：盈余公积　　480 000

　　利润分配——未分配利润　　1 920 000

第四节　以公允价值计量且其变动计入当期损益的金融资产业务

一、以公允价值计量且其变动计入当期损益的金融资产概述

以公允价值计量且其变动计入当期损益的金融资产是指不符合以摊余成本计量的金融资产和以公允价值计量且其变动计入其他综合收益的金融资产确认标准的其他金融资产。

为了对这类金融资产进行反映、控制和监督，企业需要设置“交易性金融资产”科目。在“交易性金融资产”科目下，企业需要设置“成本”“公允价值变动”等明细科目以加强对该类金融资产的管理与控制。此外，企业需要设置“公允价值变动损益”科目，该科目属于损益类科目，反映因该类金融资产期末公允价值的变动对本期损益的影响。

二、交易性金融资产资金运动分析与会计处理

（一）交易性金融资产的取得

交易性金融资产的取得应按公允价值计量。该公允价值中不含支付的价款中所包含的、已到付息期但尚未领取的利息或已宣告但尚未发放的现金股利，该部分应单独作为应收利息或应收股利处理。相关的交易费用在发生时

交易性金融资产业务1

通过投资收益直接计入当期损益。其引起的资金运动如图 11-9 中 A 段所示，其中 A1 段反映交易费用，A2 段反映所支付的买价中所包含的应收利息或应收股利。企业以后收到买价中所包含的应收股利或应收利息时，资金发生 B2 段运动。

（二）交易性金融资产在持有期间应收股利或应收利息的处理

交易性金融资产在持有期间应收的股利或利息应直接作为投资收益计入当期损益。其引起的资金运动如图 11-9 中 B 段所示，其中 B1 段反映应收股利或应收利息的确认，B2 段反映收到货币资金。

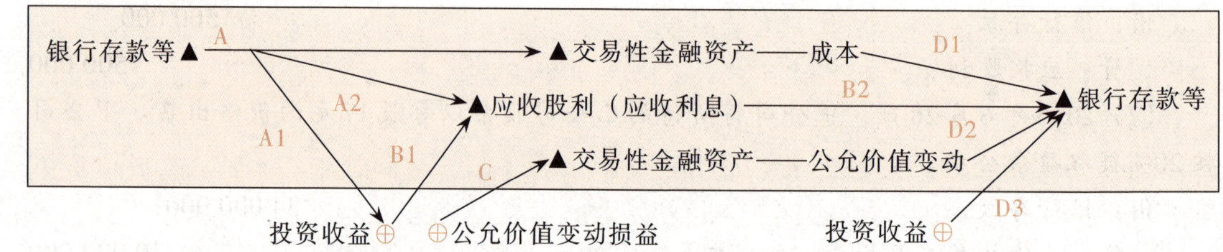

图 11-9　交易性金融资产业务资金运动分析图

（三）交易性金融资产的期末计价

资产负债表日，交易性金融资产需要按公允价值计价。其公允价值的变化一方面要调整交易性金融资产的账面价值，另一方面所形成的利得或损失，要通过“公允价值变动损益”计入当期损益。其引起的资金运动如图 11-9 中 C 段运动所示。

（四）交易性金融资产的处置

交易性金融资产处置所取得的价款与其账面价值的差额通过“投资收益”计入当期损益，其引起的资金运动如图 11-9 中 D 段运动所示。

【例 11-6】甲公司于 20×2 年 3 月 10 日购入乙公司股票，实际支付价款 302 万元，其中 2 万元为已宣告但尚未支付的现金股利。另外以存款支付各种交易费用 5 万元。

（1）20×2 年 3 月 10 日取得投资（见图 11-10，A 段）。

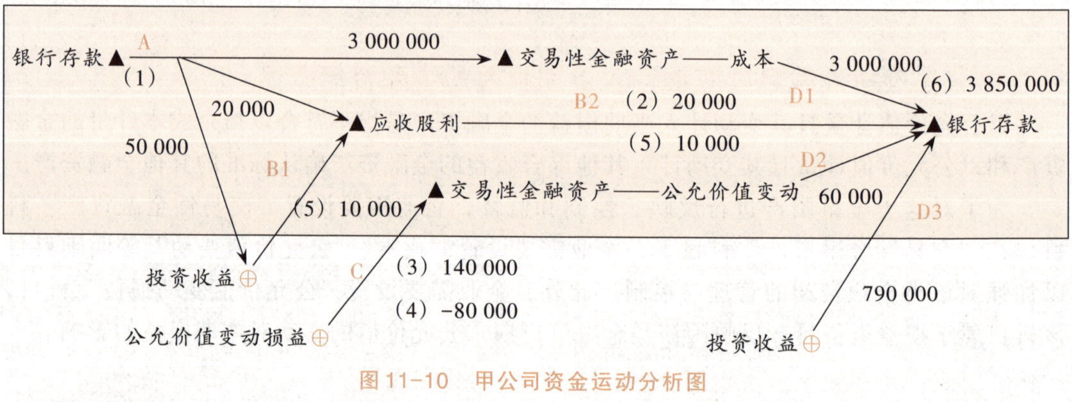

图 11-10　甲公司资金运动分析图

借：交易性金融资产——成本　　3 000 000
　　应收股利　　20 000
　　投资收益　　50 000
　贷：银行存款　　3 070 000

（2）20×2年4月10日，乙公司分派现金股利，甲公司收到上述已宣告的现金股利2万元（见图11-10，B2段）。

借：银行存款　　20 000

　贷：应收股利　　20 000

（3）20×2年6月30日，该股票的公允价值为314万元（见图11-10，C段）。

借：交易性金融资产——公允价值变动　　140 000

　贷：公允价值变动损益　　140 000

交易性金融资产业务2

（4）20×2年12月31日，该股票的公允价值为306万元（见图11-10，C段）。

借：公允价值变动损益　　80 000

　贷：交易性金融资产——公允价值变动　　80 000

（5）20×3年2月10日，乙公司宣告分派20×2年度现金股利，甲公司应当获得现金股利1万元。乙公司于20×3年3月1日分派现金股利。

2月10日乙公司宣告分派现金股利（见图11-10，B1段）。

借：应收股利　　10 000

　贷：投资收益　　10 000

3月1日，甲公司收到现金股利（见图11-10，B2段）。

借：银行存款　　10 000

　贷：应收股利　　10 000

（6）20×3年4月14日，将该股票全部出售，所得价款为385万元，已存入银行（见图11-10，D段）。

借：银行存款　　3 850 000

　贷：交易性金融资产——成本　　3 000 000

　　　　　　　　　——公允价值变动　　60 000

　　投资收益　　790 000

第五节　金融资产减值与金融资产重分类

一、金融工具减值

（一）金融资产减值概述

金融工具减值采用的是预期信用损失法。在预期信用损失法下，减值准备的计提不以减值的实际发生为前提，而是以未来可能的违约事件造成的损失的期望值来计量当前（资产负债表日）应当确认的减值准备。

1.预期信用损失的定义

预期信用损失，是指以发生违约的风险为权重的金融工具信用损失的加权平均值。所谓发生违约的风险实际上就是发生违约的概率。信用损失是指企业根据合同应收的现金流量与预期能收到的现金流量之间的差额（以下称现金流缺口）的现值。根据现值的定义，即使企业能够全额收回合同约定的金额，但如果收款时间晚于合同规定的时间，也会产生信用损失。

2.适用预期信用损失法的资产范围

预期信用损失法的资产减值规定的适用范围不仅包括金融资产（通常为企业持有的债务工具），还包括金融资产以外的资产（如合同资产）、某些金融负债或者尚未确认的确定承诺。其适用范围具体包括以下各项：（1）以摊余成本计量的金融资产（含应收款项）；（2）以公允价值计量且其变动计入其他综合收益的金融资产（主要是债权类）；（3）租赁应收款；（4）企业收入准则定义的合同资产；（5）企业做出的贷款承诺，以公允价值计量且其变动计入当期损益的金融负债除外；（6）财务担保合同。

（二）金融工具减值的确认

金融工具发生信用减值的过程分为三个阶段，对于不同阶段的金融工具的减值有不同的会计处理方法：

（1）信用风险自初始确认后未显著增加（第一阶段）。

对于处于该阶段的金融工具，企业应当按照未来12个月的预期信用损失计量损失准备，并按其账面余额（即未扣除减值准备）和实际利率计算利息收入（若该工具为金融资产，下同）。

（2）信用风险自初始确认后已显著增加但尚未发生信用减值（第二阶段）。

对于处于该阶段的金融工具，企业应当按照该工具整个存续期的预期信用损失计量损失准备，并按其账面余额（即未扣除减值准备）和实际利率计算利息收入。

（3）初始确认后发生信用减值（第三阶段）。

对于处于该阶段的金融工具，企业应当按照该工具整个存续期的预期信用损失计量损失准备，但对利息收入的计算不同于处于前两个阶段的金融资产。对于已发生信用减值的金融资产，企业应当按其摊余成本（账面余额减已计提的减值准备，也即账面价值）和实际利率计算利息收入。

上述三个阶段的划分，适用于购买或源生时未发生信用减值的金融工具。对于购买或源生时已发生信用减值的金融资产，企业应当仅将初始确认后整个存续期内预期信用损失的变动确认为损失准备，并按其摊余成本和经信用调整的实际利率计算利息收入。

（三）预期信用损失的计量

金融资产减值1-理论分析

预期信用损失是以违约概率为权重的、金融工具现金流缺口（即合同现金流量与预期收到的现金流量之间的差额）的现值的加权平均值。

1.不同金融工具预期信用损失的计量

不同金融工具的预期信用损失有着不同的计算基础：

（1）对于金融资产，信用损失应为下列两者差额的现值：①企业依照合同应收取的合同现金流量；②企业预期能收到的现金流量。

（2）对于租赁应收款，信用损失的计算方法与金融资产相同，其用于确定预期信用损失的现金流量，应当与租赁准则计量租赁应收款的现金流量口径保持一致。

（3）对于未提用的贷款承诺，信用损失应为下列两者差额的现值：①如果贷款承诺的持有人提用相应贷款，企业应收的合同现金流量；②如果持有人提用相应贷款，企业预期收取的现金流量。企业对贷款承诺预期信用损失的估计，应当基于对该贷款承诺提用情况的预期。企业在估计12个月的预期信用损失时，应当考虑预计将在资产负债表日后12个月内提用的贷款承诺部分；而在估计整个存续期预期信用损失时，应当考虑预计将在贷款承诺整个存续期内提用的贷款承诺部分。

（4）对于财务担保合同，只有当债务人按照所担保的金融工具合同条款发生违约事件时，企业才需要进行赔付。因此，财务担保合同的信用损失是企业就合同持有人发生的信用损失向其做出赔付的预期付款额，减去企业预期向该合同持有人、债务人或其他方收取的金额的差额的现值。

（5）对于购买或源生时未发生信用减值、但在后续资产负债表日已发生信用减值的金融资产，企业在计量其预期信用损失时，应当基于该金融资产的账面余额与按该金融资产原实际利率折现的预计未来现金流量的现值之间的差额。

（6）对于应收账款的预期信用损失，企业也可采用简便方法。如对于应收账款的预期信用损失，企业可参照历史信用损失经验，编制应收账款逾期天数与固定准备率对照表（如若未逾期为1%；若逾期不到30日为2%；若逾期天数为30~90（不含）日，为3%；若逾期天数为90~180（不含）日，为20%等），以此为基础计算预期信用损失。如果企业的历史经验表明不同细分客户群体发生损失的情况存在显著差异，那么企业应当对客户群体进行恰当的分组，在分组基础上运用上述简便方法。企业可用于对资产进行分组的标准可能包括：地理区域、产品类型、客户评级、担保物以及客户类型（如批发和零售客户）。

2.折现率

企业应当采用相关金融工具初始确认时确定的实际利率或其近似值，将现金流缺口折现为资产负债表日的现值，而不是预计违约日或其他日期的现值。如果金融工具具有浮动利率，那么企业应当采用当前实际利率对现金流缺口进行折现。

（1）对于购买或源生时已发生信用减值的金融资产，企业应当采用在初始确认时确定的经信用调整的实际利率（即购买或源生时将减值后的预计未来现金流量折现为摊余成本的利率）。

（2）对于租赁应收款，企业应当采用按照租赁准则规定的计量租赁应收款所使用的相同折现率。

（3）对于贷款承诺，企业应当采用在确认源自该承诺的贷款时将应用的实际利率或其近似值。

（4）对于无法确定实际利率的财务担保合同或贷款承诺，企业应当采用反映货币时间价值和相关现金流量特有风险的折现率。

（四）金融资产减值与利息收入的计算

1.未发生信用减值的资产

对于处于信用减值第一和第二阶段的金融资产，以及按照适用简化处理的应收款项、合同资产和租赁应收款，企业应当按照该金融资产的账面余额（即不考虑减值影响）乘以实际利率的金额确定其利息收入。

2.已发生信用减值的资产

当对金融资产预期未来现金流量具有不利影响的一项或多项事件发生时，该金融资产成为已发生信用减值的金融资产。金融资产已发生信用减值的证据包括下列可观察信息：

(1) 发行方或债务人发生重大财务困难；(2) 债务人违反合同，如偿付利息或本金违约或逾期等；(3) 债权人出于与债务人财务困难有关的经济或合同方面的考虑，给予债务人在任何其他情况下都不会做出的让步；(4) 债务人很可能破产或进行其他债务重组；(5) 发行方或债务人财务困难导致该金融资产的活跃市场消失；(6) 以大幅折扣购买或源生一项金融资产，该折扣反映了发生信用损失的事实。金融资产发生信用减值，有可能是多个事件的共同作用所致。

已发生信用减值的金融资产分两种情形：

(1) 对于购买或源生时未发生信用减值、但在后续期间发生信用减值的金融资产，企业应当在发生减值的后续期间，按照该金融资产的摊余成本（即账面余额减已计提的减值准备）乘以实际利率的金额确定其利息收入。

(2) 对于购买或源生时已发生信用减值的金融资产，企业应当自初始确认起，按照该金融资产的摊余成本乘以经信用调整的实际利率（即购买或源生时将减值后的预计未来现金流量折现为摊余成本的利率）的金额确定其利息收入。

(五) 金融工具减值的会计处理

1.减值准备的计提和转回

企业应当在资产负债表日计算金融工具（或金融工具组合，下同）的预期信用损失。如果该预期信用损失大于该工具当前减值准备的账面金额，企业应当将其差额确认为减值损失，借记“信用减值损失”科目，根据金融工具的种类，贷记“贷款损失准备”、“债权投资减值准备”、“坏账准备”、“合同资产减值准备”、“租赁应收款减值准备”、“预计负债”（用于贷款承诺及财务担保合同）、“其他综合收益”（用于以公允价值计量且其变动计入其他综合收益的债权类资产，如其他综合收益——信用减值准备）等科目。金融资产计提减值准备所引起的资金运动如图11-11中A段运动所示。如果资产负债表日计算的预期信用损失小于该工具当前减值准备的账面金额，则应当将差额确认为减值利得，做相反的会计处理；其所引起的资金运动如图11-11中B段运动所示。

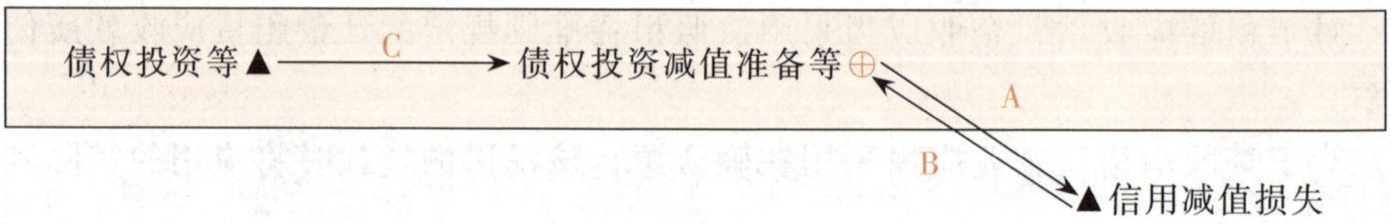

图11-11 金融资产减值业务资金运动分析图

2.已发生信用损失金融资产的核销

企业实际发生的信用损失，认定相关金融资产无法收回，经批准予以核销的，应当根据批准的核销金额，借记“贷款损失准备”等科目，贷记相应的资产科目，如“贷款”“应收账款”“合同资产”等。核销金融资产所引起的资金运动如图11-11中C段所示。若核销金额大于已计提的损失准备，还应按其差额借记“信用减值损失”科目。

【例11-7】(1) 甲公司20×3年1月1日购买一批5年期债券，按债券面值到期一次性偿还本金。债券面值5 000万元，利率4%，按年付息。其实际利率为4%。甲公司将其确认为以摊余成本计量的金融资产（见图11-12，A段）。

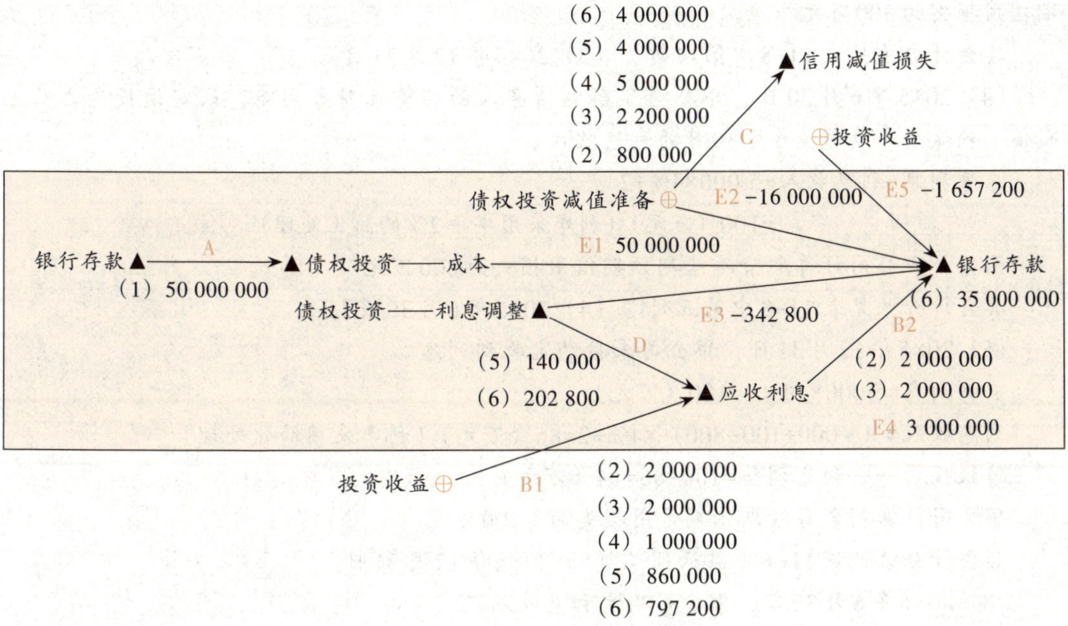

图11-12　甲公司资金运动分析图

借：债权投资——成本　　50 000 000

　贷：银行存款　　50 000 000

（2）20×3年12月31日，甲公司确认利息收入并按约收到利息（见图11-12，B1、B2段）。

金融资产减值2-举例

甲公司评估认为该投资信用风险自初始确认以来未显著增加，并计算其12个月预期信用损失为80万元（见图11-12，C段）。

其会计分录见表11-8中第三列“（2）20×3年12月31日”。

表11-8　后续确认投资收益、收到利息及期末计价等业务处理表　单位：元

<table>
<tr><th>业务</th><th>会计分录</th><th>（2）20×3年12月31日</th><th>（3）20×4年12月31日</th><th>（4）20×5年6月30日</th><th>（5）20×5年12月31日</th><th>（6）20×6年6月30日</th></tr>
<tr><td rowspan="3">确认投资收益（图11-12，B1段）</td><td>借：应收利息</td><td>2 000 000</td><td>2 000 000</td><td>1 000 000</td><td>1 000 000</td><td>1 000 000</td></tr>
<tr><td>贷：投资收益</td><td>2 000 000</td><td>2 000 000</td><td>1 000 000</td><td>860 000</td><td>797 200</td></tr>
<tr><td>贷：债权投资——利息调整</td><td>—</td><td>—</td><td>—</td><td>140 000</td><td>202 800</td></tr>
<tr><td rowspan="2">收到利息（图11-12，B2段）</td><td>借：银行存款</td><td colspan="2">2 000 000</td><td>—</td><td>—</td><td>—</td></tr>
<tr><td>贷：应收利息</td><td colspan="2">2 000 000</td><td>—</td><td>—</td><td>—</td></tr>
<tr><td rowspan="2">提取减值准备（图11-12，C段）</td><td>借：信用减值损失</td><td>800 000</td><td>2 200 000</td><td>5 000 000</td><td>4 000 000</td><td>4 000 000</td></tr>
<tr><td>贷：债权投资减值准备</td><td>800 000</td><td>2 200 000</td><td>5 000 000</td><td>4 000 000</td><td>4 000 000</td></tr>
</table>

（3）20×4年12月31日，甲公司确认利息收入，并按约收到利息（见图11-12，B1、B2段）。

甲公司评估认为该投资信用风险自初始确认以来已经显著增加，并计算剩余存续期预

期信用损失为300万元（见图11-12，C段）。

其会计分录见表11-8中第四列“（3）20×4年12月31日”。

（4）20×5年6月30日，甲公司了解到债务人面临重大财务困难，认定该投资已发生减值。确认本年度截至6月30日的利息收入。

应收利息=利息收入=5 000×4%÷2

=100（万元）（利率采用半年2%的简化处理）（见图11-12，B1段）

同日，甲公司计算剩余存续期预期信用损失为800万元（见图11-12，C段）。

其会计分录见表11-8中第五列“（4）20×5年6月30日”。

（5）20×5年12月31日，甲公司未按约定收到利息。

应收利息=5 000×4%÷2=100（万元）

利息收入=（5 000+100−800）×4%÷2=86（万元）（利率采用简化处理）

债权投资——利息调整=100−86=14（万元）（见图11-12，B1、D段）

甲公司计算剩余存续期预期信用损失为1 200万元（见图11-12，C段）。

其会计分录见表11-8中第六列“（5）20×5年12月31日”。

（6）20×6年6月30日，甲公司确定利息收入。

应收利息=5 000×4%÷2=100（万元）

利息收入=（5 000+100+86−1 200）×4%÷2=79.72（万元）（利率采用简化处理）

债权投资——利息调整=100−79.72=20.28（万元）（见图11-12，B1、D段）

甲公司计算剩余存续期预期信用损失为1 600万元（见图11-12，C段）。

其会计分录见表11-8中第七列“（6）20×6年6月30日”。

同日，甲公司以3 500万元的价格将该投资所有风险和报酬转让给丙公司（见图11-12，E段）。

借：银行存款	35 000 000	
债权投资减值准备	16 000 000	
债权投资——利息调整	342 800	
投资收益	1 657 200	
贷：债权投资——成本		50 000 000
应收利息		3 000 000

【例11-8】（1）甲公司20×3年12月15日购买一项公允价值为1 000万元的债务工具，分类为以公允价值计量且其变动计入其他综合收益的金融资产。该工具合同期限为10年，年利率为5%，按年付息。本题假如实际利率为5%。初始确认时，甲公司已经确定其不属于购入或源生时已发生信用减值的金融资产（见图11-13，A段）。

借：其他债权投资——成本	10 000 000	
贷：银行存款		10 000 000

（2-1）20×3年12月31日，确认本期利息收益、收到本期利息（见图11-13，B1、B2段）。

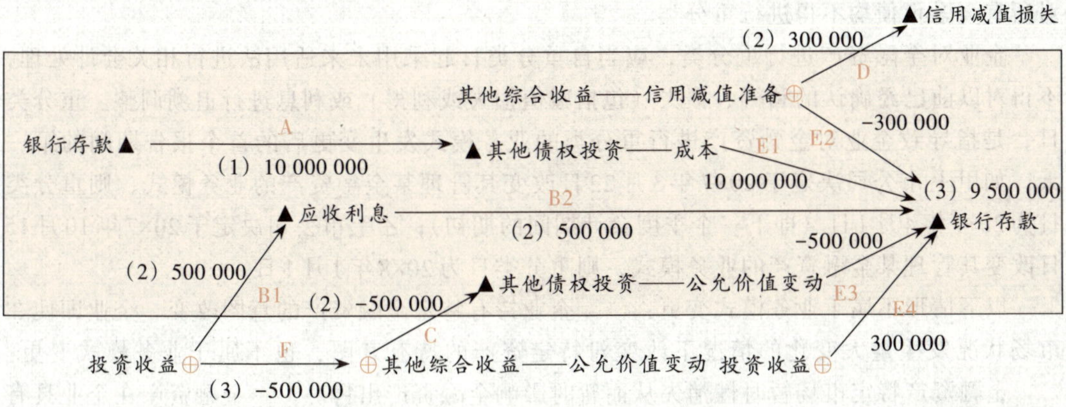

图11-13　甲公司资金运动分析图

借：应收利息　　500 000

　贷：投资收益　　500 000

借：银行存款　　500 000

　贷：应收利息　　500 000

金融资产减值3-举例

（2-2）20×3年12月31日，由于市场利率变动，其公允价值跌至950万元（见图11-13，C段）。

借：其他综合收益——公允价值变动　　500 000

　贷：其他债权投资——公允价值变动　　500 000

（2-3）20×3年12月31日，甲公司认为，该债务工具的信用风险至初始确认后并无显著增加，应按12个月内预期信用损失计量损失准备，损失准备金额为30万元（见图11-13，D段）。

借：信用减值损失　　300 000

　贷：其他综合收益——信用减值准备　　300 000

（3-1）20×4年1月1日，甲公司决定以当日的公允价值950万元出售该资产（见图11-13，E段）。

借：银行存款　　9 500 000

　其他综合收益——信用减值准备　　300 000

　其他债权投资——公允价值变动　　500 000

　贷：其他债权投资——成本　　10 000 000

　　投资收益　　300 000

（3-2）20×4年1月1日，甲公司将原计入“其他综合收益”项目的累计金额转出（见图11-13，F段）。

借：投资收益　　500 000

　贷：其他综合收益——公允价值变动　　500 000

二、金融资产重分类

（一）金融资产重分类的原则

企业在改变其管理金融资产的业务模式时，应当将相关的金融资产进行重分类。企业对所有金融负债均不得进行重分类。

企业对金融资产进行重分类，应当自重分类日起采用未来适用法进行相关会计处理，不得对以前已经确认的利得、损失（包括减值损失或利得）或利息进行追溯调整。重分类日，是指导致企业对金融资产进行重分类的业务模式发生变更后的首个报告期间的第一天。如甲上市公司决定于20×7年3月22日改变其管理某金融资产的业务模式，则重分类日为20×7年4月1日（即下一个季度会计期间的期初）；乙上市公司决定于20×7年10月15日改变其管理某金融资产的业务模式，则重分类日为20×8年1月1日。

以下情形不属于业务模式变更：（1）企业持有特定金融资产的意图改变。企业即使在市场状况发生重大变化的情况下改变对特定资产的持有意图，也不属于业务模式变更。（2）金融资产特定市场暂时性消失从而暂时影响金融资产出售。（3）金融资产在企业具有不同业务模式的各部门之间转移。

需要注意的是，如果企业管理金融资产的业务模式没有发生变更，而金融资产的条款发生变更但未导致终止确认的，不允许重分类。如果金融资产条款发生变更导致金融资产终止确认的，不涉及重分类问题，企业应当终止确认原金融资产，同时按照变更后的条款确认一项新的金融资产。

金融资产重分类

（二）金融资产重分类的业务处理

1.以摊余成本计量的金融资产的重分类

（1）企业将一项以摊余成本计量的金融资产重分类为以公允价值计量且其变动计入当期损益的金融资产的，应当按照该资产在重分类日的公允价值进行计量。原账面价值与公允价值之间的差额通过“公允价值变动损益”科目计入当期损益。

（2）企业将一项以摊余成本计量的金融资产重分类为以公允价值计量且其变动计入其他综合收益的金融资产的，应当按照该金融资产在重分类日的公允价值进行计量。原账面价值与公允价值之间的差额计入其他综合收益。该金融资产重分类不影响其实际利率和预期信用损失的计量。

【例11-9】20×6年10月15日，甲公司以公允价值50万元购入一项债务工具，并将其分类为以摊余成本计量的金融资产。20×7年10月15日，甲公司变更了其管理债权投资组合的业务模式，并于20×8年1月1日将其从以摊余成本计量改为以公允价值计量且其变动计入当期损益的金融资产。20×8年1月1日其公允价值为49万元，其账面价值为494 000元（其中，成本为50万元，已确认减值6 000元）。假设不考虑债券的利息收入处理。

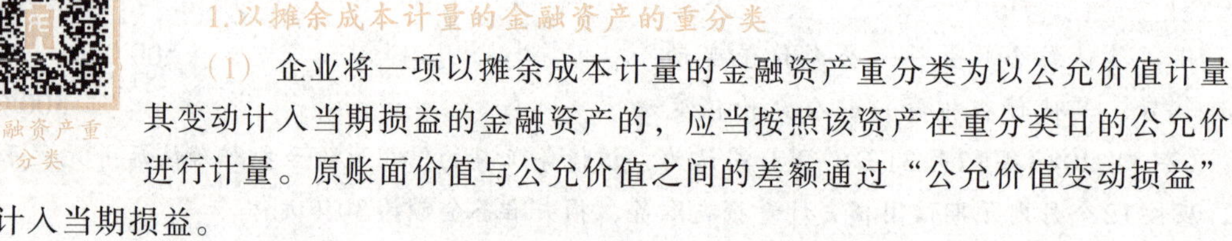

借：交易性金融资产	490 000	
债权投资减值准备	6 000	
公允价值变动损益	4 000	
贷：债权投资——成本		500 000

2.以公允价值计量且其变动计入其他综合收益的金融资产的重分类

（1）企业将一项以公允价值计量且其变动计入其他综合收益的金融资产重分类为以摊余成本计量的金融资产的，应当将之前计入其他综合收益的累计利得或损失转出，调整该金融资产在重分类日的公允价值，并以调整后的金额作为新的账面价值，即视同该金融资产一直以摊余成本计量。该金融资产重分类不影响其实际利率和预期信用损失的计量。

（2）企业将一项以公允价值计量且其变动计入其他综合收益的金融资产重分类为以公允价值计量且其变动计入当期损益的金融资产的，应当继续以公允价值计量该金融资产。同时，企业应当将之前计入其他综合收益的累计利得或损失转入当期损益。

【例11-10】20×6年10月15日，甲公司以公允价值50万元购入一项债务工具，并将其分类为以公允价值计量且其变动计入其他综合收益的金融资产。20×7年10月15日，甲公司变更了其管理债券的业务模式，并于20×8年1月1日将其改为以摊余成本计量的金融资产。该日，其公允价值为49万元（已确认），已确认减值准备为6 000元。假设不考虑债券的利息收入处理。

（1）将原来按公允价值计量对资产所进行的调整全部冲销（见图11-14，A段）。

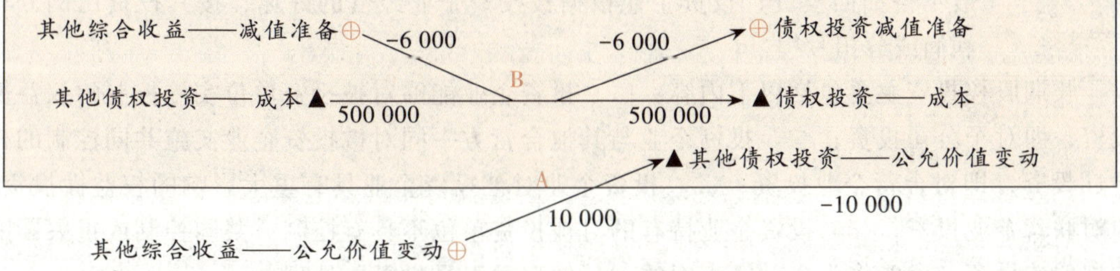

图11-14　甲公司资金运动分析图

借：其他债权投资——公允价值变动　　10 000

　贷：其他综合收益——公允价值变动　　10 000

（2）在冲销公允价值变动对资产的影响之后，将剩下的账面价值转为债权投资（见图11-14，B段）。

借：债权投资——成本　　500 000

　　其他综合收益——减值准备　　6 000

　贷：其他债权投资——成本　　500 000

　　　债权投资减值准备　　6 000

3.以公允价值计量且其变动计入当期损益的金融资产的重分类

（1）企业将一项以公允价值计量且其变动计入当期损益的金融资产重分类为以摊余成本计量的金融资产的，应当以其在重分类日的公允价值作为新的账面余额。

（2）企业将一项以公允价值计量且其变动计入当期损益的金融资产重分类为以公允价值计量且其变动计入其他综合收益的金融资产的，应当继续以公允价值计量该金融资产。企业应当根据该金融资产在重分类日的公允价值确定其实际利率。同时，企业应当自重分类日起对该金融资产按金融资产减值的相关规定计提减值准备。

第六节 长期股权投资资金运动分析与会计处理

一、长期股权投资概述

长期股权投资是指企业取得并意图长期持有被投资单位股份的投资，包括股票投资和其他股权投资。

股票投资是指企业以购买股票的方式对被投资企业所进行的投资。企业购买并持有某股份有限公司的股票后，即成为该公司的股东，投资企业有权参与被投资企业的经营管理，并可按持有股份的比例分享利润、分担亏损；如果股份有限公司破产，投资企业（股东）不但分不到红利，而且有可能失去入股的本金。因此，与债券投资相比，股票投资具有投资风险较大，责任权利较大，获取经济利益较多等特点。

投资方与被投资方关系分析

其他股权投资是指除股票投资以外具有股权性质的投资，一般是企业直接将现金、实物或无形资产等投入其他企业，取得股权的一种投资。其他股权投资是一种直接投资，一经投出，除期满或由于特殊原因企业解散外，一般不得抽回投资；投资企业根据被投资企业经营的好坏，按其投资比例分享利润或分担亏损。

长期股权投资主要包括以下内容：(1) 投资企业能够对被投资单位实施控制的权益性投资，即对子公司投资；(2) 投资企业与其他合营方一同对被投资企业实施共同控制的权益性投资，即对合营企业投资；(3) 投资企业对被投资企业具有重大影响的权益性投资，即对联营企业投资；(4) 投资企业持有的对被投资单位不具有控制、共同控制或重大影响的权益性投资，一般作为金融资产中的“其他权益工具投资”处理。

企业对长期股权投资的核算主要有成本法和权益法两种方法。

二、长期股权投资成本法核算资金运动分析与会计处理

（一）长期股权投资成本法的定义及其适用范围

成本法，是指投资按成本计价的方法。在成本法下，长期股权投资以取得股权时的初始投资成本计价入账后，除了投资企业追加或收回投资外，长期股权投资的账面价值一般应保持不变。

长期股权投资成本法适用于企业持有的能够对被投资单位实施控制的长期股权投资。所谓控制，是指投资方拥有对被投资方的权力，通过参与被投资方的相关活动而享有可变回报，并且有能力运用对被投资方的权力影响其回报金额。控制一般存在于以下情况，如：投资企业直接拥有被投资企业50%以上的表决权资本，投资企业拥有被投资企业50%或以下的表决权资本，但具有实质控制权的情况。投资企业对被投资企业是否具有实质控制权，可以通过以下一种或几种情形进行判定：(1) 通过与其他投资者协议，投资企业拥有被投资企业50%以上表决权资本的控制权；(2) 根据章程或协议，投资企业有权控制被投资企业的财务和经营决策；(3) 有权任免被投资企业董事会或类似权力机构的多数成员；(4) 在被投资企业董事会或类似权力机构会议上有半数以上投票权。

（二）长期股权投资成本法核算资金运动分析及其会计处理

1.长期股权投资初始取得资金运动分析

在成本法下，长期股权投资初始成本的确定需要考虑合并取得的具体方式。合并取得可分为同一控制下的合并取得和非同一控制下的合并取得。

（1）同一控制下取得长期股权投资的初始成本的确认与计量及其资金运动分析

对于同一控制下的企业合并，从能够对参与合并各方在合并前及合并后均实施最终控制的一方来看，最终控制方在企业合并前及合并后能够控制的资产没有发生变化。

在同一控制下的企业合并中，投资方以支付现金、转让非现金资产、发行权益性证券或承担债务方式作为合并对价的，在合并日应当按照取得被合并方在最终控制方合并财务报表中的净资产的账面价值的份额作为长期股权投资的初始成本。长期股权投资的初始成本与所支付的现金、转让的非现金资产、发行的权益性证券以及所承担的债务的账面价值之间的差额，应调整资本公积（股本溢价或资本溢价）；资本公积不足冲减的，调整留存收益。其所引起的资金运动如图11-15所示。

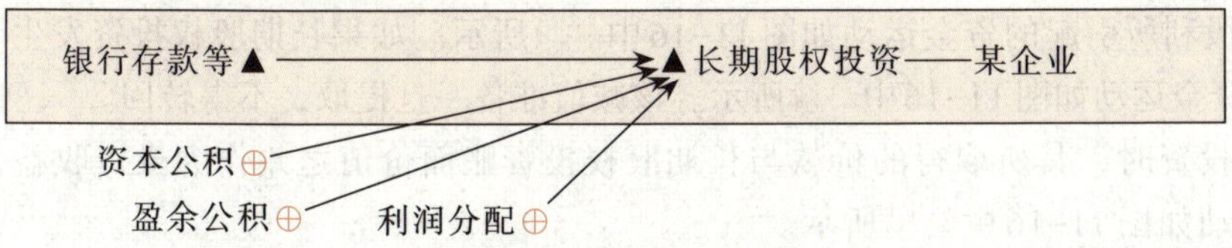

图11-15　同一控制下合并初始成本资金运动分析图

同一控制与非同一控制的差异

【例11-11】甲、乙两家公司同属丙公司的子公司。甲公司于20×3年3月1日以发行股票的方式从乙公司的股东手中取得乙公司60%的股份。甲公司发行1 500万股普通股股票，该股票每股面值为1元。乙公司20×3年3月1日所有者权益的账面价值为1 500万元，其在丙公司合并财务报表中的净资产的账面价值为2 000万元。甲公司在20×3年3月1日资本公积为180万元，盈余公积为100万元，未分配利润为200万元。

投资的初始成本为1 200万元（2 000×60%）。该成本与所发行的股票的面值1 500万元的差额（300万元）应首先调减资本公积180万元，然后再调减盈余公积100万元，最后再调减未分配利润20万元。

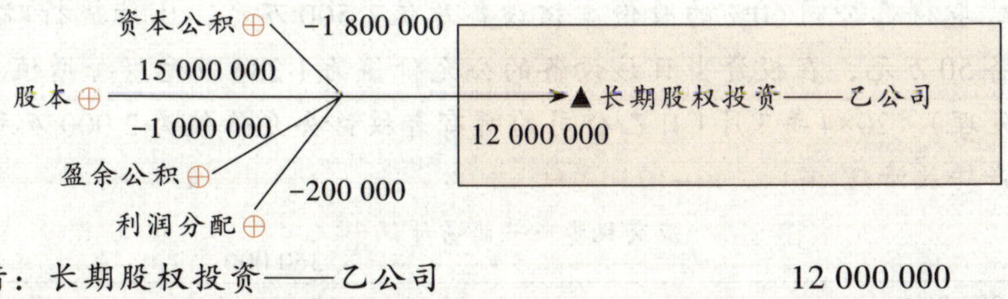

同一控制下初始投资成本的确定

借：长期股权投资——乙公司	12 000 000	
资本公积——股本溢价	1 800 000	
盈余公积	1 000 000	
利润分配——未分配利润	200 000	
贷：股本		15 000 000

合并方发生的审计、法律服务、评估咨询费等中介费用以及其他相关费用，应当于发生时计入当期管理费用。

非同一控制下初始投资成本的确定

（2）非同一控制下合并取得的长期股权投资

在非同一控制下，购买方应该按照实际发生的相关成本作为长期股权投资的初始成本。该相关成本包括购买方付出的资产、发生或承担的负债、发行的权益性证券的公允价值。采用现金支付方式在购买过程中发生的必要的手续费等支出要计入初始投资成本；以发行权益性证券方式支付给有关证券承销机构等的手续费、佣金等与权益性证券发行直接相关的费用，不构成其初始投资成本，而是直接从证券溢价收入中扣除，溢价收入不足抵扣的，应冲减盈余公积和未分配利润。

在成本法下，企业取得长期股权投资所引起的资金运动如图11-16中A段所示；如果所支付的价款中包含已宣告但尚未支付的现金股利，应单独作为应收股利处理。

2.成本法下投资收益的确认与计量

企业应当按照享有被投资单位宣告发放的现金股利或利润确认投资收益，不管有关利润分配是属于对取得投资前还是取得投资后被投资单位实现净利润的分配。企业确认现金股利与实际收到现金股利所引起的资金运动如图11-16中B段所示。如果长期股权投资发生了减值，其所引起的资金运动如图11-16中C段所示。该减值准备一旦提取，不得转回。

当企业收回投资时，其所取得的价款与长期股权投资账面价值之差作为投资收益，其所引起的资金运动如图11-16中D段所示。

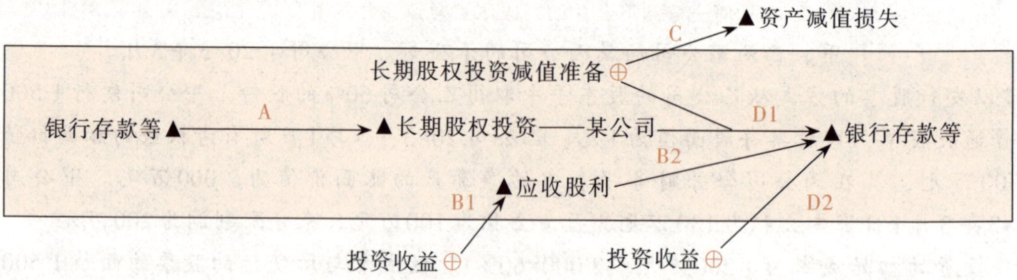

图11-16　长期股权投资成本法核算资金运动分析图

【例11-12】甲、乙属非同一控制下的独立公司。甲公司于20×4年3月1日以本公司的设备对乙公司投资，取得乙公司60%的股份。该设备原值1 500万元，已计提折旧400万元，已计提减值准备50万元，在投资当日该设备的公允价值为1 236万元（含增值税，该增值税按简易计税处理）。20×4年3月1日乙公司的所有者权益公允价值为2 000万元。

（1）将固定资产转入清理（见图11-17，A段）。

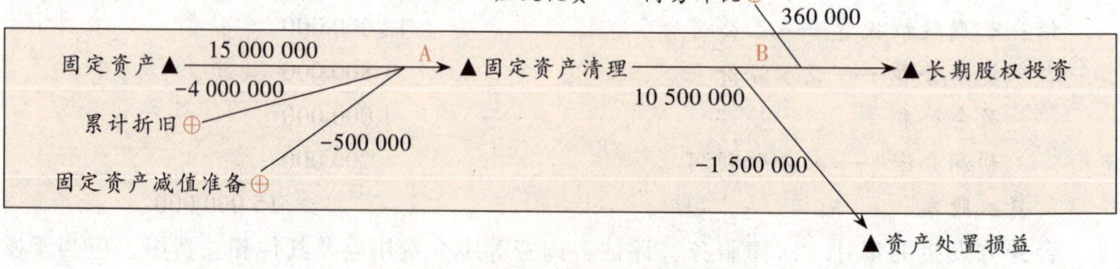

图11-17　甲公司资金运动分析图1

借：固定资产清理　　10 500 000
　　累计折旧　　4 000 000
　　固定资产减值准备　　500 000
　贷：固定资产　　15 000 000

长期股权投资
成本法核算

（2）取得长期股权投资。该设备在投资当日的公允价值为1 236万元（含增值税）。乙公司20×4年3月1日的所有者权益公允价值为2 000万元（见图11-17，B段）。

该设备按简易计税办法应确认的增值税=1 236÷（1+3%）×3%=36（万元）

借：长期股权投资——乙公司　　12 360 000
　贷：固定资产清理　　10 500 000
　　资产处置损益　　1 500 000
　　应交税费——简易计税　　360 000

【例11-13】甲公司20×2年6月30日以银行存款购入丙公司60%的股份，并准备长期持有。其购买成本为1 120 000元，其中包含20 000元的已宣告但尚未支付的现金股利。甲公司于20×2年7月2日收到上述现金股利20 000元，并已存入银行。20×2年丙公司全年实现净利润400万元。20×3年3月30日丙公司宣告发放20×2年现金股利30万元，该股利在20×3年4月29日支付。

（1）20×2年6月30日取得投资（见图11-18，A段）。

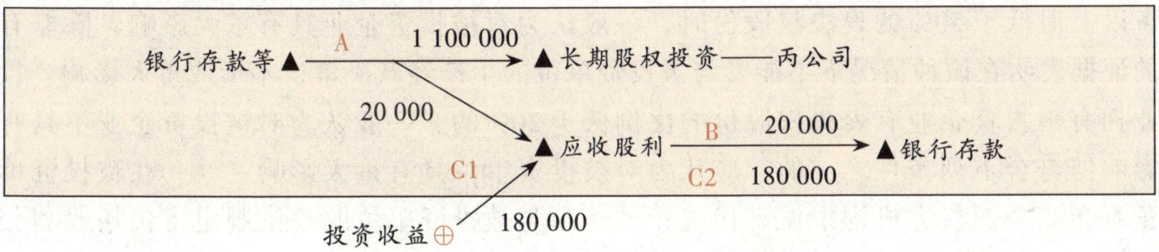

图11-18　甲公司资金运动分析图2

借：长期股权投资——丙公司　　1 100 000
　　应收股利　　20 000
　贷：银行存款　　1 120 000

（2）20×2年7月2日丙公司发放现金股利（见图11-18，B段）。

借：银行存款　　20 000
　贷：应收股利　　20 000

（3）20×3年3月30日丙公司宣布发放现金股利（见图11-18，C1段）。

借：应收股利　　180 000
　贷：投资收益　　180 000

20×3年4月29日丙公司发放现金股利（见图11-18，C2段）。

借：银行存款　　180 000
　贷：应收股利　　180 000

三、长期股权投资权益法核算资金运动分析与会计处理

（一）长期股权投资权益法的概念及适用范围

长期股权投资权益法是指投资最初以投资成本计价，以后根据投资企业享有被投资单位所有者权益份额的变动对投资的账面价值进行调整的方法。在权益法下，长期股权投资的账面价值随着被投资单位所有者权益的变动而变动，包括被投资单位实现净利润或发生净亏损以及其他与所有者权益项目相关的变动。

长期股权投资权益法适用于投资企业对被投资企业具有共同控制或重大影响，即对合营企业及联营企业投资，应当采用权益法。

共同控制，是指按照合同的约定对某项经济活动共有的控制，仅在与该项经济活动相关的重要财务和经营政策需要分享控制权的投资方一致同意时存在。投资方与其他方共同控制的，被投资企业为其合营企业。在确定其是否构成共同控制时，一般可以考虑以下情况：（1）任何一个合营方均不能单独控制合营企业的生产经营活动；（2）涉及合营企业基本经营活动的决策需要各合营方一致同意；（3）各合营方可以通过合同或协议的形式任命其中的一方对合营企业的日常活动进行管理，但其必须在各合营方已经一致同意的财务和经营政策范围内行使管理权。

重大影响，是指对一个企业的财务和经营政策有参与决策的权力，但并不能控制或者与其他方一起共同控制这些政策的制定。投资企业直接或通过子公司间接拥有被投资企业20%以上但低于50%的表决权股份时，一般认为对被投资企业具有重大影响，除非有明确的证据表明在该种情况下不能参与被投资单位的生产经营决策，不形成重大影响。投资企业拥有被投资企业有表决权股份的比例低于20%的，一般认为对被投资企业不具有重大影响但符合下列条件之一的，应认为对被投资单位具有重大影响：（1）在被投资单位的董事会或类似权力机构中派有代表；（2）参与被投资单位的政策制定，包括股利分配等政策的制定；（3）与被投资单位发生重要交易；（4）向被投资单位派出管理人员；（5）向被投资单位提供关键技术资料。

在确定能否对被投资单位施加重大影响时，一方面应考虑投资企业直接或间接持有被投资单位的表决权股份的数量，另一方面要考虑企业及其他方持有的现行可执行潜在表决权在假定转换为对被投资企业的股权后产生的影响。如被投资企业发行的认股权证、股票期权及可转换债券等。

在权益法下，企业需要设置三级科目，一级科目为“长期股权投资”，二级科目为“某企业”，三级科目分别为“投资成本”、“损益调整”、“其他权益变动”和“其他综合收益”。其中：“投资成本”明细科目专门核算企业取得投资时的初始投资成本，企业增资或减资也在本明细科目中核算；“损益调整”明细科目专门核算企业因被投资单位净损益变化对投资企业在被投资企业投资账面价值的影响；“其他权益变动”明细科目核算企业因被投资单位除净损益以外其他权益变动对投资企业在被投资企业投资账面价值的影响；“其他综合收益”明细科目核算企业因被投资单位计入所有者权益的利得和损失对投资企业在被投资企业投资账面价值的影响。

（二）长期股权投资权益法核算所引起的资金运动分析

长期股权投资权益法核算的基本思路是其账面价值随被投资单位所有者权益的变动而变动。影响被投资企业所有者权益变化的原因，主要包括被投资单位实现净利润或发生净亏损和其他与所有者权益项目相关的变动。

1.长期股权投资的取得

企业取得长期股权投资，按实际支付的购买价款或所支付的资产的公允价值（包括支付的税金、手续费等相关费用）作为初始投资成本，其资金运动如图11-19中A1段所示。企业取得的长期股权投资，如果实际支付的价款中包含已宣告但尚未领取的现金股利，应按实际支付的全部价款扣除已宣告但尚未领取的现金股利后的金额，作为长期股权投资的取得成本，实际支付的价款中包含的已宣告但尚未领取的现金股利，应作为应收股利单独核算，其资金运动如图11-19中A2段所示。此外，企业为取得长期股权投资所发生的评估、审计、咨询等费用，不构成初始投资成本。

权益法1-核算方法

如果投资企业应享有被投资企业可辨认净资产公允价值的相应份额大于初始投资成本的，应将初始投资成本调整至应享有的被投资企业可辨认净资产公允价值相应份额的金额，其差额作为营业外收入处理，其所引起的资金运动如图11-19中A3段所示。

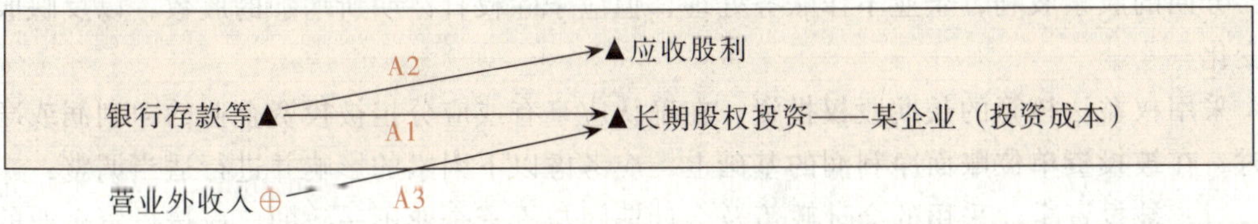

图11-19　权益法核算下长期股权投资取得资金运动分析图

【例11-14】20×3年3月1日，甲公司通过发行普通股股票800万股与乙公司股东进行交换并取得乙公司有表决权股份的20%，从而导致对乙公司财务和经营决策具有重大影响，甲企业准备长期持有该股份。该股票的面值为每股1元，其市场价格为每股2元，为此甲公司还以银行存款支付了相关费用20万元。同日，乙公司可辨认净资产的公允价值为9 150万元。

该股票的公允价值为1 600万元，再加上相关费用20万元，则初始投资成本为1 620万元，比所获份额公允价值1 830万元（9 150×20%）低210万元（1 830-1 620），因此应调整初始投资成本，使其与所获份额的公允价值对等。该差额应直接计入当期营业外收入。

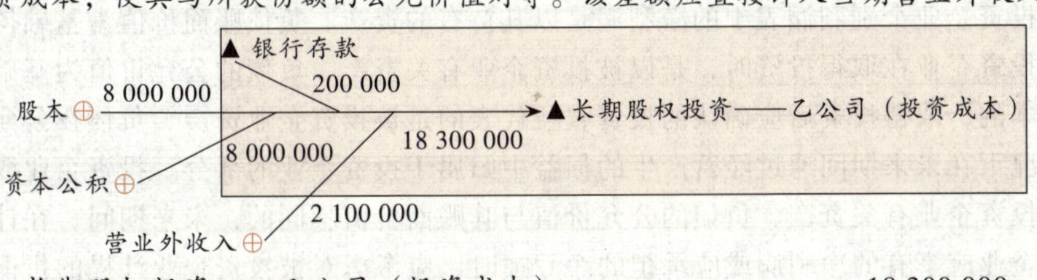

借：长期股权投资——乙公司（投资成本）	18 300 000	
贷：股本		8 000 000
资本公积——股本溢价		8 000 000

贷：银行存款　　200 000

　　营业外收入　　2 100 000

2.投资损益的确认与计量、现金股利的确认与发放

在资产负债表日，无论被投资企业是否进行利润分配，投资企业都需要根据被投资企业的净收益或净亏损和本企业所占被投资企业的持股比例来确认本企业的投资收益或投资损失。投资损益的确认，一方面增加本期的投资收益（如果亏损就减少本企业的投资收益），另一方面增加本企业对被投资企业的投资（如果亏损就减少本企业对被投资企业的投资），该损益对本企业投资的影响记在“长期股权投资——某企业（损益调整）”科目上。其所引起的资金运动如图11-20中B段所示（在亏损的情况下，其流量为负数）。以后，确认和分回现金股利所引起的资金运动如图11-20中C段所示，其中C1段为确认现金股利，C2段为收到现金股利。

图11-20　长期股权投资权益法下损益确认资金运动分析图

分回的股票股利，企业不作账务处理，但应于除权日注明所增加的股数，以反映股数的变化。

采用权益法核算的长期股权投资，在确认应享有或应分担被投资企业的净利润或净亏损时，在被投资单位账面净利润的基础上，应考虑以下因素的影响并进行适当调整：

（1）被投资企业采用的会计政策及会计期间与投资企业不一致的，应按投资企业的会计政策及会计期间对被投资企业的财务报表进行调整，在此基础上确定被投资企业的损益。

权益法核算是将投资企业与被投资企业作为一个整体对待。作为一个整体其所产生的损益，应当在一致的会计政策基础上确定。被投资企业采用的会计政策与投资企业不同的，投资企业应当基于重要性原则，按照本企业的会计政策对被投资企业的损益进行调整。

（2）以取得投资时被投资企业固定资产、无形资产的公允价值为基础计提的折旧额或摊销额，以及有关资产减值准备金额等对被投资企业净利润的影响。

被投资企业个别利润表中的净利润是以其持有的资产、负债账面价值为基础持续计算的，而投资企业在取得投资时，是以被投资企业有关资产、负债的公允价值为基础确定其投资成本的，取得投资后应确认的投资收益代表的是被投资企业资产、负债在公允价值计量的情况下在未来期间通过经营产生的损益中归属于投资企业的部分。投资企业取得投资时，被投资企业有关资产、负债的公允价值与其账面价值不同的，未来期间，在计算归属于投资企业应享有的净利润或应承担的净亏损时，应考虑对被投资企业计提的折旧额、摊销额以及资产减值准备金额等进行调整。

投资企业在对被投资企业的净利润进行调整时，应考虑重要性原则，不具有重要性的项目可不予调整。符合下列条件之一的，投资企业应以被投资企业的账面净利润为基础，

经调整未实现内部交易损益后，计算确认投资损益，同时应在附注中说明因下列情况不能调整的事实及其原因：投资企业无法合理确定取得投资时被投资企业各项可辨认资产等的公允价值；投资时被投资企业可辨认资产的公允价值与其账面价值相比，两者之间的差额不具重要性的；其他原因导致无法取得被投资企业的有关资料，不能按照准则中规定的原则对被投资企业的净损益进行调整的。

【例 11-15】甲公司于20×2年1月10日购入乙公司30%的股份，购买价为2 200万元，自取得当日起派人参与乙公司的生产经营活动。取得投资当日，乙公司可辨认净资产的公允价值为6 000万元，除表11-9所列项目之外，乙公司其他资产、负债的公允价值与账面价值相同。假设乙公司20×2年实现的净利润为600万元，其中在甲公司取得投资时的账面存货80%对外出售。甲、乙公司的会计期间与会计政策相同，固定资产折旧、无形资产摊销均按直线法进行，预计净残值均为0。假设不考虑所得税的影响，甲、乙公司之间没有发生任何内部交易。

表 11-9　　乙公司账面价值与公允价值比较表　　金额单位：万元

项目	账面原价	已提折旧或摊销	公允价值	乙公司预计使用年限	甲公司投资后剩余使用年限
存货	500		700		
固定资产	1 200	240	1 600	20	16
无形资产	700	140	800	10	8
合计	2 400	380	3 100		

存货账面价值与公允价值的差额应调减的利润=（7 000 000−5 000 000）×80%
=1 600 000（元）

固定资产账面价值与公允价值的差额应调减的利润=16 000 000÷16−12 000 000÷20
=400 000（元）

无形资产账面价值与公允价值的差额应调减的利润=8 000 000÷8−7 000 000÷10
=300 000（元）

调整后的净利润=6 000 000−1 600 000−400 000−300 000=3 700 000（元）

甲公司应享有的投资收益=3 700 000×30%=1 110 000（元）

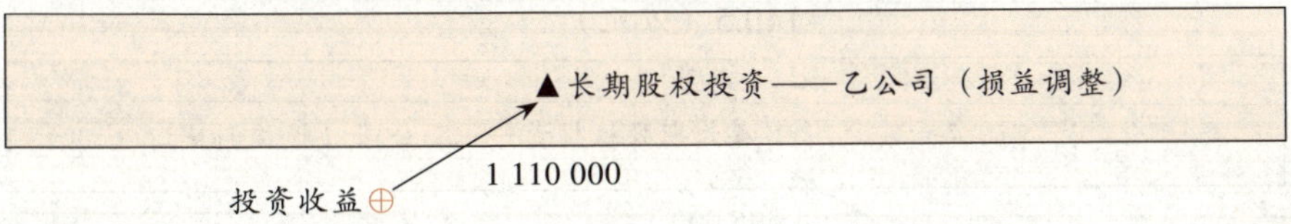

借：长期股权投资——乙公司（损益调整）　　1 110 000
　贷：投资收益　　1 110 000

权益法2-投资收益的确认与计量

（3）对于投资企业与其联营企业及合营企业之间发生的未实现内部交易损益应予抵销。即投资企业与联营企业及合营企业之间发生的未实现内部交易损益按照持股比例计算归属于投资企业的部分，应当予以抵销，在此基础上确认投资损益。投资企业与被投资企业发生的内部交易损失，按照《企业会计准则第8号——资产减值》等的规定属于资产减值损失的，应当全额确认。

投资企业与其联营企业及合营企业之间的未实现内部交易损益抵销同投资企业与子公司之间的未实现内部交易损益抵销有所不同，母子公司之间的未实现内部交易损益在合并财务报表中是全额抵销的，而投资企业与其联营企业及合营企业之间的未实现内部交易损益抵销仅仅是投资企业或是纳入投资企业合并财务报表范围的子公司享有联营企业或合营企业的权益份额。

应当注意的是，该未实现内部交易损益的抵销既包括顺流交易也包括逆流交易，其中，顺流交易是指投资企业向其联营企业或合营企业出售资产，逆流交易是指联营企业或合营企业向投资企业出售资产。当该未实现内部交易损益体现在投资企业或其联营企业、合营企业持有的资产账面价值中时，相关的损益在计算确认投资损益时应予抵销。

①对于投资企业向联营企业或合营企业出售资产的顺流交易，在该交易存在未实现内部交易损益的情况下（即有关资产未对外部独立第三方出售），投资企业在采用权益法计算确认应享有联营企业或合营企业的投资损益时，应抵销该未实现内部交易损益的影响，同时调整对联营企业或合营企业长期股权投资的账面价值。当投资方向联营企业或合营企业出资或是将资产出售给联营企业或合营企业，同时有关资产由联营企业或合营企业持有时，投资方对于投出或出售资产产生的损益确认仅限于归属于联营企业或合营企业其他投资者的部分。即在顺流交易中，投资方投出资产或出售资产给其联营企业或合营企业产生的损益中，按照持股比例计算确定归属于本企业的部分不予确认。

【例11-16】20×2年1月1日，甲公司持有乙公司有表决权股份的20%，能够对乙公司的生产经营施加重大影响。20×2年11月，甲公司将其账面价值为600万元的商品以900万元的价格出售给乙公司，乙公司将取得的商品作为管理用固定资产核算，预计使用寿命为10年，净残值为0。假定甲公司取得该项投资时，乙公司各项可辨认资产、负债的公允价值与其账面价值相同，两者在以前期间未发生过内部交易。乙公司20×2年实现的净利润为1 000万元。假定不考虑所得税的影响。

甲公司在该项交易中实现利润300万元。乙公司将其作为固定资产核算，已折旧1个月。从集团的角度来看，这300万元的利润实际上只实现了一部分，即固定资产折旧1个月所实现的2.5万元（300÷10÷12）。

因此甲公司应确认的投资收益=10 000 000×20%-(3 000 000-25 000)×20%

=140.5（万元）

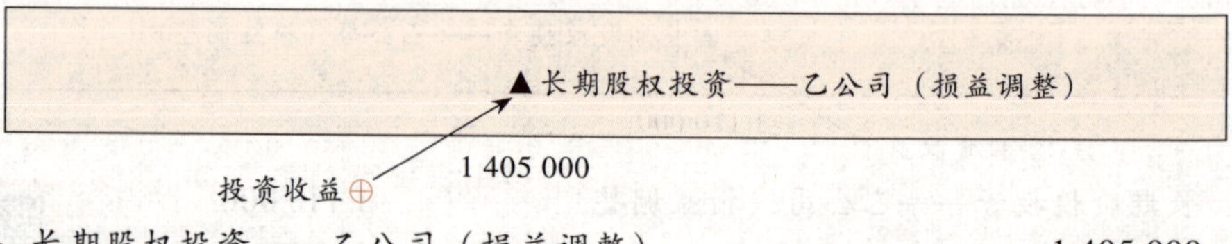

借：长期股权投资——乙公司（损益调整）　　1 405 000

　贷：投资收益　　1 405 000

②对于联营企业或合营企业向投资企业出售资产的逆流交易，在该交易存在未实现内部交易损益的情况下（即有关资产未对外部独立第三方出售），投资企业在采用权益法计算确认应享有联营企业或合营企业的投资损益时，应抵销该未实现内部交易损益的影响。当投资企业自其联营企业或合营企业购买资产时，在将该资产出售给外部独立第三方之

前，不应确认联营企业或合营企业因该交易产生的损益中本企业应享有的部分。

【例 11-17】甲公司于20×2年1月1日取得乙公司20%有表决权的股份，能够对乙公司的生产经营施加重大影响。假定甲公司在取得该项投资时，乙公司各项可辨认资产、负债的公允价值与其账面价值相同。20×2年11月，乙公司将其成本为600万元的某商品以900万元的价格出售给甲公司，甲公司将取得的商品作为固定资产核算，预计使用寿命为10年，采用直线法计提折旧，净残值为0。至20×2年12月31日，甲公司未对外出售该固定资产。乙公司20×2年实现的净利润为1 600万元。假定不考虑所得税因素的影响。

乙公司在该项交易中实现利润300万元。甲公司将其作为固定资产核算，已折旧1个月。从集团的角度来看，这300万元的利润实际上只实现了一部分，即固定资产折旧1个月所实现的2.5万元（300÷10÷12）。

甲公司应确认的投资收益=［16 000 000-(3 000 000-25 000)］×20%

=260.5（万元）

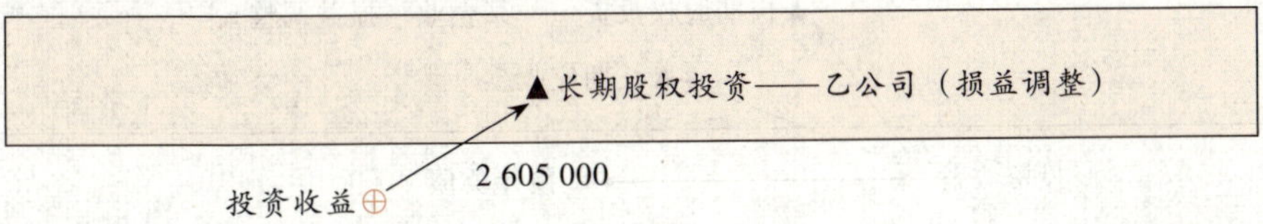

借：长期股权投资——乙公司（损益调整）　　2 605 000

　贷：投资收益　　2 605 000

应当说明的是，投资企业与其联营企业及合营企业之间发生的无论是顺流交易还是逆流交易产生的未实现内部交易损失，属于所转让资产发生减值损失的，有关的未实现内部交易损失不应予以抵销。

【例 11-18】20×2年1月1日，甲公司持有乙公司20%有表决权的股份，能够对乙公司的生产经营施加重大影响。20×2年10月10日，甲公司将其账面价值为400万元的商品以320万元的价格出售给乙公司。20×2年12月31日，该批商品尚未对外部第三方出售。假定甲公司在取得该项投资时，乙公司各项可辨认资产、负债的公允价值与其账面价值相同，两者在以前期间未发生过内部交易。乙公司20×2年实现的净利润为1 000万元。

上述甲公司在确认应享有乙公司20×2年净损益时，如果有证据表明交易价格320万元与甲公司该商品账面价值400万元之间的差额是由于该资产发生了减值损失，在确认投资损益时不应予以抵销。甲公司应当进行的会计处理为：

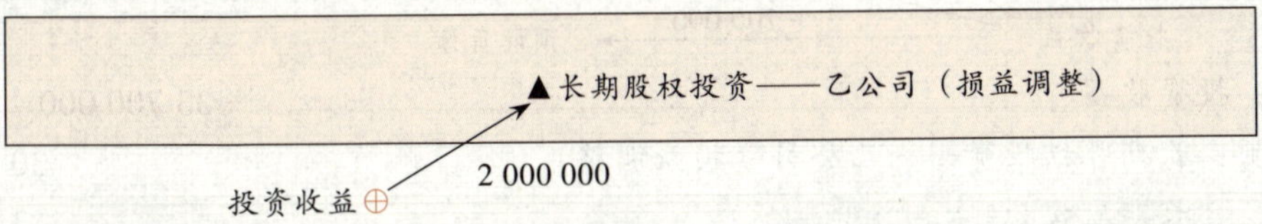

借：长期股权投资——乙公司（损益调整）(10 000 000×20%)　　2 000 000

　贷：投资收益　　2 000 000

3.超额亏损的确认

在被投资企业发生亏损的情况下，原则上，投资企业应以长期股权投资以及其他实质上构成对被投资企业净投资的长期权益减记至零为限，投资企业负有承担额外损失义务的除外。所谓其他实质上构成对被投资企业净投资的长期权益，通常是指长期性的应收项目，如企业对被投资企业的长期应收款（非产生于销售等日常活动），该款项的清偿没有明确的计划且在可预见的未来期间难以收回的，实质上构成长期权益。

具体而言，投资企业对被投资企业亏损的确认应按照以下顺序进行处理：

首先，减记长期股权投资的账面价值，其资金运动如图11-21中B1段所示（其流量为负数）。

其次，不足以冲减的，应以该长期权益的账面价值为限继续确认投资损失，冲减长期应收款等的账面价值，其资金运动如图11-21中B2段所示（其流量为负数）。

再次，长期权益的价值减记至零时，如果按照投资合同或协议的约定需要企业承担额外义务的，应确认预计负债，同时确认投资损失，其资金运动如图11-21中B3段所示（其流量为负数）。

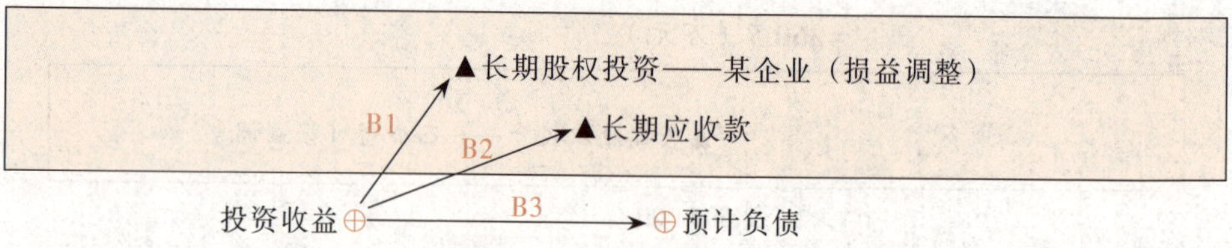

图11-21　权益法下超额亏损确认资金运动分析图

最后，被投资企业以后期间实现盈利的，应按以上相反顺序恢复各自的账面价值，同时确认投资收益。

权益法3-现金股利和超额亏损业务

【例11-19】甲公司持有乙公司40%的股权，能对其生产经营施加重大影响。20×1年12月31日该项长期股权投资的账面价值为3 000万元。除此之外，甲公司还拥有一项对乙公司的长期应收款300万元，该款项不是由于销售等日常活动产生的，到目前为止还没有明确的还款计划。另外，甲公司还与乙公司签订了一项协议，在乙公司严重亏损超过了甲公司在乙公司的长期权益后，甲公司需要额外在账上确认应承担的超出部分的10%。乙公司20×2年由于一项主要经营业务市场条件发生变化，当年亏损10 000万元。

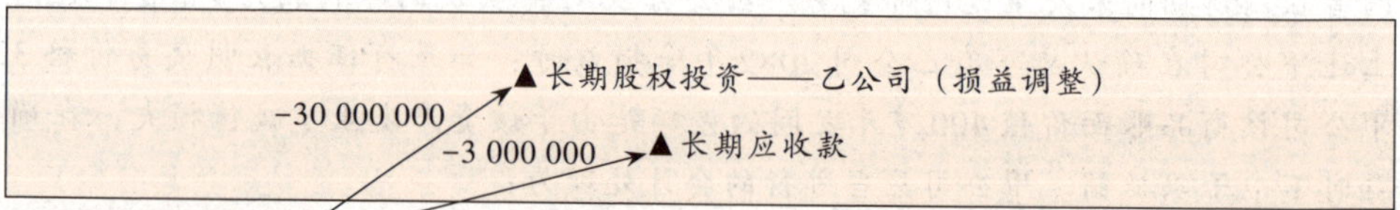

借：投资收益　　33 700 000

　贷：长期股权投资——乙公司（损益调整）　　30 000 000

　　长期应收款　　3 000 000

　　预计负债　　700 000

甲公司需要在备查账中登记630万元的未确认亏损。

4.其他综合收益对投资企业长期股权投资账面价值的影响

（1）其他综合收益的概念与种类

其他综合收益是指企业根据其他会计准则的规定未在当期损益中确认的各项利得和损失。

其他综合收益主要分为两大类：以后会计期间能重分类进损益的其他综合收益项目和以后会计期间不能重分类进损益的其他综合收益项目。

权益法4-其他综合收益业务等

（2）以后期间在满足规定条件时将重分类进损益的项目

按照企业会计准则的规定，这一类项目在发生时不能计入当期损益，只能暂时作为所有者权益类科目进行过渡，其资金运动如图11-22中D段所示；以后满足条件时，再由“其他综合收益”科目转入当期损益，其资金运动如图11-22中H段所示。因此，“其他综合收益”科目在这里只是起一个临时的过渡作用。

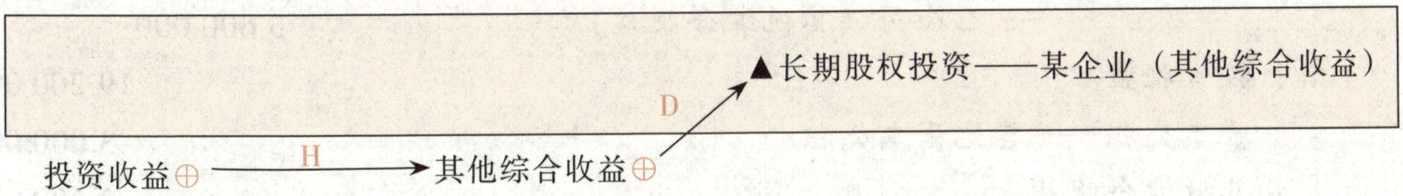

图11-22　权益法下其他综合收益确认资金运动分析图

这类项目主要有：①按照权益法核算的在被投资单位以后会计期间在满足规定条件时将重分类进损益的其他综合收益中所享有的份额；②其他债权投资公允价值变动形成的利得或损失；③债权投资重分类为其他债权投资形成的利得或损失；④现金流量套期工具产生的利得或损失中属于有效套期的部分；⑤外币财务报表折算差额；⑥自用房地产或作为存货的房地产转换为以公允价值模式计量的投资性房地产在转换日公允价值大于账面价值的部分。

（3）以后期间不能重分类进损益的其他综合收益项目

这类项目主要有：①投资企业自身重新计量设定受益计划净负债或净资产导致的变动。②投资企业持有的其他权益工具投资因公允价值的变动而变动的部分。③按照权益法核算的在被投资单位以后会计期间不能重分类进损益的其他综合收益中所享有的份额等。

5.被投资单位除净损益、其他综合收益以及利润分配以外的所有者权益的其他变动对投资企业的影响

这类项目主要包括：（1）被投资企业接受其他股东的资本性投入；（2）被投资企业发行可分离交易的可转债中包含的权益成分；（3）被投资企业以权益结算的股份支付；（4）其他股东对被投资企业增资导致投资方持股比例变动。

这些项目在发生时不能马上计入当期损益，而要先作为“资本公积——其他资本公积”项目处理，其资金运动如图11-23中E段所示；以后满足条件时，再通过“投资收益”科目转入当期损益，其资金运动如图11-23中H段所示。因此，从这个角度来看，“资本公积——其他资本公积”项目也是一个临时的中转站，起一个过渡的作用。

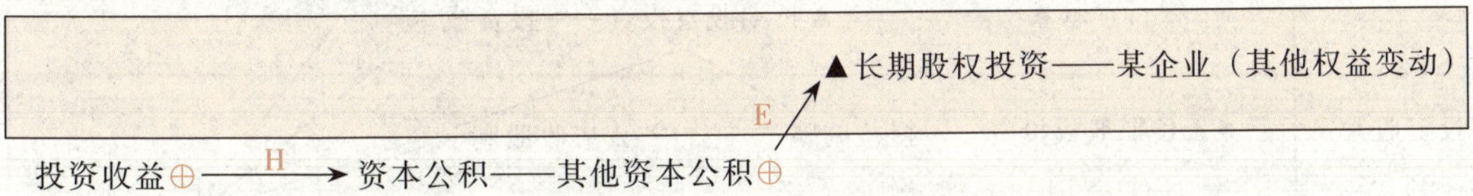

图11-23　权益法下其他权益变动确认资金运动分析图

【例11-20】甲公司持有乙公司30%的股份，能对其施加重大影响。当期乙公司其他综合收益的金额为1 200万元，另外乙公司本期将国家专项研究拨款1 000万元转为本企业的资本公积。此外，乙公司当期实现净利润6 400万元。假设两家公司的会计期间、会计政策相同，乙公司净资产账面价值与公允价值相同。

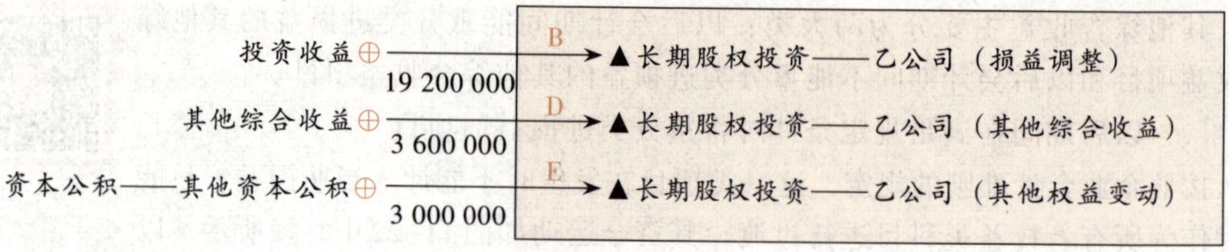

借：长期股权投资——乙公司（损益调整）　　19 200 000
　　　　　　　　——乙公司（其他权益变动）　　3 000 000
　　　　　　　　——乙公司（其他综合收益）　　3 600 000
　贷：投资收益　　19 200 000
　　　资本公积——其他资本公积　　3 000 000
　　　其他综合收益　　3 600 000

6. 长期股权投资的减值

长期股权投资如果存在减值迹象，应当按照《企业会计准则第8号——资产减值》的规定确定其可收回金额及应予计提的减值准备。该减值准备一旦提取，均不允许转回。

企业需要单独设置“长期股权投资减值准备”科目来核算其减值。其所引起的资金运动如图11-24中F段所示。

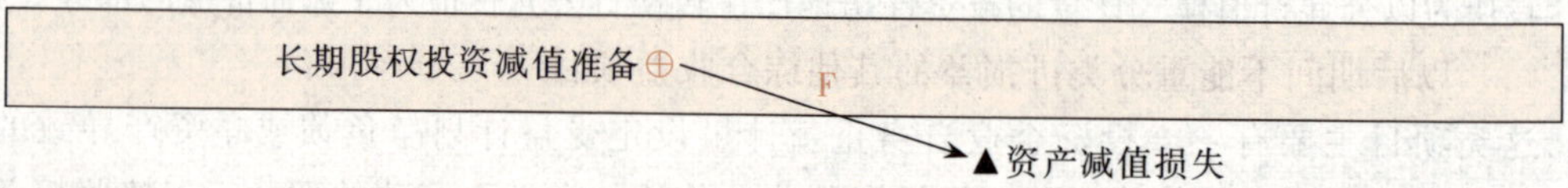

图11-24　权益法下减值业务资金运动分析图

权益法5-综合资金运动分析

7. 长期股权投资的处置

长期股权投资处置时，所收到的价款与长期股权投资的账面价值的差额，应确认为投资收益。长期股权投资的账面价值包括投资成本、损益调整、其他权益变动、其他综合收益和减值准备。其所引起的资金运动如图11-25中G段所示。与此同时，企业还需要将原来记在“资本公积——其他资本公积”和“其他综合收益”科目上的累计金额转为投资收益，其所引起的资金运动如图11-25中H段所示。

权益法下长期股权投资核算所引起的整体资金运动如图11-25所示。

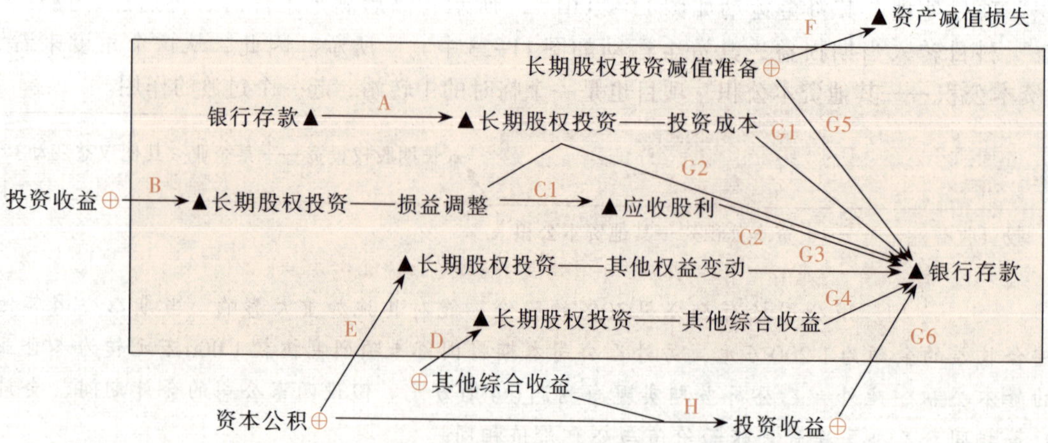

图11-25　权益法下长期股权投资整体资金运动分析图

【例 11-21】（1）甲公司拥有乙公司有表决权股份的30%，对乙公司有重大影响。20×4年12月30日，甲公司出售乙公司的全部股权，所得价款为2 300万元，全部存入银行。截至12月31日，其账面价值为2 000万元，其中投资成本为1 300万元，损益调整400万元，其他权益变动300万元，其他综合收益200万元，长期股权投资减值准备为200万元（见图11-26，G段）。

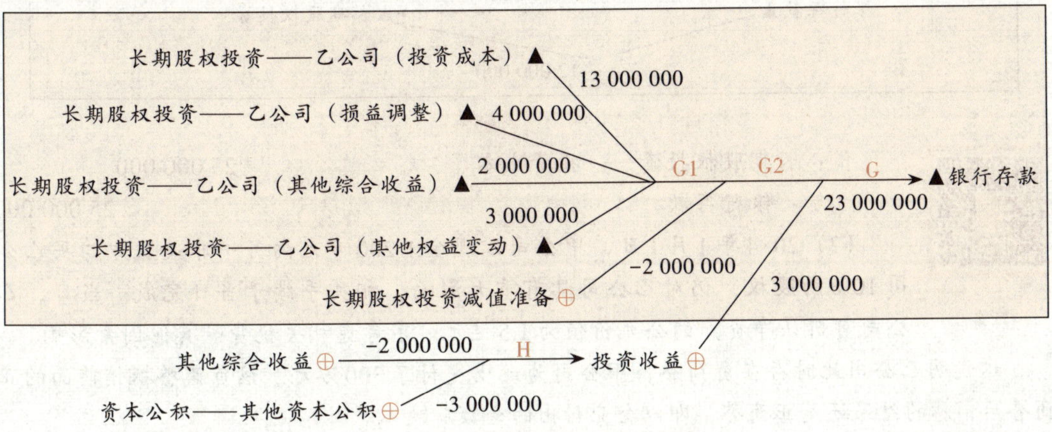

图11-26　甲公司资金运动分析图

借：银行存款　　23 000 000

　长期股权投资减值准备　　2 000 000

　贷：长期股权投资——乙公司（投资成本）　　13 000 000

　　　　　　　　——乙公司（损益调整）　　4 000 000

　　　　　　　　——乙公司（其他权益变动）　　3 000 000

　　　　　　　　——乙公司（其他综合收益）　　2 000 000

　　　投资收益　　3 000 000

权益法6-投资处置

（2）将原记在资本公积和其他综合收益上的累计金额转为投资收益（见图11-26，H段）。

借：资本公积——其他资本公积　　3 000 000

　其他综合收益　　2 000 000

　贷：投资收益　　5 000 000

8.投资方持股比例增加但仍采用权益法核算的处理

投资方因增加投资等原因对被投资企业的持股比例增加，但被投资企业仍然是投资方的联营企业或合营企业时，投资方应按照新的持股比例对股权投资继续采用权益法进行核算。

在新增投资日，如新增投资成本大于按新增持股比例计算的被投资企业可辨认净资产于新增投资日的公允价值份额，不调整长期股权投资成本；如新增投资成本小于按新增持股比例计算的被投资企业可辨认净资产于新增投资日的公允价值份额，应按该差额，调整长期股权投资成本和营业外收入。

进行上述调整时，应当综合考虑与原持有投资和追加投资相关的商誉或计入损益的金额。

【例 11-22】（1）20×1 年 1 月 1 日，甲公司以现金 2 500 万元向非关联方购买乙公司 20% 的股权，并对乙公司具有重大影响。当日，乙公司可辨认净资产公允价值与账面价值相等，均为 10 000 万元。

这笔业务说明乙公司此时存在正商誉，其价值为 500 万元（见图 11-27，A 段）。

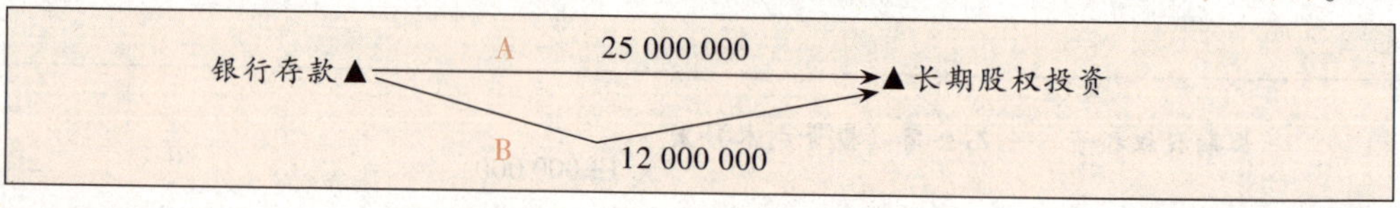

图 11-27　甲公司资金运动分析图 1

权益法 7-持股比例增加

借：长期股权投资——投资成本　　25 000 000

　贷：银行存款　　25 000 000

（2）20×4 年 1 月 1 日，甲公司以现金 1 200 万元向另一非关联方购买乙公司 10% 的股权，仍对乙公司具有重大影响，相关手续于当日完成。当日，乙公司可辨认净资产的公允价值为 1.5 亿元。不考虑相关税费等其他因素影响。

这说明乙公司此时存在负商誉，甲公司为此少支付了 300 万元。该负商誉抵销前面的正商誉后，总的结果还是正商誉，即以企业付出的金额反映（见图 11-27，B 段）。

借：长期股权投资——投资成本　　12 000 000

　贷：银行存款　　12 000 000

（3）如 20×4 年 1 月 1 日，甲公司以现金 900 万元向另一非关联方购买乙公司 10% 的股权，仍对乙公司具有重大影响，相关手续于当日完成。当日，乙公司可辨认净资产的公允价值为 1.5 亿元。不考虑相关税费等其他因素的影响。

这说明乙公司此时存在负商誉，甲公司为此少支付了 600 万元。该负商誉抵销前面的正商誉后，总的结果是负商誉 100 万元，即企业需要反映 100 万元的营业外收入（见图 11-28，B 段）。

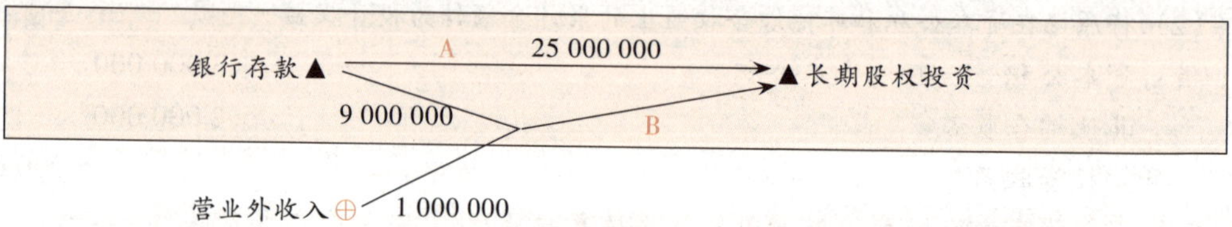

图 11-28　甲公司资金运动分析图 2

借：长期股权投资——投资成本　　10 000 000

　贷：银行存款　　9 000 000

　　　营业外收入　　1 000 000

【例 11-23】20×3 年 3 月 1 日，甲公司通过发行普通股股票 800 万股与乙公司股东进行交换并取得乙公司有表决权股份的 20%，从而导致对乙公司财务和经营决策具有重大影响，甲公司准备长期持有该股份。该股票的面值为每股 1 元，其市场价格为每股 3 元，为此，甲公司以存款支付了相关费用 20 万元。

同日，乙公司可辨认净资产的公允价值为 9 150 万元，乙公司只有固定资产和无形资产的账面价值与公允价值有差异，固定资产按账面价值计算的年折旧金额为 80 万元，按公允价值计算的年折旧金额应为150万元，折旧年限为8年；无形资产按账面价值计算的年摊销金额为70万元，按公允价值计算的年摊销金额为120万元，摊销期限为10年。

甲公司投资后，乙公司20×3年5月1日宣告分派20×2年度的现金股利50万元。20×3年6月10日，甲公司收到该现金股利。

20×3年度，乙公司实现净利润400万元，其中1—2月份实现的利润为100万元。

20×4年4月28日，乙公司召开股东大会，审议并通过董事会于3月1日提出的20×3年度利润分配方案：按净利润的15%提取盈余公积；分配现金股利150万元。

权益法8-综合举例

20×4年6月2日，甲公司收到乙公司分派的20×3年的现金股利。

20×4年乙公司发生净亏损8 000万元。

20×5年乙公司发生净亏损4 950万元。

20×6年乙公司实现净利润2 120万元。

20×7年8月31日，乙公司有一项其他债权投资，其期末公允价值比账面价值高134万元。

20×7年9月18日，乙公司发行可分离交易的可转换债券中包含的权益成分为200万元。

20×7年12月28日，甲公司将其持有的乙公司股权出售，售价1 000万元，款项已存入银行。

请对甲公司的上述相关业务进行会计处理。

（1）20×3年3月1日，发行股票800万元，每股3元，面值1元，手续费20万元。

初始成本=2 420万元

乙公司20%股权的公允价值=9 150×20%=1 830（万元）（见图11-29，A段）

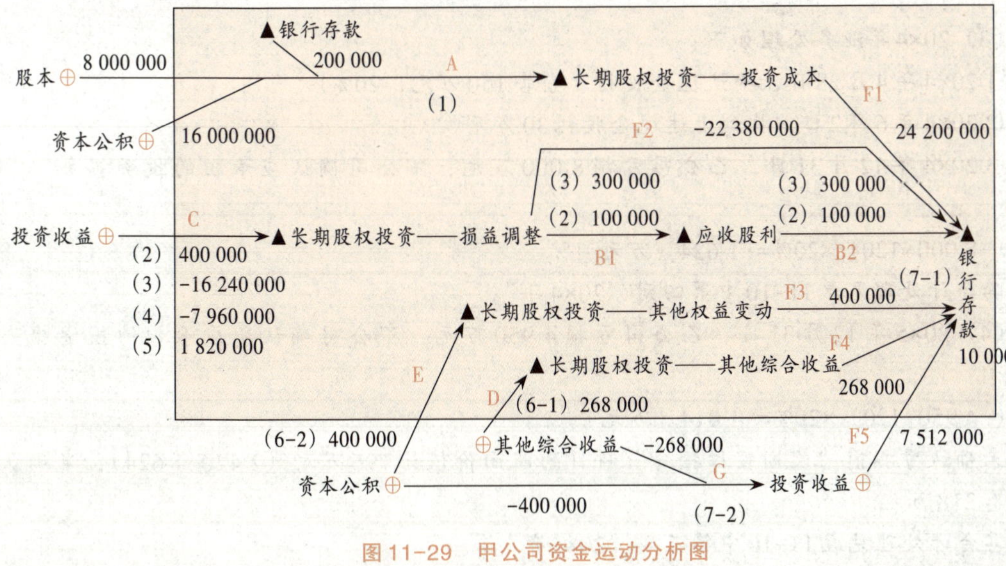

图11-29　甲公司资金运动分析图

借：长期股权投资——乙公司（投资成本）　　24 200 000

　贷：股本　　8 000 000

　　　资本公积——股本溢价　　16 000 000

贷：银行存款 200 000

（2）20×3年业务处理如下：

①20×3年5月1日，乙公司宣布20×2年现金股利50万元（20%）（见图11-29，B1段）。

②20×3年6月10日，收到该现金股利10万元（见图11-29，B2段）。

③20×3年12月31日，确认收益（见图11-29，C段）。

乙公司净收益为400万元，前两个月100万元；需调增费用120万元/年（70+50），本期10个月。

（400-100-120÷12×10）×20%=40（万元）

其会计处理见表11-10中第三列“（2）20×3年”。

表11-10 后续确认投资收益、收到利息及期末计价等业务处理表 单位：元

业务	会计分录	20×3年	20×4年	20×5年	20×6年
宣告上年现金股利（图11-29，B1段）	借：应收股利	100 000	300 000	—	—
	贷：长期股权投资——损益调整	100 000	300 000	—	—
收到股利（图11-29，B2段）	借：银行存款	100 000	300 000	—	—
	贷：应收股利	100 000	300 000	—	—
确认本年投资收益（图11-29，C段）	借：长期股权投资——损益调整	400 000	-16 240 000	-7 960 000	1 820 000
	贷：投资收益	400 000	-16 240 000	-7 960 000	1 820 000

（3）20×4年业务处理如下：

①20×4年4月28日，确认现金股利（宣告150万元，20%）（见图11-29，B1段）。

②20×4年6月2日，收到上述现金股利30万元（见图11-29，B2段）。

③20×4年12月31日，乙公司亏损8 000万元，甲公司确认应承担的投资损失（见图11-29，C段）。

（-8 000-120）×20%=-1 624（万元）

其会计处理见表11-10中第四列“20×4年”。

（4）20×5年12月31日，乙公司亏损4 950万元，甲公司确认所应承担的投资损失（见图11-29，C段）。

（-4 950-120）×20%=-1 014（万元）

未确认亏损前“长期股权投资”科目的账面价值为796万元（2 420-1 624），未确认损失有218万元。

其会计处理见表11-10中第五列“20×5年”。

（5）20×6年12月31日，乙公司盈利2 120万元，甲公司确认所应承担的投资收益（见图11-29，C段）。

（2 120-120）×20%=400（万元）

但应先弥补未入账的亏损218万元，甲公司只能确认182万元投资收益。

其会计处理见表11-10中第六列“20×6年”。

(6-1) 20×7年8月31日，乙公司有一项其他债权投资，其期末公允价值比账面价值高134万元（见图11-29，D段）。

借：长期股权投资——乙公司（其他综合收益） 268 000

贷：其他综合收益 268 000

(6-2) 20×7年9月18日，乙公司发行可分离交易的可转换债券中包含的权益成分为200万元（见图11-29，E段）。

借：长期股权投资——乙公司（其他权益变动） 400 000

贷：资本公积——其他资本公积 400 000

(7-1) 20×7年12月28日，甲公司将其持有的乙公司股权出售，售价1 000万元，款项已存入银行（见图11-29，F段）。

借：银行存款 10 000 000

长期股权投资——乙公司（损益调整） 22 380 000

贷：长期股权投资——乙公司（投资成本） 24 200 000

——乙公司（其他权益变动） 400 000

——乙公司（其他综合收益） 268 000

投资收益 7 512 000

(7-2) 将原记在资本公积和其他综合收益的累计金额转为投资收益（见图11-29，G段）。

借：资本公积——其他资本公积 400 000

其他综合收益 268 000

贷：投资收益 668 000

四、投资转换资金运动分析与会计处理

企业的金融资产在持有期间，因各方面情况发生变化，可能导致其会计核算由一种方法转换为另一种方法。

（一）投资转换概述

1.因追加投资等原因导致的转换

企业持有的金融资产，因追加投资等原因导致其会计核算方法发生转换。其转换的情况分为以下三种：(1) 金融工具模式转换为长期股权投资的权益法。(2) 金融工具模式转换为长期股权投资的成本法（非“一揽子交易”）。其具体转换又分为同一控制和非同一控制两种情况。(3) 长期股权投资的权益法转换为长期股权投资的成本法（非“一揽子交易”）。其具体情况又分为同一控制和非同一控制两种情况。

2.因减少投资等原因导致的转换

企业持有的金融资产，因减少投资等原因导致其会计核算方法发生转换。其转换的情况分为以下三种：(1) 长期股权投资的权益法转换为金融工具模式。(2) 长期股权投资的成本法转换为权益法。(3) 长期股权投资的成本法转换为金融工具模式。

金融工具转权益法核算

（二）因追加投资等原因导致的转换

1.金融工具模式→权益法

金融工具模式转换为权益法分析见表11-11。

表11-11　　金融工具模式转换为权益法分析表

变动原因	对原先股权投资的计量	转换后的股权投资的初始计量	累计其他综合收益的处理	累计其他所有者权益变动的处理
金融工具模式→权益法	以公允价值重新计量，公允价值与账面价值的差额计入留存收益	股权的公允价值+新增投资成本（对价的公允价值） 然后，比较上述计算所得的初始投资成本，与按照追加投资后全新的持股比例计算确定的应享有被投资单位在追加投资日可辨认净资产公允价值份额之间的差额，前者大于后者的，不调整长期股权投资的账面价值；前者小于后者的，应按差额调整长期股权投资的账面价值，并同步调整营业外收入	转换日全部转入留存收益	不适用

【例11-24】20×4年1月4日，甲公司以银行存款1亿元自非关联方处取得乙公司股票1 000万股，占乙公司10%的股权。因其取得该项投资时甲公司对乙公司不具有控制、共同控制或重大影响，乙公司股票在活跃市场中公允价值能够可靠计量，因此甲公司取得时将其分类为其他权益工具投资。

20×4年6月30日，甲公司持有的乙公司的该项股票投资公允价值为1.25亿元。

20×4年7月1日，甲公司又以银行存款2.5亿元自另一非关联方处取得乙公司股票2 000万股，占乙公司20%的股权。此时甲公司共计持有乙公司的股票占乙公司股权的30%，对乙公司具有重大影响。此时，乙公司可辨认净资产的账面价值为10亿元，公允价值为11亿元。不考虑其他因素的影响。

（1）20×4年1月4日，以银行存款1亿元取得1 000万股股票，10%的股权（见图11-30，A段）。

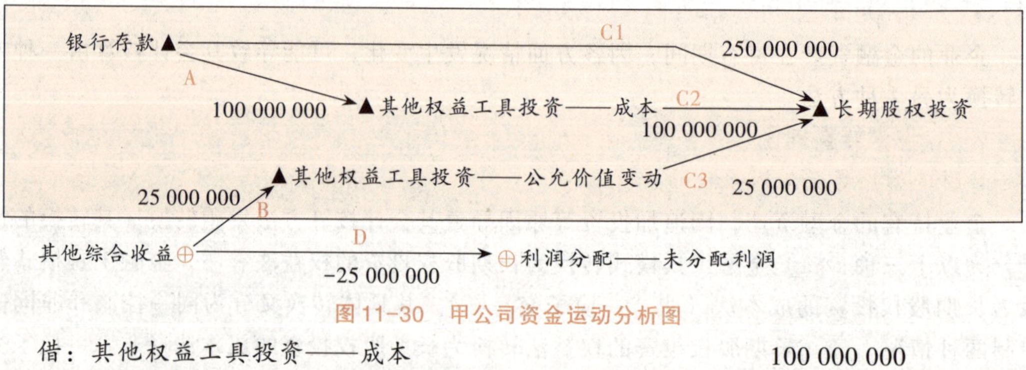

图11-30　甲公司资金运动分析图

借：其他权益工具投资——成本　　100 000 000

　贷：银行存款　　100 000 000

（2）20×4年6月30日，公允价值为1.25亿元（见图11-30，B段）。

借：其他权益工具投资——公允价值变动　　25 000 000

　贷：其他综合收益　　25 000 000

（3）20×4年7月1日，以银行存款2.5亿元取得2 000万股股票，20%的股权。此时，乙公司可辨认净资产的账面价值为10亿元，公允价值为11亿元。对方净资产份额的公允价值为3.3亿元（11×30%），不需要调整投资成本（见图11-30，C、D段）。

借：长期股权投资——投资成本　　375 000 000
　贷：银行存款　　250 000 000
　　其他权益工具投资——成本　　100 000 000
　　　　　　　　——公允价值变动　　25 000 000
借：其他综合收益　　25 000 000
　贷：利润分配——未分配利润　　25 000 000

2.金融工具模式→成本法（非“一揽子交易”）

（1）形成同一控制下的控股合并

金融工具模式转换为成本法（同一控制下）分析见表11-12。

表11-12　**金融工具模式转换为成本法（同一控制下）分析表**

变动原因	对原股权投资的计量	转换后的股权投资的初始计量	累计其他综合收益的处理	累计其他所有者权益变动的处理
金融工具模式→成本法（非“一揽子交易”且为同一控制下）	以账面价值计量	被合并方净资产在最终控制方合并财务报表中的账面价值×增持后的持股比例	转换日不结转，处置股权时转入留存收益。如果是部分处置的：处置后的剩余股权采用成本法或权益法核算的，按比例转入；处置后的剩余股权按金融工具模式处理的，全部转入	不适用

【例11-25】20×4年1月4日，甲公司以银行存款1亿元取得同一控制下的乙公司股票1 000万股，占乙公司10%的股权，准备长期持有。

金融工具转成本法核算1

因其取得该项投资时甲公司对乙公司不具有控制、共同控制或重大影响，乙公司股票在活跃市场中公允价值能够可靠计量，因此甲公司取得时将其分类为其他权益工具投资，以公允价值计量。

20×4年6月30日，甲公司持有的乙公司的该项股票投资的公允价值为1.25亿元。

20×4年7月1日，甲公司又以银行存款7.5亿元取得同一控制下另一公司持有的乙公司股票6 000万股，占乙公司60%的股权。此时甲公司共计持有乙公司的股票占乙公司股权的70%，对乙公司具有控制权。

甲公司购买乙公司10%和60%的股权不构成“一揽子交易”。此时，乙公司在最终控制方合并财务报表中的净资产的账面价值为13亿元。不考虑其他因素的影响。

（1）20×4年1月4日，以银行存款1亿元取得1000万股股票，10%的股权（见图11-31，A段）。

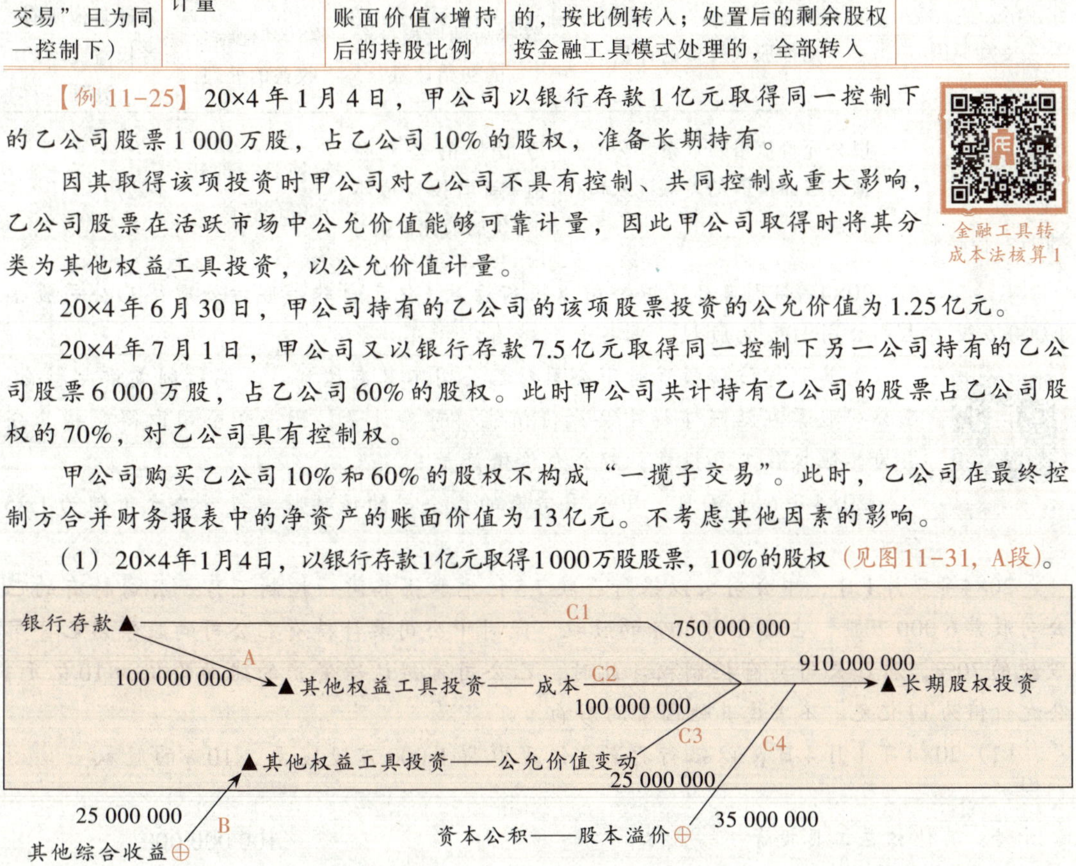

图11-31　甲公司资金运动分析图

借：其他权益工具投资——成本　　100 000 000

　贷：银行存款　　100 000 000

（2）20×4年6月30日，公允价值为1.25亿元（见图11-31，B段）。

借：其他权益工具投资——公允价值变动　　25 000 000

　贷：其他综合收益　　25 000 000

（3）20×4年7月1日，以银行存款7.5亿元取得6 000万股股票，60%的股权。乙公司在最终控制方合并财务报表中的净资产的账面价值为13亿元。因此以成本法核算的长期股权投资的入账价值为9.1亿元（13×70%）（见图11-31，C段）。

借：长期股权投资　　910 000 000

　贷：银行存款　　750 000 000

　　其他权益工具投资——成本　　100 000 000

　　　　——公允价值变动　　25 000 000

　　资本公积——股本溢价　　35 000 000

（2）形成非同一控制下的控股合并

金融工具模式转换为成本法（非同一控制下）分析见表11-13。

表11-13　金融工具模式转换为成本法（非同一控制下）分析表

变动原因	对原股权投资的计量	转换后的股权投资的初始计量	累计其他综合收益的处理	累计其他所有者权益变动的处理
金融工具模式→成本法（非“一揽子交易”且为非同一控制下）	以公允价值重新计量，公允价值与账面价值的差额计入留存收益	原股权的公允价值+新增投资成本（对价的公允价值）	转换日全部转入留存收益	不适用

【例11-26】20×4年1月4日，甲公司以银行存款1亿元自非关联方处取得乙公司股票1 000万股，占乙公司10%的股权，准备长期持有。

金融工具转成本法核算2

因其取得该项投资时甲公司对乙公司不具有控制、共同控制或重大影响，乙公司股票在活跃市场中公允价值能够可靠计量，因此甲公司取得时将其分类为其他权益工具投资，以公允价值计量。

20×4年6月30日，甲公司持有的乙公司的该项股票投资公允价值为1.25亿元。

20×4年7月1日，甲公司又以银行存款7.5亿元取得非同一控制下另一公司持有的乙公司股票6 000万股，占乙公司60%的股权。此时甲公司共计持有乙公司的股票占乙公司股权的70%，对乙公司具有控制权。此时，乙公司可辨认净资产的账面价值为10亿元，公允价值为11亿元。不考虑其他因素的影响。

（1）20×4年1月4日，以银行存款1亿元取得1 000万股股票，10%的股权（见图11-32，A段）。

借：其他权益工具投资——成本　　100 000 000

　贷：银行存款　　100 000 000

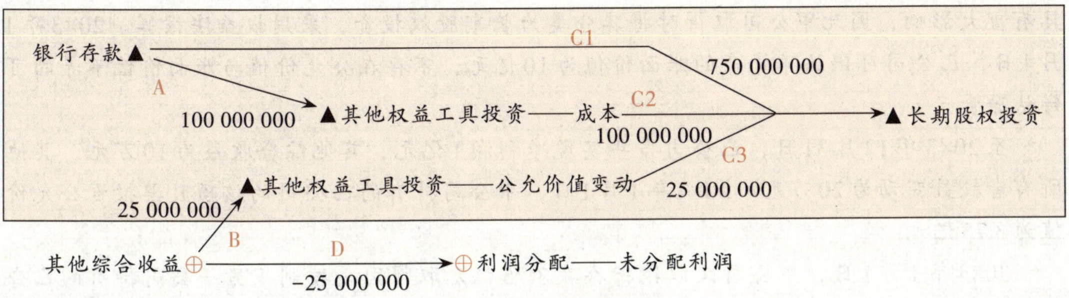

图11-32　甲公司资金运动分析图

（2）20×4年6月30日，公允价值为1.25亿元（见图11-32，B段）。

借：其他权益工具投资——公允价值变动　　25 000 000

　贷：其他综合收益　　25 000 000

（3）20×4年7月1日，以银行存款7.5亿元取得6 000万股股票，60%的股权。乙公司可辨认净资产的账面价值为10亿元，公允价值为11亿元（见图11-32，C段）。

借：长期股权投资　　875 000 000

　贷：银行存款　　750 000 000

　　其他权益工具投资——成本　　100 000 000

　　　　　　　　　——公允价值变动　　25 000 000

（4）20×4年7月1日，将原记在其他综合收益上的累计金额转为留存收益（见图11-32，D段）。

借：其他综合收益　　25 000 000

　贷：利润分配——未分配利润　　25 000 000

3.权益法→成本法（非“一揽子交易”）

（1）形成同一控制下的控股合并

权益法转换为成本法（同一控制下）分析见表11-14。

表11-14　权益法转换为成本法（同一控制下）分析表

变动原因	对原股权投资的计量	转换后的股权投资的初始计量	累计其他综合收益的处理	累计其他所有者权益变动的处理
权益法→成本法（非“一揽子交易”且为同一控制下）	以账面价值计量	被合并方净资产在最终控制方合并财务报表中的账面价值×增持后的持股比例	转换日不结转，处置股权时采用与被投资企业直接处置相关资产或负债相同的基础进行会计处理。如果是部分处置的：处置后的剩余股权采用成本法或权益法核算的，按比例结转；处置后的剩余股权按金融工具模式处理的，全部结转	转换日不结转，处置股权时转入当期损益。如果是部分处置的：处置后的剩余股权采用成本法或权益法核算的，按比例转入当期损益；处置后的剩余股权按金融工具模式处理的，全部转入当期损益

【例11-27】20×3年1月1日，甲公司以银行存款3亿元取得同一控制下的乙公司股票3 000万股，占乙公司30%的股权，准备长期持有，因其取得该项投资时甲公司对乙公司

具有重大影响，因此甲公司取得时将其分类为长期股权投资，采用权益法核算。20×3年1月1日，乙公司可辨认净资产的账面价值为10亿元，不存在公允价值与账面价值不等的可辨认净资产。

至20×3年12月31日，乙公司当年实现净利润1亿元，其他综合收益为10万元，其他所有者权益变动为20万元。20×4年1月1日，甲公司持有的乙公司的该项股票投资公允价值为3.75亿元。

20×4年1月1日，甲公司又以银行存款3.75亿元取得同一控制下另一公司持有的乙公司股票3 000万股，占乙公司30%的股权。此时甲公司共计持有乙公司的股票占乙公司股权的60%，对乙公司具有控制权。甲公司购买乙公司第一次30%和第二次30%的股权不构成“一揽子交易”。此时，乙公司在最终控制方合并财务报表中的净资产的账面价值为12亿元。不考虑其他因素的影响。

（1）20×3年1月1日，以银行存款3亿元取得3 000万股股票，30%的股权（见图11-33，A段）。

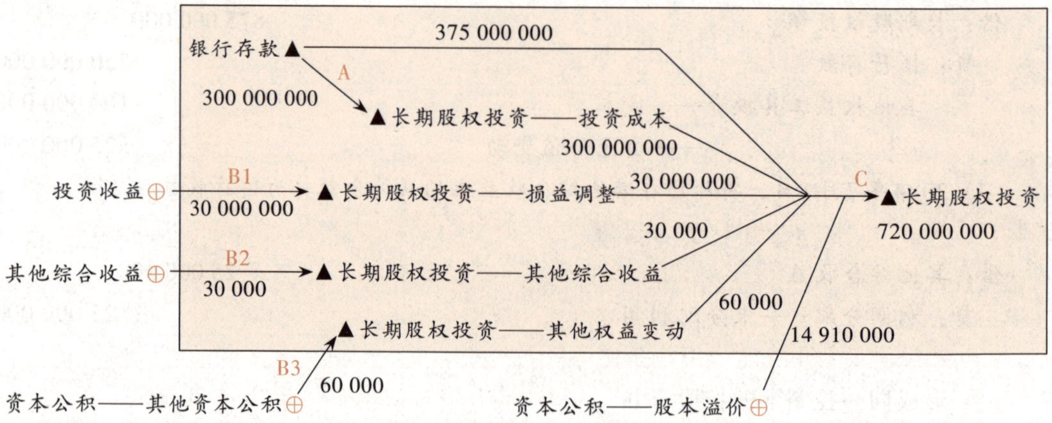

图11-33 甲公司资金运动分析图

借：长期股权投资——投资成本　　300 000 000

　贷：银行存款　　300 000 000

（2）至20×3年12月31日，乙公司当年实现净利润1亿元，其他综合收益为10万元，其他权益变动为20万元（见图11-33，B段）。

权益法转成本法核算1

借：长期股权投资——损益调整　　30 000 000

　　　　　　　　——其他综合收益　　30 000

　　　　　　　　——其他权益变动　　60 000

　贷：投资收益　　30 000 000

　　　其他综合收益　　30 000

　　　资本公积——其他资本公积　　60 000

（3）20×4年1月1日，以银行存款3.75亿元取得3 000万股股票，30%的股权。乙公司在最终控制方合并财务报表中的净资产的账面价值12亿元（见图11-33，C段）。

借：长期股权投资——乙公司　　720 000 000

　贷：银行存款　　375 000 000

贷：长期股权投资——投资成本　　300 000 000
——损益调整　　30 000 000
——其他综合收益　　30 000
——其他权益变动　　60 000
资本公积——股本溢价　　14 910 000

（2）形成非同一控制下的控股合并

权益法转换为成本法（非同一控制下）分析见表11-15。

表11-15　权益法转换为成本法（非同一控制下）分析表

变动原因	对原股权投资的计量	转换后的股权投资的初始计量	累计其他综合收益的处理	累计其他所有者权益变动的处理
权益法→成本法（非“一揽子交易”且为非同一控制下）	以账面价值计量	原股权的账面价值+新增投资成本（对价的公允价值）	转换日不结转，处置股权时采用与被投资企业直接处置相关资产或负债相同的基础进行会计处理。如果是部分处置的：处置后的剩余股权采用成本法或权益法核算的，按比例结转；处置后的剩余股权按金融工具模式处理的，全部结转	转换日不结转，处置股权时转入当期损益。如果是部分处置的：处置后的剩余股权采用成本法或权益法核算的，按比例转入当期损益；处置后的剩余股权按金融工具模式处理的，全部转入当期损益

【例11-28】20×3年1月1日，甲公司以银行存款3亿元取得非同一控制下的乙公司股票3 000万股，占乙公司30%的股权，准备长期持有，因其取得该项投资时甲公司对乙公司具有重大影响，因此甲公司取得时将其分类为长期股权投资，采用权益法核算。20×3年1月1日，乙公司可辨认净资产的账面价值为10亿元，不存在公允价值与账面价值不等的可辨认净资产。

至20×3年12月31日，乙公司当年实现净利润1亿元，其他综合收益为10万元，其他所有者权益变动为20万元。20×4年1月1日，甲公司持有的乙公司的该项股票投资的公允价值为3.75亿元。

20×4年1月1日，甲公司又以银行存款3.75亿元取得非同一控制下另一公司持有的乙公司股票3 000万股，占乙公司30%的股权。此时甲公司共计持有乙公司的股票占乙公司股权的60%，对乙公司具有控制权。甲公司购买乙公司第一次30%和第二次30%的股权不构成“一揽子交易”。此时，乙公司可辨认净资产的账面价值为11.001亿元，公允价值为12亿元。不考虑其他因素的影响。

（1）20×3年1月1日，以银行存款3亿元取得3 000万股股票，30%的股权（见图11-34，A段）。

借：长期股权投资——投资成本　　300 000 000
贷：银行存款　　300 000 000

（2）至20×3年12月31日，乙公司当年实现净利润1亿元，其他综合收益为10万元，其他权益变动为20万元（见图11-34，B段）。

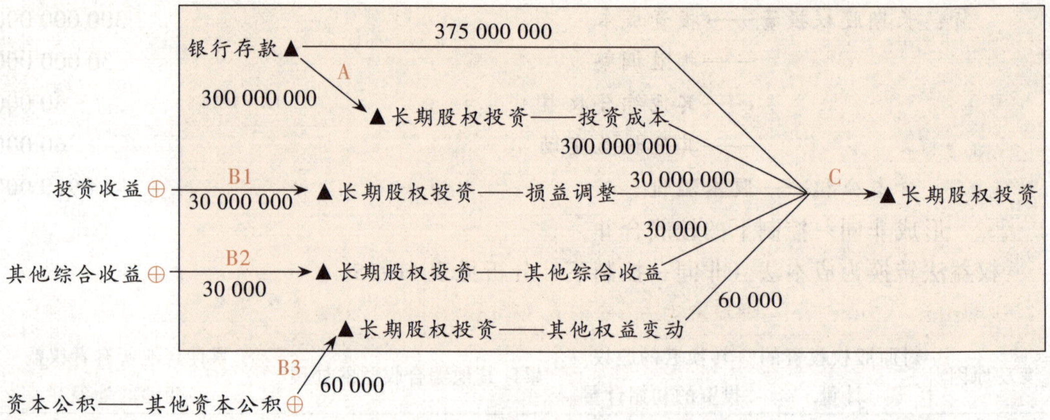

图11-34　甲公司资金运动分析图

权益法转成本法核算2

借：长期股权投资——损益调整　　30 000 000
　　　　　　　　——其他综合收益　　30 000
　　　　　　　　——其他权益变动　　60 000
　贷：投资收益　　30 000 000
　　　其他综合收益　　30 000
　　　资本公积——其他资本公积　　60 000

（3）20×4年1月1日，以银行存款3.75亿元取得3 000万股，占乙公司30%的股权。乙公司可辨认净资产的账面价值为110 010万元，公允价值为12亿元（见图11-34，C段）。

借：长期股权投资——乙公司　　705 090 000
　贷：银行存款　　375 000 000
　　　长期股权投资——投资成本　　300 000 000
　　　　　　　　　——损益调整　　30 000 000
　　　　　　　　　——其他综合收益　　30 000
　　　　　　　　　——其他权益变动　　60 000

（三）因减少投资等原因导致的转换

1.权益法→金融工具模式

权益法转换为金融工具模式分析表见表11-16。

表11-16　权益法转换为金融工具模式分析表

变动原因	对原剩余股权投资的计量	转换后的股权投资的初始计量	累计其他综合收益的处理	累计其他所有者权益变动的处理
权益法→金融工具模式	以公允价值重新计量，公允价值与账面价值的差额计入当期损益	剩余股权的公允价值	转换日全部转入当期损益	转换日全部转入当期损益

【例11-29】20×3年1月1日，甲公司以银行存款3.75亿元取得乙公司股票3 000万股，占乙公司30%的股权，准备长期持有，因其取得该项投资时甲公司对乙公司具有重大影响，因此甲公司取得时将其分类为长期股权投资，采用权益法核算。20×3年1月1日，乙

公司可辨认净资产的账面价值为10亿元，不存在公允价值与账面价值不等的可辨认净资产。

至20×3年12月31日，甲公司的该项投资未发生减值，乙公司当年实现净利润1亿元，其他综合收益为10万元，其他权益变动为20万元。

20×4年1月1日，甲公司将持有的乙公司的该项股票投资处置了2/3，取得处置所得3亿元，款项已存入银行，剩余的1/3对乙公司的股票投资的公允价值为1.5亿元。此时甲公司持有乙公司的股票仅占乙公司股权的10%，对其不具有控制、共同控制或重大影响，乙公司股票在活跃市场中公允价值能够可靠计量，因此甲公司将其分类为其他权益工具投资，以公允价值计量。

（1）20×3年1月1日，以银行存款3.75亿元取得乙公司3 000万股股票，占乙公司30%的股权（见图11-35，A段）。

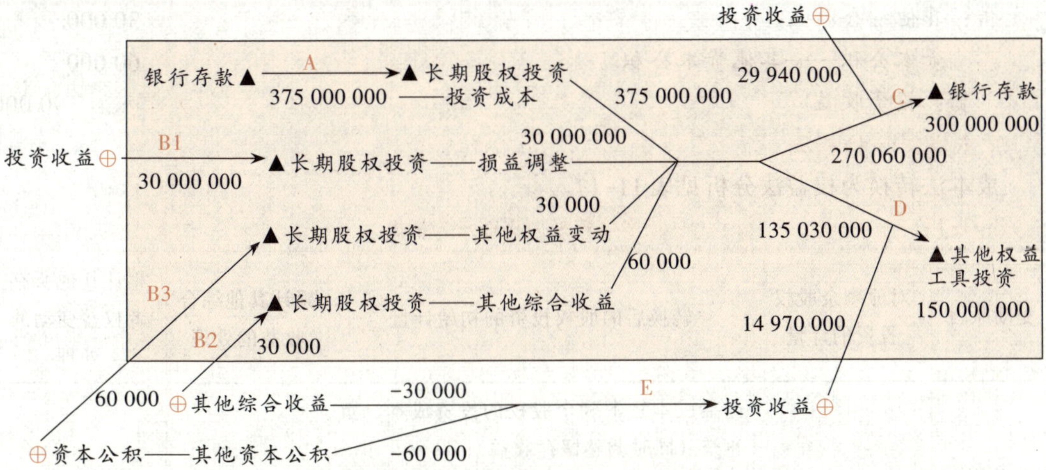

图11-35　甲公司资金运动分析图

借：长期股权投资——投资成本　375 000 000

　贷：银行存款　375 000 000

（2）至20×3年12月31日，乙公司当年实现净利润1亿元，其他综合收益为10万元，其他权益变动为20万元（见图11-35，B段）。

借：长期股权投资——损益调整　30 000 000

　　　　　　　　——其他综合收益　30 000

　　　　　　　　——其他权益变动　60 000

　贷：投资收益　30 000 000

　　　其他综合收益　30 000

　　　资本公积——其他资本公积　60 000

权益法转金融工具核算

（3）20×4年1月1日，出售长期股权投资的2/3，总售价3亿元（见图11-35，C段）。

借：银行存款　300 000 000

　贷：长期股权投资——投资成本　250 000 000

　　　　　　　　　　——损益调整　20 000 000

　　　　　　　　　　——其他综合收益　20 000

贷：长期股权投资——其他权益变动　　40 000

投资收益　　29 940 000

（4）20×4年1月1日，剩余的1/3长期股权投资公允价值为1.5亿元（见图11-35，D段）。

借：其他权益工具投资——成本　　150 000 000

贷：长期股权投资——投资成本　　125 000 000

——损益调整　　10 000 000

——其他综合收益　　10 000

——其他权益变动　　20 000

投资收益　　14 970 000

（5）将原记在资本公积和其他综合收益上的累计金额转入投资收益科目（见图11-35，E段）。

借：其他综合收益　　30 000

资本公积——其他资本公积　　60 000

贷：投资收益　　90 000

2. 成本法→权益法

成本法转换为权益法分析见表11-17。

表11-17　成本法转换为权益法分析表

变动原因	对原剩余股权投资的计量	转换后的股权投资的初始计量	累计其他综合收益的处理	累计其他所有者权益变动的处理
成本法→权益法	追溯适用权益法	包括成本法下剩余股权的投资成本、负商誉（同时调整留存收益）； 损益调整（当前期初之前的调整留存收益、当前期初至处置投资日期间的调整投资收益）； 其他综合收益（调整其他综合收益）； 其他权益变动（调整资本公积——其他资本公积）	不适用	不适用

【例11-30】20×2年1月1日，甲公司以银行存款6 000万元取得乙公司60%的股权，能够对乙公司实施控制。该控制属于非同一控制。

20×4年7月1日，甲公司将其持有的对乙公司长期股权投资的1/3出售给丙公司，出售取得价款3 600万元已存入银行，当日乙公司可辨认净资产的公允价值总额为16 000万元。甲公司原取得乙公司60%股权时，乙公司可辨认净资产的公允价值总额为9 000万元（假定乙公司各项资产、负债的公允价值与账面价值均相同）。

自甲公司取得对乙公司长期股权投资后至部分处置投资前，乙公司实现净利润5 000万元，其中1 000万元系乙公司20×4年1月1日至6月30日实现的净利润，其他综合收益为10万元，其他所有者权益变动为20万元。甲公司按净利润的10%提取法定盈余公积。不考虑其他因素的影响。

甲公司在部分出售乙公司的股权后，对乙公司的持股比例下降为40%。此时，甲公司对乙公司具有重大影响。

（1）20×2年1月1日，以银行存款6 000万元取得60%的股权（见图11-36，A段）。

借：长期股权投资　　60 000 000

　贷：银行存款　　60 000 000

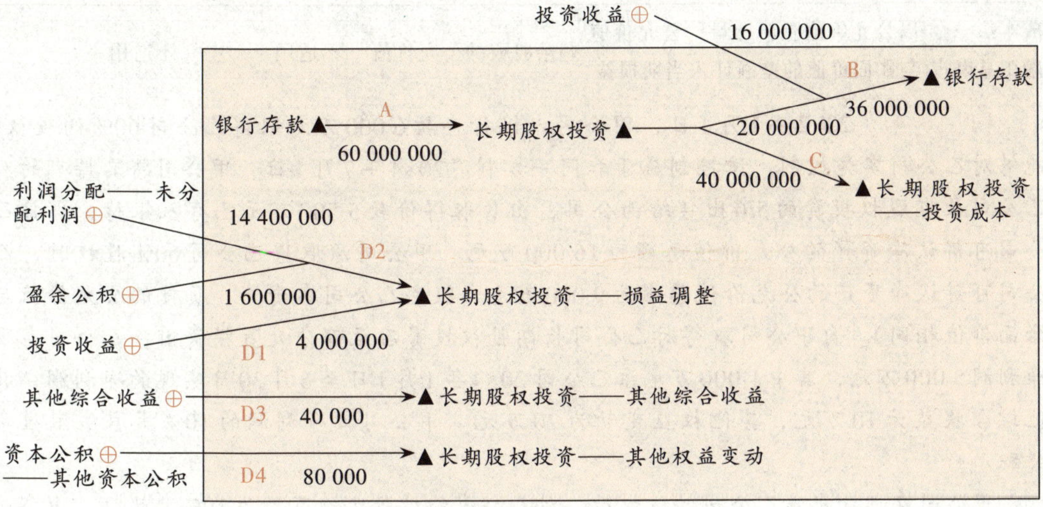

图11-36　甲公司资金运动分析图

（2）20×4年7月1日，出售长期股权投资的1/3，售价3 600万元。原取得乙公司60%股权时，9 000万元（见图11-36，B段）。

借：银行存款　　36 000 000

　贷：长期股权投资　　20 000 000

　　投资收益　　16 000 000

40%份额的净资产公允价值为3 600万元，原初始投资成本不需要调整（见图11-36，C段）。

借：长期股权投资——投资成本　　40 000 000

　贷：长期股权投资　　40 000 000

（3）至20×4年7月1日，乙公司的净利润为5 000万元，其中1 000万元系乙公司20×4年1月1日至6月30日实现的；其他综合收益为10万元，其他权益变动为20万元。按净利润的10%提取法定盈余公积（见见图11-36，D段）。

借：长期股权投资——损益调整　　20 000 000

　　——其他综合收益　　40 000

　　——其他权益变动　　80 000

　贷：投资收益　　4 000 000

　　盈余公积　　1 600 000

　　利润分配——未分配利润　　14 400 000

　　其他综合收益　　40 000

　　资本公积——其他资本公积　　80 000

成本法转权益法

3. 成本法→金融工具模式

成本法转换为金融工具模式分析见表11-18。

表11-18　　成本法转换为金融工具模式分析表

变动原因	对原剩余股权投资的计量	转换后的股权投资的初始计量	累计其他综合收益的处理	累计其他所有者权益变动的处理
成本法→金融工具模式	以公允价值重新计量，公允价值与账面价值的差额计入当期损益	剩余股权的公允价值	不适用	不适用

【例11-31】20×2年1月1日，甲公司以银行存款6 000万元取得乙公司60%的股权，能够对乙公司实施控制，该控制属于非同一控制。20×4年7月1日，甲公司将其持有的对乙公司长期股权投资的5/6出售给丙公司，出售取得价款5 500万元已存入银行，当日乙公司可辨认净资产的公允价值总额为16 000万元。甲公司原取得乙公司60%股权时，乙公司可辨认净资产的公允价值总额为9 000万元（假定乙公司各资产、负债的公允价值与账面价值相同）。自甲公司取得对乙公司长期股权投资后至部分处置投资前，乙公司实现净利润5 000万元，其中1 000万元系乙公司20×4年1月1日至6月30日实现的净利润，其他综合收益为10万元，其他权益变动为20万元。甲公司按净利润的10%提取法定盈余公积。

甲公司在部分出售乙公司的股权后，对乙公司的持股比例下降为10%。此时，甲公司对乙公司不具有控制、共同控制或重大影响，乙公司股票在活跃市场中公允价值能够可靠计量，因此甲公司将其分类为其他权益工具投资，以公允价值计量。此时，剩余部分投资的公允价值为1 100万元。不考虑其他因素的影响。

（1）20×2年1月1日，以银行存款6 000万元取得60%的股权（见图11-37，A段）。

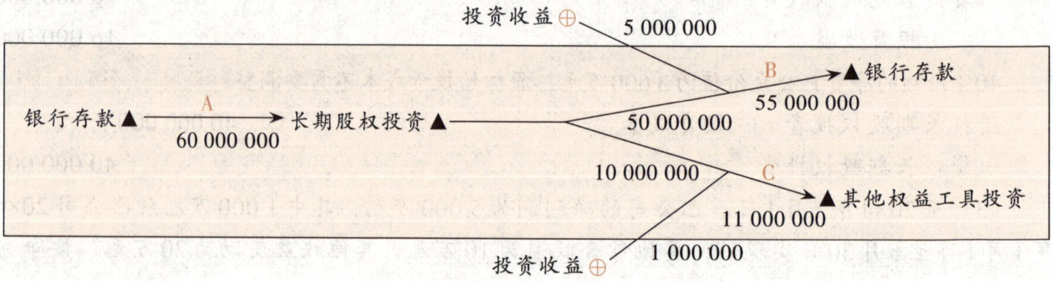

图11-37　甲公司资金运动分析图

借：长期股权投资　　60 000 000
　贷：银行存款　　60 000 000

（2）20×4年7月1日，出售长期股权投资的5/6，售价5 500万元。原取得乙公司60%股权时，9 000万元（假定均相同）（见图11-37，B段）。

借：银行存款　　55 000 000
　贷：长期股权投资　　50 000 000
　　　投资收益　　5 000 000

成本法转金融工具

（3）剩余部分投资的公允价值为1 100万元。期间，乙公司取得净利润5 000万元，其中1 000万元系乙公司20×4年1月1日至6月30日实现的，其他综合收益为10万元，其他权益变动为20万元，按净利润的10%提取法定盈余公积（见图11-37，C段）。

借：其他权益工具投资——成本　　11 000 000

　贷：长期股权投资——乙公司　　10 000 000

　　投资收益　　1 000 000

第七节　金融商品转移的增值税会计处理

无论是增值税一般纳税人还是小规模纳税人，其转让金融商品都需要缴纳增值税。其所引起的资金运动及会计处理也是完全一样的。其增值税的计量应该按照盈亏相抵后的余额作为销售额。其确认时间一般应为发生金融商品实际转让的月末。

金融商品转让按照卖出价扣除买入价（不需要扣除已宣告但尚未发放的现金股利和已到付息期但尚未领取的利息）后的余额作为销售额计算增值税，即转让金融商品按盈亏相抵后的余额为销售额。若相抵后出现负差，可结转下一纳税期与下期转让金融商品销售额互抵，但年末仍有负差的，不得转入下一会计年度。

企业实际转让金融商品的月末，如产生累计转让收益，就应该确认其应缴纳的增值税税额，其资金运动如图11-38中A段所示；如产生转让损失，则应确认其可以抵扣下月应交增值税税额的抵扣税额，其资金运动如图11-38中A段所示，但其流量为负数。到了年末，如有借方余额，说明本年度的金融商品转让损失无法弥补，且本年度的金融资产转让损失不可转入下年度继续抵减转让金融资产的收益，应将其转销，其资金运动如图11-38中A段所示。缴纳增值税时，其资金运动如图11-38中B段所示。

对外投资
增值税业务

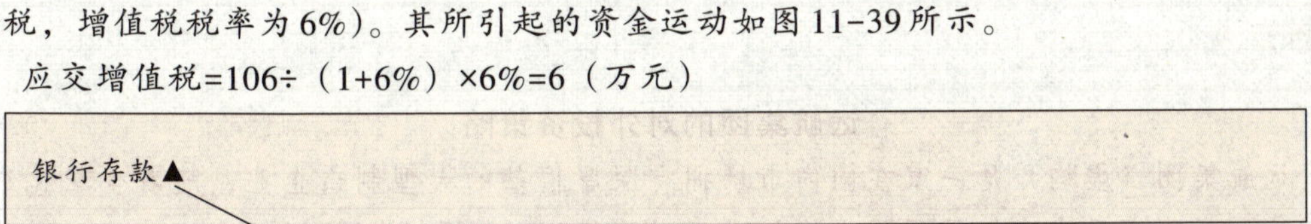

图11-38　转让金融商品应交增值税业务资金运动分析图

【例11-32】（1）某企业20×7年8月，转让金融商品盈亏相抵后投资收益为106万元（含税，增值税税率为6%）。其所引起的资金运动如图11-39所示。

应交增值税=106÷（1+6%）×6%=6（万元）

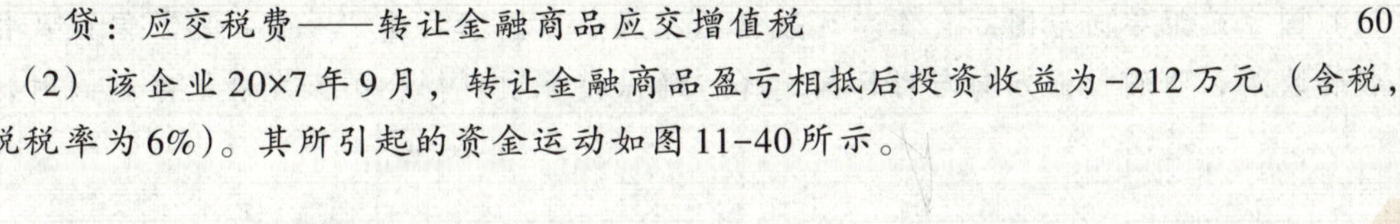

图11-39　转让金融商品应交增值税业务具体资金运动分析图1

借：投资收益　　60 000

　贷：应交税费——转让金融商品应交增值税　　60 000

（2）该企业20×7年9月，转让金融商品盈亏相抵后投资收益为-212万元（含税，增值税税率为6%）。其所引起的资金运动如图11-40所示。

应交增值税=-212÷（1+6%）×6%=-12（万元）

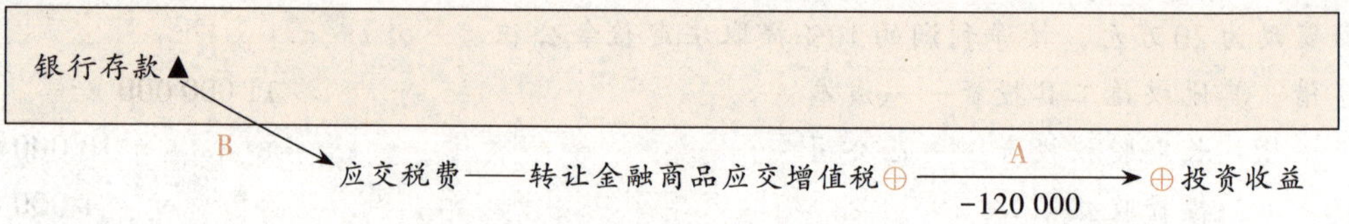

图11-40　转让金融商品应交增值税业务具体资金运动分析图2

借：应交税费——转让金融商品应交增值税　　120 000

　贷：投资收益　　120 000

（3）截至20×7年12月31日，该企业“应交税费——转让金融商品应交增值税”项目为借方余额20万元。其所引起的资金运动如图11-41所示。

借：投资收益　　200 000

　贷：应交税费——转让金融商品应交增值税　　200 000

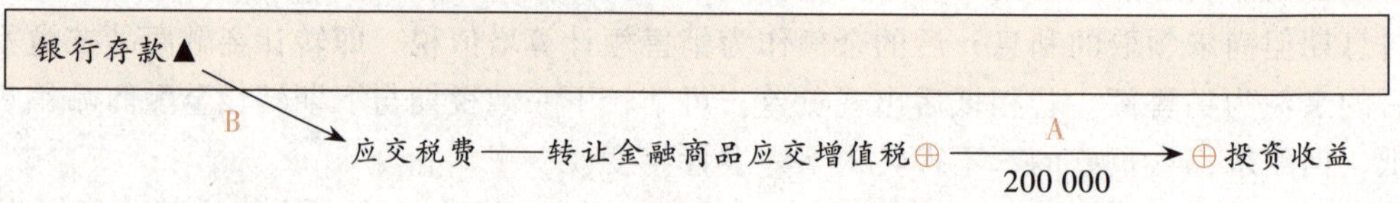

图11-41　转让金融商品应交增值税业务具体资金运动分析图3

思考题

1.什么是投资？它有哪些主要特点？如何对投资进行分类？

2.金融资产是如何分类的？其分类的依据是什么？

3.以摊余成本计量的金融资产核算有什么特点？

4.以公允价值计量且其变动计入其他综合收益的金融资产核算有什么特点？

5.以公允价值计量且其变动计入当期损益的金融资产核算有什么特点？

6.什么是控制？什么是同一控制与非同一控制？

7.长期股权投资成本法的核算范围有哪些？其核算特点有哪些？

8.长期股权投资权益法的核算范围有哪些？其核算特点有哪些？

9.长期股权投资转换的原因是什么？有哪些情形？该如何进行会计处理？

育德育人

远航集团的对外投资策略

远航集团（虚构）是一家在国内市场拥有深厚根基的大型制造企业，随着全球化进程的加速，集团高层决定拓展国际市场，进行对外投资，以寻求新的增长点。然而，对外投资不仅涉及复杂的经济分析，还面临着政治风险、文化差异、社会责任等多重挑战。远航集团意识到，在这一过程中坚持正确的投资导向，对于保障投资项目的成功和企业的可持续发展至关重要。

（1）国家政策导向与国际合作。远航集团深入学习国家共建“一带一路”倡议及相关对外投资政策，明确投资方向与目标国选择，确保投资项目符合国家发展战略。同时，强调国际合作中的互利共赢原则，通过与当地政府、企业建立良好关系，共同推动当地经济发展和社会进步。

（2）社会责任与可持续发展。在投资决策中，远航集团将环境保护、社会责任纳入核心考量，遵循绿色发展理念。在项目规划初期即开展环境影响评估，确保投资项目不对当地生态造成破坏，同时，积极参与当地公益事业，树立良好的国际形象。

（3）跨文化交流与人才本土化。鉴于文化差异可能带来的管理难题，远航集团注重跨文化管理能力的培养，组织员工参加国际商务礼仪、跨文化沟通等培训。在海外子公司运营中，推行人才本土化策略，聘请当地员工担任关键岗位，促进文化融合，提升运营效率。

（4）风险防控与合规经营。强化法律意识与风险意识，远航集团建立了一套完善的海外投资风险评估和防控体系，密切关注投资所在国的政治经济变动，确保投资项目合法合规，避免违规操作带来的风险。

通过上述对外投资策略，远航集团成功在东南亚、非洲等地投资建立了多个生产基地和研发中心，不仅扩大了全球市场份额，还带动了当地就业，促进了技术转移和产业升级。更重要的是，远航集团以其负责任的投资行为，赢得了国内外广泛赞誉，为企业品牌国际化奠定了坚实基础。

请思考：远航集团的案例表明，对外投资不应仅关注经济收益，还应坚持正确的投资导向，重视社会责任，尊重当地文化，加强风险防控，实现经济效益与社会效益的和谐统一。在全球化背景下，结合共建“一带一路”倡议，试结合对企业国际形象、当地社区发展以及国际合作关系的潜在影响，分析企业在进行对外投资时应注意哪些问题，才能更好地促进跨国投资项目的可持续发展？

第十二章　其他特殊环节资金运动分析与会计处理

学习目标

本章主要阐述非货币性资产交换、政府补助和债务重组业务引起的资金运动及其会计核算。通过本章的学习，要求了解非货币性资产交换的意义，了解政府补助的概念、特点及经济意义；熟悉非货币性资产交换的业务处理模式，熟悉政府补助的业务处理模式，熟悉债务重组的概念及主要形式；掌握非货币性资产交换、政府补助和债务重组业务引起的资金运动及其相应的会计处理。

第一节　非货币性资产交换资金运动分析与会计处理

一、非货币性资产交换概述

（一）非货币性资产的相关概念

1.非货币性资产的概念

资产按照未来经济利益的流入（变现形式为货币资金）是否固定或可以确定，分为货币性资产和非货币性资产。货币性资产，是指企业持有的货币资金和收取固定或可确定金额的货币资金的权利，包括库存现金、银行存款、其他货币资金、应收账款、应收票据和债权投资等。非货币性资产，是指货币性资产以外的资产，如存货（原材料、包装物、低值易耗品、库存商品等）、固定资产、在建工程、生产性生物资产、无形资产、投资性房地产、长期股权投资等。非货币性资产有别于货币性资产的最基本特征是其未来为企业带来的经济利益（即货币金额）是不固定的或不可确定的。如果资产在将来为企业带来的经济利益（即货币金额）是固定的或可以确定的，则该资产为货币性资产；反之，则该资产为非货币性资产。比如，企业持有固定资产的主要目的是用于生产经营，其通过折旧的方式将其磨损价值转移到产品成本或服务中，然后通过产品销售或提供服务获利，固定资产在未来为企业带来的经济利益（即货币金额）是不固定的或不可确定的，因此固定资产属于非货币性资产。

2.非货币性资产交换的概念

非货币性资产交换，是指企业主要以固定资产、无形资产、投资性房地产和长期股权投资等非货币性资产进行的交换。该交换不涉及或只涉及少量的货币性资产（即补价）。

从非货币性资产交换的定义可以看出，非货币性资产交换具有如下特征：

（1）非货币性资产交换的交易对象主要是非货币性资产。企业用货币性资产（如库存现金、银行存款等）来交换非货币性资产（如存货、固定资产等）的交易最为普遍，但是在某些情况下，企业为了满足各自生产经营的需要，同时减少货币性资产的流入和流出，会进行非货币性资产交换交易。比如，甲公司需要乙公司闲置的生产设备，乙公司需要甲公司闲置的办公楼，双方就可能出现非货币性资产交换的交易行为。

（2）非货币性资产交换是对非货币性资产进行交换的行为。交换，通常是指一个企业和另一个企业之间的互惠转让，通过转让，企业以让渡资产（或劳务）或者承担其他义务而取得资产（或劳务）或偿还负债。非互惠的非货币性资产转让不属于本节所述的非货币性资产交换，如企业捐赠非货币性资产等。

非货币性资产交换概述

（3）非货币性资产交换一般不涉及货币性资产，但有时也可能涉及少量的货币性资产。

通常情况下，交易双方对于某项交易是否属于非货币性资产交换的判断是一致的。需要注意的是，对非货币性资产交换进行判断时，企业应从其自身的角度，根据交易的实质判断相关交易是否属于本节定义的非货币性资产交换，不应基于交易双方的情况进行判断。比如，投资方以一项固定资产出资取得对被投资方的权益性投资，对于投资方而言，换出资产为固定资产，换入资产为长期股权投资，属于非货币性资产交换；对于被投资方而言，换入资产为固定资产（属于接受权益性投资），换出的是本企业的权益工具（属于权益工具，不属于非货币性资产），不属于非货币性资产交换。

3.对非货币性资产交换的认定

非货币性资产交换一般不涉及货币性资产，或只涉及少量货币性资产，即补价。《企业会计准则第7号——非货币性资产交换》规定，涉及少量货币性资产的交换为非货币性资产交换，通常以补价占整个资产交换金额的比例是否低于25%作为参考比例。具体而言，从收到补价的企业来看，收到补价的公允价值占换出资产公允价值（或占换入资产的公允价值和收到的货币性资产之和）的比例低于25%的，视为非货币性资产交换；从支付补价的企业来说，支付的货币性资产占换出公允价值与支付的补价的公允价值之和（或换入资产公允价值）的比例低于25%的，视为非货币性资产交换；如果上述比例高于25%（含25%），则视为货币性资产交换，适用《企业会计准则第14号——收入》等相关准则的规定。

（二）非货币性资产交换不涉及的交易和事项

本节所指非货币性资产交换不涉及以下交易或事项：

（1）换出资产为存货的非货币性资产交换。企业以存货换取客户的非货币性资产的，换出存货的企业相关的会计处理适用《企业会计准则第14号——收入》。

（2）在企业合并中取得的非货币性资产。非货币性资产交换中涉及企业合并的，适用《企业会计准则第20号——企业合并》《企业会计准则第2号——长期股权投资》《企业会计准则第33号——合并财务报表》。

（3）交换的资产包括属于非货币性资产的金融资产。非货币性资产交换中涉及由《企业会计准则第22号——金融工具确认和计量》规范的金融资产的，金融资产的确认、终止确认和计量适用《企业会计准则第22号——金融工具确认和计量》和《企业会计准则第23号——金融资产转移》。

(4) 非货币性资产交换中涉及使用权资产或应收融资租赁款。非货币性资产交换中涉及由《企业会计准则第21号——租赁》规范的使用权资产或应收融资租赁款等的，相关资产的确认、终止确认和计量适用《企业会计准则第21号——租赁》。

(5) 非货币性资产交换构成权益性交易。非货币性资产交换的一方直接或间接对另一方持有且以股东身份进行交易，或者非货币性资产交换的双方均受同一方或相同多方最终控制，且该非货币性资产交换的实质是交换的一方向另一方进行了权益性分配或交换的一方接受了另一方权益性投入，应当适用权益性交易的有关会计处理规定。比如，集团重组中发生的非货币性资产划拨、划转行为，在股东或最终控制方的安排下，企业无代价或以明显不公平的代价将非货币性资产转让给其他企业或接受其他企业的非货币性资产，这类转让的实质是企业进行了权益性分配或接受了权益性投入，不适用本节所述的非货币性资产交换会计处理，应当适用权益性交易的有关会计处理规定。企业应当遵循“实质重于形式”的原则判断非货币性资产交换是否构成权益性交易。

(6) 其他不适用《企业会计准则第7号——非货币性资产交换》的交易和事项。其他不适用《企业会计准则第7号——非货币性资产交换》的交易和事项主要包括：①企业从政府无偿取得的非货币性资产，适用《企业会计准则第16号——政府补助》；②企业将非流动资产或处置组分配给所有者的，适用《企业会计准则第42号——持有待售的非流动资产、处置组和终止经营》；③企业以非货币性资产向职工发放非货币性福利的，适用《企业会计准则第9号——职工薪酬》；④企业以发行股票形式取得的非货币性资产，相当于以权益工具换入非货币性资产，其成本确定适用《企业会计准则第37号——金融工具列报》；⑤企业用于非货币性资产交换的非货币性资产应当符合资产的定义并满足资产的确认条件，且作为资产列报于企业的资产负债表。因此，企业用于交换的资产目前尚未列报于资产负债表，或者不存在或尚不属于本企业的，适用其他相关会计准则。

二、非货币性资产交换的确认与计量

(一) 非货币性资产交换的确认原则

企业应当分别按照下列原则对非货币性资产交换中的换入资产进行确认，对换出资产终止确认：对于换入资产，应当在其符合资产定义并满足资产确认条件时予以确认；对于换出资产，应当在其满足资产终止确认条件时终止确认。比如，某企业在非货币性资产交换中的换入资产或换出资产均为固定资产，按照《企业会计准则第4号——固定资产》和《企业会计准则第14号——收入》的规定，换入的固定资产应当在与其有关的经济利益很可能流入企业，且其成本能够可靠计量时确认；换出的固定资产应当以换入企业取得该固定资产的控制权时点作为处置时点进行终止确认。

非货币性资产交换中的资产应当符合资产的定义并满足资产的确认条件，且作为资产列报于企业的资产负债表。因此，通常情况下，换入资产的确认时点与换出资产的终止确认时点应当相同或相近。在换入资产的确认时点与换出资产的终止确认时点存在不一致的情况下，资产负债表日，企业应当按照下列原则进行会计处理：换入资产满足资产确认条件，换出资产尚未满足终止确认条件的，在确认换入资产的同时，将交付换出资产的义务确认为一项负债；换入资产尚未满足资产确认条件，换出资产满足终止确认条件的，在终止确认换出资产的同时，将取得换入资产的权利确认为一项资产。

非货币性资产交换确认与计量

（二）非货币性资产交换的计量原则

在非货币性资产交换的情况下，企业应该按照《企业会计准则第7号——非货币性资产交换》的规定，确定换入资产成本的计量基础和交换所产生损益的确认原则。

1.以公允价值为基础计量

非货币性资产交换同时满足下列两个条件的，应当以公允价值和应支付的相关税费作为换入资产的成本，公允价值与换出资产账面价值的差额计入当期损益：（1）该项交换具有商业实质；（2）换入资产或换出资产的公允价值能够可靠地计量。

换入资产和换出资产的公允价值均能够可靠计量的，应当以换出资产的公允价值作为确认换入资产成本的基础。一般来说，取得资产的成本应该按照放弃资产的对价来确定，在非货币性资产交换中，换出的资产就是放弃的对价，如果其公允价值能够可靠确定，则应当优先考虑将换出资产的公允价值作为确定换入资产成本的基础；有确凿证据表明换入资产的公允价值更加可靠的，应当以换入资产的公允价值为基础确定换入资产的成本。

对于换入资产和换出资产的公允价值能够可靠计量的情形，企业在判断是否有确凿证据表明换入资产的公允价值更加可靠时，应当考虑确定公允价值所使用的输入值层次，企业可以参考下列情况：第一层次输入值为公允价值提供了最可靠的证据，第二层次直接或间接可观察的输入值比第三层次不可观察输入值为公允价值提供了更为确凿的证据。实务中，在考虑了补价因素的调整后，正常交易中换入资产的公允价值和换出资产的公允价值是一致的。

2.以账面价值为基础计量

不具有商业实质或交换涉及的资产的公允价值均不能可靠计量的非货币性资产交换，应当按照换出资产的账面价值和应支付的相关税费，作为换入资产的成本；无论是否支付或收到补价，均不确认损益；收到或支付的补价作为确定换入资产成本的调整因素。

（三）商业实质的判断

非货币性资产交换具有商业实质，是换入资产能够采用公允价值计量的重要条件之一。在确定资产交换是否具有商业实质时，企业应当重点考虑由于发生了该项资产交换预期使企业未来现金流量发生变动的程度，通过比较换出资产和换入资产预计产生的未来现金流量或者现值，确定非货币性资产交换是否具有商业实质。只有当换入资产和换出资产预计未来现金流量或其现值两者之间的差额较大时，才能表明交易的发生使企业经济状况发生了明显改变，该项非货币性资产交换才具有商业实质。

1.具有商业实质的判断条件

企业发生的非货币性资产交换，满足下列条件之一的，视为具有商业实质：

（1）换入资产的未来现金流量在风险、时间分布或金额方面与换出资产显著不同。

企业应当对比换入资产与换出资产的未来现金流量在风险、时间分布或金额三个方面的情况，对非货币性资产交换是否具有商业实质进行综合判断。通常情况下，只要换入资产和换出资产的未来现金流量在其中某个方面存在显著不同，即表明其满足商业实质的判断条件。

比如，某企业以对联营企业的投资换入一项设备，若对联营企业的投资与设备两者产生现金流量的时间相差很大，则可以判断上述对联营企业的投资与固定资产的未来现金流量显著不同，因而两项资产的交换具有商业实质。又如，甲企业以其用于经营出租的一幢公寓楼，与乙企业同样用于经营出租的一幢公寓楼进行交换；两幢公寓楼的租期、每期租金金额均相同，但是甲公司是租给一家财务及信用状况良好的企业，乙企业的客户则是单个租户，相比较而言，甲企业取得租金的风险较小，乙企业由于租给散户，其租金的取得依赖各单个租户的财务和信用状况。因此，两者现金流量的风险或不确定性程度存在明显差异，即两幢公寓楼的未来现金流量显著不同，进而可判断该交换具有商业实质。

（2）使用换入资产所产生的预计未来现金流量现值与继续使用换出资产所产生的预计未来现金流量现值不同，且其差额与换入资产和换出资产的公允价值相比是重大的。

企业如果按照上述第一个条件难以判断某项非货币性资产交换是否具有商业实质，即可根据第二个条件，通过计算换入资产和换出资产的预计未来现金流量现值，进行比较后判断。对于资产预计未来现金流量现值，应当按照资产在持续使用过程中和最终处置时预计产生的税后未来现金流量，根据企业自身（而不是市场参与者）对资产特定风险的评价，选择恰当的折现率对预计未来现金流量折现后的金额加以确定，其即《国际财务报告准则》所称的"主体特定价值"。

从市场参与者的角度分析，换入资产和换出资产预计未来现金流量在风险、时间分布或金额方面可能相同或相似，但是鉴于换入资产的性质和换入企业经营活动的特征等因素，换入资产和换入企业其他现有资产相结合，能够比换出资产产生更大的作用，使换入企业受换入资产影响的经营活动产生的现金流量，与换出资产显著不同，即换入资产对换入企业的使用价值与换出资产对该企业的使用价值明显不同，使换入资产预计未来现金流量现值与换出资产产生明显差异，因而表明该交换具有商业实质。

如企业以一项专利权换入另一企业拥有的长期股权投资，那么假定从市场参与者的角度来看，该项专利权与该项长期股权投资的公允价值相同，两项资产未来现金流量的风险、时间分布或金额亦相同。但是，对于换入企业而言，换入该长期股权投资使该企业对被投资方由重大影响变为控制关系，从而使换入企业产生的预计未来现金流量现值与换出的专利权有较大差异，而对方企业换入的专利权能够解决生产中的技术难题，从而使换入企业产生的预计未来现金流量现值与换出的长期股权投资有明显差异，因而该交换具有商业实质。

2.交换涉及的资产类别与商业实质的关系

企业在判断非货币性资产交换是否具有商业实质时，还可以从资产是否属于同一类别进行分析，因为不同类非货币性资产因其产生经济利益的方式不同，一般来说其产生的未来现金流量风险、时间分布或金额也不相同，因而不同类非货币性资产的交换是否具有商业实质，通常较容易判断。

不同类非货币性资产是指在资产负债表中列示的不同大类的非货币性资产，如固定资产、投资性房地产、生物资产、长期股权投资、无形资产等。比如，企业用一项用于出租的投资性房地产交换一项固定资产自用，属于不同类型的非货币性资产交换，在这种情况下，企业就将未来现金流量由每期产生的租金流，转化为该项资产独立产生，或包括该项资产的资产组协同产生的现金流。通常情况下，由定期租金带来的现金流量与用于生产经营的固定资产产生的现金流量在风险、时间分布或金额方面有所差异，因此，该交换应当视为具有商业实质。

同类非货币性资产交换是否具有商业实质，通常较难判断，需要根据上述两项判断条件综合判断。企业应当重点关注的是换入资产和换出资产为同类资产的情况，同类资产产生的未来现金流量既可能相同，也可能显著不同，其间的交换因而可能具有商业实质，也可能没有商业实质。比如，甲企业将自己拥有的一幢建筑物，与乙企业拥有的在同一地点的另一幢建筑物交换，两幢建筑物的建造时间、建造成本等均相同，但两者未来现金流量的风险、时间分布或金额可能不同。

三、非货币性资产交换资金运动分析与会计处理

（一）以公允价值为基础计量的资金运动分析与会计处理

非货币性资产交换具有商业实质且其公允价值能够可靠计量的，应当以换出资产的公允价值和应支付的相关税费为基础作为换入资产的成本，除非有确凿证据表明换入资产的公允价值比换出资产的公允价值更加可靠。其中，计入换入资产的应支付的相关税费应当符合相关会计准则对资产初始计量成本的规定。换入资产为存货的，包括相关税费、使该资产达到目前场所和状态所发生的运输费、装卸费、保险费以及可归属于该资产的其他成本；换入资产为固定资产的，包括相关税费、使该资产达到预定可使用状态前所发生的可归属于该资产的运输费、装卸费、安装费和专业人员服务费等。

在以公允价值为基础计量的情况下，不论是否涉及补价，只要换出资产的公允价值与其账面价值不相同，就一定会涉及损益的确认，因为非货币性资产交换损益通常是换出资产公允价值与其账面价值的差额，通过非货币性资产交换得以实现。

以公允价值为基础计量的交换1

企业应该在换出资产终止确认时，将换出资产的公允价值与其账面价值之间的差额计入当期损益。换出资产的公允价值不能可靠计量，或换出资产和换入资产的公允价值均能可靠计量但有确凿证据表明换入资产的公允价值更加可靠的，应当在终止确认换出资产时，将换入资产的公允价值与换出资产账面价值之间的差额计入当期损益。

非货币性资产交换的会计处理，视换出资产的类别不同而有所区别：（1）换出资产为固定资产、在建工程、生产性生物资产、无形资产的，换出资产公允价值与其账面价值的差额，计入资产处置损益。（2）换出资产为长期股权投资的，换出资产公允价值与其账面价值之间的差额，计入投资收益。（3）换出资产为投资性房地产的，将换出资产公允价值或换入资产的公允价值确认为其他业务收入，按换出资产账面价值结转其他业务成本，二者之间的差额计入当期损益。

换入资产和换出资产涉及相关税费的，按照相关税费规定计算确定。

1.不涉及补价的情况

【例 12-1】20×8 年 8 月，甲公司用其生产经营过程中使用的一台设备交换乙公司生产

的一批打印机，换入的打印机作为固定资产处理。甲、乙公司均为增值税一般纳税人，适用的增值税税率为13%。其设备的账面价值为105万元，在交换日的累计折旧为45万元，其公允价值为90万元。打印机的账面价值为110万元，在交换日的市场价格为90万元，计税价格等于市场价格。乙公司换入甲公司的设备是生产打印机过程中需要使用的设备。

假设甲公司此前没有为该设备计提减值准备，在整个交易过程中，除支付该项设备的运杂费15 000元（取得增值税专用发票，不含增值税，增值税税率为9%）外，没有发生其他相关税费。假设乙公司此前也没有为库存打印机计提存货跌价准备，其在整个交易过程中没有发生除增值税之外的其他税费。

分析：整个资产交换过程中没有涉及收付货币资金，因此该交易属于非货币性资产交换。本例中，甲公司换入的打印机是经营过程中必需的资产，乙公司换入的设备是生产过程中必须使用的设备，两项资产交换后对换入企业的特定价值显著不同，两项资产的交换具有商业实质；同时，两项资产的公允价值都能够可靠地计量，符合以公允价值计量的两个条件。因此，甲公司和乙公司均应当以换出资产的公允价值为基础，确定换入资产的成本，并确认产生的损益。

以公允价值为基础计量的交换2

（1）甲公司非货币性资产交换资金运动分析与会计处理。

甲公司换入打印机的增值税进项税额=90×13%=11.7（万元）

换出设备的增值税销项税额=90×13%=11.7（万元）

①将固定资产转入清理：（见图12-1，A段）

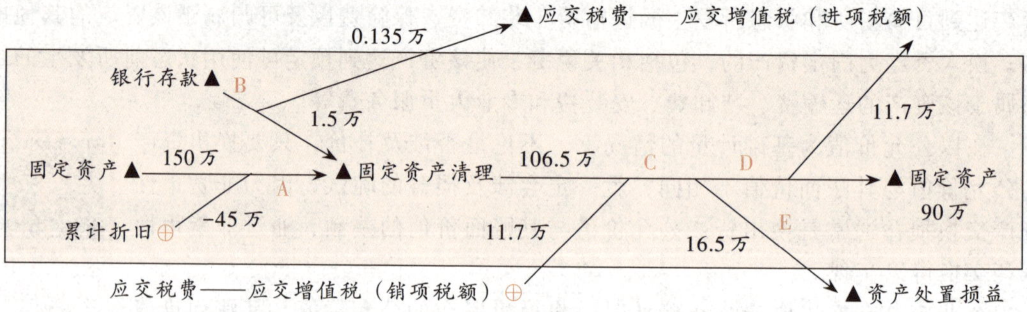

图12-1 甲公司非货币性资产交换资金运动分析图

借：累计折旧 450 000

　　固定资产清理 1 050 000

　贷：固定资产——设备 1 500 000

②支付设备的运杂费：（见图12-1，B段）

借：固定资产清理 15 000

　　应交税费——应交增值税（进项税额） 1 350

　贷：银行存款 16 350

③非货币性资产交换完成：（见图12-1，C、D、E段）

借：固定资产——打印机 900 000

　　应交税费——应交增值税（进项税额） 117 000

　　资产处置损益 165 000

　　贷：固定资产清理　　　　　　　　　　　　　　　　　　　　　1 065 000

　　　　应交税费——应交增值税（销项税额）　　　　　　　　　　　117 000

（2）乙公司非货币性资产交换资金运动分析与会计处理。

根据增值税的有关规定，企业以库存商品换入其他资产，视同销售行为发生，应确认销售收入与销售成本，并同时确认增值税销项税额。（见图 12-2，A、B 段）

换出打印机的增值税销项税额=90×13%=11.7（万元）

换入设备的增值税进项税额=90×13%=11.7（万元）

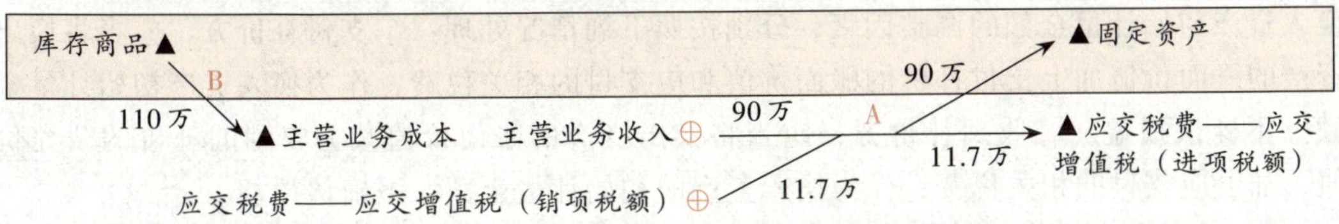

图 12-2　乙公司非货币性资产交换资金运动分析图

借：固定资产——设备　　　　　　　　　　　　　　　　　　900 000

　　应交税费——应交增值税（进项税额）　　　　　　　　　　117 000

　　贷：主营业务收入　　　　　　　　　　　　　　　　　　　　900 000

　　　　应交税费——应交增值税（销项税额）　　　　　　　　　　117 000

借：主营业务成本　　　　　　　　　　　　　　　　　　　1 100 000

　　贷：库存商品　　　　　　　　　　　　　　　　　　　　　1 100 000

2. 涉及补价的情况

在以公允价值为基础确定换入资产成本的情况下，发生补价的，支付补价方和收到补价方应当分别按照以下情况处理：

（1）支付补价方的会计处理：①以换出资产的公允价值为基础计量的，应当将换出资产的公允价值，加上支付的补价的公允价值和应支付的相关税费，作为换入资产的成本；换出资产的公允价值与其账面价值之间的差额计入当期损益。②有确凿证据表明换入资产的公允价值更加可靠的，即以换入资产的公允价值为基础计量的，应当将换入资产的公允价值和应支付的相关税费作为换入资产的初始计量金额；换入资产的公允价值减去支付补价的公允价值，与换出资产账面价值之间的差额计入当期损益。

以公允价值为基础计量的交换 3

（2）收到补价方的会计处理：①以换出资产的公允价值为基础计量的，应当将换出资产的公允价值，减去收到补价的公允价值，加上应支付的相关税费，作为换入资产的成本；换出资产的公允价值与其账面价值之间的差额计入当期损益。②有确凿证据表明换入资产的公允价值更加可靠的，即以换入资产的公允价值为基础计量的，应当将换入资产的公允价值和应支付的相关税费作为换入资产的初始计量金额；换入资产的公允价值加上收到的补价的公允价值，与换出资产账面价值之间的差额计入当期损益。

在涉及补价的情况下，对于支付补价方而言，作为补价的货币性资产构成换入资产所放弃对价的一部分；对于收到补价方而言，作为补价的货币性资产构成换入的全部资产的一部分。

（二）以账面价值为基础计量的资金运动分析与会计处理

非货币性资产交换不具有商业实质，或者虽然具有商业实质但换入资产和换出资产的公允价值均不能可靠计量的，应当以换出资产账面价值为基础确认换入资产成本，无论是否支付补价，均不确认损益。

1.不涉及补价的情况

在以账面价值为基础计量的情况下，对于换入资产，应当将换出资产的账面价值和应支付的相关税费作为换入资产的初始计量金额；对于换出资产，终止确认时不确认损益。

2.涉及补价的情况

对于以账面价值为基础计量的非货币性资产交换，涉及补价的，应当将补价作为确定换入资产初始计量金额的调整因素，分别按照下列情况处理：①支付补价方，应当将换出资产的账面价值加上支付补价的账面价值和应支付的相关税费，作为换入资产初始计量金额，不确认损益。②收到补价方，应当将换出资产的账面价值减去收到的补价的公允价值，加上应支付的相关税费，作为换入资产的初始计量金额，不确认损益。

【例12-2】甲公司拥有一台专有设备，设备账面原值为450万元，已计提折旧330万元；乙公司拥有一项长期股权投资，账面价值为90万元，两项资产均未计提减值准备。甲公司决定以其专有设备交换乙公司的长期股权投资，该专有设备是生产某种产品所必需的专用设备，由于专用设备系当时专门制造，性质特殊，其公允价值不能可靠计量；乙公司拥有的长期股权投资的公允价值也不能可靠计量。经双方商定，乙公司以银行存款支付了20万元的补价。假设交易双方不考虑相关税费。

分析：该项非货币性资产交换涉及收付货币资金，即补价20万元。对于甲公司而言，收到的补价20万元÷换出资产的账面价值120万元×100%=16.7%<25%。因此，该项交换属于非货币性资产交换，乙公司的情况也是如此。由于两项资产的公允价值均不能可靠计量，因此，甲公司、乙公司换入资产的成本均应当按照换出资产的账面价值确定。

（1）甲公司非货币性资产交换资金运动分析与会计处理：

①将固定资产转入清理：（见图12-3，A段）

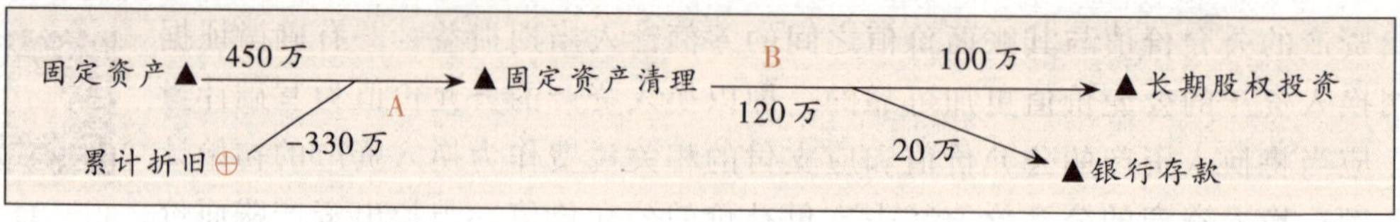

图12-3 甲公司非货币性资产交换资金运动分析图

以账面价值为基础计量的交换

借：累计折旧　　3 300 000

　　固定资产清理　　1 200 000

　贷：固定资产　　4 500 000

②非货币资产交换完成：（见图12-3，B段）

借：长期股权投资　　1 000 000

　　银行存款　　200 000

　贷：固定资产清理　　1 200 000

（2）乙公司非货币性资产交换资金运动分析与会计处理：（见图12-4，A段）

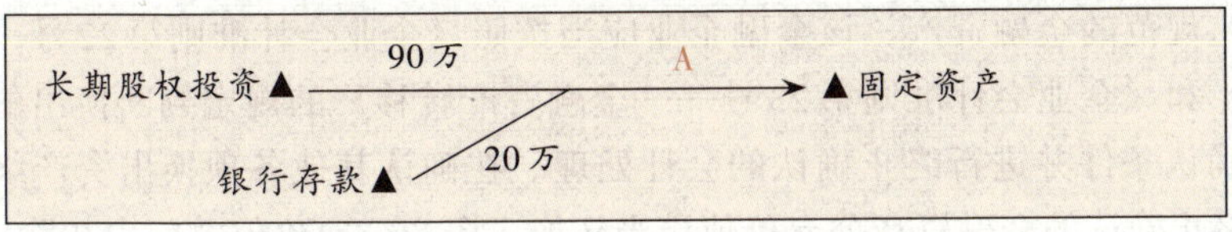

图12-4　乙公司非货币性资产交换资金运动分析图

借：固定资产——专有设备　1 100 000

　贷：长期股权投资　900 000

　　　银行存款　200 000

(三) 涉及多项非货币性资产交换的资金运动分析与会计处理

企业用一项非货币性资产同时换入另一企业的多项非货币性资产，或同时用多项非货币性资产换入另一企业的一项非货币性资产，或者用多项非货币性资产同时换入多项非货币性资产，都可能涉及补价。涉及多项资产的非货币性资产交换，企业无法将换出的某一项资产与换入的某一特定资产相对应。在涉及多项资产的非货币性资产交换的计量中，企业应当首先判断是否符合以公允价值计量的两个条件，再分别按照不同情况确定各项换入资产的成本。

1.以公允价值为基础计量的情况

(1) 以换出资产的公允价值为基础计量的非货币性资产交换

①对于同时换入的多项资产，由于通常无法将换出资产与换入的某一特定资产相对应，应当按照各项换入资产的公允价值的相对比例（换入资产的公允价值不能可靠计量的，可以按照换入的金融资产以外的各项资产的原账面价值的相对比例或其他合理的比例），对换出资产的公允价值总额（涉及补价的，加上支付补价的公允价值或减去收到补价的公允价值）扣除换入金融资产公允价值之后的净额进行分摊，分摊至各项换入资产，将分摊额和应支付的相关税费作为各项换入资产的成本进行初始计量。需要说明的是，同时换入的多项非货币性资产中包含由《企业会计准则第22号——金融工具确认和计量》规范的金融资产，应当按照《企业会计准则第22号——金融工具确认和计量》的规定进行会计处理的，在确定换入的其他各项资产的初始计量金额时，应当将金融资产的公允价值从换出资产公允价值总额中扣除。

②对于同时换出的多项资产，应当将各项换出资产的公允价值与其账面价值之间的差额，在各项换出资产终止确认时计入当期损益。

多项交换——以公允价值为基础1

(2) 以换入资产的公允价值为基础计量的非货币性资产交换

①对于同时换入的多项资产，应当将各项换入资产的公允价值和应支付的相关税费作为各项换入资产的初始计量金额。

②对于同时换出的多项资产，由于通常无法将换出资产与换入的某一特定资产相对应，应当按照各项换出资产的公允价值的相对比例（换出资产的公允价值不能可靠计量的，可以按照换出资产的账面价值的相对比例），将换入资产的公允价值总额（涉及补价的，减去支付补价的公允价值或加上收到补价的公允价值）分摊至各项换出资产，分摊额与各项换出资产账面价值之间的差额，在各项换出资产终止确认时计入当期损益。需要说明的是，如果同时换出的多项非货币性资产中包含由《企业会计准则第22号——金融工具

确认和计量》规范的金融资产，该金融企业应当按照《企业会计准则第22号——金融工具确认和计量》和《企业会计准则第23号——金融资产转移》的规定判断换出的金融资产是否满足终止确认条件并进行终止确认的会计处理。在确认其他各项换出资产终止确认的相关损益时，终止确认的金融资产公允价值应当从换入资产公允价值总额中扣除。

【例 12-3】甲公司和乙公司均为增值税一般纳税人，适用的增值税税率均为13%。20×8年8月，经协商，甲公司决定用生产经营过程中使用的机器设备和专用货车换入乙公司生产经营过程中使用的小汽车和客运汽车。甲公司设备的账面价值为1 800万元，在交换日累计折旧为300万元，公允价值为1 350万元；货车的账面价值为600万元，在交换日累计折旧为480万元，公允价值为100万元。乙公司小汽车的账面价值为1 300万元，在交换日累计折旧为690万元，公允价值为709.5万元；客运汽车的账面价值为1 300万元，在交换日累计折旧为680万元，公允价值为700万元。乙公司另外向甲公司支付银行存款45.765万元，其中包括由于换出和换入资产公允价值不同而支付的补价40.5万元，以及换出资产销项税额和换入资产进项税额的差额5.265万元。

假定甲、乙公司都没有为换出资产计提减值准备；甲公司换入的乙公司小汽车、客运汽车作为固定资产使用和管理；乙公司换入的甲公司设备、货车作为固定资产使用和管理。假设甲公司和乙公司上述交易涉及的增值税进项税额按照增值税规定可以抵扣并且已经得到认证，不考虑其他税费。

分析：本例涉及收付货币资金，应当计算甲公司收到的货币性资产占甲公司换出资产公允价值总额的比例（等于乙公司支付的货币性资产占乙公司换入资产公允价值的比例），即：

40.5万元÷（1 350+100）万元×100%=2.79%<25%

可以认定这一涉及多项资产的交换行为属于非货币性资产交换。对于甲公司而言，未来拓展运输业务，需要小汽车和客运汽车等；乙公司为了扩大产品生产，需要设备和货车，换入的资产对换入企业均能发挥更大的作用。因此，该项涉及多项资产的非货币性资产交换具有商业实质；同时，各单项换入资产和换出资产的公允价值均能可靠计量，因此，甲、乙公司均应当以公允价值为基础确定换入资产的总成本，确认产生的相关损益。同时，按照各单项换入资产的公允价值占换入资产公允价值总额的比例，确认各单项资产应分配的成本。

（1）甲公司非货币性资产交换资金运动分析与会计处理：

①计算各项换入资产、换出资产所涉及的增值税。

换出设备、货车的增值税销项税额=（1 350+100）×13%=188.5（万元）

换入小汽车、客运汽车的增值税进项税额=（709.5+700）×13%=183.235（万元）

②计算换入资产、换出资产的公允价值总额。

换出资产公允价值总额=1 350+100=1 450（万元）

换入资产公允价值总额=709.5+700=1 409.5（万元）

③计算换入资产的总成本。

多项交换——以公允价值为基础2

换入资产的总成本=换出资产公允价值-收到的补价+应支付的相关税费

=1 450-40.5+0=1 409.5（万元）

④计算确定换入各项资产的成本。

小汽车应分摊的成本=1 409.5×709.5÷（709.5+700）=709.5（万元）

客运汽车应分摊的成本=1 409.5×700÷（709.5+700）=700（万元）

⑤非货币性资产交换业务处理。

将固定资产转入清理（见图12-5，A段）：

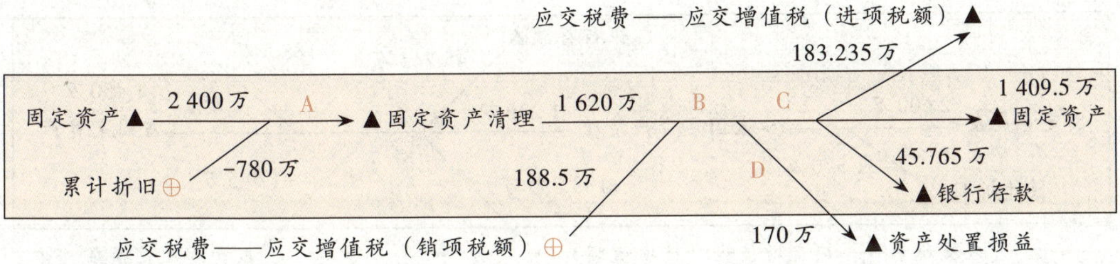

图12-5　甲公司非货币性资产交换资金运动分析图

借：累计折旧　　7 800 000
　　固定资产清理　　16 200 000
　贷：固定资产　　24 000 000

非货币性资产交换完成（见图12-5，B、C、D段）：

借：固定资产——小汽车　　7 095 000
　　　　　　——客运汽车　　7 000 000
　　应交税费——应交增值税（进项税额）　　1 832 350
　　银行存款　　457 650
　　资产处置损益　　1 700 000
　贷：固定资产清理　　16 200 000
　　　应交税费——应交增值税（销项税额）　　1 885 000

（2）乙公司非货币性资产交换资金运动分析与会计处理：

①计算各项换入资产、换出资产所涉及的增值税：

换入设备、货车的增值税进项税额=（1 350+100）×13%=188.5（万元）

换出小汽车、客运汽车的增值税销项税额=（709.5+700）×13%=183.235（万元）

②计算换入资产、换出资产公允价值总额：

换入资产公允价值总额=1 350+100=1 450（万元）

换出资产公允价值总额=709.5+700=1 409.5（万元）

③计算换入资产的总成本：

换入资产的总成本=换出资产公允价值+支付的补价+应支付的相关税费

=1 409.5+40.5+0=1 450（万元）

④计算确定换入各项资产的成本：

设备应分摊的成本=1 450×1 350÷（1 350+100）=1 350（万元）

货车应分摊的成本=1 450×100÷（1 350+100）=100（万元）

⑤非货币性资产交换业务处理。

将固定资产转入清理（见图12-6，A段）：

借：累计折旧　　13 700 000

　　固定资产清理　　12 300 000

　贷：固定资产　　26 000 000

非货币性资产交换完成（见图12-6，B、C、D段）：

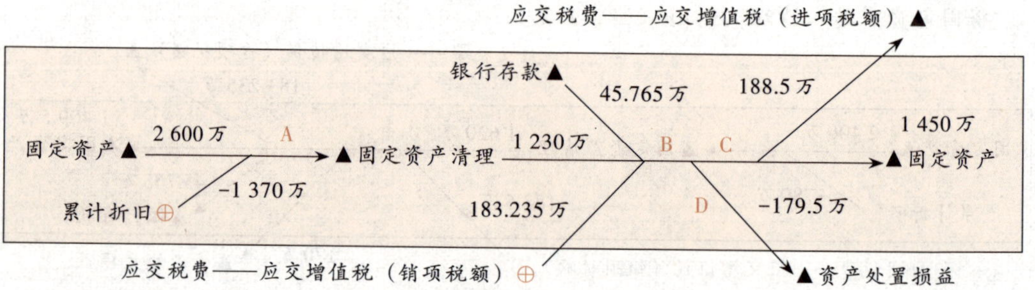

图12-6　乙公司非货币性资产交换资金运动分析图

借：固定资产——设备　　13 500 000

　　　　　　——货车　　1 000 000

　　应交税费——应交增值税（进项税额）　　1 885 000

　贷：固定资产清理　　12 300 000

　　　应交税费——应交增值税（销项税额）　　1 832 350

　　　银行存款　　457 650

　　　资产处置损益　　1 795 000

2.以账面价值为基础计量的情况

对于以账面价值为基础计量的非货币性资产交换，如涉及换入多项资产或换出多项资产，或者同时换入和换出多项资产，则应当分别对换入的多项资产、换出的多项资产进行会计处理。

（1）对于换入的多项资产，由于通常无法将换出资产与换入的某一特定资产相对应，应当按照各项换入资产的公允价值的相对比例（换入资产的公允价值不能可靠计量的，可以按照换入资产的原账面价值的相对比例或者其他合理的比例），将换出资产的账面价值总额（涉及补价的，加上支付补价的账面价值或减去收到补价的公允价值）分摊至各项换入资产，加上应支付的相关税费，作为各项换入资产的初始计量金额。

（2）对于同时换出的多项资产，各项换出资产终止确认时均不确认损益。

【例12-4】20×8年8月，甲公司因经营战略发生较大转变，产品结构发生较大调整，原生产产品的专有设备、生产产品的专利技术等已不符合生产新产品的需要，经与乙公司协商，将其专有设备连同专利技术与乙公司正在建造的一幢建筑物、乙公司对丙公司的长期股权投资进行交换。甲公司换出专有设备的账面价值为1 200万元，已计提折旧750万元；专利技术账面价值为450万元，已摊销270万元。乙公司在建工程截至交换日的成本为525万元，对丙公司的长期股权投资账面余额为150万元。由于甲公司持有的专有设备和专利技术在市场上很少见，因此其公允价值不能可靠计量。乙公司的在建工程和对丙公司的长期股权投资也难以确定公允价值。假设甲、乙公司均未对上述资产计提减值准备，且不考虑相关税费。

分析：本例不涉及货币资金的收付，属于非货币性资产交换。由于换入资产和换出资产均不能可靠获得公允价值，甲、乙公司均应以换出资产账面价值总额作为换入资产的成本计量基础；各项换入资产的成本，应当按照换入资产的账面价值占换入资产账面价值总额的比例分配后确定。

（1）甲公司非货币性资产交换资金运动分析与会计处理：

①计算换入资产和换出资产账面价值总额。

换入资产账面价值总额=525+150=675（万元）

换出资产账面价值总额=（1 200−750）+（450−270）=630（万元）

②确定换入资产总成本。

换入资产总成本=630（万元）

③确定各项换入资产成本。

在建工程应分摊成本=630×525÷（525+150）=490（万元）

长期股权投资应分摊成本=630×150÷（525+150）=140（万元）

④非货币性资产交换业务处理。

多项交换——以账面价值为基础

将固定资产转入清理（见图12-7，A段）：

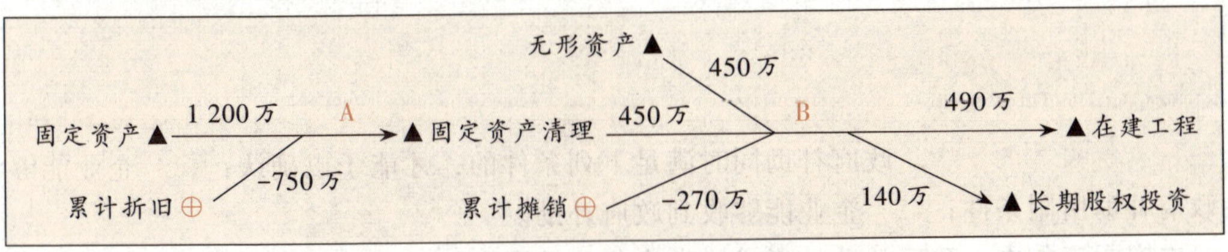

图12-7　甲公司非货币性资产交换资金运动分析图

借：累计折旧　　7 500 000

　　固定资产清理　　4 500 000

　贷：固定资产　　12 000 000

非货币性资产交换完成（见图12-7，B段）：

借：在建工程　　4 900 000

　　长期股权投资　　1 400 000

　　累计摊销　　2 700 000

　贷：固定资产清理　　4 500 000

　　　无形资产——专利技术　　4 500 000

（2）乙公司非货币性资产交换资金运动分析与会计处理：

①计算换入资产和换出资产账面价值总额。

换出资产账面价值总额=525+150=675（万元）

换入资产账面价值总额=（1200−750）+（450−270）=630（万元）

②确定换入资产总成本。

换入资产总成本=675万元

③确定各项换入资产成本。

专有设备应分摊成本=675×450÷（450+180）=482.14（万元）

专有技术应分摊成本=675×180÷（450+180）=192.86（万元）

④非货币性资产交换业务处理。（见图12-8）

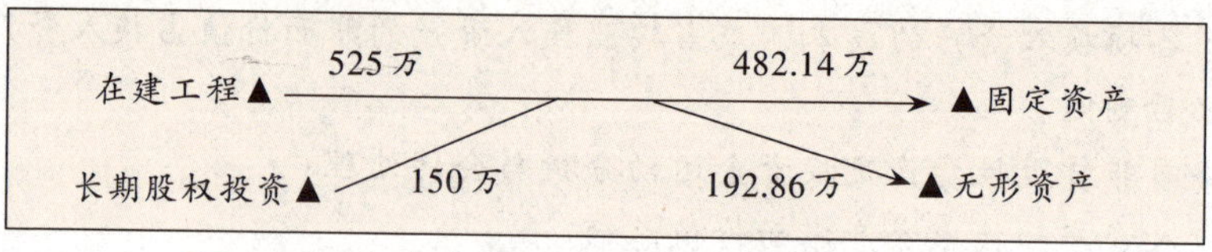

图12-8 乙公司非货币性资产交换资金运动分析图

借：固定资产——专有设备	4 821 400	
无形资产——专利技术	1 928 600	
借：在建工程		5 250 000
长期股权投资		1 500 000

第二节　政府补助业务资金运动分析与会计处理

一、政府补助概述

（一）政府补助的概念

政府补助是指企业从政府无偿取得的货币性资产或非货币性资产，但不包括政府作为企业所有者投入的资金。政府补助同时满足下列条件的，才能予以确认：（1）企业能够满足政府补助所附条件；（2）企业能够收到政府补助。

在实际工作中，政府补助的形式通常为货币性资产，如财政拨款、财政贴息和税收返还，但也存在着非货币性资产形式。

1.财政拨款

财政拨款是政府为了支持企业而无偿拨付给企业的资金，通常在拨款时明确规定了资金用途。如财政部门拨付给企业的粮食定额补贴、鼓励企业安置职工就业的奖励等均属于财政拨款。

2.财政贴息

财政贴息是政府为支持特定领域或区域发展，根据国家宏观经济形势和政策目标，对承贷企业的银行贷款利息给予的补贴。

政府补助概述

3.税收返还

税收返还是指政府按照国家有关规定采取先征后返（退）、即征即退等办法向企业返还的税款，属于以税收优惠形式给予的一种政府补助。

4.无偿划拨非货币性资产

无偿划拨非货币性资产是指政府无偿将非货币性资产划拨给企业。这种情况主要包括无偿划拨土地使用权、无偿划拨天然起源的天然林等。

需要注意的是，不涉及资产直接转移的经济支持不属于政府补助准则规范的政府补助，如债务豁免以及以直接减征、免征、增加计税抵扣额及抵免部分税款等形式给予的税收优惠。增值税出口退税实质上是政府归还企业事先垫付的资金，不属于政府补助。

（二）政府补助的特征

政府补助具有下列特征：

1.来源于政府的经济资源

对于企业收到来源于其他方的补助，有确凿证据表明政府是补助的实际拨付者，其他方只起到代收代付作用的，该项补助也属于来源于政府的经济资源。

2.无偿性

企业取得来源于政府的经济资源，不需要向政府交付商品或服务等对价。

政府资本性投入及政府采购属于政府与企业间的双向互惠活动，不属于无偿性活动。政府补助通常附有一定的条件，但这与政府补助的无偿性并不矛盾，并不表明这项补助是有偿的，企业经过法定程序申请取得政府补助后，应当按照政府规定的用途使用这项补助。

（三）政府补助的分类

政府补助应分为与资产相关的政府补助和与收益相关的政府补助。

1.与资产相关的政府补助

与资产相关的政府补助，是指企业取得的、用于购建或以其他方式形成长期资产的政府补助。

2.与收益相关的政府补助

与收益相关的政府补助，是指除与资产相关的政府补助之外的政府补助。

二、政府补助业务资金运动分析与会计处理

（一）与资产相关的政府补助

与资产相关的政府补助，应当冲减相关资产的账面价值或确认为递延收益。与资产相关的政府补助确认为递延收益的，应当在相关资产使用寿命内按照合理、系统的方法分期计入当期损益。

1.总额法

总额法是指企业在收到与资产相关的政府补助时，并没有改变相关资产的账面价值，而是将其作为递延收益，其所引起的资金运动如图12-9中A段所示。以后在相关资产使用寿命内，该递延收益按照合理、系统的方法分期计入当期损益，其所引起的资金运动如图12-9中B段所示。相关资产在使用寿命结束前被出售、转让、报废或发生毁损的，应当将尚未分配的相关递延收益余额转入资产处置当期的损益，其所引起的资金运动如图12-9中B段所示。

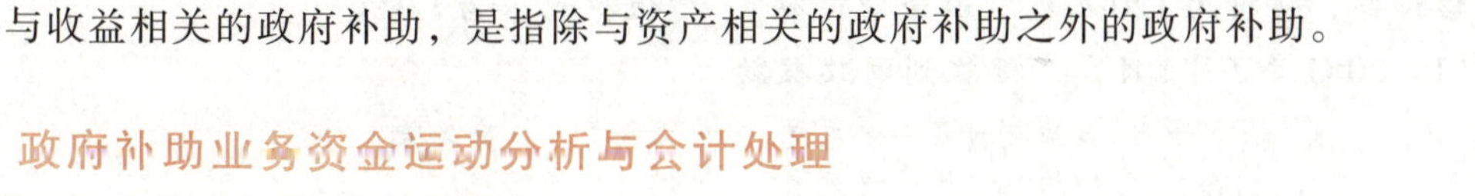

图12-9　与资产相关的政府补助资金运动分析图——总额法

与资产相关的政府补助1

2.净额法

净额法是指企业将政府补助直接冲减相关资产的价值。收到政府补助所

引起的资金运动如图12-10中A段所示；冲销相关资产的账面价值所引起的资金运动如图12-10中B段所示。

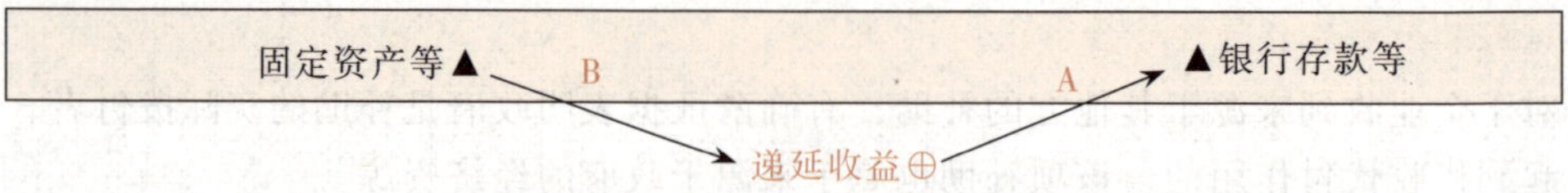

图12-10　与资产相关的政府补助资金运动分析图——净额法

由于直接冲销了固定资产等项目的价值，净额法会导致未来该项资产的折旧或摊销额减少。但是，由于需要在利润表中填列政府补助所带来的其他收益，企业需要按原来资产金额所应计提的折旧或摊销金额对相应的成本或费用进行调整，因此不建议采用这种方法。

政府补助是以向企业无偿划拨非货币性资产的形式出现的，企业应该以该资产的公允价值计量；公允价值无法取得的，按照名义金额（1元）计量，并直接计入当期损益。

【例12-5】20×1年1月，甲企业需要购买一台环保设备，预计价款为500万元，因资金不足，按相关规定向有关部门提出补助210万元的申请。20×1年2月1日，政府拨付给甲企业210万元的财政补贴（同日到账）。20×1年2月28日，甲企业购入大型设备（假设不需要安装），实际成本为480万元（不含增值税），增值税税率为13%，使用寿命为10年，采用直线法计提折旧（假设无残值）。20×9年4月30日（本月折旧已计提），甲企业出售该设备，售价为120万元（不含增值税），增值税税率为13%。

（1）20×1年2月1日，实际收到财政拨款（见图12-11，A段）。

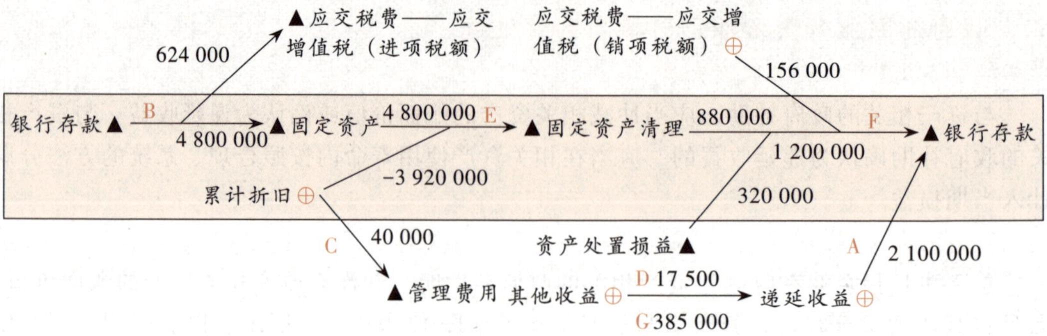

图12-11　甲企业资金运动分析图

借：银行存款　2 100 000

　贷：递延收益　2 100 000

（2）20×1年2月28日，购买设备（见图12-11，B段）。

借：固定资产　4 800 000

　　应交税费——应交增值税（进项税额）　624 000

　贷：银行存款　5 424 000

与资产相关的政府补助2

（3）自20×1年3月起，每月计提折旧（见图12-11，C段），并摊销递延收益（见图12-11，D段）。

借：管理费用　40 000

　贷：累计折旧　40 000

借：递延收益　　17 500

　贷：其他收益　　17 500

（4）20×9年4月30日，出售设备（见图12-11，E段、F段），并转销剩余递延收益38.5万元（见图12-11，G段）。

借：固定资产清理　　880 000

　　累计折旧　　3 920 000

　贷：固定资产　　4 800 000

借：银行存款　　1 356 000

　贷：固定资产清理　　880 000

　　　资产处置损益　　320 000

　　　应交税费——应交增值税（销项税额）　　156 000

借：递延收益　　385 000

　贷：其他收益　　385 000

（二）与收益相关的政府补助

与收益相关的政府补助，应当分情况按照以下规定进行会计处理：

1.用于补偿企业以后期间发生的相关成本费用或损失的

对于用于补偿企业以后期间发生的相关成本费用或损失的政府补助，企业在收到该补助时确认为递延收益，其资金运动如图12-12中A段所示；以后在确认相关成本费用或损失的期间，将其计入当期损益或冲减相关成本，其资金运动如图12-12中B段所示。

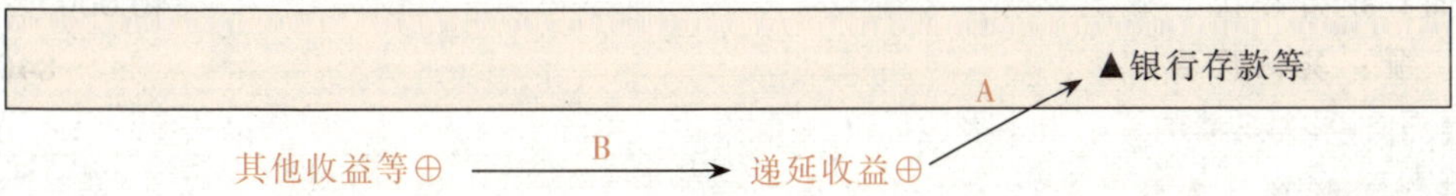

图12-12　与收益相关的政府补助资金运动分析图——涉及未来的

【例12-6】甲企业为一家储备粮企业，20×1年实际粮食储备量为5 000万千克。根据国家有关规定，财政部门按照企业的实际储备量拨付每季度每千克0.078元的粮食保管费补贴，于每个季度初支付。

（1）20×1年1月1日，确认财政补贴款（见图12-13，A段）。

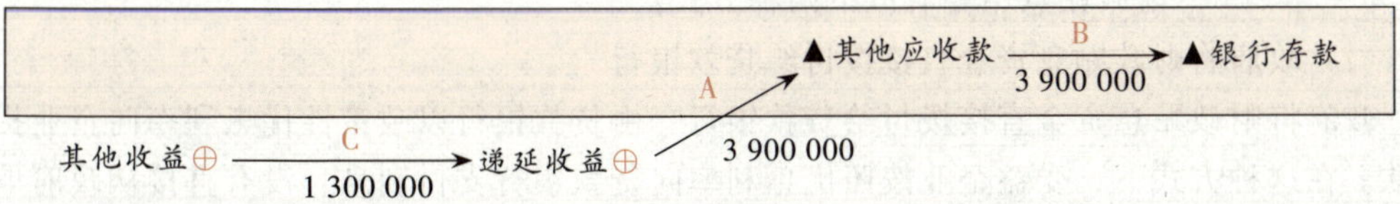

图12-13　甲企业资金运动分析图

借：其他应收款　　3 900 000

　贷：递延收益　　3 900 000

（2）20×1年1月10日，收到财政拨付的财政补贴款（见图12-13，B段）。

借：银行存款　　3 900 000

　贷：其他应收款　　3 900 000

（3）20×1年1月，将补偿1月份粮食保管费的补贴计入当期损益（见图12-13，C段）。

借：递延收益　　　　1 300 000

　贷：其他收益　　　　1 300 000

20×1年2月和3月的会计处理同上。

2.用于补偿企业已发生的相关成本费用或损失的

对于用于补偿企业已发生的相关成本费用或损失的政府补助，企业在收到补助时，直接计入当期损益或冲减相关成本，其资金运动如图12-14所示。

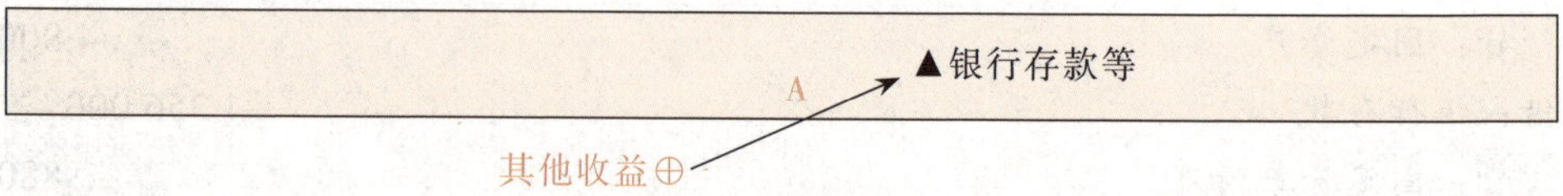

图12-14　与收益相关的政府补助资金运动分析图——涉及已发生的

与收益相关的政府补助

【例12-7】甲企业生产一种先进的磨具产品，按照国家的有关规定，该企业的这种产品适用增值税先征后返政策，即先按规定征收增值税，然后按实际缴纳的增值税税额返还70%。20×1年1月1日，该企业实际缴纳增值税120万元。20×1年2月，该企业实际收到返还的增值税84万元。

甲企业资金运动分析图如图12-15所示。

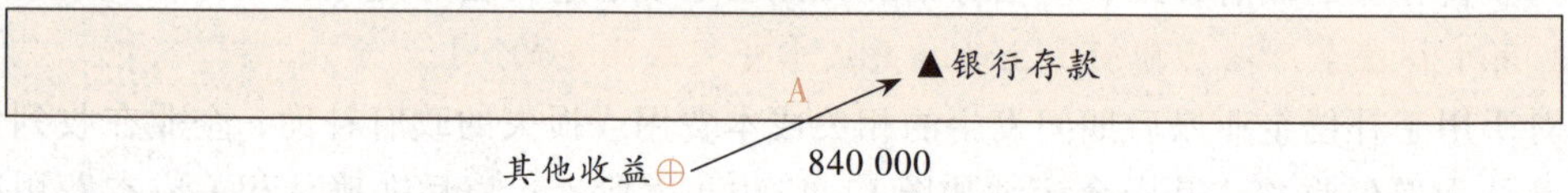

图12-15　甲企业资金运动分析图

借：银行存款　　　　840 000

　贷：其他收益　　　　840 000

（三）特殊业务的会计处理

1.综合性项目政府补助

对于同时包含与资产相关部分和与收益相关部分的政府补助，应当区分不同部分分别进行会计处理；难以区分的，应当整体归类为与收益相关的政府补助。

特殊业务的政府补助

2.财政贴息

财政贴息主要有以下两种方式：

（1）政府将财政贴息资金直接拨付给贷款银行

政府将财政贴息资金直接拨付给贷款银行，由贷款银行以政策性优惠利率向企业提供贷款。在这种方式下，受益企业按照优惠利率向贷款银行支付利息，没有直接从政府取得利息补助。企业可以选择下列方法之一进行会计处理：①将实际收到的借款金额作为借款的入账价值，按照借款本金和该政策性优惠利率计算相关借款费用。②将借款的公允价值作为借款的入账价值并按照实际利率法计算借款费用，实际收到的金额与借款公允价值之间的差额确认为递延收益。递延收益在借款存续期内采用实际利率法摊销，冲减相关借款费用。企业选择了上述一种方法之后，应当一致地运用，不得随意变更。

（2）政府将财政贴息资金直接支付给受益企业

政府将财政贴息资金直接支付给受益企业，企业按照同类贷款市场利率向银行支付利息，财政部门定期与企业结算贴息。在这种方式下，由于企业先按照同类贷款市场利率向银行支付利息，所以实际收到的贷款金额通常就是贷款的公允价值，企业应当用对应的贴息冲减相关借款费用，即冲减“财务费用”“在建工程”等项目。

3.已确认的政府补助需要退回的

已确认的政府补助需要退回的，企业应当在需要退回的当期分情况按照以下规定进行会计处理：(1) 初始确认时冲减相关资产账面价值的，调整资产账面价值；(2) 存在相关递延收益的，冲减相关递延收益账面余额，超出部分计入当期损益；(3) 属于其他情况的，直接计入当期损益。

与企业日常活动相关的政府补助，应当按照经济业务实质，计入其他收益或冲减相关成本费用。与企业日常活动无关的政府补助，应当计入营业外收入。

【例12-8】甲公司20×6年12月申请某项国家研发补助。申请书上的有关内容如下：本公司于20×6年1月启动数字印刷技术开发项目，预计总投资360万元、为期3年，已投入资金120万元。项目还需要新增投资240万元（其中，购置固定资产80万元、场地租赁费40万元、人员费100万元、市场营销费20万元），计划自筹120万元，申请财政拨款120万元。

20×7年1月1日，主管部门批准了甲公司的申请，签订的补贴协议规定：批准甲公司补贴申请，共补贴款项120万元，分两次拨付。合同签订日拨付60万元，结项验收时支付60万元（如未通过验收，则不支付第二笔款项）。

(1) 20×7年1月1日，实际收到拨款60万元（见图12-16，A段）。

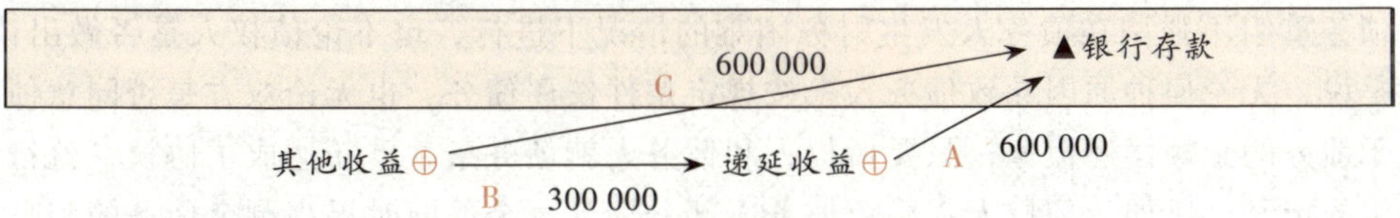

图12-16 甲公司资金运动分析图

借：银行存款 600 000

贷：递延收益 600 000

(2) 20×7年12月31日和20×8年12月31日，每个资产负债表日，分配递延收益（假设按年分配，每年30万元）（见图12-16，B段）。

借：递延收益 300 000

贷：其他收益 300 000

(3) 20×9年项目完工，假设通过验收，于5月1日实际收到拨款60万元（见图12-16，C段）。

借：银行存款 600 000

贷：其他收益 600 000

三、政府补助的列报与披露

企业应当在利润表中的“营业利润”项目上单独列报“其他收益”项目，计入其他收益的政府补助在该项目中反映。

企业应当在附注中单独披露与政府补助有关的下列信息：(1) 政府补助的种类、金额和列报项目；(2) 计入当期损益的政府补助金额；(3) 本期退回的政府补助金额及原因。

第三节　债务重组资金运动分析与会计处理

一、债务重组的定义和方式

(一) 债务重组的定义

债务重组涉及债权人和债务人，其对债权人而言是债权重组，对债务人而言是债务重组，为便于表述，将其统称为债务重组。债务重组，是指在不改变交易对手方的情况下，经债权人和债务人协定或法院裁定，就清偿债务的时间、金额或方式等重新达成协议的交易。

1.关于交易对手方

债务重组是在不改变交易对手方的情况下进行的交易。实务中经常出现第三方参与相关交易的情形，如某公司以不同于原合同条款的方式代债务人向债权人偿债。又如，新组建的公司承接原债务人的债务，与债权人进行债务重组。再如，资产管理公司从债权人处购得债权，再与债务人进行债务重组。在上述情形下，企业应当首先考虑债权和债务是否发生终止确认，是否适用《企业会计准则第22号——金融工具确认和计量》和《企业会计准则第12号——债务重组》。

债务重组不强调在债务人发生财务困难的情况下进行，也不论债权人是否做出让步。也就是说，无论何种原因导致债务人未按规定条件偿还债务，也无论双方是否同意债务人以低于债务的金额偿还债务，只要债权人和债务人就债务条款重新达成了协议，就符合债务重组的定义。比如，债权人在减免债务人部分债务本金的同时提高剩余债务的利息，或者债权人同意债务人用等值库存商品抵偿到期债务等，均属于债务重组。

债务重组的定义和方式

2.关于债权和债务的范围

债务重组所涉及的债权和债务，是指《企业会计准则第22号——金融工具确认和计量》规范的债权和债务，不包括合同资产、合同负债、预计负债，但包含租赁应收款和租赁应付款。债务重组中涉及的债权、重组债权、债务、重组债务和其他金融工具的确认、计量和列报，适用《企业会计准则第22号——金融工具确认和计量》和《企业会计准则第37号——金融工具列报》等金融工具的相关准则。

3.关于债务重组的范围

通过债务重组形成企业合并的，适用《企业会计准则第20号——企业合并》。债务人以股权投资清偿债务或者将债务转为权益工具，可能对应导致债权人取得被投资单位或债务人的控制权，在合并财务报表层面，债权人取得资产和负债的确认和计量适用《企业会计准则第20号——企业合并》的有关规定。

债务重组构成权益性交易的，应当适用权益性交易的有关会计处理规定，债权人和债务人不确认构成权益性交易的债务重组相关损益。债务重组构成权益性交易的情形包括：(1) 债权人直接或间接对债务人持股，或者债务人直接或间接对债权人持股，且持股方以股东身份进行债务重组；（2）债权人和债务人在债务重组前后均受同一方或相同的多方最终控制，且该债务重组的交易实质是债权人或债务人进行了权益性分配或接受了权益性投入。

比如，甲公司是乙公司股东，为了弥补乙公司临时性经营现金流短缺，甲公司向乙公司提供1 000万元无息借款，并约定于6个月后收回。借款期满时，尽管乙公司有充足的现金流，甲公司仍然决定免除乙公司部分本金还款义务，仅收回200万元借款。在此项交易中，如果甲公司不以股东的身份而是以市场交易者身份参与交易，那么在乙公司具有足够偿债能力的情况下不会免除其部分本金。因此，甲公司和乙公司应当将该项交易作为权益性交易，不确认债务重组相关损益。

债务重组中不属于权益性交易的部分仍然应当确认债务重组相关收益。假设前例中债务人乙公司确实出现财务困难，其他债权人对其债务普遍实现了减半的豁免，那么甲公司作为股东比其他债权人多豁免300万元债务的交易应当作为权益性交易，正常豁免的500万元债务的交易应当确认债务重组相关损益。

企业在判断债务重组是否构成权益性交易时，应当遵循实质重于形式原则。假设债权人对债务人的权益性投资通过其他人代持，债权人不具有股东身份，但实质上以股东身份进行债务重组，债权人和债务人应当认定该债务重组构成权益性交易。

（二）债务重组的方式

债务重组的方式主要包括：债务人以资产清偿债务、将债务转换为权益工具、修改其他条款，以及前述一种以上方式的组合。这些债务重组方式都是通过债权人和债务人重新协定或者法院裁定达成的，与原来约定的偿债方式不同。

1.债务人以资产清偿债务

债务人以资产清偿债务，是债务人转让其资产给债权人以清偿债务的债务重组方式。债务人用于清偿的资产通常是已经在资产负债表中确认的资产，如库存现金、应收账款、长期股权投资、投资性房地产、固定资产、在建工程、生物资产、无形资产等。债务人以日常经营活动产出的商品或服务清偿债务的，用于清偿的资产可能体现为存货等。

在受让上述资产后，按照相关会计准则的要求及企业会计核算的要求，债权人核算相关受让资产的类别可能与债务人不同，如债务人以存货清偿债务，则债权人可能将受让的资产作为固定资产核算。

除上述已经在资产负债表中确认的资产外，债务人也可能以不符合确认条件而未予确认的资产清偿债务。比如，债务人以未确认的企业内部开发的专利技术清偿债务，债权人在获得的专利技术符合无形资产确认条件的前提下，将其作为无形资产核算。在少数情况下，债务人还可能以处置资产组（即一组资产和与这些资产直接相关的负债）清偿债务。

2.债务人将债务转换为权益工具

债务人将债务转换为权益工具，这里的权益工具是指根据《企业会计准则第37号——金融工具列报》分类为权益工具的金融工具，会计处理上体现为“股本”“实收资本”“资本公积”等科目。

实务中，有些债务重组名义上采用债转股的方式，但同时附加了相关条款，如约定债务人在未来某一时点有义务以某一金额回购该股权，或者债权人持有的股份享有强制分红权等。对于债务人，这些股权可能并不是根据《企业会计准则第37号——金融工具列报》

分类为权益工具的金融工具，从而不属于债务人将债务转化为权益工具的债务重组。债权人和债务人还可能达成协议以一项同时包括金融负债成分和权益工具成分的复合金融工具替换原债权债务，这类交易也不属于债务人将债务转换为权益工具的债务重组方式。

3.修改其他条款

修改债权和债务的其他条款，是债务人不以资产清偿债务，也不将债务转换为权益工具，而是改变债权和债务的其他条款的债务重组方式，如调整债务本金、改变债务利息、变更还款期限等。经修改其他条款的债权和债务分别形成重组债权和重组债务。

4.组合方式

组合方式，是采用债务人以资产清偿债务、债务人将债务转换为权益工具、修改其他条款三种方式中一种以上方式的组合清偿债务的债务重组方式。比如，债权人和债务人约定，由债务人以机器设备清偿部分债务，将另一部分债务转换为权益工具，调减剩余债务本金，但利率和还款期限不变。再如，债务人以现金清偿部分债务，同时将剩余债务展期等。

二、债务重组资金运动分析与会计处理

（一）债权和债务的终止确认

债务重组中涉及的债权和债务的终止确认，应当遵循《企业会计准则第22号——金融工具确认和计量》和《企业会计准则第23号——金融资产转移》有关金融资产和金融负债终止确认的规定。债权人在收取债权现金流量的合同权利终止时终止确认债权，债务人在债务的现时义务解除时终止确认债务。

债权人和债务人之间进行的债务重组涉及债权和债务的认定，其清偿方式和期限等的协商，通常需要较长时间，如破产重整中进行的债务重组。只有在符合上述终止确认条件时才能终止确认相关债权和债务，并确认债务重组相关损益。在报告期间已经开始协商，但在报告期资产负债表日后的债务重组，不属于资产负债表日后调整事项。

对于终止确认的债权，债权人应当结转已计提的减值准备中对应该债权终止确认部分的金额。对于终止确认的分类为以公允价值计量且其变动计入其他综合收益的债权，之前计入其他综合收益的累计利得或损失应当从其他综合收益中转出，计入投资收益。

1.以资产清偿债务或将债务转换为权益工具

债权、债务的终止确认

对于以资产清偿债务或者将债务转换为权益工具等方式进行的债务重组，由于债权人在拥有或控制相关资产时，通常其收取债权现金流量的合同权利也同时终止，债权人一般可以终止该债权。同样的，由于债务人通过交付资产或权益工具解除了其清偿债务的现时义务，债务人一般可以终止确认该债务。

2.修改其他条款

对于债权人，债务重组通过调整债务本金、改变债务利息、变更还款期限等修改合同条款方式进行的，合同修改前后的交易对手方没有发生改变，合同涉及的本金、利息等现金流量很难在本息之间及债务重组前后做出明确分割，即很难单独识别合同的特定可辨认现金流量。因此通常情况下，应当整体考虑是否对全部债权的合同条款做出实质性修改。如果做出实质性修改，或者债权人和债务人之间签订协议，以获取实质上不同的金融资产

替换债权，那么应当终止确认该债权，并按照修改后的条款或新协议确认新的金融资产。

对于债务人，如果其对债务或部分债务的合同条款做出了“实质性修改”形成了重组债务，或者债权人与债务人之间签订协议，以承担“实质上不同”的重组债务的方式替代原债务，那么债务人应当终止确认原债务，同时按照修改后的条款确认一项新金融负债。其中，如果重组债务未来现金流量（包括支付和收取的某些费用）现值与原债务的剩余期间现金流量现值之间的差异超过10%，则意味着新的合同条款进行了“实质性修改”或者重组债务是“实质上不同”的，有关现值均采用原债务的实际利率计算。

3.组合方式

对于债权人而言，与上述“修改其他条款”部分的分析类似，通常情况下应该整体考虑是否终止确认全部债权。由于组合方式涉及多种债务重组方式，一般可以认为对全部债权的合同条款做出了实质性修改，从而终止确认全部债权，并按照修改后的条款确认新的金融资产。

对于债务人而言，组合中以资产清偿债务或者将债务转换为权益工具进行债务重组的，如果债务人清偿该部分债务的现时义务已经解除，应当终止确认该部分债务。组合中以修改其他条款的方式进行债务重组的，需要根据具体情况，判断对应的部分债务是否满足终止确认条件。

（二）债权人的会计处理

1.以资产清偿债务或将债务转换为权益工具

债务重组采用以资产清偿债务或者将债务转换为权益工具方式进行的，债权人应当在受让的相关资产符合其定义和确认条件时予以确认。

（1）债权人受让金融资产

债权人受让包括库存现金在内的单项或多项金融资产的，应当按照《企业会计准则第22号——金融工具确认和计量》的规定进行确认与计量。金融资产初始确认时（取得金融资产的时点一般为重组完成日）应该以公允价值计量，金融资产确认金额与债权终止确认日账面价值之间的差额，计入投资收益。

但是，收取的金融资产的公允价值与交换价格（即放弃债权的公允价值）存在差异的，应当按照《企业会计准则第22号——金融工具确认和计量》第34条的规定处理。该条规定要求，金融资产或金融负债公允价值与交易价格有差异的，企业应该区别以下情况处理：①在初始确认时，金融资产或金融负债的公允价值依据相同资产或负债在活跃市场上的报价或者以仅使用可观察市场数据的估计技术确定的，企业应该将公允价值与交易价格之间的差额确认为一项利得或损失（通过投资收益来反映）。②在初始确认时，金融资产或金融负债的公允价值以其他方式确定的，企业应将该公允价值与交易价格之间的差额递延，并根据某一因素在相关会计期间的变动程度将该递延差额确认为相应会计期间的利得或损失（通过投资收益来反映）。

（2）债权人受让非金融资产

债权人初始确认受让的金融资产以外的资产时，应当按照下列原则以成本进行计量：

①存货的成本，包括放弃债权的公允价值，以及使该资产达到当前位置和状态所发生的可直接归属于该资产的税金、运输费、装卸费、保险费等其他成本。

②对联营企业和合营企业投资的成本，包括放弃债权的公允价值，以及可直接归属于该资产的税金等其他成本。

③投资性房地产的成本，包括放弃债权的公允价值，以及可直接归属于该资产的税金等其他成本。

④固定资产的成本，包括放弃债权的公允价值，以及使该资产到达预定可使用状态前所发生的可直接归属于该资产的税金、运输费、装卸费、安装费、专业人员服务费等其他成本。确定固定资产成本时，应当预计处置费用。

⑤生物资产的成本，包括放弃债权的公允价值，以及可直接归属于该资产的税金、运输费、保险费等其他成本。

⑥无形资产的成本，包括放弃债权的公允价值，以及可直接归属于使该资产并使其达到预定用途所发生的税金等其他成本。

债权人债务重组分析

放弃债权的公允价值与账面价值之间的差额，计入投资收益。

（3）债权人受让多项资产

债权人受让多项非金融资产，或者包括金融资产、非金融资产等在内的多项资产时，应当按照《企业会计准则第22号——金融工具确认和计量》的规定确认与计量受让的金融资产，即按取得时（一般为重组完成日）该金融资产的公允价值计量；按照受让的金融资产以外的各项资产在债务重组合同生效日的公允价值比例，对放弃债权在合同生效日的公允价值扣除受让金融资产当日（合同生效日）公允价值后的净额进行分配，并以此为基础分别确定各项资产的成本。放弃债权的公允价值与账面价值之间的差额，计入投资收益。

（4）债权人受让资产组

债务人以处置组清偿债务的，债权人应当按照《企业会计准则第22号——金融工具确认和计量》和其他企业会计准则的规定，对处置组中的金融资产和金融负债进行初始计量，即按照取得时（一般为重组完成日）该金融资产和金融负债的公允价值计量；然后按照金融资产以外的各项资产在债务重组合同生效日的公允价值比例，对放弃债权在合同生效日的公允价值以及承担的处置组中负债的确认金额之和，扣除受让金融资产当日（合同生效日）公允价值后的净额进行分配，并以此为基础分别确定各项资产的成本。放弃债权的公允价值与账面价值之间的差额，计入投资收益。

（5）债权人将受让的资产或处置组划分为持有待售类别

债务人以资产或资产组清偿债务，并且债权人在取得日未将受让的相关资产或处置组作为非流动资产和非流动负债核算，而是将其划分为持有待售类别的，债权人应该在初始计量时，比较假定其不划分为持有待售类别情况下的初始计量金额和公允价值减去出售费用后的净额，以两者孰低的方式进行计量。

2.修改其他条款

债务重组以修改其他条款方式进行的，如果修改其他条款导致全部债权终止确认，那么债权人应当按照修改后的条款以公允价值初始计量新的金融资产（确认时点一般为重组完成日），新金融资产的确认金额与债权终止确认日账面价值之间的差额，计入投资收益。

如果修改其他条款未导致债权终止确认，债权人应当根据其分类，继续以摊余成本、以公允价值计量且其变动计入其他综合收益、以公允价值计量且其变动计入当期损益进行后续计量。对于以摊余成本计量的债权，债权人应该根据重新议定或修改的合同现金流量变化情况，重新计算该重组债务的账面价值，并将相关利得或损失计入投资收益。重新计算该重组债权的账面价值时，应当根据重新议定或修改的合同现金流量按债权原实际利率折现的现值确定，购买或源生的已发生信用减值的重组债权，应按经信用调整的实际利率折现。对于修改或重新议定合同所产生的成本或费用，债权人应当调整修改后的重组债权的账面价值，并在修改后重组债权的剩余期限内摊销。

3.组合方式

债务重组采用组合方式进行的，一般可以认为对全部债权的合同条款做出了实质性修改，债权人应该按照修改后的条款，以公允价值初始计量新的金融资产和受让的新金融资产（确认时点一般为重组完成日），按照受让的金融资产以外的各项资产在债务重组合同生效日的公允价值比例，对放弃债权在合同生效日的公允价值扣除受让金融资产和重组债权在合同生效日的公允价值后的净额进行分配，并以此为基础分别确认各项资产成本。放弃债权的公允价值与账面价值之间的差额，计入投资收益。

（三）债务人的会计处理

1.债务人以资产清偿债务

债务重组以资产清偿债务方式进行的，债务人应当将所清偿债务账面价值与转让资产账面价值之间的差额计入当期损益。

（1）债务人以金融资产清偿债务

债务人以单项或多项金融资产清偿债务的，债务的账面价值与偿债资产账面价值的差额，计入“投资收益”项目。偿债金融资产已计提减值准备的，应结转已计提的减值准备。对于以分类为以公允价值计量且其变动计入其他综合收益的债务工具投资清偿债务的，之前计入其他综合收益的累计利得或损失应当从其他综合收益中转出，计入“投资收益”项目。对于以公允价值计量且其变动计入其他综合收益的非交易性权益工具投资清偿债务的，之前计入其他综合收益的累计利得或损失应当从其他综合收益中转出，计入“盈余公积”“利润分配——未分配利润”等项目。

（2）债务人以非金融资产清偿债务

债务人以单项或多项非金融资产清偿债务，或者以包括金融资产和非金融资产等在内的多项资产清偿债务的，不需要区分资产处置损益和债务重组损益，也不需要区分不同资产的处置损益，而是将所清偿债务的账面价值与转让资产账面价值之间的差额，计入“其他收益——债务重组收益”项目。偿债资产已计提减值准备的，应结转已计提的减值准备。

债务人以包含非金融资产的处置组清偿债务的，应该将所清偿债务和处置组中负债的账面价值之和，与处置组中资产的账面价值之间的差额，计入“其他收益——债务重组收益”项目。处置组所属的资产组或资产组组合按照《企业会计准则第8号——资产减值》分摊了企业合并中取得的商誉的，该处置组应当包含分摊至处置组的商誉。处置组中资产已计提减值准备的，应结转已计提的减值准备。

债务人以日常活动产出的商品或服务清偿债务的，应当将所清偿债务的账面价值与存货等相关资产账面价值之间的差额，计入“其他收益——债务重组收益”项目。

2.债务人将债务工具转换为权益工具

债务重组采用将债务转换为权益工具方式进行的，债务人初始确认权益工具时，应当按照权益工具的公允价值计量（确认时点一般为重组完成日）；权益工具的公允价值不能可靠计量的，应当按照债务人所清偿债务的公允价值计量（确认时点一般为重组完成日）。债务的账面价值与权益工具确认金额之间的差额，计入投资收益。债务人因发行权益工具而支付的相关税费等，应当依次冲减资本溢价、盈余公积、未分配利润等。

债务人债务重组分析

3.修改其他条款

债务重组采用修改其他条款方式进行的，如果修改其他条款导致债务终止确认，那么债务人应当按照公允价值计量重组债务（确认时点一般为重组完成日），终止确认的债务账面价值与重组债务确认金额之间的差额，计入投资收益。

如果修改其他条款未导致债务终止确认，或者仅导致部分债务终止确认，那么对于未终止确认的部分债务，债务人应该根据其分类，继续以摊余成本、以公允价值计量且其变动计入当期损益或其他适当方式进行后续计量。对于以摊余成本计量的债务，债务人应该根据重新议定合同的现金流量变化情况，重新计算该重组债务的账面价值，并将相关利得或损失计入“投资收益”项目。重新计算的该重组债务的账面价值，应当根据重新议定或修改的合同现金流量按债务的原实际利率或按《企业会计准则第24号——套期会计》第23条规定的重新计算的实际利率（如适用）折现的现值确定。对于修改或重新议定合同所产生的成本或费用，债务人应当调整修改后的重组债务的账面价值，并在修改后重组债务的剩余期限内摊销。

4.组合方式

债务重组采用以资产清偿债务、将债务转换为权益工具、修改其他条款等方式的组合进行的，对于权益工具，债务人应该在初始确认时按照权益工具的公允价值计量（确认时点一般为重组完成日），权益工具的公允价值不能可靠计量的，应当按照清偿债务的公允价值计量（确认时点一般为重组完成日）。对于修改条款形成的债务重组，债务人应当参照上文“3.修改其他条款”部分的内容确认与计量。债务的账面价值与转让资产账面价值以及权益工具和重组债务的确认金额之和的差额，计入“其他收益——债务重组收益”或“投资收益”（仅涉及金融工具时）项目。

【例12-9】20×8年5月20日，甲公司向乙公司销售一批商品，应收乙公司的款项为113万元。甲公司将该应收款项分类为以摊余成本计量的金融资产。乙公司将该应付账款分类为以摊余成本计量的金融负债。20×8年11月20日，双方签订债务重组合同，乙公司以一项作为无形资产核算的非专利技术偿还该欠款。该无形资产的账面余额为130万元，累计摊销金额为30万元，已计提减值准备5万元。11月25日，双方办理完成该无形资产的转让手续，甲公司支付了评估费2万元。当日，甲公司应收款项的公允价值为100万元，已计提减值准备10万元。乙公司应付款项的账面价值仍为113万元。假设不考虑相关税费。

（1）债权人甲公司债务重组资金运动分析与会计处理：

20×8年11月25日，债权人甲公司取得该项无形资产的成本=放弃债权的公允价值+其他合理必要的支出=100+2=102（万元）。

债务重组损益=放弃债权的公允价值-放弃债权的账面价值=100-（113-10）=-3（万元）

其所引起的资金运动如图12-17所示。

借：无形资产 1 020 000

　　坏账准备 100 000

　　投资收益 30 000

　贷：应收账款 1 130 000

　　　银行存款 20 000

债务重组举例1

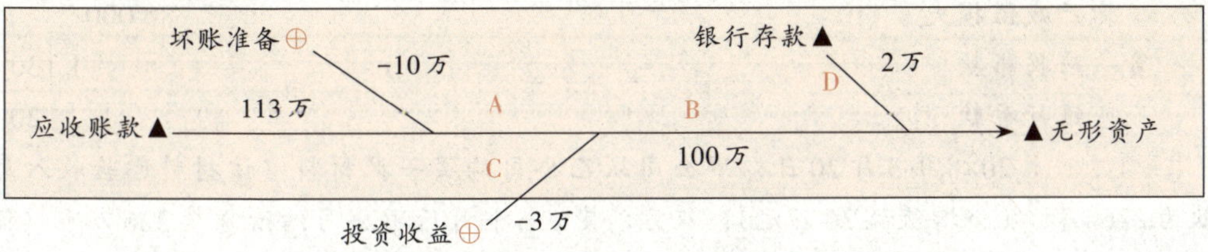

图12-17 债权人甲公司债务重组业务资金运动分析图

（2）债务人乙公司债务重组资金运动分析与会计处理：

债务重组损益=债务的账面价值-抵债资产的账面价值=113-（130-30-5）=18（万元）

其债务重组所引起的资金运动如图12-18所示。

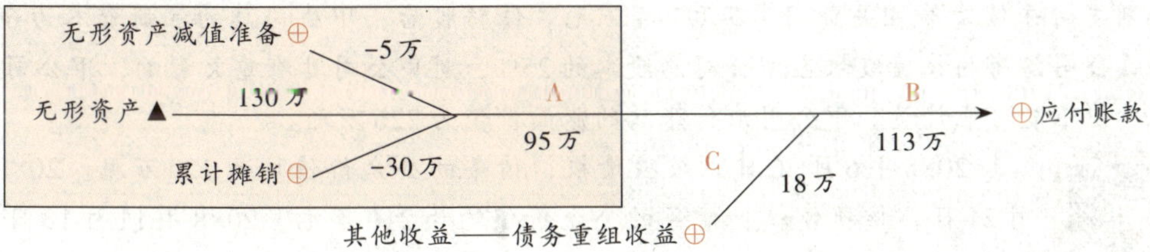

图12-18 债务人乙公司债务重组业务资金运动分析图

借：应付账款 1 130 000

　　累计摊销 300 000

　　无形资产减值准备 50 000

　贷：无形资产 1 300 000

　　　其他收益——债务重组收益 180 000

（3）假设甲公司管理层决定，受让非专利技术后将在半年内出售，当日无形资产的公允价值为98万元，预计未来出售该非专利技术时将发生1万元的出售费用，该非专利技术满足持有待售资产确认条件。

该无形资产入账价值为102万元，其公允价值减去出售费用后的金额为97万元（98-1），根据孰低原则，甲公司获得的非专利技术应按97万元入账。其所引起的资金运动如图12-19所示。

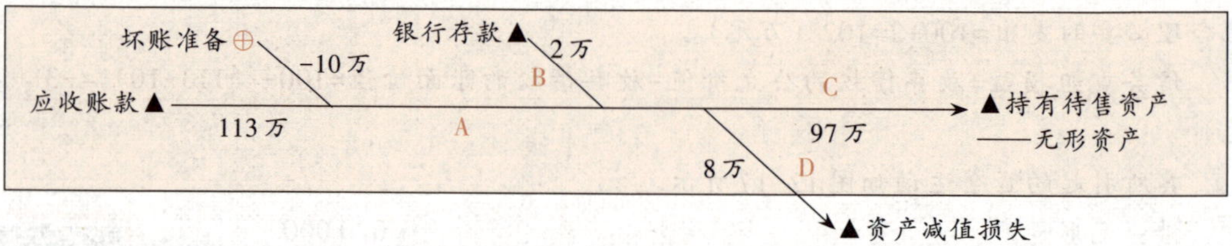

图12-19 债权人甲公司债务重组业务资金运动分析图

借：持有待售资产——无形资产　　970 000
　　坏账准备　　100 000
　　资产减值损失　　80 000
　贷：应收账款　　1 130 000
　　　银行存款　　20 000

【例12-10】20×8年3月20日，甲公司从乙公司购买一批材料（该材料已验收入库），价款为226万元（含增值税26万元），双方约定，6个月后甲公司结清货款226万元（假设无重大融资成分）。乙公司将该应收账款分类为以公允价值计量且其变动计入当期损益的金融资产；甲公司将该应付账款分类为以摊余成本计量的金融负债。20×8年9月21日，甲公司因无法支付货款与乙公司协商进行债务重组，双方协商将乙公司对甲公司的债权转为对甲公司的股权投资。11月18日，乙公司办结了对甲公司的增资手续，甲公司和乙公司分别支付手续费等相关费用2万元和1万元。债转股后，甲公司总的注册资本为600万元，乙公司持有的抵债股权占甲公司总股本的25%，对甲公司具有重大影响，甲公司股权公允价值不能可靠计量。甲公司应付账款的账面价值为226万元。

20×8年6月30日，该项债权、债务的公允价值均为220万元。20×8年9月21日，该项债权、债务的公允价值均为210万元。20×8年11月18日，该项债权、债务的公允价值均为208万元。假设不考虑其他相关税费。

债务重组举例2

（1）债权人乙公司债务重组资金运动分析与会计处理：

①20×8年3月20日，乙公司销售产品（见图12-20，A段）。

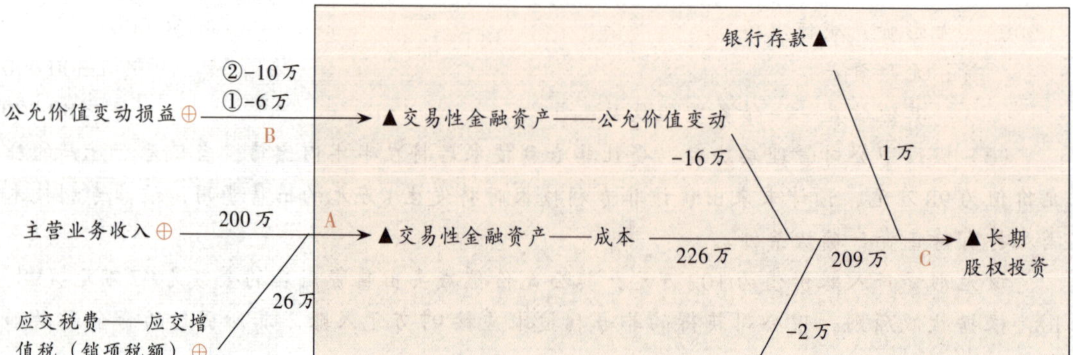

图12-20 债权人乙公司债权业务及债务重组业务资金运动分析图

借：交易性金融资产——成本　　2 260 000

贷：主营业务收入　　2 000 000

　　应交税费——应交增值税（销项税额）　　260 000

②20×8年6月30日，按公允价值重新计量交易性金融资产（见图12-20，B段中①）。

借：公允价值变动损益　　60 000

　贷：交易性金融资产——公允价值变动　　60 000

③20×8年9月21日，按公允价值重新计量交易性金融资产（见图12-20，B段中②）。

借：公允价值变动损益　　100 000

　贷：交易性金融资产——公允价值变动　　100 000

④20×8年11月18日，完成债务重组（见图12-20，C段）。

由于取得的是权益工具，应以其在重组完成日的公允价值（或债权的公允价值）进行计量。

取得的长期股权投资成本 = 重组完成日取得的金融资产的公允价值或者放弃债权的公允价值 + 其他合理必要的支出

=208+1=209（万元）

债务重组损益 = 重组完成日放弃债权的公允价值 − 放弃债权的账面价值 =208−210=−2（万元）。

借：长期股权投资——甲公司　　2 090 000

　　交易性金融资产——公允价值变动　　160 000

　　投资收益　　20 000

　贷：交易性金融资产——成本　　2 260 000

　　　银行存款　　10 000

（2）债务人甲公司债务重组资金运动分析与会计处理：

①20×8年3月20日甲公司购进材料（见图12-21，A段）。

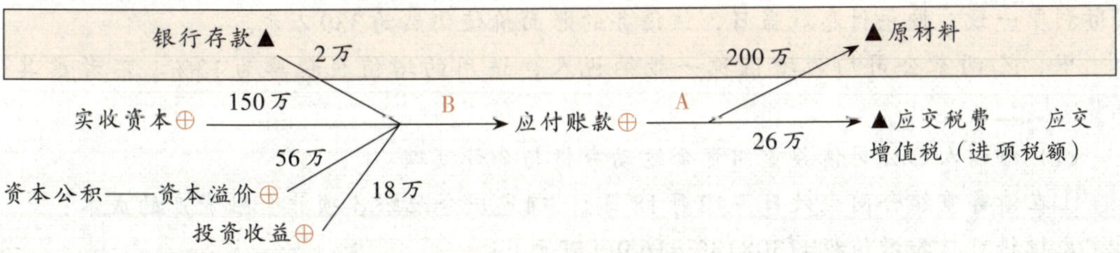

图12-21　债务人甲公司债务业务及债务重组业务资金运动分析图

借：原材料等　　2 000 000

　　应交税费——应交增值税（进项税额）　　260 000

　贷：应付账款　　2 260 000

②20×8年11月18日，完成债务重组（见图12-21，B段）。

由于甲公司的股权在重组完成日的公允价值不能可靠计量，初始确认权益工具公允价值时，应当按照企业在重组完成日所清偿债务的公允价值208万元计量，并扣除因发行权益工具支付的相关税费2万元，即实收资本为150万元（600万元×25%），资本溢价为56万元（208−150−2）。

债务重组损益 = 完成日权益工具公允价值（或完成日债务的公允价值） − 债务的账面价值 =208-226=-18（万元）（重组收益）。

借：应付账款　　2 260 000

　贷：实收资本　　1 500 000

　　资本公积——资本溢价　　560 000

　　银行存款　　20 000

　　投资收益　　180 000

【例12-11】20×8年8月7日，甲公司向乙公司赊购一批材料，总价款为339万元（其中增值税为39万元）。20×8年12月18日，甲公司发生财务困难，无法按合同约定偿还债务，双方协商并约定进行债务重组。乙公司同意甲公司用其生产的商品、作为固定资产管理的机器设备和一项债权投资抵偿欠款。当日，该债权的公允价值为330万元，甲公司用于抵债的商品市价（不含增值税）为130万元（与其计税价格一致），抵债设备的公允价值为120万元（与其计税价格一致），用于抵债的债权投资市场价格为75万元。

抵债资产于20×8年12月25日转让完毕，甲公司以银行存款支付设备运输费用，取得的增值税专用发票上注明的运输费为1万元，增值税为0.09万元；乙公司以银行存款支付设备安装费用，取得增值税专用发票，发票上注明的安装费用为1.4万元，增值税为0.126万元。

乙公司以摊余成本计量该项债权。20×8年12月25日，乙公司对该债权已计提坏账准备20万元，债权投资市场价格为76万元。乙公司将受让的商品、设备和债权投资分别作为原材料、固定资产和以公允价值计量且其变动计入当期损益的金融资产核算。

甲公司以摊余成本计量该项债务。20×8年12月25日，甲公司用于抵债的商品成本为80万元；抵债设备的账面价值为200万元，累计折旧为50万元，已计提减值准备15万元。甲公司以摊余成本计量用于抵债的债权投资，债券票面价值总额为60万元，票面利率与实际利率一致，按年付息。当日，该债务的账面价值仍然为339万元。

甲、乙两家公司均为增值税一般纳税人，适用的增值税税率为13%。不考虑其他税费。

（1）债权人乙公司债务重组资金运动分析与会计处理：

①在债务重组合同生效日（12月18日），确定应分配给各项非金融资产的成本：

原材料可抵扣增值税=130×13%=16.9（万元）

设备可抵扣增值税=120×13%=15.6（万元）

应分配给原材料和固定资产的成本应当按其公允价值比例（130∶120）对放弃债权公允价值扣除受让金融资产公允价值之后的净额进行分配。

应分配给原材料的成本=130÷（130+120）×（330-75-16.9-15.6）=115.7（万元）

应分配给固定资产的成本=120÷（130+120）×（330-75-16.9-15.6）=106.8（万元）

②20×8年12月25日，债权人乙公司取得各项抵债资产（见图12-22，A、B、C段）。

投资收益=放弃债权的公允价值-放弃债权的账面价值

=330-（339-20）+1（金融资产价值的变动）=12（万元）

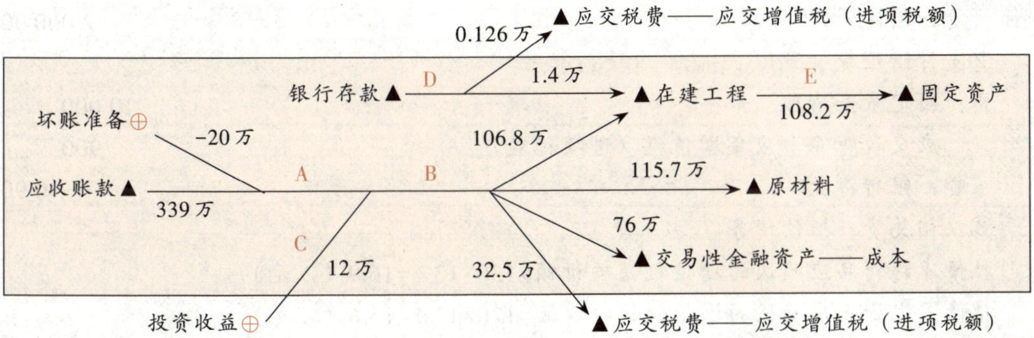

图 12-22　债权人乙公司债务重组业务资金运动分析图

借：在建工程　　1 068 000

　　原材料　　1 157 000

　　交易性金融资产　　760 000

　　应交税费——应交增值税（进项税额）　　325 000

　　坏账准备　　200 000

　贷：应收账款　　3 390 000

　　　投资收益　　120 000

债务重组举例 3

③支付安装费用 1.4 万元，增值税 0.084 万元（见图 12-22，D 段）。

借：在建工程　　14 000

　　应交税费——应交增值税（进项税额）　　1 260

　贷：银行存款　　15 260

④机器设备安装完毕，达到可使用状态（见图 12-22，E 段）。

借：固定资产　　1 082 000

　贷：在建工程　　1 082 000

（2）债务人甲公司债务重组资金运动分析与会计处理（20×8 年 12 月 25 日）：

①将固定资产转入清理（见图 12-23，A 段）：

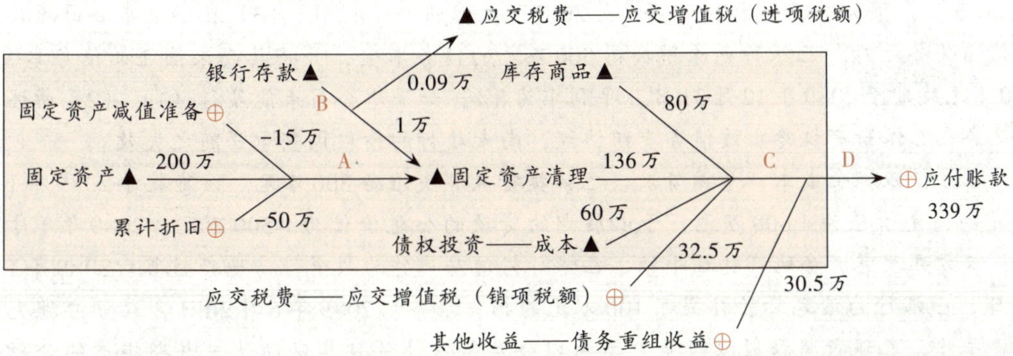

图 12-23　债务人甲公司债务重组业务资金运动分析图

借：累计折旧　　500 000

　　固定资产减值准备　　150 000

　　固定资产清理　　1 350 000

贷：固定资产　　2 000 000

②支付清理费（见图12-23，B段）：

借：固定资产清理　　10 000

　　应交税费——应交增值税（进项税额）　　900

　贷：银行存款　　10 900

③以相关资产抵偿债务（见图12-23，C、D段）：

抵债库存商品应确认的增值税销项税额=130×13%=16.9（万元）

抵债固定资产应确认的增值税销项税额=120×13%=15.6（万元）

债务重组损益=债务的账面价值-抵债资产账面价值

=339-（80+136+60）-32.5=30.5（万元）

借：应付账款　　3 390 000

　贷：库存商品　　800 000

　　　固定资产清理　　1 360 000

　　　债权投资——成本　　600 000

　　　应交税费——应交增值税（销项税额）　　325 000

　　　其他收益——债务重组收益　　305 000

【例12-12】20×5年1月1日，甲上市公司取得乙银行贷款5 000万元，约定贷款期限为4年（即20×8年12月31日到期），年利率为6%，按年付息，到期还本。甲公司已按时支付了所有利息。20×8年12月31日，甲公司出现严重的资金周转困难，多项债务违约，信用风险增加，无法偿还贷款本金。

20×9年1月20日，乙银行同意与甲公司就该项贷款重新达成协议，且新协议规定：（1）甲公司将一项作为固定资产核算的房产转让给乙银行，用以抵偿债务本金1 000万元，该房产原价为1200万元，累计折旧为400万元，未计提减值准备；（2）甲公司向乙银行增发股票500万股，每股面值为1元，占甲上市公司总股本的1%，用以抵偿债务本金2 000万元，甲公司股票于20×9年1月20日的收盘价为4元/股；（3）在甲上市公司履行上述偿债义务之后，乙银行免除甲公司500万元的债务本金，并将其尚未偿还的债务本金1 500万元展期至20×9年12月31日，年利率为8%；如果甲公司未能履行（1）、（2）所述偿债义务，乙银行有权终止该债务重组协议，尚未履行的债权调整承诺随之失效。

乙银行以摊余成本计量该贷款，已计提贷款损失准备300万元。该贷款于20×9年1月20日的公允价值为4 600万元，予以展期的贷款的公允价值为1 500万元。20×9年1月28日，双方办理完成房地产转让手续，乙银行将该房产作为投资性房地产核算。20×9年1月31日，乙银行为该笔贷款补提了100万元的损失准备。20×9年6月20日，双方办理完成增资手续，乙银行将该股权投资分类为以公允价值计量且其变动计入当期损益的金融资产，甲公司股票当日的收盘价为4.2元/股。

甲公司以摊余成本计量该笔贷款，截至20×9年1月20日，该贷款的账面价值为5 000万元。不考虑相关税费。

（1）债权人乙银行债务重组资金运动分析与会计处理：

乙银行与甲公司以组合方式进行债务重组，同时涉及以资产清偿债务、将债务转换为权益工具、包括债务豁免的修改其他条款等方式，可以认为对全部合同条款做出了实质性修改，债权人乙银行在收取债权现金流量的合同权利终止时，应当终止确认全部债权，即在20×9年6月20日该债务重组协议的执行过程和结果不确定性消除时，可以确认债务重组相关损益，并按照修改后的条款确认新的金融资产。

①20×9年1月28日，取得抵债房产（见图12-24，A段）：

投资性房地产成本 = 4 600（合同生效日放弃债权公允价值）- 2 000（合同生效日受让股权公允价值）- 1 500（合同生效日重组债务公允价值）

=1 100（万元）

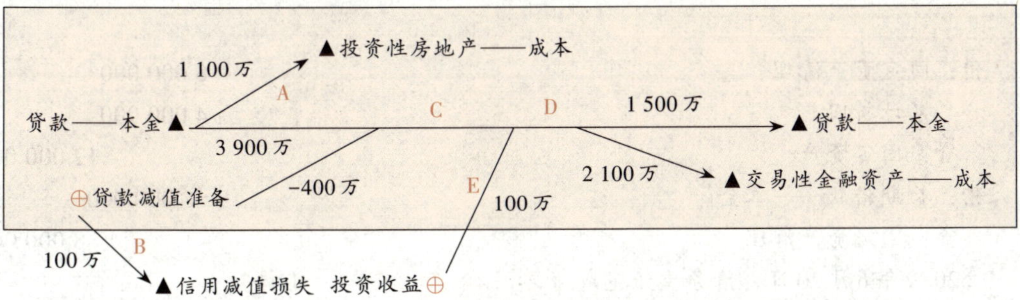

图12-24　债权人乙公司债务重组业务资金运动分析图

借：投资性房地产——成本　　11 000 000

　贷：贷款——本金　　11 000 000

②20×9年1月31日，补提贷款减值准备100万元（见图12-24，B段）：

借：信用减值损失　　1 000 000

　贷：贷款减值准备　　1 000 000

③20×9年6月20日，债务重组完成（见图12-24，C、D、E段）：

债务重组完成日受让股权的公允价值=4.2×500=2 100（万元）

债务重组损益=放弃债权的公允价值-放弃债权的账面价值

=4 600-（5 000-400）+受让金融资产价值波动（100）=100（万元）

借：交易性金融资产——成本　　21 000 000

　　贷款——本金（新）　　15 000 000

　　贷款减值准备　　4 000 000

　贷：贷款——本金（旧）　　39 000 000

　　　投资收益　　1 000 000

债务重组举例4

（2）债务人甲公司的会计处理：

该债务重组协议执行过程和结果不确定性于20×9年6月20日消除时，债务人清偿该部分债务的现时义务已经解除，可以确认债务重组相关损益，并按照修改后的条款确认新的金融负债。

①20×9年1月28日，以固定资产抵偿债务（见图12-25，A、B段）。

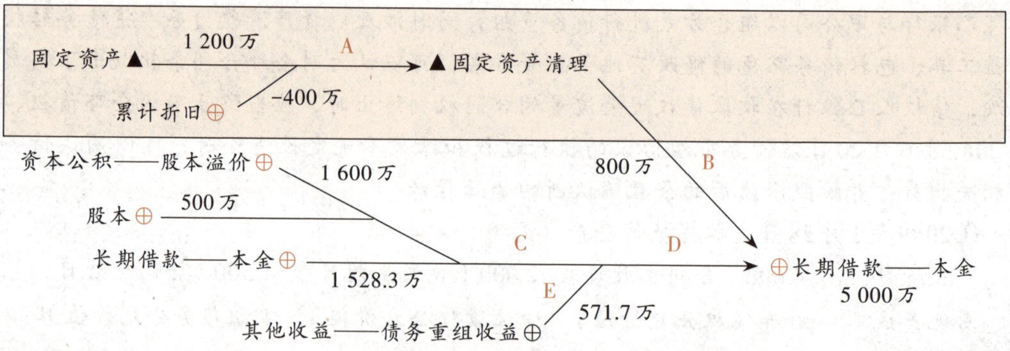

图 12-25　债务人甲公司债务重组业务资金运动分析图

借：固定资产清理	8 000 000	
累计折旧	4 000 000	
贷：固定资产		12 000 000
借：长期借款——本金	8 000 000	
贷：固定资产清理		8 000 000

②20×9 年 6 月 20 日，债务重组完成（见图 12-25，C、D、E 段）。

借款新现金流量=1 500×（1+8%）÷（1+6%）=1 528.3（万元）

现金流变化=（1 528.3-1500）÷1 500×100%≈1.9%，小于 10%。因此，针对 1 500 万元本金部分的合同条款的修改不构成实质性修改，不终止确认该部分负债。

因此，该部分负债（即本金金额为 1 500 万元，延期 1 年，年利率为 8%）需要继续按原合同借款利率 6% 来计算，其金额为 1 528.3 万元。如果终止确认，那么这部分负债就需要按新的利率（8%）来计量，其金额为 1 500 万元。

债务重组收益=债务的账面价值-偿债资产的账面价值

=5 000-800（固定资产账面价值）-2 100（完成日债转股公允价值）

-1 528.3（完成日保留债务的公允价值）=571.7（万元）

借：长期借款——本金	42 000 000	
贷：股本		5 000 000
资本公积——股本溢价		16 000 000
长期借款——本金		15 283 000
其他收益——债务重组收益		5 717 000

三、债务重组的相关披露

债务重组的相关披露

债务重组中涉及的债权、重组债权、债务、重组债务和其他金融工具的披露，应当按照《企业会计准则第 37 号——金融工具列报》的规定处理。此外，债权人和债务人还应当在附注中披露与债务重组有关的额外信息。

债权人应当在附注中披露与债务重组有关的下列信息：(1) 根据债务重组方式，分组披露债权账面价值和债务重组相关损益。分组时，债权人可以按照以资产清偿债务方式、将债务转换为权益工具方式、修改其他条款方式、组合方式为标准分组，也可以根据重要性原则以更细化的标准分组。（2）债务重组导致的对联营企业或合营企业的权益性投资增加额，以及该投资占联营企业或合营企业股份总额的比例。

债务人应该在附注中披露与债务重组有关的下列信息：（1）根据债务重组方式，分组披露债务账面价值和债务重组损益。分组的标准与对债权人的要求类似。（2）债务重组导致的股本等所有者权益的增加额。

报表使用者可能关心与债务重组相关的其他信息，如债权人和债务人是否为关联方；再如，如何确定债务转换为权益工具方式中的权益工具，以及修改其他条款方式中的新重组债权或重组债务等的公允价值；又如，是否存在与债务重组相关的或有事项等。企业应当根据《企业会计准则第13号——或有事项》《企业会计准则第22号——金融工具确认和计量》《企业会计准则第36号——关联方披露》《企业会计准则第37号——金融工具列报》《企业会计准则第39号——公允价值计量》等准则的规定，披露相关信息。

思考题

1.什么是货币性资产和非货币性资产？什么是非货币性资产交换？

2.非货币性资产交换过程中的商业实质的含义是什么？

3.非货币性资产交换的计量模式有哪些？各自有什么核算特点？

4.什么是政府补助？其主要包括哪些类别？

5.政府补助的会计处理方法有哪些？不同的会计处理方法分别有什么特点？

6.什么是债务重组？其主要有哪些种类？

7.债务重组所产生的损益如何进行会计处理？

育德育人

苏州吉姆西客车制造有限公司骗取新能源汽车财政补贴案

为整顿行业秩序，严肃财经法纪，回应社会关切，国务院办公厅组织了督查，财政部于2016年初组织力量，对90家主要的新能源汽车生产企业进行了专项检查，共涉及2013—2015年已获得和已申报中央财政补助资金的新能源汽车40.1万辆，共抽查13.3万辆已销售的新能源汽车的运营状态。检查发现，一些企业违反相关法律法规涉嫌骗取财政补贴，部分车辆未销售给消费者就提前申报补贴，不少车辆领取补贴后被闲置。其中，苏州吉姆西客车制造有限公司通过编造虚假材料采购、车辆生产销售等原始凭证和记录，上传虚假合格证，违规办理机动车行驶证等方式，虚构新能源汽车生产销售业务，虚假申报2015年销售新能源汽车1 131辆，涉及中央财政补助资金26 156万元。

财政部对恶意骗补情节严重的苏州吉姆西客车制造有限公司，取消其中央财政补贴资格，其2015年生产的全部车辆中央财政不予补助，追回2015年度预拨的全部中央财政补助资金。同时，工业和信息化部也取消了其整车生产资质。

资料来源：财政部．财政部通报预决算和新能源汽车补助资金专项检查［EB/OL］．［2016-09-09］．http：//www.ccgp.gov.cn/news/201609/t20160909_7293305.htm.

请思考：能源危机和环境污染是摆在全世界人民面前的两座“大山”，对汽车产业来说更是如此，如何降低能源消耗，减轻环境污染，是汽车产业急需解决的问题。国家多年来对新能源汽车整个产业链的培育，使产业链的各个环节逐步成熟。请结合上述资料想一想，国家补贴新能源汽车体现了怎样的国家战略？骗取财政补贴的做法对国家会产生哪些危害？

第十三章　利润形成与分配环节资金运动分析与会计处理

学习目标

本章主要阐述利润形成及其分配所引起的资金运动及其会计核算。通过本章学习，要求了解利润的经济含义，了解所得税会计处理的基本概念及基本流程，了解亏损弥补的主要途径；熟悉利润形成的主要业务关系，熟悉所得税会计处理的主要内容，熟悉利润分配的主要内容；掌握利润形成及分配、所得税会计处理等所引起的资金运动及其相应的会计处理。

第一节　利润形成资金运动分析与会计处理

一、利润的构成

企业利润既包括与企业的生产经营活动有关的所得，又包括与企业非生产经营活动有关的事项所产生的盈亏。企业的利润包括收入减去费用后的净额、直接计入当期利润的利得和损失等。未计入当期利润的利得和损失扣除所得税的影响后的净额计入其他综合收益。净利润与其他综合收益的合计金额为综合收益总额。利得是指由企业非日常经营活动所形成的、会导致企业所有者权益增加的、与所有者投入资本无关的经济利益的流入。损失是指由企业非日常经营活动所形成的，会导致所有者权益减少的，与向所有者分配利润无关的经济利益的流出。这些利得和损失主要体现在营业外收入与营业外支出两个项目上。

（一）营业利润

营业利润 = 营业收入 − 营业成本 − 税金及附加 − 销售费用 − 管理费用 − 研发费用 − 财务费用 + 其他收益 + 投资收益（− 投资损失）+ 净敞口套期收益（− 净敞口套期损失）+ 公允价值变动收益（− 公允价值变动损失）− 信用减值损失 − 资产减值损失 + 资产处置收益（− 资产处置损失）

其中：

营业收入是指企业经营业务所实现的收入总额，包括主营业务收入和其他业务收入。

营业成本是指企业经营业务所发生的实际成本总额，包括主营业务成本和其他业务成本。

研发费用是指企业进行研究与开发过程中所发生的费用化支出，以及计入管理费用的自行开发无形资产的摊销。

其他收益主要是指与企业日常活动相关的，除冲减相关成本费用以外的政府补助。

投资收益（或损失）是指企业以各种方式对外投资所取得的收益（或损失）。

公允价值变动收益（或损失）是指企业交易性金融资产等公允价值变动形成的应计入当期损益的利得（或损失）。

信用减值损失是指企业计提各项金融工具信用减值准备所确认的信用损失。

资产减值损失是指计提各项资产（非金融资产）减值准备所形成的损失。

资产处置收益（或损失）反映企业出售划分为持有待售的非流动资产（金融工具、长期股权投资和投资性房地产除外）或处置组（子公司和业务除外）时确认的处置利得（或损失），以及处置未划分为持有待售的固定资产、在建工程、生产性生物资产及无形资产而产生的处置利得（或损失），还包括债务重组中因处置非流动资产产生的利得（或损失）和非货币性资产交换中换出资产中非流动资产产生的利得（或损失）。

利润的构成分析

（二）利润总额

利润总额=营业利润+营业外收入－营业外支出

其中，营业外收入是指企业发生的与日常经营活动无直接关系的各项利得，营业外支出是指企业发生的与日常经营活动无直接关系的各项损失。

（三）净利润

净利润=利润总额－所得税费用

其中，所得税费用是指企业确认的应从当期利润总额中扣除的所得税费用。

二、营业外收支业务资金运动分析与会计处理

（一）营业外收入业务的会计处理

营业外收入并不是企业经营资金耗费所产生的，实际上是经济利益的净流入，不需要与有关的费用进行配比。营业外收入主要包括非流动资产毁损报废收益、与企业日常活动无关的政府补助、盘盈利得、捐赠利得等。

其中，非流动资产毁损报废收益，是指因自然灾害等发生毁损、已丧失使用功能而报废的非流动资产所产生的清理收益。

与企业日常活动无关的政府补助是指企业从政府无偿取得的与企业日常经营活动无关的货币性资产或非货币性资产。

盘盈利得，是指企业对库存现金等资产进行清查盘点时发生盘盈，报经批准后计入营业外收入的利得。

捐赠利得是指企业接受捐赠产生的利得。

企业应设置“营业外收入”账户，用以核算营业外收入的取得及结转情况，该账户可按“营业外收入”项目进行明细核算。

营业外收入业务分析

当企业确认非流动资产报废毁损收益时，其所引起的资金运动如图13-1中A段所示。当企业确认与企业日常活动无关的政府补助时，其所引起的资金运动如图13-1中B段所示。当盘盈的现金等报经批准转入营业外收入时，其所引起的资金运动如图13-1中C段所示。当企业接受捐赠时，其所引起的资金运动如图13-1中B段所示。期末，将营业外收入的期末余额结转至本年利润时，其所引起的资金运动如图13-1中D段所示。结转后，“营业外收入”账户无余额。

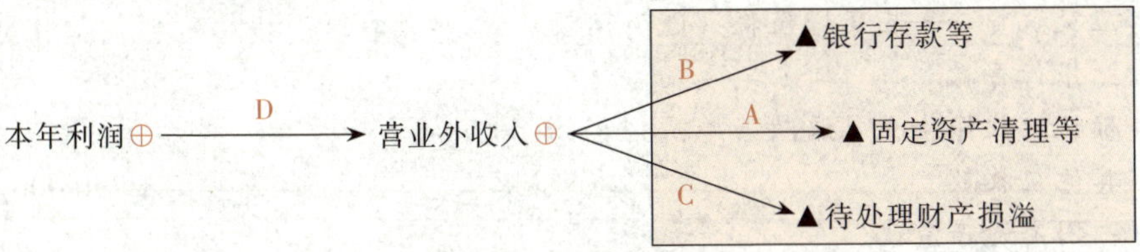

图13-1 营业外收入业务资金运动分析图

【例13-1】20×8年1月15日，甲公司收到乙公司的违约罚款40 000元，款项已存入银行。在此之前，甲公司未对这笔应收赔款做任何会计确认，其所引起的资金运动如图13-2所示。

图13-2 甲公司营业外收入业务资金运动分析图

借：银行存款　40 000

　贷：营业外收入　40 000

【例13-2】乙公司为增值税一般纳税人，因遭受台风袭击毁损一座仓库。该仓库原价为3 000 000元，已计提折旧1 000 000元，已计提减值准备200 000元。其残料估计价值为50 000元，残料已办理入库。发生清理费用并取得增值税专用发票，其上注明的装卸费为30 000元，增值税为1 800元，全部款项以银行存款支付。应收保险公司赔款1 790 000元。假定不考虑其他相关税费。

（1）将毁损的仓库转入清理（见图13-3，A段）。

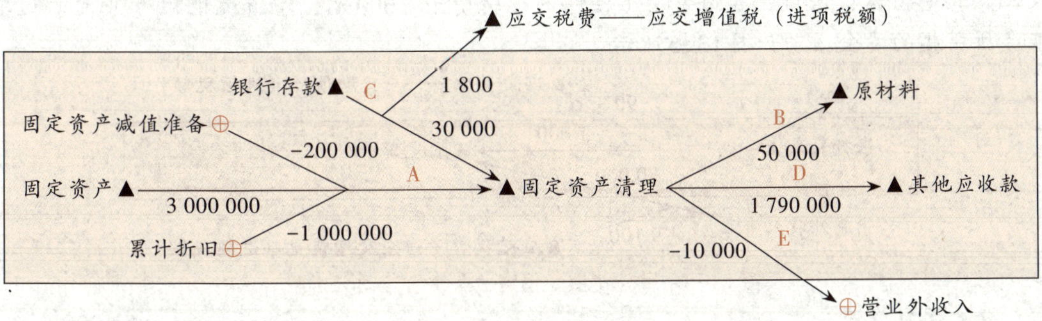

图13-3 乙公司固定资产毁损业务资金运动分析图

借：固定资产清理　1 800 000

　　累计折旧　1 000 000

　　固定资产减值准备　200 000

贷：固定资产　　3 000 000

（2）残料50 000元入库（见图13-3，B段）。

借：原材料　　50 000

贷：固定资产清理　　50 000

（3）支付清理费用及增值税进项税额（见图13-3，C段）。

借：固定资产清理　　30 000

应交税费——应交增值税（进项税额）　　1 800

贷：银行存款　　31 800

（4）确认应收保险公司赔款（见图13-3，D段）。

借：其他应收款　　1 790 000

贷：固定资产清理　　1 790 000

（5）结转毁损固定资产清理结果（见图13-3，E段）。

借：固定资产清理　　10 000

贷：营业外收入　　10 000

【例13-3】甲公司对库存现金进行清查。

（1）在清查中，发现盘盈库存现金800元（见图13-4，A段）。

图13-4　甲公司库存现金盘盈业务资金运动分析图

借：库存现金　　800

贷：待处理财产损溢　　800

（2）经批准后，将盘盈的库存现金转为营业外收入（见图13-4，B段）。

借：待处理财产损溢　　800

贷：营业外收入　　800

【例13-4】甲公司接受丙公司捐赠不需要安装的新设备一台，增值税专用发票上注明的货款为70 000元，增值税税款为9 100元。甲公司以银行存款支付了该笔业务的运输费及相应的增值税，增值税专用发票上注明的运输费为1 000元，增值税税款为90元。这笔业务所引起的资金运动如图13-5所示。

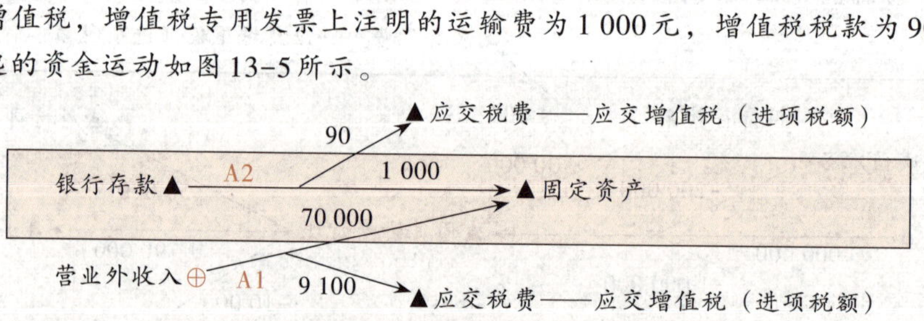

图13-5　甲公司接受捐赠业务资金运动分析图

借：固定资产　　71 000

应交税费——应交增值税（进项税额）　　9 190

贷：银行存款　　1 090

营业外收入　　79 100

【例 13-5】甲公司本期取得营业外收入总计 120 000 元，期末将其转入本年利润，其所引起的资金运动如图 13-6 所示。

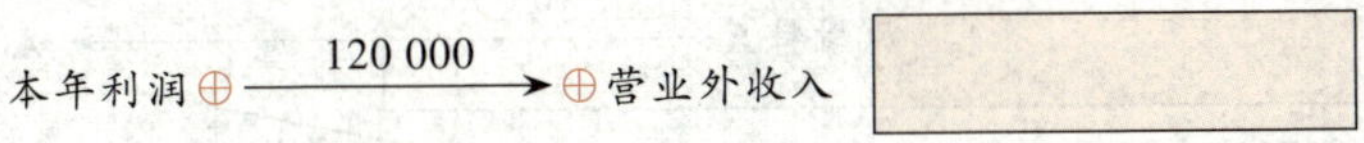

图 13-6　甲公司将营业外收入转入本年利润业务资金运动分析图

借：营业外收入　　120 000

　贷：本年利润　　120 000

（二）营业外支出业务的会计处理

营业外支出主要包括非流动资产毁损报废损失、捐赠支出、盘亏损失、非常损失、罚款支出等。

其中，非流动资产毁损报废损失，是指因自然灾害等发生毁损、已丧失使用功能而报废非流动资产所产生的清理损失。

捐赠支出，是指企业对外捐赠发生的支出。

盘亏损失，主要是指对于财产清查过程中发生的盘亏资产，查明原因并报经批准计入营业外支出的损失。

非常损失，是指企业对于因客观原因（如自然灾害等）造成的损失，扣除保险公司的赔偿后应计入营业外支出的净损失。

罚款支出，是指企业支付的行政罚款、税务罚款，以及其他违反法律法规、合同协议等而支付的罚款、违约金、赔偿金、滞纳金等支出。

企业应设置“营业外支出”账户，用以核算营业外支出的发生与结转情况，该账户可以按支出项目进行明细核算。当企业确认非流动资产毁损报废损失时，其所引起的资金运动如图 13-7 中 A 段所示。当企业发生对外捐赠时，其所引起的资金运动如图 13-7 中 B 段所示。当企业发生盘亏报经批准而确认营业外支出时，其所引起的资金运动如图 13-7 中 C 段所示。当企业因发生非常损失而确认营业外支出时，其所引起的资金运动如图 13-7 中 C 段所示。当企业发生罚款支出时，其所引起的资金运动如图 13-7 中 B 段所示。期末，当企业将营业外支出转入本年利润时，其所引起的资金运动如图 13-7 中 D 段所示。结转后，“营业外支出”账户无余额。

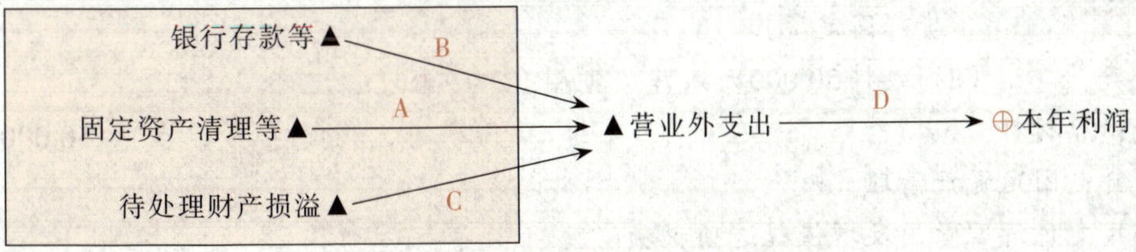

图 13-7　营业外支出业务资金运动分析图

【例 13-6】20×8 年 1 月，甲公司因违法经营被没收材料的价值为 10 000 元，增值税税率为 13%，罚款为 15 000 元，罚款已以银行存款支付，其所引起的资金运动如图 13-8 所示。

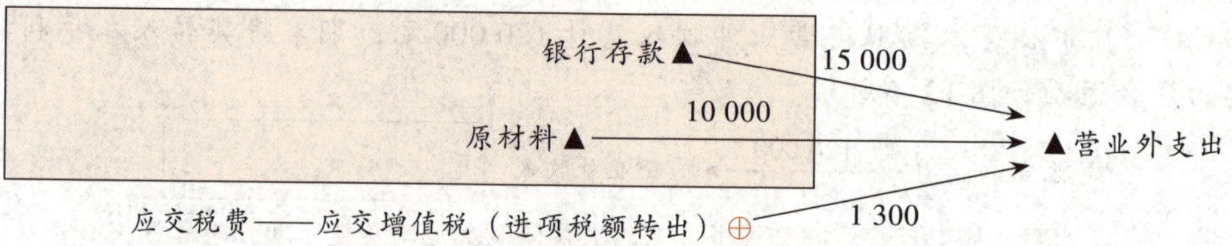

图13-8 甲公司罚款支出业务资金运动分析图

借：营业外支出　26 300

　贷：原材料　10 000

　　银行存款　15 000

　　应交税费——应交增值税（进项税额转出）　1 300

【例13-7】乙公司为增值税一般纳税人，因遭受台风袭击毁损一座仓库。该仓库原价为3 000 000元，已提折旧1 000 000元，已计提减值准备200 000元。其残料估计价值为50 000元，残料已办理入库。发生清理费用并取得增值税专用发票，其上注明的装卸费为30 000元，增值税为1 800元，全部款项以银行存款支付。应收保险公司赔款1 500 000元。假定不考虑其他相关税费。

（1）将毁损的仓库转入清理（见图13-9，A段）。

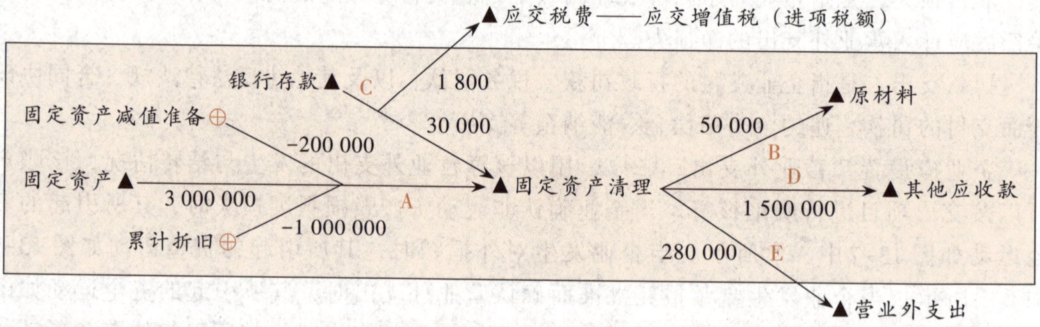

图13-9 乙公司固定资产毁损业务资金运动分析图

营业外支出业务分析

借：固定资产清理　1 800 000

　累计折旧　1 000 000

　固定资产减值准备　200 000

　贷：固定资产　3 000 000

（2）残料50 000元入库（见图13-9，B段）。

借：原材料　50 000

　贷：固定资产清理　50 000

（3）支付清理费用及增值税进项税额（见图13-9，C段）。

借：固定资产清理　30 000

　应交税费——应交增值税（进项税额）　1 800

　贷：银行存款　31 800

（4）确认应收保险公司赔款（见图13-9，D段）。

借：其他应收款　1 500 000

贷：固定资产清理　　1 500 000

（5）结转毁损固定资产清理结果（见图13-9，E段）。

借：营业外支出——非常损失　　280 000

贷：固定资产清理　　280 000

【例13-8】20×8年12月20日，甲公司一项非专利技术由于被其他新技术所替代，公司决定将其转入报废处理。报废时已摊销400 000元，已提取减值准备120 000元，其原值为600 000元。这项业务所引起的资金运动如图13-10所示。

借：营业外支出　　80 000

累计摊销　　400 000

无形资产减值准备　　120 000

贷：无形资产　　600 000

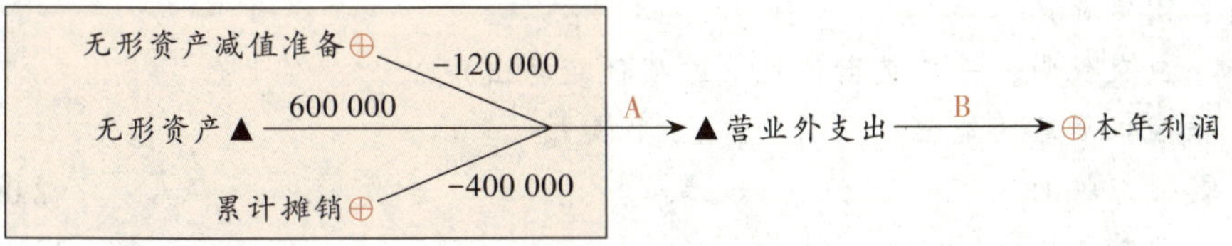

图13-10　甲公司无形资产报废业务资金运动分析图

【例13-9】20×8年10月20日，甲公司发生原材料自然灾害，造成原材料毁损100 000元，报经批准后将其损失全部转入营业外支出。该原材料采用计划成本核算，其材料成本差异率为5%。

（1）发生原材料自然灾害损失（见图13-11，A段）。

图13-11　甲公司原材料发生非常损失业务资金运动分析图

借：待处理财产损溢　　105 000

贷：原材料　　100 000

材料成本差异　　5 000

（2）报经批准后转入营业外支出（见图13-11，B段）。

借：营业外支出　　105 000

贷：待处理财产损溢　　105 000

【例13-10】20×8年10月31日，甲公司发生固定资产盘亏。该固定资产原值为120 000元，已提折旧80 000元，已计提减值准备10 000元，其损失部分（账面净值）对应的增值税进项税额不得抵扣。报经批准后，应由车间设备保管员赔偿2 000元，剩下的全部转入营业外支出。

(1) 发生固定资产盘亏（见图13-12，A段）。

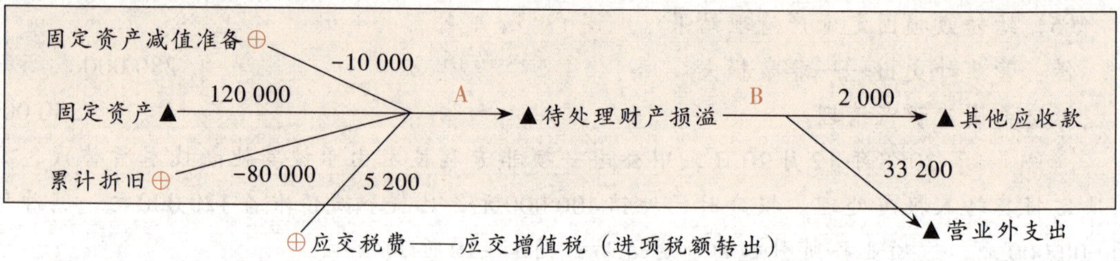

图13-12 甲公司固定资产盘亏业务资金运动分析图

借：待处理财产损溢　35 200
　　累计折旧　80 000
　　固定资产减值准备　10 000
　贷：固定资产　120 000
　　　应交税费——应交增值税（进项税额转出）　5 200

(2) 报经批准后的处理（见图13-12，B段）。

借：其他应收款　2 000
　　营业外支出　33 200
　贷：待处理财产损溢　35 200

【例13-11】(1) 20×8年10月31日，丙公司以银行存款支付税款滞纳金5 000元（见图13-13，A段）。

图13-13 丙公司支付税款滞纳金业务资金运动分析图

借：营业外支出　5 000
　贷：银行存款　5 000

(2) 丙公司本月营业外支出总计65 000元，将其转入本年利润（见图8-12，B段）。

借：本年利润　65 000
　贷：营业外支出　65 000

三、本年利润业务资金运动分析与会计处理

（一）结转本年利润的方法

会计期末，结转本年利润的方法有表结法和账结法两种。

1.表结法

在表结法下，各损益类账户每月末只需结出本期发生额和月末累计余额，不结转到“本年利润”账户，只有在年末才将全年累计余额转入“本年利润”账户。但每月末，要将损益类账户的本期发生额合计数填入利润表的“本月数”栏中，同时将本月末累计余额数填入利润表的“本年累计数”栏中，通过利润表的计算来反映各期的利润（或亏损）。在表结法下，年中损益类账户余额无须转入“本年利润”账户，从而减少了结转环节和工作量，同时并不影响利润表的编制及有关损益指标的利用。

2.账结法

在账结法下，每月均需编制记账凭证，将在账上结计出的各损益类账户的余额转入“本年利润”账户。结转后，“本年利润”账户的本月余额反映当月实现的利润或发生的亏损，“本年利润”账户的本年余额反映本年累计实现的利润或发生的亏损。账结法在各月均可通过“本年利润”账户提供当月及本年累计的利润（或亏损）额，但增加了结转环节和工作量。在信息技术环境下，账结法的结转环节和工作量大大降低。目前，企业基本采用账结法。

（二）本年利润结转业务的会计处理

利润总额是企业从事生产经营活动以及非生产经营活动所取得的财务成果，利润总额扣除所得税后的差额，即为企业的净利润。净利润的大小最终体现为企业的盈利能力。在会计处理上，企业净利润是通过“本年利润”账户来核算的。

企业当期发生的收入、费用，日常通过有关账户予以归集后，在期末（按月）将其全部转入“本年利润”账户，其所引起的资金运动如图13-14中A段、B段和D段所示。

本年利润业务分析

【例13-12】20×8年1月31日，甲公司计算并结转本期损益。

（1）甲公司将所有收入类账户结转到“本年利润”账户，其中，主营业务收入3 000 000元、其他业务收入600 000元、投资收益620 000元、营业外收入280 000元，公允价值变动损益贷方余额500 000元（见图13-14，A段）。

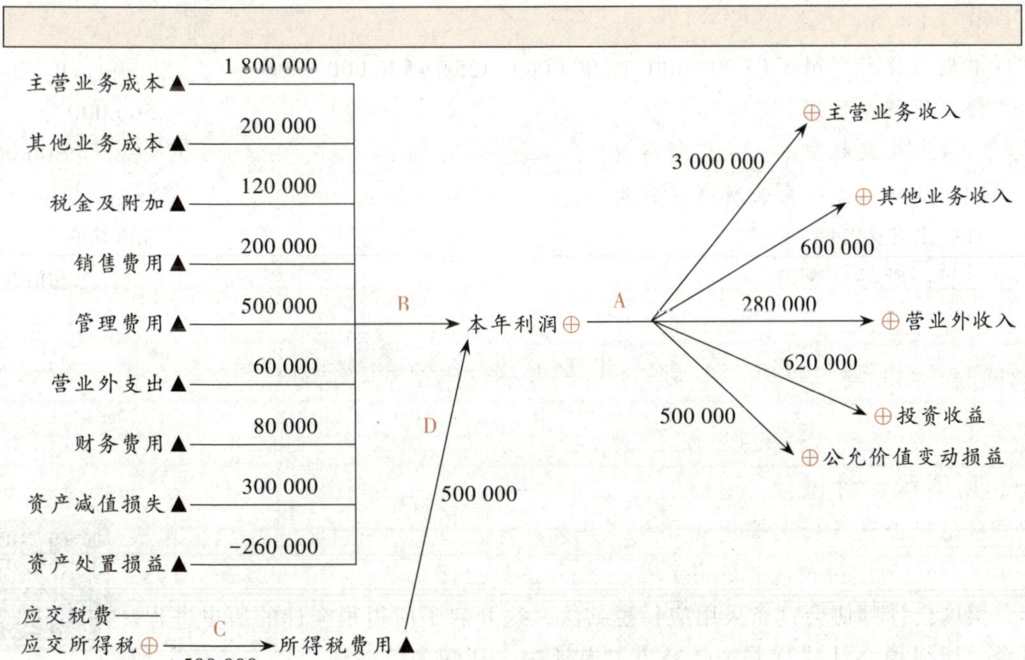

图13-14　甲公司利润形成业务资金运动分析图

借：主营业务收入	3 000 000
其他业务收入	600 000
投资收益	620 000

借：营业外收入　　280 000

　　公允价值变动损益　　500 000

　贷：本年利润　　5 000 000

（2）甲公司将费用类账户全部结转到“本年利润”账户，其中，主营业务成本1 800 000元、其他业务成本200 000元、税金及附加120 000元、销售费用200 000元、管理费用500 000元、财务费用80 000元、营业外支出60 000元、资产减值损失300 000元，资产处置损益贷方余额260 000元（见图13-14，B段）。

借：本年利润　　3 000 000

　　资产处置损益　　260 000

　贷：主营业务成本　　1 800 000

　　　税金及附加　　120 000

　　　其他业务成本　　200 000

　　　管理费用　　500 000

　　　财务费用　　80 000

　　　销售费用　　200 000

　　　营业外支出　　60 000

　　　资产减值损失　　300 000

（3）计提本期应缴纳的企业所得税，所得税税率为25%。假设企业利润与税务利润一致（见图13-14，C段）。

本期应交所得税=（5 000 000-3 000 000）×25%=500 000（元）

借：所得税费用　　500 000

　贷：应交税费——应交所得税　　500 000

（4）结转本期的企业所得税费用（见图13-14，D段）。

借：本年利润　　500 000

　贷：所得税费用　　500 000

第二节　所得税业务资金运动分析与会计处理

一、所得税会计概述

所得税会计是研究如何处理会计与税务差异的专门会计，是反映企业所得税的确认、计量和报告所得税信息的一整套会计原理、程序和方法。1953年，美国会计师协会宣布采用应付税款法，这开启了所得税会计的历史进程。至今，所得税会计核算方法已经历了递延法、利润表债务法、资产负债表债务法。目前，资产负债表债务法是世界范围内所得税会计的主流处理方法，我国也采用这种方法。

所得税会计处理基本思路1

（一）资产负债表债务法的基本思想

所得税会计处理基本思路2

资产负债表债务法较为完整地体现了资产负债观，在所得税的会计核算方面贯彻了对资产、负债的界定。从资产负债表的角度考虑，资产的账面价值代表的是企业在持续持有及最终处置某项资产的一定期间内，该项资产能为企业带来的未来经济利益；而其计税基础代表的是在这一期间内，该项资产按照税法的规定可以税前扣除的金额。一项资产的账面价值小于其计税基础，表明该项资产于未来期间产生的经济利益流入低于按照税法的规定允许税前扣除的金额，产生可抵减未来期间应纳税所得额的因素，减少未来期间以应交所得税的方式流出企业的经济利益，应确认为资产。反之，若一项资产的账面价值大于其计税基础，则两者之间的差额将会于未来期间产生应税金额，增加未来期间的应纳税所得额及应交所得税，使企业产生经济利益流出的义务，应确认为负债。

（二）所得税会计核算的一般程序

企业一般应于每一资产负债表日进行所得税的核算。所得税核算一般应遵循以下程序：

（1）确定资产负债表中除递延所得税资产和递延所得税负债以外的其他资产和负债项目的账面价值。

（2）以适用的税收法规为基础，确定资产负债表中有关资产、负债项目的计税基础。

（3）比较资产、负债的账面价值与其计税基础。对于两者之间存在的差异，分析其性质，除相应准则中规定的特殊情况外，应将其分别确认为应纳税暂时性差异与可抵扣暂时性差异，并乘以适用的所得税税率，确定资产负债表日递延所得税负债和递延所得税资产的应有金额，进而与期初递延所得税负债和递延所得税资产的余额相比，确定当期应予进一步确认的递延所得税资产和递延所得税负债金额或应予转销的金额，使其构成利润表中所得税费用的一个组成部分——递延所得税费用。

（4）按照适用的税法的规定计算确定当期应纳税所得额，将应纳税所得额与适用的所得税税率相乘所得的结果确认为当期应交所得税，并同步确认利润表中应予确认的所得税费用的另外一个组成部分——当期所得税费用。

（5）确定利润表中的所得税费用。企业在计算确定了当期所得税费用和递延所得税费用后，两者之和就是利润表中的所得税费用。

二、资产、负债的计税基础及暂时性差异

所得税会计的关键在于确定资产、负债的计税基础。在确定资产、负债的计税基础时，应严格遵循税收法规中对于资产的税务处理以及可税前扣除的费用等的规定。

（一）资产的计税基础

资产的计税基础分析1

资产的计税基础，是指企业在收回资产账面价值的过程中，计算应纳税所得额时按照税法的规定可以自应税经济利益中抵扣的金额，即某一项资产在未来期间计税时按照税法的规定可以税前扣除的金额。

资产在初始确认时，其计税基础一般为取得成本，即企业为取得某项资产支付的成本在未来期间准予税前扣除。在资产持续持有的过程中，其计税基础是指资产的取得成本减去以前期间按照税法的规定已经税前扣除的金额后的余额，该余额代表的是

该资产在未来期间计税时可以税前扣除的金额。

1.固定资产

固定资产初始确认的入账价值基本上是被税法认可的，即取得时其账面价值一般等于其计税基础。

固定资产在持有期间进行后续计量时：

账面价值=初始成本-累计折旧（会计）-固定资产减值准备

计税基础=成本-累计折旧（税法）

【例13-13】甲公司于20×2年末以600万元购入一项生产用固定资产，按照该项固定资产的预计使用情况，甲公司估计其使用寿命为20年，按照直线法计提折旧，预计净残值为0。假定税法规定的折旧年限、折旧方法及净残值与会计的规定相同。20×4年12月31日，甲公司估计该项固定资产的可收回金额为500万元。在20×4年12月31日：

该固定资产账面价值=6 000 000-6 000 000÷20×2-400 000=5 000 000（元）

该固定资产计税基础=6 000 000-6 000 000÷20×2=5 400 000（元）

该40万元的差额属于可抵扣暂时性差异。

资产的计税基础分析2

2.无形资产

除内部研究开发形成的无形资产以外，以其他方式取得的无形资产，初始确认时确定的入账价值与按照税法的规定确定的成本之间一般不存在差异。

（1）对于内部研究开发形成的无形资产，研究阶段的支出应当费用化计入当期损益，开发阶段符合资本化条件以后至达到预定用途前发生的支出应当资本化作为无形资产的成本入账。

对于研究开发费用的税前扣除，税法规定企业为开发新技术、新产品、新工艺发生的研究开发费用，未形成无形资产计入当期损益的，在按照规定据实扣除的基础上，按照研究开发费用的50%加计扣除；形成无形资产的，按照无形资产成本的150%摊销。依据财政部、税务总局、科技部2018年9月20日联合发布的财税〔2018〕99号文件，企业开展研发活动中实际发生的研发费用，未形成无形资产计入当期损益的，在按规定据实扣除的基础上，在2018年1月1日至2023年12月31日期间，再按照实际发生额的75%在税前加计扣除；形成无形资产的，在上述期间按照无形资产成本的175%在税前摊销。

（2）后续计量时，会计与税收的差异主要产生于无形资产是否需要摊销以及是否需要提取减值准备。

会计准则规定，应根据无形资产使用寿命的情况将无形资产区分为使用寿命有限的无形资产与使用寿命不确定的无形资产。对于使用寿命不确定的无形资产，不要求摊销，但持有期间每年应进行减值测试。税法规定，企业取得的无形资产成本应在一定期限内摊销，即税法中没有界定使用寿命不确定的无形资产，除外购商誉外，所有的无形资产成本均应在一定期间内摊销。

对于使用寿命不确定的无形资产，会计处理时不予摊销；但计税时，其按照税法的规定确定的摊销额允许税前扣除，从而造成该类无形资产的账面价值与计税基础的差异。

在对无形资产计提减值准备的情况下，因税法对按照会计准则的规定计提的无形资产减值准备在形成实质性损失前不允许税前扣除，即无形资产的计税基础不会随减值准备的提取发生变化，但其账面价值会因资产减值准备的提取而下降，从而造成无形资产的账面价值与计税基础的差异。

【例13-14】20×2年，甲公司当期为开发新技术发生研究开发支出共计2 000万元，其中研究阶段支出为400万元，开发阶段符合资本化条件前发生的支出为400万元，符合资本化条件后至达到预定用途前发生的支出为1 200万元。假定开发形成的无形资产在当期期末已达到预定用途，但尚未开始摊销。假设税法规定的加计扣除率为50%。

无形资产的账面价值=1 200万元

无形资产的计税基础=1 800万元

该600万元的差额属于可抵扣非暂时性差异，准则规定不将其确认为递延所得税资产，不确认其对所得税的影响。

3. 交易性金融资产

对于以公允价值计量且其变动计入当期损益的金融资产，其于某一会计期末的账面价值为该时点的公允价值。税法规定，企业以公允价值计量的金融资产、金融负债以及投资性房地产等，持有期间公允价值的变动不计入应纳税所得额，在实际处置或结算时，处置取得的价款扣除其历史成本后的差额应计入处置或结算期间的应纳税所得额。

企业持有的其他债权投资、其他权益工具投资等计税基础的确定，与以公允价值计量且其变动计入当期损益的金融资产类似，可比照处理。

【例13-15】20×2年10月20日，甲公司自公开市场取得一项权益性投资，支付价款1 600万元，作为交易性金融资产核算。20×2年12月31日，该项权益性投资的市价为1 760万元。20×2年12月31日：

该交易性金融资产的账面价值=1 760万元

该交易性金融资产的计税基础=1 600万元

该160万元的差额属于应纳税暂时性差异。

资产的计税基础分析3

4. 其他资产

它是指企业持有的可能造成其账面价值与计税基础之间存在差异的其他资产，如计提了资产减值准备的相关资产、采用公允价值模式计量的投资性房地产等。

【例13-16】甲公司20×2年购入原材料，其成本为4 000万元，因部分生产线停工，当年未领用任何该原材料。20×2年12月31日，考虑到该原材料的市价及用其生产的产成品的市价情况，估计其可变现净值为3 200万元。假定该原材料20×2年的期初余额为0。20×2年12月31日，该项原材料计提800万元存货跌价准备。20×2年12月31日：

该原材料的账面价值=3 200万元

该原材料的计税基础=4 000万元

该800万元的差额属于可抵扣暂时性差异。

【例13-17】甲公司20×2年12月31日应收账款余额为6 000万元，该公司期末对应收账款计提了600万元的坏账准备。税法规定，不符合国务院财政、税务主管部门规定的各项资产减值准备不允许税前扣除。假定该公司期初应收账款及坏账准备的余额均为0。20×2年12月31日：

该应收账款的账面价值=5 400万元

该应收账款的计税基础=6 000万元

该600万元的差额属于可抵扣暂时性差异。

（二）负债的计税基础

负债的计税基础，是指负债的账面价值减去未来期间计算应纳税所得额时按照税法的规定可予抵扣的金额后的余额，即：

负债的计税基础=账面价值-未来期间按照税法的规定可予税前扣除的金额

负债的确认与偿还一般不会影响企业的损益，也不会影响其应纳税所得额，未来期间计算应纳税所得额时按照税法的规定可予抵扣的金额为0，计税基础即为账面价值。如企业的短期借款、应付账款等。在某些情况下，负债的确认可能会影响企业的损益，使得其计税基础与账面价值之间存在差异。

1.企业因销售商品提供售后服务等原因确认的预计负债

企业对于预计提供售后服务将发生的支出在满足有关确认条件时，销售当期即应确认为费用，同时确认预计负债。税法规定，与销售产品相关的支出应于发生时税前扣除。因该类事项产生的预计负债在期末的计税基础为其账面价值与未来期间可税前扣除的金额之间的差额，有关的支出实际发生时可全部税前扣除，其计税基础为0。

某些情况下，因有些事项确认的预计负债，税法规定其支出无论是否实际发生均不允许税前扣除，即未来期间按照税法的规定可予抵扣的金额为0，其账面价值等于计税基础。

负债的计税基础分析1

【例13-18】甲公司20×2年因销售产品承诺提供3年的保修服务，在20×2年度利润表中确认了400万元的销售费用，同时在资产负债表中确认了预计负债，当年未发生任何保修支出。20×2年12月31日：

该预计负债的账面价值=400万元

该预计负债的计税基础=0

该400万元的差额属于可抵扣暂时性差异。

2.合同负债

企业在收到客户预付的款项时，因不符合收入确认条件，会计上将其确认为负债。税法中对于收入的确认原则一般与会计规定相同，即会计上未确认收入时，计税时一般亦不计入应纳税所得额，该部分经济利益在未来期间计税时可予税前扣除的金额为0，其计税基础等于账面价值。

在某些情况下，因不符合会计准则规定的收入确认条件未确认为收入的预收账款，按照税法的规定应计入当期应纳税所得额时，有关合同负债的计税基础为0，即因其产生时已经计算缴纳所得税，未来期间可全额税前扣除。

【例13-19】甲公司于20×2年12月20日自客户处收到一笔合同预付款，金额为2 000万元，因不符合收入确认条件，将其作为合同负债核算。假定按照适用税法的规定，该款项应计入取得当期的应纳税所得额计算缴纳所得税。

该合同负债的账面价值=2 000万元

该合同负债的计税基础=0

该2 000万元的差额属于可抵扣暂时性差异。

3.应付职工薪酬

企业为获得职工提供的服务给予的各种形式的报酬以及其他相关支出均应作为企业的成本费用，在未支付之前确认为负债。税法中对于合理的职工薪酬基本允许税前扣除，但税法中规定了税前扣除标准的，按照会计准则的规定计入成本费用的金额超过规定标准的部分，应进行纳税调整。因超过部分在发生当期不允许税前扣除，在以后期间也不允许税前扣除，即该部分差额对未来期间计税不产生影响，导致应付职工薪酬负债的账面价值等于计税基础。

【例13-20】甲公司20×2年12月计入成本费用的职工工资总额为3 200万元，至20×2年12月31日尚未支付，体现为资产负债表中的应付职工薪酬负债。假定按照适用税法的规定，当期计入成本费用的3 200万元工资支出中，按照计税工资标准的规定，可予税前扣除的金额为2 400万元。

该应付职工薪酬的账面价值=3 200万元

该应付职工薪酬的计税基础=3 200万元

应付职工薪酬的账面价值与计税基础没有差异。

负债的计税基础分析2

4.其他负债

企业的其他负债项目，如应交的罚款和滞纳金等，在尚未支付之前按照会计的规定确认为费用或损失，同时作为负债反映。税法规定，罚款和滞纳金不能税前扣除，即该部分费用无论是在发生当期还是在以后期间均不允许税前扣除，其计税基础为账面价值减去未来期间计税时可予税前扣除的金额之间的差额，即计税基础等于账面价值。其他交易或事项产生的负债，其计税基础应当按照适用税法的相关规定确定。

【例13-21】甲公司20×2年12月因违反当地有关环保法规的规定，接到环保部门的处罚通知，要求其支付罚款400万元。税法规定，企业因违反国家有关法律法规的规定支付的罚款和滞纳金，计算应纳税所得额时不允许税前扣除。至20×2年12月31日，该项罚款尚未支付。

该其他应付款的账面价值=400万元

该其他应付款的计税基础=400万元

其他应付款的账面价值与计税基础没有差异。

（三）暂时性差异

根据暂时性差异对未来期间应纳税所得额的影响，暂时性差异分为应纳税暂时性差异和可抵扣暂时性差异。此外，按照税法的规定可以结转以后年度的未弥补亏损和税款抵减，应视同可抵扣暂时性差异。

1.应纳税暂时性差异

应纳税暂时性差异，是指在确定未来收回资产或清偿负债期间的应纳税所得额时，将导致产生应税金额的暂时性差异。应纳税暂时性差异通常产生于以下两种情况：

暂时性差异分析

（1）资产的账面价值大于其计税基础

一项资产的账面价值代表的是企业在持续使用或最终出售该项资产时将取得的经济利益的总额，而计税基础代表的是一项资产在未来期间可予税前扣除的金额。资产的账面价值大于其计税基础，表明该项资产未来期间产生的经济利益不能全部税前抵扣，两者之间的差额需要缴税，产生应纳税暂时性差异。

（2）负债的账面价值小于其计税基础

一项负债的账面价值为企业预计在未来期间清偿该项负债时的经济利益流出，而其计税基础代表的是账面价值在扣除税法规定未来期间允许税前扣除的金额之后的差额。因负债的账面价值与其计税基础不同产生的暂时性差异，本质上是税法规定就该项负债在未来期间可以税前扣除的金额（即与该项负债相关的费用支出在未来期间可予税前扣除的金额）。若负债的账面价值小于其计税基础，则意味着就该项负债在未来期间可以税前抵扣的金额为负数，即应在未来期间应纳税所得额的基础上调增，增加未来期间的应纳税所得额和应交所得税金额，产生应纳税暂时性差异。

2. 可抵扣暂时性差异

可抵扣暂时性差异，是指在确定未来收回资产或清偿负债期间的应纳税所得额时，将导致产生可抵扣金额的暂时性差异。应纳税暂时性差异通常产生于以下两种情况：

（1）资产的账面价值小于其计税基础

资产的计税基础大于账面价值，意味着企业未来有更多的费用可以进入纳税申报表从而抵扣税款，企业在未来期间可以减少应纳税所得额并减少应交所得税，产生可抵扣暂时性差异。

（2）负债的账面价值大于其计税基础

一项负债的账面价值大于其计税基础，意味着未来期间按照税法的规定与该项负债相关的全部或部分支出可以自未来应税经济利益中扣除，减少未来期间的应纳税所得额和应交所得税，产生可抵扣暂时性差异。

三、递延所得税负债和递延所得税资产的确认与计量

（一）递延所得税负债的确认和计量

递延所得税负债产生于应纳税暂时性差异。因应纳税暂时性差异在转回期间将增加企业的应纳税所得额和应交所得税，导致企业经济利益的流出，在其发生当期，构成企业应支付税金的义务，所以应作为负债确认。

在确认递延所得税负债时，交易或事项发生时影响会计利润或应纳税所得额的，相关的所得税影响应作为利润表中所得税费用的组成部分；与直接计入所有者权益的交易或事项相关的，其所得税影响应减少所有者权益。

资产负债表日，对于递延所得税负债，应当根据适用税法的规定，按照预期清偿该负债期间的适用税率计量。无论应纳税暂时性差异的转回期间如何，递延所得税负债都不要求折现。

递延所得税资产和负债的确认

【例13-22】甲公司于20×2年12月31日购入某项机器设备，会计上采用直线法计提折旧，税法规定允许采用加速折旧法计提折旧，其取得成本为100万元，使用年限为10年，净残值为零，计税时按双倍余额递减法计提折旧。该公司适用的所得税税率为25%。20×3年12月31日：

资产的账面价值=100-10=90（万元）

资产的计税基础=100-20=80（万元）

应纳税暂时性差异=90-80=10（万元）

应确认递延所得税负债=10×25%=2.5（万元）

（二）递延所得税资产的确认和计量

递延所得税资产产生于可抵扣暂时性差异。产生可抵扣暂时性差异的，在估计未来期间能够取得足够的应纳税所得额用以利用该可抵扣暂时性差异时，企业应当以很可能取得的用来抵扣可抵扣暂时性差异的应纳税所得额为限，确认相关的递延所得税资产。

有关交易或事项发生时，对税前会计利润或应纳税所得额产生影响的，所确认的递延所得税资产应作为利润表中所得税费用的调整；有关的可抵扣暂时性差异产生于直接计入所有者权益的交易或事项的，不能调整所得税费用，而应调整所有者权益。对于税法允许的加计扣除所产生的可抵扣暂时性差异，不确认其对递延所得税资产的影响。

确认递延所得税资产时，应当以预期收回该资产期间的适用所得税税率为基础计算确定。无论相关的可抵扣暂时性差异转回期间如何，递延所得税资产均不要求折现。在资产负债表日，企业应当对递延所得税资产的账面价值进行复核。如果未来期间很可能无法取得足够的应纳税所得额用以利用可抵扣暂时性差异带来的经济利益，应当减记递延所得税资产的账面价值。

【例 13-23】甲公司于20×2年1月1日以480万元购入一项交易性金融资产，20×2年12月31日，该金融资产公允价值为460万元。该公司适用的所得税税率为25%。20×2年12月31日：

资产的账面价值=460万元

资产的计税基础=480万元

可抵扣暂时性差异=480-460=20（万元）

应确认的递延所得税资产=20×25%=5（万元）

四、所得税费用的确认和计量

利润表中的所得税费用由两个部分组成：当期所得税费用和递延所得税费用。

（一）当期所得税费用

当期所得税费用是指企业按照税法的规定计算确定的针对当期发生的交易或事项，应缴纳给税务部门的所得税金额。

所得税费用的确认

企业在确定当期所得税时，对于当期发生的交易或事项，会计处理与税收处理不同的，应在会计利润的基础上，按照适用的税收法规的规定进行调整，计算出当期应纳税所得额，按照应纳税所得额与适用所得税税率计算确定当期应交所得税。

当期所得税费用=当期应交所得税=应纳税所得额×适用的所得税税率

当期所得税费用的确认所引起的资金运动如图13-15中A段所示。

（二）递延所得税费用

递延所得税费用是指应予确认的递延所得税资产和递延所得税负债在期末应有的金额与原已确认金额之间的差额，即递延所得税资产及递延所得税负债当期发生额的综合结果。其所引起的资金运动如图13–15中B段和C段所示。递延所得税费用的金额即为B段流量与C段流量之和。其中，B段流量=递延所得税负债期末余额–递延所得税负债期初余额；C段流量=递延所得税资产期初余额–递延所得税资产期末余额。即：

递延所得税费用=（递延所得税负债的期末余额–递延所得税负债的期初余额）+
（递延所得税资产的期初余额–递延所得税资产的期末余额）

或者：

递延所得税费用=（递延所得税负债的期末余额–递延所得税负债的期初余额）–
（递延所得税资产的期末余额–递延所得税资产的期初余额）

企业因确认递延所得税资产和递延所得税负债产生的递延所得税费用，一般应当计入所得税费用；但某项交易或事项应计入所有者权益的，由该交易或事项产生的递延所得税资产或递延所得税负债及其变化亦应计入所有者权益，不构成利润表中的递延所得税费用。

所得税业务资金运动分析

（三）所得税费用

确定了当期所得税费用及递延所得税费用后，两者之和即为利润表中应予确认的所得税费用。

与所得税有关的资金运动如图13–15所示。

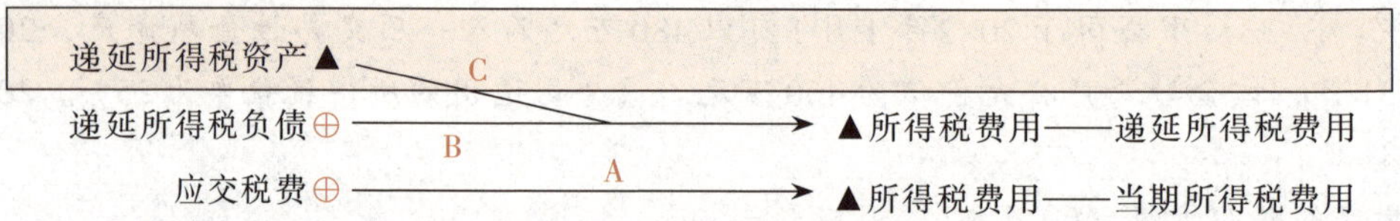

图13–15 所得税业务资金运动分析图

【例13–24】甲公司20×2年度利润表中的利润总额为2 640万元，该公司适用的所得税税率为25%。递延所得税资产和递延所得税负债不存在期初余额。与所得税核算有关的业务如下：

1.在20×2年发生的业务中，会计处理与税收处理存在的差异如下：

（1）20×2年1月开始计提折旧的一项固定资产，成本为1 200万元，使用年限为10年，净残值为0，税法按双倍余额递减法计提折旧，会计按直线法计提折旧。假设两者的其他规定一致。

（2）向关联企业捐赠现金400万元。税法规定其不允许税前扣除。

（3）当年发生研究开发支出1 000万元，其中600万元资本化支出计入无形资产成本。假设其于期末达到预定可使用状态。假设税法规定的加计扣除率为50%。

（4）预提产品售后服务费200万元。

（5）期末对持有的存货计提了60万元的存货跌价准备。

2.20×2年度应交所得税税额的计算。

应纳税所得额=26 400 000–1 200 000+4 000 000–2 000 000+2 000 000+600 000
=29 800 000（元）

应交所得税=29 800 000×25%=7 450 000（元）

3.20×2年度递延所得税的计算。

该公司20×2年12月31日资产负债表相关项目金额及计税基础见表13-1。

表13-1　**相关项目产生的暂时性差异表**　单位：元

项　目	账面价值	计税基础	差　异	
			应纳税差异	可抵扣差异
存货	1 000 000	1 600 000		600 000（暂时性）
固定资产：				
固定资产原价	12 000 000	12 000 000		
减：累计折旧	1 200 000	2 400 000		
减：固定资产减值准备	0	0		
固定资产账面价值	10 800 000	9 600 000	1 200 000（暂时性）	
无形资产	6 000 000	9 000 000		3 000 000（非暂时性）
预计负债	2 000 000	0		2 000 000（暂时性）

递延所得税资产期末余额=2 600 000×25%=650 000（元）

递延所得税负债期末余额=1 200 000×25%=300 000（元）

由于递延所得税资产和递延所得税负债的期初余额都为零，所以其期末余额就是本期发生额。

递延所得税费用=300 000-650 000=-350 000（元）

4.利润表中应确认的所得税费用。

所得税会计业务举例1

所得税费用=7 450 000-350 000=7 100 000（元）

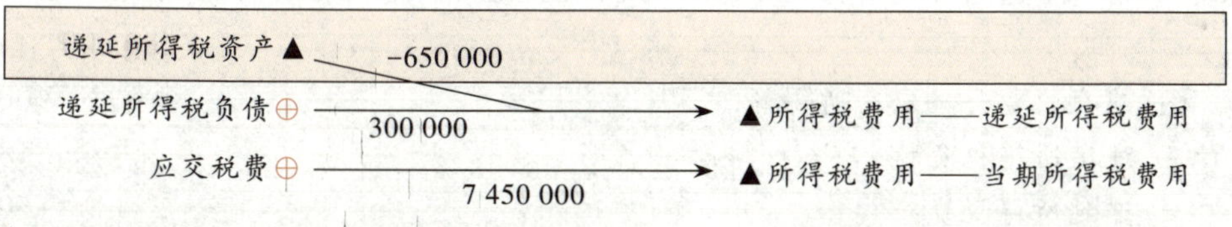

借：所得税费用（当期所得税费用7 450 000、递延所得税费用-350 000）

7 100 000

贷：应交税费——应交所得税　7 450 000

递延所得税负债　300 000

递延所得税资产　-650 000

【例13-25】接【例13-24】。假设甲企业20×3年当期应交所得税为700万元。资产负债表中有关资产、负债的账面价值与其计税基础的相关资料见表13-2。除所示项目外，其他资产、负债项目不存在会计与税务的差异。

表13-2 **相关项目暂时性差异表** 单位：元

项目	账面价值	计税基础	差异	
			应纳税差异	可抵扣差异
存货	32 000 000	33 600 000		1 600 000（暂时性）
固定资产	9 600 000	7 680 000	1 920 000（暂时性）	
无形资产	5 400 000	8 100 000		2 700 000（非暂时性）
预计负债	3 000 000	0		3 000 000（暂时性）

所得税会计业务举例2

分析：

1. 当期所得税=当期应交所得税=7 000 000元

2. 递延所得税

（1）期末递延所得税负债余额480 000元（1 920 000×25%）

期初递延所得税负债余额 300 000

本期递延所得税负债增加 180 000

（2）期末递延所得税资产余额（4 600 000×25%） 1 150 000

期初递延所得税资产余额 650 000

本期递延所得税资产增加 500 000

递延所得税费用=180 000-500 000=-320 000（元）

3. 所得税费用

所得税费用=7 000 000-320 000=6 680 000（元）

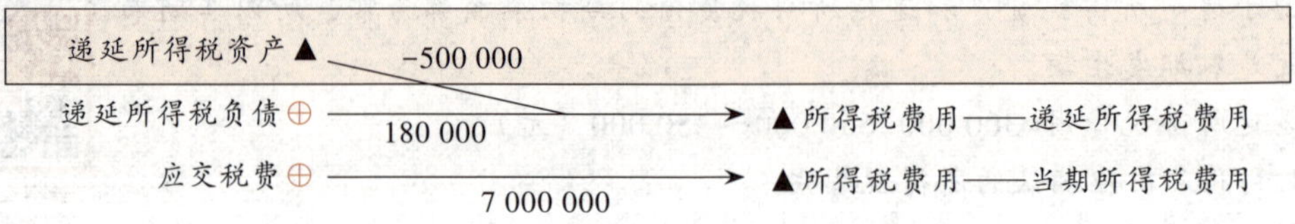

借：所得税费用（当期所得税费用 7 000 000、递延所得税费用-320 000）

6 680 000

贷：应交税费——应交所得税 7 000 000

递延所得税负债 180 000

递延所得税资产 -500 000

第三节 留存收益业务资金运动分析与会计处理

一、留存收益概述

（一）留存收益的概念和构成

留存收益是指企业从历年实现的净利润中提取或形成的留存于企业的内部积累。留存收益主要包括盈余公积和未分配利润两个部分。

盈余公积是指企业按照有关规定从净利润中提取的积累资金。盈余公积一般分为法定盈余公积和任意盈余公积两种。

公司提取的盈余公积主要用于弥补亏损和转增资本金，也可以用于发放现金股利，但其余额不得少于注册资本的25%。

未分配利润是指企业留待以后年度进行分配的留存利润，是企业实现自我发展的主要资金来源之一。未分配利润也是企业所有者权益的组成部分。相对于所有者权益的其他部分来讲，企业对于未分配利润的使用和分配有较大的自主权。从数量上讲，未分配利润是期初未分配利润，加上本期实现的净利润，减去提取的各种盈余公积和分配利润后的余额。正是这一项目，将资产负债表、利润表和所有者权益变动表联系在了一起。

（二）利润分配的顺序

企业实现的利润在弥补以前年度的亏损后可以按照一定的规定予以分配。具体而言，企业当年实现的净利润，按照下列顺序分配：

留存收益概述

1.提取盈余公积

企业提取的盈余公积主要由法定盈余公积和任意盈余公积构成，其中法定盈余公积根据现行有关法规的规定，企业应按照本期净利润的10%计提，但法定盈余公积累计金额达到注册资本的50%时，可以不再提取；对于任意盈余公积，企业应按照股东大会的决议，以企业当期净利润为依据计提。以前年度未分配利润有盈余的（即年初未分配利润为正数，贷方余额），在计算提取盈余公积的基数时，不应包括企业年初未分配利润；以前年度有亏损的（即年初未分配利润为负数，借方余额），应先弥补以前年度亏损后再提取盈余公积。

2.向投资者分配股利或利润

企业按照股东大会的决议向投资者分配的股利包括现金股利和股票股利。对于现金股利，企业需要在未来以货币资金的形式支付；对于股票股利，企业在未来以股票的形式支付，企业货币资金并没有流出企业，但企业的股本或实收资本增加。

二、利润分配业务资金运动分析与会计处理

利润分配所引起的资金运动如图13-16所示。其具体分析可参见本套系图书《会计学原理》的相关内容。

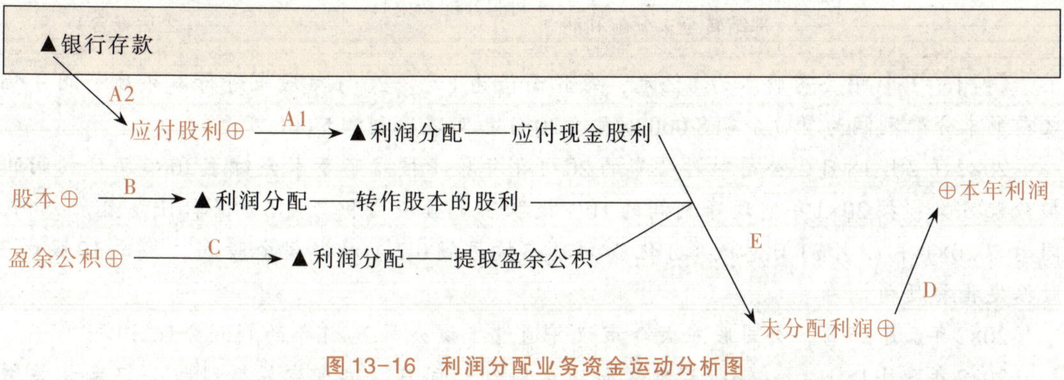

图13-16　利润分配业务资金运动分析图

利润分配业务理论分析

从余额角度看，“未分配利润”科目金额反映截至目前累计未分配利润的余额，其在模型上的形态是变化的。当“未分配利润”科目在模型上以沙坑的形态存在时，其金额代表截至目前累计尚未分配完的利润；相应的“未分配利润”科目的余额应该在贷方。当“未分配利润”科目在模型上以沙堆的形态存在时，其金额代表截至目前累计的、留待以后弥补的亏损；相应的“未分配利润”科目的余额应该在借方。

未分配利润属于所有者权益类科目。当其为负数时，该科目属于所有者权益抵减科目。

企业也可以不设置“未分配利润”科目，而是在“利润分配”科目下设“未分配利润”明细科目。在这种情况下，企业期末“利润分配”科目的余额就是企业未分配的利润余额，即图13-16中的E段资金运动，实际上只是在“利润分配”科目所属的几个明细科目之间进行转换而已。

图13-16中对各个资金运动进行编号只是为了资金运动推演的方便。在实际工作中，由于法律法规的要求，各段资金运动发生的时点有先有后，其具体情况见表13-3。

表13-3　各段资金运动发生时点分析表

案例资料	资金运动编号		经济业务	发生时点及举例	
				时点	举例
甲企业20×7年度的股东大会在20×8年3月13日召开，现金股利支付日是4月27日，办理好股票股利登记的时间为6月21日	A	A1	确认现金股利	股利宣告日（股东大会决议日）	20×8年3月13日
		A2	支付现金股利	股利支付日	20×8年4月27日
	B		确认股票股利	在市场监督管理部门办理好注册资本变更手续之日	20×8年6月21日
	C		提取盈余公积金	股东大会决议日	20×8年3月13日
	D		将本年已实现利润全部结转至未分配利润	资产负债表日	20×7年12月31日
	E		将本年已分配利润全部结转至未分配利润	利润分配结束日	20×8年6月21日之后（含）

【例13-26】甲公司股本为1亿元，每股面值为1元。20×1年底未进行本年度利润分配之前的未分配利润为贷方余额8 000万元，20×1年实现净利润5 000万元。

20×2年2月18日，公司对外公布的20×1年年报中披露了董事会对于20×1年度利润的拟分配方案：按20×1年实现净利润的10%提取法定盈余公积，按5%提取任意盈余公积，同时以20×1年12月31日总股本1亿股向股东按每股0.2元派发现金股利，按每10股送3股派发股票股利。

20×2年3月25日，公司股东大会审议并通过了该公司20×1年的利润分配方案。

20×2年5月15日，以银行存款支付现金股利。同日，办理完转增股权登记和相关增资手续。

（1）20×1年12月31日，企业结转本年实现的净利润（见图13-17，A段）。

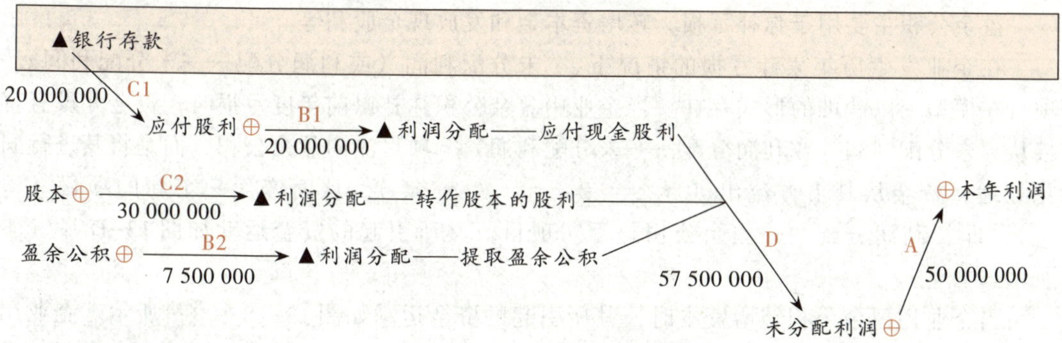

图13-17　甲公司资金运动分析图

借：本年利润　　50 000 000

　贷：利润分配——未分配利润（或：未分配利润）　　50 000 000

（2）20×2年2月18日对外公布报表，不进行任何账务处理。

（3）20×2年3月25日，根据股东大会决议应发放现金股利2 000万元（见图13-17，B1、B2段）。

借：利润分配——应付现金股利　　20 000 000

　贷：应付股利　　20 000 000

同时，分别按净利润的10%和5%提取法定盈余公积和任意盈余公积。

借：利润分配——提取法定盈余公积　　5 000 000

　　　　——提取任意盈余公积　　2 500 000

　贷：盈余公积——法定盈余公积　　5 000 000

　　　　——任意盈余公积　　2 500 000

（4）20×2年5月15日，实际发放现金股利和股票股利（见图13-17，C1、C2段）。

借：应付股利　　20 000 000

　贷：银行存款　　20 000 000

发放股票股利：

借：利润分配——转作股本的股利　　30 000 000

　贷：股本　　30 000 000

（5）将已分配利润全部结转至未分配利润（见图13-17，D段）。

借：利润分配——未分配利润（或：未分配利润）

　　57 500 000

　贷：利润分配——转作股本的股利　　30 000 000

　　　　——应付现金股利　　20 000 000

　　　　——提取法定盈余公积　　5 000 000

　　　　——提取任意盈余公积　　2 500 000

利润分配业务举例

三、盈余公积使用业务资金运动分析与会计处理

盈余公积主要用于弥补亏损、转增资本金和发放现金股利等。

在企业发生历年累计亏损的情况下，“未分配利润（或利润分配——未分配利润）”项目在模型上以沙堆的形式存在。当企业用盈余公积弥补以前年度亏损时，资金并没有直接从“未分配利润（或利润分配——未分配利润）”项目流向盈余公积，而是将其进行固化处理，资金从其下方流出（类似于累计折旧的产生），从而产生一个新的项目（沙坑），即“利润分配——盈余公积补亏”项目。其所引起的资金运动如图13-18中A段所示。

当企业用盈余公积转增资本时，其所引起的资金运动如图13-18中B段所示。企业用盈余公积弥补亏损、用盈余公积转增资本，在数量关系上并不影响所有者权益的总额，但改变了所有者权益的内部结构。

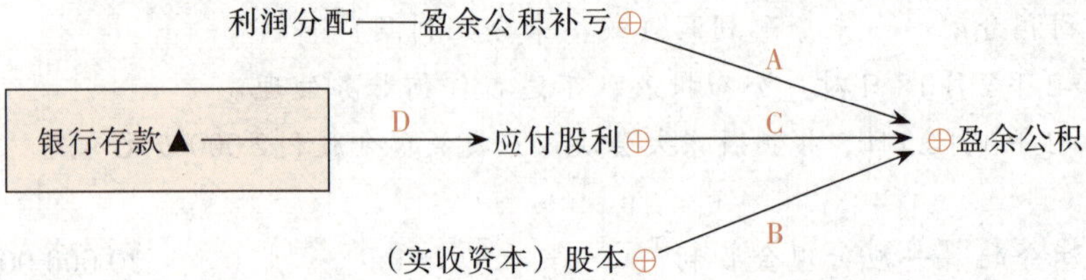

图13-18 盈余公积使用业务资金运动分析图

当企业宣布用盈余公积发放现金股利时，其所引起的资金运动如图13-18中C段所示；以后以银行存款支付现金股利时，其所引起的资金运动如图13-18中D段所示。

【例13-27】截至20×8年1月1日，甲公司有500万元的亏损尚未弥补，按照规定超过了税前弥补亏损的期限。20×8年3月25日，经公司股东大会批准，以盈余公积500万元弥补该亏损，其所引起的资金运动如图13-19所示。

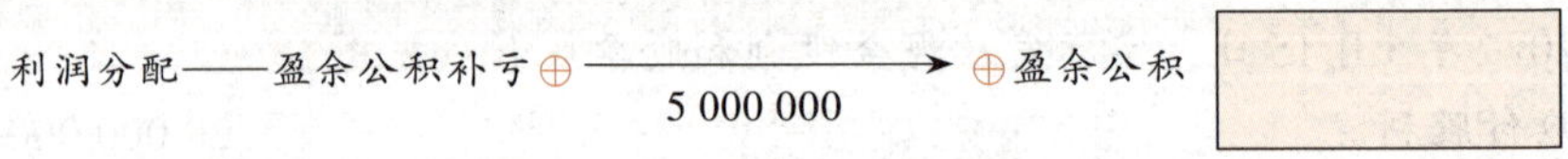

图13-19 甲公司盈余公积补亏业务资金运动分析图

借：盈余公积　　5 000 000

　贷：利润分配——盈余公积补亏　　5 000 000

【例13-28】经公司股东大会批准，乙公司将盈余公积20 000 000元转增股本，其所引起的资金运动如图13-20所示。假定不考虑其他因素。

图13-20 乙公司盈余公积转增资本业务资金运动分析图

借：盈余公积　　20 000 000

　贷：股本　　20 000 000

企业用盈余公积转增资本后，必须前往原登记机关办理变更登记。在会计处理时，还应当按照转增股本前的资本结构比例，将盈余公积转增资本的数额记入“实收资本（或股本）”账户下相关投资者的明细账户中。

【例 13-29】甲公司 20×8 年 12 月 31 日的股本为 40 000 000 元（每股面值为 1 元），可供投资者分配的利润总额为 5 000 000 元，盈余公积总额为 35 000 000 元。20×9 年 3 月 24 日，甲公司股东大会批准了 20×8 年的利润分配方案，按每 10 股发放 1.5 元派发现金股利。甲公司共计要分配 6 000 000 元现金股利，其中动用可供分配利润总额 5 000 000 元，以盈余公积发放 1 000 000 元。假设不考虑其他因素。

（1）20×9 年 3 月 24 日，宣布发放现金股利（见图 13-21，A 段）。

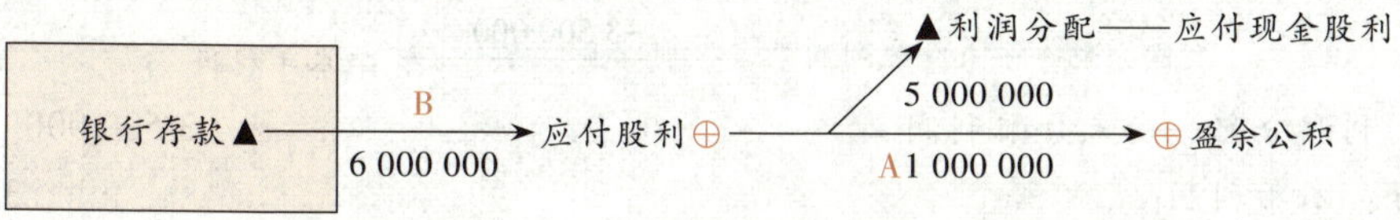

图 13-21　甲公司现金股利分配业务资金运动分析图

借：利润分配——应付现金股利　　5 000 000
　　盈余公积　　1 000 000
　贷：应付股利　　6 000 000

盈余公积使用业务分析

（2）以后以银行存款支付现金股利（见图 13-21，B 段）。

借：应付股利　　6 000 000
　贷：银行存款　　6 000 000

四、留存收益的其他调整业务资金运动分析与会计处理

（一）弥补亏损

企业在生产经营过程中可能出现亏损。在资产负债表日，企业应将通过本年利润反映的亏损转至“利润分配——未分配利润”科目；结转后“利润分配——未分配利润”科目如果是借方余额，则反映为累计的未弥补亏损数额。其亏损的弥补方式主要有：税前弥补亏损、税后利润弥补亏损。

1.税前弥补亏损

所谓税前弥补亏损是指企业当年发生的亏损，可以用以后年度实现的利润（缴纳所得税前）弥补，其弥补期限为 5 年。将企业以后年度实现的利润从“本年利润”科目转至“利润分配——未分配利润”科目，以前发生的记在“利润分配——分配利润”科目中的亏损就会被弥补。因此，企业以当年实现的利润弥补以前年度的亏损时，不需要作专门的会计处理，只需要正常将本年已实现的净利润或净亏损结转至未分配利润即可。

【例 13-30】甲公司 20×1 年 1 月 2 日开业，各年的经营情况见表 13-4。假设甲公司利润与税务利润一致，不需要调整。计算有关弥补亏损的年限，并对 20×1 年度的业务进行会计处理。

表 13-4　甲公司各年盈亏表　单位：万元

年度	20×1	20×2	20×3	20×4	20×5	20×6	20×7	20×8
盈亏	−350	−100	−20	50	100	160	250	320

亏损的弥补

（1）弥补亏损的年限：20×1年亏损的350万元，其税前弥补亏损的年限至20×6年为止，共补亏310万元，剩余的40万元，用税后利润弥补；20×2年亏损的100万元，其税前弥补亏损的年限至20×7年为止，共补亏100万元；20×3年亏损的20万元，其税前弥补的年限至20×8年，其实际在20×7年弥补。

（2）20×1年度发生亏损。

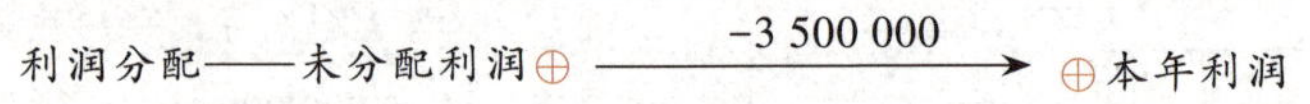

借：利润分配——未分配利润　　3 500 000

　贷：本年利润　　3 500 000

2.税后利润弥补亏损

企业发生的亏损只能在5年内进行税前弥补，超过5年的只能用税后利润弥补。税后利润弥补亏损无须作专门的会计处理，只需要正常将本年已实现的净利润或净亏损结转至未分配利润即可。

【例13-31】乙公司20×3年1月2日正式营业，当年即发生亏损120万元。20×4—20×8年每年平均实现税前利润20万元，20×9年实现税前利润100万元，所得税税率为25%。假设乙企业利润与税务利润一致，不需要调整。

（1）20×3年发生的亏损120万元，从20×4年开始弥补，每年弥补20万元，至20×8年度，5年共弥补亏损100万元，还有20万元损失未弥补，只能用税后利润弥补。

（2）20×9年实现利润100万元，假定无纳税调整事项，则：

应交所得税=所得税费用=1 000 000×25%=250 000（元）（见图13-22，A段）

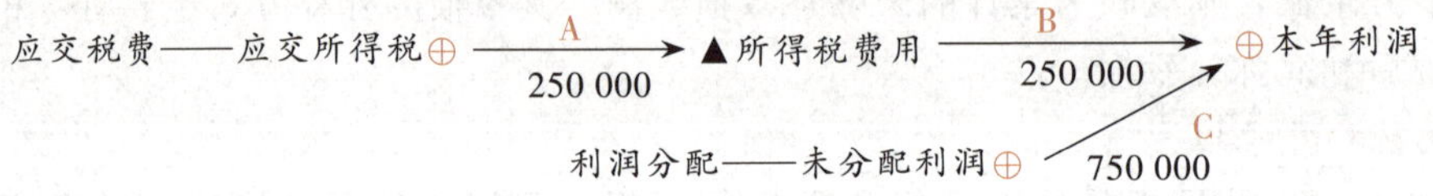

图13-22　乙公司资金运动分析图

借：所得税费用　　250 000

　贷：应交税费——应交所得税　　250 000

将所得税费用转入“本年利润”科目（见图13-22，B段）。

借：本年利润　　250 000

　贷：所得税费用　　250 000

结转本年利润，弥补以前年度未弥补的亏损（见图13-22，C段）。

借：本年利润　　750 000

　贷：利润分配——未分配利润　　750 000

由于这几年没有与未分配利润有关的其他业务，所以在20×9年之前“利润分配——未分配利润”科目的余额在借方，反映累计的未弥补亏损。经过20×9年的会计处理之后，“利润分配——未分配利润”科目贷方增加75万元，从而会自动抵消其借方的累计亏损20万元，结果是“利润分配——未分配利润”科目的余额为贷方550 000元，反映截至目前实现的累计未分配利润。

（二）以前年度损益调整

“以前年度损益调整”科目用来反映、控制和监督企业本年度发生的调整以前年度损益的事项。企业在年度资产负债表日至财务会计报告批准报出日之间发生的需要调整报告年度损益的事项，以及本年度发生的以前年度重大会计差错的调整，也在本科目核算。

以前年度损益需要调整的事项可以分为两种情况：一种是导致以前年度的企业利润增加，另一种是导致以前年度的企业利润减少。在导致企业以前年度利润减少的情况下，首先，企业应对错误科目进行更正。涉及损益类科目的，全部通过“以前年度损益调整”科目代替。其所引起的资金运动如图13-23中A段所示。其次，计算并确认应多交的所得税金额，涉及损益类科目的，仍然用“以前年度损益调整”科目进行替代，其所引起的资金运动如图13-23中B段所示。最后，应调减盈余公积和未分配利润，其所引起的资金运动如图13-23中C段所示。在导致企业以前年度利润增加的情况下，其所引起的资金运动刚好与图13-23中的资金运动方向相反。

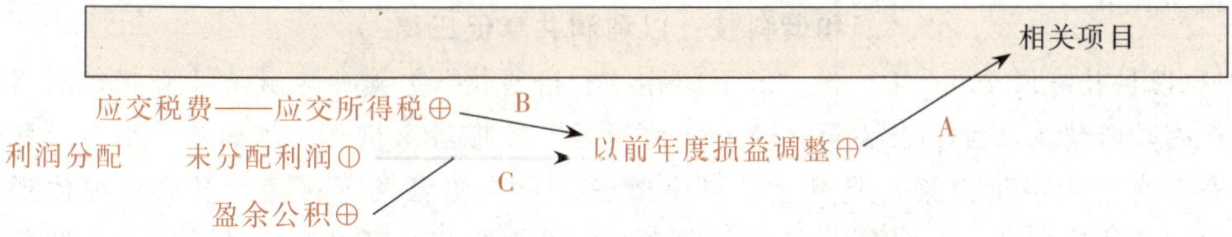

图13-23　更正导致以前年度利润减少所引起的资金运动分析图

【例13-32】丙公司20×2年7月3日在编制20×2年中期报告时发现，20×1年度计算厂部折旧时，少提取折旧费30万元。该公司的所得税税率为25%，公司按10%提取法定盈余公积，按15%提取任意盈余公积。

（1）补提厂部固定资产折旧费30万元（见图13-24，A段）。

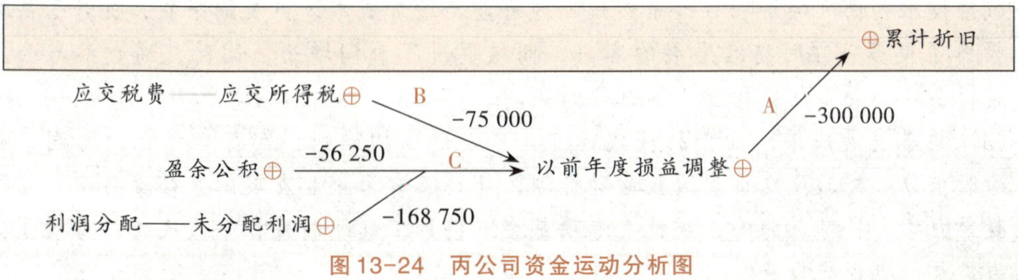

图13-24　丙公司资金运动分析图

借：以前年度损益调整　　300 000

　贷：累计折旧　　300 000

（2）计算并确认应退回多交的企业所得税75 000元（300 000×25%）（见图13-24，B段）。

借：应交税费——应交所得税　　75 000

　贷：以前年度损益调整　　75 000

以前年度损益调整业务

（3）计算并确认应退回多提的盈余公积，并调减未分配利润（见图13-24，C段）。

借：盈余公积——法定盈余公积　　22 500

借：盈余公积——任意盈余公积　　33 750
　　利润分配——未分配利润　　168 750
　贷：以前年度损益调整　　225 000

思考题

1.利润的含义是什么？利润是怎么形成的？

2.什么是所得税会计？它主要解决什么问题？

3.什么是所得税处理过程中的暂时性差异？它如何影响企业的所得税会计处理？

4.利润分配的程序是什么样的？其需要经过什么样的程序才具有法律效力？

5.什么是留存收益？其主要包括哪些内容？

6.企业亏损弥补的方式主要有哪些？其各自有什么特点？

7.企业以前年度的会计差错如何进行调整？

育德育人

和谐科技：以利润共享促三赢

“和谐科技有限公司”（虚构，以下简称“和谐科技”）是一家致力于环保新材料研发与生产的高新技术企业。在公司快速发展的同时，管理层意识到，利润的形成与分配不仅关乎企业自身的经济健康，更是企业社会责任、员工福祉及可持续发展的关键体现。因此，和谐科技决定从长远出发，探索一种更加公平合理、兼顾各方利益的利润分配模式。

（1）创新驱动发展。和谐科技秉承“创新驱动”的理念，加大研发投入，鼓励技术创新和产品升级，通过提升产品附加值和市场竞争力来增加利润。同时，设立创新奖励基金，激发员工创新热情，将利润增长与个人贡献紧密挂钩。

（2）绿色生产与社会责任。在利润形成过程中，公司坚持“绿色发展”理念，投资于节能减排技术和循环经济项目，虽然短期内可能会增加成本，但长期来看，提升了品牌形象，吸引了更多关注可持续发展的客户，间接促进了利润增长。同时，通过参与公益活动，履行企业社会责任，树立正面社会形象。

（3）共享发展成果。和谐科技践行“共享发展”的原则，实行多元化的利润分配机制。除股东分红外，设立员工股权激励计划，让员工成为企业发展的直接受益者，增强了团队凝聚力和归属感。此外，还设立专项基金支持员工继续教育和个人成长，体现了企业对人力资源的重视与投资。

（4）回馈社会与公益事业。公司按照一定比例提取年度利润用于公益捐赠，支持教育、环保等社会公益项目，体现了企业“取之于社会，用之于社会”的价值观。通过公开透明的捐赠流程，赢得了社会的广泛认可，也为企业的长远发展营造了良好的外部环境。

请思考：通过上述利润分配模式，和谐科技不仅实现了利润的稳定增长，更重要的是，构建了一种企业、员工、社会三方共赢的利润形成与分配模式。请结合上述资料想一想，和谐科技还能够从哪些方面入手，着力提升利润分配的合理性？

第十四章　财务报告

学习目标

本章主要阐述财务报表的编制。通过本章的学习，要求熟悉财务报告的主要内容，熟悉财务报告编制的基本要求，熟悉各个报表的主要作用；掌握资产负债表、利润表和现金流量表的结构及编制方法。

第一节　财务报告概述

财务会计作为一个经济信息系统，由确认、计量、记录和报告四个基本环节构成。编制与报送财务报告既是财务会计的目的之一，也是财务会计的重点内容。前述各章按企业经营环节阐述了财务会计的确认、计量、记录和报告的基本程序和方法，通过初始确认、计量和记录，在会计账簿体系中形成了大量的会计核算资料。但是，这些会计核算资料比较分散、零星，不能综合反映企业的财务状况、经营成果和现金流量，因而还不能直接满足会计信息使用者在管理和决策中的需要。因此，还需要对通过初始确认和计量的日常会计记录进行再确认与再计量，编制财务报告，通过财务报告这一特殊的信息载体，将综合反映企业财务状况、经营成果和现金流量的信息传递给会计信息使用者。

一、财务报告的构成内容

（一）财务报告的概念

财务报告的构成

财务报告，又称为财务会计报告，是指企业对外提供的反映企业某一特定日期财务状况和某一会计期间的经营成果、现金流量的文件。财务报告是一个完整的体系，它包括财务报表和其他应当在财务报告中披露的相关信息和资料。财务报表是财务报告的主体和核心内容，财务会计最有用的信息应当集中在财务报表之中。财务报表包括资产负债表、利润表、现金流量表、所有者权益变动表及附注。其中，报表附注是指为便于财务报表使用者理解财务报表的内容而对财务报表的编制基础、编制依据、编制原理和方法及主要项目等所做的解释。

（二）财务报告的种类

按编制时间的不同，财务报告可以分为年度财务报告、半年度财务报告、季度财务报告、月度财务报告。半年度、季度和月度财务报告统称为中期财务报告。年度、半年度财务报告应当包括财务报表、其他应当在财务报告中披露的相关信息和资料；季度、月度财务报告通常仅指财务报表，财务报表至少应该包括资产负债表和利润表，如国家统一的会计制度规定季度、月度财务报告需要编制财务报表附注，也应编制财务报表附注。

按编报主体的不同，财务报告可以分为个别财务报告和合并财务报告。个别财务报告是指集团公司内部，独立法人编制的财务报告；合并财务报告是以母公司与子公司组成的企业集团为会计主体、由母公司编制的综合反映企业集团财务状况、经营成果和现金流量的财务报告。

财务报告列报要求与编制程序

二、财务报告的列报要求

为了保证财务报告的质量，为财务报告使用者提供决策有用的会计信息，企业编制和对外提供的财务报告应符合下列基本要求：

（1）依据各项会计准则确认和计量的结果编制财务报告。企业应当根据实际发生的交易和事项，按照各项具体会计准则的规定进行确认和计量，并在此基础上编制财务报表。企业应当在附注中对这一情况做出说明，只有遵守了企业会计准则的所有规定时，财务报表才应当被称为“遵循了企业会计准则”。

（2）列报基础。企业董事会应当对企业持续经营能力进行评估，需要考虑的因素包括市场经营风险、企业目前或长期的盈利能力、偿债能力、财务弹性以及企业管理层改变经营政策的意向等。评估后对企业的持续经营能力产生严重怀疑的，应当在附注中披露导致对持续经营能力产生重大怀疑的重要不确定因素。

（3）会计处理基础。除现金流量表按照收付实现制原则编制外，企业应当按照权责发生制原则编制其他报表。

（4）重要性和项目列报。关于项目在财务报表中是单独列报还是合并列报，应当依据重要性原则来判断。企业在进行重要性判断时，应当根据所处环境，从项目的性质和金额大小两方面予以判断：一方面，应当考虑该项目是否属于企业的日常活动，是否对企业的财务状况或经营成果具有较大影响等因素；另一方面，判断项目金额大小，应当通过单项金额占资产总额、负债总额、所有者权益总额、营业收入总额、净利润等直接相关项目金额的比重加以确定。具体而言，性质或功能不同的项目，一般应在财务报表中单独列报；性质或功能相似的项目，一般可以合并列报；项目单独列报的原则不仅适用于报表，而且适用于附注。

（5）列报的一致性。可比性是会计信息质量的一项重要质量要求，目的是使同一企业不同期间和不同企业同一期间的财务报表相互可比。为此，财务报表项目的列报应当在各个会计期间保持一致，不得随意变更。这一要求不只针对财务报表中的项目名称，还包括财务报表项目的分类、排列顺序等方面。

（6）财务报表项目金额间的相互抵销。财务报表项目应当以总额列报，资产和负债、收入和费用不能相互抵销，即不得以净额列报，但企业会计准则另有规定的除外。以下两种情况不属于抵销，可以净额列示：①资产项目按扣除减值准备后的净额列示，不属于抵销；②非日常活动的发生具有偶然性，其并非企业主要的业务，从重要性来讲，非日常活动产生的损益以收入扣减费用后的净额列示，更有利于报表使用者理解，其也不属于抵销。

（7）比较信息的列报。企业在列报当期财务报表时，至少应当提供所有列报项目上一可比会计期间的比较数据，以及与理解当期财务报表相关的说明，目的是向报表使用者提供可比数据，提高信息在会计期间的可比性，以反映企业财务状况、经营成果和现金流量的发展趋势，有利于报表使用者进行判断与决策。

在财务报表项目的列报确需发生变更的情况下，企业应当对上期比较财务数据按照当期的列报要求进行调整，并在附注中披露调整的原因和性质，以及调整的各项目的金额。但在某些情况下，对上期比较数据进行调整是不切实可行的，应当在附注中披露不能调整的原因。

（8）财务报表表首的列报要求。财务报表一般分为表首、正表两部分，其中，在表首部分，企业应当概括地说明下列基本信息：编报企业的名称；编制报表的日期或期间；货币名称和单位，按照我国企业会计准则的规定，企业应当以人民币作为记账本位币进行列报，并标明金额单位；财务报表是合并财务报表的，应当予以标明。

（9）报告期间。企业至少应当编制年度财务报表。根据《中华人民共和国会计法》的规定，会计年度自公历1月1日起至12月31日止。因此，在编制年度财务报表时，可能存在年度财务报表涵盖的期间短于一年的情况。在这种情况下，企业应当披露年度财务报表的实际涵盖期间及其短于一年的原因，并说明由此引起的财务报表项目与比较数据不具可比性这一事实。

三、财务报告的编制程序

为了保证财务报告的质量，使报告资料真实、可靠，编制时应按科学的程序进行。其一般程序包括：

（一）清查财产

清查财产，是编制财务报告的一项重要准备工作。在编制财务报告之前，必须按照会计制度的规定，对单位的各项财产物资进行清查盘点。盘点时要编制盘点表，并与账簿记录核对，做到账实相符。如发现账实不符的情况，应及时查明原因，并按规定的方法进行处理或更正。

（二）整理和调整会计记录

会计期末，为了对日常会计核算资料进行综合试算，并按应计基础结算会计记录，必须对一些会计记录进行整理和调整，如预付费用的摊销、应计费用的提取、折旧的提取、应交税费的计算等企业的各种内部转账业务。

（三）核对账目

为了确保账簿记录的正确性，在结账之前，应该对各种账簿之间的有关指标进行核对，以确保其相符。会计账簿记录应与有关的实物保管或使用部门的保管记录核对相符。此外，本企业与其他企业的往来账款也应核对相符。

（四）对会计记录进行试算

会计记录的试算，一般是运用借贷记账原理，检验所有账户借贷数额是否平衡。其是通过编制“总分类账户发生额和余额对照表”“明细分类账户发生额和余额对照表”进行的，或者是通过编制“工作底稿”进行。“工作底稿”的一般格式见表14-1。

表14-1　　　　工作底稿

编制单位：　　　　年　月　日—— 月　日

账户名称（会计科目）	调整前的期末余额		调整		调整后的期末余额		利润表		资产负债表	
	借方	贷方	借方	贷方	借方	贷方	借方	贷方	借方	贷方

该工作底稿的编制方法是：

(1) 将总分类账簿中各账户的余额填入调整前的期末余额栏。将总分类账簿中有余额的各账户的名称依次填入会计科目栏，并将各科目的余额分别填入借方或贷方。然后，加计借方和贷方金额总数，确定借贷两方总额相等后，才可进行下一步骤。

(2) 将调整分录填入调整栏。为了便于查找，将调整分录填入调整栏时，应注明经济业务序号。调整完毕，分别加计调整栏借方、贷方总额，并确定是否平衡。

(3) 将各账户调整后的期末余额（调整前与调整两栏合并）填入调整后的期末余额栏，并确定借贷是否平衡。

(4) 将调整后的期末余额栏各账户的余额，依其性质，分别填入利润表栏和资产负债表栏。

(5) 完成利润表栏和资产负债表栏的计算，为编制正式的财务报表提供底稿。

(五) 结账

对会计记录进行试算，取得平衡后，正式对各个账户结账，计算各账户的借方发生额、贷方发生额及余额。

(六) 编制财务报表

正式结账以后，方可依据账簿记录编制财务报表。在编制财务报表时，应按各种报表的格式和内容，严格、认真地填写。

第二节　资产负债表

一、资产负债表的概念与作用

资产负债表是反映企业某一特定日期财务状况的报表，该表也称为财务状况表。资产负债表的数字为时点数，反映的内容是资金运动相对静止状态下的表现形式，其属于静态报表。资产负债表是根据“资产=负债+所有者权益”这一基本的会计恒等式，按照一定的分类标准和次序，将企业特定日期的资产、负债和所有者权益三个要素的所属项目予以适当排列编制而成。

资产负债表是企业重要的财务报表之一，在财务报告体系中具有举足轻重的地位，它所提供的会计信息，对于各种不同的会计信息使用者都具有十分重要的作用。这些作用主要体现在以下几个方面：

(1) 通过该表可以了解企业所拥有或控制的经济资源及其分布和企业的生产经营规

模、企业资金的来源及构成，有助于分析和评价企业的财务状况和资本结构。

财务状况是指资产、负债和所有者权益的构成及相互关系；资产的分布是指企业资产的构成，企业资产总额反映企业总的生产经营规模；资本结构是指企业的资金的权益总额中负债和所有者权益的相对比例。资产负债表列示了企业在某一特定日期的资产、负债和所有者权益，通过对上述三项会计要素的构成及相互关系的分析，可以衡量和评价企业的财务状况是否良好，资本结构是否合理。

(2) 通过该表可以了解企业资产和负债的数量关系及流动性，有助于分析和评价企业的短期偿债能力、长期偿债能力和财务弹性。

短期偿债能力是指企业以能及时变现的资产清偿短期债务的能力，短期偿债能力取决于企业的资产和负债的流动性，资产的流动性则体现为资产转化为现金的能力，负债的流动性则反映债务迫近到期日的程度；长期偿债能力是指企业的全部资产清偿全部债务的能力，主要取决于企业的资本结构和资产负债的比例关系；财务弹性是指企业在面临突发性的现金需求时，能够在资金调度上采取有效行动做出迅速反应的能力。资产负债表清楚地反映了不同类别资产的变现能力和不同负债的偿还顺序，这样就为报表使用者分析和评价企业的短期偿债能力、长期偿债能力和财务弹性提供了重要的依据。

(3) 通过对该表不同时期的相同项目进行比较，可以了解企业财务状况的变动情况，预测企业未来财务状况的发展趋势。

将资产负债表与前期或者以前各期的资产负债表进行比较，可以了解不同时点资产、负债和所有者权益的变化情况，从中分析变化的规律，并预测企业未来财务状况的发展趋势。

二、建立资产负债表的理论依据

“资产=负债+所有者权益”会计方程式所包含的经济内容和数学上的等量关系是建立资产负债表的理论依据。其包含的经济内容是形成资产负债表项目的依据；其恒等关系是建立资产负债表左右数据平衡的依据。资产负债表是“资产=负债+所有者权益”会计方程式的具体化；“资产=负债+所有者权益”会计方程式是对资产负债表的高度概括和浓缩。

资产负债表概述

三、资产负债表的基本结构和列报要求

(一) 资产负债表的基本结构

资产负债表分为表头、表体和表尾三个部分。表头部分包括表名、编制单位、编制时间和货币计量单位四个要素，编制时间为某年某月某日。表体部分是资产负债表的主体部分，包括资产、负债和所有者权益各项目的名称及期末余额和上年年末余额。表尾主要包括各项附注资料等。

表体部分分账户式（左右式）和报告式（上下式）两种。我国的资产负债表采用账户式，资产负债表的左边为资产项目，右边为负债和所有者权益项目。

（二）资产负债表列报的总体要求

资产负债表列报最根本的目标就是如实反映企业在资产负债表日所拥有的资源、所承担的负债以及所有者所拥有的权益。因此，资产负债表应当按照资产、负债和所有者权益三大类别分类列报。

资产和负债应当按照流动性分为流动资产和非流动资产、流动负债和非流动负债列示。流动性，通常按资产变现或耗用时间的长短或者负债偿还时间的长短来确定。按照《企业会计准则第30号——财务报表列报》的规定，应先列报流动性强的资产或负债，再列报流动性弱的资产或负债。

资产负债表遵循“资产=负债+所有者权益”这一会计恒等式，把企业在特定时日所拥有的经济资源和与之相对应的企业所承担的债务及偿债以后属于所有者的权益充分反映出来。因此，资产负债表应当分别列示资产总计项目和负债与所有者权益之和的总计项目，并且这二者的金额应当相等。

（三）资产的列报

资产应当按照流动资产和非流动资产两大类别在资产负债表中列示，在流动资产和非流动资产类别下进一步按性质分项列示。

资产的列报

1.流动资产和非流动资产的划分

区分流动资产和非流动资产十分重要。资产满足下列条件之一的，应当归类为流动资产：（1）预计能够在一个正常营业周期内变现、出售或耗用；（2）主要为交易目的而持有；（3）预计在资产负债表日起一年内（含一年）变现；（4）自资产负债表日起一年内，交换其他资产或清偿负债的能力不受限制的现金或现金等价物。

2.正常营业周期

一个正常营业周期，是指企业从购买用于加工的资产时起至实现现金或现金等价物时止的期间。正常营业周期通常短于一年，在一年内有几个营业周期。但是，也存在正常营业周期长于一年的情况，如房地产开发企业开发用于出售的房地产开发产品，造船企业制造用于出售的大型船只等，从购买原材料进入生产，到制造出产品出售并收回现金或现金等价物的过程，往往超过一年，在这种情况下，与生产循环相关的产成品、应收账款、原材料尽管超过一年才变现、出售或耗用，仍应作为流动资产列示。当正常营业周期不能确定时，应当将一年（12个月）作为正常营业周期。

（四）负债的列报

资产负债表中的负债反映在某一特定日期企业所承担的、预期会导致经济利益流出企业的现时义务。负债应当按照流动负债和非流动负债在资产负债表中进行列示，在流动负债和非流动负债类别下再进一步按性质分项列示。

负债的列报

1.流动负债与非流动负债的划分

流动负债的判断标准与流动资产的判断标准相类似。负债满足下列条件之一的，应当归类为流动负债：（1）预计在一个正常营业周期内清偿；（2）主要为交易目的而持有；（3）自资产负债表日起1年内到期，应予以清偿；（4）企业无权自主地将清偿推迟至资产负债表日后1年以上。

值得注意的是，有些流动负债，如应付账款、应付职工薪酬等，属于企业正常营业周期中使用的营运资金的一部分，尽管这些经营性项目有时在资产负债表日后超过1年才到期清偿，但是它们仍应划分为流动负债。

2.资产负债表日后事项对流动负债与非流动负债划分的影响

流动负债与非流动负债的划分是否正确，直接影响对企业短期和长期偿债能力的判断。如果混淆了负债的类别，将歪曲企业的实际偿债能力，影响报表使用者的决策。对于资产负债表日后事项对流动负债与非流动负债划分的影响，需要特别加以考虑。

（1）资产负债表日起1年内到期的负债。对于在资产负债表日起1年内到期的负债，企业预计能够自主地将清偿义务展期至资产负债表日后1年以上的，应当归类为非流动负债；不能自主地将清偿义务展期的，即使在资产负债表日后、财务报告批准报出日前签订了重新安排清偿计划的协议，从资产负债表日来看，此项负债仍应当归类为流动负债。

（2）违约长期债务。企业在资产负债表日或之前违反了长期借款协议，导致贷款人可随时要求清偿的负债，应当归类为流动负债。这是因为在这种情况下，债务清偿的主动权并不在企业手中，企业只能被动无条件地归还贷款，而且该事实在资产负债表日已存在，所以该负债应当作为流动负债列报。但是，如果贷款人在资产负债表日或之前同意提供在资产负债表日后一年以上的宽限期，企业能够在此期限内改正违约行为，且贷款人不要求随时清偿，在资产负债表日的此项负债并不符合流动负债的判断标准，应当归类为非流动负债。

（五）所有者权益的列报

资产负债表中的所有者权益是企业资产扣除负债后的剩余权益。资产负债表中的所有者权益项目一般按照净资产的不同来源和特定用途进行分类，应当按照实收资本（或股本）、其他权益工具、资本公积、库存股、其他综合收益、盈余公积、未分配利润等项目分项列示。

所有者权益的列报1

所有者权益的列报2

四、资产负债表的编制

资产负债表的编制是一个以日常会计核算记录的数据为基础进行再确认和再计量的过程，即对日常会计核算记录的数据进行归类、整理和汇总，加工成报表项目的过程。资产负债表主体部分的各项目都列有“期末余额”和“年初余额”两个栏目。资产负债表设置年初余额，主要是为了各项目期末余额和年初余额进行比较，以分析企业财务状况的变动趋势。从这一点来看，我国的资产负债表实际上是一种比较资产负债表。

（一）资产负债表“期末余额”栏的填列方法

资产负债表“期末余额”一般应根据资产、负债和所有者权益类账户的期末余额填列。

流动资产项目填列说明1

1. 资产项目的列报说明

（1）流动资产项目的填列说明（见表14-2）

表14-2 流动资产项目的填列说明

报表项目	数据来源（账户期末余额）
货币资金	银行存款+库存现金+其他货币资金
交易性金融资产	交易性金融资产（反映资产负债表日企业分类为以公允价值计量且其变动计入当期损益的金融资产，以及企业持有的指定为以公允价值计量且其变动计入当期损益的金融资产的期末账面价值） 但自资产负债表日起超过一年到期且预期持有超过一年的以公允价值计量且其变动计入当期损益的非流动金融资产的期末账面价值，在“其他非流动金融资产”项目反映
衍生金融资产	衍生金融资产
应收票据	资产负债表日以摊余成本计量的应收票据-对应的坏账准备
应收账款	资产负债表日以摊余成本计量的应收账款+预收账款明细账的借方余额-对应的坏账准备
应收款项融资	资产负债表日以公允价值计量且其变动计入其他综合收益的应收票据和应收账款等
预付款项	预付账款与应付账款明细账户的借方余额-对应的坏账准备
其他应收款	应收股利+应收利息+其他应收款-对应的坏账准备（其中“应收利息”仅反映相关金融工具已到期可收取但于资产负债表日尚未收到的利息。基于实际利率法计提的金融工具的利息应包含在相应金融工具的账面余额中）
存货	原材料+材料采购+在途物资+包装物+低值易耗品+委托加工物资+材料成本差异+生产成本+制造费用+合同履约成本+合同取得成本+库存商品+发出商品+委托代销商品等-（存货跌价准备+商品进销差价+合同履约成本减值准备+合同取得成本减值准备）
合同资产	应分别根据“合同资产”科目相关明细科目的期末余额分析填列 同一合同下的合同资产和合同负债应当以净额列示，其中净额为借方余额的，应当根据其流动性，在“合同资产”或“其他非流动资产”项目中填列，已计提减值准备的，还应以减去“合同资产减值准备”科目中相关的期末余额后的金额填列；其中净额为贷方余额的，应当根据其流动性在“合同负债”或“其他非流动负债”项目中填列 企业也可以设置“合同结算”科目（或其他类似科目），以核算同一合同下属于在某一时段内履行履约义务涉及与客户结算对价的合同资产或合同负债，并在此科目下设置“合同结算——价款结算”科目反映定期与客户进行结算的金额，设置“合同结算——收入结转”科目反映按履约进度结转的收入金额。资产负债表日，“合同结算”科目的期末余额在借方的，根据其流动性，在“合同资产”或“其他非流动资产”项目中填列；期末余额在贷方的，根据其流动性，在“合同负债”或“其他非流动负债”项目中填列

流动资产项目填列说明2

续表

报表项目	数据来源（账户期末余额）
持有待售资产	持有待售资产-持有待售资产减值准备
一年内到期的非流动资产	通常反映预计自资产负债表日起一年内变现的非流动资产 对于按照相关会计准则采用折旧（或摊销、折耗）方法进行后续计量的固定资产、使用权资产、无形资产和长期待摊费用等非流动资产，折旧（或摊销、折耗）年限（或期限）只剩一年或不足一年的，或预计在一年内（含一年）进行折旧（或摊销、折耗）的部分，不得归类为流动资产，仍在各该非流动资产项目中填列，不转入“一年内到期的非流动资产”项目
其他流动资产	其他流动资产。如属于流动资产的应收退货成本、某些应交税费借方余额等 根据“合同取得成本”科日、“合同履约成本”科目的明细科目初始确认时摊销期限是否超过一年或一个正常营业周期，在“其他流动资产”或“其他非流动资产”项目中填列，已计提减值准备的，还应以减去“合同取得成本减值准备”“合同履约成本减值准备”科目中相关的期末余额后的金额填列 应当根据“应收退货成本”科目是否在一年或一个正常营业周期内出售，在“其他流动资产”或“其他非流动资产”项目中填列

（2）非流动资产项目的填列说明（见表14-3）

表14-3 非流动资产项目的填列说明

报表项目	数据来源（账户期末余额）
债权投资	债权投资-债权投资减值准备-自资产负债表日起一年内将要到期的债权投资。企业购入的以摊余成本计量的一年内到期的债权投资的期末账面价值，在“其他流动资产”项目反映
其他债权投资	其他债权投资-其他债权投资减值准备-自资产负债表日起一年内将要到期的其他债权投资 企业购入的以公允价值计量且其变动计入其他综合收益的一年内到期的债权投资的期末账面价值，在“其他流动资产”项目反映
长期应收款	长期应收款-未实现融资收益-对应的坏账准备
长期股权投资	长期股权投资-长期股权投资减值准备
其他权益工具投资	其他权益工具投资
其他非流动金融资产	其他非流动金融资产
投资性房地产	公允价值模式：投资性房地产 成本模式：投资性房地产-累计折旧等-投资性房地产减值准备
固定资产	固定资产-累计折旧-固定资产减值准备+固定资产清理
在建工程	在建工程+工程物资-减值准备（含在建工程、工程物资）

续表

报表项目	数据来源（账户期末余额）
债权投资	债权投资-债权投资减值准备-自资产负债表日起一年内将要到期的债权投资。企业购入的以摊余成本计量的一年内到期的债权投资的期末账面价值，在“其他流动资产”项目反映
其他债权投资	其他债权投资-其他债权投资减值准备-自资产负债表日起1年内将要到期的其他债权投资 企业购入的以公允价值计量且其变动计入其他综合收益的1年内到期的债权投资的期末账面价值，在“其他流动资产”项目反映
长期应收款	长期应收款-未实现融资收益-对应的坏账准备
长期股权投资	长期股权投资-长期股权投资减值准备
其他权益工具投资	其他权益工具投资
其他非流动金融资产	其他非流动金融资产
投资性房地产	公允价值模式：投资性房地产 成本模式：投资性房地产-累计折旧等-投资性房地产减值准备
固定资产	固定资产-累计折旧-固定资产减值准备+固定资产清理
在建工程	在建工程+工程物资-减值准备（含在建工程、工程物资）
生产性生物资产	生产性生物资产-累计摊销-减值准备
油气资产	油气资产-累计折旧-减值准备
使用权资产	使用权资产-累计折旧-减值准备
无形资产	无形资产-累计摊销-无形资产减值准备
开发支出	研发支出——资本化支出
商誉	商誉-商誉减值准备
长期待摊费用	长期待摊费用，摊销期限仅剩1年或不足1年的，或者预计在1年内（含1年）进行摊销的部分，仍在本项目中列示
递延所得税资产	递延所得税资产
其他非流动资产	其他非流动资产，如属于非流动资产部分的应收退货成本

非流动资产
项目填列说明

2.负债项目的列报说明

（1）流动负债项目的填列说明（见表14-4）

流动负债项目填列说明

表14-4　流动负债项目的填列说明

报表项目	数据来源（账户期末余额）
短期借款	短期借款
交易性金融负债	交易性金融负债（反映资产负债表日企业承担的交易性金融负债，以及企业持有的指定为以公允价值计量且其变动计入当期损益的金融负债的期末账面价值）
衍生金融负债	衍生金融负债
应付票据	资产负债表日以摊余成本计量的应付票据
应付账款	资产负债表日以摊余成本计量的应付账款和预付账款明细账的期末贷方余额
预收款项	预收账款与应收账款明细账户的贷方余额
合同负债	应分别根据“合同负债”科目的相关明细科目的期末余额分析填列 同一合同下的合同资产和合同负债应当以净额列示，其中净额为借方余额的，应当根据其流动性在“合同资产”或“其他非流动资产”项目中填列，已计提减值准备的，还应以减去“合同资产减值准备”科目中相关的期末余额后的金额填列；其中净额为贷方余额的，应当根据其流动性在“合同负债”或“其他非流动负债”项目中填列
应付职工薪酬	应付职工薪酬
应交税费	一般应根据“应交税费”账户的期末贷方余额填写，如为借方余额，则应根据其性质在“其他流动资产”或“其他非流动资产”项目中填列 具体而言，“应交税费”科目下的“应交增值税”“未交增值税”“待抵扣进项税额”“待认证进项税额”“增值税留底税款”等明细科目期末借方余额应根据情况，在“其他流动资产”或“其他非流动资产”项目列示 “应交税费”科目中的“待转销项税额”等科目期末贷方余额应根据情况，在“其他流动负债”或“其他非流动负债”项目列示 “应交税费”科目下的“未交增值税”“简易计税”“转让金融商品应交增值税”“代扣代缴增值税”等明细科目期末贷方余额应在“应交税费”项目列示
其他应付款	应付利息+应付股利+其他应付款（其中“应付利息”仅反映相关金融工具已到期应支付但于资产负债表日尚未支付的利息。基于实际利率法计提的金融工具的利息应包含在相应金融工具的账面余额中）
持有待售负债	持有待售负债
一年内到期的非流动负债	一年内到期的各种非流动负债合计
其他流动负债	其他各种流动负债合计

（2）非流动负债项目的填列说明（见表14-5）

非流动负债项目填列说明

表14-5 非流动负债项目的填列说明

报表项目	数据来源（账户期末余额）
长期借款	长期借款-自资产负债表日起一年内将要到期的长期借款
应付债券	应付债券-自资产负债表日起一年内将要到期的应付债券
租赁负债	租赁负债-自资产负债表日起一年内到期的租赁负债
长期应付款	长期应付款-未确认融资费用+专项应付款
预计负债	预计负债 应当根据“预计负债”科目下的“应付退货款”明细科目是否在一年或一个正常营业周期内清偿，在“其他流动负债”或“预计负债”项目中填列 企业按照《企业会计准则第22号——金融工具确认和计量》（文号：财会〔2017〕7号）的相关规定对贷款承诺、财务担保合同等项目计提的损失准备，应当在“预计负债”项目中填列
递延收益	递延收益（“递延收益”项目中摊销期限只剩一年或不足一年的，或预计在一年内（含一年）进行摊销的部分，不得归类为流动负债，仍在该项目中填列，不转入“一年内到期的非流动负债”项目）
递延所得税负债	递延所得税负债
其他非流动负债	其他非流动负债

3.所有者权益项目的列报说明

所有者权益项目的填列说明见表14-6。

所有者权益项目填列说明

表14-6 所有者权益项目的填列说明

报表项目	数据来源（账户发生额）
实收资本（或股本）	实收资本（或股本）
其他权益工具	其他权益工具
资本公积	资本公积
库存股	库存股
其他综合收益	其他综合收益
专项储备	反映高危行业企业按照国家规定提取的安全生产费的期末账面价值
盈余公积	盈余公积
未分配利润	利润分配——未分配利润

（二）资产负债表“年初余额”栏的填列方法

资产负债表中的“年初余额”栏通常根据上年末有关项目的期末余额填列，且与上年末资产负债表中的“期末余额”栏相一致。以后期间，如果企业发生了会计政策变更、前期差错更正，应当对“年初余额”栏中的有关项目进行相应调整。此外，如果企业上年度资产负债表规定的项目名称和内容与本年度不一致，应当对上年末资产负债表相关项目的名称和数字按照本年度的规定进行调整，填入“年初余额”栏。

现举例说明资产负债表的编制方法：

资产负债表编制举例1

【例14-1】甲公司编制20×8年12月31日资产负债表的有关资料如下，根据这些资料计算20×8年12月31日资产负债表中相关项目的期末余额：

(1)“库存现金”账户余额为3 000元，“银行存款”账户余额为750 000元，“其他货币资金”账户余额为350 000元。

报表中“货币资金”项目=3 000+750 000+350 000=1 103 000（元）

(2)“应收票据”账户余额为8 000 000元；坏账准备中有关应收票据计提的坏账准备为240 000元。

报表中“应收票据”项目=8 000 000−240 000=7 760 000（元）

(3)“发出商品”账户余额为2 000 000元，“生产成本”账户余额为4 000 000元，“制造费用”账户余额为200 000元，“周转材料”账户余额为130 000元，“材料采购”账户余额为400 000元，“原材料”账户余额为2 000 000元，“委托加工物资”账户余额为100 000元，“材料成本差异”账户贷方余额为220 000元，“存货跌价准备”账户贷方余额为250 000元，“受托代销商品”账户余额为400 000元，“受托代销商品款”账户余额为400 000元。

报表中“存货”项目=2 000 000+4 000 000+200 000+130 000+400 000+2 000 000+100 000−220 000−250 000+400 000−400 000=8 360 000（元）

(4) 公司计划出售一项固定资产，该固定资产被划分为持有待售资产，在划转之前其账面价值为1 000 000元，已计提折旧800 000元，已计提减值准备50 000元。从划归持有待售的下月起停止计提折旧，不考虑其他因素。

报表中“持有待售资产”项目=1 000 000−800 000−50 000=150 000（元）

(5)“固定资产”账户余额为20 000 000元，“累计折旧”账户余额为8 000 000元，“固定资产减值准备”账户余额为1 000 000元，“固定资产清理”账户借方余额为1 100 000元。

报表中“固定资产”项目=20 000 000−8 000 000−1 000 000+1 100 000=12 100 000（元）

(6)“无形资产”账户余额为6 000 000元，“累计摊销”账户余额为1 500 000元，“无形资产减值准备”账户余额为500 000元。

报表中“无形资产”项目=6 000 000−1 500 000−500 000=4 000 000（元）

资产负债表
编制举例2

(7)“短期借款”账户余额明细如下：银行质押借款800 000元，信用借款350 000元。

报表中“短期借款”项目=800 000+350 000=1 150 000（元）

(8)“应付票据”账户余额明细如下：银行承兑汇票450 000元，商业承兑汇票330 000元。

报表中“应付票据”项目=450 000+330 000=780 000（元）

(9)“应付职工薪酬”账户余额明细如下：工资1 200 000元，社会保险费50 000元，设定提存计划120 000元，住房公积金180 000元，工会经费和职工教育经费120 000元。

报表中“应付职工薪酬”项目=1 200 000+50 000+120 000+180 000+120 000
=1 670 000（元）

(10)“长期借款”账户余额为12 500 000元，其中从乙银行借款的2 500 000元将于1年内到期，甲公司不具有自主展期清偿的权利。

资产负债表
编制举例3

报表中“长期借款”项目=12 500 000−2 500 000=10 000 000（元）

(11)“应收股利”账户余额为3 000 000元，“应收利息”账户余额为400 000元，

"其他应收款"账户余额为130 000元，坏账准备中与其他应收款有关的备抵金额为30 000元。

报表中"其他应收款"项目=3 000 000+400 000+130 000−30 000=3 500 000（元）

(12)"在建工程"账户余额为4 000 000元，"在建工程减值准备"账户余额为400 000元，"工程物资"账户余额为300 000元，"工程物资减值准备"账户余额为30 000元。

报表中"在建工程"项目=4 000 000−400 000+300 000−30 000=3 870 000（元）

(13)"利润分配——未分配利润"账户余额为10 000 000元，"研发支出——资本化支出"账户余额为4 000 000元。

资产负债表编制举例4

报表中"未分配利润"项目=10 000 000元

报表中"开发支出"项目=4 000 000元

(14)"应收账款"总账账户余额为15 000 000元，其中"应收账款——M公司"明细账户为贷方余额500 000元，"应收账款——N公司"明细账户为贷方余额380 000元，其余应收账款明细账户都为借方余额。"预收账款"总账账户余额为2 000 000元，其中"预收账款——X公司"明细账户为借方余额200 000元，"预收账款——Y公司"明细账户为借方余额120 000元，其余预收账款明细账户都为贷方余额。"坏账准备"账户余额为1 000 000元，其中与应收账款有关的备抵金额为600 000元。

报表中"应收账款"项目=［15 000 000+（500 000+380 000）］+（200 000+120 000）−600 000=15 600 000（元）

资产负债表编制举例5

报表中"预收款项"项目=［2 000 000+（200 000+120 000）］+（500 000+380 000）=3 200 000（元）

(15)"应付账款"总账账户余额为11 000 000元，其中"应付账款——P公司"明细账户为借方余额300 000元，"应付账款——Q公司"明细账户为借方余额180 000元，其余的应付账款明细账户均为贷方余额。"预付账款"总账账户余额为1 500 000元，其中"预付账款——W公司"明细账户为贷方余额140 000元，"预付账款——Z公司"明细账户为贷方余额80 000元，其余的预付账款明细账户都为借方余额。"坏账准备"账户余额为1 000 000元，其中与预付账款有关的备抵金额为10 000元。

资产负债表编制举例6

报表中"应付账款"项目=［11 000 000+（300 000+180 000）］+（140 000+80 000）=11 700 000（元）

报表中"预付款项"项目=［1 500 000+（140 000+80 000）］+（300 000+180 000）−10 000=2 190 000（元）

【例14-2】甲公司编制20×8年12月31日资产负债表的有关资料如下：

（1）20×8年12月31日有关总账科目余额见表14-7。

（2）20×8年12月31日有关总账科目所属明细账科目的余额见表14-8。

表 14-7　**总账科目余额表**

20×8 年 12 月 31 日　　单位：元

科目名称	年末余额		科目名称	年末余额	
	借方	贷方		借方	贷方
库存现金	3 000		固定资产	5 800 000	
银行存款	750 000		累计折旧		1 160 000
其他货币资金	350 000		工程物资	80 000	
交易性金融资产	64 000		在建工程	360 000	
应收票据	85 000		无形资产	250 000	
应收账款	875 000		长期待摊费用	75 000	
坏账准备		3 500（与应收账款有关）	递延所得税负债		4 500
预付账款	100 000		短期借款		200 000
其他应收款	5 000		应付票据		120 000
在途物资	450 000		应付账款		350 000
原材料	500 000		合同负债		235 000
周转材料	250 000		应付职工薪酬		18 000
库存商品	280 000		应交税费		102 000
发出商品	20 000		应付股利		21 000
委托代销商品	50 000		应付利息		1 800
材料成本差异		15 000	其他应付款		2 000
生产成本	40 000		长期借款		1 400 000
存货跌价准备		75 000	应付债券		500 000
应收股利	30 000		长期应付款		600 000
应收利息	8 000		预计负债		20 000
债权投资	160 000		股本		5 000 000
债权投资减值准备		10 000	资本公积		201 200
长期股权投资	340 000		盈余公积		510 000
长期股权投资减值准备		90 000	利润分配		286 000

表 14-8 **总账科目所属明细科目余额表**

20×8年12月31日 单位：元

总账科目	明细科目	年末余额	
		借方	贷方
应付账款	应付C公司账款		400 000
	应付D公司账款	50 000	
预付账款	预付E公司账款	120 000	
	预付F公司账款		20 000

（3）其他资料。“债权投资”科目年末借方余额160 000元中含一年内到期的债券投资50 000元；“长期待摊费用”科目年末借方余额75 000元中含一年内应摊销的费用12 000元；“长期借款”科目年末贷方余额1 400 000元中含一年内到期的借款400 000元；“应付债券”科目年末贷方余额500 000元中含一年内到期的应付债券200 000元。

根据上述资料，编制甲公司20×8年12月31日的资产负债表，见表14-9。

表 14-9 **资产负债表** 会企01表

编制单位：甲公司 20×8年12月31日 单位：元

资　产	期末余额	年初余额	负债和所有者权益（或股东权益）	期末余额	年初余额
流动资产：			流动负债：		
货币资金	1 103 000		短期借款	200 000	
交易性金融资产	64 000		交易性金融负债		
衍生金融资产			衍生金融负债		
应收票据	85 000		应付票据	120 000	
应收账款	871 500		应付账款	420 000	
应收款项融资			预收款项		
预付款项	170 000		合同负债	235 000	
其他应收款	43 000		应付职工薪酬	18 000	
存货	1 500 000		应交税费	102 000	
合同资产			其他应付款	24 800	
持有待售资产			持有待售负债		
一年内到期的非流动资产	62 000		一年内到期的非流动负债	600 000	
其他流动资产			其他流动负债		
流动资产合计	3 898 500		流动负债合计	1 719 800	

续表

资　产	期末余额	年初余额	负债和所有者权益（或股东权益）	期末余额	年初余额
非流动资产：			非流动负债：		
债权投资	100 000		长期借款	1 000 000	
其他债权投资			应付债券	300 000	
长期应收款			其中：优先股	—	
长期股权投资	250 000		永续债	—	
其他权益工具投资			租赁负债		
其他非流动金融资产			长期应付款	600 000	
投资性房地产			预计负债	20 000	
固定资产			递延收益	—	
在建工程	4 640 000		递延所得税负债	4 500	
生产性生物资产	440 000		其他非流动负债	—	
油气资产			非流动负债合计	1 924 500	
使用权资产			负债合计	3 644 300	
无形资产			所有者权益（或股东权益）：		
开发支出	250 000		实收资本（或股本）	5 000 000	
商誉			其他权益工具	—	
长期待摊费用			其中：优先股		
递延所得税资产	63 000		永续债		
其他非流动资产			资本公积	201 200	
非流动资产合计	5 743 000		减：库存股		
			其他综合收益		
			专项储备		
			盈余公积	510 000	
			未分配利润	286 000	
			所有者权益（或股东权益）合计	5 997 200	
资产总计	9 641 500		负债和所有者权益（或股东权益）总计	9 641 500	

第三节　利润表

一、利润表的概念与作用

利润表是企业用货币量度全面、总括反映其在一定时期经营过程与经营结果的一种会计报表。企业一定会计期间的经营成果一般表现为利润，但也有可能表现为亏损，因此利润表又称损益表。利润表的数字属于时期数字，反映的内容是企业经营资金循环的动态表现，即收入、费用和利润。因此，利润表是动态报表。

利润表概述

利润表所提供的会计信息，对于会计报表的使用者来说，具有以下几个方面的重要作用：

（一）可以为企业经营成果的分配提供重要依据

现代企业是不同利益的集合体，不同的利益集团之所以向企业提供经济资源或参与企业的活动，目的就在于分享企业的经营成果。利润表直接反映了企业经营成果的形成及经营成果各部分的具体数额，在一定的经济政策、法律法规和企业分配制度下，利润额的多少决定了各利益集团的分享额，如国家的税收收入、股东的股利、经营者的年薪、员工和管理人员的奖金等，企业在进行利润分配时，无论是提取盈余公积，还是制定股利分配政策，都必须将利润表所提供的数据作为重要依据。

（二）可以据以评价和考核企业的经营业绩

按照企业所有权与经营权分离的要求，所有者将有关经济资源交付给管理者进行管理，管理者应该履行受托经济责任，运用受托管理的经济资源为所有者获取尽可能多的经济利益。利润表中的各项数据体现了企业在生产经营、投资、筹资等活动中的管理效率及经济利益，是对企业经营业绩的综合反映。通过比较前后各期利润表上各种收入、费用和利润的增减变动情况，并分析发生差异的原因，可以据以评价和考核企业各职能部门和管理人员的业绩。

（三）可以据以分析和评价企业的经营成果和获利能力

企业的经营成果是指企业在其所拥有或控制的经济资源上取得的报酬，它直接体现为企业一定会计期间的利润总额；而获利能力则是指企业运用一定经济资源获取经营成果的能力，它一般通过相对指标进行反映，如资产利润率、净资产利润率、成本利润率等。当期利润表数据可以反映企业当期的经营成果，结合资产负债表数据可以反映企业当期的获利能力；通过比较和分析同一企业不同时期利润表中的数据、分析和比较同一时期不同企业的利润表数据，可以评价企业某一时期经营成果的好坏和获利能力的高低，并可预测企业未来的发展趋势。

（四）可以据以分析和预测企业未来的现金流量

会计报表的使用者为了更好地进行经济决策，都十分关注企业未来现金流量的来源、金额、时间及不确定性，而企业过去和现在的获利能力和利润水平，与未来的现金流量存在一定的关系。会计报表使用者根据企业提供的利润表，通过比较和分析同一企业不同时期、不同企业同一时期的利润数额和获利能力，了解企业利润增长或减少的规模和趋势，预测企业未来现金流量及其不确定性程度，进而做出合理的经济决策。

（五）有助于企业管理层进行经济决策

利润表反映了企业在一定会计期间各项收入、费用的发生情况，以及收入和费用的配比结果。企业管理层通过分析利润表各项目的关系，可以了解企业各项收入、费用与利润之间的关系及其变动趋势，发现企业在生产经营活动的各个环节中存在的问题，并针对问题分析原因，找出差距，采取改善措施，以做出正确的经营决策。

二、建立利润表的理论依据

企业资金在循环周转时，不断发生费用、取得收入、形成利润。收入、费用、利润的关系可概括为“收入-费用=利润（或亏损）”的会计方程式。该会计方程式所包含的经济内容和数学上的等量关系是建立利润表的理论依据。

“收入-费用=利润（或亏损）”的会计方程式所包含的经济内容是形成利润表项目的依据；“收入-费用=利润（或亏损）”的会计方程式是计算利润的依据；利润表是“收入-费用=利润（或亏损）”的会计方程式的具体化；“收入-费用=利润（或亏损）”的会计方程式是对利润表的概括与浓缩。

三、利润表的内容和基本结构

（一）利润表的内容

关于利润表应列示什么内容，目前主要有两种观点：本期营业观和损益满计观。本期营业观，是指本期利润表只列示由本期营业活动所产生的损益，即仅反映本期经常性的业务收支项目，以及由这些项目所产生的损益，至于非经常性项目（如本期发生的非常项目、前期项目以及由于会计政策和会计估计变更而产生的损益调整项目等），不计入本期利润，上述所有项目应在净利润之后列示，或作为留存收益的调整项目列示。损益满计观，是指本期利润表应包括本期确认的所有损益项目，即凡是在报告期影响所有者权益净增或净减的经济业务（股利和企业与股东之间的其他经济业务除外），都应该计入本期利润，因此利润表既包括本期经常性的业务收支项目，也包括非经常性的项目。国际会计准则主张采用损益满计观编制利润表。在我国，目前利润表的编制实际上综合了本期营业观和损益满计观两种观点，即在利润表的内容上，既能反映当期所确认的经营收益，又能反映非经常性项目的利得和损失。

（二）利润表的基本结构

1.多步式利润表的列报格式

利润表正表的格式一般有两种：单步式和多步式。单步式利润表是将当期所有的收入列在一起，然后将所有的费用列在一起，两者相减得出当期净损益。多步式利润表是通过对当期的收入、费用、支出项目按性质加以归类，按利润形成的主要环节列示一些中间性利润指标，分步计算当期净损益。

《企业会计准则第30号——财务报表列报》规定，企业应当采用多步式列报利润表，将不同性质的收入和费用类进行对比，从而得出一些中间性的利润数据，以便于使用者理解企业经营成果的不同来源。企业可以按如下四个步骤编制利润表：

第一步，以营业收入为基础，减去营业成本、税金及附加、销售费用、管理费用、研发费用、财务费用、资产减值损失、信用减值损失，加上其他收益、投资收益、净敞口套期收益、公允价值变动收益、资产处置收益，计算出营业利润。

第二步，以营业利润为基础，加上营业外收入，减去营业外支出，计算出利润总额。

第三步，以利润总额为基础，减去所得税费用，计算出净利润（或净亏损）。

第四步，净利润加上其他综合收益的税后净额，计算出综合收益总额。

普通股或潜在普通股已公开交易的企业，以及正处于公开发行普通股或潜在普通股过程中的企业，还应当在利润表中列示每股收益信息。

2.列示利润表的比较信息

根据《企业会计准则第30号——财务报表列报》的规定，企业需要提供比较利润表，以使报表使用者通过比较不同期间利润的实现情况，判断企业经营成果的未来发展趋势。所以，利润表还就各项目再分为“本期金额”和“上期金额”两栏分别填列。

（三）一般企业利润表的列报方法

1.利润表各项目的列报说明

(1)“营业收入”项目，反映企业经营主要业务和其他业务所确认的收入总额。本项目应根据“主营业务收入”和“其他业务收入”科目的发生额分析填列。

(2)“营业成本”项目，反映企业经营主要业务和其他业务所发生的成本总额。本项目应根据“主营业务成本”和“其他业务成本”科目的发生额分析填列。

(3)“税金及附加”项目，反映企业经营活动发生的消费税、城市维护建设税、资源税、教育费附加、房产税、城镇土地使用税、车船税、印花税等相关税费。本项目应根据“税金及附加”科目的发生额分析填列。

(4)“销售费用”项目，反映企业在销售商品过程中发生的包装费、广告费等费用，和为销售本企业商品而专设的销售机构的职工薪酬、业务费等经营费用。本项目应根据“销售费用”科目的发生额分析填列。

(5)“管理费用”项目，反映企业为组织和管理生产经营发生的管理费用。本项目应根据“管理费用”的发生额分析填列。

(6)“研发费用”项目，反映企业进行研究与开发过程中发生的费用化支出，以及计入管理费用的自行开发无形资产的摊销。该项目应根据“管理费用”科目下的“研发费用”明细科目和“无形资产摊销”明细科目的发生额分析填列。

(7)“财务费用”项目，反映企业筹集生产经营所需资金等而发生的筹资费用。本项目应根据“财务费用”科目的发生额分析填列。

其中，“利息费用”项目，反映企业为筹集生产经营所需资金等而发生的应予以费用化的利息支出，该项目应根据“财务费用”科目相关明细科目的发生额分析填列。“利息收入”项目，反映企业确认的利息收入，该项目应根据“财务费用”科目相关明细科目的发生额分析填列。

(8)“其他收益”项目，反映计入其他收益的政府补助，以及其他与日常活动相关且计入其他收益的项目。如企业作为个人所得税代扣代缴义务人，收到的扣缴税款手续费收入，应作为其他与日常经营相关的收益在本项目中反映。该项目应根据“其他收益”科目的发生额分析填列。

(9)“投资收益”项目，反映企业以各种方式对外投资所取得的净收益。本项目应根据“投资收益”科目的发生额分析计算后填列；如为投资净损失，以“-”号填列。其中“对联营企业和合营企业的投资收益”项目，反映企业对联营企业和合营企业投资所确认的投资净收益，应根据“投资收益”明细科目的发生额分析填列；如为投资净损失，以“-”号填列。

(10)“净敞口套期收益”项目，反映净敞口套期下被套期项目累计公允价值变动转入当期损益的金额或现金流量套期储备转入当期损益的金额。本项目应根据“净敞口套期收益”科目的发生额分析填列。

(11)“公允价值变动收益”项目，反映企业以公允价值计量且其变动计入当期损益的金融资产、以公允价值计量且其变动计入当期损益的金融负债，以及采用公允价值模式计量的投资性房地产、衍生工具、套期保值业务等公允价值变动形成的应计入当期损益的净利得。本项目应根据“公允价值变动损益”科目的发生额分析计算后填列；如为净损失，以“-”号填列。

(12)“信用减值损失”项目，反映企业计提的各项金融工具减值准备所形成的预期信用损失。本项目应根据“信用减值损失”科目的发生额分析填列。

(13)“资产减值损失”项目，反映企业各项资产发生的减值损失。本项目应根据“资产减值损失”科目的发生额分析填列。

(14)“资产处置收益”项目，反映企业出售划分为持有待售的非流动资产（金融工具、长期股权投资和投资性房地产除外）或处置组时确认的处置利得或损失，以及处置未划分为持有待售的固定资产、在建工程、生产性生物资产及无形资产而产生的处置利得或损失。债务重组中因处置非流动资产产生的利得或损失和非货币性资产交换产生的利得或损失也包括在本项目内。该项目应根据“资产处置损益”科目的发生额分析填列；如为处置损失，以“-”号填列。

(15)“营业利润”项目，反映企业实现的营业利润总额。

(16)“营业外收入”项目，反映企业发生的营业利润以外的收益，主要包括与企业日常活动无关的政府补助、盘盈利得、捐赠利得（企业接受股东或股东的子公司直接或间接的捐赠，经济实质属于股东对企业的资本性投入的除外）等。该项目应根据“营业外收入”科目的发生额分析填列。

(17)“营业外支出”项目，反映企业发生的营业利润以外的支出，主要包括公益性捐赠支出、非常损失、盘亏损失、非流动资产毁损报废损失等。该项目应根据“营业外支出”科目的发生额分析填列。

(18)“利润总额”项目，反映企业实现的利润总额。本项目应根据营业利润加上营业外收入，减去营业外支出后的余额填列；若余额为负数，则为亏损总额，应以“-”号填列。

(19)“所得税费用”项目，反映企业应从当期利润总额中扣除的所得税费用。本项目应根据“所得税费用”科目的发生额分析填列。

(20)“净利润”项目，反映企业实现的净利润。如为亏损，本项目以“-”号填列。其中，“持续经营净利润”和“终止经营净利润”项目，分别反映净利润中与持续经营相关的净利润和与终止经营相关的净利润；如为净亏损，以“-”号填列。这两个项目应按照《企业会计准则第42号——持有待售的非流动资产、处置组和终止经营》的相关规定分别列报。

(21)“其他综合收益的税后净额”项目，反映企业根据企业会计准则的规定未在损益中确认的各项利得和损失扣除所得税影响后的净额。企业应当按照其他综合收益项目以后是否能重分类进损益，区分为以后会计期间不能重分类进损益的其他综合收益项目和以后会计期间在满足规定条件时将重分类进损益的其他综合收益项目两类分别列报。

(22)“综合收益总额”项目，反映企业净利润与其他综合收益的税后净额的合计金额。

(23)“每股收益”项目，反映普通股或潜在普通股已公开交易的企业，以及正处于公开发行普通股或潜在普通股过程中的企业的基本每股收益和稀释每股收益。如果企业不存在稀释性潜在普通股，那么在利润表中只需列示基本每股收益；否则，企业应同时列示基本每股收益和稀释每股收益。

2.上期金额栏的列报方法

利润表“上期金额”栏内各项数字，应根据上年该期利润表“本期金额”栏内所列数字填列。如果上年该期利润表规定的各个项目的名称和内容同本期不相一致，应对上年该期利润表各项目的名称和数字按本期的规定进行调整，填入利润表“上期金额”栏内。

3.本期金额栏的列报方法

利润表“本期金额”栏内各项数字一般应根据损益类科目的发生额分析填列。“营业利润”“利润总额”“净利润”“其他综合收益的税后净额”项目根据该表中相关项目计算填列。

4.利润表可以生成的经济指标

利用利润表本期和上期净利润可以计算生成净利润增长率，反映企业获利能力的增长情况和长期的盈利能力趋势；利用净利润、营业成本、销售费用、管理费用、研发费用和财务费用等可以计算生成成本费用利润率，反映企业的投入产出情况。

利用该表数据与其他报表或有关资料，可以生成反映企业投资回报等有关情况的指标。比如，利用净利润和净资产可以计算净资产收益率，利用普通股每股市价与每股收益可以计算市盈率等。

5.关于“基本每股收益”和“稀释每股收益”指标

计算上述两个指标的目的是向资本市场广大投资者反映上市公司每一股普通股所创造的收益水平。对资本市场广大投资者（股民）而言，这两个指标是反映投资价值的重要指标，是投资决策最直观、最重要的参考依据，是广大投资者关注的重点。鉴于此，将这两项指标作为利润表的表内项目列示，同时要求在附注中详细披露其计算过程，以供投资者投资决策时参考。这两项指标应当按照《企业会计准则第34号——每股收益》的规定计算填列。

现举例说明利润表的编制方法：

【例14-3】丙公司20×8年度利润表相关资料如下，根据给出的相关资料计算利润表相关项目的金额：

(1) 丙公司本年度“主营业务收入”账户总额合计50 000 000元，“其他业务收入”账户总额合计8 000 000元。

利润表中“营业收入”项目=50 000 000+8 000 000=58 000 000（元）

(2) 丙公司本年度“主营业务成本”账户总额合计24 000 000元，“其他业务成本”账户总额合计5 000 000元。

利润表中“营业成本”项目=24 000 000+5 000 000=29 000 000（元）

利润表编制举例1

(3) 丙公司本年度“税金及附加”账户的发生额资料如下：城市维护建设税合计420 000元，教育费附加合计180 000元，消费税合计800 000元，房产税合计200 000元，城镇土地使用税合计80 000元，车船税合计12 000元，印花税合计1 000元。

利润表中“税金及附加”项目=420 000+180 000+800 000+200 000+80 000+12 000+1 000

=1 693 000（元）

(4) 丙公司本年度“管理费用”账户总计1 500 000元，其中研发费用合计300 000元，自行研发无形资产摊销费合计180 000元。

利润表中“管理费用”项目=1 500 000−（300 000+180 000）=1 020 000（元）

利润表中“研发费用”项目=300 000+180 000=480 000（元）

(5) 丙公司本年度“财务费用”账户的发生额资料如下：银行长期借款利息费用合计600 000元，银行短期借款利息费用合计210 000元，银行存款利息收入合计32 000元，银行手续费支出合计12 000元。

利润表中“财务费用”项目=600 000+210 000−32 000+12 000=790 000（元）

(6) 丙公司本年度“投资收益”账户的发生额资料如下：按权益法核算的长期股权投资所获得的投资收益2 000 000元，按成本法核算的长期股权投资所获得的投资收益500 000元，处置长期股权投资发生投资损失300 000元。

利润表中“投资收益”项目=2 000 000+500 000−300 000=2 200 000（元）

(7) 丙公司本年度“资产减值损失”账户的发生额资料如下：存货减值损失合计200 000元，固定资产减值损失100 000元，无形资产减值损失50 000元。信用减值损失本年度发生应收账款减值损失300 000元。

利润表中“资产减值损失”项目=200 000+100 000+50 000=350 000（元）

利润表编制举例2

利润表中“信用减值损失”项目=300 000元

(8) 丙公司本年度“营业外收入”账户发生额资料如下：接受无偿捐赠利得300 000元，获得罚款收入140 000元，库存现金盘盈利得1 100元。

利润表中“营业外收入”项目=300 000+140 000+1 100=441 100（元）

(9) 丙公司本年度“营业外支出”账户发生额资料如下：固定资产盘亏损失50 000元，固定资产报废毁损损失80 000元，捐赠支出120 000元，罚没支出12 000元。

利润表中“营业外支出”项目=50 000+80 000+120 000+12 000=262 000（元）

【例14-4】甲公司20×8年度有关资料如下：

（1）有关损益类科目的本年发生额见表14-10。

表14-10 损益类科目本年发生额 单位：元

科目名称	借方发生额	贷方发生额
主营业务收入	120 000	57 620 000
主营业务成本	26 000 000	80 000
税金及附加	7 500 000	
其他业务收入		7 500 000
其他业务成本	2 800 000	
销售费用	7 450 000	
管理费用	4 600 000	
财务费用	1 000 000	
公允价值变动损益		450 000
资产减值损失	150 000	
投资收益	200 000	10 300 000
资产处置损益	170 000	
营业外收入		1 650 000
营业外支出	805 000	
所得税费用	9 906 600	

（2）该公司20×8年损益类科目的有关明细资料如下：

“管理费用”科目中含研发支出1 600 000元；“财务费用”科目中含利息费用1 100 000元，利息收入100 000元；“投资收益”科目中对联营企业的投资收益为2 000 000元；该企业只发行普通股，年初发行在外的普通股股数为8 000万股。20×8年4月1日增发普通股2 000万股，股份已发行时间按月数计算。

根据上述资料，编制甲公司20×8年度的利润表，见表14-11。

表14-11 利润表 会企02表

编制单位：甲公司 20×8年度 单位：元

项　目	本期金额	上期金额
一、营业收入	65 000 000	
减：营业成本	28 720 000	
税金及附加	7 500 000	
销售费用	7 450 000	
管理费用	3 000 000	
研发费用	1 600 000	

续表

项　目	本期金额	上期金额
财务费用	1 000 000	
其中：利息费用	1 100 000	
利息收入	100 000	
加：其他收益	—	
投资收益（损失以“-”号填列）	10 100 000	
其中：对联营企业和合营企业的投资收益	2 000 000	
以摊余成本计量的金融资产终止确认收益（损失以“-”号填列）		
净敞口套期收益（损失以“-”号填列）		
公允价值变动收益（损失以“-”号填列）	450 000	
信用减值损失（损失以“-”号填列）	—	
资产减值损失（损失以“-”号填列）	150 000	
资产处置收益（损失以“-”号填列）	-170 000	
二、营业利润（亏损以“-”号填列）	25 960 000	
加：营业外收入	1 650 000	
减：营业外支出	805 000	
三、利润总额（亏损总额以“-”号填列）	26 805 000	
减：所得税费用	9 906 600	
四、净利润（净亏损以“-”号填列）	16 898 400	
（一）持续经营净利润（净亏损以“-”号填列）	16 898 400	
（二）终止经营净利润（净亏损以“-”号填列）		
五、其他综合收益的税后净额		
（一）不能重分类进损益的其他综合收益		
1.重新计量设定受益计划变动额		
2.权益法下不能转损益的其他综合收益		
3.其他权益工具投资公允价值变动		
4.企业自身信用风险公允价值变动		
…		
（二）将重分类进损益的其他综合收益		
1.权益法下可转损益的其他综合收益		

续表

项　目	本期金额	上期金额
2.其他债权投资公允价值变动		
3.金融资产重分类计入其他综合收益的金额		
4.其他债权投资信用减值准备		
5.现金流量套期储备		
6.外币财务报表折算差额		
…		
六、综合收益总额		
七、每股收益		
（一）基本每股收益	0.18	
（二）稀释每股收益		

第四节　现金流量表

一、现金流量表的概念与作用

现金流量表是反映企业在一定会计期间现金和现金等价物流入和流出的报表。现金流量表是以现金和现金等价物（以下简称“现金”）的流入和流出，反映企业在一定会计期间内的经营活动、投资活动和筹资活动等对现金流量产生的影响，并通过现金流量的变动情况，来揭示企业财务状况变动的原因和结果。从这个意义上讲，现金流量表实际上是以现金流量为基础编制的财务状况变动表。由于现金流量表反映的是企业一定会计期间现金流入和现金流出情况，而现金的流入和流出又是企业经营资金运动的一个重要组成部分，反映的是企业经营活动资金运动的一种动态表现，因此现金流量表是一种动态会计报表。

现金流量表所提供的是企业在一定期间内现金流入和流出的信息。该表有助于报表使用者了解和评价企业获取现金的能力、偿还债务及支付现金的能力；了解和评价企业整体的财务状况，揭示导致财务状况发生变动的各种原因；分析和评价企业经营活动、投资活动和筹资活动的有效性等。现金流量表的作用主要体现在以下几个方面：

现金流量表概述1

（一）有助于分析和评价企业整体财务状况及其变动原因

企业所从事的经营、投资和筹资活动影响着企业的财务状况，而这种影响又通过现金流量的变化表现出来。一般说来，现金流量表各部分现金流量结构合理，现金流入和现金流出无重大异常波动，说明企业的财务状况基本良好。此外，现金流量表不仅反映了企业现金流入和流出情况，还披露了很多重要的不涉及现金收支的投资和筹资活动，这些活动虽然不影响企业的净现金流量，但对企业整体财务状况可能会产生重大影响。因此，将现金流量表所提供的现金流量信息及其他信息与资产负债表提供的财务状况信息联系起来，可以了解和评价企业当前整体的财务状况，并揭示导致企业财务状况发生变动的原因。

（二）有助于分析和预测企业未来产生现金流量的能力

投资者进行投资和信贷的主要目的是增加未来的现金流入，因此他们需要财务报表提供相关的信息，以便做出正确的投资和信贷决策。现金流量表提供的企业过去的现金流量信息，可以揭示企业过去现金流入和现金流出的情况及其形成的原因，分析企业经营、投资、筹资活动与现金流量的关系，评价企业过去生成现金流量的能力，从而预测企业未来现金流量的来源、数量、时间和不确定性，即预测企业未来产生现金流量的能力。

（三）有助于了解和评价企业的支付能力和偿债能力

判断一个企业是否具有支付能力和偿债能力，最关键的就是看其是否能够产生净现金流入。企业只有产生净现金流入，有足够的现金，才有能力偿还债务、支付现金股利、发放工资、购买材料等。通过现金流量表所提供的现金流量信息，可以对企业现有的支付能力和偿债能力，以及企业对外部资金的需求情况做出可靠的判断。

（四）有助于分析和揭示企业经营净收益与经营活动产生的现金流量之间出现差异的原因

就一个企业的全部经营期间而言，其经营活动形成的全部净利润应该等于企业的净现金流入。但是对于一个持续经营的企业来说，为了定期计算损益，会计上必须将企业持续不断的经营活动划分为若干个会计期间，分期编制财务报告。在一定会计期间内，按权责发生制确认损益的时间与现金收付的时间可能不一致，从而导致一定会计期间的当期净利润与当期净现金流量之间出现差异。通过现金流量表可以分析差异产生的原因，揭示出现差异的规律性，以便报表使用者合理地预测未来的现金流量，判断净利润的可靠程度，评价净利润的质量。

二、现金流量表的编制基础

在我国，现金流量表是以现金为计量基础编制的，这里的现金不是通常所指的库存现金，还包括现金和现金等价物。现金流量表中的现金是指企业的货币资金和现金等价物。其具体内容包括：

（1）库存现金。它与会计核算中的“库存现金”科目所包括的内容一致。

（2）银行存款。它与会计核算中的“银行存款”科目所包含的内容基本一致。如果企业存放在金融企业的款项中有不能随时用于支付的存款，如不能随时支取的定期存款，则这部分存款不能作为现金流量表中的现金，但提前通知金融企业便可支取的定期存款，则应包括在现金流量表中的现金范围内。

（3）其他货币资金。它与会计核算中“其他货币资金”科目包括的内容基本一致，包括外埠存款、银行汇票存款、银行本票存款、信用保证金存款、信用卡存款、存出投资款等。

（4）现金等价物。现金等价物是指企业持有的期限短、流动性强、易于转换为已知金额的现金、价值变动风险很小的短期投资。根据上述定义，在实务中，现金等价物通常是指企业购买的在3个月或更短时间内即可到期或即可转换为现金的债券投资。

三、现金流量的概念和分类

（一）现金流量的概念

现金流量是指一定会计期间企业现金流入和流出的数量。反映企业现金流量的指标有现金流入量、现金流出量和现金净流量。现金流入量是指一定会计期间企业现金流入的数量；现金流出量是指一定会计期间现金流出的数量；现金净流量是指一定会计期间现金流入量减去现金流出量后的差额。现金流量是衡量企业经营状况是否良好、是否具备偿还债务能力和支付能力、产生未来现金流量的能力是否较强的重要指标。

（二）现金流量的分类

为了有助于报表使用者了解各种不同的经济活动对企业现金流量的影响程度，分析和揭示各种经济活动之间的相互关系，确认和计量现金流量的金额，需要按照一定的标准对现金流量进行分类。按照我国《企业会计准则第31号——现金流量表》的规定，将企业的经济业务按性质划分为经营活动、投资活动和筹资活动三大类别，再按照每一类经济活动对现金流量的影响，将现金流量划分为经营活动产生的现金流量、投资活动产生的现金流量和筹资活动产生的现金流量三类。

1.经营活动产生的现金流量

经营活动是指企业投资活动和筹资活动以外的所有交易和事项。对于工商企业而言，经营活动主要包括：销售商品、提供劳务、购买商品、接受劳务、支付税费等。经营活动产生的现金流量是企业运用所拥有或控制的经济资源从事生产经营活动所形成的，而且主要是与企业营业利润有关的交易或事项所产生的现金流量。通过经营活动产生的现金流量，可以说明企业的经营活动对现金流入和流出的影响程度，判断企业在不动用外来资金来源渠道筹集资金的情况下，经营活动产生的现金流量是否足以维持生产经营、偿还债务、支付股利和对外投资等。

2.投资活动产生的现金流量

现金流量表概述2

投资活动是指企业长期资产的购建和不包括在现金等价物范围内的投资及其处置活动。这里所说的投资活动，既包括实物资产投资，也包括金融资产投资。长期资产是指固定资产、无形资产、在建工程、其他长期资产等持有期限在一年或一个营业周期以上的资产。

通过投资活动产生的现金流量，可以分析企业通过投资活动产生现金流量的能力，判断投资活动对企业现金流量净额的影响程度。

3.筹资活动产生的现金流量

筹资活动是指导致企业资本及债务规模和构成发生变化的活动。这里所说的资本，既包括实收资本（或股本），也包括资本溢价（或股本溢价）；这里所说的债务，是指对外举债，包括向银行借款、发行债券以及偿还债务等。应付账款、应付票据等商业应付款项属于经营活动，不属于筹资活动。

通过筹资活动产生的现金流量，可以分析企业通过筹资活动获取现金的能力，判断筹资活动对企业现金流量净额的影响程度。

企业在进行现金流量的分类时，应根据企业自身的经济业务的性质和项目的具体情况，处理好以下两类项目的归类问题：

第一，对于现金流量表中未特别指明的现金流量，应按现金流量表分类方法和重要性原则，判断某项交易或事项所产生的现金流量应当归属的类别或项目，如用现金支付罚款、捐赠等应归于支付的“其他与经营活动有关的现金”项目。对于重要的现金流入或流出项目，应当单独反映。

第二，对于一些特殊、不经常发生的项目，如自然灾害损失、保险赔款等，应根据其性质，分别归并到经营活动、投资活动或筹资活动的现金流量项目中反映。

四、现金流量表的内容和结构

现金流量表的结构

目前，我国现金流量表包括正表和补充资料两部分，其结构分别见表14-12、表14-13。

正表包括表头和表体两部分。现金流量表的表头部分包括四个要素：表名、编制单位、时间和货币计量单位。现金流量表为动态报表，其时间为时期（如××××年度）。现金流量表的表体包括五部分内容：（1）经营活动产生的现金流量；（2）投资活动产生的现金流量；（3）筹资活动产生的现金流量；（4）汇率变动对现金及现金等价物的影响；（5）现金流量表的结果，即现金及现金等价物净增加额。

现金流量表的补充资料有三项内容：（1）将净利润调节为经营活动现金流量（即按间接法编制的经营活动的现金流量）；（2）不涉及现金收支的重大投资和筹资活动；（3）现金及现金等价物净变动情况（即直接按现金及现金等价物的期末余额计算的净变化额）。

表14-12 现金流量表 会企03表

编制单位： 年度 单位：元

项目	本期金额	上期金额
一、经营活动产生的现金流量：		
销售商品、提供劳务收到的现金		
收到的税费返还		
收到其他与经营活动有关的现金		
经营活动现金流入小计		
购买商品、接受劳务支付的现金		
支付给职工以及为职工支付的现金		
支付的各项税费		
支付其他与经营活动有关的现金		
经营活动现金流出小计		
经营活动产生的现金流量净额		
二、投资活动产生的现金流量：		
收回投资收到的现金		

续表

项目	本期金额	上期金额
取得投资收益收到的现金		
处置固定资产、无形资产和其他长期资产收回的现金净额		
处置子公司及其他营业单位收到的现金净额		
收到其他与投资活动有关的现金		
投资活动现金流入小计		
购建固定资产、无形资产和其他长期资产支付的现金		
投资支付的现金		
取得子公司及其他营业单位支付的现金净额		
支付其他与投资活动有关的现金		
投资活动现金流出小计		
投资活动产生的现金流量净额		
三、筹资活动产生的现金流量：		
吸收投资收到的现金		
取得借款收到的现金		
收到其他与筹资活动有关的现金		
筹资活动现金流入小计		
偿还债务支付的现金		
分配股利、利润或偿付利息支付的现金		
支付其他与筹资活动有关的现金		
筹资活动现金流出小计		
筹资活动产生的现金流量净额		
四、汇率变动对现金及现金等价物的影响		
五、现金及现金等价物净增加额		
加：期初现金及现金等价物余额		
六、期末现金及现金等价物余额		

表 14-13　　现金流量表补充资料

补充资料	本期金额	上期金额
1.将净利润调节为经营活动现金流量：		
净利润		
加：资产减值准备		
固定资产折旧、油气资产折耗、生产性生物资产折旧		
无形资产摊销		
长期待摊费用摊销		
处置固定资产、无形资产和其他长期资产的损失（收益以“-”号填列）		
固定资产报废损失（收益以“-”号填列）		
公允价值变动损失（收益以“-”号填列）		
财务费用（收益以“-”号填列）		
投资损失（收益以“-”号填列）		
递延所得税资产减少（增加以“-”号填列）		
递延所得税负债增加（减少以“-”号填列）		
存货的减少（增加以“-”号填列）		
经营性应收项目的减少（增加以“-”号填列）		
经营性应付项目的增加（减少以“-”号填列）		
其他		
经营活动产生的现金流量净额		
2.不涉及现金收支的重大投资和筹资活动：		
债务转为资本		
一年内到期的可转换公司债券		
融资租入固定资产		
3.现金及现金等价物净变动情况：		
现金的期末余额		
减：现金的期初余额		
加：现金等价物的期末余额		
减：现金等价物的期初余额		
现金及现金等价物净增加额		

五、现金流量表的编制方法

企业在具体编制现金流量表时，应根据企业经济业务量的大小及复杂程度，采用不同的编制程序。现金流量表的编制方法，按其编制程序的不同，可以分为直接分析填列法、工作底稿法和T形账户法三种方法。

（一）直接分析填列法

该方法是直接根据资产负债表、利润表和有关会计科目的记录，分析计算出现金流量表各项目的金额，并据以填列报表项目编制现金流量表的一种方法。

（二）工作底稿法

工作底稿法是以工作底稿为手段（或“桥梁”），以利润表和资产负债表数据为基础，结合有关会计科目的记录，对现金流量表的每一个项目进行分析并编制调整分录，最后根据调整后的结果编制现金流量表的一种方法。

采用工作底稿法编制现金流量表的具体步骤是：

（1）将资产负债表的期初数和期末数过入工作底稿的期初栏和期末栏，将利润表的本年实际数过入工作底稿的期末栏。

（2）对当期业务进行分析并编制调整分录。调整分录大致有这样几类：第一类涉及利润表中的收入、费用项目以及资产负债表中资产、负债及所有者权益项目，通过调整，将权责发生制下的收入、费用转换为现金收付制下的收入和费用；第二类涉及资产负债表和现金流量表中的投资和筹资项目，反映投资和筹资活动的现金流量；第三类涉及利润表和现金流量表中的投资和筹资项目，目的是将利润表中有关投资和筹资的收入和费用列入现金流量表投资、筹资活动现金流量中。此外，还有一些调整分录并不涉及现金收支，只是为了核对资产负债表项目的期末数。

在调整分录中，有关现金和现金等价物的事项，并不直接借记或贷记现金，而是分别记入“经营活动产生的现金流量”“投资活动产生的现金流量”“筹资活动产生的现金流量”有关项目，借记表明现金流入企业，贷记表明现金流出企业。

（3）将调整分录过入工作底稿中的相应部分。

（4）核对调整分录，借贷合计应该相等，资产负债表项目期初数加减调整分录中的借贷金额后，应当等于期末数。

（5）根据工作底稿中的现金流量表项目编制正式的现金流量表。

现金流量表的编制方法

（三）T形账户法

采用T形账户法，就是以T形账户为手段（或“桥梁”），以利润表和资产负债表数据为基础，结合有关会计科目的记录，对现金流量表的每一个项目进行分析并编制调整分录，最后根据调整后的结果编制现金流量表。

采用T形账户法编制现金流量表的程序如下：

（1）为所有的非现金项目（包括资产负债表和利润表项目）分别开设T形账户，并将各自的期末、期初变动数过入对应科目。

（2）开设一个大的“现金及现金等价物”T形账户，每边分为经营活动、投资活动和筹资活动三个部分，左边登记现金流入，右边登记现金流出。与其他账户一样，过入期末、期初变动数。

(3) 以利润表项目为基础，结合资产负债表分析每一个非现金项目的增减变动，并据此编制调整分录。

(4) 将调整分录过入T形账户，并进行核对，该账户借贷相抵后的余额与原先过入的期末、期初变动数应当一致。

(5) 根据大的“现金及现金等价物”T形账户编制正式的现金流量表。

六、现金流量表正表的编制

按照我国企业现金流量表的内容和格式要求，现分别说明报表正表各部分的编制方法。

(一)“经营活动产生的现金流量”各项目的内容和填列方法

在编制现金流量表时，经营活动产生的现金流量的列报方法有两种：一是直接列报法（简称“直接法”）；二是间接列报法（简称“间接法”）。

直接列报法是指通过现金收入和现金支出的主要类别直接反映来自企业经营活动的现金流量的一种列报方法。采用这种方法列报经营活动现金流量时，一般以利润表中的本期营业收入为起点，逐个分析具体的现金流入和现金流出项目。采用直接法列报提供的经营活动现金流量信息，有助于投资人和债权人分析、评价和预测企业未来的现金流量。所以国际会计准则主张企业采用直接法列报企业的经营活动现金流量信息。在我国，现金流量表的正表就是以直接法来列报经营活动的现金流量的。

间接列报法是指以本期利润为起点，通过调整不涉及现金的收入、费用、营业外收支以及应收应付等项目，调整不属于经营活动的现金收支项目，据此计算并列示经营活动的现金流量的一种方法。采用间接法列报经营活动的现金流量信息，有助于分析当期净利润与经营活动的现金流量之间产生差异的原因，评价企业净利润的质量。但该方法不便于分析、评价和预测企业未来的现金流量。在我国，现金流量表的补充资料中应按照间接列报法反映企业经营活动现金流量的情况，以对正表中按直接列报法反映的经营活动现金流量信息起到相互核对和补充说明的作用。

采用直接法报告企业经营活动的现金流量时，经营活动产生的现金流量的各项目反映的金额，可从会计记录中直接获得，也可以在利润表营业收入、营业成本等数据的基础上，通过调整存货和经营性应收应付项目，以及固定资产折旧、无形资产摊销等项目后获得。

经营活动现金流量——直接法与间接法

下面分别说明现金流量表正表中“经营活动产生的现金流量”各项目的内容和填列方法：

1.“销售商品、提供劳务收到的现金”项目

该项目反映企业销售商品、提供劳务实际收到的现金，包括销售收入和应向购买者收取的增值税销项税额，具体包括：本期销售商品、提供劳务收到的现金，以及前期销售商品、提供劳务本期收到的现金和本期预收款收到的现金，减去本期销售本期退回的商品和前期销售本期退回的商品支付的现金。企业销售材料和代购代销业务收到的现金，也在本项目反映。本项目可以根据“库存现金”“银行存款”“应收账款”“应收票据”“合同资产”“合同负债”“主营业务收入”“其他业务收入”等科目的记录分析填列。与“销售商

品、提供劳务收到的现金”相关的资金运动如图14-1所示。

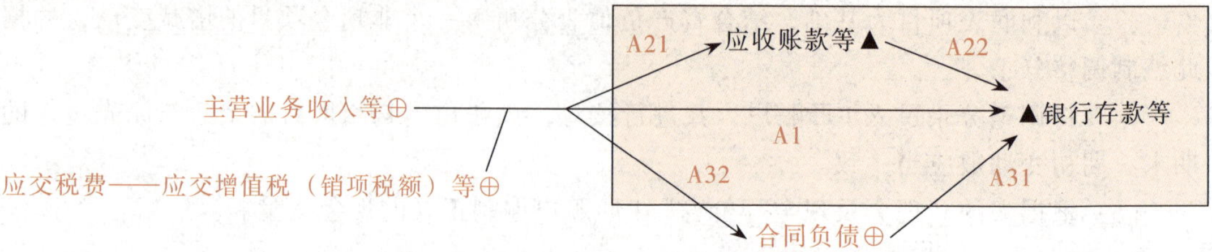

图14-1　与“销售商品、提供劳务收到的现金”相关的资金运动分析图

如根据报表数据和有关账户记录，以营业收入为起点，调整计算该项目的金额，则计算公式为：

销售商品、提供劳务收到的现金=营业收入+应收票据及应收账款（期初余额-期末余额）+合同资产（期初余额-期末余额）+合同负债（期末余额-期初余额）+坏账准备和合同资产减值准备（期初余额-期末余额）+当期收回前期核销的坏账损失-本期应收款项减少但并未增加现金流量的金额+随同本期销售收入收到的增值税现金流入+当期新增应收债权中所包含的应收销项税额的增加额（后面两项可以合并为：“+应交税费——应交增值税（销项税额）”）

销售商品等收到的现金——分析1

在运用上述公式时，应注意下列几点：

第一，当期营业收入不包含租赁收入，该收入应作为本环节的第三项收入，即收到其他与经营活动有关的现金。

第二，本期应收债权减少但并未增加现金流量的金额包括：坏账的冲销、债务重组、应收债权的出售所支付的成本、应收债权的抵让等。

销售商品等收到的现金——分析2

第三，之所以要考虑坏账准备账户和合同资产减值准备账户，是因为需要将应收款项报表金额、合同资产报表金额还原为账户余额。

【例14-5】甲公司20×8年12月31日的资产负债表、20×8年度的利润表相关资料如下：营业收入300万元。应收账款期初余额100万元，期末余额240万元；应收票据期初余额400万元，期末余额250万元；合同负债期初余额80万元，期末余额95万元。

其他资料如下：本年度内核销坏账5万元，收回前期核销的应收款项8万元。坏账准备账户的期初余额为5万元，期末余额为12万元。

本年度债务重组，甲公司一笔15万元的应收账款最后收到一台机器抵账。在本年度内将一张面值为20万元的应收票据出售给银行（不负连带责任），获得价款19万元。随同本期销售一同收回的销项税额现金流入为40万元。另外，本期因商品质量问题发生退货，支付银行存款30 000元，货款已通过银行转账支付。利润表营业收入中含租赁收入20万元。资产负债表本年度新增应收款中含增值税销项税额17万元。

销售商品、提供劳务收到的现金 =（3 000 000-200 000）+（1 000 000-2 400 000）+（4 000 000-2 500 000）+（950 000-800 000）+400 000-（120 000-50 000）+80 000-（150 000+10 000+50 000）+170 000
=3 420 000（元）

销售商品等收到的现金——举例

2.“收到的税费返还”项目

该项目反映企业收到返还的各种税费的现金流入，如收到的增值税、所得税、消费税、关税和教育费附加返还款等。本项目可根据“库存现金”“银行存款”“税金及附加”“营业外收入”等科目的记录分析填列。

【例 14-6】甲企业前期出口商品一批，已缴纳增值税，按规定应退增值税7万元，前期未退，本期以转账方式收讫；收到的教育费附加返还款4万元，款项已存入银行（见图14-2）。

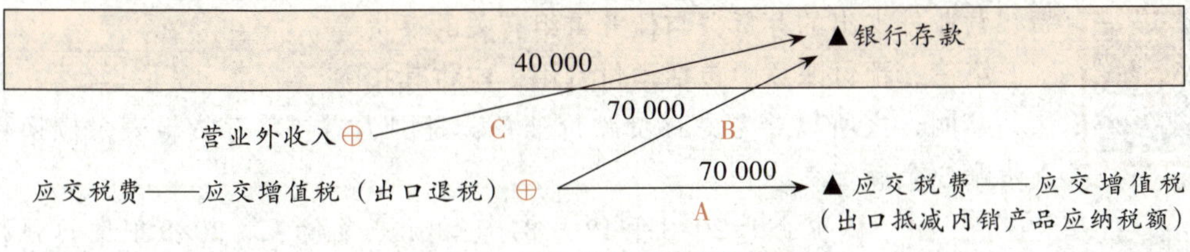

图 14-2　甲企业资金运动分析图

本期收到的税费返还=7+4=11（万元）

收到的税费返还等

3.“收到其他与经营活动有关的现金”项目

本项目反映企业除上述各项目外，收到其他与经营活动有关的现金，如罚款收入、经营租赁固定资产收到的现金、投资性房地产收到的租金收入、流动资产损失中由个人赔偿的现金收入、除税费返还外的其他政府补助收入等。

4.“购买商品、接受劳务支付的现金”项目

该项目反映企业购买材料、商品，接受劳务实际支付的现金，包括支付的货款以及与货款一并支付的增值税进项税额。与“购买商品、接受劳务支付的现金”相关的资金运动如图 14-3所示。

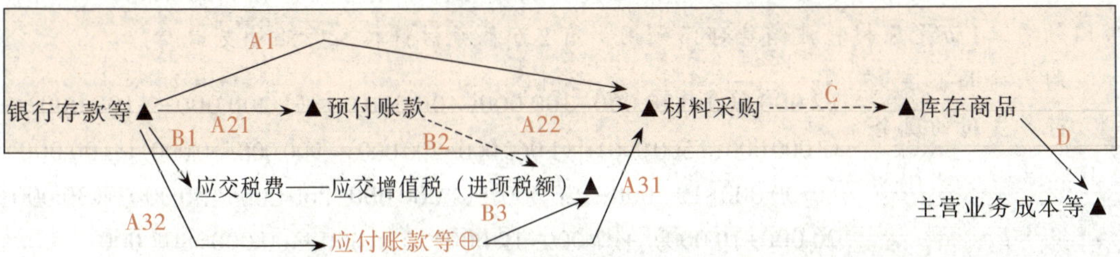

图 14-3　与“购买商品、接受劳务支付的现金”相关的资金运动分析图

如根据报表资料和有关账户记录，以营业成本为起点，调整计算该项目的金额，其计算公式为：

购买商品、接受劳务支付的现金＝营业成本+应付账款和应付票据（期初余额-期末余额）+预付账款（期末余额-期初余额）+存货（期末余额-期初余额）+存货跌价准备（期末余额-期初余额）-当期以非现金资产清偿债务而减少的应付账款和票据+（-）存货增减中不属于本项目或与现金流量没有关系的部分-当期营业成本中不属于本项目或与现金流量没有关系的部分+本期新增应付款项中所含的增值税进项税额+当期购买时一同支付的进项税额现金流出（后面两项可以合并为：“+应交税费——应交增值税（进项税额）”）

购买商品等支付的现金——分析1

购买商品等支付的现金——分析2

需要注意以下几点：

第一，营业成本不包含经营租赁支出，经营租赁支出在本环节第七个项目中反映，即“支付其他与经营活动有关的现金”项目；另外不属于本项目的职工薪酬及其所包含的制造费用都应该扣除。

第二，关于存货扣除项目。一是不属于本项目的职工薪酬及其所包含的制造费用要扣除；二是不涉及现金流量的存货应扣除，如计入管理费、销售费、营业外支出的存货，与债务重组有关的存货等。

第三，预付账款中包括预付费用，应将其扣除。

第四，之所以要考虑存货跌价准备，是因为需要将存货报表余额换算为存货账户余额。

【例14-7】甲企业20×8年12月31日的资产负债表、20×8年度的利润表相关资料如下：营业成本200万元。应付账款期初余额120万元，期末余额210万元；应付票据期初余额300万元，期末余额250万元；预付账款期初余额90万元，期末余额106万元；存货期初余额100万元，期末余额70万元。

其他资料：本年进行债务重组，一笔价值为25万元的应付账款最后以一台机器设备抵账。本期购买时一同支付的进项税额为30万元。另外，本期因商品质量问题发生退货，收到银行存款3万元。存货跌价准备账户期初余额为1万元，期末余额为0.7万元。

购买商品等支付的现金举例

利润表的营业成本中含租赁支出12万元，职工薪酬30万元，折旧费等制造费用40万元。资产负债表本年度新增应付款中含增值税进项税额10万元，预付账款期初含3万元的预付费用，期末含20万元的预付费用；存货中，期初存货含职工薪酬20万元，含折旧费等制造费用15万元，期末存货含职工薪酬10万元，含折旧费等制造费用12万元；本期存货中有3万元原材料被管理部门领用，1万元原材料被销售部门领用，有2万元原材料转入营业外支出。

购买商品、接受劳务支付的现金 = (2 000 000−120 000−300 000−400 000) + (1 200 000−2 100 000) + (3 000 000−2 500 000)+[(1 060 000−200 000)−(900 000−30 000)]+100 000+[(700 000−100 000−120 000)−(1 000 000−200 000−150 000)+(30 000+20 000+10 000)]+(7 000−10 000)−250 000+300 000=807 000（元）

5.“支付给职工以及为职工支付的现金”项目

该项目反映企业实际支付给职工的现金以及为职工支付的现金，包括本期实际支付给职工的工资、奖金、各种津贴和补贴等，以及为职工支付的其他费用。本项目不包括支付的离退休人员的各项费用和支付给在建工程人员的工资等。支付的离退休人员的各项费用，包括支付的统筹退休金以及未参加统筹的退休人员的费用，在“支付其他与经营活动有关的现金”项目中反映；支付的在建工程人员的工资以及为在建工程人员支付的其他费用，在“购建固定资产、无形资产和其他长期资产支付的现金”项目中反映。本项目可以根据“应付职工薪酬”“库存现金”“银行存款”等科目的记录分析填列。企业为职工支付的养老、失业等社会保险基金，补充养老保险；支付给职工的住房困难补助；为职工缴纳的商业保险金；支付给职工或为职工支付的其他福利费用等，应根据职工的工作性质和服务对象，分别在“购建固定资产、无形资产和其他长期资产支付的现金”和“支付给职工以及为职工支付的现金”项目中反映。

【例14-8】甲企业20×8年销售费用包括工资和福利费140万元，均以货币资金结算或形成应付债务；管理费用包括工资和福利费80万元，均以货币资金结算或形成应付债务。营业成本中职工薪酬为300万元，期初存货中含职工薪酬200万元，期末存货中含职工薪酬100万元。资产负债表中应付职工薪酬期初余额为2万元，期末余额为1万元。薪酬费用年初数、年末数均与投资活动或筹资活动无关；本年确认的工资及福利费均与投资或筹资活动无关（如图14-4所示）。

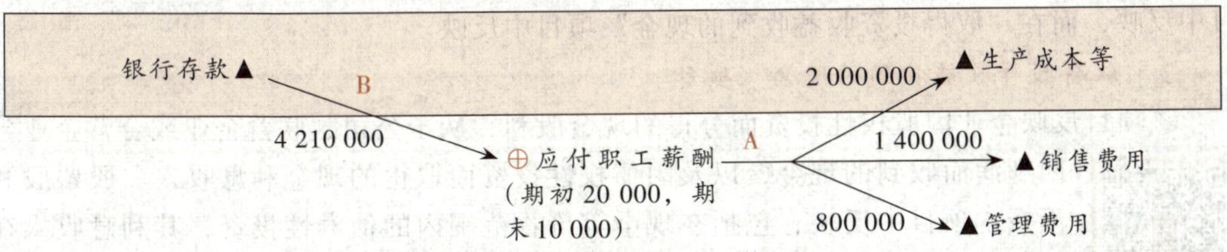

图14-4　甲企业资金运动分析图

支付给职工以及为职工支付的现金

=1400000+800000+［(3000000+1000000)−2000000］+(20000−10000)

=4 210 000（元）

支付给职工等的现金——分析

6.“支付的各项税费”项目

该项目反映企业按规定支付的各项税费，包括本期发生并支付的税费，以及本期支付以前各期发生的税费和预缴的税金，如实际支付的增值税、企业所得税、资源税、教育费附加、矿产资源补偿费、印花税、房产税、土地增值税、车船税等，不包括计入固定资产价值、实际支付的耕地占用税等，也不包括本期退回的增值税、企业所得税。本期退回的增值税、企业所得税等，在“收到的税费返还”项目中反映。

【例14-9】甲企业本期向税务机关缴纳的增值税为34万元，所得税为326万元，教育费附加为10.8万元，城市维护建设税为25.2万元，房产税、车船税等共计5万元（如图14-5所示）。

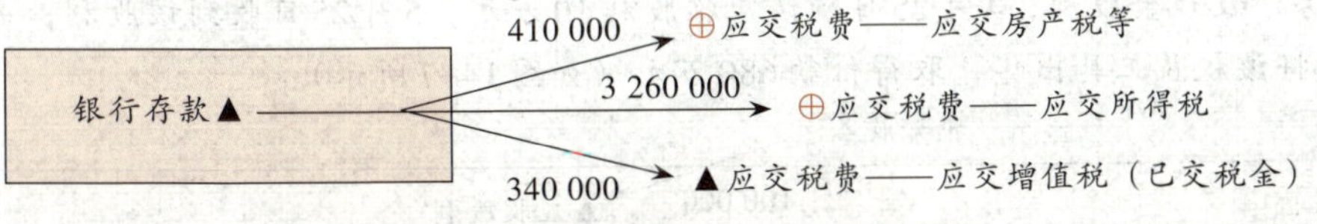

图14-5　甲企业资金运动分析图

本期支付的各项税费=34+326+41=401（万元）

7.“支付其他与经营活动有关的现金”项目

该项目反映企业除上述各项目外，支付其他与经营活动有关的现金，如以现金支付的罚款支出、支付的差旅费、业务招待费、保险费、审计费、咨询费等，以及支付给离退休人员的各项费用和经营租赁支付的现金。其他与经营活动有关的现金，价值较大的，应单列项目反映。

（二）“投资活动产生的现金流量”各项目的内容和填列方法

现金流量表中的投资活动包括金融资产的取得与处置、固定资产的购建与处置、无形资产的购建与处置等。在表中单独反映企业投资活动产生的现金流量，有助于会计报表使用者了解企业为获得未来收益和现金流量而进行对外投资或内部长期资产投资的程度，以及以前对外投资所带来的现金流入信息，便于评价、预测企业通过投资活动获取现金的能力。投资活动现金流量各项目的内容和填列方法如下：

1.“收回投资收到的现金”项目

该项目反映企业出售、转让或到期收回除现金等价物以外的短期性、长期性股权投资而收到的现金，以及收回长期性债权投资本金而收到的现金，不包括长期性债权投资收回的利息，以及收回的非现金资产。需要注意的是，长期性债权投资收回的利息，不在本项目中反映，而在“取得投资收益收到的现金”项目中反映。

2.“取得投资收益收到的现金”项目

该项目反映企业因股权性投资而分得的现金股利，从子公司、联营企业或合营企业分回利润而收到的现金，以及因债权性投资而取得的现金利息收入。股票股利不在本项目中反映；包括在现金等价物范围内的债券性投资，其利息收入在本项目中反映。

投资活动现金流入分析1

【例14-10】甲企业的一笔债权投资于本年12月31日到期，本年度与该投资相关的业务只有2笔：一笔是本年度投资收益的确认；另一笔是12月31日收回本金100万元和最后一次收取利息8万元（如图14-6所示）。

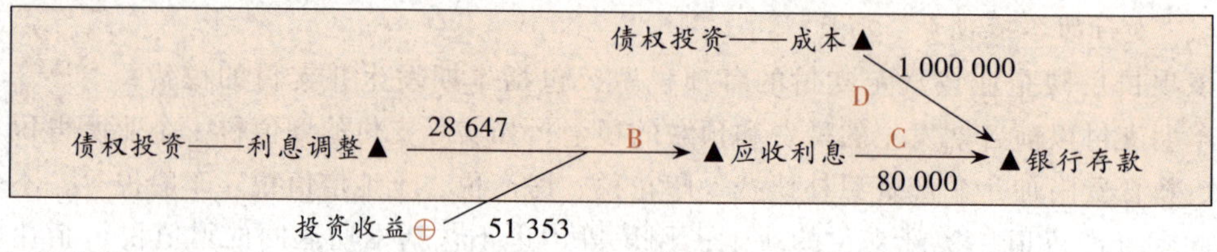

图14-6 甲企业资金运动分析图

收回投资收到的现金为100万元，取得投资收益收到的现金为8万元。

【例14-11】甲企业有一笔其他权益工具投资。本年度与该投资相关的业务只有2笔：一笔业务涉及现金股利，4月25日确认应收股利10万元，5月25日收到该股利；另一笔是6月3日将该权益工具出售，取得价款680万元（如图14-7所示）。

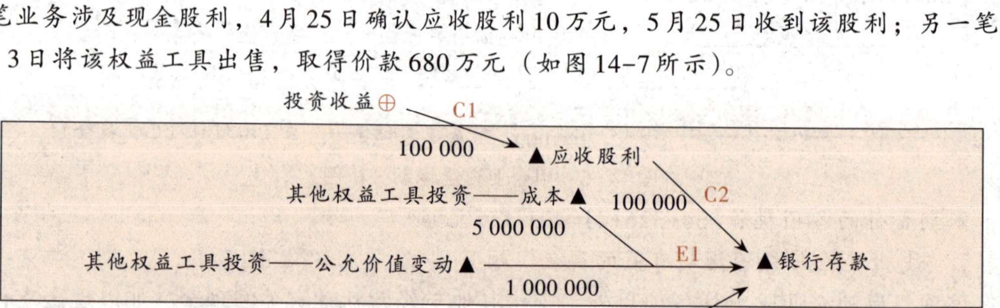

图14-7 甲企业资金运动分析图

收回投资收到的现金为680万元，取得投资收益收到的现金为10万元。

【例14-12】沿用【例14-11】相关资料，6月3日将该权益工具出售，取得价款592万元（如图14-8所示）。

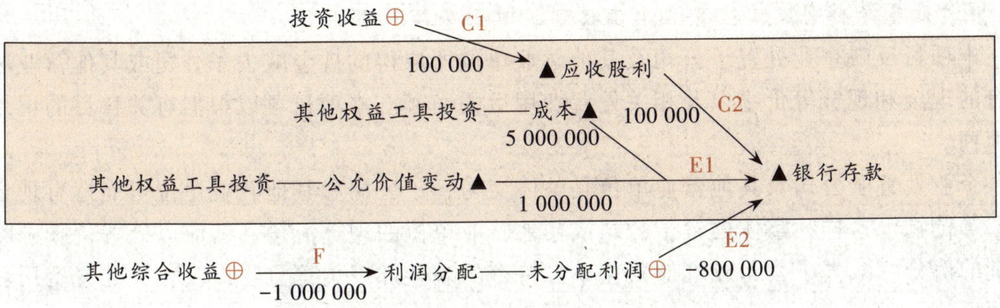

图 14-8　甲企业资金运动分析图

收回投资收到的现金为592万元，取得投资收益收到的现金为10万元。

3.“处置固定资产、无形资产和其他长期资产收回的现金净额”项目

该项目反映企业出售固定资产、无形资产和其他长期资产所取得的现金，减去为处置这些资产而支付的有关费用后的净额。处置固定资产、无形资产和其他长期资产收到的现金，与处置活动支付的现金，两者在时间上比较接近，以净额反映更能体现处置活动对现金流量的影响。由自然灾害等原因所造成的固定资产等长期资产的报废、毁损而收到的保险赔偿收入，也在本项目中反映。如处置固定资产、无形资产和其他长期资产收回的现金净额为负数，则应作为投资活动产生的现金流出量，在“支付其他与投资活动有关的现金”项目中反映。本项目可以根据“固定资产清理”“资产处置损益”“库存现金”“银行存款”等科目分析填列。

【例 14-13】甲企业本期处置一台旧机器设备，与该处置相关的所有业务所引起的资金运动如图 14-9 所示。

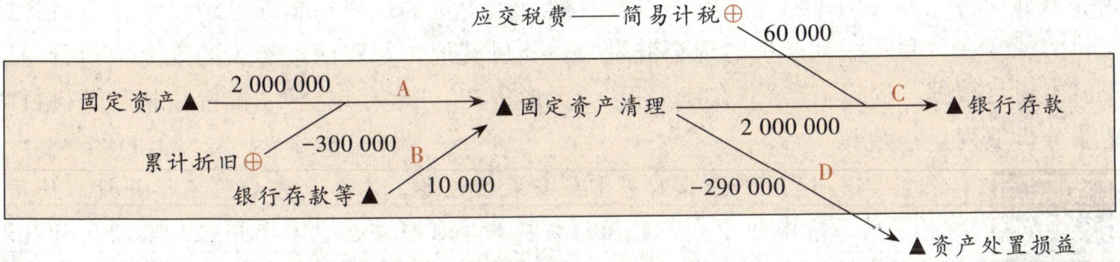

图 14-9　甲企业资金运动分析图

处置固定资产、无形资产和其他长期资产收回的现金净额为 2 050 000元。

【例 14-14】甲企业本期处置一台旧机器设备，与该处置相关的所有业务所引起的资金运动如图 14-10 所示。

投资活动现金流入分析2

处置现金净额为-3 700元，支付其他与投资活动有关的现金为3 700元。

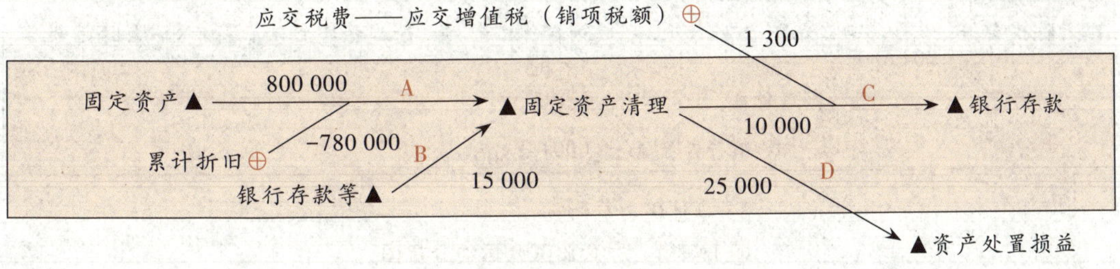

图 14-10　甲企业资金运动分析图

4.“处置子公司及其他营业单位收到的现金净额”项目

本项目反映企业处置子公司及其他营业单位所取得的现金减去子公司或其他营业单位持有的现金和现金等价物以及相关处置费用后的净额。本项目可以根据有关科目的记录分析填列。

企业处置子公司及其他营业单位是整体交易，子公司和其他营业单位可能持有现金和现金等价物。这样，整体处置子公司或其他营业单位的现金流量，就应以处置价款中收到现金的部分，减去子公司或其他营业单位持有的现金和现金等价物以及相关处置费用后的净额反映。

处置子公司及其他营业单位收到的现金净额如为负数，则将该金额填列至“支付其他与投资活动有关的现金”项目中。

5.“收到其他与投资活动有关的现金”项目

该项目反映企业除上述各项目外，收到其他与投资活动有关的现金，如收到的在购买股票时支付的已宣布但尚未领取的现金股利，收到的在购买债券时支付的已到期但尚未领取的债券利息等。其他与投资活动有关的现金，价值较大的，应单列项目反映。本项目应根据“应收股利”“应收利息”“银行存款”等科目的记录分析填列。

6.“购建固定资产、无形资产和其他长期资产支付的现金”项目

该项目反映企业购买、建造固定资产，取得无形资产和其他长期资产支付的现金，包括购买机器设备支付的现金及增值税税款、建造工程支付的现金、支付在建工程人员的工资及为在建工程人员支付的其他费用，及企业购入或自创取得无形资产等现金支出，不包括为购建固定资产而发生的借款利息资本化部分，以及支付的租赁负债——租赁付款额。企业以分期付款方式购建的固定资产，其首次付款支付的现金在本项目中反映，以后各期支付的现金在“筹资活动产生的现金流量——支付其他与筹资活动有关的现金”项目中反映。本项目根据“固定资产”“在建工程”“无形资产”“库存现金”“银行存款”等科目的记录分析填列。

投资活动现金流出分析1

【例14-15】甲企业购买需要安装的设备，本年度内安装完毕并投入使用。所耗费的原准备用于生产的原材料及其进项税额已在本年用银行存款支付（增值税税率为13%）。与安装有关的薪酬本年度尚未支付。如图14-11所示。

购建固定资产、无形资产和其他长期资产支付的现金 =211 500+26 000+2 340×13%−2 500=235 304.2（元）

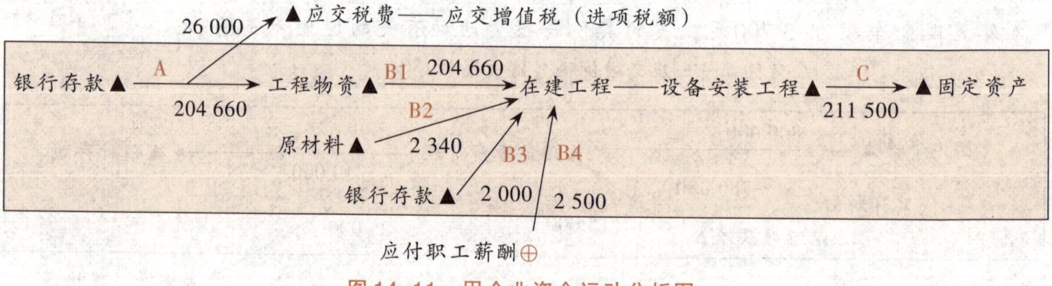

图14-11　甲企业资金运动分析图

【例 14-16】甲企业自行建造一项固定资产。为建造该固定资产，企业向银行取得专项借款。其本年度涉及借款费用的业务如图 4-12 所示。

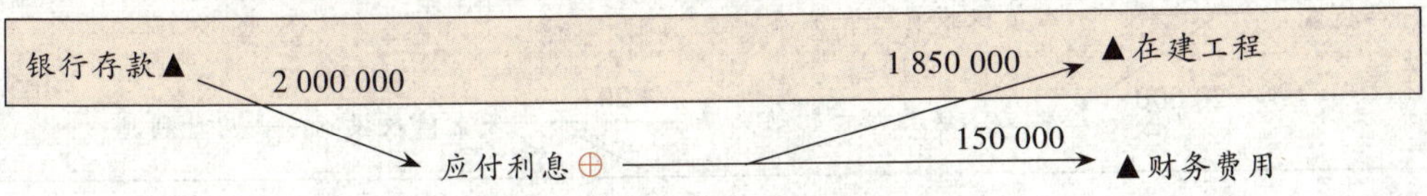

图 4-12　甲企业资金运动分析图

分配股利、利润或偿付利息支付的现金为 200 万元。

【例 14-17】甲企业本年度分期付款购买不需要安装的设备，每年末支付 200 万元，5 年付清。一次性付款则只需要 800 万元。以上金额都不含增值税，增值税税率为 13%。企业以存款支付运输费 2 万元，增值税为 0.18 万元(如图 14-13 所示)。

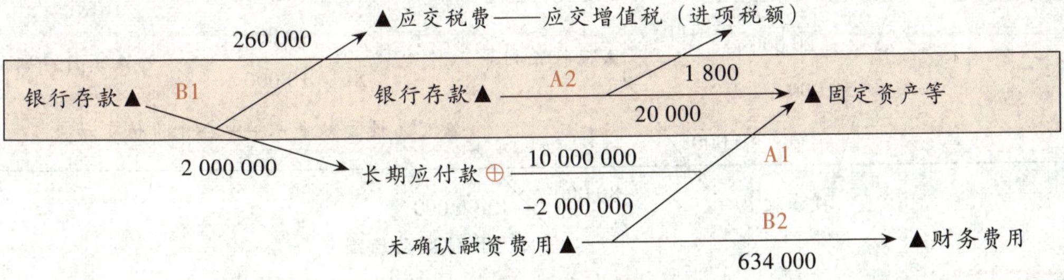

图 14-13　甲企业资金运动分析图

购建固定资产、无形资产和其他长期资产支付的现金为 2.18 万元，支付其他与筹资活动有关的现金为 226 万元。

7."投资支付的现金"项目

该项目反映企业进行权益性投资和债权性投资支付的现金，包括企业取得的除现金等价物以外的短期股票投资、短期债券投资、长期股权投资、长期性债权投资支付的现金，以及支付的佣金、手续费等附加费用。企业购买债券的价款中含有债券利息的，以及溢价或折价购入的，均按实际支付的金额反映。

企业购买股票和债券时，实际支付的价款中包含的已宣告但尚未领取的现金股利或已到付息期但尚未领取的债券利息，应在"支付其他与投资活动有关的现金"项目中反映；收回购买股票或债券时支付的已宣告但尚未领取的现金股利或已到付息期但尚未领取的债券利息，应在"收到其他与投资活动有关的现金"项目中反映。

【例 14-18】甲企业本年度购买债权投资，并确认投资收益。

投资支付的现金为 110.668 万元，取得投资收益收到的现金为 8 万元（如图 14-14 所示）。

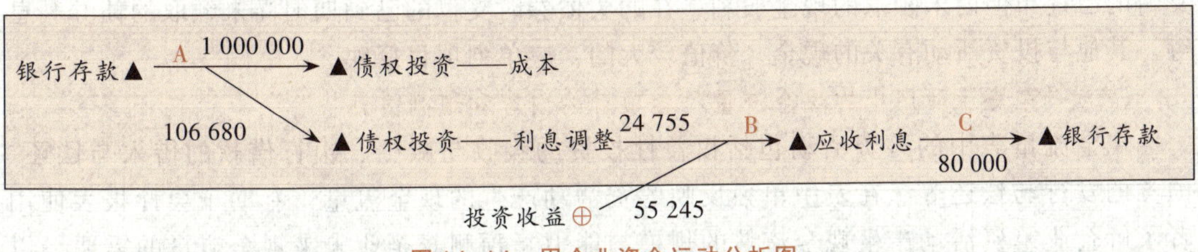

图 14-14　甲企业资金运动分析图

【例14-19】甲企业本年度购买债权投资，并确认投资收益（如图14-15所示）。

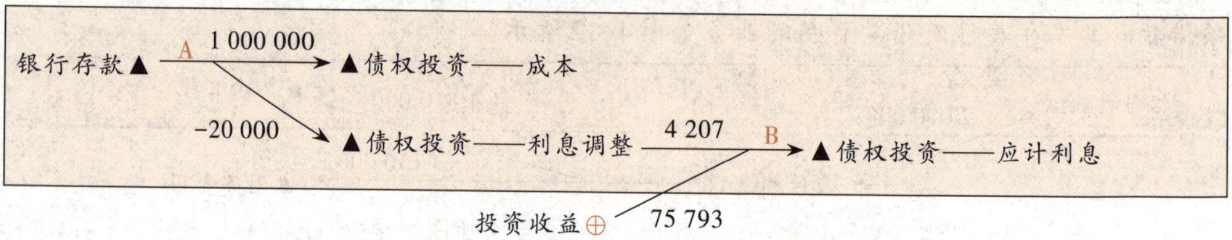

图14-15 甲企业资金运动分析图

投资支付的现金为98万元，取得投资收益收到的现金为0。

【例14-20】企业本期取得交易性金融资产，并发生了下列业务（如图14-16所示）。

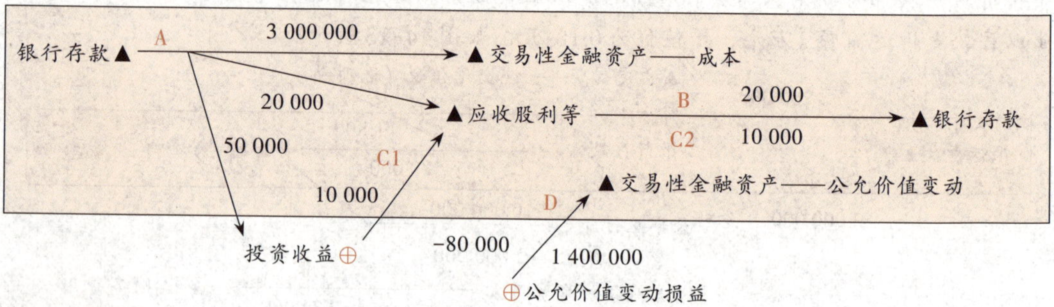

图14-16 甲企业资金运动分析图

投资活动现金流出分析2

投资支付的现金为305万元，支付其他与投资活动有关的现金为2万元，收到其他与投资活动有关的现金为2万元，取得投资收益收到的现金为1万元。

8.“取得子公司及其他营业单位支付的现金净额”项目

本项目反映企业取得子公司及其他营业单位购买出价中以现金支付的部分，减去子公司或其他营业单位持有的现金和现金等价物后的净额。本项目可以根据有关科目的记录分析填列。

整体购买一个单位，其结算方式是多种多样的，如购买方全部以现金支付或一部分以现金支付而另一部分以实物清偿。同时，企业购买子公司及其他营业单位是整体交易，子公司和其他营业单位除持有固定资产和存货外，还可能持有现金和现金等价物。这样，整体购买子公司或其他营业单位的现金流量，就应以购买出价中以现金支付的部分减去子公司或其他营业单位持有的现金和现金等价物后的净额反映，如为负数，应在“收到其他与投资活动有关的现金”项目中反映。

9.“支付其他与投资活动有关的现金”项目

本项目反映企业除上述各项目外，支付其他与投资活动有关的现金，如在购买股票时支付的已宣布但尚未领取的现金股利，在购买债券时支付的已到期但尚未领取的债券利息等。其他与投资活动有关的现金，价值较大的，应单列项目反映。

（三）“筹资活动产生的现金流量”各项目的内容和填列方法

现金流量表中的筹资活动包括权益性投资的吸收与减少、银行借款的借入与偿还、债券的发行与偿还等。在表中单独反映筹资活动产生的现金流量，有助于会计报表使用者了解企业筹资活动产生现金流量的规模与能力，预测对企业未来现金流量的需要，以及企业为获得现金流入而付出的代价。筹资活动产生的现金流量各项目的内容和填列方法如下：

1.“吸收投资收到的现金”项目

该项目反映企业以发行股票等方式筹集资金实际收到的款项净额（发行收入减去支付的佣金等发行费用后的净额），以及收到的投资者直接以现金方式投资投入企业的现金。以发行股票等方式筹集资金而由企业直接支付的审计、公证、咨询等费用，不在本项目中反映，而在“支付其他与筹资活动有关的现金”项目中反映；由金融企业直接支付的手续费、宣传费、咨询费、印刷费等费用，从发行股票取得的现金收入中扣除，以净额列示。本项目应根据“实收资本（或股本）”“库存现金”“银行存款”等科目的记录分析填列。

【例 14-21】某公司委托××证券公司代理发行普通股 4 000 万股，每股面值 1 元，按每股 12 元的价格发行。公司与受托单位约定，按发行收入的 3% 收取手续费，从发行收入中扣除。假如收到的股款已存入银行。

筹资活动现金流入分析

该公司为发行股票，发生审计费、咨询费等合计 50 万元，该费用本年度已以银行存款支出（如图 14-17 所示）。

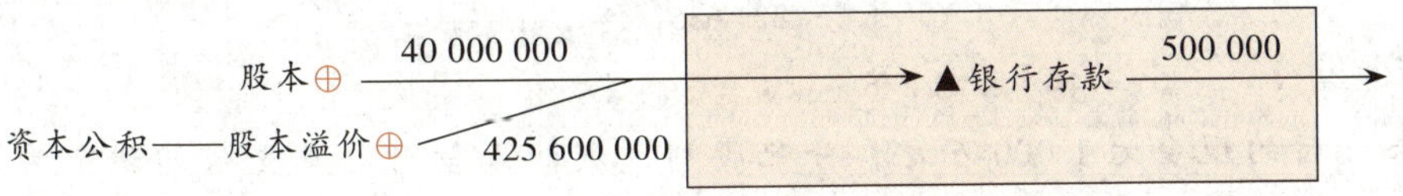

图 14-17　某公司资金运动分析图

吸收投资收到的现金为 46 560 万元，支付其他与筹资活动有关的现金为 50 万元。

2.“取得借款收到的现金”项目

本项目反映企业举借各种短期、长期借款而收到的现金。本项目可以根据“短期借款”“长期借款”“库存现金”“银行存款”等科目的记录分析填列。

【例 14-22】甲企业本年度发行债券，并确认财务费用（如图 14-18 所示）。

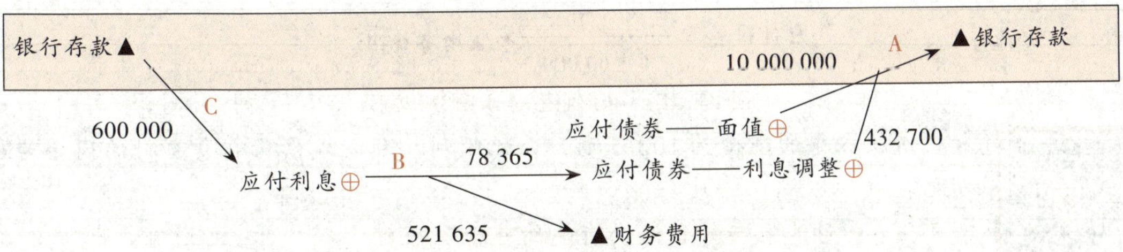

图 14-18　甲企业资金运动分析图

借款收到的现金为 1 043.27 万元，分配股利、利润或偿付利息支付的现金为 60 万元。

3.“收到其他与筹资活动有关的现金”项目

该项目反映企业除上述各项目外，收到其他与筹资活动有关的现金。其他与筹资活动有关的现金，如果价值较大，应单列项目反映。本项目可根据“资本公积”“库存现金”“银行存款”等科目的记录分析填列。

4.“偿还债务支付的现金”项目

该项目反映企业以现金偿还债务的本金，包括：归还金融企业的借款本金、偿付企业到期的债券本金等。企业偿还的借款利息、债券利息，在“分配股利、利润或偿付利息支付的现金”项目中反映，不在本项目中反映。本项目应根据“短期借款”“长期借款”“库存现金”“银行存款”等科目的记录分析填列。

5.“分配股利、利润或偿付利息支付的现金”项目

该项目反映企业实际支付的现金股利、支付给其他投资单位的利润或用现金支付的借款利息、债券利息。不同用途的借款，其利息的开支渠道不一样，如在建工程、财务费用等，但均在本项目中反映。本项目应根据“应付股利”“财务费用”“长期借款”“库存现金”“银行存款”“在建工程”等科目的记录分析填列。

【例 14-23】甲企业本年度应付债券到期，企业确认财务费用并偿还本金及最后一期利息（如图 14-19 所示）。

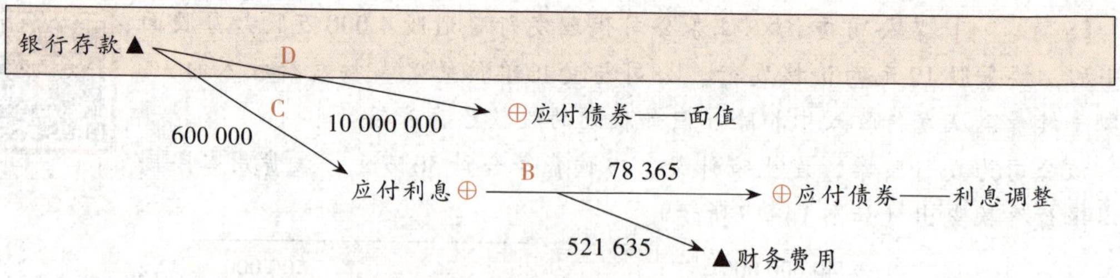

图 14-19　甲企业资金运动分析图

偿还债务支付的现金为 1 000 万元，分配股利、利润或偿付利息支付的现金为 60 万元。

【例 14-24】甲企业本年度为建造固定资产而取得一项长期借款，甲企业确认借款费用并偿还借款利息（如图 14-20 所示）。

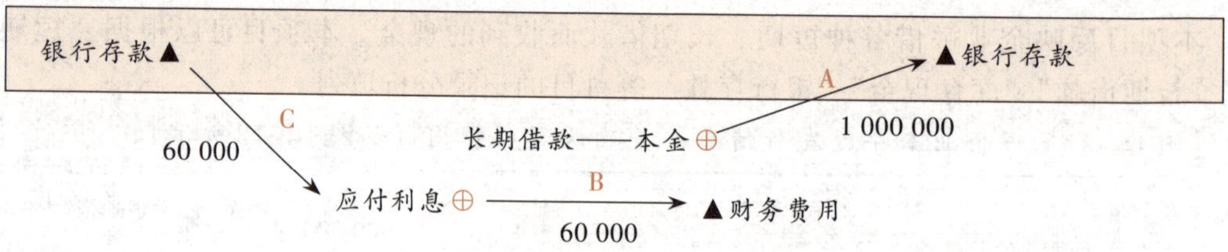

图 14-20　甲企业资金运动分析图

筹资活动现金流出分析

借款取得的现金为 100 万元，分配股利、利润或偿付利息支付的现金为 6 万元。

6.“支付其他与筹资活动有关的现金”项目

该项目反映企业除上述各项目外，支付其他与筹资活动有关的现金，如租赁负债——租赁付款额，筹集资金所发生的审计费、咨询费和公证费等，分期付款购入固定资产除第一次付款外所支付的现金，减少注册资本等发生的现金支出。其他与筹资活动有关的现金，如果价值较大，应单列项目反映。本项目应根据“银行存款”“库存现金”“长期应付款”“股本”等科目分析填列。

【例 14-25】企业本年度回购并注销 300 万股，回购价为每股 4 元（如图 14-21 所示）。

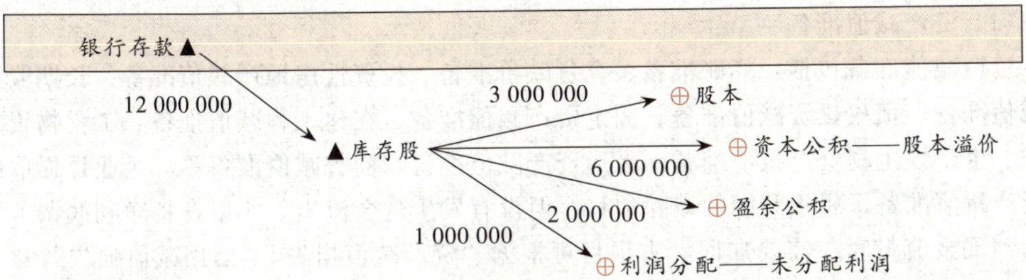

图14-21　甲企业资金运动分析图

支付其他与筹资活动有关的现金=1 200万元

(四)“汇率变动对现金及现金等价物的影响”项目的内容和填列方法

该项目反映：企业外币现金流量及境外子公司的现金流量折算为人民币时，所采用的现金流量发生日的汇率或平均汇率折算的人民币金额与“现金及现金等价物净增加额”中的外币现金净增加额按期末汇率折算的人民币金额之间的差额。

在编制现金流量表时，可对当前发生的外币业务逐笔计算汇率变动对现金的影响，也可不必逐笔计算汇率变动对现金的影响，而采用简化的计算方法，即将报表补充资料中的“现金及现金等价物净增加额”数额与正表中“经营活动产生的现金流量净额”“投资活动产生的现金流量净额”“筹资活动产生的现金流量净额”三项之和进行比较，其差额即为“汇率变动对现金流量的影响”项目的金额。

(五)“现金及现金等价物净增加额”项目的内容和填列方法

该项目反映企业当期所有现金流入与所有现金流出相抵后的现金流量净额，本项目应根据“经营活动产生的现金流量净额”“投资活动所产生的现金流量净额”“筹资活动所产生的现金流量净额”“汇率变动对现金流量的影响”四项之和填列。

七、现金流量表附注

(一)现金流量表补充资料的编制

现金流量表补充资料包括将净利润调节为经营活动现金流量、不涉及现金收支的重大投资和筹资活动等项目。

1.“将净利润调节为经营活动现金流量”项目

该项目反映以间接法列报的经营活动的现金流量。间接列报法是以当期净利润为出发点，经过调整有关项目的增减变化金额，计算出当期经营活动的现金流量净额。利润表中反映的当期净利润是按权责发生制原则确认计量的，而当期经营活动的现金流量是按现金收付制确认计量的，另外，当期净利润既包括经营净收益，又包括不属于经营活动的损益。因此，采用间接列报法将净利润调节为经营活动的现金流量净额时，需要增减调整四大类项目：(1) 实际未支付现金的费用；(2) 实际没有收到现金的收益；(3) 不属于经营活动的损益；(4) 经营性应收应付项目的增减变动。

现金流量表附表

这些调整项目的具体内容如下：

（1）资产减值准备

资产减值准备包括：坏账准备、存货跌价准备、投资性房地产减值准备、长期股权投资减值准备、债权投资减值准备、固定资产减值准备、在建工程减值准备、工程物资减值准备、生产性生物资产减值准备、无形资产减值准备、商誉减值准备等。企业计提取的各项资产减值准备，属于利润的减除项目，但没有发生现金流出。所以在将净利润调节为经营活动现金流量时，需要加回。本项目可根据“资产减值损失”“信用减值损失”科目的记录分析填列。

（2）固定资产折旧、油气资产折耗、生产性生物资产折旧

企业计提的固定资产折旧，有的包括在管理费用中，有的包括在制造费用中。计入管理费用中的部分，作为期间费用在计算净利润时从中扣除，但没有发生现金流出，在将净利润调节为经营活动现金流量时，需要予以加回。计入制造费用中的已经变现的部分，在计算净利润时通过销售成本予以扣除，但没有发生现金流出；计入制造费用中的没有变现的部分，既不涉及现金收支，也不影响企业当期净利润。由于在调节存货时，已经从中扣除，在此处将净利润调节为经营活动现金流量时，需要予以加回。同理，企业计提的油气资产折耗、生产性生物资产折旧，也需要予以加回。本项目可根据“累计折旧”“累计折耗”“生产性生物资产折旧”科目的贷方发生额分析填列。

（3）无形资产摊销和长期待摊费用摊销

企业对使用寿命有限的无形资产计提摊销时，应将其计入管理费用或制造费用。长期待摊费用摊销时，有的计入管理费用，有的计入销售费用，有的计入制造费用。计入管理费用等期间费用和计入制造费用中的已变现的部分，在计算净利润时已从中扣除，但没有发生现金流出；计入制造费用中的没有变现的部分，在调节存货时已经从中扣除，但不涉及现金收支，所以在此处将净利润调节为经营活动现金流量时，需要予以加回。该项目可根据“累计摊销”“长期待摊费用”科目的贷方发生额分析填列。

（4）处置固定资产、无形资产和其他长期资产的损失（减：收益）

企业处置固定资产、无形资产和其他长期资产发生的损益，属于投资活动产生的损益，不属于经营活动产生的损益，所以在将净利润调节为经营活动现金流量时，需要将该损益予以剔除。如为损失，在将净利润调节为经营活动现金流量时，应当将该损失加回；如为收益，在将净利润调节为经营活动现金流量时，应当将该收益扣除。本项目可根据“资产处置损益”等科目所属有关明细科目的记录分析填列，净收益以“-”号填列。

（5）固定资产报废损失（减：收益）

企业发生的固定资产报废损益，属于投资活动产生的损益，不属于经营活动产生的损益，所以在将净利润调节为经营活动现金流量时，需要将该损益予以剔除。如为净损失，在将净利润调节为经营活动现金流量时，应当将该损失加回；如为净收益，在将净利润调节为经营活动现金流量时，应当将该收益扣除。本项目可根据“营业外支出”“营业外收入”等科目所属有关明细科目的记录分析填列。

（6）公允价值变动损失（减：收益）

公允价值变动损失反映以公允价值计量且其变动计入当期损益的金融资产、以公允价值计量且其变动计入当期损益的金融负债，以及采用公允价值模式计量的投资性房地产、

衍生工具、套期保值业务等公允价值变动形成的应计入当期损益的利得或损失。企业发生的公允价值变动损益，通常与企业的投资活动或筹资活动有关，而且并不影响企业当期的现金流量。为此，应当将其从净利润中剔除。本项目可以根据“公允价值变动损益”科目的发生额分析填列。如为公允价值变动损失，则在将净利润调节为经营活动现金流量时，应当将该损失加回；如为公允价值变动利得，在将净利润调节为经营活动现金流量时，应当将该利得扣除。

(7) 财务费用（减：收益）

企业发生的财务费用中不属于经营活动的部分，应当在将净利润调节为经营活动现金流量时将其加回。本项目可根据“财务费用”科目的本期借方发生额分析填列；如为收益，以“-”号填列。

(8) 投资损失（减：收益）

企业发生的投资损益，属于投资活动产生的损益，不属于经营活动产生的损益，所以在将净利润调节为经营活动现金流量时，需要予以剔除。如为净损失，则在将净利润调节为经营活动现金流量时，应当加回：如为净收益，则在将净利润调节为经营活动现金流量时，应当扣除。本项目可根据利润表中“投资收益”项目的数额填列，如为投资收益，以“-”号填列。

(9) 递延所得税资产减少（减：增加）

递延所得税资产减少使计入所得税费用的金额大于当期应缴的所得税金额，其差额没有发生现金流出，但在计算净利润时已经扣除，在将净利润调节为经营活动现金流量时，应当加回。递延所得税资产增加使计入所得税费用的金额小于当期应交的所得税金额，二者之间的差额并没有发生现金流入，但在计算净利润时已经包括在内，在将净利润调节为经营活动现金流量时，应当扣除。本项目可以根据资产负债表“递延所得税资产”项目期初、期末余额分析填列。

(10) 递延所得税负债增加（减：减少）

递延所得税负债增加使计入所得税费用的金额大于当期应缴纳的所得税金额，其差额没有发生现金流出，但在计算净利润时已经扣除，在将净利润调节为经营活动现金流量时，应当将其加回。如果递延所得税负债减少使计入当期所得税费用的金额小于当期应交的所得税金额，其差额并没有发生现金流入，但在计算净利润时已经将其包括在内，那么在将净利润调节为经营活动现金流量时，应当将其扣除。本项目可以根据资产负债表“递延所得税负债”项目期初、期末余额分析填列。

(11) 存货的减少（减：增加）

期末存货比期初存货少，说明本期生产经营过程中耗用的存货有一部分是期初的存货，耗用这部分存货并没有发生现金流出，但在计算净利润时已经扣除，所以在将净利润调节为经营活动现金流量时，应当将其加回。期末存货比期初存货多，说明当期购入的存货除耗用外，还剩余了一部分，这部分存货也发生了现金流出，但在计算净利润时没有包括在内，所以在将净利润调节为经营活动现金流量时，需要将其扣除。当然，存货的增减变化过程还涉及应付项目，这一因素在“经营性应付项目的增加（减：减少）”中考虑。本项目可根据资产负债表中“存货”项目的期初数、期末数之间的差额填列；期末数大于期初数的差额，以“-”号填列。如果存货的增减变化过程属于投资活动，如在建工程领用存货，则应当将这一因素剔除。

（12）经营性应收项目的减少（减：增加）

经营性应收项目包括应收票据、应收账款、合同资产、预付账款、长期应收款和其他应收款中，与经营活动有关的部分，以及应收的增值税销项税额等。经营性应收项目期末余额小于经营性应收项目期初余额，说明本期收回的现金大于利润表中所确认的销售收入，所以在将净利润调节为经营活动现金流量时，需要将其加回。经营性应收项目期末余额大于经营性应收项目期初余额，说明本期销售收入中有一部分没有收回现金，但是在计算净利润时这部分销售收入已包括在内，所以在将净利润调节为经营活动现金流量时，需要将其扣除。本项目应当根据有关科目的期初、期末余额分析填列，如为增加，以“-”号填列。

（13）经营性应付项目的增加（减：减少）

经营性应付项目包括应付票据、应付账款、合同负债、应付职工薪酬、应交税费、应付利息、长期应付款、其他应付款中与经营活动有关的部分，以及应付的增值税进项税额等。经营性应付项目期末余额大于经营性应付项目期初余额，说明本期购入的存货中有一部分没有支付现金，但是在计算净利润时却通过销售成本将其包括在内，因此在将净利润调节为经营活动现金流量时，需要将其加回；经营性应付项目期末余额小于经营性应付项目期初余额，说明本期支付的现金大于利润表中所确认的销售成本，在将净利润调节为经营活动产生的现金流量时，需要将其扣除。本项目应当根据有关科目的期初、期末余额分析填列；如为减少，以“-”号填列。

2.“不涉及现金收支的重大投资和筹资活动”项目

不涉及现金收支的重大投资和筹资活动，反映企业一定期间内影响资产或负债但不形成该期现金收支的所有投资和筹资活动的信息。这些投资和筹资活动虽然不涉及当期现金收支，但对以后各期的现金流量有重大影响。例如，企业融资租入设备，将形成的负债计入“长期应付款”账户，当期并不支付设备款及租金，但以后各期必须为此支付现金，从而在一定期间内形成了一项固定的现金支出。

因此，《企业会计准则第31号——现金流量表》规定，企业应当在附注中披露不涉及当期现金收支，但影响企业财务状况或在未来可能影响企业现金流量的重大投资和筹资活动，主要包括：（1）债务转为资本，反映企业本期转为资本的债务金额；（2）一年内到期的可转换公司债券，反映企业一年内到期的可转换公司债券的本息；（3）融资租入固定资产，反映企业本期融资租入的固定资产。

（二）影响企业现金流量其他重要信息的披露

1.企业当期取得或处置子公司及其他营业单位

《企业会计准则第31号——现金流量表》应用指南中列示了企业当期取得或处置其他营业单位有关信息的披露格式。其主要项目包括：取得和处置子公司及其他营业单位的有关信息。其中，取得子公司及其他营业单位的有关信息包括：取得的价格、支付的现金和现金等价物金额、支付的现金和现金等价物净额、取得子公司的净资产等信息。处置子公司及其他营业单位的有关信息包括：处置的价格、收到的现金和现金等价物金额、收到的现金净额、处置子公司的净资产等信息。

2.现金和现金等价物有关信息

《企业会计准则第31号——现金流量表》要求企业在附注中披露与现金和现金等价物有关的下列信息：（1）现金和现金等价物的构成及其在资产负债表中的相应金额；（2）企业持有但不能由母公司或集团内其他子公司使用的大额现金和现金等价物金额。

第五节　所有者权益变动表

*所有者权益变动表是反映企业构成所有者权益的各组成部分当期的增减变动情况的报表。*所有者权益变动表应当全面反映企业一定时期所有者权益变动的情况，不仅包括所有者权益总量的增减变动，还包括所有者权益增减变动的重要结构性信息，目的是使报表使用者准确理解所有者权益增减变动的根源。

一、所有者权益变动表的结构

在所有者权益变动表上，企业至少应该单独列示反映下列信息的项目：（1）综合收益总额；（2）会计政策变更和差错更正的累积影响金额；（3）所有者投入资本和向所有者分配利润；（4）提取的盈余公积；（5）实收资本、其他权益工具、资本公积、其他综合收益、专项储备、盈余公积和未分配利润的期初和期末余额及其变动情况。

为了清楚地表明构成所有者权益的各组成部分当期的增减变动情况，所有者权益变动表应以矩阵的形式列示：一方面，列示导致所有者权益变动的交易或事项，是从所有者权益变动的来源对一定时期所有者权益变动情况进行全面反映；另一方面，按照所有者权益各组成部分（包括实收资本或股本、其他权益工具、资本公积、库存股、其他综合收益、盈余公积和未分配利润）及其总额的影响列示交易或事项对所有者权益的影响。

此外，企业还需要提供比较所有者权益变动表，所有者权益变动表按照各项目再分为“本年金额”和“上年金额”两栏分别填列。所有者权益变动表的结构见表14-14。

二、所有者权益变动表的编制

（一）所有者权益变动表项目的填列方法

所有者权益变动表各项目均需填列“本年金额”和“上年金额”两栏。

所有者权益变动表分析

所有者权益变动表中“上年金额”栏内各项数字，应根据上年度所有者权益变动表“本年金额”栏内所列数字填列。如果上一年度所有者权益变动表规定的各个项目的名称和内容同本年度不一致，则应对上年度所有者权益变动表各项目的名称和数字按本年度的规定进行调整，填入所有者权益变动表“上年金额”栏内。

所有者权益变动表“本年金额”栏内各项数字一般应根据“实收资本（或股本）”“其他权益工具”“资本公积”“库存股”“其他综合收益”“专项储备”“盈余公积”“利润分配”“以前年度损益调整”等科目的发生额分析填列。

企业的净利润及其分配情况作为所有者权益变动的组成部分，不需要单独编制利润分配表列示。

表 14-14

所有者权益变动表

会企 04 表

编制单位：　　　　　　　　　　　　年度　　　　　　　　　　　　单位：元

项目	本年金额											上年金额										
	实收资本（或股本）	其他权益工具			资本公积	减：库存股	其他综合收益	专项储备	盈余公积	未分配利润	所有者权益合计	实收资本（或股本）	其他权益工具			资本公积	减：库存股	其他综合收益	专项储备	盈余公积	未分配利润	所有者权益合计
		优先股	永续债	其他									优先股	永续债	其他							
一、上年年末余额																						
加：会计政策变更																						
前期差错更正																						
其他																						
二、本年年初余额																						
三、本年增减变动金额（减少以“-”号填列）																						
（一）综合收益总额																						
（二）所有者投入和减少资本																						
1.所有者投入的普通股																						
2.其他权益工具持有者投入资本																						
3.股份支付计入所有者权益的金额																						
4.其他																						
（三）利润分配																						
1.提取盈余公积																						
2.对所有者（或股东）的分配																						
3.其他																						
（四）所有者权益内部结转																						
1.资本公积转增资本（或股本）																						
2.盈余公积转增资本（或股本）																						
3.盈余公积弥补亏损																						
4.设定受益计划变动额结转留存收益																						
5.其他综合收益结转留存收益																						
6.其他																						
四、本年年末余额																						

（二）所有者权益变动表各项目的列报说明

1.“上年年末余额”项目

该项目反映企业上年资产负债表中实收资本（或股本）、其他权益工具、资本公积、库存股、其他综合收益、专项储备、盈余公积、未分配利润的年末余额。

2.“会计政策变更”和“前期差错更正”项目

该项目分别反映企业采用追溯调整法处理的会计政策变更的累积影响金额和采用追溯重述法处理的会计差错更正的累积影响金额。为了体现会计政策变更和前期差错更正的影响，企业应当在上期期末所有者权益余额的基础上进行调整，得出本期期初所有者权益，根据“盈余公积”“利润分配”“以前年度损益调整”等科目的发生额分析填列。

3.“本年增减变动额（减少以‘–’号填列）”项目

（1）“综合收益总额”项目，反映净利润和其他综合收益扣除所得税影响后的净额相加后的合计金额。

（2）“所有者投入和减少资本”项目，反映企业当年所有者投入的资本和减少的资本，其中：

①“所有者投入的普通股”项目，反映企业接受投资者投入形成的实收资本（或股本）和资本溢价或股本溢价，并对应填列在“实收资本”和“资本公积”栏。

②“其他权益工具持有者投入资本”项目，反映企业发行的除普通股以外分类为权益工具的金融工具的持有者投入资本的金额。该项目应根据金融工具类科目的相关明细科目的发生额分析填列。

③“股份支付计入所有者权益的金额”项目，反映企业处于等待期中的权益结算的股份支付当年计入资本公积的金额，并对应填列在“资本公积”栏。

（3）“利润分配”下各项目，反映当年对所有者（或股东）分配的利润（或股利）金额和按照规定提取的盈余公积金额，并对应填列在“未分配利润”和“盈余公积”栏。其中的“提取盈余公积”项目，反映企业按照规定提取的盈余公积；“对所有者（或股东）的分配”项目，反映对所有者（或股东）分配的利润（或股利）金额。

（4）“所有者权益内部结转”下各项目，反映不影响当年所有者权益总额的所有者权益各组成部分之间当年的增减变动。

①“资本公积转增资本（或股本）”项目，反映企业以资本公积转增资本或股本的金额。

②“盈余公积转增资本（或股本）”项目，反映企业以盈余公积转增资本或股本的金额。

③“盈余公积弥补亏损”项目，反映企业以盈余公积弥补亏损的金额。

④“设定受益计划变动额结转留存收益”项目，反映企业以设定受益计划变动额结转留存收益的金额。

⑤“其他综合收益结转留存收益”项目，主要反映：第一，企业指定为以公允价值计量且其变动计入其他综合收益的非交易性权益工具投资终止确认时，之前计入其他综合收益的累计利得或损失从其他综合收益中转入留存收益的金额；第二，企业指定为以公允价值计量且其变动计入当期损益的金融负债终止确认时，之前由企业自身信用风险变动引起

而计入其他综合收益的累计利得或损失从其他综合收益中转入留存收益的金额等。该项目应根据“其他综合收益”科目的相关明细科目的发生额分析填列。

第六节 附 注

一、财务报表附注概述

(一) 财务报表附注的概念

财务报表附注（以下简称“附注”）是财务报表不可或缺的组成部分，是对在资产负债表、利润表、现金流量表和所有者权益变动表等报表中列示项目的文字描述或明细资料，以及对未能在这些报表中列示项目的说明等。

财务报表中的数字是经过分类与汇总后的结果，是对企业发生的经济业务的高度简化和浓缩的数字。如果没有形成这些数字所使用的会计政策，财务报表就不可能充分发挥效用。因此，附注与资产负债表、利润表、现金流量表、所有者权益变动表等报表具有同等的重要性，是财务报表的重要组成部分。报表使用者如果想更好地了解企业的财务状况、经营成果和现金流量，应当全面阅读附注。

(二) 附注披露的基本要求

附注披露的基本要求有：

(1) 附注披露的信息应是定量、定性信息的结合，从而能从量和质两个角度对企业经济事项完整地进行反映，从而满足信息使用者的决策需求。

(2) 附注应当按照一定的结构进行系统合理的分类，从而有序地披露信息。由于附注的内容繁多，因此附注应按逻辑顺序排列，分类披露，以达到条理清晰，具有一定的组织结构，以便于使用者理解和掌握，也可以更好地实现财务报表的可比性。

(3) 附注相关信息应当与资产负债表、利润表、现金流量表和所有者权益变动表等报表中列示的项目相互参照，以有助于使用者联系相关联的信息，并由此从整体上更好地理解财务报表。

财务报表附注

二、附注披露的内容

附注应当按照如下顺序披露有关内容：

(一) 企业的基本情况

企业的基本情况包括：(1) 企业注册地、组织形式和总部地址；(2) 企业的业务性质和主要经营活动，如企业所处的行业、所提供的主要产品或服务、客户的性质、销售策略、监管环境的性质等；(3) 母公司以及集团最终母公司的名称；(4) 财务报告的批准报出者和财务报告批准报出日；(5) 营业期限有限的企业，还应当披露有关其营业期限的信息。

(二) 财务报表的编制基础

在附注中，企业应该说明财务报表的编制是否以持续经营为基础。一般而言，如果没有相应的证据表明企业处于非持续经营状态，那么企业应当以持续经营为基础对实际发生的交易或事项进行确认与计量，并在此基础上编制财务报表。但是如果企业管理层在评估后对企业的持续经营能力产生重大怀疑，应该在报表附注中披露对持续经营能力产生重大怀疑的重要不确定因素。如评估后认为持续经营不再合理，企业应当采用其他基础编制财务报表，同时还应在附注中声明财务报表未以持续经营为基础编制，并披露未以持续经营为基础的原因以及当前财务报表的编制基础。

（三）遵循企业会计准则的声明

企业应当声明编制的财务报表符合企业会计准则的要求，真实、公允地反映了企业的财务状况、经营成果和现金流量等有关信息，以此明确企业编制财务报表所依据的制度基础。如果企业编制的财务报表只是部分遵循了企业会计准则，那么附注中不得做出上述声明。

（四）重要会计政策和会计估计

根据《企业会计准则第30号——财务报表列报》的规定，企业应当披露采用的重要会计政策和会计估计，不重要的会计政策和会计估计可以不披露。

1.对重要会计政策的说明

由于企业经济业务的复杂性和多样化，某些经济业务可以有多种会计处理方法，存在着不止一种可供选择的会计政策。例如，存货的计价可以有先进先出法、加权平均法、个别计价法等。企业在发生某项经济业务时，必须从允许的会计处理方法中选择适合本企业特点的会计政策，企业选择不同的会计处理方法，可能极大地影响企业的财务状况和经营成果，进而编制出不同的财务报表。为了有助于报表使用者进行理解，有必要对这些会计政策加以披露。

需要特别指出的是，说明会计政策时还需要披露下列两项内容：

（1）财务报表项目的计量基础。会计计量属性包括历史成本、重置成本、可变现净值、现值和公允价值，这项披露要求便于使用者了解企业财务报表中的项目是按何种计量基础予以计量的，如存货是按成本还是可变现净值计量等。

（2）会计政策的确定依据，主要是指企业在运用会计政策过程中所做的对报表中确认的项目金额最具影响的判断。例如，企业如何判断持有的金融资产是持有至到期的投资而不是交易性的投资；又比如，对于拥有的持股比例不足50%的关联企业，企业如何判断企业拥有控制权因此将其纳入合并范围；再比如，企业如何判断与租赁资产相关的所有风险和报酬已转移给企业从而符合融资租赁的标准；投资性房地产的判断标准是什么等。上述这些判断对在报表中确认的项目金额具有重要影响，因此这项披露要求有助于使用者理解企业选择和运用会计政策的背景，增强财务报表的可理解性。

2.对重要会计估计的说明

《企业会计准则第30号——财务报表列报》强调了对会计估计不确定因素的披露要求，企业应当披露会计估计中所采用的关键假设和不确定因素的确认依据，这些关键假设和不确定因素在下一会计期间内很可能导致企业对资产、负债账面价值进行重大调整。

在确定报表中的资产和负债账面金额的过程中，企业有时需要估计不确定的未来事项在资产负债表日对资产和负债的影响。例如，固定资产可收回金额的计算需要根据其公允价值减去处置费用后的净额与预计未来现金流量的现值两者之间的较高者确定，在计算资产预计未来现金流量的现值时需要对未来现金流量进行预测，并选择适当的折现率，应当在附注中披露企业进行未来现金流量预测所采用的假设及其依据，企业所选择的折现率为什么是合理的，企业为正在进行中的诉讼提取准备时最佳估计数的确定依据等。这些假设的变动对这些资产和负债项目金额的确定影响很大，有可能会在下一个会计年度内做出重大调整。因此，强调这一披露要求，有助于提高财务报表的可理解性。

（五）会计政策和会计估计变更以及差错更正的说明

企业应当按照《企业会计准则第28号——会计政策、会计估计变更和差错更正》及其应用指南的规定，披露会计政策和会计估计变更以及差错更正的有关情况。

（六）报表重要项目的说明

企业应当以文字描述和数字描述相结合的方式，尽可能以列表的形式披露报表重要项目的构成或当期增减变动情况，并且报表重要项目的明细金额合计，应当与报表项目金额相一致。在披露顺序上，一般应当按照资产负债表、利润表、现金流量表、所有者权益变动表的顺序及其项目列示的顺序进行披露。

（七）其他需要说明的重要事项

其他需要说明的重要事项主要包括或有和承诺事项、资产负债表日后非调整事项、关联方关系及其交易等。

思考题

1.什么是财务报告？其主要由哪些项目构成？

2.企业编制与提供财务报告需要满足哪些基本要求？

3.什么是资产负债表？它的结构是什么样的？它主要提供哪些信息？

4.什么是利润表？它的结构是什么样的？它主要提供哪些信息？

5.什么是现金流量表？它的结构是什么样的？它主要提供哪些信息？

6.什么是财务报表附注？企业为什么需要编制财务报表附注？财务报表附注应包括哪些内容？

育德育人

广东甘化现金流量表数据核算不准确　被出具警示函

2020年1月，广东证监局对江门甘蔗化工厂（集团）股份有限公司（以下简称“广东甘化”或“公司”）进行了现场检查，发现公司存在以下问题：(1) 重大抵押事项未履行决策审批程序和信息披露义务。(2) 现金流量表数据核算不准确。(3) 内幕信息管理不规范。其中，现金流量表数据核算不准确的原因在于，广东甘化在编制全资子公司四川升华电源科技有限公司（以下简称“升华电源”）2018年度现金流量表时，将升华电源的2 480万元定期结构性存款产品确认为现金及现金等价物，导致公司2018年度现金流量表“期末现金及现金等价物余额”多计2 480万元，“投资支付的现金”少计2 480万元。上述情形不符合《上市公司信息披露管理办法》第二条和《企业会计准则第31号——现金流量表》第二条、第十九条等规定。

由于广东甘化时任董事长胡成中、总经理施永晨、董事会秘书沙伟、财务总监雷忠，未按照《上市公司信息披露管理办法》第三条的规定履行勤勉尽责义务，对公司相关违规行为负有责任，因此证监局根据《上市公司信息披露管理办法》第五十九条的规定，决定对其采取出具警示函的行政监管措施。

资料来源：佚名. 广东甘化现金流量表数据核算不准确 被出具警示函［EB/OL］.［2021-02-03］. http://finance.sina.com.cn/stock/observe/2020-02-03/doc-iimxxste8569022.shtml? source=cj&dv=1.

请思考：2020年7月7日，证监会原副主席高西庆在浦山讲坛和CF40孙冶方悦读会上表示，“证监会的职能就是保护投资者，中小投资者保护不了自己，没有足够的信息渠道，没有足够的力量，证监会要调整好机制，做好投资者保护”。请你谈一谈，中国证券监督管理委员会有哪些职能？为什么说保护中小投资者的合法权益，不仅是资本市场健康运行的内在要求，也是维护社会公平正义的有效途径？

附录　系列教材基础知识准备

一、会计对象、资金运动与“会计沙盘模型”的提出

会计对象是社会再生产过程中的资金运动。为了使抽象的资金运动具体化，以便更好地研究资金运动及其规律，本书提出了“会计沙盘模型”假设。

“会计沙盘模型”源自小孩玩沙子的游戏。借助“小孩之手”，该模型可以将企业经济业务所引起的资金运动通过游戏的形式全程地模拟出来，从而把深奥的会计理论和复杂的会计实务操作用最通俗易懂的语言与图形形象生动地描绘出来，进而使得这些会计理论和实务操作不仅仅是一种观念上的活动，更是一种随处可见的、看得见摸得着的有形实体运动。“会计沙盘模型”假设如附图1所示。

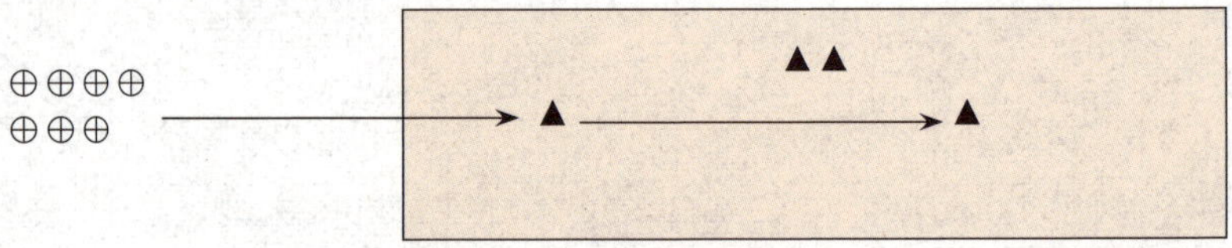

附图1　会计沙盘模型图

注：在模型中用“⊕”代表在平面之外的沙坑，用“▲”来表示平面之上的沙堆，用“沙”来代表资金，箭头表示沙的流向。平面内包含企业资产和成本。

“会计沙盘模型”的含义是这样的：假设企业经济活动的空间范围就是这个平面及其周边；借助“小孩之手”，通过游戏的形式将企业经济业务所引起的资金运动在平面及其周边全程地、实体地模拟出来。在企业成立之前，该模型的平面及其周边什么都没有：平面之上没有沙堆，平面之外也没有沙坑。企业成立运作需要有初始的资本金；就像小孩玩游戏需要沙一样，小孩需要从平面之外挖取一把沙，并将其放置在平面之上。企业的整个经营过程，就相当于游戏中沙子在沙坑、沙堆之间流动与转换过程。企业终止，就相当于游戏之中的沙子又流回到原来的沙坑之中，平面里外又恢复到最初的原始状态，即平面及其周边什么都没有了。

企业的经济活动可以划分为筹资环节、供应环节（采购环节）、生产环节、销售环节和投资环节等五大环节。每一环节都有其基本的经济业务及其基本的资金运动。每一环节的具体业务都围绕着这些基本的经济业务展开；相应地，所引起的具体资金运动也都是在其基本资金运动的基础上推演而来的。

将企业各个环节的基本资金运动串联在一起，就构成了一个完整的企业基本资金运动流程图。该整体流程如附图2所示。

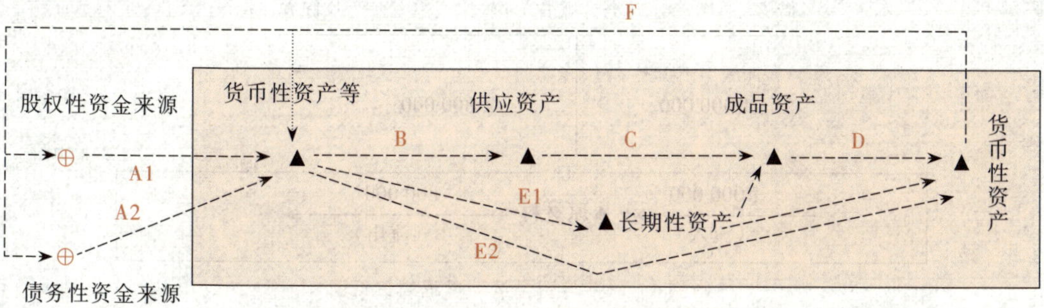

附图2 企业基本资金运动综合流程图

附注：A——筹资环节基本资金运动 B——供应环节基本资金运动 C——生产环节基本资金运动 D——销售环节基本资金运动 E——投资环节基本资金运动 F——重新投入再生产或退出企业

企业基本资金运动流程图是资金运动会计理论分析的基本框架。企业所有的业务都是在这个基本流程图上推演出来的。每一笔业务对应一段资金运动，资金运动环环相扣，从而构成企业资金运动全貌。

二、会计静态三要素在“会计沙盘模型”上的反映

资产、负债和所有者权益三要素是资金运动的静态表现形式。这种静态表现形式可以在模型上被模拟出来，在模型上的反映如附图3所示。

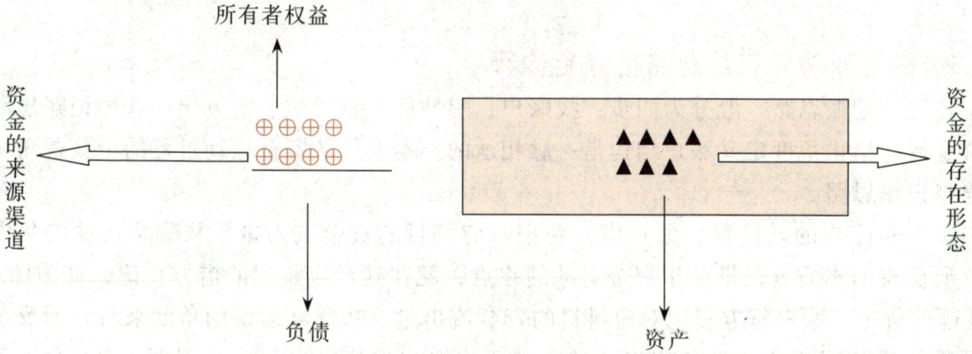

附图3 会计静态要素在模型上的反映图

从“会计沙盘模型”中可以看到，会计静态三要素被有形实体化，它们都变成了看得见、摸得着的实体。资产在模型上通过“沙堆▲”的形态被模拟出来，债权人权益（简称负债）和所有者权益则通过“沙坑⊕”的形态被模拟出来。

三、会计账户结构的重新诠释

传统的账户结构主要反映资金的增减变化，反映的是资金运动的结果；如账户的借方既可能反映资产的增加，也可能反映负债的减少。本书将从资金运动过程的全新视角来重新诠释账户结构。

以“原材料”为例，在“会计沙盘模型”上，与原材料有关的资金运动如附图4所示。

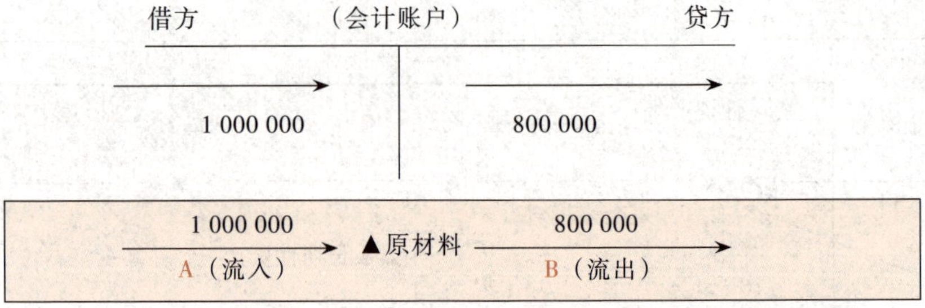

附图4 账户与资金运动过程的关系图

从资金运动的角度看，与“原材料”科目有关的资金运动只有两种情况：一种是资金流入本科目中；另一种就是资金从本科目流出。正是由于其资金流入量和资金流出量，才引起本科目资金的增减变化，并由此而产生余额（资金流入量与流出量之差）。

因此，从资金运动过程的角度来看，账户只需要把资金流入量和资金流出量两个方面记录下来就可以反映该科目的资金变化。在此，将账户的结构与其对应科目的资金运动关联起来：参照从左到右的习惯，账户的左边部分（即借方）记录对应科目的资金流入量，账户的右边部分（即贷方）记录对应科目的资金流出量。

以附图4为例，如有1 000 000元的资金流入“原材料”科目，相应地，就应该打开“原材料”科目所对应的账户，在其借方登记1 000 000元。如有800 000元的资金从“原材料”科目流出，相应地，就应该打开“原材料”科目所对应的账户，在其贷方登记800 000元。

四、借贷记账法新记账思路的重新诠释

传统的记账思路一般分为四步：找账户、辨性质、看增减、定方向；这种记账思路与从资金运动结果角度定义账户结构是一脉相承的。本书将从资金运动过程的全新视角来重新诠释记账思路。

按照对账户的新诠释，账户借方登记对应科目的资金流入量，从资金运动的角度来看，所反映的本质就是谁位于资金运动的终点，就在其对应账户的借方登记，如附图4中A段运动所示。账户贷方登记对应科目的资金流出量，从资金运动的角度来看，所反映的本质就是谁位于资金运动的起点，就在其对应账户的贷方登记，如附图4中B段运动所示。简言之，资金运动，终点记借，起点记贷。这就是新的记账思路。

以“企业向银行申请短期借款100 000元，款项已存入银行”为例，其资金运动如附图5所示。

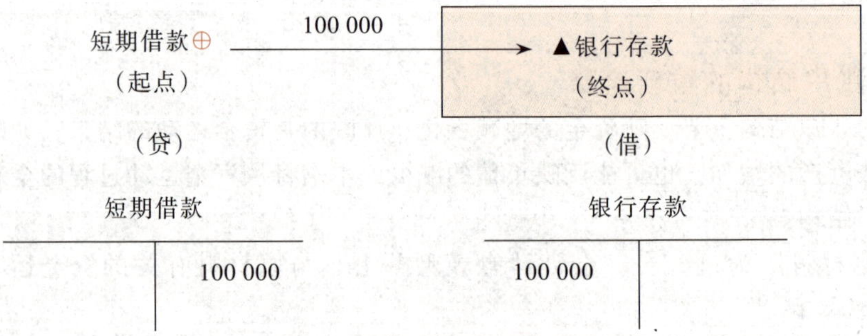

附图5 记账思路的重新诠释图

在经济业务所引发的资金运动中，谁位于资金运动的起点，资金从本科目中流出，就应该打开该科目的对应账户，在其贷方登记；谁位于资金运动的终点，资金流入本科目之中，就应该打开该科目对应的账户，在其借方登记，即资金运动，终点记借，起点记贷。

五、企业主要环节资金运动综合流程图（不考虑增值税）

（一）企业供应环节资金运动综合分析

企业供应环节资金运动整体流程如附图6所示。

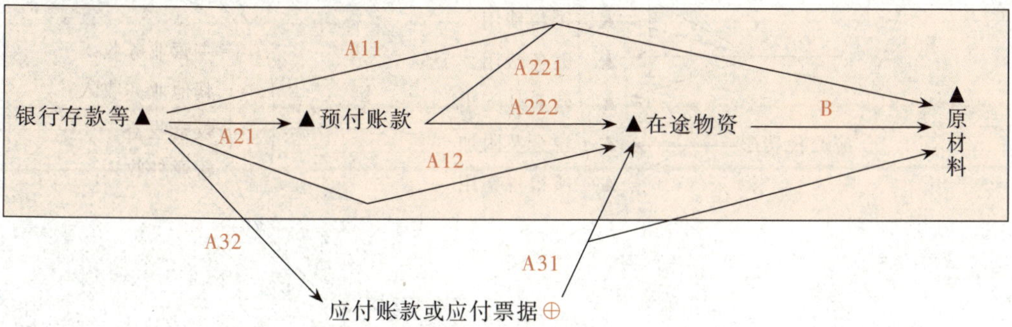

附图6　企业供应环节资金运动整体流程图

（二）企业生产环节资金运动综合分析

企业生产环节整体资金运动流程如附图7所示。

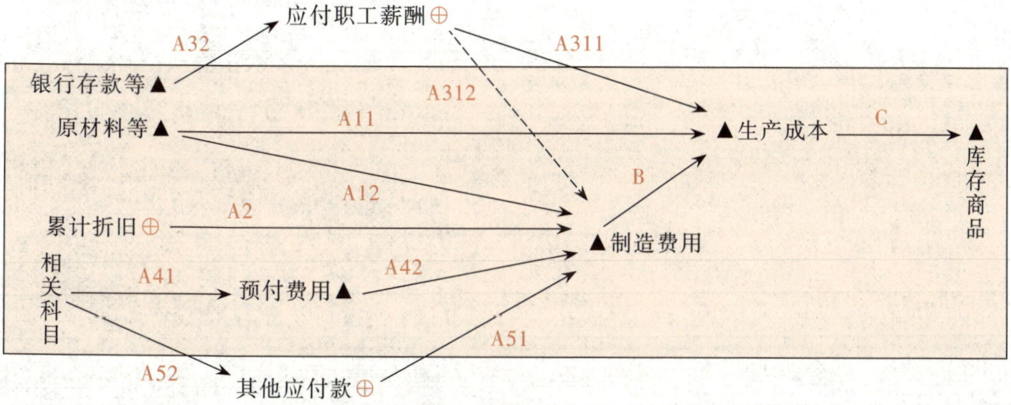

附图7　企业生产环节资金运动整体流程图

（三）企业销售环节资金运动综合分析

企业销售环节整体资金流程如附图8所示。

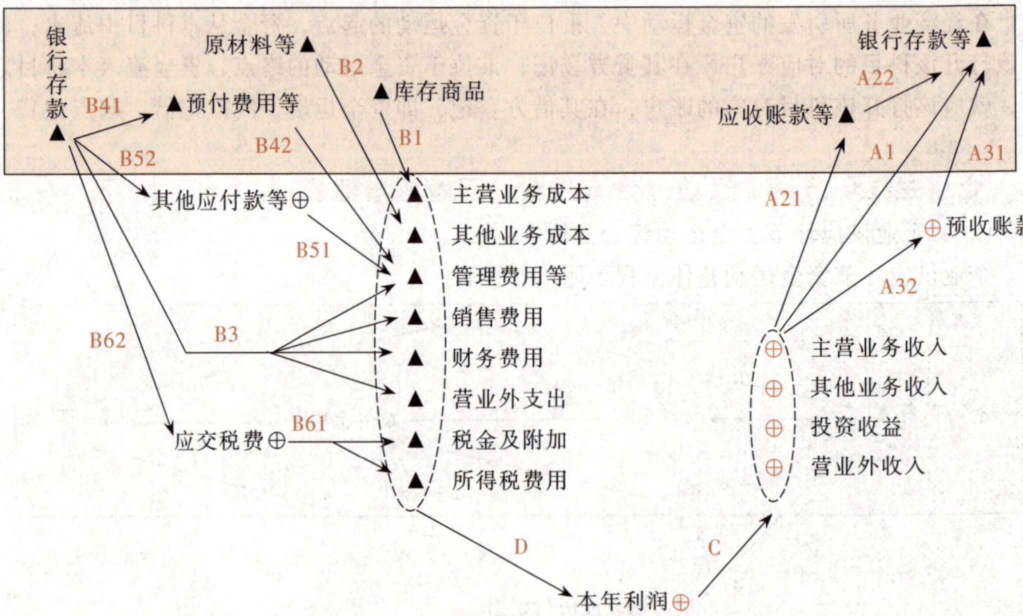

附图8　企业销售环节资金运动整体流程图

其具体内容可参见：《会计学原理》，施先旺、龚翔主编，东北财经大学出版社，2024年8月第三版。

主要参考文献

［1］王昌锐．中级财务会计［M］．2版．北京：中国财政经济出版社，2022.

［2］中华人民共和国财政部．企业会计准则［M］．上海：立信会计出版社，2024.

［3］中华人民共和国财政部．企业会计准则解释1-14号［EB/OL］（2023-11-09）．https：//kjs.mof.gov.cn/zt/kjzzss/qykjzzjs.

［4］财政部会计司编写组．企业会计准则应用指南汇编［M］．北京：中国财政经济出版社，2024.

［5］企业会计准则编审委员会．企业会计准则详解与实务［M］．北京：人民邮电出版社，2024.

［6］中国证券监督管理委员会会计司．上市公司执行企业会计准则案例解析［M］．北京：中国财政经济出版社，2024.

［7］中国注册会计师协会．会计［M］．北京：中国财政经济出版社，2024.

［8］财政部会计准则委员会网站：http：//www.casc.gov.cn/。

［9］中国注册会计师协会网站：http：//www.cicpa.org.cn/。

［10］中国会计学会网站：http：//www.asc.net.cn/。

［11］美国财务会计准则委员会网站：http：//www.fasb.org/。

［12］国际会计准则理事会网站：http：//www.iasb.org。

［13］财大的施会计的个人空间：https：//space.bilibili.com/644135036?spm_id_from=333.1007.0.0。

业财合一 · 流程管控

业财合一 · 流程管控系列教材

《会计学原理》（第三版）	施先旺　龚　翔　主编	2024年8月出版
《会计学原理习题与解析》（第二版）	施先旺　刘美华　主编	2022年1月出版
《中级财务会计》（第三版）	施先旺　季　华　主编	2024年9月出版
《中级财务会计习题与解析》（第二版）	施先旺　张　健　主编	2022年7月出版
《高级财务会计》（第二版）	施先旺　马荣贵　主编	2023年6月出版
《高级财务会计习题与解析》	施先旺　李盈超　主编	2020年7月出版
《初级会计实务》（会计资格考试辅导教材）	施先旺　向　俊　主编	2020年11月出版
《初级会计实务习题与解析》（会计资格考试辅导教材）	施先旺　张娇姝　主编	2021年1月出版
《政府会计》	施先旺　周　磊　主编	2023年11月出版

《会计学》	拟出版
《会计学习题与解析》	拟出版
《会计与税法差异分析》	拟出版
《会计与税法差异分析习题与解析》	拟出版
《中级会计实务》（会计资格考试辅导教材）	拟出版
《中级会计实务习题与解析》（会计资格考试辅导教材）	拟出版
《会计》（CPA考试辅导教材）	拟出版
《会计习题与解析》（CPA考试辅导教材）	拟出版
《会计》（注册税务师考试辅导教材）	拟出版
《会计习题与解析》（注册税务师考试辅导教材）	拟出版